Henriette Davidis

Praktisches Kochbuch für die Deutschen in Amerika

Henriette Davidis

Praktisches Kochbuch für die Deutschen in Amerika

ISBN/EAN: 9783742895776

Hergestellt in Europa, USA, Kanada, Australien, Japan

Cover: Foto ©Lupo / pixelio.de

Henriette Davidis

Praktisches Kochbuch für die Deutschen in Amerika

Praktisches Kochbuch

— für die —

Deutschen in Amerika.

Zuverlässige und selbstgeprüfte Anweisungen

zur Bereitung der verschiedenartigsten Speisen und Getränke, zum
Backen, Einmachen u. s. w.

..

Eine Bearbeitung des anerkannt besten deutschen Kochbuchs der

Frau Henriette Davidis.

Vermehrt und verbessert durch Aufnahme von Recepten zu den in Amerika landes-
üblichen Speisen, Backwerken ꝛc., und durch Uebertragung des deutschen
in amerikanisches Maß und Gewicht, sowie durch Hinzufügung
eines Speisezettels für Kranke aller Art.

Milwaukee, Wis.,

Geo. Brumder's Verlag.

Einleitung.

Es ist nach unserem Dafürhalten wirklich ein Bedürfniß, welchem wir mit der Veröffentlichung dieses Buches abzuhelfen hoffen. Die uns bekannten, in den Ver. Staaten in deutscher Sprache erschienenen Kochbücher verfehlen nämlich mehr oder weniger ihren Zweck durch Einseitigkeit. Ein deutsches Kochbuch in Amerika soll nicht deutsch oder amerikanisch, sondern deutsch amerikanisch sein. Es soll das Gute, Zuträgliche und Wohlschmeckende aus der deutschen Küche herübernehmen, ohne damit das gleichgute Einheimische oder durch klimatische Verhältnisse und die Produkte unseres amerikanischen Heimathlandes Angezeigte zu vernachläßigen. Und das ist es, was wir bei der Herstellung dieses Werkes uns zur Hauptaufgabe gemacht haben.

Wir sind in Bezug auf die deutschen und auf die Deutschland und Amerika gemeinsamen Gerichte dem als das beste allgemein anerkannten Kochbuche von Henriette Davidis gefolgt, haben uns indeß nicht etwa daran genügen lassen, auszuwählen und nachzusprechen, sondern umgearbeitet, gleichsam in's Amerikanische übersetzt, wo immer es angezeigt erschien, auch Maße, Gewichte, Münzen ꝛc. auf amerikanische Berechnung gebracht. Die zahlreichen einheimischen Rezepte dagegen verdanken wir der Güte verschiedener Hausfrauen und des Herrn J. M. Riebs, Oberkoch im „Newhall House" dahier, die alle in der amerikanischen Kochkunst erfahren und verläßig sind.

Außerdem haben wir dem Ganzen einen Abschnitt hinzugefügt, der in Speisezetteln für Kranke aller Art eine Fülle von Hinweisen auf die passendsten bez. Gerichte enthält, und welchen wir nach einem Abschnitt des diätetischen Kochbuchs von dem tüchtigen Schweizer Arzt Dr. Wiel für unsere Absicht umgearbeitet haben.

Aber diese Gesichtspunkte sind es nicht allein, die uns die Herstellung dieses Kochbuchs als Abhülfe für ein wirkliches Bedürfniß erscheinen lassen. Auch in Bezug auf unsere Zeit, auf die gegenwärtige Lage, will uns solch ein Buch ein Bedürfniß dünken. Die Periode des Ueberflusses, des Verschwendens ist vorüber, sollte wenigstens überall vorüber sein. Ueberall sollte man streben, Sparsamkeit zu lernen, und S p a r s a m k e i t i m H a u s h a l t lehren will das Kochbuch. Grade hierzulande, wo nicht nur die Männer, sondern auch die Hausfrauen in gewisser Beziehung oft allzu "self made" sind, fehlt zum Sparen oft weniger der Wille als das Wissen. Da wird denn auch in der Küche mit Gewürzen, Zucker, Eiern, Butter und sonstigen Zuthaten auf Kosten der Haushalt-Casse und oft zugleich der Gesundheit verprobirt, was ein Blick auf eine gute Anweisung ersparen helfen könnte: Speisereste und Kleinigkeiten werden vergeudet, weil man sie nicht zu verwenden versteht. In solchen Fällen wird unser Kochbuch es an ersparungsfördernden Winken nicht fehlen lassen.

Der letztere Zweck ist es auch, der uns veranlaßte, die lucullischen Gerichte aus unserem Buche fortzulassen und uns auf die Bedürfnisse des guten „bürgerlichen" Tisches i m a l l g e m e i n e n zu beschränken. Dennoch haben wir in einem kleinen Abschnitt für festliche Gelegenheiten auch dem Gaumen des Feinschmeckers einige Concessionen machen zu dürfen geglaubt.

In einem möglichst vollständigen und alphabetisch geordneten Register ist schließlich Gelegenheit gegeben, unter den ca. 1800 Rezepten, welche unser Buch enthält, sich leicht zurecht zu finden.

So möge denn unser Kochbuch zu manchem Haushalt die Thür sich öffnen und Nutzen schaffen, wohin es kommt.

Der Herausgeber.

Wie man die verschiedenen Fette verwendet.

In Haushaltungen, wo man mit einer guten Zubereitung auch Wirthschaftlichkeit zu verbinden sucht, kann neben anderen Ersparnissen auch beim Gebrauch der Butter gespart werden. Zu dem Zweck kann verschiedenartiges Fett, als: Nierenfett, Schweineschmalz, Puter- (Turkey), Gänse- und Entenfett, Suppen-, Rauchfleisch-, Schinken- und Hammelfett zweckmäßig angewendet werden, was alles in Haushaltungen, wo für Abwechslung der Fleischspeisen gesorgt wird, vorkommt. Da aber ein unpassender Gebrauch der Fettsorten die damit zubereiteten Speisen ganz und gar unschmackhaft macht, so möchte es noch wenig Geübten angenehm sein, hier eine Angabe über die passende Anwendung des verschiedenartigen Fettes zu finden.

Gute Butter ist der feineren Küche zu verschiedenen Speisen unentbehrlich; indeß ist es eine irrige Meinung, zum Wohlgeschmack der Gemüse und Braten solche nicht beschränken zu dürfen. Bei den oft hohen Butterpreisen hat man das in der englischen Küche übliche Rinds- oder Nierenfett als Ersatzmittel schätzen gelernt.

Es möge nun zuerst von dem passenden Fette zu Fleischspeisen die Rede sein, wobei gerathen wird, gebratenes Fett nicht wieder zum Braten anzuwenden; zum Kochen ist es jedoch vorzüglich. Alles verdorbene Fett aber, wie es auch heißen möge, sollte niemals für die Küche benutzt werden, dasselbe macht die Speisen, wenn es gebraucht wird, unschmackhaft und schadet zugleich der Gesundheit.

Bei Gemüsen, wozu man Butter und Fett anzuwenden wünscht, tritt der Buttergeschmack stärker hervor, wenn man das Gemüse mit Fett kocht und kurz vor dem Anrichten etwas Butter, in Stückchen zertheilt, auf das Gemüse legt.

Zu Roast-Beef oder Ochsenbraten, nach englischer Weise zubereitet, ist frisches, in Würfel geschnittenes Nierenfett selbst der Butter vorzuziehen. Das darin gebratene Fleisch wird ungleich milder und saftiger, und die Sauce, von der man beim Anrichten größtentheils das Fett entfernt, erhält einen kräftigen und angenehmen Geschmack und liefert einen guten Extrakt zu Kraftsuppen. Zugleich wird das Fett so sehr verbessert, daß man solches statt Butter zu allen gewöhnlichen Gemüsen verwenden kann. Ueberhaupt ist frisches, über Nacht in Wasser gelegtes, dann fein gewürfeltes Nierenfett sowohl zum Braten als auch zum Kochen dem ausgebratenen Nierenfette vorzuziehen.

Kalbsbraten erhält in reichlich Butter gebraten den feinsten Geschmack, besonders auch die Sauce; indeß kann man zur Ersparniß der Butter einige Scheiben geschnittenen guten Speck, welcher keinen Rauchgeschmack haben darf, darunter und darüber legen, auch einen Theil der

1

Butter und zwei Theile reinschmeckendes Schweineschmalz oder Nierenfett zusammen in der Bratpfanne kochen lassen, bevor der Braten hineingelegt wird.

Reh= und Hirschbraten kann man sehr gut mit halb Butter, halb Speck zubereiten; zu Hasenbraten aber wende man in der feinen Küche möglichst nur Butter an; im übrigen kann zur Hälfte Speck, Schmalz oder Nierenfett gebraucht werden.

Bei Hammelbraten läßt sich die Hälfte der Butter durch Speck= würfel ersetzen; für gewöhnlich kann Nierenfett zum Braten dienen.

Puter (Turkey) und Kapaune werden saftiger und können beim Braten dadurch heller erhalten werden, daß Speckscheiben darunter gelegt und auf die Brust gebunden werden; übrigens nehme man Butter.

Küken (junge Hähne), Enten und Tauben erfordern reich= lich Butter; doch kann viel erspart werden, wenn man sie in einem passenden glasirten Geschirr langsam und fest zugedeckt brät, wobei auch einige Speckscheiben zum Unter= und Daraufregen gebraucht werden kön= nen. Zugleich dient ein solches Braten dazu, das Geflügel heller zu erhalten, was den Wohlgeschmack desselben erhöht.

Zu Krammetsvögeln oder Beefsteaks kann die Butter mit fein gehacktem Nierenfett zu gleichen Theilen vermischt werden.

Zu gekochtem Fisch gehört für die feinere Küche ohne weiteres reichlich Butter; für die gewöhnliche kann eine Senfsauce mit Nierenfett gekocht und beim Abnehmen rohe Butter stückenweise durchgerührt werden.

Bei Fricassee's ist die Butter nicht wohl zu entbehren.

Fricadellen von rohem Fleisch und Kalbsleber sind in Butter gebraten am wohlschmeckendsten; doch kann bei ersteren die Butter mit frischem Nierenfett, bei letzterer mit langsam ausgelassenem Speck oder auch Schweineschmalz vermischt werden.

Zum Braunmachen eines Sauerbratens oder frischen Rinderbratens ist Nierenfett anzuwenden.

Eine Gans wird in ihrem eigenen Fett gebraten und paßt solches, so wie auch Puterfett, ganz vorzüglich zu grünem und braunem Winter= kohl. Doch muß die Gans, sowie der Puter (Turkey), nicht zu stark gebraten werden—das starke Braten verdirbt das Fett und macht das Fleisch trocken und unschmackhaft. Das ausgebratene sogenannte Flaumfett der Gans wird in einigen Gegenden im Winter theils zur Ersparung des Baumöls, theils des Wohlgeschmacks wegen, geschmolzen zu Kartoffelsalat angewendet; es gehört jedoch in letzterem Falle dazu ein daran gewöhnter Geschmack. Auch wird wohl eine warme Specksauce zu Kartoffelsalat genommen.

Was nun die Gemüse betrifft, so ist zu Scorzonern, Rosenkohl, Spargel, jungen Erbsen, frischen Wurzeln (Möhren) und jungen Kohlrabi gute Butter nicht wohl zu entbehren. Wo man zur Beihülfe von Fett genöthigt ist, da nehme man zu den beiden letzteren Gemüsen halb Butter, halb gutes Nierenfett, oder halb Butter halb dicken Luftspeck, welcher in kleine Würfel geschnitten, sehr fein gehackt und roh mit Butter vermischt wird.

Zu rothem Kohl ist das Fett einer gebratenen Ente, einer Brat= wurst, auch gutes Braten= oder Nierenfett und zuletzt etwas Butter, sehr passend.

Frisches, klein gehacktes, sowie auch gut ausgebratenes Nierenfett ist zu späten Wurzeln (gelbe Möhren), weißen Rüben, Steckrüben (Kohlrabi in der Erde), Vietsbohnen, frischem Kappus (weißer Kohl) und Kartof= felsuppe passend, doch ist es gut, kurz vor dem Anrichten ein Stückchen Butter in Mehl gewickelt durchzukochen.

Suppenfett kann bei späterem Hinzugeben von etwas Butter gleich= falls zu Wirsing, Kappus, Rüben, Wurzeln, Steckrüben angewendet werden.

Sauerkraut (eingemachter Kohl) ist mit Butter, Schmalz und Nieren= fett zu gleichen Theilen gekocht besonders schmackhaft. Auch ausgebrann= ter Speck, welchen man vor dem Umrühren des Gemüses mit 1—2 rohge= riebenen Kartoffeln durchkochen läßt, ist ausgezeichnet.

Die Fettsorten, welche bei Sauerkraut anzuwenden sind, passen auch zu den übrigen eingemachten Gemüsen.

Gutes Schinken= und Rauchfleischfett nebst der Brühe, frisch und nicht salzig, kann zu Graupensuppe mit Kartoffeln, Erbsen=, Bohnen= und Kartoffelsuppe verwendet werden. Im Sommer verdirbt das Füllfett sehr bald; es ist also nöthig, solches sofort in den Keller zu stellen und, falls nicht in den ersten zwei Tagen Gebrauch davon gemacht werden möchte, die Brühe ganz rein darunter abzugießen und das Fett gut durchkochen zu lassen.

Hammelfett, die schlechteste aller Fettsorten, ist schwierig anzuwenden und paßt eigentlich nur für Rüben. Uebrigens ist, wo sehr viel Ham= melfett vorkommt, zu rathen, dasselbe zum Seifenkochen zu verkaufen oder zu diesem Zweck selbst Gebrauch davon zu machen.

Von kleinen Vorräthen verschiedenen Fettes, wie sie besonders nach einem Gesellschaftsessen vorkommen, schmelze man die passenden Sorten zusammen und verbrauche sie nach ihrer Art.

Das Ausbraten des Nierenfettes ist beim Einschlachten unvergleich= lich; im Uebrigen gebrauche man das Fett möglichst frisch.

Jedes Fett muß, wenn es sich gut erhalten soll, an einem kühlen, luftigen Orte, mit einem durchstochenen Papier zugebunden, aufbewahrt werden. Sollte Brühfett sich verändern, was leicht geschieht, wenn beim Abfüllen das Geringste von Brühe oder Sauce dazu gekommen ist, so würde ein Umschmelzen nothwendig sein.

Um Salatöl vor Starkwerden zu bewahren, gebe man zu einer Flasche Oel 2—3 Eßlöffel getrocknetes Kochsalz, schüttele es zuweilen durcheinander und stelle die Flasche, offen stehend, an einen kühlen Ort. Hierdurch verbessert es sich ungemein und wird vor Starkwerden bewahrt.

Ein gutes Ersatzmittel des Baumöls finden wir im Mohn= und Buchöl, doch muß es kalt ausgepreßt worden sein.

4

Wie man Speisevorräthe am besten gut frisch erhalten kann.

Frisches Fleisch hält sich am besten im Winter, hängend an einem kalten, luftigen Orte; im Sommer um und um mit Brennesseln bedeckt, im Keller auf einem Stein, noch viel besser in einem Eiskeller. Indeß hüte man sich, das Fleisch auf Eis zu legen, wie das von Metzgern häufig geschieht, oder frieren zu lassen, da solches dadurch einen faden Geschmack erhält. Ein weiteres Mittel, das Fleisch vor dem Verderben zu schützen, besteht darin, solches in ein Tuch mit Bieressig angefeuchtet, oder in ein Gefäß zu legen und soviel Bieressig, Milch oder Buttermilch darauf zu gießen, daß das Fleisch völlig bedeckt ist. Das Essigtuch muß stets gehörig feucht gehalten werden und die Milch recht oft, am besten täglich, erneuert werden. Besser als dies alles ist das Bestreichen mit Salicilsäure. Um beim Einschlachten ein Stück Ochsen- oder Rindfleisch zum Braten vollkommen frisch zu erhalten, tunke man es in kochendes Fett und hänge es darnach an einen kalten, luftigen Ort.

Geräucherte Schinken und Sommerwürste mit ganz trockenem Stroh umwickelt, in Leinen genäht, an einem kühlen, luftigen Orte hängend.

Feldhühner halten sich mehrere Wochen unverändert, wenn man sie sogleich nach dem Schießen ungepflückt tief in Hafer steckt.

Kartoffeln. Das starke Auskeimen benimmt den Kartoffeln den guten Geschmack. Um dies zu verhüten, nehme man sie Anfangs oder Mitte Februar aus ihrer Lage und gebe ihnen, ausgebreitet, eine andere Stellung.

Das Keimen der Kartoffeln wird am sichersten verhindert, wenn sie nicht Monate lang im Lager still liegen, welches dadurch verhütet wird, daß man im vorderen Brett des Lagers gleich oberhalb des Bodens ein nicht zu kleines Loch mit Vorschieber anbringen läßt und die Kartoffel nicht von oben, sondern aus dem Loche nimmt, wodurch sie durch Nachrollen in steter Bewegung gehalten werden. Im Lager wird vor dem Einbringen der Kartoffeln ein Brett schräg an die hintere Wand gestellt, wodurch das bessere Ausrollen aus dem Loche bewirkt wird.

Winterwurzeln (Möhren). Man bringe einen Theil derselben in ein Kartoffellager und schütte Kartoffeln darauf. Sind diese im Frühjahr verbraucht, so wird man die Wurzeln ganz saftig und wohlschmeckend finden. Auch erhalten sie sich vorzüglich saftig, wenn man sie mit Flachsschäben (Abfall beim Bracken des Flachses) stark durchschichtet. Ersteres Verfahren ist auch bei Steckrüben (Kohlrabi in der Erde) anzuwenden, oder man bewahre sie schichtenweise in Sand gelegt.

Rother und weißer Kohl (Kappus) bewahrt sich am besten draußen, bei starkem Frost mit Stroh oder Laub bedeckt, was bei Thau= wetter wieder entfernt werden muß. Im übrigen, so lange es nicht stark friert, auf dem Boden (Speicher), auf der Stielseite liegend, nachher im Keller. Sollte derselbe durch den Frost gelitten haben, so muß man ihn ruhig liegen lassen, wodurch der Frost wieder herauszieht.

Feldrüben bewahren sich am besten in einer tiefen Grube; jedoch ist dies etwas umständlich. Sie können auch dadurch bis Weihnachten gut erhalten werden, daß man sie draußen hinschüttet und stark mit Laub und Stroh bedeckt. Auch kann man, etwa im Garten, am besten an einer etwas abhängenden Stelle, mehrere kleine Gruben machen lassen, in jede ein Körbchen voll Rüben, Möhren und Steckrüben schütten, mit einigen Reisern und etwas Stroh zulegen und mit zwei Fuß Erde bedecken.

Zwiebeln erhalten sich vorzüglich, wenn man sie, ohne etwas von ihrem Laub zu entfernen, an einem luftigen Orte, etwa auf dem Spei= cher, dünn ausbreitet, damit sie vollkommen trocken werden. Bei eintre= tendem starken Frost scharre man sie daselbst auf einen Haufen und lasse sie unbesorgt ruhig liegen. Nach neuerlich gemachten Erfahrungen erhalten sich die Zwiebeln bei dieser Aufbewahrungsweise, ohne auszulaufen, bis April und Mai.

Spargel erhalten sich zwei Tage, wenn man sie an einem schatti= gen Orte tief in die Erde legt; auch bleiben sie im Keller in kaltem Brun= nenwasser einen Tag frisch.

Aepfel und Birnen erhalten sich am besten, wenn man sie an einem trocknen Tage vorsichtig pflückt, damit sie keine Fallflecke bekom= men. Hat man einen trocknen, luftigen Keller, so kann man sie sogleich darin auf Lattenbänke — die Stielseite nach unten — dicht neben einander legen; andernfalls ist zu rathen, das Obst einige Wochen an einem lufti= gen Orte ausdünsten zu lassen. Das Nachsehen darf nicht versäumt, jeder angefaulte Apfel muß sogleich weggenommen werden.

Frische Pflaumen (Zwetschen) erhalten sich vorzüglich, wenn man sie an einem sonnigen Tage mit Handschuhen in einen neuen steiner= nen Topf, worin noch kein Wasser gewesen ist, pflückt, denselben mit einer Blase zubindet, in den Keller stellt, einen platten Stein, welcher längere Zeit in der Sonne gestanden hat, darauf legt und den Topf mit ganz trockner Erde bedeckt.

Die Pflaumen sind alsdann um Weihnachten noch ganz frisch, doch halten sie sich, wenn der Topf geöffnet ist, nicht lange mehr, weshalb man wohl thut, einige kleine Töpfe zu füllen. Es versteht sich von selbst, daß hierzu nur ganz feste Pflaumen, die nicht im geringsten beschädigt sind, genommen werden dürfen.

Abgeschnittene Trauben erhalten sich besonders gut, wenn man den Abschnitt verlackt und dieselben an einem kühlen, zugigen Orte aufhängt, doch dürfen die Trauben sich nicht berühren.

Trauben am Stock, wenn man die kleinen, eben angesetzten Trauben in weite Medizingläser steckt, und solche so festbindet, daß die Trauben unberührt in den Gläsern wachsen können. Sie gewinnen dadurch an

Süße und werden vor Kälte geschützt, besonders wenn man vor dem Frieren die Gläser mit Werg (Heede) oder Watte umwindet.

Eier bleiben frisch, wenn man sie in einem steinernen Topfe, mit dünnem Kalkwasser bedeckt, in den Keller stellt, doch müssen sie zugedeckt werden, um den Zutritt der Luft zu verhüten. Es ist indessen hierbei eine Hauptbedingung, daß die Eier vollkommen frisch, also nicht ange= brütet, genommen werden. Monate lang nachher kann man dieselben noch zu Backwerk gebrauchen, da sich das Weiße zu festem Schaum schlagen läßt. Auch kann man die ganz frischen Eier mit geschmolzenem Talg bestreichen und sie an einem kühlen Orte aufbewahren. September=Eier erhalten sich ohne weiteres den ganzen Winter hindurch im Keller.

Mehl bewahrt sich am besten in einem Sacke, den man an einem trockenen luftigen Orte aufhängt, oder in einem offen stehenden Fasse, wo hinein man mit einem Stöckchen Luftlöcher bis auf den Boden des Fasses macht und dies dann und wann wiederholt. Am besten ist dazu ein Ahornstöckchen, welches im Mehl stecken bleibe.

———

I. Vorbemerkungen.

1. Was für Kochgeschirre man brauchen soll.

Es ist zwar bekannt genug, daß man bei kupfernen Kochgeschirren die größte Vorsicht anwenden muß, damit die darin gekochten Speisen der Gesundheit nicht nachtheilig werden; dennoch scheint es uns keineswegs überflüssig, unseren jungen Anfängerinnen Einiges darüber mitzutheilen.

Kochgeschirre von Kupfer und Messing müssen sofort nach jedem Gebrauch gereinigt und getrocknet werden; man koche jedoch keine Speisen darin, welche Säuren enthalten, weil diese den giftigen Grünspan leicht entwickeln, vorzüglich dann, wenn die Speisen nicht sogleich nach dem Kochen herausgenommen werden. Auch Fleischsuppen erhalten darin, falls sie nicht gut überzinnt worden, einen etwas scharfen, unangenehmen Geschmack, das Feine derselben geht unbedingt verloren. Eigentlich sollte man solche Kochgeschirre nur gut verzinnt gebrauchen, was jedoch eine kostspielige Sache ist. Kochtöpfe von Eisen und Eisenblech (worin jedoch auch keine Speisen, am wenigsten säuerliche, über Nacht hingestellt werden dürfen), daneben eisenglasirte, blecherne oder irdene Kochgeschirre sind vorzuziehen, weil die Speisen darin den reinsten Geschmack erhalten. Auch hier sei der eisernen Töpfe mit hermetischem Verschluß gedacht, welche vorzüglich zu Fleischsuppen geschätzt werden.

Zur Aufbewahrung übrig gebliebener Speisen nehme man Gefäße von Stein oder gutglasirte irdene Geschirre, da die Glasur des schlechten irdenen Geschirrs giftige Theile enthält.

2. Wie man eiserne Töpfe reinigt.

Man wäscht den zu reinigenden Topf aus, füllt ihn bis oben mit kochendem Wasser an, welches hinein gemessen wird, stellt ihn an einen Ort, wohin keine Kinder kommen und wo nicht daran gestoßen wird, und gießt zu jedem Quart Wasser 1 Unze Vitriol langsam darüber hin. Nach kurzer Zeit wird das Wasser zu sieden anfangen und mehrere Stunden kochen. Nachdem dies geschehen, wird es herausgegossen, doch muß das Vieh davor bewahrt bleiben. Der Topf wird dann mit Sand und Asche tüchtig gescheuert, rein ausgewaschen und darnach zu wiederholten Malen rein gewaschene Kartoffelschalen darin rasch gahr gekocht, und zwar so oft, bis sie nicht mehr schwärzlich erscheinen. Die erst gekochten Schalen taugen nur für die Düngergrube. Nach dem Reinigen des Topfes wird derselbe inwendig mit einer Speckschwarte angerieben. Dies Verfahren macht die Töpfe nicht nur sehr rein, sondern auch zugleich glatt und glän=

zend und bewirkt ein weißes Kochen der Speisen. Das zum erstenmale darin Gekochte, was geschälte Kartoffeln sein können, werde fürs Vieh bestimmt.

Jn ähnlicher Weise erreicht man auch seinen Zweck durch Anwenden von Alaun. Der Topf wird gleichfalls mit Wasser gefüllt und auf etwa 5¼ Pint desselben ein Stück Alaun von der Größe einer Wallnuß — es kommt nicht so genau auf das Verhältniß an — hinein geworfen, aufs Feuer gestellt, einige Stunden gekocht und übrigens wie oben verfahren.

3. Wie man bei'm Geflügel sehen kann, ob's alt oder jung ist.

Beim Ankauf des Geflügels ist es nothwendig, mit den Merkmalen bekannt zu sein, an welchen man junges von altem Geflügel unterscheidet. Alte Hühner und Tauben, die zwar den Suppen und Saucen mehr Kraft als junge geben, zur Fleischspeise aber ungenießbar sind, erkennt man an einem gedrungeneren, stärkeren Körperbau, härteren Brustknochen, einer spröderen, dickeren, sogenannten Hühnerhaut, etwas stumpferen, abge= nutzten Klauen; Gänse und Enten an stärkeren Fußballen, dickerer Schwimmhaut und harten Schnäbeln; Puter an ihren rothen Beinen und den stärkeren schwammigten Fleischlappen auf dem Kopfe und unter der Kehle.

Nach diesen Erkennungszeichen läßt sich beim Ankauf auch das wilde Geflügel einigermaßen beurtheilen. Ob es frisch sei — das muß haupt= sächlich der Geruch bestimmen.

Man kann dasselbe vom Augenblick an, wo es geschossen ist, im Herbst in den Federn kalt und luftig hängend, mehrere Tage aufbewahren; doch muß es sogleich, nachdem es geschossen ist, ausgeweidet werden. Zu langes Aufbewahren nach vornehmer Sitte macht es aber ekelhaft.

Auch sehe man beim Ankauf des zahmen Geflügels darauf, recht fettes zu kaufen, es ist dieses wenigstens ¼ des Preises mehr werth, sowie überhaupt keine Ersparung darin liegt, schlechtes Fleisch billiger zu kaufen.

4. Wann muß man Geflügel kaufen und wie muß man's vorrichten.

Jn folgenden Monaten ist das Geflügel am besten: Puter vom September bis zum Dezember; Gänse von Mitte des Oktober bis Mitte Januar; Kapaune in den Wintermonaten; Hühner in der Zeit, wo sie nicht legen, übrigens gebraucht man sie das ganze Jahr hindurch; Hähn= chen (Küken), wenn man sie haben kann.

Nach der Art des Geflügels muß dasselbe ein oder mehrere Tage vor dem Gebrauch geschlachtet werden; man richte sich dabei nach folgender Angabe: Junge Hühner, Hähnchen (Küken) und Tauben muß man wenigstens am Abend vorher, alte Hühner, Kapaune und Enten Tag und Nacht, Puter 2 und Gänse 3—4 Tage hinhängen. Sollte man jedoch genöthigt sein, kleineres Geflügel bald nach dem Abschlachten zu gebrauchen, so muß es sofort, also noch einigermaßen warm, aufs Feuer gebracht werden, wodurch man es sehr milde finden wird. Ob solches auch bei Gans und Puter anwendbar sei, können wir nicht verbürgen.

Den Hühnern, Hähnchen, Kapaunen und Putern wird mit einem scharfen Messer die Gurgel durchgeschnitten; Enten der Kopf abgehauen; Tauben derselbe abgerissen; die Gänse tödtet man mit einem spitzen Messer durch einen Stich an der Stelle, wo die Hirnschale sich aus Genick schließt, das Blut wird in etwas Essig aufgefangen und das Loch mit einem glühenden Eisen, damit die Federn nicht blutig werden, wieder zugebrannt.

Nach dem Rupfen wird das Federvieh gesengt, indem man eine kleine Handvoll Stroh auf dem Herde anzündet, wobei dasselbe von allen Seiten über der Flamme hin und her bewegt wird; doch sehe man zu, daß es nicht von derselben geschwärzt werde. Zum Sengen des feineren Geflügels nehme man Papier, weil es dadurch nicht im geringsten von seiner Weiße verliert. Gänse und Enten werden nach dem Sengen mit warmem Kleienwasser oder etwas Mehl und Wasser abgerieben und die noch daran sitzen gebliebenen Pilen (Stoppeln) mittelst eines spitzen Messers herausgezogen. Will man die Gänse aber längere Zeit erhalten, so darf man sie weder waschen noch ausweiden. Das Uebrige ist weiter unten nachzusehen.

Das zur Suppe oder zum Fricassee bestimmte Federvieh wird sogleich nach dem Abschlachten, damit es recht weiß bleibe, ¼ Stunde in kaltes Wasser geworfen. Hierauf faßt man es an den Füßen, schüttelt es ab, hält es einige Minuten in heißes Wasser, und sollten sich die Federn nicht gut herausziehen lassen, so wiederhole man letzteres noch einmal; jedoch muß man bei jungem Geflügel das Wasser nicht zu heiß nehmen, weil sonst die Haut abreißt. Dann pflückt man es behutsam und weidet es auf folgende Weise aus:

Putern und Kapaunen schlägt man vor dem Ausweiden den Brustknochen ein, indem man sie mit dem Rücken auf den Tisch legt und ein zusammengefaltetes Tuch, damit die Haut nicht verletzt werde, über die Brust deckt und mit einem Klopfholz den Brustknochen vorsichtig einschlägt; man verfährt dann damit wie bei allem anderen Geflügel.

Den jungen Hähnchen drückt man mit dem Daumen den Brustknochen ein, wo man ihn dann inwendig ganz bequem herausnehmen kann. Es dient dies dazu, dem Geflügel ein schöneres Ansehen zu geben.

Hierauf schneidet man dem vorstehend erwähnten Geflügel die Füße im ersten Gelenk ab, sticht Augen und Ohren mit einem spitzen Messer aus, zieht die Haut vom Kamm und die hornartige Haut vom Schnabel, reißt die Zunge aus, macht zwischen Hals und Flügeln einen kleinen Schnitt, greift mit dem Vorderfinger hinein und zieht den Kropf nebst der Gurgel heraus. Dann macht man unten am Bauch einen Querschnitt, greift mit zwei Fingern, damit die Oeffnung nicht weiter reiße und die Galle nicht verletzt werde, hinein, und nimmt das Eingeweide sammt dem Herzblut behutsam heraus, schneidet die Fettdrüse ab, sowie auch die Stelle, wo der Darm endet. Die Galle wird nun vorsichtig von der Leber entfernt, der Magen, wo die weiße Haut sich zeigt, aufgeschnitten und diese abgezogen. Darauf wird das Geflügel inwendig und außen gehörig gewaschen und gespült, eine Viertelstunde ausgewässert, abgetrocknet, in ein Tuch gewickelt und in eine Schüssel gelegt, weil es durch den Eindruck der Luft seine Weiße verliert. Will man es nun zurichten, so wird es noch einmal leicht abgewaschen und je nach der Art des Geflügels aufgebogen. Leber, Herz und Magen werden, wenn man solche nicht zum Füllen benutzen will, in den Leib gelegt, indem sie da weniger austrocknen.

Dem Aufbiegen aber geht das Füllen voran, welches gewöhnlich nur bei zahmem Geflügel angewendet wird und bei allem, außer bei Gänsen und Enten, auf folgende Weise geschieht: Man greift mit dem Vorderfinger beim Halsschnitt hinein, sucht die Haut über der Brust von derselben zu lösen und die Oeffnung zu erweitern, steckt ein Stückchen Brodrinde in die offene Gurgelstelle, füllt die bestimmte Farce hinein und näht die Haut wieder zusammen.

Der **Puter** wird auf folgende Weise aufgebogen: Die beiden Flügel dreht man nach dem Kopfe hin herum, daß sie flach auf dem Rücken liegen, schiebt die Beine in den Querschnitt hinein und durch die zweite Oeffnung hinaus, dann legt man denselben auf den Rücken, dreht den Kopf herum und sticht ihn mit einer Spille (ein dünnes, rundes, zugespitztes Stückchen Holz) fest, damit er eine gute Haltung bekomme, doch sei man dabei vorsichtig, damit die Brust durch die Spille nicht verletzt werde. Darauf drückt man die Beine nach dem Kopfe hin nieder, wodurch die Brust hervortritt, und sticht dann eine Spille durch die Keulen, um sie fest anzuschließen. Zuletzt wird der Puter gespickt, oder es werden Speckscheiben auf die Brust gebunden.

Hühner, Kapaune, Hähnchen und **Tauben** werden ebenso vorgerichtet, dann biegt man bei den drei ersteren den Kopf am Rücken her und legt ihn unter einen Flügel nach der Brust hin. Die Hühner werden nicht gespickt, Kapaune und Tauben nach Belieben gefüllt, auch nach Belieben gespickt.

Zum Ausnehmen der **Gänse** macht man gewöhnlich einen Schnitt der Länge nach in den Leib, welcher nach dem Füllen wieder zugenäht wird. Das Ausnehmen der Gans erfordert einige Vorsicht und geschieht wie folgt: Beim Herausziehen der Speiseröhre (Straße) am Halse sucht man mit dem Finger den Inhalt oben so viel als möglich zu lösen, greift dann mit der rechten Hand unten in den Querschnitt hinein, zieht zuerst das Eingeweide nach und nach heraus, faßt dann in den Magen und bringt ihn bis vor die Oeffnung; da derselbe aber nicht mit der Hand durchzubringen ist, so muß die linke Hand, auf der Brust liegend, nachschieben, so daß man die Spitze des Magens fassen und ihn herausziehen kann. Demnächst wird erst das Fett herausgeholt, was jedoch nur stückweise zu erreichen ist.

Nachdem die Gans gereinigt, schneidet man Kopf und Hals, sowie auch die Beine im ersten Gelenk weg, haut die Flügel zwei Finger breit vom Körper ab und gebraucht solches sammt Leber, Lunge, Herz und Magen zum Gänseschwarz (Ragout). Die Gans wird dann gut gewaschen, gespült, eine Stunde gewässert und auf dem Speicher (Boden) hängend einige Tage aufbewahrt. Das Füllen kann nach Gefallen beim Gebrauch oder Tags vorher geschehen, wie es bei der Zubereitung bemerkt worden.

Nach dem Füllen wird nun die neben dem Querschnitt befindliche Darmöffnung über den Steißknochen gezogen und solcher zurückgebogen, wobei es dann des Zunähens nicht bedarf. Sollte aber durch Unvorsichtkeit die Haut etwas eingerissen sein, so muß solche mit einem Faden wieder zusammengefügt werden.

Die Gans muß wenigstens 2—3 Tage vor dem Gebrauch geschlachtet und vorgerichtet sein. In strenger Kälte kann man sie 2—3 Wochen an der Luft hängend aufbewahren; doch sie ist einige Tage nach dem Abschlachten am wohlschmeckendsten. Das Blut, zum Gänseschwarz fast unentbehrlich, erhält sich, mit reichlich Essig vermischt, offen und kalt stehend, bei kalter Witterung 8 Tage.

Enten werden wie Gänse behandelt, die Halshaut wird zurückgeschoben, der Hals abgeschnitten und die Haut in die Oeffnung gedrückt; auch mitunter nach Angabe gefüllt.

Fasanen. Rebhühner und Birkhühner. Die Füße werden nicht wie bei anderem Geflügel abgeschnitten, sondern nur die Sporen abgehauen und dann die obere Haut von ersteren abgezogen, nachdem man sie vorher in heißes Wasser gethan hat. Die Spitzen der Flügel werden abgeschnitten, Leber und Magen nicht benutzt, die Flügel wie bei anderem Geflügel nach dem Kopfe hin umgebogen, die Beine im zweiten Gelenk von unten so gedreht, daß die Füße nach dem Kopfe hin gerichtet sind. Dann wird ein dünnes, rundes, zugespitztes Stückchen Holz durch die Schenkel gestochen.

Schnepfen und Becassinen werden ebenso vorgerichtet, jedoch nicht ausgeweidet; beim Aufbiegen wird der Schnabel in die Brust gestochen.

Krammetsvögeln steckt man die im Gelenk so abgeschnittenen Beine, daß das Gelenkknöchelchen bleibt, kreuzweis durch die Augenhöhlen. Sie werden nicht ausgenommen.

5. Vom Spicken.

Das Spicken macht die Braten saftiger und gibt ihnen nebenbei ein gutes Ansehen. Der Speck zum Spicken muß gesalzen sein, noch besser ist der, welcher zugleich einen Luftrauch erhalten hat. Man wählt dazu ein festes Stück, legt es auf ein Küchenbrett, schneidet mit einem scharfen Messer sägend, nicht drückend, von beliebiger Länge 3 Finger breite Scheiben von der Schwarte ab, theilt sie in dünne Scheiben, legt diese glatt aufeinander und schneidet davon, der Breite nach, dünne, gleichmäßige Streifen. Nun steckt man mit der linken Hand ein Speckstreifchen in die Spicknadel, zieht es mit der rechten soweit durch das Fleisch, daß es an beiden Seiten einen Finger breit heraussteht, das zweite Streifchen unmittelbar daneben und fährt so fort, bis man eine gleichmäßige Reihe Speckstreifen, die eine gerade Linie bilden, durchgezogen hat. Dann

fängt man nebenan wieder eine neue Reihe an. So macht man bei Ha=
sen, welche fein gespickt werden sollen, zu beiden Seiten des Rückgrats
der Länge nach herunter 2 Reihen, also 4 im ganzen; für gewöhnlich sind
2 hinreichend. Bei anderen Wildbraten, sowie bei Geflügel, geschieht das
Spicken auf gleiche Weise. Die Spicknadeln, die man in Haushaltungen,
wo viel gespickt wird, gern von verschiedener Größe nimmt, um fein und
gewöhnlich spicken zu können, müssen von Messing oder Stahl, recht glatt,
rund und hoch genug gespalten sein und nach jedem Gebrauch gereinigt und
an ihren Ort gebracht werden.

6. Leber=Farce. ¼ Pfund zartes Kalbfleisch wird kleinwürflich
geschnitten, einige Löffel voll fein geschnittene Champignons und etwas
Petersilie, ¼ Lorberblatt, Salz, ein wenig Pfeffer und Muskatnuß, so
wie 2 – 3 Unzen (ounces) Butter dazu gefügt und zwanzig Minuten ganz
langsam geschmort; nachher recht fein geschnitten und nebst 10—12 Ge=
flügel=Lebern, wovon die Galle entfernt ist und welche erst mit kaltem
Wasser zum Feuer gesetzt, ganz leicht steif gemacht, dann mit kaltem
Wasser abgefrischt und abgetrocknet worden sind, recht fein gestoßen und
durch ein grobes Sieb gestrichen. Auch können etwas recht fein gehackte
und in Butter geschwitzte Trüffeln darunter gemischt werden.

7. Farce von Rindfleisch. ¼ Pfund mageres Rindfleisch und
2—3 Unzen Speck, in Ermangelung Nierenfett, werden recht fein gehackt,
Salz, Citronenschale, etwas Muskatblüte, ein Stückchen geschmolzene
gelbbraun gewordene Butter, 2—3 Unzen eingeweichtes und ausgedrücktes
Weißbrod und zwei Eier, das Weiße zu Schaum geschlagen, hinzugege=
ben. Dies alles wird gut unter einander gerührt und als Farce benutzt.

8. Farce von Kalbfleisch zu Suppen= und Ragoutklößchen.
¼ Pfund Kalbfleisch wird mit 1 Unze Mark= oder Nierenfett fein gehackt,
2—3 Unzen zerrührte Butter, Salz, Muskat, 2—3 Unzen abgeschältes,
in kaltem Wasser eingeweichtes und stark ausgedrücktes Weißbrod nebst
2 Eiern, das Weiße zu Schaum geschlagen, hinzugegeben und alles wohl
unter einander gerührt.

9. Farce von Flußfisch. Ein Pfund von Haut und Gräten befreites
rohes Fischfleisch, 4—5 Unzen frischen Speck, ein zartes Rührei von
3 Eiern, eine kleine in Butter gebratene Zwiebel, eine Sardelle, etwas
fein gehackte Petersilie, Salz, gestoßener weißer Pfeffer und Muskatblüte.
Nachdem dies alles ganz fein gehackt ist, werden 6 Unzen altes abgeschältes
und in kaltem Wasser eingeweichtes Weißbrod stark ausgedrückt, mit 2—3
Unzen frischer Butter auf dem Feuer zu einem Teig abgerührt, darnach
mit der Farce und 1—2 rohen Eiern gut vermengt.

**10. Farce von Semmel zum Füllen von zwölf Tauben oder
einer Kalbsbrust.** Man rührt 2—3 Unzen Butter weich, gibt 3 Eidot=
ter, Muskatblüte oder Zitronenschale, Salz, 14 Unzen geriebenes Weiß=
brod und das zu Schaum geschlagene Eiweiß hinzu. Ein Drittel dieser
Portion, mit etwas fein gehackter Petersilie vermischt, reicht hin, 4 Tau=
ben zu füllen. Auch kann man Herz und Leber, fein gehackt, dazu
nehmen.

11. Farce mit Rosinen. Man rührt 2—3 Unzen Butter weich, nimmt drei Eidotter, ein klein wenig Muskatnuß und den vierten Theil einer abgeriebenen Zitrone, Salz und ¼ Pfund abgeriebenes, altes Weiß= brod, ¼ Pfund kleine Rosinen, 2 Unzen gestoßenen Zucker mit Zimmet vermischt dazu, füllt dies in einen Puter, auch reicht es ungefähr für 4 Tauben oder Hähnchen.

12. Farce von Mandeln (Portion für einen Puter). 3—4 Unzen weich gerührte Butter, 3 Eidotter, Muskatblüte, eine Obertasse voll Mandeln mit etwas Wasser fein gestoßen, 2 Obertassen voll wenigstens einen Tag altes geriebenes Weißbrod und etwas gute Sahne werden stark gerührt, dann wird der Schaum von 2 Eiern leicht durchgemischt. Auch paßt dazu Rosinensauce gut.

13. Weiße Kraftbrühe zu weißem Ragout. Zu einem Ragout für 12 Personen nimmt man 3 Pfund mageres, in kleine Stücke geschnit= tenes Rindfleisch, setzt es mit Wasser bedeckt auf's Feuer, schäumt es gut aus und gibt sogleich hinzu: ½ Sellerieknolle, eine gelbe Wurzel, eine Petersilienwurzel, 2 Zwiebeln, alles in Stücke geschnitten, kein Salz, und läßt es zugedeckt 2 Stunden auskochen. Dann gießt man die Brühe durch ein Haarsieb, läßt solche ruhig stehen, gießt sie später vom Bodensatz ab und entfernt das Fett, ehe man sie zum Ragout verwendet.

14. Braune Kraftbrühe zu braunem Ragout. Für 12 Personen nimmt man ¼ Pfund in Scheiben geschnittenen Speck, legt ihn in einen weiß kochenden eisernen Topf, darauf ¼ Pfund rohen Schinken oder Som= merwurst und 2 Pfund Rindfleisch, beides in Scheiben geschnitten, nebst 2 Zwiebeln, 2 Lorberblättern, einer gelben Wurzel, einer halben Sellerie= knolle, einer Petersilienwurzel, ganzem Gewürz, so auch, wenn man Abfall von verschiedenem rohen Fleisch hat, es kann das schlechteste sein, doch nichts vom Kopfe, weil die Brühe sonst nicht klar würde. Dies alles setzt man auf gelindes Feuer und läßt es zugedeckt ¼ Stunde langsam braten, wobei es gut ist, wenn es, ohne jedoch zu brennen, sich am Topfe braun ansetzt. Ist dies geschehen, so gibt man einen Guß kochendes Wasser hinzu und wiederholt dies, sobald das Fleisch sich angesetzt hat, mehrere= mal. Nachdem es braun genug ist, gießt man so viel kochendes Wasser hinzu, als man Brühe zum Einkochen mitgerechnet haben muß, und läßt es zugedeckt an einer Seite langsam kochen. Das Salz kommt nicht in die Brühe, sondern in's Ragout. Ist das Fleisch nach Verlauf von 1—2 Stunden gut ausgekocht, so gießt man die Brühe durch ein Haarsieb und entfernt Fett und Bodensatz.

15. Trüffeln zu Fleischspeisen und Saucen vorzurichten. Wer= den 1—1½ Tag eingewässert, das Braune abgeschält, in Wasser gekocht, in Butter durchgeschmort und beim Anrichten in die Sauce gegeben.

16. Champignons desgleichen. Von dem oberen Theile und dem Stiele der frischen Champignons zieht man die Haut ab, nimmt die unter dem Pilze sitzenden Blättchen, Lamellen genannt, weg und spült sie mit kaltem Wasser ab. Dann setzt man dieselben mit etwas Butter auf gelindes Feuer, läßt sie zugedeckt in der eigenen Brühe gar werden und gibt sie mit dieser Brühe in's Fricassee.

Die getrockneten Champignons muß man eine Stunde in Wasser ein= weichen; sind es braune und sollen sie zu einer weißen Speise gebraucht werden, so muß man sie vorher abkochen, damit das bräunliche Wasser herauszieht. Dann drückt man_ dieselben aus und gibt sie, wenn das Ragout oder Fricassee ausgeschäumt ist, hinzu.

17. Kalbsmidder (Kälbermilch) zu Fricassees und Saucen vorzurichten. Man setzt die Midder mit kaltem Wasser auf's Feuer; wenn sie warm geworden sind, wird das Wasser abgegossen und anderes darauf gegeben, so einigemale, bis sie weiß erscheinen. Dann legt man sie in kaltes Wasser, zieht von den länglichen Stücken die Haut ab, löst aus den anderen die fleischigen Theile, schneidet dieselben in einige Stücke und kocht sie während 10 Minuten im Fricassee gahr.

18. Spargel desgleichen. Man schneidet die Köpfe zwei Zoll lang ab und kocht sie ¼ Stunde im Fricassee.

19. Austern desgleichen. Die Austern gibt man erst beim An= richten ins Fricassee oder in die bestimmte Sauce, weil sie durch Kochen hart werden.

20. Kastanien zu verschiedenem Gebrauch. Wünscht man die= selben zum Ragout anzuwenden, so entferne man mit einem Messer die äußere braune Schale, koche die Kastanien in kochendem Wasser so lange, bis man die braune Haut gleichwie die der Mandeln abziehen kann, und wasche sie mit kaltem Wasser. Alsdann lasse man sie in einem weißkochen= den Töpfchen mit etwas Wasser, Butter und einem Stückchen Zucker, fest zugedeckt, in kurzer Brühe gahr schmoren. Die Kastanien werden alsdann weiß, weich und nicht bröckelig. Man gibt sie beim Anrichten ins Ragout.

Kastanien zum Kohl werden auf gleiche Weise zubereitet. Man kann sie vor dem Anrichten durchmischen, oder, da nicht jeder sie liebt, in einem Schüsselchen dazu geben.

Kastanien zum Nachtisch oder zum Thee mit Butterbrod werden, nachdem ein Kreuz dareingeschnitten, mit Salz—zu jedem Pfunde eine kleine Handvoll — in einem Kaffeebrenner oder Topfe unter häufigem Schütteln so lange geröstet, bis sie weich geworden sind, was nach ½—¾ Stunde der Fall sein wird.

Beim Anrichten werden die Kastanien schnell in einem groben Tuche abgerieben und zugedeckt ganz heiß zur Tafel gebracht.

21. Sardellen zum Butterbrod anzurichten. Man spüle von den Sardellen das Salz in kaltem Wasser ab, lege sie in frisches Wasser, worin man sogleich, ohne sie zu wässern, mit den Fingern die kleinen Schuppen und Floßfedern auf dem Rücken wegnimmt, reiße sie alsdann, am Schwanz fassend, in zwei Hälften und entferne den Rückgrad und die am Schwanz befindlichen Flossen. Dann lege man sie zum Ablaufen auf einen Durchschlag und richte sie zierlich geordnet an; man kann die Hälf= ten schrägwinkelig auf einander legen, den Rand mit aufgerollten Sardellen

verzieren und nach Belieben das Schüsselchen mit feinem Oel und etwas
Weinessig übergießen.

22. Sardellenbutter. Man rührt 1 Pfund gute Butter zu
Schaum, nimmt 1 Pfund nach voriger Nummer vorbereitete Sardellen,
die man fein hackt, hinzu und reibt die Masse durch ein Sieb, verwahrt
sie in einem Steintöpfchen, und stellt sie zugebunden an einen kalten Ort.
Es ist noch zu bemerken, daß dieselbe, wenn sie an Speisen gebraucht
werden soll, nicht kochen darf, sondern recht kurz vor dem Anrichten hinzu
gethan wird. Es wird dieselbe auch an Saucen, Fricassées und Ragouts
gebraucht.

23. Sardellen mariniren wie Anchovis. Die Sardellen spült
man 4—5 Mal in kaltem Wasser ab, legt sie auf ein Sieb, damit das
Wasser abläuft, läßt sie aber ganz. Dann nimmt man 1 Theelöffel Pfef=
fer, 1 Theelöffel Nelken, ¼ Löffel Muskatblüte, eine Messerspitze Ingwer,
1 Theelöffel Lorbeerblätter, 1 Theelöffel rothe, spanische Pfefferschoten,
alles gröblich gestoßen, 1 Theelöffel voll frische Thymianblättchen und 12
kleine Perlzwiebeln, mischt die Gewürze gut durcheinander und legt eine
Lage Sardellen in ein Einmacheglas, dann ein wenig von den Gewürzen,
was man wiederholt, bis alles aufgebraucht ist, gießt 1 Tasse voll Essig
darüber und 1 Glas Mohnöl.

24. Braune Butter. Die Butter setzt man in einem eisernen
Topfe auf gelindes Feuer und rührt dieselbe so lange, bis sie braun ge=
worden ist; erst zergeht sie, dann fängt sie an zu steigen und wird allmäh=
lich braun.

Das, was man in Butter zu bräunen wünscht, muß erst, nachdem
dieselbe braun gemacht ist, hineingethan werden, weil es sonst keine schöne
Färbung erhält; doch sei man dabei achtsam, daß kein bränzlicher Ge=
schmack entsteht.

**25. Abgeklärte oder Schmelzbutter, hauptsächlich für But=
tergebäck.** Die Butter, worin man Backwerk kochen will, muß gereinigt
sein; ist dies nicht geschehen, so wird dieselbe, wenn das zu Backende hinein=
gelegt wird, schäumig und läuft über. Sie wird daher in einem nicht zu
kleinen eisernen Topfe auf schwaches Feuer gesetzt und gelinde gekocht, bis
sie hell und klar geworden, wobei man auf 2 Stunden rechnen kann. Der
Schaum, welcher nicht abgenommen wird, zieht sich zum Theil nach dem
Boden hin, wo er sich mit den Salztheilen verbindet. Wenn man das
Kochen der Butter nicht mehr hört, so hat sie den bestimmten Grad er=
reicht. Man stellt den Topf vom Feuer, läßt ihn etwa zehn Minuten
stehen, nimmt den noch vorhandenen Schaum ab und füllt die klare Butter
in wohlgereinigte Steintöpfe, doch darf nicht das Geringste vom Bodensatz
dazu kommen. Ganz erkaltet legt man ein Papier darüber, einen Finger
dick Salz darauf und bewahrt sie offen stehend an einem kalten, luftigen
Ort.

Solche Schmelzbutter gibt dem in Fett zu kochenden Gebäck den
feinsten Geschmack und ist zum Kochen und Ausstreichen der Formen un=
vergleichlich.

26. Petersilienbutter. Man läßt Schmelzbutter zum Kochen kommen, rührt einen guten Theil feingehackter Petersilie durch und bewahrt sie für den Winter auf.

27. Dill in Essig zum Einmachen saurer Gurken. Der Dill, das Hauptgewürz saurer Gurken, wird gewöhnlich durch Ausfallen des Samens gezogen, nicht gesäet. Dadurch ist derselbe dann vor dem Einmachen der Gurken in bester Kraft und von feinstem Wohlgeschmack; zur Zeit des Gebrauchs aber häufig nicht mehr grün, bei einer Verspätung oft gar nicht mehr zu haben.

Aus diesem Grunde würde zu rathen sein, den Dill, so lange die Samenbüschel noch frisch grün sind, abzuschneiden, solche wie beim Einmachen der Gurken vorzurichten und in einem großen Glase, mit rohem Essig bedeckt, bis zum Gebrauch hinzustellen. Man lege alsdann die Dillbüschelchen wie gewöhnlich schichtweise durch die Gurken und gieße den Dillessig, mit dem nöthigen Essig vermischt, darüber.

28. Eingekochte Kräuter, Zusatz an Saucen. Eine Obertasse voll feingehackter Schalotten oder Zwiebeln, etwas Petersilie, Dragon, Thymian, Basilikum, Zitronenschale und 1 - 2 Lorbeerblätter werden mit 2½ Unze Butter auf's Feuer gesetzt und so lange gerührt, bis die Butter klar hervorkommt; braun darf sie nicht werden. In einem offenen Glase kann man sie 14 Tage aufbewahren.

29. Küchenpfeffer. Es dient zur großen Bequemlichkeit und Zeitersparniß, die hauptsächlichsten Gewürze zum Küchengebrauch gestoßen vorräthig zu halten, namentlich Pfeffer, Muskatnelken, Nelkenpfeffer und Muskatblüte. Jedes einzelne Gewürz werde fein gestoßen und in kleinen Gläsern mit weiten gedrehten Holzstopfen und Etiketten, wie man sie als Pillengläser in den Apotheken haben kann, aufbewahrt. Es ist dadurch nicht nur das öftere unangenehme Geräusch des Mörsers und das jedesmalige Ausputzen desselben zu vermeiden, sondern es kann auch gerade so viel Gewürz als wünschenswerth ist gebraucht werden.

30. Gemischter Küchenpfeffer. Man nehme von folgenden Gewürzen gleiche Theile: von Pfeffer, Nelkenpfeffer, Zimmet, Muskatnuß etwa ¼ Unze, dazu 2 Drachmen (drams) Ingwer nebst 10—20 Stück Nelken, stoße dies alles recht fein, mische es gut und bewahre es in einem verschlossenen Glase, um zur Zeit damit braune Suppen, Ragouts und Saucen zu würzen.

31. Senf zu machen. Nachdem der Senfsamen langsam und gründlich auf Papier in einem mäßig warmen Bratofen getrocknet ist, wird er fein gestoßen oder in einer besonders fein gestellten Kaffeemühle gemahlen. Nun nehme man auf ¼ Pfund etwa 1 Unze gestoßenen Zucker, rühre davon mit kochendem Wasser einen dicken Brei, der ganz steif wird, wenn er 2—3 Stunden kalt hingestellt war. Darauf rührt man so viel Weinessig hinzu, bis der Senf die richtige Masse bildet. Man verwahre ihn in einem geschlossenen Topfe, der mit Papier oder einer Blase verbunden wird.

32. Glace zum Fleisch glaciren. ¼ Pint Bouillon, ⅓ Pint Bratenbrühe und ⅓ Pint Bratensatz ohne Salz wird zu Sirup eingekocht, während solches zuweilen umgerührt werden muß. Beim Anrichten wird es warm über Fisch oder ein Stück übriggebliebenes heißgemachtes Fleisch gestrichen, welches wieder als ein ganzes zur Tafel gebracht werden soll.

33. Zucker zu läutern. Man tunkt den Zucker in kaltes Wasser, läßt ihn in einem Töpfchen, am besten von Messing, über Feuer zergehen und schäumt denselben so lange, bis er klar geworden ist. Will man ihn schnell und vorzüglich klar machen, so gebe man geschlagenes Eiweiß hinein, welches den Schaum in sich aufnimmt.

34. Braunen Suppen, Ragouts und Saucen eine schöne Färbung zu geben. 1 Unze Zucker wird in einem kupfernen Kasseröldchen auf's Feuer gesetzt und beständig gerührt, bis er dunkelbraun geworden ist; dann gießt man schnell ¼ Pint Wasser hinzu, nimmt den Zucker vom Feuer, rührt ihn noch eine Weile und bewahrt denselben in einem zuge= korkten Glase zum Färben auf. Mit einem Theelöffel voll färbt man ½ Pint Brühe schön gelb; indeß kann man sich auch mit einigen Körnchen Zichorien sehr gut aushelfen. Auch gibt eine Zwiebel, welche in der Asche braun gebraten, abgeschält und nach dem Abschäumen in der Suppe ge= kocht ist, derselben eine schöne Kraftfarbe.

Solche Farben künstlich herzustellen, dient auch Folgendes und bewirkt zugleich einen Spargelgeschmack: Vor dem Abschälen des Spargels wird derselbe rasch abgewaschen, mit einem Tuche abgerieben, der Abfall ge= trocknet, in einem Säckchen aufbewahrt und etwas davon in Fleischbrühe gekocht.

35. Klare mit Hefe in Schmelzbutter zu backen. ¼ Pfund feines Mehl wird mit ⅓ Pint (einer Tasse voll) lauwarmem Wein, Bier oder Milch, 2 Eidottern und etwas Salz zerrührt und 1 Unze zergangene Butter, 2 zu Schaum geschlagene Eiweiß und 1 Löffel dicke oder ½ Unze trockne mit Milch gerührte Hefe hinzugefügt. Die Masse muß so dick sein, daß sie an dem Hineingetunkten hängen bleibt. Man läßt dieselbe aufgehen, tunkt das Bestimmte hinein und legt es dann schnell in das kochende Schmalz, während man es einmal umdreht und schön gelb werden läßt.

Anmerkung. — Klare ist eine dicke eingerührte Masse zum Ein= tunken und Ausbacken verschiedenen Obstes und Fleisches. Man kann zu allen Klaren, die nicht zu Fleischspeisen gebraucht werden, einen Eßlöffel Rum geben.

36. Klare von Eiern. ⅓ Pint frische Milch wird mit ¼ Pfund feinem Mehl, 4 Eidottern und etwas Salz zerrührt, dann das von diesen Eiern zu dickem Schaum geschlagene Weiße nebst einem Eßlöffel Rum darunter gemischt, das Bestimmte hineingetunkt und in kochender Schmelz= butter oder Schmalz gebacken.

37. Klare von Wein. ¼ Pint Wein, 1 Unze Butter, 1 Unze Zucker werden heiß gemacht, 3½ Unzen Mehl darin abgerührt, etwas abge=

2

fühlt, der steife Schnee von 4 Eiern nach und nach darunter gemischt, das Bestimmte damit dick bestrichen und in Schmelzbutter oder Schmalz gebacken.

38. Eiweiß zu schlagen. Um recht steifen Schaum zu bekommen, von dem das Gerathen der Puddings und mancher Backwerke sehr abhängt, nehme man recht frisches Eiweiß, lasse aber ja nicht das Geringste von den Dottern dazu kommen. Mit einem losen Schneebesen oder einer Gabel schlägt man es an einem kühlen Orte oder in mäßiger Zugluft auf einer flachen Schüssel von Blech oder Zinn, immer von einer Seite unaufhörlich und gleichmäßig, bis der Schaum so dick und steif ist, daß man ihn umwenden kann, welches eine Zeit von 10—15 Minuten erfordert. Etwas Zitronensaft, sogleich in's Eiweiß getröpfelt, befördert das Steifwerden sehr. Man darf den Schaum, nachdem er geschlagen ist, nicht hinstellen, man muß vielmehr bis zum Gebrauch fortschlagen, da er andernfalls wässerig wird.

Ist der Schaum zu Klößchen auf Milch= oder Biersuppen, Crêmes oder Kuchen bestimmt, so schlage man etwas geriebenen Zucker darunter, welches ein rascheres Steifwerden bewirkt.

39. Mandeln zu reiben. Um beim Gebrauch der Mandeln sich nicht mit dem zeitraubenden Stoßen zu befassen und viel besser seinen Zweck zu erreichen, ist die Mandelreibe zu empfehlen. Man lasse sie sich von den Konditoren zeigen. Uebrigens besteht sie aus einem etwa 6 Zoll langen und 3 Zoll breiten Brettchen mit zwei Seitenbrettchen versehen (einer Kappußschale ähnlich), worauf sich ein Stückchen Blech, wie eine Reibe eingerichtet, mit einem Kästchen befindet, welches mit den vorgerichteten Mandeln, wie nachstehend bemerkt, angefüllt und mittelst eines Druckbrettchens auf dem Blech hin= und hergeschoben wird. Darunter ist eine Schieblade, wo hinein die äußerst fein und locker geriebenen Mandeln fallen.

40. Mandeln zu stoßen. Die Mandeln werden in einen Topf gelegt, worin sie, mit kochendem Wasser übergossen, eine kleine Weile liegen bleiben. Dann gießt man das Wasser ab, drückt die Mandeln aus den braunen Schalen, wäscht sie ab und stößt sie in kleinen Partien in einem Mörser mit etwas Wasser oder Eiweiß oder Arrak, je nachdem es in den Rezepten vorgeschrieben ist. Trocken gestoßen werden die Mandeln ölig. Wird man beim Stoßen unterbrochen, so muß man jedenfalls zur Vermeidung des Grünspans vorher die Mandeln herausnehmen und den Mörser, ehe er wieder gebraucht wird, auswaschen.

41. Butter schäumig zu rühren. Ist die Butter stark gesalzen, so muß man sie vorher auswaschen und in kalter Jahreszeit am heißen Ofen oder auf kochendem Wasser etwas weich werden lassen. Käsige Butter nehme man nicht, wäre man aber genöthigt, Gebrauch davon zu machen, so muß sie langsam geschmolzen und vom Bodensatz abgegossen werden. Dann rührt man dieselbe mit einem hölzernen Löffel immer nach einer Seite hin, bis sie weich wird und Blasen wirft.

42. Mehl zu schwitzen. Man läßt einen Stich Butter in einem eisernen Topfe kochen, gibt einen Löffel Mehl hinein und rührt es so lange, bis es kraus wird und sich hebt. Es muß gahr sein, aber nur gelblich werden. Wasser oder Bouillon, was hinzugerührt wird, muß kochend sein. Soll das geschwitzte Mehl zu Fleischsuppen, Hasenpfeffer, Ragout oder Fricassee gebraucht werden, so kann man solches, wenn es vom Feuer kommt, nach dem Ausschäumen des Fleisches, ohne es erst zu zerrühren, zu der kochenden Speise schütten, da es sich durch längeres Kochen völlig auflöst.

43. Mehl braun zu machen. Man rührt ein reichliches Stück Butter in einem eisernen Topfe bis zum Braunwerden, gibt Mehl hinzu und rührt es fortwährend, bis dasselbe eine schöne bräunliche Färbung erhalten hat. Bränzlich darf es aber ja nicht werden.

Auch kann man das Mehl zu einigen Speisen, z. B. zu einer braunen Mehlsuppe, zu Ragouts von Wild u. dergl. ohne Butter braun machen und für vorkommende Fälle aufbewahren. Das Mehl wird alsdann in einem eisernen Töpfchen aufs Feuer gestellt, und nachdem es heiß geworden, fortwährend bis zur hellen Bräunung gerührt.

44. Hefe zu wässern. Die flüssige Hefe wird mit Wasser durchgerührt und durch ein Sieb gegossen, damit alles Unreine zurückbleibe. Hat sie sich gesenkt, so gießt man das braune Wasser davon ab und frisches darauf, und rührt sie nochmals, wodurch sie das Bittere verliert und weiß wird. Man kann sie einige Tage aufbewahren, wenn man täglich das Wasser wechselt, ohne sie wieder durchzurühren; beim Gebrauch gießt man das Wasser davon ab. Die Wirksamkeit der Hefe läßt sich dadurch erproben, daß man ein wenig von derselben in heißes Wasser fallen läßt; steigt sie, so kann Gebrauch davon gemacht werden, andernfalls hat sie ihre Kraft verloren.

Um auch trockene Hefe reinschmeckender zu machen, lege man sie über Nacht in kaltes Wasser, stelle sie an einen kalten Ort und gieße vor dem Gebrauch das Wasser davon ab.

Ein reichlicher Eßlöffel von Hefe ersterer Art ist in ihrer Wirkung gleich ¼ Unze trockner Hefe.

45. Semmel zu braten für Suppen und Klöße. Man setzt Butter aufs Feuer, läßt sie gelb werden, gibt dann das in Würfel, Streifchen oder Figuren geschnittene Weißbrod hinein und rührt solches fortwährend so lange, bis es gelb geworden ist.

46. Korinthen zu reinigen. Nachdem Steine und größere Stiele herausgesucht sind, gibt man sie in ein Sieb, stellt dies in eine tiefe Schüssel mit kaltem Wasser und reibt die Korinthen zwischen den Händen. Die kleinen Stielchen lösen sich dadurch von den Korinthen und theilen sich dem Wasser mit; doch muß dies einigemal wiederholt werden.

47. Reis zu reinigen und zu blanchiren (weiß machen). Man sucht die hülsigen Körner heraus, reibt den Reis im Wasser zwischen den Händen, gießt es ab, setzt ihn mit kaltem Wasser aufs Feuer und schüttet ihn vor dem Kochen auf ein Sieb. Diese Behandlung ist besonders dann nöthig, wenn man den Reis zu Kranken- oder zu Milchspeisen benutzen will, indem alle Säure, die derselbe oft enthält und welche die Milch zum Gerinnen bringt, sich dadurch verliert.

48. Echten Sago zu reinigen. Das Unreine wird herausgesucht, der Sago gewaschen, mit kaltem Wasser aufs Feuer gesetzt, und nachdem er warm geworden, auf ein Sieb geschüttet; dies noch einmal wiederholt, und er ist zum Gebrauch fertig.

Kartoffel-Sago würde sich aber auf diese Weise auflösen, man gebe ihn daher unabgebrüht in die kochende Bouillon oder Milch.

49. Wurzelwerk und Petersilie zu Fleischsuppen und anderen Speisen vorzurichten. Sellerieknollen werden gewaschen, geschält, in 4—8 Theile geschnitten; die Herzensblätter bleiben daran.

Petersilienwurzeln werden gewaschen, geschabt (geschrappt), der Länge nach 2 Zoll breit durchgeschnitten, und wenn sie sehr dick sind, kreuzweise gespalten. Beides nimmt man zu Rindfleischsuppen, letztere nur zu Hühner= und Kalbfleischsuppen.

Petersilienblätter. Dieselben werden abgespült, von den größeren Stielen abgeschnitten, ganz fest zusammengefaßt und auf dem Küchenbrettchen mit einem scharfen Messer so fein als möglich geschnitten, wobei die Spitzen des ersten Schnitts untergeschoben werden. Bei einiger Uebung kann man auf diese Weise die Petersilie so fein schneiden, daß das Hacken erspart werden kann.

50. Vom Abrühren der Suppen, Saucen und Fricassee's mit Eiern. Das Abrühren geschieht erst dann, wenn die Speise gahr und der Topf vom Feuer genommen ist, und zwar auf folgende Weise: Man zerrührt die Eidotter, die jedoch ganz frisch sein müssen, mit wenig kaltem Wasser, gibt etwas von der kochenden Brühe dazu, und so allgemach mehr, während man die Eidotter beständig rührt, dann gibt man sie unter stetem Umrühren zu der kochend heißen Speise.

51. Vom Blanchiren (Weißmachen). Das Blanchiren geschieht hauptsächlich bei Kalbfleisch und Geflügel, welches zu weißen Fricassee's bestimmt ist. Das Fleisch wird mit kaltem Wasser aufs Feuer gesetzt vor dem Kochen, weil es sonst sehr an Kraft verlieren würde, abgegossen und auf einige Minuten in kaltes Wasser gelegt. Darauf wird es abgetrocknet und auf verschiedene Weise benutzt.

52. Eine gute Braise zu machen. Sie dient dazu, verschiedene Fleischarten, als Kalb= und Hammelfleisch, sowie auch Tauben, Hähnchen und Enten darin gahr zu machen und ihnen einen angenehmen Geschmack zu geben. Es gehört dazu eine Kasserole mit schließendem Deckel, je nach der Größe der Portion des Fleisches. Man belegt den Boden derselben mit Speckscheiben, streut gröblich gehacktes Nierenfett darüber und folgende Gewürze und Kräuter darauf: ganzen Pfeffer, Nelken, ein paar Stück Ingwer, ganze Schalotten oder dicke Zwiebelscheiben, Dragon, einige Lorbeerblätter, eine gelbe Mohrrübe und Petersilienwurzel; was man nicht davon hat, kann wegbleiben. Auf dieses wird das bestimmte Fleisch, welches mit etwas Salz bestreut ist, gelegt, fest zugedeckt, langsam gahr gedämpft, wenn es nöthig ist, mit Bouillon nachgefüllt, angerichtet und mit einer Kraft=, Kapern=, Trüffel= oder Sardellensauce übergossen, wozu man den Satz der Braese benutzt.

53. Vorzügliches Gänsefett zu bereiten, das sich lange frisch erhält. Das Fett wird an einem kalten Orte 24 Stunden in Wasser gelegt, während man letzteres 3—4mal wechselt. Dann wird es zerschnitten, mit etwas Salz aufs Feuer gestellt und langsam ausgeschmolzen, wobei oftmals umgerührt werden muß. Ist solches ganz klar und sind die Schreven (ausgebratene Fettwürfel) blaßgelb, so läßt man es durch den Durchschlag in einen steinernen Topf fließen und stellt es 8 Tage hin. Alsdann nimmt man das Fett heraus, läßt den Bodensatz und die Gelee zurück und setzt es wieder mit einigen geschälten sauren, in vier Theile geschnittenen Aepfeln aufs Feuer, läßt es damit kochen, bis sie weich sind, gießt das Fett nochmals durch einen feinen Durchschlag in den Topf, bindet ihn andern Tages mit Papier zu, durchsticht es mit einer Nadel und bewahrt das Fett im Keller auf.

54. Ochsen= oder Nierenfett vorzüglich zu bereiten. Je fester das Nierenfett, desto besser und reichhaltiger. Dasselbe wird in einige Stücke geschnitten, mit reichlich frischem Wasser bis zum andern Tage hingestellt, während das Wasser einmal gewechselt wird. Dann wird das Fett fein gehackt und mit wenig Milch — zu einem Pfunde eine kleine Obertasse—auf gelindem Feuer unter häufigem Umrühren so lange offen gekocht, bis das Fett ganz klar erscheint, welches alsdann nicht des Durchsiebens bedarf, sondern ohne weiteres in ein Steintöpschen gefüllt wird. Auch kann das Nierenfett in kleine Würfel geschnitten und nach dem Ausbraten durchgesiebt werden. Die Fettschreven sind vorzüglich mit gekochtem Rindfleisch fein gehackt zu Fricadellen zu empfehlen.

Da jedes Fett zum Küchengebrauch frisch am besten ist, so würde für einen kleinen Haushalt von 2 — 3 Personen zur Zeit ein Pfund genug sein.

55. Speck auszubraten. Ob es auch scheinen möchte, als könne das Ausbraten des Specks hier füglich wegbleiben, so findet man es doch gar zu oft mangelhaft ausgeführt.

Je dicker und fester, desto besser eignet sich der Speck zum Ausbraten. Man lege das Stück auf ein Küchenbrett, schneide mit einem scharfen Messer egale Scheiben davor her, lege diese auf einander, schneide sie in feine Streifen, fasse sie zusammen und theile sie in kleine, gleiche Würfel. Diese lege man in ein eisernes Töpfchen oder in eine kleine saubere Pfanne, setze sie auf ein mäßiges Feuer und lasse die Speckwürfel bei öfterem Umrühren gelb und härtlich braten, wo man dann sicher ist, daß das Fett weder verdampft, noch das Zurückgebliebene einen bränzlichen Geschmack annimmt, wie das andernfalls auf raschem Feuer unvermeidlich ist.

56. Gute Butter zu machen. Man sorge dafür, das Vieh gesund und die Milchgeschirre recht sauber zu erhalten, bewahre die Milch an einem luftigen Orte auf und nehme, nachdem sie zwei Tage —nicht länger — gestanden, die Sahne ab. Das Buttern lasse man im Sommer an einem kühlen Orte geschehen, die Milch gehörig aus der Butter kneten, ehe

Wasser dazu kommt, und dann dieselbe so oft mit recht kaltem Brunnen=
wasser waschen, bis das Wasser, welches abgegossen wird, g a n z k l a r
erscheint.

Die Butter zum Einmachen muß nicht zu schwach gesalzen und bis
zum nächsten Tage hingestellt werden, wo sie wieder gut durchgeknetet und
in einem ganz reinen, am besten in einem steinernen Topfe, welcher mit
etwas naßgemachtem Salze ausgerieben ist (weil dann die Butter nicht am
Topfe klebt), fest eingemacht wird. Dann lege man ein leinenes, gut
ausgewaschenes Tuch darauf, versehe den Topf gehörig mit Salzpökel und
stelle ihn unbedeckt, damit die Butter der Luft ausgesetzt ist, in den Keller.

57. Vom Verbessern stark gewordener Butter. Sollte die
Milch nicht gehörig ausgewaschen sein, welches die häufigste Ursache schlech=
ter Butter ist, so thut man wohl, dieselbe nochmals zu waschen und mit
etwas scharfem, weißem Essig durchzukneten, der aber wieder gut heraus=
gearbeitet werden muß. Dann wird die Butter nachgesalzen, in gut ge=
reinigte Töpfe fest eingeknetet. Um sie noch mehr zu verbessern, dient das
Hineinstechen von 4—6 Süßholzstangen in jeden Topf bis auf den Grund.
Nach Verlauf von einigen Wochen werden diese den starken Geschmack der
Butter einigermaßen aufgenommen haben.

**58. Roher Schinken als Beilage zum Gemüse, auch zum
Butterbrod.** Man schneidet den Schinken am profitlichsten mit einem
scharfen Messer in der Mitte durch, sägt den Knochen gleichfalls durch und
hängt eine Hälfte, in Papier genau zugewickelt, damit Schmeißfliegen
abgehalten werden, an einem kalten, aber luftigen Orte auf. Von der
andern Hälfte schneidet man glatte, feine Scheiben, doch muß man immer
darauf achten, daß nicht schief geschnitten wird, sondern das Stück in
Ordnung bleibt. Die Scheiben legt man auf ein Brett, schneidet alles
Unansehnliche und so viel Fett davon, daß nur ein fingerbreites Ränbchen
daran bleibt, legt sie zierlich auf einen Teller und verziert den Rand der
Schüssel mit einigen Petersilienblättchen. Es wird grob gestoßener Pfef=
fer dazu gegeben.

Soll der Schinken zum Butterbrod gereicht werden, so schneidet man
die zuvor aufeinander gelegten ganz dünnen Scheiben in sehr feine
Streifchen.

59. Roher Schinken mit Sardellen zum Butterbrod. Man
nimmt rohen, in dünne Scheibchen geschnittenen Schinken, Sardellen, wie
sie zum Butterbrod vorgerichtet werden, und junges Schnittlauch, hackt
und mischt dies alles recht fein und richtet es, mit grünen Blättchen niedlich
verziert, zum Butterbrod an.

**60. Woran frische Häringe zu erkennen sind und vom Schnei=
den und Entgräten derselben.** Frische Häringe haben weder einen
Thran= noch Fischgeruch, die Augen liegen nicht tief und das Fleisch ist
weiß.

Die ersten Häringe sollen zwar nicht ausgenommen, auch nicht
abgespült werden, ich stimme indeß nicht mit ein; abgezogen werden sie
jedoch nicht.

Aeltere Häringe lege man, je nachdem sie mehr oder weniger salzig sind, ausgenommen und gut gewaschen 1—1½ Tag an einem kalten Orte in ganz kaltes Wasser, besser noch in süße Milch. Alsdann wird der Häring auf ein Küchenbrett gelegt, mit einem scharfen Messer oben an beiden Seiten des Rückens, vom Kopf bis zum Schwanz hin, die Haut durchgeschnitten, wobei aber das Fleisch unversehrt bleiben muß; darnach wird die Haut abgezogen, doch darf dabei das Fleisch nicht im geringsten zersetzt werden. Dann wird ein feines Streifchen am Leibe herunter abgeschnitten, der Häring nochmals abgespült, mit der Hand das Wasser abgestreift, auf das abgespülte Küchenbrett gelegt und ganz schräg, nach Gefallen sehr fein oder fingerdick geschnitten. Im ersten Falle wird der Kopf auseinandergebogen, auf die bestimmte Schüssel gesetzt und die feinen Scheibchen, die runde Seite nach außen, zu beiden Seiten schräg daran gelegt, und zwar nach der Reihenfolge, wie sie geschnitten sind, bis der Schwanz den Schluß bildet. So schön die Häringe auf solche Weise gelegt werden können, so wird man sie doch appetitlicher finden, wenn weniger Kunst dabei angewandt worden ist; man wird uns schon verstehen. Im zweiten Fall, nachdem der Häring ganz schräg in dicke Scheiben geschnitten ist, wird derselbe so auf die Schüssel gelegt, daß er ganz seine vorige Gestalt wieder einnimmt und nur eine Seite zu sehen ist. Es können zwei bis drei auf eine Schüssel gelegt werden. Der Rand der Schüssel wird mit Petersilienblättchen verziert. Einzelne Häringe legt man auch wohl auf Dessertteller, wo sie alsdann eine runde Form erhalten.

Zum Butterbrod werden die Häringe entgrätet wie folgt: Es wird ein Schnitt am Rückgrat herunter gemacht, der Häring beim Schwanz durchgerissen, wobei mit dem Daumen nachgeholfen werden muß. Das Fleisch wird alsdann in Form der Sardellen geschnitten, wie diese angerichtet und mit feinem Oel und etwas Essig übergossen.

61. Reismehl zu Milchspeisen. Da der Reis so häufig etwas Säuerliches enthält, wodurch die Milch, mit demselben gekocht, gerinnt und also die Speise mißrathen muß, so thut man wohl, selbst eine beliebige Quantität Reismehl zu machen und zum Gebrauch aufzubewahren.

Der Reis wird, nachdem vorkommende gelbe Körner herausgesucht sind, in heißem Wasser gewaschen und gerieben, dieses abgegossen und kochendes Wasser darauf gegeben, der Reis, so lange das Wasser noch recht warm ist, auf einen Durchschlag gethan und kaltes darüber gegossen. Dann reibe man in einem saubern Küchentuche die Nässe davon ab, lege ihn, auf einer flachen Schüssel oder einem Papier dünn ausgebreitet, in einen Ofen und lasse ihn, bei öfterem Nachsehen, damit er nicht gelblich werde, völlig trocknen. Hat man zum Mahlen keine Reis= oder Gerstenmühle, so kann eine nicht mehr gebrauchte Kaffeemühle dazu dienen, auf der man zuvor etwas Salz, darnach einige Körner mahlen und den Behälter sauber auswaschen muß.

62. Ueber die Erkennungszeichen, das Aufbewahren und die Anwendung echter Vanille. Die Vanille kommt jetzt so häufig in den Handel, nachdem ihr die feinsten Theile entzogen sind, weshalb die Erkennungszeichen der echten Vanille hier mitgetheilt werden: Die Stangen

haben einen sehr starken, duftigen Geruch, sind nicht glatt, sondern unan=
sehnlich zusammengeschrumpft und mit einzelnen glasartigen Spitzen
(Vanille-Kampfer) versehen.

Um die Vanille kräftig zu erhalten, muß sie in Bleipapier gewickelt
und in einem verschlossenen Glase aufbewahrt werden.

Der ungleiche Grad von Stärke macht es unmöglich, bei den Speisen
ein ganz bestimmtes Maß anzugeben, und es ist anzurathen, gewöhnliche,
mit Zucker feingestoßene Vanille nach Geschmack anzuwenden. Von echter
Vanille, welche in den Apotheken zu haben ist, wird zu einer Crême von
3½ Pint Milch) 3 Gran, mit Zucker fein gestoßen, hinreichend sein. Man
kann die gestoßene Vanille lose in ein Mullläppchen binden, damit die
schwarzen Körnchen sich nicht der Speise mittheilen; indeß macht es nichts,
wenn man sie auch findet.

Wo man nicht zu sparen nöthig hat, kann man auch statt gestoßener
Vanille ein 2 Zoll langes Stück in der Milch ausziehen lassen und solches
zweimal gebrauchen.

**63. Beachtenswerthes über Zitronen, auch vom Aufbewahren
derselben.** Da so häufig bittere Zitronen in den Handel gebracht wer=
den, so sei darauf aufmerksam gemacht, sie vor dem Gebrauche zu ver=
suchen, was ganz besonders nothwendig ist, wenn Zitronen zu Gelées,
Crêmes, Blancmanagers, sowie auch zu Suppen und Getränken ange=
wendet werden sollen. Auch versäume man nicht, die Zitronen vor dem
Gebrauche zu waschen und abzutrocknen und die Kerne sammt der weißen
Haut zu entfernen, welche ebenfalls einen bitteren Geschmack mittheilen.

Zum Aufbewahren wickle man die Zitrone in dünnes, weiches Papier
und lege sie an einem kalten luftigen Orte in einen neuen aufrecht stehen=
den Reiserbesen.

Um Zitronensaft zum Gebrauch frisch zu erhalten, reibe man die ganze
Zitrone auf Zucker ab, schabe das Gelbe des Zuckers fein ab und bewahre
diesen Zitronenzucker in einem verschlossenen Glase mit weiter Halsöffnung,
wie sie in den Apotheken zu dicklichen Medikamenten ausgegeben werden.

Als Surrogat des Zitronensaftes kann man zu gewöhnlichen Speisen
kristallisirte Zitronensäure anwenden.

64. Vom Anwenden und Aufbewahren der Apfelsinenschalen.
Es läßt sich durch Apfelsinenschalen in manchen Fällen die Zitronenschale
ersetzen. Es ist besonders zu Compots eine und — da beim Genuß der
Apfelsine die Schale werthlos ist — zugleich eine wenig kostende Würze,
selbst dann, wenn die Apfelsine, welche eine große Quantität Schale lie=
fert, dieserhalb gekauft würde.

Um sie eine lange Zeit aufzubewahren, schäle man sie mit einem
scharfen Messer möglichst fein, schneide sie in feine Streifchen oder hacke sie
möglichst fein, vermenge sie mit 2 Eßlöffel geriebenem Zucker und bewahre
sie in einem wohlverstopften Glase zum Gebrauch auf. Mit der Zeit bil=
det sich oftmals ein Zuckersaft, welcher die Würze der Schale aufgenom=
men und daher ganz wie diese anzuwenden ist; übrigens kann auch später
etwas Zucker hinzugefügt werden.

II. Suppen.

A. Fleischsuppen.

1. Allgemeine Regeln beim Kochen einer guten Bouillon.

a. **Suppentopf.** Es gehört dazu ein sauberes Kochgeschirr, in welchem eigentlich nur Suppen gekocht werden sollten. Vorzüglich sind dazu Blechgeschirre mit recht schließenden Deckeln oder eiserne glasirte Töpfe zu empfehlen.

b. **Natron.** Um trockne Hülsenfrüchte, auch hart gewordene frische Erbsen, in kürzerer Zeit recht weich zu kochen, füge man beim Abkochen Natron bicarbonicum ½—1 Theelöffel voll hinzu.

c. **Wahl des Fleisches.** Ochsenfleisch, so sehr es auch für Braten den Vorzug hat, ist weniger für Suppen geeignet; eine Rindfleischsuppe hat jedenfalls einen feineren Geschmack.

Das Fleisch zur Suppe muß frisch sein, am besten ist es vom vorhergehenden Tage. Wäre das Fleisch nur im mindesten angegangen, so ist die Suppe ungenießbar.

d. **Passendes Stück.** Wird mehr auf eine kräftige Bouillon als auf ein saftig Stück Fleisch Rücksicht genommen, wie es bei einem solchen Gesellschaftsessen, wo das Suppenfleisch nicht zur Tafel kommt, oft der Fall ist, so nehme man ein Stück aus der Kluft (Hinterviertel) ohne Fett und Knochen, wobei dann weniger erforderlich ist und welches, so trocken es auch sein mag, doch zweckmäßig benutzt werden kann, z. B. mit gekochtem fettem Schinken oder mit Speck fein gehackt, zu gewöhnlichen Fricadellen oder zu Panhas (siehe Fleischspeisen), welches ein sehr gutes und billiges Gericht für einen gewöhnlichen Tisch ist. Soll aber das Fleisch nach der Suppe oder als Beilage gegeben werden, so ist ein durchwachsenes Stück vorzuziehen und eignet sich dazu jedes Rippenstück, besonders die Bei- oder Nachbrust. Man thut wohl, für den täglichen Tisch die Rippen vorher einzuknicken und eine Knochenbeilage in einige Stücke zerhauen zu lassen.

e. **Behandlung des Fleisches.** Das Fleisch wasche man nur leicht und lege es nicht in Wasser, indem dies ein Ausziehen der Kraft zur Folge hat. Darnach klopfe man das Stück, wie es bei Fleischspeisen näher angegeben ist, es verliert durch Klopfen, wenn es nicht mit kaltem, sondern mit kochendem Wasser aufs Feuer gesetzt wird, eben nicht an Kraft, wird bedeutend milder und saftiger und ¼ Stunde früher weich. Der Schaum, welcher ja auch nicht beim Braten und Schmoren entfernt wird, bleibt zwar größtentheils im Fleisch, doch ist bekanntlich derselbe weiter nichts als Eiweißstoff, also keine Unreinigkeit. Beim Aufstellen des Wassers zur Suppe sorge man für die nöthige Quantität Wasser, weil durch Nachgießen die Suppe gar zu sehr verliert; sollte man aber durch unvorhergesehene Fälle dazu genöthigt sein, so nehme man kein kaltes, sondern kochendes Wasser.

f. **Das Salzen.** Auch muß sofort das Salz dazu gegeben werden; doch sei man bei der Anwendung nicht zu freigebig, es kann leicht etwas hinzugefügt, nicht aber das Zuviel entfernt werden. Eine versalzene Suppe macht der Köchin keine Ehre, sie zeugt von Unkunde oder Gedankenlosigkeit.

g. **Das Abschäumen.** Vor allem darf man ein gutes Abschäumen nicht als Nebensache betrachten. Zu dem Zweck ist es nothwendig, daß die Suppe auf raschem Feuer zum Kochen gebracht wird weil gerade dadurch der Schaum sich zusammenzieht, wo derselbe im andern Falle der Bouillon mitgetheilt wird und nicht vollständig abgenommen werden kann. Hierbei darf man den Zeitpunkt nicht vorübergehen lassen, wo der Schaum sich hebt, weshalb man wohl thut, vorher den Schaumlöffel zur Hand zu legen. Sollte der Schaum durchgekocht sein, so gieße man etwas kaltes Wasser hinzu, wodurch er einigermaßen wieder hervorkommt. Einige feingeschnittene Zwiebeln nach dem Abschäumen hinzugefügt, vermehrt die Kraft, eine rothe Zwiebel gibt der Bouillon eine gelbliche Farbe.

h. **Das Kochen der Suppe.** Sowohl Bouillon als Fleischsuppe muß fest zugedeckt werden, darf nicht stark kochen und den Deckel nicht berühren, aber auch nicht aus dem Kochen kommen, wodurch das Fleisch saftiger und die Suppe kräftiger wird. Nach einer Stunde Kochens gebe man zur Vorsicht die Bouillon durch ein reines Haarsieb, spüle das Stück Fleisch, woran sich oft etwas Schaum setzt, eben ab, bringe solches mit der Bouillon, welche langsam vom Bodensatz abgegossen wird, in dem ebenfalls umgespülten Topf wieder aufs Feuer und gebe das bestimmte Wurzelwerk hinein.

i. **Zuthaten. Suppenkräuter.** Ein Stück von einer Sellerieknolle in der Fleischsuppe gekocht, gibt derselben einen angenehmen Geschmack. Möchte man die Knollen in starkem Maße anwenden wollen, so ist es anzurathen, sie vorher in Wasser gahr zu kochen und dann in die Suppe zu geben, damit der Selleriegeschmack nicht den Kraftgeschmack überstimme. Aus diesem Grunde ist bei einer kräftigen Fleischsuppe die Anwendung von vielem Suppenkraut, namentlich von Sellerieblättern, zu vermeiden, sie benehmen derselben die Kraft und alles Feine. In einer schwachen Fleisch= und Kartoffelsuppe aber sind solche Kräuter ganz passend.

Petersilien= und Scorzonerwurzeln kann man eine Stunde nach dem Abklären der Fleischbrühe hinzugeben—sie bedürfen zum Weichwerden ungefähr 1½ Stunde, Sellerieknollen ¾—1 Stunde, Porree und Spargel desgleichen. Wie das Wurzelwerk geschnitten wird, ist im Abschnitt I. No. 49 nachzusehen.

k. **Bindungsmittel.** Wünscht man etwas Mehl zum Binden einer Fleisch= oder Kartoffelsuppe zu gebrauchen, so muß dies nothwendig mit Butter gelb geschwitzt werden (I. No. 42); jedoch kann man auch statt dessen etwas Mehl mit frischer Butter kneten, ein Klößchen davon aufrollen und solches, nachdem die Brühe durchgesiebt ist, sogleich hineinwerfen. Es löst sich dies vollständig auf, macht die Suppe angenehm und sämig; ersteres hat aber den Vorzug, da es der Suppe einen kräftigeren Geschmack mittheilt. Man hüte sich jedoch, rohes Mehl an Fleischsuppe zu rühren, was sogar eine gewöhnliche Kartoffelsuppe unschmackhaft macht.

Wenn die Bouillon zu einem Gesellschaftsessen recht kräftig gekocht wird und mehrere Gerichte folgen, so ist es üblich, sie klar zu geben mit Wurzelwerk und Klößchen; im übrigen thut man besser, die Suppe mit Perlgraupen oder Reis zu binden; der Reis muß aber gut abgebrüht werden. Sago oder Figurennudeln wendet man gewöhnlich bei einer kräftigen Bouillon an.

l. **Maß und Zeit des Kochens von Perlgraupen, Reis, Sago und Figurennudeln.** Von Perlgraupen und Reis kann man für 4 Personen, wenn die Suppe nämlich wie in i gekocht wird und etwas sämig sein soll, 2 gehäufte Eßlöffel rechnen, von Sago oder Figurennudeln zu einer klaren Bouillon die Hälfte. Perlgraupen und echten Sago läßt man 2½—3 Stunden, Reis 1—1¼ Stunde, Kartoffelsago (an den kleinen runden Körnchen zu erkennen) ¾—1 Stunde, Figuren- und Fadennudeln ¼ Stunde in der Suppe kochen.

m. **Klöße.** Wünscht man Klöße in der Bouillon oder Suppe zu kochen, so nehme man das Fleisch vorher heraus, lege es auf eine heiß gemachte Schüssel, gebe 2—3 Eßlöffel Suppe darüber, darnach etwas feingestoßenes Salz und decke die Schüssel wenigstens so lange zu, bis die Suppe angerichtet ist. Sollte dieselbe sehr gebunden sein, so ist es besser, die Klöße in gesalzenem Wasser zu kochen und sie dann in die Suppe zu legen, weil sie andernfalls leicht etwas fest werden.

n **Kraftmittel.** Um eine schwache Fleischsuppe kräftiger und sehr wohlschmeckend zu machen, dient vor dem Anrichten ein Zusatz von Liebig's Fleischextrakt, welcher Messerspitzenweise angewendet wird. Auch sind, wie weiterhin bemerkt, ohne Fleisch wohlschmeckende Kraftsuppen daraus zu bereiten.

Hat man keinen Fleischextrakt, so kann man sich auch mit etwas Bratenjus helfen und empfiehlt sich für diesen Zweck solche wie folgt zu bereiten. Man lege in eine kleine Kasserole ein wenig Butter, dazu ein wenig schwach geräucherten rohen Schinken, 1—2 in kleine Theile geschnittene Zwiebeln und womöglich noch 2 Sorten Fleischabfälle. Dies lasse man so lange langsam braten, bis sich ein bräunlicher Satz gebildet hat, fülle das Fett ab, gieße kochendes Wasser hinzu, so daß das Fleisch eben bedeckt ist, schäume gut ab, füge ½ Knolle Sellerie, 1 gelbe Wurzel, Petersilienwurzeln hinzu, lasse dies noch einige Stunden kochen, gebe es durch ein feines Sieb und bediene sich dieser Jus, um der Suppe nebst der Färbung einen angenehmen und kräftigeren Geschmack zu geben.

Alle Fleischsuppen müssen möglichst heiß auf die Tafel kommen.

2. Schnell zu machende Bouillon. In eine Bouillontasse von ½ Pint thue man ein halbes frisches Eidotter, Salz, einen Geschmack von

Muskatnuß, eine halbe Haselnuß groß wohlschmeckende frische Butter (andernfalls lasse man sie fehlen) und einen halben Theelöffel Fleisch= Extrakt, verrühre und fülle nach und nach die Tasse mit frisch kochendem Wasser.

Die andere Hälfte des Eidotters kann mit einem Eßlöffel kalten Wassers an einem kalten Ort bis zum anderen Tage aufbewahrt werden.

Auch kann ohne weiteres die Tasse mit frisch gekochtem Wasser gefüllt und Fleischextrakt nebst Salz durchgerührt werden.

Fleischextrakt und Salz mit reinschmeckender fein gekochter Hafer= grütze, weder zu gebunden noch zu flüssig, statt kochenden Wassers ver= rührt, gibt ein wohlschmeckendes und kräftiges Getränk.

3. Zu empfehlende Suppe mit Fleischextrakt für 8 Personen. Es wird hierbei für jede Person auf ½ Pint Suppe gerechnet und zum Verkochen 1 Pint Wasser zugesetzt. Man bringe also 3 Quart und 1 Pint Wasser in einem Blechtopf zum Kochen, lege ein Pfund gewaschenes, schieres gutes Rindfleisch, also ohne Knochen, hinein und nehme den Schaum sorgfältig ab. Darnach thue man eine ganz fein geschnittene Zwiebel, den vierten Theil einer dicken Sellerieknolle (andernfalls eine halbe) und 4 etwas gehäufte Eßlöffel feine weißkochende Graupen hinzu und lasse die Suppe bei späterem Hinzufügen von Salz 2½ Stunde, fest zugedeckt, ununterbrochen, weder zu schwach noch gar zu stark kochen.

Beim Anrichten gebe man ein sehr reinschmeckendes Eidotter, nach Belieben etwas Muskat und einen gestrichenen Theelöffel Fleischextrakt in die Terrine und fülle unter starkem Rühren die Suppe nach und nach hinzu, so daß das Ei nicht gerinne.

4. Klare weiße Rindfleischsuppe. Man rechne zu einer kräftigen Suppe bei einer Gesellschaft, wenn die Personenzahl klein ist, auf jede Person ¾ Pfund, bei einer großen Personenzahl ½ Pfund Fleisch (die Bouillon wird besonders gut, wenn man ein altes Huhn und 2 Pfund Kalbfleisch mit dem Rindfleisch, wovon dann etwas weniger genommen werden kann, kocht. Auch durch Hinzufügen einer Kalbsmilch wird die Rindfleischsuppe feiner). Dasselbe wird bei langsamem Kochen mit einem Dritttheil mehr Wasser, als man Suppe zu haben wünscht, aufs Feuer gebracht und bei einem Gesellschaftsessen auf jede Person 1 Pint Suppe gerechnet, welche nach vorhergehender Angabe gekocht werde. Nachdem die Bouillon durch ein Haarsieb gegossen ist, gibt man etwas Wurzelwerk, als: einige Stücke Sellerieknolle oder Petersilienwurzel hinzu, doch ja nicht zu viel. Auch sind einige Scorzonerwurzeln, wenn man sie gerade hat, sehr gut darin. Hiermit läßt man die Bouillon ferner kochen, wäh= rend man zuweilen das Fett abnimmt, weil es derselben den feinen Ge= schmack benimmt.

Ein halbes Stündchen vor dem Anrichten kann man gut abgekochte Spargel, wenn diese nämlich nicht als Gemüse gegeben werden, auch ein Stückchen geschnittene Kalbsmidder (Kälbermilch, die Vorrichtung ist in den Vorbereitungsregeln leicht zu finden) hineingeben; doch darf solches nicht in der Bouillon zerkochen.

Ist das Fleisch gahr, aber nicht zu weich gekocht, so nimmt man es heraus, läßt beliebige Klöße eben darin gahr kochen und richtet die Bouillon an, wobei auch Krebsschwänze in die Terrine gelegt werden können. Kochen dürfen diese nicht, weil das Krebsfleisch dadurch zähe wird. Zugleich kann man Reis, für jede Person ¼ Eßlöffel voll gerechnet, abgebrüht, in abgeklärter Bouillon, wozu man so viel mehr Fleisch rechnen muß, gahr und dick kochen, doch müssen die Körner ganz bleiben. Derselbe wird nach Belieben mit geriebenem Parmesankäse zur Suppe gereicht.

Eine neue Zugabe zur Suppe besteht in gekochten Tomatos. Die Zubereitung findet man unter den Saucen.

Rindfleischsuppe muß, vom ersten Kochen an, 3 Stunden kochen.

5. Schnell gemachte Rindfleischsuppe. Für 6—8 Personen schneidet man 2 Pfund Rindfleisch in kleine Würfel oder dünne Scheiben, macht einige Eßlöffel Mehl in einem halben Ei dick guter Butter gelbbraun, legt das Fleisch, eine klein geschnittene Zwiebel und gelbe Wurzel (Möhre) nebst einer kleinen Sellerieknolle, welche man in acht Theile schneidet, hinein, rührt es eine Weile und gießt soviel kochendes Wasser hinzu, als man, zum Einkochen mitgerechnet, Suppe zu haben wünscht, läßt dies alles fest zugedeckt 1 Stunde kochen und gießt es durch ein Sieb. Der Reis wird allein gekocht, beim Anrichten mit dem Sellerie in die Suppe gegeben und diese nach Belieben mit etwas Muskatnuß gewürzt.

6. Klare braune Rindfleischsuppe. Für eine Gesellschaft von 12 Personen nimmt man 5—6 Pfund Rindfleisch und 2 Unzen rohen Schinken. Es werden braune Klöße und Schwammklöße oder feine Weißbrodklöße darin gekocht; auch kann man nach Belieben braunen Sago darin kochen.

7. Rindfleischsuppe mit Perlgraupen oder Reis. Man richte sich beim Kochen der Bouillon nach No. 1, gieße sie aber schon nach einer halben Stunde Kochens durch ein Haarsieb. Alsdann mache man in einem eisernen Töpfchen ein kleines Stück Butter kochend heiß, rühre etwa für 4 Personen einen gehäuften Eßlöffel Mehl eine Weile durch, bis es einen gelblichen Schein erhält, und bringe das Mehl, welches sich ohne Rühren zerkocht, mit der vom Bodensatz langsam abgegossenen Bouillon und dem Fleisch wieder aufs Feuer, und gebe, wenn Perlgraupen in der Suppe gekocht werden sollen, solche sogleich hinein, sowie auch beliebiges Wurzelwerk. Reis aber bedarf, wie in No. 1 gesagt worden ist, nur 1 bis 1¼ Stunde Kochens. Eine Stunde vor dem Anrichten können einige Perlzwiebeln, Spargel und Kohlrabi, so lange sie noch jung sind, in der Suppe gekocht werden. Auch kann man Blumenkohl hineingeben, der aber vorher abgekocht sein muß, doch darf er nicht im geringsten zerkochen. Das Abkochen des Spargels ist zu dieser Suppe unnöthig, es sei denn, daß derselbe nicht frisch wäre. Kurz vor dem Anrichten gebe man einige junge, feingehackte Sellerieblättchen oder etwas feingestoßene Muskatblüte in die Terrine und koche nach Belieben Klöße in der Suppe.

8. Französische Suppe. Hierzu richtet man alle möglichen jungen Gemüse vor, als Kohlrabi, gelbe Rüben, Sellerie, Wirsing, Spargel,

Blumenkohl und grüne Erbsen, indem man das Wurzelwerk in Streifchen, den Wirsing fein schneidet, dann wird es in ¼ Pfund frischer Butter geschmort, in kräftiger Bouillon, mit Spargel und Blumenkohl gahr gekocht. Schwammklößchen, sowie Eierklöße passen gut dazu, oder auch geröstete Weißbrodschnitten.

9. Suppe von Bratensauce. Man schmort eine feingeschnittene Zwiebel mit reichlich frischer Butter, läßt 1—2 Eßlöffel Mehl darin gelblich werden und gießt dann so viel kochendes Wasser hinzu, als man (zum Einkochen mitgerechnet) Suppe zu haben wünscht. Nachdem Reis und eine geschnittene Sellerieknolle darin weich gekocht sind, gibt man Bratenbrühe hinzu. Die von Roast=Beef eignet sich vorzüglich zu dieser Suppe.

10. Kalbfleischsuppe. Das Kalbfleisch werde wie in No. 4 nach der Personenzahl, doch etwas reichlicher genommen, da solches weniger Kraft gibt als Rindfleisch. Nachdem es gut gewaschen, in Wasser und Salz abgeschäumt, gibt man die Brühe nach Verlauf von einer halben Stunde durch ein Sieb, schwitzt wie in No. 7 etwas Mehl in die Butter, gießt die Kalbfleischbrühe vom Bodensatz langsam hinzu, gibt eine Petersilienwurzel, auch, wenn man sie hat, einige Scorzonern hinein, sowie 1 Stunde vor dem Anrichten abgebrühten Reis. Auch kann man Spargel oder Blumenkohl, wie die Jahreszeit es bringt, letzteren vorher abgekocht, und 10 Minuten vor dem Anrichten Fleisch= oder andere beliebige Klöße darin gahr kochen. Manche lieben in Kalbfleischsuppe auch einige Blätter Portulak oder eine Kleinigkeit Sauerampfer. Wünscht man statt Reis Griesmehl in der Suppe zu kochen, so bleibt das Mehl weg und gebe man dann anfangs nach dem Abgießen der Bouillon (siehe Nr. 7) ein Stückchen frische Butter hinein. Beim Anrichten wird die Suppe mit etwas Muskat oder feingehackter Petersilie abgerührt, auch ist ein Eidotter an Kalbfleischsuppe wohlschmeckend, doch darf dieselbe dann nicht zu stark gebunden sein. Wird das Fleisch nach der Suppe gegessen, so schneide man es vor dem Kochen in passende viereckige Stückchen und gebe eine Meerrettigsauce dazu. Zum Kochen rechne man auf 1½—2 Stunden.

11. Kalbfleischsuppe für Kranke. Es wird dazu ein fleischiges Stück genommen, wie oben ausgeschäumt, die Brühe durch ein Sieb gegossen und mit einem Stückchen frischer Butter und abgebrühtem Reis gahr gekocht. Hat man Spargel, Scorzonern oder Blumenkohl, so kann man solches, abgekocht, hineingeben, und nachdem es weich geworden, die Suppe, wenn es dem Kranken erlaubt ist, mit einem frischen Eidotter und etwas Muskatnuß oder feingehackter Petersilie abrühren.

12. Suppe von Midder (Kalbsmilch). Das Midder wird nach I. No. 17 vorgerichtet, in kleine Würfel geschnitten und in Butter und Mehl gelb gemacht, mit Kalbfleischbrühe eine Weile gekocht, dann mit etwas feingehackter Petersilie, Muskatblüte und Eidotter abgerührt. Auch für Kranke ist dies eine passende Suppe, dann aber muß das Gewürz wegbleiben, und das Mehl mit wenig Butter nur weiß geschwitzt sein.

13. Hammelfleischsuppe. Das Fleisch wird gewaschen, mit kochendem Wasser und nicht zu viel Salz aufs Feuer gebracht, abge=

schäumt, ein Sellerieinöllchen, eine junge Kohlrabi, feingeschnittene Zwiebel, geschwitztes Mehl nach No. 7 und Perlgraupen oder abgebrühter Reis hinzugegeben, und, fest zugedeckt, langsam gekocht. Wünscht man Griesmehl in der Suppe, so streue und rühre man es eine halbe Stunde vor dem Anrichten hinein Es können Kartoffelklöße darin gekocht und die Suppe mit einem Eidotter und Muskat oder feingehackter Petersilie abgerührt werden, doch ist solches für den täglichen Tisch überflüssig.
Zeit des Kochens etwa 2 Stunden.

14. Gute Hühnersuppe No. 1. Für 5 Personen nehme man ein großes fettes Huhn, welches am vorigen Tage recht sauber gepflückt, vorsichtig ausgenommen, mit kaltem Wasser gut gewaschen und inwendig durchgespült sein muß. Da einige Hühner der Suppe einen starken Beigeschmack mittheilen, so ist es gut, das Huhn ¼ Stunde in kaltes Wasser zu legen. Die abgeschnittenen Beine brühe man in heißem Wasser ab, ziehe dann die Haut davon, hacke die Zehenspitzen weg, knicke die Beine einigemal ein und lege sie sammt Herz und Magen zum Huhn. Die Leber werde zurückbehalten und zuletzt 3 Minuten in der Suppe gekocht, wo sie dann dem Hausherrn eine willkommene Zugabe in der Suppe sein möchte.

Das Huhn setze man mit dem nöthigen kochenden Wasser und nicht zu viel Salz auf ein rasches Feuer, schäume es und richte sich hinsichtlich des Abgießens der Brühe und Aufschwitzens des Mehles nach No. 7, gebe eine große Wallnuß dick frische Butter hinzu und lasse die Suppe fest zugedeckt, langsam, aber ununterbrochen etwa 3 Stunden kochen. Man kann nach Belieben Reis, Perlgraupen oder Figurennudeln in der Suppe kochen; vom Wurzelwerk aber passen eigentlich nur Petersilienwurzeln, Scorzonern und Spargel, und werden die beiden ersteren ¼ Stunde nach dem Abklären der Brühe hinzugefügt. Sellerie, Porree und Zwiebeln benehmen der Suppe den feinen Hühnergeschmack. Krebsklöße und Krebsbutter sind zu einer feinen Hühnersuppe vorzüglich, doch auch Weißbrod- oder Griesmehlklößchen passend. Man rühre die Suppe mit Muskatblüte, welche sich besonders zu einer Hühnersuppe eignet, oder mit etwas junger feingehackter Petersilie und 1—2 frischen Eidottern ab.

Eine Hühnersuppe muß nicht dünn, sondern angenehm gebunden, doch vor allem nicht breiig gekocht sein, wodurch das Feine verloren geht.

Das Huhn kann mit der an Ort und Stelle bemerkten Hühnersauce gegeben werden.

15. Taubensuppe für Kranke. Die Bouillon wird nach No. 1 gekocht, feine Perlgraupen oder abgebrühter Reis gleich nach dem Ausschäumen hineingegeben, auch werden zur Zeit wohl einige junge Wurzeln (Möhren) und junge entschotete Erbsen, oder ½ Stunde vor dem Anrichten Spargelköpfe oder etwas Blumenkohl, letzterer vorher abgekocht, hinzugefügt. Die Suppe muß wenigstens 2 Stunden kochen, sämig, aber ja nicht dicklich sein. Dieselbe kann, wenn der Kranke völlig fieberlos ist, mit der Hälfte eines frischen Eidotters abgerührt werden.

16. Austernsuppe. Man lasse 1 Quart Wasser mit 1 Pint Milch und 2 Eßlöffeln voll Butter kochen, dann thue man 1 Quart Austern hinein und lasse sie bis zum Kochen kommen. Man kann sie übrigens auch ohne Milch machen, und mancher zieht sie ohne dieselbe vor. Salz und Pfeffer gebe man nachher nach Belieben hinzu.

17. Krebssuppe. Man kocht nach No. 1 eine gute Rindfleisch=bouillon und für 12 Personen etwa 30—40 Krebse, nach Vorschrift zu=gerichtet, in brausend kochendem Wasser ¼ Stunde. Dann wird das Fleisch aus Scheeren und Schwänzen gebrochen, die sämmtlichen Schalen im Mörser nicht zu fein zerstoßen und über Feuer mit einem großen Stück frischer Butter so lange durchgerührt, bis diese roth wird und zu steigen anfängt. Nun läßt man darin so viel Mehl anziehen, daß die Suppe davon gebunden wird, gießt Fleischbrühe hinzu und das Ganze durch ein Haarsieb zu der kochenden Bouillon. Kurz vor dem Anrichten gibt man Krebsklöße, Midder (Kälbermilch), Krebsköpfe, gefüllt mit der Masse zu Schwammklößchen, hinein. Auch kann man die Krebsköpfe mit der zu den Krebsklößen bestimmten Masse füllen. Die Suppe darf nicht zu sämig sein, was überhaupt bei allen Gesellschaftssuppen zu vermeiden ist. Die Krebsschwänze werden beim Anrichten in die Terrine gegeben.

18. Mock = Turtle = Suppe (nachgemachte Schildkrötensuppe). Es wird hierzu für 24—30 Personen eine kräftige Bouillon von 8—10 Pfund Rindfleisch mit Wurzelwerk, Zwiebeln, Dragon, Lorberblättern und Nelken gekocht. Zugleich bringt man einen ganz frischen, großen, abgebrannten Kalbskopf, eine Schweineschnauze nebst Ohren, einen Ochsengaumen und eine geräucherte Ochsenzunge aufs Feuer und kocht dies alles gahr, aber nicht zu weich. Kalt schneidet man das Fleisch in kleine, länglich vierecke Stückchen, gibt solches in die Bouillon, nebst kleinen Saucissen, braunem Gewürz, einer Messerspitze Cayenne Pfeffer, einigen in Stückchen geschnittenen Kalbsmiddern (siehe I. No. 17) und so viel Kalbs=kopfbrühe, daß man hinreichende Suppe hat, welche mit in Butter ge=bräuntem Mehl gebunden gemacht wird. Nachdem dies alles ¼ Stunde gekocht hat, werden noch Kalbfleischklößchen einige Minuten in Fleisch=brühe oder gesalzenem Wasser gekocht und diese nebst einigen hartgekoch=ten, kleinwürfelig geschnittenen Eiern und 1—2 Eßlöffel englischer Soja hinzugefügt, auch ½ Flasche Madeira und Austern, wenn man sie haben kann; doch darf beides nicht durchkochen. Dann wird die Suppe sogleich angerichtet.

Anmerkung. — Die Soja macht die Suppe gewürzreicher, kann jedoch gut wegbleiben, und statt Madeira kann man weißen Franzwein und etwas feinen Rum nehmen.

Sowohl Bouillon als Kalbskopf können schon am vorhergehenden Tag, ohne Nachtheil der Suppe, gekocht werden.

19. Krammetsvögelsuppe. Man rechne auf jede Person einen Krammetsvogel. Dieselben werden, mit etwas Salz in reichlich Butter fest zugedeckt, langsam weich gebraten. Das Brustfleisch wird in feine Scheiben geschnitten, das Knochengerippe im Mörser zerstoßen, letzteres mit einigen Scheiben Sellerie, Möhren und Zwiebeln in der Krammets=

vögelbutter gedämpft, Mehl darin eine Weile gerührt und mit guter Bouillon oder Wasser 1 Stunde langsam gekocht. Dann wird das Fett abgenommen, die Suppe durch ein Sieb gegossen, wieder aufgekocht, Schwamm= oder Grießmehlklöße darin gahr gekocht und mit dem Brust= fleisch und Muskat angerichtet.

Zeit des Kochens 2½ Stunden.

20. Jacobinersuppe. Verlorne Eier (siehe verlorne Eier) werden in die Suppenschale über geröstete Semmelscheiben angerichtet, mit kochen= der, kräftiger Bouillon übergossen und Gehack von gebratenem Geflügel darein gethan.

21. Plinzensuppe. Man bäckt acht bis neun Plinzen (siehe Plin= zen) und schneidet sie dann in fingerbreite Streifen und diese wieder in fingerlange Nudeln, kocht sie in kräftiger Bouillon und läßt sie nur über= wallen, sehet sie ab, salzt und würzt sie nach Belieben mit Muskatnuß und geschnittener Petersilie.

B. Suppen von Feldfrüchten und Kräutern.

22. Kartoffelsuppe. Man lasse die Kartoffeln ohne Salz eine kleine Weile kochen, fülle sie dann in anderes, frisch kochendes Wasser und gebe das nöthige Fett und Salz dazu. Unterdeß mache man reichlich klein= gewürfelte Zwiebeln in gutem Nierenfett gelbbraun, nicht bränzlich, rühre je nach Portion 1 — 2 gehäufte Eßlöffel Mehl darin gelb und schütte dies ohne weiteres zu den Kartoffeln, füge einige Petersilienwurzeln, Sellerie= knolle und Porree (letzterer nicht zu lang geschnitten) hinzu und koche die Suppe so lange, bis sie sämig und die Kartoffeln recht weich geworden sind, wobei man auf 2 Stunden rechnen kann. Dann rühre man nach Belieben noch ein Stückchen Butter (auch mit Bratensauce) durch und richte die Suppe an.

23. Süddeutsche Kartoffelsuppe. Die Kartoffeln werden ge= kocht, abgegossen und fein gestampft wie zu der vorhergehenden Suppe. Unterdeß kocht man Porree in einem besonderen Töpfchen, auch werden dünne Weck= oder Weißbrodschnitten in Butter gelb gebraten und so viel kochendes Wasser zu den gestampften Kartoffeln, Porree und Weißbrod= schnitten gegossen, als zur Suppe nothwendig ist. Etwas Fleischextrakt ist ein empfehlenswerther Zusatz.

24. Suppe von jungen Erbsen. Die Erbsen läßt man, ohne sie zu waschen, in einem Stück zergangener Butter eine Weile schwitzen, sowie auch später, je nach der Portion der Suppe, 1—2 Löffel Mehl darin anziehen, doch muß solches weiß bleiben. Dann gießt man die nöthige Quantität Bouillon oder kochendes Wasser und etwas Fleischextrakt hinein, und wenn die Erbsen gahr sind, Salz und gehackte Petersilie. Man koche Fleisch= oder Griesklöße darin, oder gebe in Butter geröstetes Weißbrod dazu.

Zeit des Kochens 1 Stunde.

3

25. Suppe von getrockneten Erbsen. Man bringe die Erbsen, gut ausgesucht, und mit warmem Wasser zwischen den Händen gerieben und rein gewaschen mit kaltem, weichem Regen= oder Flußwasser und ein wenig Natron (siehe No. 1, b.) aufs Feuer und lasse sie vor dem Abgießen eine kleine halbe Stunde langsam kochen, wodurch sie in kurzer Zeit weich werden. Nach dem Abkochen schütte man sie auf einen Durchschlag, gieße Wasser darüber und lasse sie mit kochendem Wasser, Fett, einem Stück Rindfleisch oder einer Wurst nebst Sellerieknolle und Porree langsam weich kochen. Auch bewirken einige kleingeschnittene Zwiebeln, nach dem Ab= kochen der Erbsen hineingethan, einigermaßen ein rascheres Weichwerden.

Wünscht man eine geräucherte Mettwurst oder eingesalzene Schweine= schnauze und Ohren in der Suppe zu kochen, was viele lieben, so muß erstere nach dem Abwaschen gut abgekocht werden, der Rauchgeschmack würde die Suppe unangenehm machen; möchte die Wurst bei längerem Aufbewahren trocken geworden sein, so muß sie vor dem Kochen Tag und Nacht in warmes Wasser gelegt werden. Gesalzenes Schweinefleisch koche man, ehe es zu den Erbsen kommt, in Wasser halb gahr, weil Salz die= selben hart macht.

Da aber gerade durch Schweinefleisch die Erbsen schwer zu verdauen sind und ein schwacher Magen sie nicht verträgt, so hat ein Stückchen Rindfleisch, darin gekocht, oder ohne weiteres beim Anrichten ein Zusatz von Fleischextraft sehr den Vorzug. Die Suppe gewinnt dadurch an Kraft und Wohlgeschmack.

Nachdem die Erbsen ganz weich geworden, nehme man Fleisch und Sellerieknolle heraus, lege letztere in die Terrine, reibe die Erbsen durch einen Durchschlag und lasse sie, nöthigenfalls verdünnt, mit dem Fleische und dem vielleicht noch fehlenden Salze gut durchkochen. Sind anfangs keine Zwiebeln zu den Erbsen gekommen, so kann man später einige fein schneiden, in Butter gelb braten und durchrühren. So auch kann man in Butter geröstete Weißbrodschnittchen oder Würfel dazu geben.

Die Suppe muß nicht dick, aber sehr gebunden sein. Bei fehlender Konsistenz kann man sich mit in Butter angezogenem Mehl helfen. Für den täglichen Tisch können auch, nachdem die Erbsen durchgegeben sind, einige kleine Kartoffeln in der Suppe gekocht werden, die aber nicht zer= kochen dürfen; doch muß die Suppe alsdann so verdünnt werden, als sie durch längeres Kochen an Sämigkeit gewinnt.

Die Zeit des Kochens richtet sich nach der Beschaffenheit der Erbsen, eine gute Qualität bedarf zum Weichwerden etwa 2 Stunden.

26. Weiße Bohnensuppe. Am besten sind hierzu die kleinen weißen Böhnchen, da die Suppe nicht durchgerührt wird und sie auch fei= ner schmecken. Man setze die Bohnen (auf 6 Personen 1 Pfund hinrei= chend), nachdem man sie tüchtig abgewaschen hat, mit kaltem Wasser auf das Feuer und lasse sie ½ Stunde tüchtig kochen — schütte sie auf den Durchschlag und sogleich wieder in den umgespülten Topf und soviel kochendes Wasser darauf, als man Suppe zu haben wünscht.

Sie eignet sich besonders gut zu einem Gericht für den Sonnabend, da man an diesem Tage besonders gern die Reste aufbraucht und man in der Bohnensuppe lauter gute Sache verschwinden lassen kann, z. B. eine Schüssel, auf der noch ein kleiner Rest vom Schweinsbraten ist, wird rein in die Suppe gespült, auch kann man sehr gut etwas Rindfleisch, das schon einmal ausgekocht ist, sammt der Knochen noch einmal tüchtig in der Boh=nensuppe auskochen, oder was man sonst an Bratenresten hat. Eine nur wenig geräucherte Mettwurst, die man mehrere Male in warmem Wasser abgerieben hat, kann man 2 Stunden darin kochen und nachher dazu essen. Auch schmeckt ein Stückchen geräucherter Schinken darin gekocht sehr gut und 1 Stückchen Sellerieknolle und Kartoffeln (man rechnet darin für 1 Person 2 Kartoffeln), 1 Petersilienwurzel.

27. Linsensuppe. Auch diese wird wie Erbsensuppe mit Frank=furter Saucisen, Mettwurst oder einem Stück Bauchspeck gekocht, jedoch bleiben die Linsen darin ganz und man macht mit den Zwiebeln zugleich Mehl in gutem Fett gelb, um die Suppe damit gebunden zu machen. Es wird Essig dazu gereicht.

Zeit des Kochens wie die Erbsensuppe.

28. Sauerampfersuppe. Man macht reichlich Mehl mit guter Butter gelb, läßt junge, gut gewaschene Sauerampferblätter darin zer=gehen und dann mit Kalbfleischbrühe oder Wasser und dem nöthigen Salz durchkochen.

Die Suppe wird mit Muskat, dicker Sahne und einigen Eidottern abgerührt und auf geröstetes Weißbrod angerichtet. Auch können statt des Weißbrodes Eierklößchen darin abgestochen werden. Die Suppe muß zwar etwas gerundet, doch nicht dicklich sein. Ein Zusatz von Fleischextrakt ist sehr zu empfehlen.

Zum Kochen gehört ¼—½ Stunde.

29. Kerbelsuppe, auch für fieberlose Kranke passend. Mehl wird in Butter gelb gemacht, mit Wasser fein gerührt, mit Salz, gewa=schenem und fein gehacktem Kerbel durchgekocht, mit etwas Fleischextrakt und einem Eidotter abgerührt und auf geröstetes Weißbrod angerichtet. Letzteres bleibt für Kranke weg; statt des Mehls kann man die Suppe mit Weißbrod gebunden machen.

Zum Kochen gehört gleichfalls ¼—½ Stunde.

30. Kräutersuppe. Man nehme von Sauerampfer, Portulak, Basilikum, Kopfsalat, Spinat, Dragon, Pimpinell, Schnittlauch und über=haupt was man von passenden Kräutern hat, doch von den stärkeren weni=ger, zusammen eine Hand voll, wasche und schneide sie fein. Hat man ein gutes Stück Butter mit so vielem Mehl, als zur Suppe nöthig ist, ge=schwitzt, so kommen die Kräuter dazu, welche man mit Bouillon oder Wasser nebst etwas Fleischextrakt fein rührt und nachfüllt und mit Salz, Kerbel und Petersilie, beides fein gehackt, durchkocht. Kartoffeln oder Eierklöße werden hineingegeben und die Suppe mit Eidottern abgerührt.

Zeit des Kochens ¾ Stunde.

31. Schlesische Selleriesuppe. · Zwei dicke Sellerieknollen, eine Porreestange und eine Petersilienwurzel werden gut gereinigt und gewaschen, mit 2½ Quart Wasser und dem nöthigen Salz weich gekocht. Dann werden 2 Eßlöffel Mehl mit 1 Eßlöffel guter Butter gelb gemacht, die Brühe dazu gerührt, das Wurzelwerk ohne Sellerie hineingelegt und kochend angerichtet. Etwas Fleischextrakt macht die Suppe besonders wohlschmeckend.

Die Sellerieknollen werden, nachdem sie weich gekocht sind, in Scheiben geschnitten, mit Oel und Essig angemengt, zum Braten gegeben.

Für 2 Personen berechnet.   Zeit des Kochens 1½ Stunde.

C. Wein= und Biersuppen.

32. Weiße Weinsuppe. 2 Eßlöffel feines Mehl und 6 recht frische Eidotter werden mit einer Flasche weißem Wein und einer Flasche Wasser angerührt, mit Zucker gehörig versüßt und mit einigen Zitronenscheiben, aus denen man die Kerne nehmen muß, in einem ausgescheuerten Topf über starkem Feuer mit einem Schaumbesen fortwährend bis zum Kochen gerührt und schnell in die Suppenterrine gegossen, in der man etwas Muskatblüte zerrührt hat. Das Durchkochen bringt die Suppe zum Gerinnen. Nach Belieben kann man von dem Eiweiß, welches vorher mit reichlich Zucker zu festem Schaum geschlagen wird, mit einem Eßlöffel kleine Klößchen auf die Suppe legen und solche mit Zucker und Zimmet bestreuen. Man decke die Terrine schnell zu, wodurch der Schaum gahr wird. Es wird Zwieback dazu gegeben. Die bemerkte Portion ist für 8—10 Personen hinreichend.

33. Schaumsuppe von weißem Wein. Zu dem vorstehend angegebenen Verhältniß nimmt man die ganzen Eier und die Hälfte des Mehls, schlägt dies alles über starkem Feuer mit einem Schaumbesen bis zum Kochen und gießt die Suppe rasch in die bereit stehende Terrine. Das Durchkochen muß verhütet werden, weil dadurch der Schaum vergeht; auch ist Kartoffelmehl hierbei zu vermeiden, da solches keinen Schaum entstehen läßt.

34. Aepfelweinsuppe. 1½ Quart Aepfelwein, 1 Pint Wasser, einige Stückchen Zimmet und Zucker nach Geschmack wird in einem recht sauberen Kochgeschirr, zugedeckt, zum Kochen gebracht. Unterdeß zerrühre man ¼ Kochlöffel Mehl mit 1 Pint Wasser fein, lasse es gut durchkochen, stelle es vom Feuer, gebe 1 Quart kochende Milch hinzu und rühre die Suppe mit zwei Eidottern ab.

35. Sagosuppe mit rothem Wein. Echter Sago wird zweimal mit heißem Wasser abgebrüht, mit heißem, weichem Wasser aufs Feuer gebracht, und mit einigen Zitronenscheiben weich gekocht, welches etwa 2 —2½ Stunden dauert; Perlsago, welcher aus Kartoffelmehl bereitet ist, bedarf nicht des Abgießens und nur einer Stunde Kochens. Dann gibt man eine kleine Quantität Rothwein dazu, süßt die Suppe gehörig mit

Zucker, läßt sie eben zum Kochen kommen und richtet sie mit etwas feinem Zimmet an. Man gibt Bisquit oder frischen Zwieback dazu.

36. Schnell zu bereitende Zwiebacksuppe. Es werden, je nach der nöthigen Quantität Suppe, Wasser, Zwieback, etwas Butter, einige Stück Zimmet, Zitronenschaale und Salz aufs Feuer gesetzt und durchgekocht. Nachdem dies geschehen, wird das Ganze durch ein Sieb gerieben und mit einigen Eidottern und süßer Sahne, Wein und Zucker abgerührt. Um die Suppe besser zu machen, können zur Zeit einige kleine Weinbeeren gequellt und hinzugefügt werden.

An merkung. Bei unerwartetem Besuch, namentlich auf dem Lande, sehr zu empfehlen.

37. Suppe von Perlgraupen mit weißem Wein. Die Graupen werden mit wenig kochendem Wasser mit einem Stückchen frischer Butter und einigen Zitronenscheiben, wodurch sie weißer und schneller weich werden, aufs Feuer gesetzt und in kurzer Brühe bei öfterem Nachgießen von kochendem Wasser langsam weich gekocht. Nachdem die Suppe 2 Stunden gekocht hat, gibt man gewaschene Rosinen hinein, läßt sie recht weich werden, fügt beim Anrichten Wein, Zucker, Zimmet und wenig Salz hinzu und rührt die Suppe mit 1—2 Eidottern ab.

Auch ohne Wein ist dies eine angenehme Suppe; dann aber werde, nachdem die Graupen eine Stunde gekocht haben, für 6—8 Personen eine ganze Zitrone ohne Kerne hineingeschnitten und 1 Stunde vor dem Anrichten reichliche Rosinen hinzugefügt.

Zeit des Kochens 2½—3 Stunden.

38. Angenehme Suppe von groben Graupen. Es werden 1 Pfund grobe Graupen mit einem Stückchen frischer Butter, einigen Stückchen Zimmet und wenig kochendem Wasser aufs Feuer gesetzt, nach und nach ein Guß kochendes Wasser dazu gegeben und recht weich gekocht. Dann wird das Ganze scharf durch ein Sieb gerührt, wobei während des Durchrührens etwas Wasser über die Graupen gegossen wird, um der Suppe alles Sämige zuzuwenden. Darnach werden ½ Pfund gut gewaschene Rosinen darin weich gekocht, welches etwa ¼ Stunden dauert, doch kann man diese nach Belieben auch schon früher allein kochen, die Suppe nach dem Durchrühren zum Kochen bringen und die Rosinen sammt der Brühe hinzufügen. Die Suppe muß recht sämig, doch darf sie nicht dicklich sein und etwas Salz nicht vergessen werden. Beim Anrichten werden 2 frische Eidotter mit ¼ Quart weißem Wein angerührt, die kochende Suppe unter stetem Rühren nach und nach hinzugegeben und mit dem nöthigen Zucker versüßt. Diese Portion ist auf 8—10 Personen berechnet.

Zeit des Kochens 3 Stunden.

39. Griesmehlsuppe mit Korinthen und Wein. Vorab sei bemerkt, daß das nicht stark gekörnte Griesmehl häufig verfälscht in den Handel kommt. Man erkennt es an dem starken Schäumen beim Aufkochen. Zu 1½ Quart Wasser nehme man nahezu 2 Unzen gekörntes Griesmehl, 2 Unzen Zucker, 2 Unzen Korinthen, einen gehäuften Theelöffel Salz, ¼ Tasse weißen Wein und ein Eidotter. Das Wasser wird kalt mit den gewaschenen Korinthen, einer halben Wallnuß dick Butter und einem Stückchen Zimmet von der Länge eines halben Fingers aufs Feuer gesetzt, und wenn es kocht das Griesmehl langsam hineingestreut, Zucker und Salz dazu gegeben und zugedeckt so lange mäßig gekocht, bis das Griesmehl sich nicht mehr senkt. Dann wird das Eidotter mit Wein angerührt und die kochende Suppe allgemach hinzugegeben.

Diese Portion ist auf 2 Personen berechnet.

Auch Rosinen sind in solcher Suppe angenehm; diese aber müssen vor dem Einstreuen des Griesmehls eine Weile vorab kochen, weil sie oft ¾—1 Stunde Kochens bedürfen. Statt Wein kann man auch Zitronensaft zu dieser Suppe gebrauchen.

40. Reissuppe mit Rosinen. Man schwitzt etwas Butter mit einem Löffel Mehl gelb, gibt die nöthige Quantität kochendes Wasser, abgebrühten Reis und verlesene und gewaschene Rosinen hinzu, läßt beides weich kochen und rührt die Suppe ab mit Salz, Zucker, etwas Wein, einigen Eidottern und Zimmet.

41. Schaumbiersuppe. Ein Quart Bier, eben so viel Wasser, 2 Eßlöffel feines Mehl, 4 ganze Eier, Zucker, 2 Zitronenscheiben und Zimmet nach Geschmack schlägt man mit einem Schaumbesen über starkem Feuer bis vor dem Kochen und gießt es schnell in die Suppenterrine. Man gibt in Butter geröstete Weißbrodwürfel oder Zwieback dazu.

Anmerkung. Kartoffelmehl ist zu dieser Suppe nicht anwendbar.

42. Biersuppe mit Rosinen. Man koche reichlich Rosinen mit Wasser und Weißbrod so lange, bis erstere ganz weich sind. Dann gieße man so viel Bier hinzu, daß es recht kräftig schmeckt, versüße es mit Zucker und gebe, wenn es kocht, je nach Portion der Suppe ½—1 Eßlöffel Mehl mit Wasser verrührt hinzu, rühre die Suppe, welche weder zu dünn noch zu dicklich sein darf, mit Eidottern und etwas Zimmet ab.

In Ermangelung der Eier rühre man das Mehl mit guter Sahne oder auch Milch an.

43. Biersuppe mit Milch. Man nehme für 2—3 Personen ½ Quart Milch mit der Sahne, ½ Quart Wasser, ¼ Quart starkes, jedoch kein bitteres Bier, 3 Unzen Korinthen, 1 Unze feines Mehl, 3 Unzen Zucker, ¼ Theelöffel Salz und ein frisches Eidotter. Es wird dies alles ohne Ei und Salz in einem tiefen Topfe auf starkem Feuer bis zum Kochen ohne Aufhören stark gerührt, dann der Topf schnell vom Feuer genommen, die Suppe noch einige Minuten gerührt, weil sie sonst leicht gerinnt, Salz dazu gegeben und mit dem Eidotter und etwas feinem Zimmet abgerührt.

Hat man keine Zeit, die Suppe gehörig zu rühren, ohne welches sie gerinnt, so lasse man Wasser, Bier, Korinthen und Mehl kochen, die Milch besonders zum Kochen kommen, nehme beides vom Feuer, mische es unter einander und rühre die Suppe mit dem Eidotter ab.

In Ermangelung eines Eies, was übrigens sehr dazu gehört, muß man reichliche Milch und soviel weniger Wasser und auch eine Kleinigkeit Mehl mehr nehmen. Uebrigens versteht es sich von selbst, daß das Verhältniß dieser Flüssigkeiten zu einander vom eigenen Gutdünken abhängt und also zu dieser Suppe mehr Milch oder mehr Bier genommen werden kann, wenn man nur dabei beachten wolle, daß zu 1½ Quart Flüssigkeiten 1 Unze feines Mehl und 1 Eidotter hinreichend sind.

Es wird zu dieser Suppe Zwieback oder in Butter geröstetes Weiß=brod gegeben.

D. Milch= und Wassersuppen.

Vorbemerkung. Milchsuppen kocht man am besten in ganz eisernen, unglasirten oder irdenen Töpfen. Auch ist zu rathen, einen be=sonderen Topf zum Kochen der Milchsuppe zu halten, da sie leicht an=brennt, und sehr leicht den Geschmack von den Speisen annimmt, die vor=her im Topfe gewesen sind.

44. Feine Milchsuppe, warm und kalt zu geben. Auf 3 Per=sonen nehme man 1 Quart frische Milch und ¼ Quart Wasser, einen gehäuften Eßlöffel gute Stärke, 2 Eidotter, Zucker, Citronenschaale oder etwas Vanille, oder auch ein paar gestoßene bittere Mandeln oder an deren Stelle 2 frische Pfirsichblätter und etwas Salz. Dies wird über starkem Feuer fortwährend bis zum Kochen stark gerührt, dann in die Terrine ge=gossen, von dem zu Schaum geschlagenen Eiweiß Klößchen auf die Suppe gelegt, solche mit Zucker und Zimmet bestreut und schnell zugedeckt, oder es kann auch der Schaum in der Terrine durchgeschlagen werden.

Fehlt es an Zeit zum Rühren, so lasse man die Milch kochen, gebe die Stärke hinzu und rühre die Suppe mit den Eidottern ab; jedoch hat ersteres Verfahren den Vorzug.

Anmerkung. In heißer Jahreszeit macht diese Suppe ein ange=nehmes und bequemes Essen zum Sonntagabend; man kann sie zu diesem Zweck Vormittags kochen.

45. Milchsuppe von Kartoffelmehl. Man koche frische Milch, wozu ein Drittheil Wasser genommen werden kann, rühre etwas Kartoffel=mehl mit Milch hinzu, lasse sie unter stetem Rühren durchkochen und gieße sie mit etwas Salz in die Terrine.

Wünscht man die Suppe zu verfeinern, so koche man einige Stücke Zimmet in der Milch und gebe etwas Zucker hinzu.

46. Milchsuppe mit Weißbrod. Das Weißbrod schneide man in Würfel, thue es in die Terrine, koche frische Milch mit etwas Salz, nach Gefallen mit Weißbrod vermischt, und gieße sie auf das Weißbrod.

47. Griesmehlsuppe von Milch. Das Griesmehl wird unter beständigem Rühren in die kochende Milch gethan, mit Salz, Zucker und etwas Butter gekocht, bis die Suppe recht sämig ist. Man kann ¼ Wasser dazu nehmen. Auf eine Person rechne man ¼ Quart und reichlich 1 Unze Griesmehl.

48. Nudelsuppe von Milch. Wird wie Griesmehlsuppe nach vorhergehendem Rezepte gekocht.

49. Reissuppe von Milch. Der Reis, wobei man auf 1¼ Stunde Kochens rechnen kann, wird gewaschen, mit kaltem Wasser aufs Feuer gebracht, und nachdem dieses ganz heiß geworden, abgegossen, weil mancher Reis etwas Säuerliches hat, was die Milch zum Gerinnen bringt. Wendet man frische Milch zur Suppe an, so kann man halb Wasser nehmen und auf jede Person ½ Quart und reichlich 1 Unze Reis nehmen.

Man koche die Milch mit dem Wasser, thue einige Stückchen Zimmet oder Muskatblüte und den Reis hinein und lasse ihn langsam weich wer= den. Dann erst gebe man die übrige Milch und einige Stückchen Zucker nebst Salz hinzu und lasse die Suppe noch ein wenig kochen. Wünscht man sie etwas sämiger, so gebe man zuletzt etwas mit Wasser zerrührte Stärke hinzu und lasse sie eben durchkochen. Ein Hinzurühren von Wei= zenmehl benimmt der Suppe den guten Geschmack; soll es indeß geschehen, so muß sie, während stets gerührt wird, ¼ Stunde mit dem Mehl kochen.

Anmerkung. Es kann nach Gefallen der Reis auch gleich in der ganzen Quantität Milch gekocht werden, indeß ist die Suppe nach Angabe feiner und gesunder, als wenn die Milch so lange gekocht wird.

50. Suppe von Perlgraupen und Milch. Die Graupen wer= den gewaschen, mit einem Stückchen Butter und wenig weichem Wasser aufs Feuer gesetzt, langsam weich und kurz eingekocht, wobei, so oft es nöthig ist, etwas Wasser nachgegossen wird. Dann gebe man Milch und wenig Saft dazu und lasse die Suppe sämig kochen, zu welcher man zu= letzt, wenn sie nicht sämig genug sein sollte, etwas verrührtes Kartoffel= mehl oder Stärke anwendet. Nach Belieben kann man sie mit Zucker und Zimmet oder etwas feingestoßener Muskatblüte würzen.

Zeit des Kochens 2 Stunden. Man rechne auf jede Person ½ Quart frische Milch und gut 1 Unze Perlgraupen.

51. Suppe von echtem Sago und Milch. Wird wie Suppe von feinen Perlgraupen gekocht.

52. Suppe von Kartoffelsago (Perlsago) und Milch. Der Sago wird in die mit etwas Wasser vermischte kochende Milch gegeben, weil er sich sonst ganz auflösen würde; zugleich rührt man, wenn der Perlsago nach Verlauf von ½ –¾ Stunde weich geworden, etwas Stärke oder Kartoffelmehl und Salz durch und gibt nach Belieben Zucker und Zimmet hinzu.

Auf die Person ½ Quart Milch, gut 1 Unze Sago.

53. Suppe von Buchweizengrütze und Milch. Man streut die Grütze in die kochende, wo möglich nicht mit Wasser vermischte Milch, läßt sie nicht zu weich, etwa ¼ Stunde kochen und rührt etwas Stärke oder Kartoffelmehl und Salz in die Suppe.

Mit Anwendung von Stärke ist 1 Unze Grütze auf die Person hin= reichend, dazu ¾ Quart Milch.

54. Suppe von Hafergrütze und Milch. Die Grütze wird einigemal abgelößt, mit Wasser weich und dicklich gekocht, wobei zuweilen durchgerührt werden muß, weil sie sich leicht ansetzt. Nachdem sie scharf durch ein Sieb gerührt, bringe man sie wieder zum Kochen, gebe Milch und etwas Salz hinzu und koche die Suppe langsam noch ¼ Stunde.

Man rechne auf die Person 1—2 Unzen Hafergrütze und ¼ Quart frische oder ½ Quart abgenommene Milch. Erstere hat den Vorzug.

55. Maissuppe. Zur Bereitung dieser sehr nahrhaften und wohlfeilen Suppe läßt man halb Milch und halb Wasser kochen, rührt so viel Maismehl hinein, daß sie eine gute Konsistenz erhält, und gibt etwas Salz hinzu.

56. Chokoladesuppe. ¼ Pfund Chokolade wird mit einer Obertasse Wasser aufs Feuer gesetzt, und wenn sie ganz weich ist, zu Brei gerührt, 2¼ Quart Milch und Zucker nach Geschmack hinzugegeben, und wenn es kocht, die Suppe mit Vanille oder Zimmet und 1—2 Eidottern angerichtet. Man kann das Eiweiß zu Schaum schlagen und hiervon Klößchen auf die Suppe legen und solche mit Zucker und Zimmet bestreuen. Die Suppe, welche auf 5 Personen berechnet ist, wird auf in Butter gelb geröstete Weißbrodschnitten angerichtet.

A n m e r k u n g. Die Vanille wird mit Zucker fein gestoßen.

57. Buttermilchsuppe mit Mehl. Zu jedem Quart Buttermilch ist 1 Unze feines Weizenmehl ein gutes Verhältniß. Um das Gerinnen zu verhüten, rühre man letzteres mit der Buttermilch glatt an, stelle sie auf ein rasches Feuer, lasse sie unter fortwährend starkem Rühren durchkochen und gebe etwas Salz hinzu; auch kann man die Suppe mit Anissamen kochen, oder auch dieselbe nach holländischem Brauch mit etwas Sirup versüßen.

Wünscht man die Suppe feiner zu kochen, so lasse man den Anissamen weg, rühre die nach bemerkter Weise gekochte Suppe mit Zucker, feinem Zimmet und einem frischen Eidotter ab und lege einige in Butter geröstete Weißbrodschnitten in die Terrine oder gebe frischen Zwieback dazu.

58. Buttermilch mit Buchweizengrütze. Die Grütze wird mit wenig Wasser gahr und kurz eingekocht, alsdann Buttermilch mit etwas Mehl angerührt dazu gegeben und zum Kochen gebracht. Man gibt Salz, nach Gefallen auch Zucker oder Sirup hinzu.

59. Braune Mehlsuppe. Das Mehl wird ohne Butter nach I. No. 43 gelbbraun gemacht, Milch gekocht und von diesem Mehl mit kalter Milch so viel hineingerührt, als nöthig ist, die Suppe zu binden. Dann wird sie mit Zucker, Zimmet und Eidottern auf Weißbrodschnittchen, welche mit Butter gelb geröstet sind, angerichtet.

60. Suppe von weißgebranntem Mehl. Man lasse ein halbes Ei dick frische Butter heiß werden, gebe da hinein 3 Eßlöffel Mehl und rühre so lange, bis es kraus wird und sich hebt, gieße dann das nöthige kochende Wasser langsam hinzu, während gut gerührt werden muß, damit das Mehl aufgelöst und die Suppe nicht klümprig werde. Nach dem Durchkochen rühre man die Suppe mit Salz, Muskatblüte oder etwas Zitronenschale, sehr wenig Zucker und einem frischen Eidotter ab, oder

man richte sie ohne Gewürz und Zucker mit Salz, saurer Sahne und feingehackter Petersilie an.

Anmerkung. Man kann auf jede Person 1 Eßlöffel Mehl
rechnen.

61. Süddeutsche gebrannte Mehlsuppe. Man läßt 3 Unzen
Butter in einem Topfe sehr heiß werden, macht 3—4 mittelgroße Rührlöffel Mehl darin bräunlich, rührt die nöthige Quantität Wasser, Salz
und Muskatnuß hinzu und läßt die Suppe mit in Würfel geschnittenem
Weck (Weißbrod) noch einige Minuten kochen.

62. Süddeutsche Zwiebelsuppe. Man läßt in ¼ Pfund Butter
3 große kleinwürfelig geschnittene Zwiebeln gelb werden, macht dann
darin einen Kochlöffel Mehl gleichfalls gelb, gießt unter starkem Rühren
so viel Fleischbrühe, als man Suppe zu haben wünscht, hinzu und läßt sie
gut durchkochen. Dann reibt man sie durch ein Sieb, bringt sie nochmals
zum Kochen, gibt feine Weckschnitten hinein, läßt sie mit denselben noch
einige Minuten schwach kochen und richtet sie mit zwei Eidottern an. Die
Suppe ist für 4 Personen berechnet.

**63. Milchsuppe von Brühe, worin Gemüsenudeln gekocht
sind.** Dazu werde die Brühe wieder zum Kochen gebracht, so viel
Milch, als man Brühe hat, hinzugegossen und mit etwas Zimmet
gewürzt. Salz bedarf die Suppe vielleicht nicht, da die Brühe etwas
gesalzen ist.

64. Suppe von Brühe, worin Kartoffelklöße gekocht sind.
Je nachdem man eine kleine oder größere Portion Suppe zu haben
wünscht, gebe man 2—3 von den Klößen zurückbehaltene Eidotter in das
Geschirr, worin diese gemacht worden sind, rühre sie sammt dem, was in
der Schale geblieben, mit Kloßwasser fein, gieße es in die kochende
Brühe, lasse die Suppe unter stetem Rühren gut durchkochen und würze
sie mit etwas Fleischextrakt.

Auch kann man Zwiebeln und etwas Mehl in Butter oder gutem
Fett braun machen und solche zu der Brühe rühren.

65. Griesmehlsuppe. Man läßt Griesmehl in nicht zu wenig
Butter gelb werden, gießt, indem man gut rührt, langsam kochendes
Wasser und Salz hinzu und rührt nach dem Aufkochen die Suppe mit
etwas Muskatnuß und einem Eidotter oder mit zerrührter saurer Sahne
ab. Man gibt in Butter geröstetes Weißbrod dazu.

Man kann auf die Person fast 2 Unzen Griesmehl rechnen.

66. Graupensuppe für Kranke. Feine Perlgraupen werden in
wenig kochendem Wasser mit einem Stückchen frischer Butter bei oftma-
ligem Nachgießen weich und sämig gekocht, dann würzt man die Suppe
mit Salz, feingehackter Petersilie oder Muskatnuß; letztere ist bei Ma-
genschwäche vorzuziehen.

67. Suppe von Hafergrütze für Kranke. Gute, frische Hafergrütze wird gewaschen, indem man sie in kaltem Wasser durchrührt und
einigemal abflößt. Dann lasse man sie, wenn bei dem Kranken keine

Leibschmerzen vorhanden sind, mit 1—2 Zitronenscheiben (Kern und Schale bis zum Saft entfernt) in kochendem Wasser 1 Stunde kochen, rühre sie durch ein sauberes Haarsieb, in Ermangelung desselben lasse man sie, ohne zu rühren, freiwillig durch ein weiteres Sieb laufen und rühre Zucker und sehr wenig Salz durch), oder gebe geriebenen Zucker dazu, weil Kranke oft mehr, oft weniger davon wünschen.

68. Auf andere Art für Kranke. Abgeflößte Hafergrütze lasse man mit kochendem Wasser, einer Messerspitze Salz und 2 Eßlöffel frischen, ganz feingestoßenen Mandeln 1 Stunde kochen, rühre sie durch ein Haarsieb und gebe Zwieback und Zucker dazu.

69. Zwiebacksuppe für Kranke. Ganz feingestoßener Zwieback wird mit Wasser und 1—2 Zitronenscheiben so lange gekocht, bis sich derselbe nicht mehr senkt, Zucker und sehr wenig Salz dazu gegeben und, wenn der Arzt es erlaubt, mit 1 Eidotter abgerührt.

70. Brodsuppe für Kranke. Halb Schwarz=, halb Weißbrod wird in Wasser ganz zerkocht, durch ein Haarsieb gerührt, mit Korinthen, etwas Salz, Zucker und Zitronenscheiben gekocht, bis erstere weich sind, und, falls es dem Kranken nicht versagt ist, mit etwas Wein und einem Eidotter abgerührt.

71. Eine gute Krankensuppe bei der Ruhr und Diarrhöe. Es wird eine halbe Tasse Graupen, welche sich ganz weiß kochen, mit einer weißen Bohne dick frischer Butter und einem Stück feinen Zimmet in einem irdenen Topf mit ½ Quart kochendem Wasser aufs Feuer gestellt und ganz weich gekocht, während man zuweilen etwas kochendes Wasser hinzufügt. Dann wird die Suppe durch ein Sieb gegossen, mit Zucker und sehr wenig Salz durchgekocht und mit einem ganz frischen Eidotter abgerührt. Dieselbe darf weder zu dünn, noch zu breiig gekocht sein.

Anmerkung. Als Getränk wird Reiswasser, wie es bei den Getränken bemerkt ist, dem Kranken gereicht.

E. Obstsuppen.

72. Zitronensuppe, auch für Kranke. Man koche Weißbrod in Wasser ganz weich, rühre es durch ein Sieb und bringe es wieder zum Kochen, gebe Saft und abgeriebene Schale einer Zitrone, wenig Salz, Zucker nach Belieben dazu und rühre die Suppe mit einem Eidotter ab.

Anmerkung. Für Fieberkranke lasse man Zitronenschale und Eidotter weg.

73. Aepfelsuppe mit Korinthen. Man kocht mit den Aepfeln etwas Weißbrod, gibt, nachdem dies durch ein Sieb gerührt ist, geriebenes, in Butter geröstetes Schwarzbrod nebst Korinthen und sehr wenig Nelken und Salz dazu, läßt es ein wenig kochen und rührt die Suppe mit Zimmet und einem Löffel dicker Sahne ab.

74. Suppe von getrockneten Zwetschen. Dieselben werden gut gewaschen und zwischen den Händen gerieben, gut abgekocht und mit Wasser,

Zitronenschale und etwas Weißbrod weich gekocht, durch ein Sieb gerieben, Zucker, Zimmet und nach Belieben ein Glas Wein durchgerührt, auf geröstetes Weißbrod angerichtet. Für Kranke läßt man Wein, Gewürz und das geröstete Brod weg.

75. Hafergrütze mit getrockneten Zwetschen, zugleich sehr gut für Kranke. Nachdem die Zwetschen, wie es bei den Compots bemerkt, abgekocht, und die Hafergrütze einigemal abgeflößt ist, bringe man jedes allein aufs Feuer, koche die Grütze mit einem Stückchen Butter recht sämig, gieße sie durch ein Sieb, die Zwetschen mit ihrer Brühe und einigen Stückchen Zimmet und 2 - 4 Zitronenscheiben (die Kerne entfernt) dazu und koche die Zwetschen ganz weich. Dann wird die Suppe, welche recht sämig, aber nicht zu dicklich sein muß, mit Zucker und etwas Salz gewürzt.

Man rechne auf die Person etwa 2 Unzen Hafergrütze und 2 Unzen oder etwa 15 Stück Zwetschen.

76. Hafergrütze mit Rosinen oder Korinthen. Die Grütze wird gekocht und durchgesiebt, wie im Vorhergehenden gesagt worden. Dann gebe man für jede Person ½—¾ Unzen ausgesuchte und gewaschene Rosinen oder Korinthen, ein Stückchen Zimmet, etwas Salz und eine Zitronenscheibe hinzu, lasse die Rosinen recht weich kochen und rühre die Suppe mit einem Eidotter und etwas Zucker ab. Auch kann man derselben zuletzt einen Geschmack von weißem Wein geben, oder einige saure Aepfel in der Grütze kochen und mit durchreiben.

F. Kalteschalen.

77. Wein-Kalteschale. Man gibt eine Stunde vor dem Anrichten Macronen oder kleine feine Zwiebäcke (große bricht man in Stücke) in eine Terrine und fügt hinzu: Zitronenscheiben, Kerne entfernt, einige Stücke Zimmet, halb weißen Wein, halb Wasser mit Zucker versüßt.

78. Apfelsinen-Kalteschale. Verschiedene Fruchtsäfte, halb Wein, halb Wasser, reichlich Zucker und einige Stück Zimmet nebst Apfelsinen, welche man nach dem Abziehen der Schale in 8 Theile schneidet und in Zucker umdreht. Die Zwiebäcke hierzu werden mit etwas Wein angefeuchtet, doch dürfen sie nicht weich werden, mit Zucker bestreut, aufeinander gelegt und dazu gegeben.

79. Erdbeer- und Himbeer-Kalteschale. Die Erdbeeren werden, falls es nöthig wäre, leicht abgespült, Himbeeren nicht. Man gibt sie in die Suppenterrine, streut viel Zucker darüber und läßt sie 1 Stunde stehen, dann mischt man halb weißen Wein, halb Wasser mit Zucker, Saft einer Zitrone und feinem Zimmet und gießt es über die Früchte.

80. Sago- oder Reis-Kalteschale. ¼ Pfund echter Sago oder Reis wird abgebrüht, mit Wasser, ohne zu rühren, weich und dick gekocht (die Körner müssen ganz bleiben) und in die Terrine gefüllt. Darüber gibt man reichlich Zucker, Zimmet, abgeriebene Zitronenschale und gut gewaschene und gut aufgekochte Korinthen mit ihrer Brühe. Nach dem Erkalten wird 1 Flasche Rothwein und 1 Flasche Wasser, mit dem nöthigen Zucker versüßt, hinzugegeben.

81. Bier-Kalteschale. Altes geriebenes Schwarzbrod, reichlich gewaschene und aufgekochte Korinthen mit der Brühe, Zimmet, Zitronenscheibe, Bier, welches nicht bitter sein darf, mit Wasser gemischt, gehörig Zucker und Zwieback hineingebröckelt.

82. Westfälische Kalteschale. Man reibe altes Schwarzbrod, schlage mit einem Schneebesen dicke saure Sahne, rühre braunes, nicht bitteres Bier, Zucker, Zimmet und das Schwarzbrod hinzu.

83. Milch-Kalteschale. Siehe feine Milchsuppe, warm und kalt zu geben.

84. Kalteschale von Buttermilch. Hierzu wird Schwarzbrod gerieben und in der Kuchenpfanne etwas geröstet, nun kommen zu 4 Löffel Brod 2 Löffel Zucker, wo dann das Ganze unter beständigem Rühren noch etwas geröstet wird. Darauf rührt man die Buttermilch mit etwas süßer Sahne oder süßer Milch an, bröckelt kurz vor dem Auftragen Zwieback oder Weißbrod hinein und streut zuletzt das abgekühlte Schwarzbrod darüber.

Diese Kalteschale ist sehr wohlschmeckend und erfrischend.

85. Geschlagene Sahne. Süße dicke Sahne wird in einem Butterfaß (Butterkarre) schäumig gemacht oder mit einem Schaumbesen schäumig geschlagen, indem man immer den Besen auf der Oberfläche gleichmäßig hin und her bewegt, doch muß dies im Keller geschehen. Sie wird dann mit Zucker und Vanille durchgerührt, angerichtet und mit Zimmet bestreut, Zwieback und geriebenes Schwarzbrod dazu gegeben.

Anmerkung. Die Vanille kann man einige Stunden vorher in der Sahne ausziehen lassen, oder mit Zucker fein stoßen, wodurch man wenig gebraucht.

86. Geschlagene saure Milch. Die Milch wird hierzu dick genommen, doch muß die Sahne noch ganz glatt sein. Sie wird mit derselben nach Vorhergehendem geschlagen und mit Zucker und Zimmet durchgeschlagen.

—:—

III. Gemüse und Kartoffelspeisen.

A. Gemüse.

1. Regeln beim Kochen der Gemüse.

Man findet es so häufig, daß die Gemüse, welche als hauptsächlichste Nahrungsmittel vor allen anderen Speisen eine sorgfältige Zubereitung verdienen, oft sehr vernachläßigt werden, weshalb eine nähere Besprechung nicht überflüssig sein möchte.

Reinlichkeit. Auch hier wird nochmals, obgleich es schon in der Einleitung geschehen ist, vor allem die größte Reinlichkeit in den Kochgeschirren und im Reinigen der Gemüse anempfohlen. Alle frischen Knollen= und Wurzelgewächse müssen vor dem Reinigen rein gewaschen und nach dem Schneiden nochmals abgespült, aber nicht gewässert wer= den; Kartoffeln, besonders frische, machen hier eine Ausnahme.

Zur Ersparniß der Butter und zum rascheren Weichkochen der Gemüse. Um die Gemüse recht schmackhaft zu kochen und zugleich ein schnelleres Gahrwerden zu befördern, wolle man Folgendes beachten. Bei hohen Butterpreisen kann gutes Nierenfett, nach I. No. 54 zubereitet, zu den meisten Gemüsen die Butter ersetzen, ohne den Geschmack zu benachtheiligen. Zu dem Zweck thue man das Fett ins Wasser, ehe das Gemüse hineinkommt, und lege, wenn solches vom Feuer genommen wird, einige kleine Stückchen Butter darüber hin, wodurch ein angenehmer Buttergeschmack hervortritt und die Brühe sich mehr rundet. Will man Bratenfett zum Gemüse anwenden, so kann dies gleichfalls ins kochende Wasser gethan und zuletzt etwas Butter durchgemischt werden. Schmalz, Gänsefett, Hammelfett und Oel setze man jedoch mit kaltem Wasser aufs Feuer und lasse es vor dem Hinzuthun des Gemüses stark kochen.

Unterdeß thue man das klar gespülte Gemüse zum Ablaufen auf einen Durchschlag und gebe es nicht zugleich, sondern, je nach der Quantität, in etwa 2—5 Theilen nach und nach mit dem Schaumlöffel in den Topf, wobei aber jedesmal das Wasser wieder kochen muß. Es ist dies auch beim Abkochen der Gemüse zu beachten, da solche hierdurch viel schneller weich werden, als wenn durch Hinzuthun von großen Portionen das Kochen längere Zeit unterbrochen wird. Dann streue man — mit Aus= nahme von Hülsenfrüchten — das Salz in der letzten Hälfte des Weich= kochens gleichmäßig über das Gemüse und lasse dieses fest zugedeckt unun= terbrochen gehörig kochen. Das Nachgießen von Wasser suche man mög= lichst zu vermeiden. Bei nöthiger Aufmerksamkeit läßt sich bald die passende Quantität ermessen; indeß ist es immer besser, etwas zu wenig, als gar zu viel zu nehmen. Man sorge dann aber früh genug für kochendes Wasser zum Nachgießen.

Alle Gemüse, welche des **Abkochens** bedürfen, lasse man in reichlichem Wasser offen und rasch abkochen, sie verlieren dadurch zum Theil
ihre blähende Eigenschaft, werden rascher weich und vor fadem Geschmack
bewahrt.   Beim Abkochen solcher Gemüse, welche eine geraumere Zeit
zum Weichwerden erfordern, wie es namentlich mit eingemachten Gemüsen
der Fall ist, muß etwas reichlicher Wasser genommen und nöthigenfalls
für kochendes Wasser zum Nachgießen gesorgt werden, denn kaltes Wasser
taugt dazu nicht.

Grünen Gemüsen ihre Farbe zu erhalten. Um
Spinat, Melde, frischem Stielmus u. s. w. beim Abkochen ihre Farbe zu
erhalten, werde beim Abkochen sogleich ein kleines Stückchen Soda oder
Bullrichs-Salz dazu gegeben. Beides wirkt auch besonders auf ein
schnelleres Weichwerden. Auch dürfen die Gemüse während des Abkochens weder zugedeckt, noch darnach an die Luft gestellt werden.

**Rasches Weichwerden eingemachter Bohnen, wie
auch Stielmus.** Eingemachte Gemüse — Bohnen und Stielmus —
koche man womöglich am vorhergehenden Tage ganz weich ab und setze sie
dann über Nacht in kaltes Wasser, damit die Säure herausziehe, und
wässere solche am andern Morgen so lange als nöthig ist, ehe sie gestovt
werden. Dabei ist zu bemerken, daß eingemachte Bohnen in Wasser,
worin Spinat, Melde oder auch junge Runkelrübenblätter abgekocht sind,
sehr schnell weich werden. Es kann im Frühjahr den Tag vorher leicht
Rücksicht darauf genommen werden. Dieser Zweck wird indessen auch dadurch erreicht, daß bei allen schwer weich kochenden Gemüsen beim Abkochen ein wenig Natron dem Wasser beigefügt wird.

Wenn Bindungsmittel hinzugefügt werden. Das
Abbrühren einiger Gemüse mit Mehl oder Eidotter darf erst dann geschehen, wenn solche völlig gahr geworden sind.

Verfahren beim Anbrennen. Beim Anbrennen des Gemüses — was niemals vorkommen sollte — darf kein Wasser in den Topf
gegeben noch darin gerührt werden; am besten ist es in solchem Fall,
das Gemüse möglichst schnell in ein Geschirr zu schütten (das im Topfe
hängenbleibende aber zurückzulassen), in dem gereinigten Topf Wasser mit
Fett und etwas Salz rasch zum Kochen zu bringen und das Gemüse zum
ferneren Kochen hineinzuschütten. Sollte dieses aber schon gahr geworden
sein, so lasse man ein Stück Butter oder Fett heiß werden, mache etwas
Mehl darin recht gahr, rühre Fleischbrühe oder Wasser hinzu, auch etwas
Salz, wenn es fehlen sollte, und schwenke das Gemüse darin durch.

Einige besondere Bemerkungen. Noch ist es eine
Hauptbedingung, alle Gemüse luftig, völlig weich und saftig zu kochen und
sie nicht durch Umrühren breiig zu machen. Wird zur angegebenen Zeit
Fett und Salz dazu gethan, so bedarf es nicht des Umrührens, da die
Gemüse beides gleichmäßig in sich aufnehmen. Wie viel Zeit zum Gahrwerden jedes Gemüses erforderlich ist, läßt sich nicht genau bestimmen,
indem dies gar zu sehr von der Qualität, Portion, sowie auch vom Feuer
abhängt; indeß sind wir gern den ausgesprochenen Wünschen entgegenge-

kommen, bei den einzelnen Rezepten das Zeitmaß in etwas zu bestimmen. Da jedoch nach großer Dürre, wie sie in einzelnen Jahren vorkommt, Gemüse und Kartoffeln eines längeren Kochens bedürfen, so werde solches berücksichtigt.

Wir rechnen bei dieser Angabe von der Zeit an, wo das Wasser zum Gemüse kocht; ferner auf ein regelmäßiges Feuer, wie es beim Kochen nöthig ist; auf mittelmäßig große Portionen, sowie auch darauf, daß das Gemüse theilweise in den Topf gegeben und jedesmal wieder zum Kochen gebracht wird.

Bei der Zubereitung solcher Gemüse, die wie z. B. Stielmus, Spinat, Melde, Wirsing ꝛc., beim Abkochen gahr gemacht werden, braucht man nicht bis zum letzten Augenblick zu warten, man kann sie ohne Nachtheil, und wären es auch einige Stunden, bis zum Aufstoven hinstellen.

Aufwärmen. Brauner Kohl und **Sauerkraut** können sehr gut aufgewärmt werden, doch darf man solche ebensowenig nach dem Ausfüllen, als während des Heißmachens zudecken.

Anrichten. Endlich sei noch ein Wort über das Anrichten bemerkt: Nur die Spinat ähnlichen Gemüse werden beim Anrichten in der Schüssel mit einem Messer glatt gestrichen und zwar nach der Mitte hin ganz wenig erhöht, wobei man sie mit einer Gabel verzieren kann. Die übrigen Gemüse ordne man ansehnlich mit einer Gabel, ohne sie anzudrücken und sorge dafür, daß der Rand sauber abgewischt und die Schüssel heiß aufgetragen werde.

- **2. Rosenkohl (Brüsslerkohl).** Die grünen geschlossenen Rosen (Knospen) werden abgepflückt, die welken Blätter nebst den harten Knoten am Stiele abgeschnitten, doch so, daß die kleinen Rosen ganz bleiben, in kochendem Wasser und Salz rasch gahr abgekocht und mit dem Schaumlöffel auf einen Durchschlag gelegt, damit sie nicht zerfallen. Vor dem Anrichten werden sie mit einem Stückchen Butter, Salz und Muskatnuß auf ein gelindes Feuer gesetzt, wenn sie erhitzt sind und die Feuchtigkeit verdampft ist, einige Löffel voll ziemlich kräftige weiße Sauce daran gethan und damit durchgeschwenkt. —

3. Sprossen von grünem oder braunem Winterkohl. Nachdem dieselben (im Frühjahr) verlesen und gewaschen, werden sie in Bündchen gebunden, in Wasser und Salz abgekocht und auf einen Durchschlag gelegt. Die Fäden werden alsdann mit der Scheere durchgeschnitten und entfernt, die Bündchen auf einer heißen Schüssel angerichtet, mit feingestoßenem Zwieback und Muskatnuß bestreut und eine saure Eiersauce dazu gereicht.

Man kann diesen Kohl auch wie Rosenkohl zubereiten, auch nach Belieben etwas Essig daran geben. Zum Kochen gehört dieselbe Zeit wie in No. 2.

Rauchfleisch, Fricadellen, Bratwurst, gefüllte Kalbsbrust, Leber, Nierenschnitten, gebackene Eier, Rührei, Eierkuchen und **Plinzen** passen dazu.

4. **Schmalz- oder Butterkohl.** Dieser so sehr einträgliche Kohl, welcher ein sehr gesundes und angenehmes Gemüse liefert, verdient allgemein kultivirt zu werden.

Die Blätter werden gut gewaschen, auf einem Küchenbrett fein geschnitten, indem man eine Handvoll fest zusammenhält, nochmals gespült und in reichlichem Wasser weich abkocht. Das Starke dieses Kohls im Sommer wird dadurch entfernt, daß man ihn nach dem Abkochen eine Weile in Wasser setzt. Alsdann wird er auf einen Durchschlag geschüttet, mit dem Schaumlöffel stark ausgedrückt und auf zweierlei Weise zubereitet.

Erstens schwitzt man in einem Stück heiß gemachter Butter etwas Mehl gelb, zerrührt es mit kochendem Wasser, gibt Salz hinzu, siedt das Gemüse darin, rührt beim Anrichten etwas Sahne durch und richtet es mit einem Schüsselchen abgekochter Kartoffeln und beliebigem Fleisch an. Es passen Schinken, Rauchfleisch, gebratene Leber, Bratwurst, Fricadellen und dergl. dazu.

Zweitens wird ein Stückchen Speck gekocht und die Brühe zum Kohl angewendet, oder es wird Wasser mit Fett und Salz zum Kochen gebracht, Kartoffeln hineingegeben und der abgekochte Kohl darauf gelegt. Sobald die Kartoffeln gahr sind, wird das Gemüse, welches saftig gekocht sein muß, durchgerührt. Sollte dasselbe durch die Kartoffeln nicht sämig geworden sein, so rühre man 1—2 roh geriebene Kartoffeln durch, welches überhaupt bei dieserartig gekochten Gemüsen ein vorzügliches Bindungsmittel ist.

Zeit des Kochens 1½ Stunde.

5. **Spinat.** Der gut verlesene Spinat wird drei- bis viermal in reichlichem Wasser gewaschen, was am besten in einem tiefen Geschirr geschieht. Dann wird derselbe, damit er seine grüne Farbe behalte, nur 8—10 Minuten in brausend kochendem Wasser mit Salz offen abgekocht, sogleich in kaltes Wasser gethan, auf einen Durchschlag geschüttet, mit dem Schaumlöffel stark ausgedrückt und fein gehackt. Darnach läßt man etwas feines Nierenfett heiß werden, rührt fein gestoßenen Zwieback oder wenig Mehl eine Weile darin durch, gibt den Spinat nebst Muskatnuß und etwas Butter hinein und läßt ihn unter öfterem Umrühren mit dem vielleicht noch fehlenden Salz und wo nöthig mit etwas Fleischbrühe oder Wasser gut durchkochen.

Bei einem feineren Essen können um die sauber angerichtete Spinatschüssel halbhart gekochte Eier, ungetheilt, eins neben dem andern aufgestellt werden, so daß die Spitze in die Höhe kommt; zwischen jedes Ei setzt man ein Stück stark geröthete und zart gekochte Zunge, mit Salpeter und Salz eingelegt wie ein Hahnenkamm ausgehackt. Oder man belegt die Schüssel mit in Butter gebratenen Weißbrodstreifchen und gibt Spiegeleier dazu, oder man garnirt sie mit hart gekochten, der Länge nach in 8 Theile geschnittenen Eiern. Die Kartoffeln werden dazu gebraten, für gewöhnlich gekocht

Zeit der Zubereitung ½—¾ Stunden.

Omelettes, Cotelettes, Fricandeaux, Saucissen, gebratene und geräucherte Ochsenzunge, Beignets von Fisch, gebackene Schellfischschwänze, Nierenschnitten, Würstchen von Schweinefleisch, Plinzen mit Schinken gefüllt als Beilagen.

A n m e r k u n g. Möchte man andern Tages eingemachte Bohnen kochen wollen, so thut man wohl, hierzu das Wasser, in welchem der Spinat abgekocht ist, aufzuheben, da sie hierin viel schneller weich werden.

6. Pet-sai oder chinesischer Kohl. Derselbe wird wie Rosenkohl (No. 2) zubereitet, mit denselben Beilagen nebst gebratenen Kartoffeln gegeben.

7. Mangold oder römischer Kohl. Unter den vielfarbigen Sorten des Mangold ist der mit weißlich grünen Blättern der beste. Derselbe kann sowohl zu einem feinen Gemüse dienen, als auch für den gewöhnlichen Tisch zubereitet werden. Die jungen, weichen Blätter kocht man wie Spinat, doch müssen sie nach dem Abkochen gewässert werden. Sind solche nicht mehr zart so wird das Kraut von den Rippen abgestreift, letztere werden dünn abgezogen, in fingerlange Stücke geschnitten, in gesalzenem kochendem Wasser weich gekocht und wie Blumenkohl gestovt, oder auch mit einer dicklichen Spargelsauce gegessen. Das abgestreifte Kraut wird abgekocht, gehackt, mit Kartoffeln, Salz und etwas ausgebratenem Speck nicht zu steif gekocht.

Zeit des Kochens 1 Stunde.

Zum Mangold, wie Spinat zubereitet, können die bei demselben bemerkten Beilagen gegeben werden; wie Blumenkohl gekocht passen die Beilagen wie zum Blumenkohl.

8. Sauerampfer. Die größeren frischen Blätter werden von den Stielen abgestreift und letztere entfernt. Darnach wird der Sauerampfer mehreremal in vollem Wasser gewaschen und gespült, indem er sehr leicht etwas Sandiges behält, mit kaltem Wasser aufgesetzt und vor dem Kochen, weil er sonst zu weich wird, auf einen Durchschlag geschüttet. Nachdem t e Säure in kaltem Wasser ausgezogen und der Sauerampfer auf einem Durchschlag gut abgelaufen und mit dem Schaumlöffel fest ausgedrückt ist, schwitzt man Butter mit gestoßenem Zwieback, gibt ein paar Tassen süße Sahne oder Milch, Salz und Muskatnuß dazu und läßt denselben darin durchkochen. Die kurze Brühe muß gerundet sein, darf nicht wässerig hervortreten. Die Schüssel wird mit in Butter gebratenen Weißbrodstreifen bedeckt.

Zeit der Zubereitung ¼ Stunde.

Beilagen: Cotelettes, Zunge, Rauchfleisch, gekochter Schinken, Leber, Nierenschnittchen, Omelette von Fleischresten.

9. Spargel zu kochen. Der Spargel wird vom Kopf zum Fuße hin dünn abgeschält und, so weit er hart ist, abgeschnitten; besser noch geht das Abschälen auf folgende Weise: Man sticht mit einem spitzen Messer am Fuße unter der dicken Schale hinauf und nimmt sie, ringsum geschält, mit einemmale weg. Bei einiger Uebung ist man rasch damit fertig. Dann wird der Spargel gewaschen, in Bündchen gebunden (die Köpfe müssen gleichstehen und die unteren Enden gerade geschnitten sein), in reichlich kochendem Wasser mit dem nöthigen Salz mäßig stark gekocht, weil sonst die Köpfe zerkochen. Nachdem er weich geworden, werden die Bündchen auf eine heißgemachte Schüssel gelegt, die Fäden mit einer Scheere durchgeschnitten und entfernt, zierlich angerichtet und mit Muskatnuß und etwas gestoßenem Zwieback bestreut.

Man gebe dazu eine Spargelsauce oder geschmolzene heiße Butter und gehackte Dotter hart gekochter Eier, doch jedes besonders; und als Beilage Fricandeaux, Cotelettes, gebratene Hähnchen, Kalbsbraten, geräucherten Lachs, Sommerwurst, rohen Schinken, Rühreier.

Ist der Spargel frisch und dick, so bedarf er, vom Kochen an, nur ¾, sonst aber 1 Stunde. Kann derselbe nach dem Kochen nicht bald zur Tafel gebracht werden, so thut man besser, ihn bis zur Anrichtezeit im Spargelwasser zu lassen und den Topf heiß zu stellen. Spargelköpfe zum Fricassee, einen guten halben Zoll breit abgeschnitten, werden in ¼ Stunde weich.

Anmerkung. Wenn der Spargel gut und ganz frisch ist, so verwerfen manche Spargelfreunde das Abziehen; man verfahre dabei nach Belieben.

10. Gestovter Spargel. Man schneide den Spargel zweimal durch, lege die Köpfe zurück und koche das Uebrige halb gahr ab, weil diese Stücke leicht etwas Bitteres haben; alsdann lasse man Fleischbrühe mit einem reichlichen Stück Butter, wenig Muskatblüte und etwas Salz kochen, gebe den sämmtlichen Spargel hinein und koche ihn langsam weich. Kurz vor dem Anrichten gebe man etwas gestoßenen Zwieback dazu und rühre die Brühe mit Eidottern ab. Das Spargelgemüse wird nun zierlich angerichtet, mit Semmelklößchen garnirt und die sehr sämige Brühe darüber vertheilt.

Beilagen, mit Ausnahme der Rühreier, wie oben.

Zeit des Kochens 1—1½ Stunde.

11. Junge Wurzeln (Möhrchen). Die ersten Wurzeln werden nur leicht geschabt, sind sie sehr jung, statt dessen mit einem groben Küchentuche stark abgerieben, nicht durchgeschnitten, recht rein gespült, doch nicht in Wasser gelegt. Alsdann werden sie mit kochendem Wasser, Butter und wenig Salz (sie können sehr leicht versalzen werden) in kurzer Brühe weich gekocht. Vor dem Anrichten wird etwa eine Messerspitze Mehl angestäubt und die Möhrchen mit feingehackter Petersilie durchgeschwenkt.

Zeit des Kochens 1 Stunde.

Beilagen: Cotelettes verschiedener Art, gebratene Fricadellen, gebratene Saucissen, geräucherte oder gesalzene Zunge.

12. Junge Wurzeln mit Erbsen. Erstere werden, wie vorstehend angegeben, mit kochendem Wasser und Butter aufs Feuer gebracht. Dann gibt man die ausgehülseten Erbsen dazu, nimmt von jedem Gemüse die Hälfte, und verfährt übrigens wie bei den Wurzeln. Man kann kurz vor dem Anrichten einige Semmelklöße hineingeben, wobei man dann

aber für reichliche Brühe sorgen muß, die mit einer Kleinigkeit Kartoffel=
mehl etwas gebunden gemacht wird.

13. Junge Erbsen. Man läßt Wasser mit reichlich Butter kochen,
gibt die frisch ausgeschoteten Erbsen theilweise nach und nach hinein, wäh=
rend man die Brühe jedesmal wieder kochen läßt. Erbsen müssen reichlich
Brühe haben und rasch kochen; ein zu langsames, ebenso ein zu langes
Kochen oder ein längeres Hinstellen, nachdem sie gahr geworden, benimmt
denselben ihren angenehmen Geschmack. Kurz vor dem Anrichten thut
man etwas Salz — jedoch nur wenig, weil Erbsen so wie auch Wurzeln
sehr leicht versalzen werden — und wenn sie nicht Süße genug haben, ein
Stückchen Zucker hinzu, rührt sie darauf mit feingehackter Petersilie und
messerspitzenweise mit etwas in Wasser zerrührter Stärke oder Mehl durch,
ein Theelöffel voll reicht schon hin für 4 Personen. Auch kann man statt
des Anrührens, sobald die Erbsen kochen, etwas Mehl mit Butter kneten,
ein Klößchen davon aufrollen und zu den Erbsen legen. Es löst sich dieses
nach und nach auf, macht die Brühe etwas sämig und gibt den Erbsen
einen angenehmen Geschmack. Bei hinlänglicher Brühe können zuletzt
Schaum= oder Semmelklößchen darin gekocht werden, deren Zubereitung
man unter den Klößen findet.

Ein zweites Verfahren zum Kochen junger Erbsen besteht in Folgen=
dem: Man läßt ein Stück Butter zergehen, schüttet die Erbsen hinein und
läßt sie unter öfterem Umschwenken ¼ Stunde damit schwitzen. Alsdann
gießt man etwas kochendes Wasser hinzu und verfährt weiter wie oben.

Auch werden die Erbsen wohl mit Wasser und dem nöthigen Salz
weich abgekocht, abgegossen und mit gehackter Petersilie und reichlich But=
ter durchgeschwenkt.

Die Schüssel theils zu verzieren, theils das Gemüse zu verfeinern,
kann man die Erbsen mit Krebsschwänzen oder mit Beignets von Fisch
garniren.

Zeit des Kochens ungefähr 1 Stunde.

Als Beilage: Gebratene Hähnchen (Küken), Kalbs=Cotelettes, Klopps,
Sommerwurst, roher Schinken, Zunge, warm und kalt, geräucherter
Lachs, gebackener Aal, Seezungen und andere recht groß gebackene Fische.

Anmerkung. Die Erbsen müssen, wenn sie nicht das Feine und
Aromatische verlieren sollen, frisch gepflückt, namentlich aber kurz vor dem
Kochen und in keinem Falle schon Abends vorher ausgehülset werden.

Unter den vielen bekannten Sorten dürfen wir mit Recht der eng=
lischen Mark= oder Rittererbse den Vorzug geben, indem sie neben ihrem
süßen angenehmen Geschmack schnell weich wird, auch nicht wie andere
Erbsen bald nach dem Kochen einen starken Geschmack annimmt, unge=
wöhnlich lange weich bleibt, und selbst, wenn sie schon hart zu sein scheint,
noch gekocht werden kann.

14. Junge Erbsen mit Hähnchen anzurichten. Man schäumt
die Hähnchen in Wasser und Salz gut aus, gibt ein Stück Butter hinein
und läßt sie langsam weich kochen. Wenn die Brühe schon etwas kräftig
geworden, setzt man in einem anderen Topf ein reichliches Stück Butter

auf, schüttet die entschoteten Erbsen hinein und läßt sie zugedeckt darin eine Weile dämpfen, indem man sie zuweilen durchrührt. Dann füllt man von der Hühnerbouillon hinein, läßt die Erbsen weich kochen, rührt etwas feingehackte Petersilie durch und macht die Brühe mit einigen Eidottern, die man mit einem Löffel Wasser anrührt, sämig.

Zeit des Kochens wie das vorige Gemüse.

15. Zuckererbsen. Die kleine Salatzuckererbse ist die beste, die großschotige unschmackhaft. Sind die Fasern gut abgezogen, so werden sie tüchtig gewaschen, mit kochendem Wasser, Butter und Salz gekocht und zuletzt mit gehackter Petersilie und etwas zerrührter Stärke durchgeschwenkt.

Zeit des Kochens 1—1¼ Stunde.

Rauchfleisch, Bratwurst, gebratene Leber, gebackener Fisch u. dergl. passen dazu.

16. Mairüben. Man schneidet die Rüben am besten in große Würfel oder nach Belieben in schmale Streifen, setzt sie mit kochender Fleischbrühe oder Wasser und Fett aufs Feuer, läßt sie bei späterem Hinzuthun von Salz weich kochen, gibt dann eine große oder kleinere Messerspitze zerrührte Stärke hinzu, oder stäubt seitwärts etwas Mehl in die Brühe und legt einige Stückchen Butter darüber hin. Wenn sie angerichtet sind, reibe man Muskatnuß darüber und gebe abgekochte Kartoffeln dazu.

Sind die Rüben aber etwas bitter, was mancher Boden und Dünger bewirkt, so werden sie vorher reichlich halb gahr abgekocht. Man kann sie nach dem Abkochen auch wie Rübstiel oder Blumenkohl durchstoven; dann aber müssen sie weich abgekocht sein. Es gehört dazu, je nachdem sie zart sind, 1 1¼ Stunde.

Auch mit Kartoffeln gekocht sind die Rüben angenehm. Nachdem dieselben zur Hälfte gahr geworden, legt man die Kartoffeln von mittlerer Größe darauf, streut das nöthige Salz darüber und läßt das Gemüse fest zugedeckt weich, doch nicht trocken kochen. Dann lege man gleichfalls einige Stückchen Butter darauf und richte das Gemüse, damit es nicht durch Umrühren breiig werde, am besten mit einem Schaumlöffel behutsam an.

Schweins- oder Hammel-Cotelettes und Bratwurst als Beilage.

Anmerkung. Rüben als ein wässeriges Gemüse bedürfen zum Kochen viel weniger Wasser als alle anderen Gemüse, weshalb man Rücksicht darauf nehmen muß.

17. Mairüben mit Hammelfleisch. Das Hammelfleisch wird in viereckige Ragout-Stückchen zertheilt, gewaschen, mit nicht zu reichlichem Wasser und Salz ausgeschäumt, nach einer Stunde Kochens die Brühe durch ein Sieb gegossen, der Topf ausgewaschen und Fleisch nebst Brühe wieder zum Kochen gebracht. Dann kann man entweder das Fleisch in der Brühe vollends weich werden lassen und die Rüben, wenn sie nicht bitter sind, unabgekocht, andernfalls halb gahr mit einem Theil der Hammelbrühe gahr kochen, indem man nach Belieben zugleich einige kleine Kartoffeln darauf legt; oder man schüttet die Rüben zum Hammelfleisch, kocht beides gahr und richtet es zusammen an.

Das Hammelfleisch bedarf zum Gahrwerden, je nachdem es jung oder älter ist, 1½—2½ Stunden.

18. Weiße Rüben mit Hammelkeule auf mecklenburgische Art. Das Hammelfleisch wird gut gewaschen, sorgfältig abgeschäumt und gekocht. Wenn es beinahe weich geworden, werden Rüben in länglich viereckige Stückchen geschnitten, und falls sie nicht bitter sind, unabgekocht nebst gestoßenem Kümmel, in ein Läppchen gebunden, hinzugethan und in der Fleischbrühe weich gekocht. Dann werden die Rüben mit etwas Mehl, welches in Fett geschwitzt ist, gebunden gemacht und mit dem Fleisch angerichtet.

19. Große= oder Dickebohnen. Man nehme die Bohnen weich, aber nicht grasig, entferne, wenn man die Schüssel recht fein zu haben wünscht, die grün=gelben Köpfe, koche die Bohnen, ohne sie zu waschen, in reichlich brausend kochendem Wasser, wobei nach No. 1 auf das theilweise Hineinschütten aufmerksam gemacht wird, bei sorgfältigem Schäumen nicht zugedeckt, schnell, doch völlig weich, auch dann, wenn sie durchgestovt werden sollen. Es ist eine ganz irrige Meinung, daß die Bohnen im Durchstoven noch weicher würden. Nachdem sie zur Hälfte gahr geworden, gebe man erst das Salz hinzu. Wenn sie ganz weich sind, schütte man sie in einen irdenen Durchschlag (in einem blechernen bekommen sie eine unangenehme Farbe), übergieße sie mit kochendem Wasser und bedecke sie schnell, wodurch sie ihre Weiße behalten; doch sorge man, daß sie recht heiß bleiben. Vor dem Anrichten werden sie mit reichlich Butter und Petersilie durchgeschwenkt oder beim Anrichten mit geschmolzener Butter und Petersilie kochend heiß übergossen oder diese dazu gereicht.

Zeit des Kochens 1 Stunde.

Gekochter Schinken, halber Kopf, Schweins=Cotelettes, geräucherter Bauchspeck sind die beliebtesten Beilagen.

Anmerkung. In Fällen, wo man die Bohnen besonders weiß zu haben wünscht, gieße man zum Abkochen derselben reichlich Milch ins Wasser, ehe die Bohnen hinein kommen. Thut man sie zum Abkochen ins Wasser, bevor es vollständig kocht, oder ist das Feuer zu schwach, als daß sie wieder rasch zum Kochen kommen, so bleiben die Bohnen hart und würden sie noch so lange gekocht.

20. Auf andere Art. Geräucherter Speck wird in Würfel geschnitten, langsam ausgebraten und etwas Mehl darin gelb geschwitzt. Dann wird kochendes Wasser, ein Stückchen Butter und das nöthige Salz hinzugerührt und die weich abgekochten und abgegossenen Bohnen nach Belieben mit gehackter Petersilie oder mit Kölle (Bohnenkraut) in kurzer Brühe rasch durchgestovt, wobei sie weder zerkocht, noch entzwei gerührt werden dürfen. Auch kann man hierzu Speckscheiben gelb braten, mit dem ausgelassenen Fett die Bohnen stoven und die Scheiben dazu geben.

Oder es wird ein Stück magerer Speck gekocht, das Fett abgefüllt, in einem anderen Topf kochend heiß gemacht, etwas Mehl darin geschwitzt, Speckbrühe dazu gerührt, die Bohnen wie oben darin gestovt und mit dem Speck angerichtet.

21. Kohlrabi auf der Erde. Man schneide dieselben nach dem Abschälen und Waschen entweder in feine Streifen oder Scheiben, wobei alle harten Stellen entfernt werden müssen, und koche sie in gesalzenem kochendem Wasser weich. Alsdann wird etwas Nierenfett oder Butter und Mehl geschwitzt, nach Geschmack frische Milch oder Fleischbrühe, Muskatnuß und Salz dazu gegeben und darin durchgestobt. Sind die Kohlrabi noch recht zart, so werden die Herzblätter fein geschnitten, ebenfalls, jedoch allein, abgekocht, mit Butter und Fleischbrühe durchgeschwenkt und die wie Blumenkohl gestobten und angerichteten Kohlrabi rings umher damit garnirt. Sind die Blätter nicht mehr zart genug, so können Saucissen oder Midderscheiben herum gelegt und Cotelettes, Fricandeaur, Rouladen oder Klopps dazu gegeben werden.

Man kann dabei auf 1½ Stunde rechnen.

Anmerkung. Die blauen Kohlrabi sind den weißen vorzuziehen, sie sind milder und werden nicht so leicht stockig als jene.

22. Blumenkohl. Man ziehe die Stengel des Blumenkohls gut ab, nehme mit einem spitzen Messer die kleinen Blätter heraus, lasse aber die Köpfe so viel als möglich ganz und lege sie in Wasser, damit, wenn etwa noch eine Raupe darin versteckt wäre, solche herauskomme. Alsdann wird derselbe in kochendem Wasser und Salz langsam mürbe gekocht und zum Ablaufen vorsichtig mit einem Schaumlöffel auf den Durchschlag gelegt, um die Köpfchen ansehnlich zu erhalten, und dann schnell zugedeckt. Beim Anrichten werden diese so gelegt, daß die Blume aufwärts steht, und wird dann eine dicke Krebssauce oder eine Sahnensauce darüber gegeben, wobei aber erst noch das herausgelaufene Wasser entfernt werden muß.

Am besten legt man den Blumenkohl zum Abkochen in eine Serviette, damit derselbe beim Herausnehmen nicht breche und gut ablaufe.

Saucissen, Ochsenzunge, roher Schinken, gebratene Küken, gefüllte Kalbsbrust, geräucherter Lachs, Fricandeaur, oder Nieren-Croquettes, Würstchen und Schweinefleisch als Beilage.

Zeit des Kochens 1¼ Stunde.

23. Eierpflanze. Von den eiförmigen fleischigen Früchten von weißer und violetter Färbung sollen nur die weißen brauchbar sein, letztere werden für schädlich gehalten. Zum Gebrauch schneidet man sie der Länge nach in zwei Hälften, versieht sie mit einigen Einschnitten, wälzt sie in eine Mischung von geriebener Semmel, geschmolzener Butter, Pfeffer und Salz und brät sie etwas auf dem Rost oder in einer Pfanne. Auch werden sie in Scheiben geschnitten, mit Salz und Pfeffer gewürzt und in Butter leicht gebraten.

Es paßt dazu jede feine Beilage.

24. Salat- oder Spargelbohnen No. 1. Vorab sei bemerkt, daß vielleicht kein Gemüse so sehr dazu geneigt sein möchte, schädliche Dünste aus der Luft aufzunehmen, als Bohnen, weshalb manche vermeiden, sie zu genießen. Um denselben das Nachtheilige zu benehmen, ist anzurathen, sowohl Salatbohnen als Schneidebohnen, nachdem sie, wie weiter bemerkt, abgefäset, mit warmem Wasser tüchtig zwischen den Händen zu reiben und sie dann aus frischem Wasser auf dem Durchschlag zu waschen und mit etwas Wasser zu übergießen.

Um die unangenehmen Fäsen gehörig zu entfernen, muß das Abfäsen der Bohnen auf beiden Seiten von oben nach unten und wieder von unten nach oben hin geschehen. Dann werden sie theilweise in stark kochendes Wasser geschüttet, wobei solches jedesmal zuvor wieder kochen muß. Das Salz gebe man erst dann hinzu, wenn die Bohnen schon mehr als zur Hälfte weich geworden sind, lasse sie hierauf völlig weich kochen und schütte sie zum Ablaufen auf einen irdenen Durchschlag, welcher zum Heißhalten der Bohnen auf die kochende Brühe gestellt werden kann. Man richte eine Eiersauce dazu an.

Zeit des Kochens 1¼—1½ Stunde.

Beilage: frische Häringe, roher und gekochter Schinken, Schweine-Cotelettes, Escalopps, Saucissen, gebratene Fricadellen, Schinkenschnittchen u. dergl.

25. Brech-Salatbohnen No. 2. (Zu empfehlen.) Man richte sich beim Abfäsen, Waschen und Abkochen nach vorhergehender Nummer, indeß werden vor letzterem die Bohnen in gliedlange Stücke gebrochen. Dann schwitze man etwas Mehl in heißgemachtem Nierenfett, rühre Milch hinzu, so daß die Bohnen darin gestovt werden können, gebe das vielleicht noch fehlende Salz hinzu, auch etwas Pfeffer, lasse dieselben eine kleine Weile in der stark gebundenen Sauce kochen und stelle den Topf vom Feuer. Nun rühre man behutsam, damit die Bohnen nicht zerfallen, so viel Essig durch, daß sie einen säuerlichen Geschmack erhalten, und richte sie mit einem Schüsselchen Kartoffeln an.

Beilage wie bei Salat- oder Spargelbohnen.

26. Schneid- oder Vietsbohnen No. 3. Da die Schneidebohnen nicht abgekocht werden, so ist nach dem Abfäsen das Waschen und Reiben zwischen den Händen, wie es in der vorletzten Nummer bemerkt worden, ganz besonders nothwendig. Ist dies geschehen, so werden sie fein, aber möglichst lang geschnitten, gewaschen, auf den Durchschlag gegeben, mit kochendem Wasser und ein wenig Butter, einer Zwiebel und einem Stückchen Schinken gekocht; alsdann entferne man Schinken und Zwiebel, rühre etwas geschwitztes Mehl daran, füge einen Theelöffel voll gestoßenen Zucker und feingehackte Petersilie hinzu und wenn nöthig, etwas Salz. Es werden gekochte Kartoffeln dazu gegeben. Zum Kochen gehören etwa 2 Stunden.

Beilagen wie bei Salatbohnen.

27. Schneidebohnen mit Milch zu kochen (desgleichen) No. 4. Die nach vorhergehender Angabe vorgerichteten Bohnen werden mit kochendem Wasser abgekocht und abgegossen, Milch, Salz und Butter hinzugethan und weich gekocht. Vor dem Anrichten fügt man feingehackte Petersilie und Pfefferkraut hinzu, sowie auch mit Sahne zerrührtes Mehl (zu ¼ Quart 1 Löffel voll), schwenkt die Bohnen damit durch und läßt sie gut durchkochen.

28. Nachlese (Blindhuhn), ein westfälisches Nationalgericht.
Es wird ein Stück Schinken oder geräucherter Speck vorab gekocht. Unter=
deß werden grüne Bohnen, welche schon etwas härtlich sein können, tüchtig
gewaschen und auf einem Küchenbrett, indem man eine Handvoll zusam=
menfaßt, in kleine runde Stücke geschnitten, die vorher ausgeschoteten
weißen Bohnen hinzugethan, reichlich halb so viel gelbe Wurzeln als
grüne Bohnen in kleine Würfel geschnitten, gespült und theilweise bei
jedesmaligem Durchkochen zu dem Schinken gegeben. Hat man Birnen, so
gibt man einige geschälte, in Viertel geschnittene, und wenn das Gemüse
beinahe gahr ist, in vier Theile geschnittene Kartoffeln mit dem nöthigen
Salz nebst geschälten, in Stücken geschnittenen Aepfeln hinzu und läßt
dies alles weich kochen. Darauf wird das Stück Schinken herausgenom=
men, etwas Mehl mit wenig Wasser angerührt, hinzugefügt und das Ge=
müse damit durchgeschwenkt. Blindhuhn muß recht sämig und saftig
gekocht sein und von den Aepfeln nur einen etwas säuerlichen Geschmack
erhalten. Wenn man zu wenig Aepfel oder gar keine hat, so wird das
Mehl mit Essig angerührt. Falls die Bohnen etwas hart wären, wird es
besser sein, sie vorab mit einem Stückchen Soda eine reichliche Viertel=
stunde abzukochen.
Zeit des Kochens 2—2½ Stunden.
Beilagen: roher und gekochter Schinken, Bauchspeck.

29. Wirsing (Savoyenkohl). Die äußeren Blätter werden ent=
fernt, dann schneidet man den Kopf durch, nimmt den Herzstengel und die
dicken Rippen aus den Blättern und schneidet das Uebrige des Kopfes in
halbe handgroße Stücke. Nachdem werden diese gewaschen und in vollem,
kochendem Wasser mit nicht zu vielem Salz bei raschem Feuer gahr abge=
kocht, auf einem Durchschlag kochendes Wasser darüber gegossen, ausge=
drückt und mit Fleischbrühe, Muskatnuß und Butter durchgestovt.
Zeit des Kochens 1 Stunde.
Beilagen: Beef blanc, gebratene Ente, Ochsenbraten, Cotelettes,
Würstchen von Schweinefleisch, eingekochtes Rindfleisch, für gewöhnlich
auch ein Stück Suppenfleisch.

30. Ente in Wirsing. Der Wirsing wird je nach der Größe der
Köpfe in 2—4 Theile geschnitten, die dicken Adern werden ausgelöst, je=
doch müssen die Stücke ganz bleiben. Alsdann wird er gewaschen und
auf einen Durchschlag gethan. Unterdeß läßt man eine Ente in Butter
gelbbraun braten, legt einige Speckscheiben darunter, gibt 2 Tassen Was=
ser und den Kohl, doch so, daß die Köpfe nicht auseinander fallen, zu der
Ente, streut schichtweise etwas Salz dazwischen, deckt den Topf fest zu und
läßt beides bei gelindem Feuer etwa 1½—2 Stunden weich dämpfen.
Beim Anrichten wird die Ente mitten in die Schüssel gelegt und mit dem
Kohl garnirt.
Wünscht man sie nicht in Wirsing zu kochen, so kann man das Ge=
müse auch mit der Brühe der gebratenen Ente zubereiten und dieselbe
gebraten dazu geben. (Noch ist zu bemerken, daß Wirsing sehr leicht zu
versalzen ist.)

31. Rother Kohl oder Kappus. Rother Sommerkohl ist dem Winterkohl sehr vorzuziehen, letzterer hat einen stärkeren Geschmack und bedarf eines noch einmal so langen Kochens. Beim Vorrichten schneide man den Kopf in der Mitte durch, entferne die äußeren gröbern Blätter und stärksten Blattrippen und schabe oder schneide ihn in seine, möglichst lange Streifchen. Dann lasse man Wasser kochen in dem Maße, daß weder ein Anbrennen, noch zu viel Brühe zu befürchten wäre, gebe feines Fett, z. B. von einem Schweins= oder Sauerbraten, einer gebratenen Ente, Bratwurst oder nach I. No. 54 zubereitetes Nierenfett, auch einige kleine geschnittene Zwiebeln hinzu, thue den Kohl nach und nach unter jedesmaligem Ankochen hinein, und lasse ihn eine Viertelstunde auf lebhaftem Feuer offen, dann fest zugedeckt, im Ganzen etwa ¾—1 Stunde ununterbrochen und fest zugedeckt kochen. Durch Zwiebeln und offenes Kochen im Anfang wird dem Kohl seine blähende Eigenschaft benommen, so daß solche ihn vertragen, die ihn, auf andere Weise zubereitet, nicht ohne Nachtheil genießen. Später wird Salz hinzugefügt, doch mit Vorsicht, da Rothkohl sehr leicht versalzen wird. Nachdem derselbe gahr geworden, zu weich darf er nicht werden, stäube man seitwärts messerspitzenweise etwas Mehl hinein, damit die Brühe, welche weder zu reichlich, noch wässerig, noch breiig sein darf, sich ein wenig binde. Zuletzt lege man einige Stückchen Butter darauf, rühre etwas Essig, eine Kleinigkeit Pfeffer, nach Belieben ein Glas Rothwein und verhältnißmäßig 1—2 Theelöffel Zucker behutsam durch, so daß ein säuerlicher Geschmack entsteht, der durch die Kleinigkeit Zucker gemildert wird. Der Geschmack muß hier entscheiden. Die Kartoffeln werden für Gesellschaftsessen am besten von gleicher Größe und nicht durchgeschnitten dazu gebraten; für den täglichen Tisch können sie gekocht und abgegossen werden. Rothkohl wird am schmackhaftesten und ansehnlichsten in einem irdenen Topf, Eisen und Blech bewirken hierbei eine ganz unansehnliche Farbe.

Beilagen: Filet, gebratene Ochsenzunge, Fricadellen, Saucissen oder Bratwurst, Rollen, Schweinsbraten, Sauerbraten, gefüllte Schweinsrippe.

32. Gedämpfter weißer Kohl (Kappus). Derselbe wird geschnitten und zubereitet ganz nach vorhergehender Vorschrift; doch läßt man den Wein und den Zucker weg. Beilagen, wie sie auch sein mögen. Zeit des Kochens wie rother Kohl.

Eine zweite Bereitungsweise ist wie folgt: Der geschnittene Kohl wird lageweise mit schwarzem Kümmel durchstreut, in nicht zu reichlichem, kochendem Wasser mit Fett und Salz gahr gekocht. Dann wird etwas Mehl mit Essig zerrührt und gut durchgekocht, so daß das Gemüse etwas sämig werde. Der Kümmelgeschmack ist indeß nicht für jedermann.

33. Weißer Kohl (Weißkraut). Nachdem man die äußeren grünen Blätter des Kohlkopfes entfernt hat, schneidet man ihn in der Mitte durch, den Herzstengel und die gröberen Rippen heraus und den Kohl in große, zusammenhängende Stücke, welche in reichlichem, stark kochendem Wasser rasch, 10, höchstens 15 Minuten offen abgekocht werben; dann legt man ihn auf einen Durchschlag, läßt etwas Wasser kochen, gibt Brat- oder Nierenfett hinzu, legt den Kohl hinein, streut Salz darüber, doch nicht zu viel, legt auch einige Stückchen Butter darauf und läßt ihn, fest zugedeckt, ganz weich dämpfen. Da Fett und Salz gleich= mäßig aufgenommen werden, so bedarf es nicht des Umrührens und kann der Kohl ohne weiteres mit dem Schaumlöffel in die Gemüseschüssel gelegt werden. Auf diese Weise gekocht ist der Kohl ein wohlschmeckendes und ansehnliches Gericht. Die Kartoffeln können dazu gegeben, doch auch darauf gekocht werden. In letzterem Falle legt man sie, nachdem der Kohl ¼ Stunde gekocht hat, darauf und vertheilt einige Stückchen Butter nebst etwas Salz, anstatt über das Gemüse, über die Kartoffeln.

Beilagen: Suppenfleisch, Fricadellen, Schweins=Cotelettes, Brat= wurst u. dgl.

34. Weißer Kohl mit Rindfleisch oder Hammel=Keule ge= kocht. Ein Stück gut durchwachsenes Rindfleisch (oder Hammel=Keule) wird in Wasser mit Salz abgeschäumt und 2 Stunden lang ziemlich kurz eingekocht. Alsdann gießt man die Brühe durch ein Haarsieb, und nach= dem sie wieder auf das Fleisch zurückgegeben, wird der Kohl, welcher wie in voriger Nummer abgekocht ist, hinzugethan, das noch fehlende Salz darüber gestreut und mit dem Fleisch und einigen kleinen Kartoffeln, die später darauf gelegt werden, völlig gahr gekocht.

35. Kohl mit Fleisch=Farce. Hierzu wird eine Farce gemacht von 8 Unzen feingehacktem Schweinefleisch, 2½ Unzen Butter, 3 — 4 Unzen abgeschältem, in kaltem Wasser ausgedrücktem Weißbrod, 2 Eiern, Salz, Muskatblüte und Zitronenschale. Zugleich nehme man große Blätter von Weißkohl, mache sie durch Abkochen etwas geschmeidig und schneide die Rippen heraus. Dann lege man die Blätter, eins zur Hälfte aufs andere, auf ein Küchenbrett oder eine flache Schüssel, bestreiche sie einen Strohhalm dick mit der bemerkten Farce, schlage die Enden nach inwendig herüber und rolle das Ganze so auf, daß es die Form einer Wurst erhält. Mit einem Faden umwickelt, lasse man diese etwa 1 Stunde in Fleischbrühe, Butter und Muskatblüte kochen, und richte nach dem Abschneiden der Fäden die ziemlich kurz eingekochte, mit etwas Kar= toffelmehl sämig gemachte Sauce darüber an. Einige geben auch etwas Zucker zur Sauce.

36. Gestovte Zwiebeln. Zwiebeln von mittlerer Größe werden abgeschält, in kräftiger Fleischbrühe mit Butter, Muskatblüte, Salz und gestoßenem Zwieback, in einem irdenen Kochgeschirr gahr gekocht, welches 1—1¼ Stunde dauert. Nach Belieben kann auch etwas Zitronensäure dazu gegeben werden.

Beilagen: Escalopps, Cotelettes, gebratene Zunge, gebackene Leber, saure Rollen, Bratwurst.

Dies Gericht kann auch zum Suppenfleisch gegeben, sowie als Kranz um eine Schüssel Salatbohnen gelegt werden

37. Gestovter Porree. Wenn der Porree im Keller ganz gelb geworden ist, wird derselbe geputzt, in fingerlange Stücke geschnitten und

ebenſo verfahren, wie mit den geſtovten Zwiebeln. Oder: es wird rohes
Rindfleiſch geſchnitten, in kurzer Brühe ausgeſchäumt und beinahe weich
gekocht, dann der Porree nebſt einigen kleinen Kartoffeln darauf gelegt,
etwas Salz übergeſtreut, feſt zugedeckt, gahr gekocht und zuſammen ange=
richtet. Das Fleiſch muß 2½—3 Stunden kochen; eine Stunde vor An=
richtezeit werden Porree und Kartoffeln zum Fleiſche gethan.

38. Mais oder Süßkorn. Wenn die Körner des Mais völlig
ausgebildet, aber noch weiß und ganz weich ſind, entfernt man die Blätter
von den Kolben, kocht ſie im Waſſer mit wenig Salz etwa ½ Stunde und
bringt ſie ganz heiß zur Tafel. Es wird friſche Butter dazu gegeben und
die damit beſtrichenen Körner herausgegeſſen.

39. Geſtovte Gurken. Man ſchält die Gurken, nimmt das Kern=
haus heraus, ſchneidet ſie in beliebige Stücke und kocht ſie eine Weile in
halb Eſſig, halb Waſſer und Salz ab. Alsdann werden ſie in Bouillon
oder Fleiſchextraktbrühe, Butter, Muskat und geſtoßenem Zwieback
geſtovt.

Man kann dabei auf 1¼ Stunde rechnen.

Fricadellen, Cotelettes, Hammelbraten, Sanciſſen als Beilagen.

40. Gemüſegurken. Dieſes freilich etwas weichliche, aber ſehr
leicht zu verdauende Gemüſe iſt der Küche beſonders dadurch anzuempfeh=
len, daß es in ¼ Stunde zubereitet werden kann. Man ſchält die Ge=
müſegurken, welche die Dicke einer großen Flaſche haben, ſchneidet ſie in
fingerdicke, lange Stücke, wirft ſie in kochendes, geſalzenes Waſſer und
kocht ſie nicht zu weich, welches nur einige Minuten Zeit erfordert. Un=
terdeß ſchwitzt man einen Theelöffel Mehl mit einem Stich Butter gelb,
rührt friſche Milch dazu, würzt ſie mit Muskatnuß und läßt das Gemüſe
eben darin durchſtoven. Daſſelbe erinnert an Blumenkohl. Auch kann
man, wenn der Topf vom Feuer genommen iſt, etwas Eſſig wie bei Sa=
latbohnen durchrühren oder man nimmt zum Durchſtoven kräftige Fleiſch=
brühe, Muskatblüte, Salz und geſtoßenen, in Butter gelb geröſteten
Zwieback. Statt Fleiſchbrühe kann auch Waſſer mit einem Zuſatz von
Fleiſchextrakt gebraucht werden.

Beilagen: Fricadellen, gebratene Hähnchen, beſonders auch jedes
geſalzene oder geräucherte Fleiſch.

41. Friſche Champignons. Nachdem man die Champignons
nach I. No 16 gereinigt, ſetzt man ſie in einem irdenen Geſchirr mit etwas
Fleiſchbrühe, Butter und Muskat aufs Feuer und läßt ſie, feſt zugedeckt,
½ Stunde langſam kochen. Zuletzt gibt man einen Theelöffel Kartoffel=
mehl oder etwas geſtoßenen Zwieback, ein wenig Zitronenſaft, und ſollte
Salz fehlen, auch dieſes hinzu und läßt ſie kochen bis die Brühe gebunden
iſt, die man mit einem Eidotter abrühren kann.

Beilagen: Geräucherter Lachs, gebratene Hühner, Fricandeaux,
Kalbscotelettes, auch Fricaſſee von Kalbfleiſch.

42. Auf andere Art. Die Champignons werden gereinigt, mit
einem Stück Butter und etwas Salz und Muskat aufgeſetzt, in ihrer eige=

nen Sauce gahr geschmort und kurz vor dem Anrichten einige Citronen=
scheiben hinzugegeben.

43. Champignons zu braten. Aus den gut gereinigten Pilzen
werden die Stiele gebrochen und die dadurch entstandene Lücke mit einem
Stückchen Butter, ganz wenig gestoßenem Pfeffer und Salz ausgefüllt
und in wenig Butter etwa 10 Minuten gelb gebraten.

44. Frische Trüffeln zu bereiten. Dieselben werden nicht ge=
schält, sondern in warmem, dann in kaltem Wasser mit einer Bürste ge=
reinigt. Dann belegt man ein Kasserol mit Speckscheiben, thut ein Lor=
beerblatt, etwas Thymian, Salz und grob gestoßenen Pfeffer darüber, die
Trüffeln darauf, wieder Speckscheiben darüber nebst 4 Glas starkem
Weißwein und einem Stück recht feiner Butter, kocht sie stark ½ Stunde
und richtet sie so heiß als möglich unter einer Serviette an.

Es gilt dies als das Feinste, was eine feine Küche geben kann, und
erscheint gewöhnlich nach dem Gemüse.

45 Maronen (echte Kastanien). Die Maronen zeichnen sich
durch ihre Größe, ihren stärkeren Mehlgehalt und ihren Wohlgeschmack
von den unechten aus. Das an der Seite befindliche sogenannte Schloß
schneide man mit einem Messer auf, entferne die obere Schale, blanchire
sie durch Uebergießen von kochendem Wasser, ziehe nachdem die zweite
Haut ab, lege sie in ein Kasserol, thue frische Butter, Salz, etwas Zucker
und gute Jus oder kräftige Fleischextrakt-Bouillon hinzu und lasse sie auf
gelindem Feuer weich dämpfen. Dann mache man die Brühe mit etwas
in Butter gebräuntem Mehl recht gebunden, richte sie heiß an und garnire
die Schüssel mit saftig gebratenen Cotelettes.

**46. Herbstwurzeln (Mohrrüben, Möhren) wie Frühlings=
wurzeln zu kochen.** Nachdem die Wurzeln rein gewaschen, dünn abge=
schält und wieder tüchtig gewaschen, nehme man, damit sie den Frühlings=
wurzeln gleichen, nur das spitze Ende und koche sie, wie es bei jenen be=
merkt ist, füge aber, um ihnen die erforderliche Süße zu geben, etwas
Zucker und zuletzt feingehackte Petersilie hinzu.

Beilage wie bei jungen Wurzeln.

Anmerkung. Wenn das reine Waschen aller Gemüse vor und
nach dem Reinigen großen Einfluß auf eine schmackhafte Zubereitung hat,
so ist es aber namentlich bei Wurzeln eine Hauptbedingung, sie im Wasser
zwischen den Händen ein wenig zu reiben und einigemal im frischen Wasser
abzuspülen, da etwas von der Schale einen starken Geschmack bewirkt.

47. Gold und Silber. Gereinigte und gut gewaschene Wurzeln
werden in kleine Würfel geschnitten, mit kochendem Wasser, einem Stück=
chen geräucherten durchwachsenen Speck, oder einer geräucherten Mett=
wurst nebst dem vielleicht noch fehlenden Fett und dem nöthigen Salz
ganz weich gekocht, wobei man eine halbe Stunde vorher einige kleine
Kartoffeln hinzufügt. Zugleich werden weiße Bohnen, wie es weiterhin
bemerkt ist, mit Fett in kurzer Brühe recht weich gekocht, wenn die Wur=
zeln gahr sind, hinzu geschüttet, und etwas mit Essig und Pfeffer ange=

rührtes Mehl durchgemengt. Dies Gemüse muß recht weich, nicht steif, sondern ganz saftig, auch sämig gekocht sein, doch darf es nicht zerkochen. Zeit des Kochens 2½ Stunde.

48. Pastinaken. Die Pastinake ist eine dicke, weiße, markige, viel Zuckerstoff enthaltende Wurzel, welche von vielen als Delikatesse betrachtet wird, wenn sie auch nicht überall Beifall findet. Uebrigens wäre es zu wünschen, daß sie häufiger angebaut würde.

Die Pastinaken werden nach dem Waschen geschabt (geschrappt), nochmals gewaschen und in dicke, kurze Stücke geschnitten, indem man sie kreuzweise spaltet und in halbe fingerlange Stücke theilt. Dann wird Wasser mit Butter zum Kochen gebracht, die Pastinaken theilweise hinein gethan, das nöthige Salz darüber gestreut und weich gekocht, wozu eine Stunde hinreicht. Die Brühe, welche nicht stark einkochen darf, wird ohne Zusatz sämig genug.

Beilagen: Cotelettes jeder Art, auch Bratwurst.

49. Auf andere Art. Nach bemerkter Vorrichtung wird Fleischbrühe mit dem darauf befindlichen Suppenfett zum Kochen gebracht und die Pastinaken hinein gethan nebst etwas Salz.

50. Herbstrüben. Die gelben Rüben sind am zartesten und besonders wohlschmeckend. Sie werden wie Mairüben nach Belieben mit oder ohne Kartoffeln gekocht.

Beilagen: Jedes geräucherte und gesalzene Fleisch, Hammelfleisch.

Zeit des Kochens 1—1½ Stunde.

51. Steckrüben oder Kohlrabi in der Erde braun zu kochen. Die gelben Steckrüben sind die besten. Sie werden in fingerlange dicke Stücke geschnitten, mit etwas Zucker bräunlich gekocht, die Kartoffeln dazu gebraten und dieselben Beilagen dazu gegeben.

52. Steckrüben auf gewöhnliche Art. Die Steckrüben werden gewaschen, geschält, wieder gewaschen, in feine Streifchen geschnitten und auf einem Durchschlag abgespült. Dann werden sie mit nicht zu reichlich kochendem Wasser, gutem Nierenfett und Salz weich gekocht, zuletzt einige Stückchen Butter darauf gelegt und 1—2 Eßlöffel junge Sahne nebst einer Kleinigkeit zerrührter Stärke behutsam durchgerührt, damit sie nicht ihr Ansehen verlieren. Beim Anrichten wird etwas Muskatnuß darüber gerieben. Die Kartoffeln können sowohl gekocht als gebraten dazu gegeben werden.

Beilagen: Rindfleisch wie Hasen gebraten, Rauchfleisch, warm und kalt, Bratwurst, Grilladen, gebratene Leber u. s. w.

53. Grünen oder braunen Kohl ganz zu kochen nach Bremer Art. Ersterer ist weniger stark und daher dem braunen vorzuziehen. Wenn der Kohl gefroren ist, wird hierzu nur das Herz mit den nächsten Herzblättern sammt den Stengeln, so weit sie weich sind, genommen und gut gewaschen. Die übrigen Blätter können zu kurzem Kohl benutzt werden. Am besten ist es, wenn man den Kohl Abends vorher so weit vorbereitet und ihn Nachts wieder frieren läßt. In Gegenden, wo der Kohl starkschmeckend ist, was oft an der Sorte, meistens aber am Boden liegt, koche man ihn in reichlichem Wasser rasch 10 Minuten ab, weil das Starke dem Kohl bei aller Aufmerksamkeit den Wohlgeschmack benimmt. Dann wird etwas kochendes Wasser mit Gänsefett oder Schweineschmalz und Butter aufs Feuer gesetzt, der Kohl lageweise hineingegeben, mit dem nöthigen Salz (nicht zu viel, denn Kohl wird sehr leicht versalzen), etwas Nelkenpfeffer, viel kleine Zwiebeln, fest zugedeckt und langsam gekocht. Der Kohl muß zwar vollständig gahr, nicht aber zu weich sein und darf nicht zerrührt werden. Fehlt ihm die gewünschte Süße, so wird zeitig ein Stück Zucker dazu gethan, und beim Anrichten die Brühe, welche kurz ein-gekocht sein muß, nöthigenfalls mit einer Kleinigkeit Kartoffelmehl oder Stärke gebunden gemacht. Langes Kochen macht den Kohl wohl-schmeckender, es gehören wenigstens 2 Stunden dazu.

Man garnirt ihn mit gedämpften Kastanien (siehe I. No. 20), welche man jedoch auch durchmischen oder in einem Schüsselchen dazu reichen kann. Die Kartoffeln werden gebraten.

Als Beilagen: Gänsebraten, gefüllte Schweinsrippe, Schweinsbra-ten, Roastbeef, Round of Beef, Rauchfleisch, Bratwurst, Cotelettes von Schweinefleisch.

54. Kurzer Kohl. Hierzu werden alle nicht zu harten Blätter nebst den weichen Stielen benutzt, solche nach dem Waschen auf dem Hack-brett recht fein gestoßen und mit Gänsefett oder Schweinsfett, Zwiebeln und Salz in nicht zu kurzer Brühe, worin man anfangs etwas Hafer-grütze streut, gahr gekocht. Auch kann man geräucherte Mettwurst oder Bauchspeck darin kochen.

55. Geschnittener Kohl. Es wird dazu das Herz sammt allen grünen Blättern gebraucht, der Kohl tüchtig gewaschen, auf einem Küchen-brett fein geschnitten und 10 Minuten abgekocht. Alsdann mit wenig kochendem Wasser, Gänsefett oder halb Butter, halb Schweineschmalz, einigen kleinen Zwiebeln und wenig Salz ganz weich gekocht. Zuletzt wird etwas Zucker und wenig zerrührte Stärke hinzugefügt, so daß keine klare Brühe hervortritt. Es können gedämpfte Kastanien und gebratene Kartoffeln dazu gereicht werden. Wird aber eine fette Beilage, z. B. Gänsebraten, dazu gegeben, so sind für den Familientisch gekochte Kartof-feln vorzuziehen.

Beilagen und Zeit des Kochens wie bei ganzem Kohl.

56. Sauerkraut allein. Dasselbe wird fest ausgedrückt und nach Belieben etwas gewässert. Dann stellt man es mit kochendem Wasser auf das Feuer. Ungefähr ½ Stunde vor dem Anrichten macht man gutes Schmalz recht heiß, läßt eine Zwiebel darin gelb braten, die man indeß wieder herausnimmt, und gießt das heiße Fett über das Kraut. Sehr gut ist es durch das gahre Kraut eine roh geriebene Kartoffel zu rühren. Dies benimmt der Brühe das Wässerige und giebt dem Sauerkraut ein gutes Aussehen.

Zeit des Kochens 1½ Stunde.

57. Sauerkraut mit Hecht. Dasselbe wird nach ersterer Angabe gut und fett zubereitet, der Hecht wohl geschuppt, ausgenommen und gespült, der Kopf davon geschnitten und die Leber in die Schnauze geklemmt; mit etwas Butter, Pfefferkörnern, einigen Nelken und Lorberblättern, nebst Salz und so viel kochendem Wasser, daß er bedeckt ist, aufs Feuer gesetzt, der Kopf, nachdem er halb gahr ist, auf eine Schüssel gelegt, das Uebrige weich gekocht und die Gräten gut herausgenommen. Nun wird das Sauerkraut lagenweise mit dem Hechtfleisch in einer Schüssel etwas erhöht angerichtet, einige Löffel gute Sahne darüber gegossen, mit gestoßenem Zwieback bestreut, der Kopf des Hechtes mit der Leber in der Schnauze in die Mitte der Erhöhung gesetzt und im Ofen etwa ¼ Stunde gelb gebacken. Damit der Kopf unversehrt bleibe, lege man während des Backens ein mit Butter bestrichenes Papier darüber.

Man kann zu diesem Gerichte auch Krebse anwenden. Die Köpfe derselben werden mit Krebsfarce gefüllt, in gesalzenem Wasser oder in der Fischbrühe gekocht und nebst den Krebsschwänzen zur Randverzierung der Schüssel benutzt, wodurch diese ein hübsches Ansehen erhält und dies Gericht, welches man ohne Beilage gibt, verfeinert wird.

58. Bohnen. Zunächst wäscht man dieselben rein ab. Dann werden Butter und Zwiebel ein wenig gedämpft und die Bohnen, mit etwas gehackter Petersilie daran, hineingethan. Man läßt nun die Bohnen weich dämpfen, streut einen Löffel Mehl, dann etwas Salz und Pfeffer darüber, füllt sie hierauf mit Fleischbrühe oder auch Wasser auf und läßt sie schließlich noch etwas durchkochen.

59. Eingemachte Schneidebohnen. Werden nach No. 1 gewässert, abgekocht und stark ausgedrückt. Dann läßt man die Bohnen mit Wasser, Salz, halb Nierenfett, halb Schweineschmalz in kurzer Brühe weich kochen. Alsdann werden recht weich gekochte weiße Bohnen mit ihrer kurz eingekochten sämigen Brühe dazu gegeben und durchgerührt, oder diese kranzförmig um die grünen Bohnen angerichtet, welche dann vorher mit etwas Butter durchgerührt werden. Auch kann man statt der weißen Bohnen einige kleine Kartoffeln auf dem Gemüse weich kochen und eine roh geriebene Kartoffel, wie bei Sauerkraut, durchrühren.

Zeit des Kochens je nach der Qualität 1—2 Stunden.

Hierzu Rauchfleisch, gekochter Schinken oder halber Kopf, Bratwurst, Schweins Cotelettes, geräucherte Zunge, gut gewässerte Häringe. Eine frische Mettwurst, die man 1 Stunde auf den Bohnen kochen läßt, ist zu diesen Bohnen eine sehr gute Beilage.

60. Eingemachte Salatbohnen. Nach No. 1 gewässert und abgekocht und wie frische Salatbohnen durchgestovt, oder trocken abgegossen und eine dicke Eiersauce dazu gegeben.

Beilagen wie im Vorhergehenden.

61. Getrocknete Prinzessin-Böhnchen. Die nicht zu stark getrockneten Böhnchen setze man, mit heißem Wasser gewaschen, ohne sie über Nacht einzuweichen, mit weichem kochendem Wasser aufs Feuer und laffe sie ¼ Stunde kochen. Dann gieße man das Wasser davon ab, so viel kochendes hinzu, daß solches wenigstens eine Handbreit darüber steht, und laffe dieselben gut zugedeckt unter stetem Kochen und nochmaligem Wechseln des Wassers weich werden, was auf diese Weise nur 1½ Stunde Zeit erfordert. Vor der letzten halben Stunde des Kochens gebe man das nöthige Salz hinzu. Man schütte sie auf einen Durchschlag und stove sie wie frische Salatbohnen auf oder gebe eine saure Eiersauce dazu. In Ermangelung des weichen Wassers gebe man ein wenig Natron ins erste Abkochewasser, ehe die Bohnen hinein kommen.

Beilage wie bei frischen Bohnen.

62. Getrocknete Schneidbohnen. Diese werden mit heißem Wasser gewaschen und mit siedendem Wasser aufs Feuer gesetzt. Nachdem sie ½ Stunde gekocht haben, werden sie abgegossen, nochmals ¼ Stunde lang abgekocht, dann mit kochendem Wasser, Butter oder Fett weich gekocht. Man füge später Salz, etwas Stärke oder Kartoffelmehl und gehackte Petersilie hinzu und richte sie mit einem Schüsselchen Kartoffeln an. Auch kann man vor dem völligen Weichwerden der Bohnen einige Kartoffeln darauf weich kochen.

Beilagen: Rauch- oder Pöckelfleisch, Bratwurst, Schinken, Cotelettes, gewässerte Häringe.

63. Getrocknete gelbe Erbsen. Man richte sich bei der Behandlung der Erbsen ganz nach der Erbsensuppe und lasse sie im übrigen nach dem Abgießen in kurzer Brühe mit dem gehörigen Fett kurz einkochen, gebe Salz hinzu, rühre sie durch einen Durchschlag, lasse sie wieder zum Kochen kommen, richte sie in einer Schüssel etwas erhöht glatt gestrichen an, bedecke sie mit in Butter braun gebratenen Zwiebeln und stecke gebratene Weißbrodstreifen rings herum.

Zeit des Kochens 2 Stunden.

Beilage: gesalzenes Schweinefleisch aller Art und gewässerte Häringe.

64. Weiße Bohnen. Werden wie Erbsen weich gekocht, jedoch zweimal abgegossen, nicht aber durch ein Sieb gerührt. Nach dem zweiten Abkochen wird gutes Fett und vor dem Anrichten Salz und etwas Essig durchgerührt. Die Bohnen dürfen nicht zu trocken gekocht sein, eigentlich werden sie mit dem Löffel gegessen.

Oder man fügt beim Kochen weder Fett noch Essig hinzu, gießt die Bohnen ab, und gibt eine Speck- oder Zwiebelsauce oder Butter und Essig dazu.

Beilage: gekochter Schinken, gebratenes oder geschmortes Rindfleisch, gebratene Leber, Bratwurst, Schweinsröllchen, saure Rollen, Kalbskopfsülze.

65. Linsen. Dieselben werden wie Erbsen behandelt, weich abgekocht, dann abgegossen, angerichtet und eine Zwiebelsauce darüber gegeben.

Oder man läßt die Linsen nach dem Abkochen mit einem Stückchen Speck und einigen Zwiebeln weich werden und rührt zuletzt etwas Mehl und Essig an die nicht kurz eingekochte Brühe.

Zeit des Kochens wie Erbsen und Bohnen.

66. Linsen auf andere Art. Nachdem die Linsen gut verlesen und gewaschen sind, werden sie völlig weich gekocht. Dann wird das Wasser ganz abgegossen, Fleischbrühe nebst geschnittenem Porree und Sellerie hinzugethan, noch eine gute Weile gekocht und mit in reichlichem Fett geschwitztem Mehl sämig gemacht.

Oder es werden die Linsen nach einer Stunde Kochens abgegossen und mit frischem Wasser recht weich gekocht. Dann schneidet man ein Stück Speck und reichlich Zwiebeln in Scheiben, brät dies in Butter so lange, bis es schäumig wird, macht darin nach Verhältniß der Portion 1, 2—3 Löffel Mehl blaßgelb, rührt es mit Fleischbrühe zu einer sämigen Sauce, gibt Essig, Salz und Pfeffer hinzu, schüttet es zu den Linsen und läßt sie damit durchkochen.

67. Sauce zum Blumenkohl. Man nehme 2 Eidotter, 1 Theelöffel Kornstärke, 1 Tasse süßen Rahm, ½ Tasse Milch, 1 Stückchen Butter, Muskatnuß und 2 Eßlöffel von der Brühe zum Kohl. Dies wird zusammen aufgesetzt und so lange gerührt, bis es dicklich ist. Dann nimmt man es ab und gießt es über den Blumenkohl.

B. Kartoffelspeisen.

1. Kartoffeln zu kochen. Beim Kochen der Kartoffeln wird oft gar zu wenig Sorgfalt angewendet, und doch ist eine schmackhafte Kartoffelspeise manchem lieber als ein feines Gericht. Jedenfalls hängt der gute Geschmack der Kartoffeln sehr vom saubern Schälen, reinen Waschen und zugleich vom guten Kochen ab. Es müssen dieselben von mittlerer und gleicher Größe ausgesucht, vor dem Schälen gewaschen, während des Schälens sogleich ins Wasser gelegt, darnach einigemal, und zwar zwischen den Händen tüchtig gewaschen, abgespült und bis zum Gebrauch mit frischem Wasser bedeckt, hingestellt werden. Alsdann schütte man sie auf einen Durchschlag, klares Wasser darüber und bringe sie in einem nicht zu kleinen, unglasirten besonders und nur dazu bestimmten Topfe, mit kochendem Wasser bedeckt, aufs Feuer. Frische Kartoffeln aber, auch Herbstkartoffeln, so lange sie noch nicht im Keller lagern, werden dadurch wohlschmeckender, daß man sie in kaltem Wasser aufsetzt, doch muß man sie rasch zum Kochen bringen. Das Salz muß sofort dazu gethan werden, wobei zu bemerken ist, daß frische Kartoffeln mehr Salz erfordern, als alte. Auch versäume man da, wo das Wasser Schaum hervorbringt, das Abschäumen nicht und koche die Kartoffeln zugedeckt weder übermäßig stark, noch zu langsam gahr. Um das Gahrsein zu erproben, thut man wohl, sie einigemal zu versuchen; lassen sie sich mit einer Gabel leicht durchstechen, so sind sie gut; zerfallen dürfen sie nicht, noch viel weniger ungahr auf den Tisch gebracht werden. Das Abgießen muß sorgfältig geschehen, so daß kein Wasser zurückbleibt. Man stelle darnach den Topf wieder einige Minuten zugedeckt aufs Feuer, nehme den Deckel ab, schwenke die Kartoffeln, damit die wässerigen Theile verdampfen, und decke sie dann zu. Besser aber ist es, sie sofort nach dem Verdampfen in einer erwärmten Schüssel bedeckt zur Tafel zu bringen, denn keine Speise verliert durch Stehen so sehr ihren guten Geschmack, als Kartoffeln.

Das kürzere oder längere Kochen der Kartoffeln hängt von der Sorte, aber auch von der Jahreszeit ab; feine frische Kartoffeln bedürfen etwa 15—20 Minuten, es steigt bis zum April, wo man bis ¼ Stunde rechnen kann.

Die in leichtem Sandboden gezogenen Kartoffeln sind die wohlschmeckendsten.

2. Kartoffeln mit verschiedenen Saucen. Sind die Kartoffeln wie im Vorhergehenden gekocht, so wird eine beliebige Sauce von Zwiebeln, Speck oder Petersilie 2c. darüber angerichtet und die Schüssel fest zugedeckt zur Tafel gebracht, oder es wird die Sauce dazu gegeben. Es passen besonders Rollen, Grillarden, Wurst, Fricadellen, Gahr, gebratene Leber, Sauerbraten, Preßkopf, Sülze, Panhas, Hachee, Nierenschnitten, Würstchen von kaltem Kalbsbraten, kurz, was man hat.

3. Kartoffeln in säuerlicher Milchsauce (ein wohlschmeckendes Gericht). Kartoffeln von gleicher, mittelmäßiger Größe werden nach No. 1 weich gekocht und trocken abgegossen. Dann wird eine säuerliche Milchsauce über die angerichteten Kartoffeln vertheilt. Dieselbe muß angenehm säuerlich, und da gute Kartoffeln viel Sauce aufnehmen, sehr reichlich sein.

4. Kartoffeln, Schweinsrippe und saure Aepfel zusammen gebraten. Man setzt in einer etwas flachen Brat=Pfanne ein Stück Schweinsrippe zur Hälfte mit Wasser bedeckt und etwas Salz auf nicht zu starkes Feuer, deckt die Pfanne fest zu und läßt das Fleisch 1—1½ Stunde mäßig kochen, und gelblich braten. Alsdann nimmt man es heraus, belegt die Pfanne mit kleinen, rund geschälten Kartoffeln, streut ein wenig Salz darüber, legt die Rippe darauf, und zwar die offene Stelle nach oben, füllt die Höhlung derselben mit geschälten, in 4 Theile geschnittenen sauren Aepfeln, gibt eine Tasse Wasser hinein, deckt die Pfanne wieder zu und läßt die Kartoffeln darin langsam weich und gelb braten, während man sie einmal umdreht. Dann legt man die Rippe mit den Aepfeln in eine tiefe Schüssel und garnirt sie mit den Kartoffeln.

5. Schinken=Kartoffeln. Hierzu nimmt man das, was von einem gekochten Schinken nicht mehr in ordentliche Stücke geschnitten werden kann, setzt es mit wenig Wasser aufs Feuer, kocht es ganz weich und hackt es fein. Nach Belieben kann man mit dem Schinken auch einen Häring klein hacken. Unterdeß hat man Kartoffeln in der Schale mit Salz gekocht und abgezogen, wobei sie jedoch recht heiß gehalten werden müssen. Nun wird in eine Auflauf=Form oder Schüssel, welche dick mit Butter bestrichen ist, eine Lage Kartoffelscheiben gelegt, darüber Stückchen Butter, dann eine Lage Schinken nebst in Butter gebratenen Zwiebelscheiben, wieder

Kartoffeln und so fortgefahren, bis letztere mit Butter den Schluß machen. Sollte den Kartoffeln noch Salz fehlen, so wird unter Berücksichtigung des gesalzenen Schinkens beim Einschichten das fehlende durchgestreut. Bei Mangel an Butter kann feinwürfelig geschnittener, langsam ausgebratener Speck recht gut angewandt werden. Darauf wird die Form in einen heißen Ofen gesetzt, und wenn die Kartoffeln ganz heiß geworden sind, folgender Guß darüber vertheilt und etwas gestoßener Zwieback darüber gestreut: für 4 Personen 3—4 Eier, gut geschlagen, dazu etwa 3 Tassen Milch, Muskatnuß und etwas Salz.

Man läßt die Form etwa ¼ Stunde im Ofen.

6. Härings-Kartoffeln. Die Kartoffeln werden hierzu in der Schale mit Salz gahr gekocht, abgezogen und in Scheiben geschnitten, jedoch so heiß als möglich gehalten. Unterdeß läßt man einige Zwiebeln mit nicht zu wenig Butter oder Speck gelb werden, gibt etwas Mehl hinzu, dann Wasser, etwas Salz, gestoßenen Pfeffer, wenig Essig, auch einige Lorberblätter, wenn man sie gerade hat, und wenn dies kocht, die ausgegräteten kleingeschnittenen Häringe und zuletzt die Kartoffeln. Sind solche gehörig durchgekocht und recht heiß, so wird etwas Sahne durchgerührt. Es muß dies Gericht recht saftig und nicht steif gekocht sein, wie das bei allen Kartoffelspeisen zu empfehlen ist.

7. Kartoffeln mit Zwiebeln gestovt. Man nimmt dazu ganz kleine Kartoffeln von gleicher Größe, schält und wäscht sie recht rein. Zu einer Schüssel von mittlerer Größe rechnet man einen Teller voll Zwiebeln, legt diese lageweise mit den Kartoffeln, reichlich Butter, Salz und etwas Pfeffer in einen Topf, gibt so viel Wasser dazu, daß die Kartoffeln nicht ganz bedeckt sind, und läßt sie zugedeckt weich kochen. Nach Belieben kann man auch etwas Essig dazu geben.

Zeit des Kochens ¼ Stunde.

Beilagen wie zu Kartoffeln mit verschiedenen Saucen (No. 2).

8. Lorber-Kartoffeln. Die Kartoffeln werden gehörig gewaschen, gespült, mit Wasser nicht ganz bedeckt aufs Feuer gesetzt, das nöthige Salz, Butter oder gutes Bratenfett, geschnittene Zwiebeln, Pfeffer und einige Lorberblätter gleich dazu gegeben und so lange gekocht, bis die Kartoffeln auseinanderfallen. Dann rührt man ein wenig Essig durch und richtet die ganz schlank gekochten Kartoffeln an.

Zeit des Kochens und Beilagen wie im Vorhergehenden.

9. Saure Kartoffeln. Feingewürfelten Speck läßt man langsam ausbraten, oder gutes Fett recht heiß werden, macht darin reichlich feingeschnittene Zwiebeln gelb, rührt Wasser, Salz und wenig Pfeffer durch und kocht die Kartoffeln darin weich. Vor dem Anrichten gibt man denselben einen Geschmack von Essig und rührt, falls sie nicht sämig gekocht sind, etwas geschwitztes Mehl hinzu. Auch diese Kartoffelspeise muß schlank gekocht werden.

Beilagen wie im Vorhergehenden.

10. Gebratene Kartoffeln zum Gemüse anzurichten. Ganz kleine, recht runde Kartoffeln von gleicher Größe werden geschält, gut gewaschen, in Wasser und Salz nur zur Hälfte gahr gekocht und trocken abgegossen. Dann macht man sofort halb Butter und halb gutes Fett in einer oder zwei Pfannen, die vorher mit Salz gehörig ausgescheuert worden, auf mäßigem Feuer gelblich, legt die dampfenden Kartoffeln neben einander hinein, deckt die Pfanne fest zu, wendet die Kartoffeln, wenn die untere Seite gelb geworden, um, und deckt sie so lange wieder zu, bis sie ganz weich sind, wo sie alsdann in offener Pfanne ringsum dunkelgelb, doch nicht bränzlich gemacht werden dürfen. Um die Kartoffeln glatt und ansehnlich zur Tafel zu bringen, darf man sie während des Bratens nicht mit einer Gabel umrühren und zerbröckeln; das Umwenden geschieht am besten mit einem Pfannenmesser. Beim Braten etwas Zucker über die Kartoffeln gestreut, gibt ihnen Glanz.

Sollten aus Versehen die Kartoffeln statt halbgahr weich gekocht sein, so lege man nur die ganzen, ja nicht die zerkochten Kartoffeln in die gelb gewordene Butter und brate sie in offener Pfanne gelb.

Wünscht man in der Schale gekochte Kartoffeln zu braten, die indeß längst nicht so milde und wohlschmeckend sind, so werden diese in Wasser und Salz gahr gekocht, heiß abgezogen und möglichst heiß in offener Pfanne bei öfterem Umrühren dunkelgelb gemacht. Werden die Kartoffeln zur beliebigen Zeit gekocht und abgezogen bis zur Zeit des Bratens hingestellt, oder werden übrig gebliebene, erkaltete Kartoffeln zum Braten verwandt, wie es häufig in Gasthäusern vorkommt, so wird man sie hart, fast ungenießbar finden.

Ganz roh gebratene Kartoffeln werden vielfach allen andern vorgezogen, sie sind feiner und wohlschmeckender als alle andern. Man wähle dazu ebenfalls kleine recht runde Kartoffeln von gleicher Größe, lasse sie tüchtig gewaschen trocken ablaufen und brate sie anfänglich in einer zugedeckten Pfanne mit recht reichlich Butter gahr und verfahre im Uebrigen damit wie vorstehend angegeben.

11. Kartoffelmus. Die Kartoffeln werden mit Wasser und Salz gahr gekocht, rein abgegossen, fein gestampft und durch einen Durchschlag gerührt; dann mit Milch, oder halb Milch, halb kochendem Wasser so viel verdünnt, daß sie nicht zu steif werden, und mit Butter durchgekocht, glatt angerichtet und mit in Butter braun gebratenen Zwiebeln oder feingestoßenem, in Butter gelb geröstetem Zwieback oder brauner Butter, oder feingewürfeltem, gelbgebratenem Speck dick bestrichen. Es paßt jedes säuerlich gekochte Fleisch dazu, vorzüglich auch Preßkopf, Sülze, saure Rollen. Zugleich ist solches ein angenehmes Gericht zu Sauerkraut.

12. Kartoffelmus mit Buttermilch. Die Kartoffeln werden nach vorheriger Angabe weich gekocht und fein gestampft, dann wird ein Stück Butter und so viel Buttermilch hinzu gerührt, daß es einen schlanken Brei gibt, der gut durchgekocht, glatt angerichtet und mit brauner Butter oder gelben Speckwürfeln versehen wird.

13. Gestovte Scheiben = Kartoffeln. Die Kartoffeln werden hierzu mit der Schale gekocht, abgezogen, noch heiß in thalerdicke Scheiben geschnitten und zugedeckt. Unterdeß wird ein reichliches Stück Butter heiß gemacht, fein geschnittene Zwiebeln darin durchgeschmort, Pfeffer und Salz und soviel Bouillon hinzugegeben, daß es eine nicht zu kurze Brühe wird, in welcher man die Kartoffeln gut durchstovt. Dann werden einige Eidotter mit Essig durchgestovt, gehackte Petersilie hinzugefügt und die Kartoffeln damit durchgekocht.

Beilage: Cotelettes, Fricadellen, gebratene Rollen, Bratwurst, Panhas, heißgemachter Braten, Klopps.

14. Kartoffeln und Aepfel. Die Kartoffeln werden eine kleine Weile abgekocht, dann mit frischem kochendem Wasser und Salz gahr gekocht und saure Aepfel, welche geschält, in Viertel oder Scheiben geschnitten, vom Kernhaus befreit und gut gewaschen sind, nebst Butter hinzugegeben. Nachdem die Kartoffeln und Aepfel ganz weich geworden, werden sie fein gestampft und sollte das Mus zu trocken sein, mit Milch gut durchgekocht. Es gehört hierzu mehr Butter, als zu jeder andern Kartoffelspeise. Wünscht man dies Gericht aber besonders schmackhaft zu bereiten, so koche man die Kartoffeln allein weich, stampfe sie nach dem Abgießen ganz fein, rühre kochendes Wasser, Apfelmus und reichlich Butter hinzu und lasse es gut durchkochen. Die Schüssel mit feingestoßenem, in Butter gelb gebratenem Zwieback dicht bestreut, macht dies Gericht noch wohlschmeckender und feiner.

Man kann zu dieser Speise auch etwas gestoßenen Zucker und eine Obertasse voll fein geschnittenen, ausgebratenen Speck, worin eine feingehackte Zwiebel gelblich geschwitzt ist, dazu geben und durchrühren.

Beilagen: Hasenbraten, Sauerbraten, Kalbsbraten, Cotelettes, gebratene Ente, frische Rindfleischwurst, frische Schweinswurst, gebratene Rollen, Panhas, Grilladen von Suppenfleisch, gebratene Leber, Hachee u. s. w. Pfeffer-Potthast, welcher häufig dazu gegeben wird, ist der Zwiebelsauce wegen höchst unpassend.

15. Kartoffeln und frische Birnen. Dies Gericht wird nach vorhergehender Anweisung, am besten mit einem Stückchen magerem Speck, welcher selbstredend schon zur Hälfte gahr geworden sein muß, andernfalls mit Fett und Butter gekocht. Die Birnen müssen beinahe gahr sein, ehe man die Kartoffeln hinzugibt; beim Anrichten wird etwas Essig durchgerührt, doch so, daß die Kartoffeln nicht zu breiig werden. Anstatt Essig kann man auch einige saure Aepfel nach den Kartoffeln zu den Birnen geben. Dieses Gericht muß, wie alle Kartoffelspeisen dieser Art, schlank gekocht sein. Falls kein Speck darin gekocht ist, gebe man dazu, was man hat, säuerliches Fleisch ist dann am passendsten.

16. Kartoffeln und getrocknete Birnen (für einen gewöhnlichen Tisch). Hierzu sind Birnen mit der Schale passend. Sie werden einigemale mit warmem Wasser zwischen den Händen gerieben, abgewaschen, mit einem Stück Speck, reichlich mit Wasser bedeckt, aufs Feuer gebracht, beinahe weich gekocht, dann streut man etwas Hafergrütze darüber, thut Kartoffeln und Salz hinzu und läßt das alles recht weich, sämig und schlank kochen.

17. Fein gebratene Kartoffelbällchen. Die Kartoffeln werden mit dem nöthigen Salz weich gekocht, ganz trocken abgegossen und sehr fein gestampft, einige Eier, ein Stück Butter und ein wenig gute Milch, auch Muskatnuß durchgerührt, runde oder längliche Bällchen davon aufgerollt, mit gestoßenem Zwieback bestreut und in Butter gelb gebraten.

Eine angenehme Schüssel zu feinen grünen Blattgemüsen, auch Abends zum Salat.

18. Gewöhnliche Kartoffelbällchen. Die Kartoffeln werden nach vorhergehender Anweisung fein gestampft, oder übrig gebliebene geschälte und gekochte Kartoffeln kalt gerieben, mit etwas Milch und dem vielleicht fehlenden Salz durchgeknetet, runde Bällchen davon geformt und diese mit heißgemachtem Fett an beiden Seiten schön gelb gebraten.

Als Beilage zum Salat.

19. Kartoffelnudeln. Reichlich einen tiefen Teller voll geriebene Kartoffeln, die am vorigen Tage in der Schale mit Salz gahr gekocht und abgezogen sind, 4 ganze Eier, 4 Löffel Sahne oder Milch, eben so viel geschmolzene Butter und das vielleicht noch fehlende Salz. Die Kartoffeln schüttet man auf ein Rollbrett, macht in der Mitte eine Vertiefung, in welche man etwas Mehl thut, so auch die Eier, Sahne, Butter und Salz, verarbeitet dies zu einem Teig, in den man immer und so lange etwas Mehl streut, bis derselbe sich ziehen läßt und beim Durchschneiden sich keine Löcher zeigen. Dann rollt man kleine Stückchen davon auf, in Form langer Kartoffeln, läßt sie 8—10 Minuten in kochendem gesalzenen Wasser kochen, schüttet sie auf einen Durchschlag, und wenn sie abgelaufen sind, noch ganz heiß in eine mit Butter heiß gemachte Küchenpfanne, worin man sie von allen Seiten gelb brät.

20. Kartoffelscheiben. Die Kartoffeln werden geschält, tüchtig gewaschen und in dünne Scheiben geschnitten. Dann gibt man nach Belieben nicht zu wenig halb Schweineschmalz halb Butter in die Pfanne, oder man läßt gewürfelten Speck darin gelb werden, schüttet die Kartoffeln etwa 2 Finger dick hinzu, gibt das nöthige Salz darüber, auch eine Tasse Wasser und deckt die Pfanne fest zu. Wenn die Kartoffeln auf nicht starkem Feuer gahr und gelb geworden sind, so kann man sie nach Belieben anrichten oder mit einem Pfannenmesser umwenden und auch auf der andern Seite gelb werden lassen.

21. Kartoffeln in der Schale zu braten (Pellkartoffeln). Recht gute Kartoffeln von mittlerer Größe werden sorgfältig rein gewaschen, gekocht, trocken abgegossen, im Backofen so lange gebraten, bis sie ganz weich geworden und Krüstchen erhalten haben. Sie werden mit kalter Butter gegessen.

——— :: ———

IV. Fleischspeisen aller Art.

1. Allgemeine Regeln bei der Zubereitung des Fleisches.

1. **Die rechte Zeit des Gebrauchs des Fleisches.** Ochsen= oder Rindfleisch zu Braten (auch Hammelfleisch) muß im Sommer einige Tage an einem kalten luftigen Orte hängen, im Winter bei nicht feuchter Witterung kann es bis zu 4 Tagen alt sein, wodurch es milder wird. Kalbfleisch entwickelt sich schneller. Zu Suppen, Klößen und Farcen aber ist das Fleisch frisch vorzuziehen. Man darf das frische Fleisch nur so viel waschen, als die Reinlichkeit es erfordert, nicht ins Wasser legen, weil dadurch zu viel Kraft verloren geht.

2. **Klopfen des Fleisches.** Bei Ochsen= und Rindfleisch, namentlich bei Roastbeef, Rindsbraten, sowie bei Zunge, Beefsteaks, Kalbs= und Hammelbraten ist das Klopfen sehr zu empfehlen, namentlich wenn das Fleisch nicht sehr gut ist, und zwar unmittelbar vor der Zubereitung. Zu dem Zweck lege man das Stück auf ein Küchenbrett, nach Belieben in ein Tuch eingeschlagen, und klopfe es mit einem Klopfholz ganz gehörig, aber nur gegen den Faden des Fleisches, also an den beiden entgegenge= setzten Seiten, wodurch dasselbe saftiger bleibt. Dann spüle und trockne man das Stück mit einem Küchentuche ab und verfahre weiter nach An= gabe.

3. **Kochen des Fleisches.** Alles Fleisch, also auch gesalze= nes und geräuchertes, wird am besten in kochendem Wasser aufs Feuer ge= bracht, indem dadurch der Saft weniger auszieht und zugleich ein früheres Weichwerden befördert wird. Was beim frischen Fleisch zur Suppe zu bemerken wäre, ist schon im Abschnitt Suppen No. 1 besprochen.

4. **Zeit zum Weichwerden des Fleisches.** Wie viel Zeit zum Weichwerden gehört, das muß das Alter des Fleisches, sowie die Größe des Stückes bestimmen, doch kann man sich ungefähr nach folgender Angabe richten: Frisches Ochsen= oder Rindfleisch bis zu 3 Stunden, ge= räuchertes Rindfleisch oder ein ganzer geräucherter Schinken 3½—4 Stun= den, Pökelfleisch, wenn es ein großes Stück ist, auch 3—3½ Stunden, Kalb= fleisch 1½—2 Stunden, Hammelfleisch 2—2½ Stunden, ein Huhn 3 Stun= den, junge Hähne (Küken) 1—1¼ Stunde, Tauben desgleichen, ein Schweins= oder Kalbskopf 2—2½ Stunden, ein Wildschweinskopf oft 5—6 Stunden, anderes Wild nach seiner Art, 1, 2—2½ Stunden.

5. **Gewürze.** Bei den Fleischspeisen ist zwar das übliche Ge= würz bestimmt, doch lasse man es gewöhnlich so viel als möglich fehlen, be= sonders sei man sparsam mit dem Würzen des Pfeffers und der Muskat= nelken, da häufiger Gebrauch derselben der Gesundheit nachtheilig sein soll.

6. **Irdene Bratpfannen, häufiges Begießen, nicht zu starkes Braten.** Die Zubereitungsweise der Braten ist zwar an Ort und Stelle angegeben, indeß sei im Allgemeinen hier bemerkt, daß be=

sonders Hasen und Geflügel sehr an Wohlgeschmack gewinnen, wenn sie in irdenen Bratpfannen zubereitet werden. Zu weich gebratenes Fleisch ist saftlos, zu stark gebratenes trocken, unschmackhaft und gewiß auch schwerer zu verdauen. Ein Haupterforderniß zur Bereitung eines guten Bratens ist, das Fleisch bei gleich anfangs stärkerer Hitze von allen Seiten rasch rösten zu lassen, damit der Saft im Braten bleibt. Nachdem dies erreicht ist, muß die Ofenhitze bis zu Ende der Bratzeit vermindert werden. Sollte die Hitze von oben zu stark sein, ist es gut, ein Stück weißes Papier mit Butter bestrichen auf den Braten zu legen und solches dann mit dem Bratenfett zu begießen.

7. **Behandlung eiserner Bratpfannen.** Ist man auf eiserne Bratpfannen hingewiesen, die der größeren Haltbarkeit wegen viel billiger sind, so ist nothwendig darauf zu sehen, daß sie jedesmal nach dem Gebrauch ausgescheuert und ganz trocken an einen nicht feuchten Ort gestellt werden. Vor dem Gebrauche setze man sie mit kaltem Wasser aufs Feuer und wasche und trockne sie gut aus, man ist dann sicher, daß die Sauce keinen schmierigen, unreinen Geschmack erhält, welcher häufig durch unsaubre Pfannen entsteht.

8. **Sauce.** Auch sorge man bei den Braten für eine reichliche und recht kräftige Sauce; sie gibt den Fleischspeisen die beste Würze. Zur Zubereitung der Braten jeder Art ist säuerliche Sahne unvergleichlich, sie macht den Braten milder und die Sauce schmackhafter. Indeß ist Sahne ein sehr gesuchter Artikel, in manchen Städten gar nicht zu haben, wo dann die Köchin nur durch zeitiges Hinstellen von Milch sich aushelfen kann. In unvorhergesehenen Fällen kann man ein klein wenig süße Milch unter den Braten gießen, doch ja nicht zu früh und nicht bei zu starker Hitze, lieber öfter und nach und nach ein wenig, sodaß die Sauce die Farbe behält und nicht auf einmal zu hell wird. Beim Anrichten nehme man das Fett größtentheils von der Sauce, streue, falls kein Mehl zum Braunmachen desselben gebraucht wurde, etwas Mehl in die Bratenpfanne (für 6 Personen kann man bei einem Stück von 6 — 7 Pfund immerhin einen kleinen Eßlöffel nehmen) und lasse solches unter stetem Rühren gahr werden. Alsdann rühre man die nöthige Quantität Wasser hinzu und das in der Pfanne sich Angesetzte los, um es mit der Sauce zu verbinden. Es geschieht dies am besten mit einem weißen Besenchen, welches man eigens zu diesem Zweck bestimme. Sollte die Sauce aus Versehen zu salzig oder zu dunkel geworden sein, so kann man sie mit etwas Milch verbessern, was ohnehin bei fehlender Sahne zu empfehlen ist. Eine gute Bratensauce muß reinschmeckend, kräftig, nicht salzig, gelbbraun und gebunden sein; bränzliche oder wässerige Saucen verderben die besten Fleischspeisen.

9. **Erwärmen der Schüsseln.** Zu allen Fleischgerichten, besonders zu Braten, müssen die Schüsseln erwärmt werden.

10. **Fliegenschränke.** Sobald die Fleischspeisen von der Tafel kommen, bringe man sie sogleich in die Speisekammer oder in den Keller, damit sie vor Schmeißfliegen geschützt sind. Sehr zweckmäßig und fast

unentbehrlich sind die Draht= und Fliegenschränke, worin das Fleisch luftig steht und vor Fliegen bewahrt wird. Die stehenden Fliegenschränke sind den hängenden vorzuziehen.

A. Ochsen= oder Rindfleisch.

2. Roast=Beef am Spieß gebraten. Zu einer vorzüglichen Zubereitung des Roast=Beefs überhaupt ist erstens gutes Fleisch, welches im Sommer 2—3, im Winter 4—5 Tage geschlachtet ist, eine Hauptbedingung; da dasselbe aber in heißer Jahreszeit leicht einen Beigeschmack erhält, so ist zu rathen, wenn man Gelegenheit dazu hat, einen Eiskeller zu benutzen, andernfalls den Braten so lange, als es dem Metzger möglich ist, am Stück zu lassen und ihn dann an einem kalten Orte, am besten in Zugluft, aufzuhängen. Zweitens muß das Stück kurz vor der Zubereitung von allen Seiten geklopft werden. Drittens gehört dazu eine aufmerksame Köchin, welche für geeignete Hitze und fleißiges Begießen sorgt.

Man nehme zum Roast Beef das Rippenstück, worunter der Filetbraten (Mürbebraten) liegt, von dem der größte Theil des Fettes entfernt worden ist. Nachdem es gewaschen, mit einem reinen Küchentuche abgetrocknet, nach No. 1 geklopft und mit etwas feingemachtem Salz bestreut ist (denn zu viel Salz macht die Braten zähe), wird der Mürbebraten mit Speck gespickt, das Roast Beef an den Spieß gebracht und mit einer Spille befestigt. Dann wird dasselbe unter fleißigem Begießen mit geschmolzener Butter und Nierenfett bei anfänglich starker Hitze, damit das Fleisch rasch röste, wodurch es saftiger bleibt, 2—3 Stunden gebraten, das wie lange hängt von der Größe des Stückes und davon ab, ob man das Fleisch etwas roh zu haben wünscht. Bei einem Stück von 6—8 Pfund wird auf jedes Pfund ¼ Stunde gerechnet.

3. Roast=Beef im Ofen. Bei der früheren mangelhaften Einrichtung der Kochmaschinen hatte der Spießbraten vor jeder anderen Zubereitungsweise den Vorzug, und selbst in gegenwärtiger Zeit finden wir ihn nicht selten saftiger und milder, weil er weniger Aufmerksamkeit bedarf; indeß kann ein Ofenbraten eben so gut gemacht werden. Es gehört ebenfalls das in No. 2 bemerkte Stück und dieselbe Vorrichtung dazu. Ferner lasse man zu einem großen Braten 1 Pfund dickes, festes Nierenfett über Nacht in kaltem Wasser ausziehen, schneide solches in kleine Würfel (man kann auch halb Nierenfett, halb Speck nehmen), lasse es in einer ganz sauberen Bratpfanne auf dem Feuer flüssig werden, lege das mit etwas fein gemachtem Salz bestreute Roast=Beef (den Mürbebraten nach oben) hinein, die Hälfte des Fettes darüber hin, stelle es offen in einen stark geheizten Ofen, damit es rasch zuröste und lasse es unter fleißigem Begießen, was beides sehr wichtig ist, weil dadurch der Austritt der Fleischsäfte verhindert und der Braten viel saftiger wird resp. bleibt, demnächst etwas langsamer braten, ohne es umzulegen, viel weniger hinein zu stechen, wobei späterhin, so oft es nöthig ist, eine halbe Tasse kochendes Wasser seitwärts hinzugegossen wird. Das Fett muß hell bleiben und die Sauce einen feinen Geschmack erhalten; im übrigen wird auf die vorhergehende Nummer hingewiesen.

• **Anmerkung.** Das Nierenfett macht den Braten äußerst saftig und gewinnt solches so sehr an gutem Geschmack, daß man es wie Butter zu Genüssen verwenden kann.

4. Roast-Beef im Topfe zu braten. Man sehe Nr. 1 und nehme hierzu ein Stück vom sogenannten Dinnerspalt mit dem dicken Fettrand, vor allem nicht das sehnige Ende nach dem Beine hin, und behandle die Vorrichtung nach Nr. 2. Dann läßt man in einem passenden Topfe 1 Pfund festes, eine Nacht gewässertes und kleingeschnittenes Nierenfett oder die Hälfte Speck so lange braten, bis die Fettwürfel klar werden, legt den Braten hinein und läßt ihn unter häufigem Hin- und Herschieben, ohne hinein zu stechen, von allen Seiten gelbbraun werden. Dann bedeckt man ihn mit einem Theil der Fettwürfel, gießt 1—2 Tassen brausend kochendes Wasser seitwärts hinzu, deckt den Topf rasch mit einem genau schließenden Deckel zu, damit die dadurch entstehenden Dämpfe den Braten durchdringen, stellt ihn auf einen Platz, wo er ununterbrochen, doch nicht stark brät, und beschwert den Topfdeckel mit zwei Gewichtsteinen oder Bolzen. So läßt man das Roast-Beef, je nach der Größe des Stückes 2—2½ Stunden braten, während dasselbe in der Hälfte der Zeit einmal umgelegt wird, indem ins Fett, nicht ins Fleisch gestochen wird. Was bei der Zubereitung der Sauce zu bemerken wäre, ist in Nr. 1 mitgetheilt, eine Tasse saure Sahne macht sie besonders angenehm.

5. Roast-Beef im Topf zu braten auf englische Art. (Ganz vorzüglich.) Man nimmt von gutem Ochsenfleisch das mittlere Schwanzstück, läßt solches einige Tage alt werden, häutet es, entfernt alles Fett und klopft es tüchtig. Dann schneidet man etwa zwei Pfund Nierenfett in Würfel, läßt es in einem zum Fleische passenden Topf unter fortwährendem Umrühren bräunlich werden, nimmt die Fettwürfel heraus, legt das mit Salz und Pfeffer eingeriebene Fleisch hinein und brät es ringsum braun, indem man es mit einem kleinen eisernen Füllöffel stets begießt. Nach einer halben Stunde wird der Braten herausgenommen, alles Fett abgeschöpft und die Sauce mit Bouillon oder Fleischextrakt zubereitet, wie es bei anderen Saucen geschieht.

6. Aufgerollter Braten (für eine große Personalzahl). Man nimmt hierzu das ganze Rippenstück von einem jungen Ochsen, läßt die sämmtlichen Rippen ausschneiden und das Stück gut klopfen, reibt solches mit Salz, etwas Pfeffer und Nelkenpfeffer ein, rollt es fest auf und umwickelt es mit einem ausgewässerten Bindfaden. Darnach wird der Braten nach vorstehender Weise mit 2 Pfund frischem Nierenfett 3½ Stunden unter häufigem Begießen gebraten, mit der Sauce nach No. 1 verfahren, und mit verschiedenen Compotts, Salat, oder auch zu braunem Winterkohl gegeben.

7. Filetbraten im Ofen. Derselbe wird entweder frisch gebraten oder eine Nacht in Essig gelegt, man entfernt Fett und Haut, spickt ihn wie Hasen in zwei Reihen und bestreut ihn mit Salz und Nelkenpfeffer. Dann

setzt man ihn in einer irdenen Bratpfanne mit reichlich kochend heißer Butter in oder auf den Ofen und läßt ihn zugedeckt 1¼ Stunde nicht gar zu
stark braten, während man ihn oft begießt und von Zeit zu Zeit, wenn die
Sauce bräunlich wird, wo möglich eine Tasse dicke Sahne, andernfalls
Milch hinzu gibt. Beim Anrichten wird die Sauce mit etwas Wasser zusammen gerührt; sie ist gewöhnlich ohne Stärke durch die Sahne sämig
genug.

8. Filetbraten auf englische Art. (Zu empfehlen.) Nachdem
der Mürbebraten geklopft, Haut und Fett entfernt, mit feingemachtem Salz
und etwas Pfeffer eingerieben, wird reichlich Butter in einer sauberen
Bratpfanne auf dem Feuer sehr heiß gemacht, das Filet hineingelegt und
bei guter Hitze unter stetem Begießen 15 Minuten offen gebraten, und sogleich auf eine heiß gemachte Schüssel angerichtet. Die Sauce wird mit
etwas kaltem Wasser zusammengerührt und zum Braten gereicht.
Wünscht man derselben einen Geschmack von frischen Champignons zu geben, so können solche, gut gereinigt und gröblich gehackt (siehe I No. 16),
ohne weiteres einige Augenblicke in der Pfanne durchgeschmort werden.
Alsdann läßt man eine Kleinigkeit Mehl darin anziehen und rührt etwas
Wasser, auch nach Belieben einen Eßlöffel dicke Sahne hinzu. Um die
Sauce kräftiger zu machen, mische man etwas Fleischextrakt durch, welcher
messerspitzenweise angewandt wird.

Ist das Gemüse um das Filet zierlich angerichtet, so wird die Sauce,
die man mit noch etwas Sahne zusammenrührt und, wenn es nöthig
wäre, mit etwas Fleischextrakt kräftigt, durch ein Sieb über den Braten
angerichtet.

9. Beef à la Mode (Schmorbraten). Ein Stück von 8—10
Pfund aus der Kluft—das sogenannte Blumenstück—oder von einem jungen Ochsen das Schwanzstück, wird geklopft, mit Salz, Pfeffer und Nelkenpfeffer eingerieben. Dann gibt man etwa 2—3 Unzen nach I. No. 54
zubereitetes Nierenfett in einen Topf; ist solches heiß geworden, wird das
Stück mit einem Eßlöffel Mehl bestreut und hineingelegt, zuweilen hin-
und hergeschoben und ohne ins Fleich zu stechen, so lange gebraten, bis es
von allen Seiten recht gelb ist. Nun wird so viel kochendes Wasser seitwärts hinzugegossen, daß das Fleisch reichlich zur Hälfte bedeckt ist, und
solches, schnell fest zugedeckt und mit zwei Gewichtsteinen beschwert, langsam geschmort, nach Verlauf von 1½ Stunde umdreht, 1 Obertasse voll
gewürfelte saure Gurken oder frische mit 1 Löffel voll Essig nebst 4 Lorberblättern dazu gegeben, das Stück wieder zugedeckt und langsam weich
geschmort, welches gewöhnlich 2—2½ Stunden erfordert. Dann richtet
man das Fleisch an, nimmt das Fett größtentheils von der Sauce, rührt,
wenn es zu dicklich wäre, etwas Wasser dazu, andernfalls ein wenig
Stärke, gibt einige Löffel von dieser sämigen Sauce über das Fleisch und
die übrige dazu. Wählt man das Beef à la Mode als Voressen, so kann
man noch Trüffeln, Champignons und Kastanien dazu geben, übrigens
dient es als Beilage zu verschiedenen Gemüsen, am besten sind jedoch
Kartoffeln dazu, und bleibt dann das Fett zum Theil auf der Sauce.

Anmerkung. Hat man keine Gurken zur Hand, so kann man anstatt dieser einige Zitronenscheiben hinzufügen.

10. Sauerbraten No. 1. Zu einem Sauerbraten eignet sich ein gutes fettes Schwanzstück, auch ein Stück aus der Mitte des Binnerspaltes, in einigen Gegenden Blumenstück genannt, weil sich eine kleine Fettblume darin befindet. Man lege es im Sommer 3—4 Tage, im Winter 8—10 Tage in Bieressig, welcher sich besonders zum Sauerbraten eignet und hierzu dem klaren Essig vorzuziehen ist. Doch gebrauche man ihn nicht roh, der Braten wird milder und wohlschmeckender, wenn der Essig mit dem Gewürz zum Kochen gebracht und kochend über das abgespülte Fleisch gegossen wird. Bei scharfem Essig gebe man etwas Wasser hinzu. Zu einem Stück von 5—6 Pfund kann man 4 Lorberblätter und 8 Muskat=nelken rechnen. Da Zwiebeln in Essig hart werden, füge man sie erst bei der Zubereitung hinzu. Im Sommer muß das Fleisch, damit es vor Beigeschmack geschützt werde, ganz offen an einem kühlen Orte, im Flie=genschrank oder mit einer Drahtstülpe bedeckt und öfter umgewendet wer=den, doch hüte man sich vor der schlechten Gewohnheit, dazu die Hand zu gebrauchen. Vor der Zubereitung wird der Braten, damit er saftiger werde, auf folgende Weise gespickt: Man schneide halbe fingerlange, nicht zu dünne Speckstreifen, wälze sie in einem Gemengsel von gestoßenem Salz, Pfeffer und Nelkenpfeffer, steche mit einem spitzen Messer aller=wärts ins Fleisch, schiebe die Speckstreifen hinein und streue noch etwas Salz darüber, doch darf kein Braten stark gesalzen werden, viel Salz macht ihn zähe. Dann mache man in einem nicht weiten eisernen Topfe reichlich gutes Fett recht heiß und gelb, lege das Stück Fleisch hinein, lasse die entstehende Brühe offen rasch abdampfen und das Fleisch ringsum dunkelgelb werden, indem man dies im Fette öfters hin und herschiebt und umwendet; es gehört dazu einige Aufmerksamkeit. Darnach streue man einen gehäuften Eßlöffel Mehl in das Fett, lasse es ebenfalls bräu=nen, gieße dann schnell so viel brauend kochendes Wasser seitwärts hinzu, als nöthig ist, das Fleisch zu bedecken und mache den Topf rasch zu, daß die Dünste nicht verloren gehen. Nach wenigen Minuten gebe man zu einem Stück von 5—6 Pfund zwei kleine gelbe Möhren, 3—4 größere Zwiebeln und ein Stückchen Schwarzbrodrinde, auch falls der Braten nicht schon sauer genug wäre, den Gewürzessig, worin das Fleisch gelegen hat, mache den Topf fest zu, beschwere den Deckel mit 2 Bolzen und lasse den Braten bei einmaligem Umwenden etwa 2—2½ Stunden langsam, aber ununterbrochen schmoren, wobei man zuweilen, ohne ins Fleisch zu stechen, solches aufheben und nöthigenfalls auch etwas kochendes Wasser hinzugeben muß. Eine Tasse süße Sahne, in der letzten halben Stunde hinzugefügt, macht die Sauce sehr angenehm. Beim Anrichten lege man den Braten auf eine erwärmte Schüssel und stelle sie in den Ofen, bis die Sauce gemacht ist. Sollte diese zu sehr eingekocht und dicklich geworden sein, so verdünne man sie nöthigenfalls mit Wasser, wäre sie nicht sämig genug, so füge man etwas Mehl hinzu, hätte sie zu viel Säure und wäre braun genug, so würde eine Tasse Milch gut sein. Dann rühre man sie scharf durch ein Blechsieb, lasse sie rasch zum Kochen kommen, gebe etwas davon über den Braten und die übrige reichliche Sauce dazu.

Anmerkung. Möchte der Sauerbraten hauptsächlich zum Butterbrod bestimmt sein, so muß die Sauce kurz und darf nicht dicklich sein.

11. Sauerbraten auf andere Art. No. 2. Das Fleisch wird statt mit Essig, mit frischer Wacke (Molken), welche mit Essig sauer gemacht worden, bedeckt. Wünscht man dasselbe etwa 8 Tage aufzubewahren, so ist es gut, im Sommer alle 2 Tage Wacke und Essig zu erneuern. Beim Gebrauch wird der Braten geklopft, mit Salz eingerieben, in Butter oder Nierenfett braun gemacht, so viel kochendes Wasser seitwärts hinzugegossen, als zum Gahrwerden erforderlich ist, was sich nach der Größe des Topfes und der Art des Gahrmachens richtet, ein Stückchen Zucker hinzugefügt, der Braten fest zugedeckt und mit Gewichtstücken beschwert, bei mäßigem Feuer weich geschmort, wobei derselbe einmal umgelegt wird. Die Sauce erhält durch längeres Kochen schon etwas Sämigkeit, doch kann man noch einen halben Eßlöffel Mehl eine Weile durchrühren und dann wie vorhergehend verfahren. Auch kann man diesen Braten nach dem Braunmachen mit süßer Milch braten, wodurch derselbe einen sehr angenehmen Geschmack erhält.

12. Sauerbraten wie Wild zubereitet. No. 3. Man nehme das Stück wie zu einem gewöhnlichen Sauerbraten, etwa 6 Pfund schwer, lege es bis zu 8 Tagen in Bieressig (siehe Sauerbraten No. 1), setze es mit ½ Pfund gewürfeltem, vorher ganz heiß gemachtem Speck, dem nöthigen Salz und nach Belieben mit einigen frischen Wachholderbeeren aufs Feuer. Nachdem der Braten von allen Seiten unter öfterem Begießen gelb und zur Hälfte gahr geworden, lasse man einen gestrichenen Suppenteller geschnittener Zwiebeln in dem Fett gelb werden, gieße alsdann nach und nach einen Suppenteller dicke saure Sahne hinzu und lasse das Fleisch im Ganzen etwa 2½ Stunden auf nicht zu schwachem Feuer schmoren, indem es häufig begossen und ohne hineinzustechen einmal umgelegt werden muß, wobei der Braten mit den Speckwürfeln bedeckt wird. Ist die Sauce zu viel verbraten, so rühre man beim Anrichten nach dem Abnehmen des Fettes das sich am Topf Angesetzte mit 2 Obertassen Milch oder Wasser gehörig zusammen, lasse es gut durchkochen und richte den Braten an.

Anmerkung. Wenn bei dieser Zubereitung für gutes Fleisch gesorgt ist, so wird man den Braten vorzüglich finden.

13. Ochsen- oder Rindfleisch wie Hasen zu braten. Der Mürbraten ist hierzu am besten; indeß kann auch ein Stück von 4—5 Pfund mitten aus der Kluft wie zu Beefsteak dazu dienen. Man lasse es im Sommer in Rücksicht auf die Temperatur 2—3 Tage, im Winter 5—6 Tage alt werden, wasche und klopfe es nach No. 1 recht mürbe, drücke es wieder in Façon und spicke es in drei Reihen wie Hasen. Dann streue man etwas feines Salz darüber, mache es in reichlich Butter von allen Seiten dunkelgelb, gieße eine Tasse frische Milch hinzu und wiederhole dies so oft, als die Sauce, welche eine gelbbraune Farbe haben muß, ein-

gekocht ist, während das Fleisch, fest zugedeckt, langsam aber ununterbrochen gebraten, häufig begossen und ganz mürbe geworden ist, wobei
man auf etwa 2 Stunden rechnen kann.

A n m e r k u n g. Ein solcher Braten ist von sehr angenehmem Geschmack. Man kann hierbei auf 1 Quart Milch rechnen.

14. Rindfleisch in saurer Milch zu braten. Man nimmt ein
Stück wie zum Sauerbraten, klopft es wie im Vorhergehenden recht mürbe
und reibt es mit wenig Salz und Nelkenpfeffer oder mit etwas Pfeffer und
Nägelchen ein. Dann macht man Butter und Speck oder Nierenfett gelbbraun, legt das Fleisch hinein und läßt es ringsum hellbraun werden,
wobei man solches, um Anbrennen zu verhüten, öfters hin= und herschiebt. Hat es so eine gute Farbe erhalten, so gießt man öfter etwas
dicke saure Milch hinzu, während man den Braten, fest zugedeckt, bei
guter Hitze ununterbrochen so lange schmoren läßt, bis er milbe geworden ist.

Auch kann man das Fleisch ohne zu klopfen vor dem Gebrauch im
Sommer ohne Nachtheil 4 Tage, mit dick gewordener Milch bedeckt, aufbewahren. Das Stück werde, um es vor Schmeißfliegen zu schützen, mit
einer Drahtstülpe, in Ermangelung mit einem Küchentuche zugelegt, und
nach 2 Tagen, besser täglich, die Milch erneuert. Beim Gebrauch legt
man das Fleisch, mit dem nöthigen Salz bestreut, trocken in einen Topf,
läßt die entstehende Brühe offen abdampfen, nimmt es dann heraus, bestreut es mit dem bemerkten Gewürz, macht es im Fett braun, und verfährt weiter, wie gesagt worden. Beim Anrichten kann die Sauce, welche
gelbbraun und sehr gerundet sein muß, nöthigenfalls mit kaltem Wasser
zusammengerührt werden.

15. Ochsen= oder Rindfleischbraten aufzuwärmen. Wenn der
Braten in einem Stück aufgewärmt werden soll, so lege man ihn in die
Bratensauce, sammt dem von der Sauce abgenommenen Fett, decke ihn so
fest als möglich zu und setze ihn zeitig auf ein schwaches Feuer, damit er
allmählich durchwärmt werde, was auf solche Weise wenigstens 1—1½
Stunde dauert, und wobei ein fleißiges Begießen nicht zu versäumen ist.
Zum Kochen darf der Braten nicht gebracht werden, es würde ihn zähe
machen.

Soll derselbe in Scheiben geschnitten aufgewärmt werden, so lege
man diese in eine alte Gemüseschüssel mit schließendem Deckel oder in ein
ähnliches Geschirr, gebe die Sauce nebst Fett darüber und stelle die
Schüssel ½—¾ Stunde lang in einen warmen Ofen oder dahin, wo das
Fleisch allmählich heiß wird, ohne zu kochen. Ein häufiges Begießen ist
auch hierzu nothwendig.

16. Ochsenfleisch in Bier zu dämpfen. Ein Stück Fleisch aus
der Kluft von etwa 8 Pfund, welches je nach der Jahreszeit 2—4 Tage
alt sein muß, wird stark geklopft, mit etwas Salz bestreut, in einen Topf
auf einige Scheiben Speck, 2 Zwiebeln, 1 Möhre, Lorberblätter, Dragon
und grobes Gewürz gelegt, halb Bier (welches nicht bitter sein darf) und
halb Wasser darauf gegossen, so viel als nöthig ist, das Stück bis reichlich

die Hälfte damit zu bedecken, 1 Obertasse Essig, 1 Löffel Birnmus oder Sirup dazu gethan und fest zugedeckt 3 Stunden geschmort. Beim An= richten wird das Fett abgenommen, etwas Mehl an die Sauce gegeben, solche durch ein Sieb gerührt und das Fleisch damit angerichtet.

17. Beefsteaks. Will man gute Beefsteaks haben, so thut man gut, nur das Filet zu nehmen, wenn dasselbe schon ein paar Tage in der Luft gehangen hat. Es wird gehäutet, in zolldicke Scheiben geschnitten. Diese werden dann mit dem flachen Hackemesser etwas dünner geklopft, schön gerundet und dann in klar gekochte Butter getaucht. Wenn man sie braten will, läßt man in der Pfanne etwas Butter gelb werden, legt die Beefsteaks hinein, setzt die offene Pfanne auf ein ziemlich starkes Feuer, streut Salz und Pfeffer darüber, wendet sie, ohne hineinzustechen, öfters um, damit der Saft nicht heraus läuft. In 4—5 Minuten sind sie gut, was daran zu erkennen ist, wenn sie sich mit dem flachen Messer fest an= fühlen; alsdann werden sie auf eine Schüssel angerichtet und die heiße Butter darüber gegossen.

Die Beefsteaks werden häufig mit Spiegeleiern gegeben; es kommt dann auf jedes 1 Ei, welches nach Belieben vorher rings umher glatt ge= schnitten wird.

Anmerkung. Ein Haupterforderniß zur Bereitung eines guten Beefsteaks ist, es auf beiden Seiten rasch rösten zu lassen, damit der Saft nicht heraustreten kann.

18. Gute Beefsteaks von gehacktem Fleisch. Wo kein gutes Fleisch zu Beefsteaks zu haben ist, da wird man nachstehender Art den Vor= zug geben.

Man nimmt zu 1 Pfund schierem mageren Rindfleisch 2—3 Unzen festes Nierenfett, schneidet es in Würfel, wobei Haut und Sehnen entfernt wer= den, hackt beides fein, formt davon 4—5 runde fingerdicke Beefsteaks und bestreut erst dann, wenn sie gebraten werden sollen, beide Seiten mit etwas Pfeffer und dem nöthigen Salz. Dann macht man in einer kleinen, sehr sauberen Pfanne ein Stückchen Butter oder halb Butter halb Fett kochend heiß, legt die Beefsteaks hinein, läßt sie unter öfterem Hin= und Herschie= ben, ohne hinein zu stechen, bräunlich werden, legt sie auf die andere Seite und verfährt damit ebenso. Dann richtet man sie schnell auf ein Schüssel= chen an, gießt etwas kaltes Wasser in die Pfanne, rührt die Sauce, bis sie etwas sämig geworden, und gibt sie dazu.

Anmerkung. Die Beefsteaks dürfen nur einige Minuten braten, sie müssen inwendig noch röthlich sein, ein längeres Braten entzieht densel= ben den Saft und macht sie hart. So auch würden sie ganz zähe werden, wenn man sie gesalzen ungebraten bis zum nächsten Tage hinstellte.

19. Rohe Beefsteaks. Gutes Ochsen= oder Rindfleisch aus der Kluft wird mit dem nöthigen Salz und Zwiebeln klein gehackt, mit gröb= lich gestoßenem Pfeffer gemischt und zum Frühstück gegeben.

20. Geschmorte Beefsteaks (sehr gut). Ein Stück Ochsen= oder Rindfleisch, nicht zu frisch, aus der Mitte des Binnerspalts, von 2 Pfund an, wird nach No. 1 so lange geklopft, bis es sich weich anfühlen läßt, mit etwas Pfeffer und nicht zu reichlichem Salz in Mehl gewälzt und in einem engen eisernen Töpfchen in reichlich kochender Butter oder in ganz reich= lich frischem, heiß gemachtem Nierenfett ¼ Stunde, fest zugedeckt, langsam geschmort. Nun wird so viel stark kochendes Wasser hinzugegossen, daß das Fleisch nicht ganz zur Hälfte bedeckt wird, der Topf rasch fest zugedeckt, damit die Dämpfe das Fleisch milde machen, und noch ¾ 1 Stunde lang= sam geschmort. Dann wird das Fleisch in der Sauce zu gekochten Kar= toffeln angerichtet. Möchte die Sauce nicht hinreichend sein, so kann man etwas Wasser hinzurühren, auch nöthigenfalls dieselbe mit etwas zerrüh= ter Stärke gebundener machen.

21. Escalopps mit Senfsauce. Die Escalopps werden zuberei= tet wie Beefsteaks von gehacktem Fleisch. Wenn sie angerichtet sind, wird 1 Löffel Senf, 1 Löffel saure Sahne und etwas kaltes Wasser zur Sauce gerührt und darüber gegeben. Besser ist es jedoch, den Abfall vom Fleisch gehörig auszukochen und etwas kräftige Brühe statt Wasser zur Sauce zu benutzen.

22. Feine Klopps. Man kann hierzu sowohl Rindfleisch als Schweinefleisch nehmen, ganz vorzüglich ist solches zu gleichen Theilen. Es wird möglichst fein gehackt und alles entfernt, was sich an Haut und Seh= nen darin findet. Vom Abfall wird mit wenigem Salz etwas Bouillon gekocht und durch ein Sieb gegossen. Man rechne auf 5 Personen 1 Pfund gehacktes Fleisch, ¼ Pfund gute Butter, 2 Eier, ½ Pfund alte Semmel.

Wenn der Zwiebelgeschmack nicht gescheut wird, so läßt man einige feingehackte Schalotten oder 1 — 2 Zwiebeln in der Butter weich kochen, schüttet sie zum Fleisch, gibt hinzu: die Eidotter, das Weiße schäumig ge= schlagen, etwas Pfeffer und Muskatblüte, das geriebene Weißbrod, ein we= nig kaltes Wasser, das nöthige Salz, wobei auf das in der Butter befind= liche Salz gerechnet werde, mengt dies alles gut unter einander, formt dar= aus kleine Klöße, welche man in der Bouillon, die mit etwas Muskat= blüte gewürzt ist, nur einige Minuten kocht, dann umwendet, wieder auf= kochen läßt und herausnimmt. Sobald man inwendig kein rohes Fleisch mehr sieht, sind die Klopps gahr und müssen dann rasch herausgenommen und zugedeckt werden. Man gibt zu der Brühe 2 Zitronenscheiben, etwas geriebene Semmel, nach Geschmack auch einige feingehackte Sardellen und Kapern, legt die Klöße noch einmal in die sämige Sauce und richtet sie in derselben an. Die Klopps werden auch mit gekochten Kartoffeln gegeben.

Anmerkung. Sind die Klopps von Schweinefleisch gemacht, so bestreut man die Klößchen vor dem Kochen mit etwas geriebenem Weiß= brod und kocht sie einige Minuten länger.

23. Polnische Trosi. Man nimmt recht schönes Rindfleisch und schneidet es in Scheiben. Dann bereitet man eine Füllung von geriebe= nem Schwarzbrod, feingeschnittenen Zwiebeln, englischem Gewürz und Salz, und läßt dieselbe in Butter gelblich braten. Man thut nun einen Löffel voll Füllung in jede Scheibe, wickelt und bindet sie zusammen, bratet sie recht langsam in Butter an beiden Seiten braun, gießt dann langsam ein

wenig Wasser hinzu und läßt es ganz, ganz langsam bei recht gelindem
Feuer weich schmoren.

24. Pfeffer-Potthast. Hierzu werden hauptsächlich die sogenannten kurzen Rippen genommen, solche in ½ Hand große Stückchen gehauen,
in nicht zu reichlichem Wasser und nicht zu vielem Salz ausgeschäumt.
Dann fügt man so viel klein geschnittene Zwiebeln hinzu, daß die Sauce
dadurch sämig wird, gibt reichlich Pfeffer und Nelkenpfeffer (ungestoßen),
einige Lorberblätter und späterhin auch einige Zitronenscheiben hinzu.
Sollte der Sauce, welche zwar ganz gebunden, aber nicht zu dicklich sein
darf, auch nach Pfeffer und Zitrone schmecken muß, noch Sämigkeit fehlen,
so kann man zuletzt etwas feingestoßenen Zwieback gut durchkochen lassen.
Fleischklößchen, in klarer Fleischbrühe oder gesalzenem Wasser gekocht,
beim Anrichten ins Ragout gelegt, machen dies Gericht noch angenehmer.
Es werden gekochte Kartoffeln dazu gegeben.

25. Rindfleisch-Ragout wie Hasenpfeffer. Es wird dasselbe
ganz nach vorhergehender Vorschrift gekocht; jedoch gibt man statt Zwieback braungemachtes Mehl und kurz vor dem Anrichten etwas Rirnmus,
Zucker oder Sirup und soviel (etwa ¼—1 Tasse) frisches Schweineblut mit
Essig angerührt hinzu, daß das Ragout eine dickliche Sauce wie Hasenpfeffer erhält, die auch denselben Geschmack von Gewürz und Essig haben
muß.

26. Braunes Ragout von kleinen Rindfleischklößchen. Man
nehme hierzu die Klößchen im Abschnitt XIV. No. 4. Zugleich lasse man
ein Stück Butter sehr heiß werden, einige kleingeschnittene Zwiebeln darin
schmoren, rühre verhältnißmäßig Mehl darin gelb und dieses mit Bouillon
oder Wasser zu einer ganz sämigen Sauce, welche durch Braten- oder andere übrig gebliebene braune Sauce braun und kräftig gemacht wird.
Nach Belieben kann man dieselbe mit etwas Pfeffer und Dill würzen.
Vorher koche man die mit einem Eßlöffel glattgeformten Klößchen so lange
in Fleischbrühe oder gesalzenem Wasser (was zur Sauce gebraucht werden
kann) bis sie inwendig nicht mehr roth sind, etwa 5 Minuten, lege sie dann
ins Ragout und richte es mit einem Schüsselchen dampfender Kartoffeln
an.

Anmerkung. Klößchen in einer stark gebundenen Sauce gekocht
werden nicht locker.

27. Feines braunes Ragout von Ochsenzunge. No. 1. Da
eine Zunge bald einen Beigeschmack erhält, so muß sie frisch gebraucht
werden. Der aufstehende Knochen und das gelbe schwammichte Fleisch
wird davon abgeschnitten, die Zunge mit Salz und etwas Wasser tüchtig
abgerieben und so lange gewaschen, bis alles Schleimige entfernt ist, in
kochendem Wasser und wenig Salz ausgeschäumt und weich gekocht, wozu man
auf 3—3½ Stunden rechnen kann. Das Gahrsein ist daran zu erkennen, daß
sie sich mit einer Gabel leicht durchstechen läßt. Nach dem Kochen wird
sie abgezogen, das lose Fleisch am dicken Ende entfernt, die Zunge in zwei
Finger breite Scheiben geschnitten und die größeren Stücke einmal getheilt.
Im übrigen richte man sich ganz nach der Vorschrift: Feines braunes Ra-

gout von Hähnchen und Tauben, gegen das Ende dieses IV. Abschnitts zu finden, wobei selbstredend statt der bemerkten Geflügelbrühe Zungenbrühe gebraucht wird.

Für 12 Personen ist eine große Ochsenzunge hinreichend.

Anmerkung. Man koche die Zunge wo möglich in einem engen Topfe, weil dann weniger Wasser nöthig ist und die Brühe also kräftiger wird. Auch gebe man beim Aufsetzen nur wenig Salz hinein. Das Ein= kochen macht die Brühe leicht zu salzig.

28. Auf andere Art. No. 2. Die Zunge nach vorhergehen= dem Verfahren behandelt, wird mit einer dicklichen Rosinensauce gestovt, wozu die Zungenbrühe gebraucht wird.

29. Auf andere Art. No. 3. Die Zunge wird, nachdem sie weich geworden, mit reichlich Zwiebeln wie Hasenpfeffer zubereitet.

30. Weißes Zungen=Fricassee (vorzüglich). Ist die Zunge nach No. 28 mit wenig Salz gekocht und in Stückchen geschnitten, läßt man reichlich Butter gelb werden, rührt darin 1 große feingeschnittene Zwiebel und 2 Eßlöffel Mehl gelb, gibt Zungenbrühe (die man ziemlich kräftig hat einkochen lassen) dazu, einige Zitronenscheiben, deren Kerne entfernt, Mus= katblüte, etwas feingestoßenen weißen Pfeffer, auch nach Gutdünken ½ Glas weißen Wein, und legt die Zunge in die kochende Brühe. Nachdem die= selbe ¼ Stunde langsam gekocht hat, wird sie angerichtet und mit kleinen runden Fleischklößchen, in übriggebliebener Zungenbrühe oder Wasser ei= nige Minuten gekocht; indeß darf sie doch auch nicht zu weich werden. Dann wird die Sauce, welche recht sämig sein muß, durch ein Sieb gege= ben, mit einem Eidotter abgerührt und über die angerichtete Zunge ge= fällt.

Nach Belieben kann man dem Fricassee einen Geschmack von Sardellen geben, oder auch Champignons, nach I. No. 16 vorgerichtet, darin kochen; da aber Manche weder das eine noch das andere lieben und Niemand in dieser wohlschmeckenden Fleischspeise etwas vermissen wird, so bedarf es hierbei nicht des Weiteren.

Anmerkung. Wünscht man bei einem größeren Gesellschaftsessen das Zungen=Fricassee am vorhergehenden Tage zu kochen, so kann dies ohne den geringsten Nachtheil geschehen, doch gehört dazu, daß man solches 1½ Stunde in einem heißen Ofen entweder in einer alten Terrine mit schließendem Deckel auf einen Rost gestellt, oder in fest zugedecktem irdenem Geschirr kochend heiß werden läßt, ein Durchrühren ist hierbei unnöthig. Das Abrühren der Sauce mit einem Eidotter geschieht dann erst beim An= richten.

31. Gebratene Zunge als Beilage. Nachdem die Zunge, wie es im Zungen=Ragout No. 1 bemerkt ist, weich gekocht und abgezogen, wird sie gespalten. Dann steckt man einige Nelken hinein, bestreut sie mit Muskatnuß und etwas feingemachtem Salz, wälzt sie in gestoßenem Zwieback und brät sie in steigender Butter gelb, wobei sie jedoch nicht austrocknen darf, sondern ganz saftig bleiben muß.

32. Zunge mit Sardellensauce. Diese wird nach „Zunge als Beilage" gebraten und eine recht gebundene Sardellensauce darüber angerichtet.

33. Cotelettes von Zunge (eine angenehme Beilage). Die ganz weich gekochte abgezogene Zunge wird in fingerdicke Scheiben geschnitten, die größeren Stücke getheilt. Dann schlägt man 1 Ei mit 2—3 Eßlöffel Wasser, wozu auch Zitronensaft zu empfehlen ist, gibt etwas Muskatnuß hinzu, auch feingemachtes Salz, wenn's der Zunge fehlen möchte, tunkt die Scheiben hinein, wälzt sie dann in alten geriebenen Semmeln und brät solche in gelbgemachter Butter in offener Pfanne kroß und gelblichbraun.

34. Eingesalzene Zunge zum Butterbrod und als Beilage (ganz vorzüglich). Eine Zunge von schwerem Schlachtvieh wird zunächst gereinigt, wie es oben bemerkt ist. Dann nehme man 2 Unzen Salz, reibe dieselbe, nachdem sie mit etwas Salpeter ringsum angewischt, gehörig ein, streue etwas von dem übriggebliebenen Salz in den Steintopf, lege die Zunge darauf, den Rest darüber und lasse sie an einem kühlen Orte 10—14 Tage in der sich bildenden Pökel liegen, während man sie alle paar Tage umwendet. Zum Gebrauch wird die Zunge, am besten einige Tage vorher, mit kochendem Wasser aufs Feuer gebracht und so lange ununterbrochen gekocht, bis sie sich leicht durchstechen läßt, was in etwa 3½ Stunden der Fall sein wird. Nachdem alsdann die Haut abgezogen, wird sie in der vorher erkalteten Fleischbrühe aufbewahrt und nach jedem Gebrauch wieder hineingelegt, wodurch die Zunge bis auf den letzten Rest saftig bleibt. Wünscht man solche etwa im Winter längere Zeit aufzubewahren, so muß die Brühe in 8 Tagen aufgekocht werden.

35. Ochsenfleisch-Cotelettes. 4 Theile schieres Fleisch ohne Sehnen, 1 Theil Nierenfett mit Salz, zusammen ganz fein gehackt, runde und platte Scheiben davon geformt, in einem Ei, worin Nelken und Muskatnuß gerührt, umgedreht, mit gestoßenem Zwieback bestreut und in steigender Butter einige Minuten wie Beefsteaks gebraten.

36. Gebratene Fricadelle von frischem Fleisch. No. 1. Dieselbe wird überaus fein und wohlschmeckend, wenn man dazu ein Theil Rind-, 1 Theil Kalb- und 1 Theil durchgewachsenes Schweinefleisch fein hackt und dann zu 1½ Pfund Fleisch ¼ Pfund Butter nimmt. Kann man die Mischung nicht haben, so zerhackt man 1½ Pfund gutes Bollenfleisch mit ¼ Pfund Nierenfett oder frischem Speck ganz fein, gibt dazu 4 ganze Eier, Salz nach Geschmack, Muskatnuß, 3 Unzen gestoßenen Zwieback oder Weißbrod und 1 Tasse kaltes Wasser. Dies wird unter einander gemischt, rund oder länglich geformt, mit der nassen Hand recht glatt gemacht, mit Zwieback bestreut und mit dem Messer kreuzweis Streischen darüber gezogen. Dann legt man die Fricadelle in steigende Butter, brät sie unter fleißigem Begießen im Ofen gelb, gießt nach und nach etwas kochendes Wasser an die Sauce, auch, wenn es sein kann, einige Eßlöffel dicke Sahne und läßt sie ¾—1 Stunde dunkelgelb, nicht braun braten.

Umgewandt wird sie nicht. Man kann auch sogleich einige feingestoßene Wachholderbeeren in die Butter geben, ehe die Fricadelle hineingelegt wird.

37. Fricadelle. No. 2. 1½ Pfund sehr feingehacktes Fleisch mit gut 3 Unzen Fett, knapp 1 Unze Salz, 3 Muskatnelken, ¼ geriebene Muskatnuß, 3 Eier, das Weiße etwas schäumig geschlagen, ¼ Pfund gestoßener Zwieback, reichlich ½ Obertasse kaltes Wasser, eben so viel geschmolzene Butter, wovon der Bodensatz zurückbleibt. Dies alles wird gehörig durchgeknetet, rund geformt und mit einem gestoßenen Zwieback bestreut, in einem irdenen Geschirr mit vorher heiß gewordener Butter zugedeckt 1 Stunde gebraten, während man die Fricadelle mit einem Schaumlöffel einmal umwendet.

38. Gestovte Fricadelle. Es wird diese nach No. 1 oder 2 zubereitet. Wenn sie in reichlich Butter gelb geworden ist, gieße man so viel kochendes Wasser hinzu, daß sie kaum zur Hälfte bedeckt wird, gebe einige Zitronenscheiben, 1 Petersilienwurzel und 2 Stück Muskatblüten zur Sauce und lasse die Fricadelle fest zugedeckt ½ Stunde langsam kochen. Dann gibt man etwas feingestoßenen Zwieback an die Sauce, läßt sie gut durchkochen und rührt sie mit einem Eidotter ab.

Auch kann man statt einer großen Fricadelle Bällchen von der Größe eines Hühnereies aufrollen und übrigens auf angegebene Weise verfahren, wo man dann ein recht wohlschmeckendes Fricassee erhält. Doch müssen die Fricadellen, sobald sie inwendig nicht mehr roh sind, rasch vom Feuer genommen werden, was in 15, höchstens 20 Minuten der Fall ist.

Es werden Kartoffeln dazu gegeben.

39. Fricadellen von gebratenem oder gekochtem Fleisch. Man nehme hierzu Ueberreste von Fleisch, am besten von gebratenem, hacke sie mit einer Zwiebel oder mit Petersilie recht fein, rühre dazu einige Eier, Salz, wenig Nelken oder Muskat, etwas abgeschältes, geriebenes, in Butter gelb gemachtes Weißbrod, nebst Braten- oder übriggebliebener Fleischbrühe. Dann mache man hiervon eidicke Klöße, bestreue sie mit den gerösteten und feingestoßenen Krusten des Weißbrodes und brate sie in Butter gelb. Hat man gekochten Schinken, so kann man etwas durchs Fleisch hacken und dann weniger Butter nehmen.

Anmerkung. In Ermangelung des Weißbrodes lassen sich auch hierzu einige gekochte kalte Kartoffeln gebrauchen, die auf einer Reibe gerieben werden.

40. Geschmorte Fleisch-Rouladen. Man klopft ein Stück Fleisch aus der Kluft, welches nicht zu frisch sein darf, schneidet es in längliche Scheiben, die man ebenfalls noch etwas mit einem Klopfholz, nicht mit einem Messer, klopft, bestreut dieselben nicht zu reichlich mit einem Gemengsel von feingestoßenem Salz, Nelkenpfeffer und etwas Muskatblüte, oder statt dieser Gewürze mit einigen gestoßenen Wachholderbeeren, legt dünne Speckscheiben darüber hin, wickelt sie zu festen Röllchen auf, welche

man mit einem Faden umbindet. Darnach läßt man in einem verhältnißmäßig großen Töpfchen reichlich Butter gelb werden, dreht die Rouladen, mit Mehl bestäubt, darin herum und läßt sie dicht neben einander
und fest zugedeckt auf nicht zu starkem Feuer 10 Minuten schmoren, während nach den ersten 5 Minuten die untere Seite nach oben gelegt wird.
Dann gießt man seitwärts, nicht darüber hin, so viel stark kochendes
Wasser, daß die Röllchen stark zur Hälfte bedeckt werden, deckt den Topf
schnell ganz fest zu, beschwert den Deckel mit einem Bolzen, und läßt sie,
zurückgeschoben, bei ganz mäßiger Hitze, ohne den Topf zu öffnen, im
Ganzen ¾—1 Stunde schmoren. Ein zu starkes und zu langes Braten
macht die Rouladen trocken. Alsdann werden die Fäden mit einer Scheere
durchgeschnitten und entfernt und die Rouladen in ihrer dicklichen, braunen und kräftigen Sauce angerichtet. Sie machen eine angenehme Beilage zu feinen Gemüsen: auch können sie, indem die Sauce etwas verlängert wird, mit Kartoffeln gereicht werden.

**41. Suppenfleisch zu stoven, nach der Suppe mit Kartoffeln
zu geben.** Man setze das Suppenfleisch etwas zeitiger als gewöhnlich aufs
Feuer und schneide es, nachdem es weich geworden, in passende Stückchen.
Dann mache man Butter gelb, lasse fein gewürfelte Zwiebeln darin gelbbraun werden, doch sei man achtsam, daß sie keinen bränzlichen Geschmack
erhalten, gebe dann Mehl hinzu, mache unter stetem Durchrühren auch
dies bräunlich und rühre es mit Suppenbrühe zu einer reichlichen und
recht sämigen Sauce. Diese würze man mit einigen ganzen Nelken, Lorberblättern—nicht zu viel –etwas Pfeffer, füge das vielleicht noch fehlende
Salz hinzu, lasse auf gelindem Feuer das Fleisch ½ Stunde in der Sauce
schmoren und gebe derselben beim Anrichten einen Geschmack von Essig.

42. Salat von übriggebliebenem Suppenfleisch. Die Zubereitung dieses Salates findet man unter den Salaten und kann derselbe
sowohl zu jeder Art von grünem Salat und zu Kartoffelspeisen, als auch
allein gegeben werden.

43. Hachee statt Fleischwurst. Man kocht ein etwas fettes
Stückchen Rindfleisch in Wasser und etwas Salz, gut ausgeschaumt, in
kurzer Brühe weich, entfernt alle Knochen und hackt es recht fein. Zugleich brüht man zu 1½ Pfund Fleisch ¼ Pfund Reis ab, kocht ihn mit der
Rindfleisch-Bouillon weich und dick, macht Butter gelbbraun, rührt
Fleisch, Reis, gestoßenen Nelkenpfeffer, Muskatnuß und das vielleicht
noch fehlende Salz hinzu, läßt es gut durchschmoren und richtet es recht
heiß an.

Statt Reis kann man auch gute, frische Hafergrütze, in Wasser abgeflößt, mit Bouillon dick kochen, was ersterem nicht nachsteht. So ist auch
altes geriebenes Weißbrod mit Bouillon sehr gut und um so mehr dann
zu empfehlen, wenn man die Bouillon größtentheils zu einer Suppe anwenden möchte. Solch Hachee ist besonders zu Aepfelmus ein recht angenehmes Gericht.

Anmerkung. Man kann in kalter Jahreszeit mehrere Portionen
davon kochen, diese in Porzellan oder in einem gut ausgebrühten Stein-

topf offen stehend an einem luftigen Orte aufbewahren und beim Gebrauch recht heiß machen.

44. Uebriggebliebenes Suppenfleisch mit Zwiebeln. Man schneidet dasselbe mit dem Fett in dicke Scheiben, löst das nöthige Salz in etwas Wasser auf, vertheilt es über das Fleisch und wendet solches einmal um, damit es gehörig durchziehe. Unterdeß läßt man Butter oder Fett in einer Pfanne heiß werden, gibt reichlich kleingeschnittene Zwiebeln hinein und macht sie gelb. Dann legt man das Fleisch darauf, läßt es zugedeckt bei einmaligem Umwenden ebenfalls gelblich werden, richtet es an, macht rasch eine Kleinigkeit Mehl in der Pfanne vollständig gahr, rührt es mit etwas Bouillon oder Wasser zu einer kurzen, sämigen Sauce und vertheilt sie kochend über das Fleisch.

45. Uebriggebliebenes Suppenfleisch mit Aepfeln geschmort. Man schneidet Suppenfleisch in feine Scheibchen, legt die fetten Stückchen auf den Boden eines kleinen Topfes, das Uebrige darauf, streut etwas Salz und einige Nägelchen darüber hin und läßt es zugedeckt eine kleine Weile schmoren. Unterdeß schält man saure Aepfel, entfernt das Kerngehäuse, schneidet die Stücke gleichfalls in Scheiben, bedeckt damit das Fleisch, gießt einige Eßlöffel Wasser seitwärts darunter, läßt die Aepfel gahr werden und richtet ersteres, ohne es umzurühren, an.

46. Desgleichen in Rosinensauce. Es wird eine Rosinensauce gemacht, wie sie im Abschnitt Saucen angegeben ist, dann wird gutes saftiges Suppenfleisch in kleine Scheiben geschnitten und ¼ Stunde darin geschmort.

47. Ragout von Suppenfleisch oder Braten. Man schneidet das Fleisch in passende Stücke, macht Bratenfett oder Butter gelb, rührt 1—2 geschnittene Zwiebeln darin gelbbraun, sowie je nach der Portion 1—2 Eßlöffel Mehl, gibt Bouillon oder Wasser nebst Bratenbrühe, etwas Pfeffer und Nelken oder Nelkenpfeffer, 2—4 Lorberblätter und etwas abgeschälte, in feine Scheiben geschnittene eingemachte Gurken hinzu, läßt letztere weich kochen und das Fleisch in der Sauce ein wenig schmoren; dieselbe muß recht sämig sein. Wenn sie süßlich gewünscht wird, so kann man ¼ Eßlöffel Sirup oder Birnmus durchrühren.

Anmerkung. Soll Braten zum Ragout angewandt werden, so mache man die Sauce fertig, die Gurken darin gahr, lege dann erst das Fleisch hinein und lasse es langsam heiß werden, nicht kochen, weil Braten durch Kochen zähe wird.

48. Panhas zu braten. Dieses so profitable als angenehme Gericht für einen täglichen Tisch kann zu jeder Zeit gemacht werden, und zwar sowohl von Rindfleisch als Schweinefleisch, selbst von gekochtem Suppenfleisch und einem zähen Braten, wobei dann reichlich Speck mit feingehackt wird. Da man den Panhas, wenn er lange genug gekocht ist, im Sommer an einem kühlen, luftigen Orte offenstehend 8, im Winter 14 Tage aufbewahren kann, so ist er zugleich als Aushülfe zu empfehlen. Nach dem Kochen wird er auf folgende Weise gebraten: Man macht Butter oder gutes Fett in einer Pfanne heiß, schneidet den Panhas in Scheiben von der Dicke eines kleinen Fingers, legt sie dicht neben einander und läßt sie unbedeckt auf beiden Seiten gelb und kroß braten, doch dürfen sie nicht austrocknen, müssen vielmehr inwendig weich bleiben. Man gibt den Panhas zu Kartoffelspeisen; besonders angenehm ist derselbe zu Kartoffeln mit Aepfeln oder Aepfelbrei.

49. Frische Rindfleischwurst zu braten. Da beim Braten der Wurst der Darm sehr leicht reißt, so thut man wohl, dieselbe vorher ¼ Stunde in einen Topf mit beinahe kochendem Wasser zu legen (kochen darf es nicht), damit sie darin durch und durch heiß werde. Dann rühre man Butter über Feuer dunkelgelb, lege die Wurst in eine recht heiß gemachte Schüssel und gieße die Butter darüber hin. Sie paßt ebenfalls vorzüglich zu Aepfelmus, doch auch Kartoffeln mit Aepfeln sind sehr gut dazu.

50. Eingesalzene Brustkerne als angenehme Beilage zu Butterbrod und verschiedenen Gemüsen. Die Vorschrift hierzu ist im Abschnitt XXII. zu finden und wird hier nur darauf hingewiesen.

51. Pökelfleisch zu kochen. Ist das Fleisch ohne weiteres mit Salz eingepökelt, so lege man es, je nachdem es mehr oder weniger salzig ist, eine Nacht oder einige Stunden in Wasser, setze es mit kaltem Wasser bedeckt aufs Feuer und lasse es etwa 3 Stunden langsam kochen. Zum Nachgießen muß man kochendes, kein kaltes Wasser nehmen. Fleisch, welches in einer zusammengesetzten Pökel gelegen hat, wird mit kochendem Wasser und etwas Salz aufs Feuer gebracht und dafür gesorgt, daß es weder aus dem Kochen komme, noch zu lange kocht, wodurch man einen faden Geschmack des Fleisches verhütet.

52. Rauchfleisch zu kochen. Dasselbe wird Abends vorher gut abgewaschen, was am besten mittelst eines reinen Handbesens und einer Handvoll Weizenkleie geschieht, eine Nacht in Wasser eingeweicht, am andern Tage nochmals abgespült, mit kochendem Wasser bedeckt aufs Feuer gebracht und langsam 3—4 Stunden ununterbrochen gekocht. Nach dem Gahrsein kann man es fest zugedeckt noch ¼ Stunde in der Brühe stehen lassen, wodurch es milder und saftiger wird.

Anmerkung. Die Brühe kann vortheilhaft zu Graupensuppe benutzt werden. Um aber den Rest von Rauchfleisch saftig zu erhalten, lege man es in eine offene Terrine, die an einen kühlen Ort gestellt wird, wieder in die Brühe, welche man nöthigenfalls nach einigen Tagen aufkoche.

53. Geräucherte Zunge. Die Zunge wird Tag und Nacht eingeweicht, wie Rauchfleisch gekocht, zwischen zwei Brettchen mit einem Stein beschwert, kalt geworden, die Haut davon abgezogen und bis zum Gebrauch in der Brühe, worin sie gekocht ist, aufbewahrt. Durch das Pressen erhält sie eine bessere Form. Beim Gebrauch wird die Zunge in dünne Scheiben geschnitten, kranzförmig oder reihenweis auf eine Schüssel gelegt und mit Petersilie garnirt.

Eine angenehme Beilage zu verschiedenen jungen Gemüsen, als: Erbsen, Kohlrabi, Spinat, so wie auch zum Butterbrod.

B. Kalbfleisch.

54. Kalbsbraten im Ofen. Nachdem der Braten mit kaltem Wasser abgewaschen ist, läßt man ihn anfangs bei starker, dann bei mäßiger Hitze unter fleißigem Begießen, ohne ihn umzulegen, 1½ Stunde braten. Ein kleiner Braten aber darf nicht über 1½ Stunde im Ofen bleiben, weil er sonst zu weich und trocken würde. Zu verhüten, daß die Sauce zu braun, oder gar bräunlich werde, kann nöthigenfalls zuweilen eine halbe Tasse Sahne oder Wasser hinzugefügt werden.

Auch kann der Sauce durch 1—2 Tassen guter süßer Sahne ein angenehmer Geschmack und schöne gelbbraune Färbung gegeben werden; man gieße sie ¼ Stunde vor dem Herausnehmen des Bratens hinzu. Ist derselbe angerichtet, so nimmt man etwas Fett von der Sauce, rührt das in der Pfanne sich Angesetzte mit etwas kaltem Wasser zusammen, wendet nöthigenfalls etwas Stärke oder Kartoffelmehl an, versucht, ob Salz fehlt, und läßt die Sauce gut durchkochen.

55. Kalbs-Rücken. Man nimmt den Rücken von der Keule bis zur Brust—schneidet an beiden Seiten die Rippen bis zur Hälfte weg und löst die Nieren aus—häutet und spickt ihn wie einen Hasen und brät ihn im Ofen mit reichlich Speck und Butter in 1—1½ Stunden gahr, doch darf die Hitze nicht zu stark sein.

56. Kalbsbraten im Topf. Man richte denselben vor, wie Kalbsbraten, mache in einem Topfe Butter und Fett kochend heiß, füge nach Belieben auch einige Speckscheiben hinzu, lege den Braten hinein und lasse ihn offen an beiden Seiten gehörig gelb werden, während man ihn öfter hin und her schiebt, ohne darein zu stechen. Dann gieße man nach und nach einige halbe Tassen Sahne, in Ermangelung Milch oder kochendes Wasser seitwärts hinein, decke den Topf fest zu und verfahre übrigens gleichfalls unter häufigem Begießen wie beim Ofenbraten, auch muß wie bei diesem die runde Seite im Topfe nach oben liegen.

57. Nieren-Hachee zum Kalbsbraten. Die gebratene Niere mit ihrem Fett wird fein gehackt, dann läßt man ein kleines Stück Butter mit einer gehackten Zwiebel gelb werden, Niere, Salz, Muskatnuß, einen Eßlöffel saure Sahne und einen halben Eßlöffel Senf darin durchkochen und gibt dieses mit gerösteten Brodschnitten zum Braten.

58. Gedämpfte Kalbsrippen. Es gehört hierzu sehr gutes Fleisch. Man schneidet die Rippen glatt ab, klopft sie gehörig, aber nicht auseinander, so daß sie reichlich ¼ Zoll dick bleiben, und hackt die Knochen zur Hälfte ab. Dann legt man sie in eine dick mit Butter bestrichene Schüssel, bestreut sie mit Salz, Muskat und gibt noch Butter, Zitronenscheiben, etwas gestoßenen Zwieback und etwa zu 3 Pfund Fleisch ¼ Quart halb Wasser und halb Wein hinzu. Darauf wird die Schüssel fest zugedeckt, ein feuchtes Tuch darüber hingelegt und auf Kohlen ¼ Stunde geschmort.

59. Kalbsbrust zu füllen. Man klopft die Brust, löst den Knochen aus, wäscht und trocknet das Fleisch, gibt die Füllung I. No. 10

in die Oeffnung, näht sie zu, reibt die Brust mit wenig Salz ein und setzt sie mit reichlich Butter, welche mit gutem Fett untermischt sein kann, bei ziemlich starker Hitze in den Ofen. Unter fleißigem Begießen lasse man sie 1½ Stunde braten, während dem man nach und nach einige Tassen Sahne hinzugießt. Beim Anrichten vergesse man nicht, die Fäden herauszuziehen. Die Sauce wird mit etwas kaltem Wasser zusammen und sämig gerührt.

60. Gestovte Kalbsbrust als Voressen. Die Kalbsbrust wird gut geklopft, gewaschen, mit einem Tuch abgetrocknet, mit Salz gut eingerieben, mit etwas Mehl bestäubt und in kochend heißer Butter an beiden Seiten langsam gelb gemacht, während der Topf fest zugedeckt wird. Dann gieße man seitwärts so viel kochendes Wasser hinzu, daß das Fleisch zur Hälfte bedeckt wird, und füge eine kleingeschnittene Petersilienwurzel, auch nach Belieben eine Hand voll gut gereinigte Champignons oder 1—2 Untertassen voll Scorzonern hinzu. Man lasse dies etwa 1½ Stunde langsam schmoren, gebe ¼ Stunde vorher etwas gestoßene Muskatblüte, einige Zitronenscheiben an die Sauce, auch, wenn sie nicht sämig genug sein möchte, etwas gestoßenen Zwieback, rühre beim Anrichten 1—2 Eidotter mit etwas kaltem Wasser hinzu und garnire die Schüssel mit Klößchen nach XIV. No. 6, 13 oder 16.

61. Kalbfleisch zu schmoren. Eine Kalbskeule, Brust oder ein Stückchen von der Keule wird geklopft, blanchirt (siehe Vorbereitungsregeln I. No. 51), mit einem Stück Butter, einigen Lorberblättern, Zitronenschale nebst Zitronenscheiben und etwas Salz in einen weißkochenden Topf gelegt, Wasser und Wein darauf gegossen und fest verschlossen auf ein nicht zu rasches Feuer gesetzt. Sollte die Brühe zu früh abkochen, so muß etwas kochendes Wasser dazugefügt werden. Darauf wird sie kurz und gelblich braun eingekocht, während man durch häufiges Rütteln das Fleisch vor Anbrennen schützt und mit der Sauce so lange begießt, bis sie sämig geworden ist.

62. Feines Kalbfleisch-Fricassee. Man schneidet die Brust in kleine viereckige Stücke, und damit das Fleisch recht weiß werde, blanchirt man es auf folgende Weise: Nachdem solches mit kaltem Wasser gewaschen, wird es aufs Feuer gesetzt und vor dem Kochen in kaltes Wasser geworfen und abgetrocknet. So lege man die Stücke in einen Topf, worin reichlich frische Butter ganz heiß gemacht ist, und lasse sie bei einmaligem Umwenden, fest zugedeckt, etwa ¼ Stunde langsam schmoren, aber nicht gelb werden, gieße dann so viel kochendes Wasser hinzu, als man Sauce zu haben wünscht, gebe auch Salz, in 1 Zoll lange Stückchen geschnittene Petersilienwurzeln und nach Belieben Champignons hinzu, und lasse das Fleisch fest zugedeckt, langsam mürbe, doch ja nicht zu weich kochen, wobei man auf etwa 1 Stunde rechnen kann. ¼ Stunde vor dem Anrichten kann Folgendes hinzugefügt werden: Midder (Kalbsmilch), halb gahr gekochte Spargelköpfe, kleine Saucissen, einige Zitronenscheiben, Muskatblüte und zum Sämigmachen der Sauce ganz fein gestoßener Zwieback. Beim Anrichten rühre man die Sauce mit 1 Eidotter ab, richte das Fricassee mit feinen

Krebs=, Fleisch= oder Weißbrodklößchen, welche in gesalzenem Wasser ge=
kocht sind, an und fülle die sämige Sauce darüber hin.

63. Feines Kalbfleisch=Fricassee mit Midderklößchen. Man
kocht ein feines Kalbfleisch=Fricassee ohne Midder und Sancissen, macht
Midderklößchen, deren Vorschrift im Abschnitt Klöße (XIV. No. 7) mitge=
theilt ist, kocht sie in Fleischbrühe und legt sie in das fertige Fricassee.

64. Kalbs=Fricassee mit Krebsen. Man koche das Fricassee nach
vorhergehender Vorschrift, gebe aber statt der bemerkten Zuthaten ¼ Stunde
vor dem Anrichten Morcheln, Muskatblüte und in Butter gelb geschwitztes
Mehl hinzu, nehme alles Fett von der Sauce und lasse sie beim Hinzuthun
von reichlich Krebsbutter noch ein wenig kochen. Beim Anrichten lege man
vorgerichtete Krebsschwänze in die Sauce und rühre sie nach Belieben mit 1
—2 Eidottern ab.

65. Kalbfleisch=Fricassee mit Blumenkohl. Man schneide aus
der Brust oder dem Rippenstück kleine passende Stücke, schwitze sie mit et=
was Mehl in heißgemachter Butter bei einmaligem Umlegen ¼ Stunde
und gieße so viel kochendes Wasser hinzu, daß das Fleisch zur Hälfte be=
deckt wird. Zugleich kocht man in kleine Stücke geschnittenen Blumenkohl
in Wasser und Salz langsam gahr und legt ihn behutsam auf ein Sieb,
damit das Wasser abfließe und derselbe ein schönes Ansehen behalte.
Dann richtet man das Fleisch in der Mitte der Schüssel an, legt den Blu=
menkohl zierlich rings herum, die Blumen nach oben, und gibt über die
angerichtete Schüssel die reichlich lange, kräftige und recht sämige Fricassee=
sauce.

66. Kalbfleisch=Fricassee auf andere Art. Eine feingehackte
Zwiebel wird in reicher Butter gelb geschwitzt, das in kleine Stücke ge=
schnittene Fleisch nebst etwas Mehl eine Weile darin geschmort, mit kochen=
dem Wasser zur Hälfte bedeckt, Salz, ganzer Pfeffer, Nelkenpfeffer, 1—2
Lorberblätter und wenig in Würfel geschnittene Senfgurken, in Ermange=
lung einige Zitronenscheiben, hinzugefügt; das Fricassee darf davon nicht
sauer, das Fleisch gahr, aber nicht zu weich gekocht werden.

67. Ragout von gefülltem Kalbfleisch. Man schneidet aus ei=
ner Kalbskeule ungefähr 8 Pfund Fleisch, klopft es mürbe und schneidet
es in handgroße Scheiben. Das Fleisch, welches abfällt, wird gebraten,
mit Zitronenschale kleingehackt, mit ¼ Pfund Sardellen gewürzt, und mit
3—4 Eiern und etwas Weißbrod zu einer Farce gemacht. Dann werden
die Stücke Fleisch damit gefüllt, mit einem Bindfaden umbunden und lang=
sam gebraten.

Zur Sauce nimmt man die Bratenbrühe, etwas Morcheln, etwas
Kartoffelmehl oder Stärke und läßt das Fleisch darin noch einige Minu=
ten dämpfen.

68. Gekochter Kalbskopf mit Sauce. Man wässert den ganz
frischen Kopf von einem großen, gut gemästeten Kalbe, putzt ihn rein,
schneidet die Oberlefzen, Ohren und Augen aus, bricht die unteren Kinn=
backen ab, nimmt die Zunge heraus, weil sie dann besser weich wird, wäscht
den Kopf, spaltet ihn und bindet denselben wieder fest zusammen. Da=

rauf bedeckt man ihn mit Wasser, gibt Salz dazu, schäumt und läßt ihn mit ganzem Gewürz, grünen Kräutern, Zwiebeln und Lorberblättern weich kochen, welches ungefähr 2 Stunden dauert. Man kann ihn bis zum Anrichten in der Brühe liegen lassen. Dann legt man ihn auf eine Schüssel, nimmt den Bindfaden davon ab, biegt den Kopf auseinander, legt auf das Gehirn geriebenes, in Butter braun gebratenes Weißbrod, die gespaltete Zunge zu beiden Seiten, gibt etwas Sauce darüber und die übrige dazu. Die nöthige Sauce ist unter „Saucen" (XVII.) angegeben.

69. Kalbskopf-Sülze. Kopf und Herz eines gut gemästeten, frisch geschlachteten Kalbes wird rein gewaschen, 1—2 Stunden gewässert, damit das Blut herausziehe, in einem glasirten Topfe reichlich zur Hälfte mit Wasser bedeckt, und mit etwas Salz klar abgeschäumt. Dann gibt man zwei Theelöffel Pfefferkörner, eben so viel Nelkenpfeffer hinzu, sowie auch 2 Lorberblätter, 3—4 Zwiebeln mittlerer Größe und so viel Essig, daß das Wasser säuerlich schmeckt. So lasse man den Kopf auf nicht zu grellem Feuer ganz weich kochen, mache das Fleisch von den Knochen und gieße die Brühe durch ein Sieb. Ganz erkaltet wird das Fleisch in dünne Streifchen geschnitten, mit einem reichlichen Theil der vom Bodensatz klar abgegossenen Brühe und einer in Scheiben geschnittenen, nicht bitteren Zitrone ohne Kerne noch $\frac{1}{4}$—$\frac{1}{2}$ Stunde gekocht. Die Sülze muß einen stark säuerlich gewürzigen Geschmack und, kalt geworden, so viel Konsistenz haben, daß man dünne, glatte Scheiben davon abschneiden kann: zu fest darf sie jedoch nicht sein. Kocht man mit Kopf und Herz einen Kalbsfuß, so kann man die sämmtliche Brühe zur Sülze nehmen, wodurch man eine größere Portion erhält. Ist dieselbe nun zum Ausfüllen fertig, so spüle man eine Porzellanform oder verschiedene kleine Geschirre mit kaltem Wasser aus, schöpfe die Sülzenbrühe mit dem Fleisch, gleichmäßig vertheilt, hinein und stelle solche an den kältesten Ort. Beim Gebrauch wird das Fett von der Sülze mit einem Messer abgenommen, solche mit demselben an den Seiten gelöst und auf ein passendes Schüsselchen umgestürzt. Es ist dies eine sehr profitable und angenehme Beilage zum Butterbrod, Salat, Kartoffelspeisen und Wurzelgemüsen; auch mit einer Sülzensauce eine selbständige Schüssel.

Anmerkung. Sollte man genöthigt sein, die Sülze in einem eisernen Topfe zu kochen, so lasse man anfangs, um den Eisengeschmack zu verhüten, den Essig weg und denselben zuletzt etwa 5—10 Minuten durchkochen, ebenso auch die Zitronenscheiben.

70. Braunes Kalbskopf-Ragout für den täglichen Tisch. Man kocht einen Kalbskopf, das Herz und, wenn man will, auch die Lunge recht weich, und schneidet dies alles in kleine Stücke. Dann bräunt man 2 gehackte Zwiebeln in Butter, gibt 2 Eßlöffel Mehl dazu, rührt es so lange, bis es gleichfalls bräunlich ist, füllt von der Brühe, worin der Kopf gekocht ist, dazu, gibt Rosinen oder Korinthen, Pfeffer, Nelken und Salz, 1—2 Löffel Birnmus oder Sirup und etwas Essig an die Sauce und läßt das Fleisch darin gut durchkochen. Die Sauce muß recht rund sein und einen säuerlichen, recht pikanten Geschmack haben.

71. Escalopps (für 8 Personen). Ein Pfund Kalbfleisch (sollte es nicht zu haben sein, so kann Rindfleisch genommen werden) wird mit ¼ Pfund Speck oder gewässertem Nierenfett zusammen so fein als möglich gehackt. Dazu für 2 Cents abgeschälte, in kaltem Wasser ausgedrückte Semmel, 2 Eidotter, etwas Salz und Pfeffer, gehörig vermengt, flache, thalergroße Escalopps geformt und in vollem heißem Fett in der Pfannkuchenpfanne rasch gelb gebacken und herausgenommen. Dann wird ein Eßlöffel Mehl in dem Fett geschwitzt, eine Handvoll Kräuter, als Schnittlauch, Petersilie und etwas Dragon, hinzugegeben, mit Bouillon und etwas saurer Sahne abgerührt, so daß es eine dickliche Sauce bildet, welche kochend über die Escalopps gefüllt wird.

Nach der Suppe mit abgekochten Kartoffeln, oder Abends als Ragout gegeben.

72. Kalbs-Cotelettes. Zu Cotelettes ist gutes, nicht zu frisches Fleisch eine Hauptbedingung. Man nimmt dazu ein Rippenstück, schneidet vom Rückgrat die obere Haut und Sehnen ab und theilt es so, daß jedes Stück eine Rippe erhält, löst davon das Fleisch bis zur Cotelette ab, faßt an den Knochen und klopft mit einem hölzernen Hammer das Fleisch langsam weich, haut den Knochen zur Hälfte glatt ab, formt das Fleisch mit einem Messer rund und glatt, von der Dicke eines Fingers, streut etwas seines Salz und Pfeffer darüber, tunkt jede Cotelette in Ei, wälzt sie in gestoßenem Zwieback, Crackers oder geriebenem Weißbrod und legt sie in kochende Butter. Man läßt sie ungefähr 10 Minuten offen braten, während man sie einmal umlegt und oft mit der Butter begießt. Sind sie dunkelgelb und zart, so gibt man sie als Beilage zu frischen Gemüsen, besonders gut sind sie zu Blumenkohl, Erbsen und Spargel. Man kann sie auch als Zwischenschüssel anrichten.

Den Abfall von den Cotelettes kann man zur Sauce, zu einem ordinären Ragout oder zu einer Sülze verwenden.

73. Cotelettes auf andere Art, auch Escalopps genannt. Nachdem aus dem Kalbfleisch Haut, Sehnen und Adern gelöst, wird das Fleisch mit Salz möglichst fein gehackt, in gleiche Theile von der Größe wie Cotelettes geformt, mit dem Messer rund und glatt gestrichen. Dann werden die Cotelettes in geschlagenen Eiern und Muskatnuß umgedreht, dick mit gestoßenem Zwieback oder Cracker bestreut, in gelb gewordene Butter gelegt und bei einmaligem Umwenden etwa 10 bis 15 Minuten gelb gebraten. Sobald das Fleisch inwendig nicht mehr roth ist, müssen sie rasch aus der Pfanne genommen werden.

74. Vorzügliche Cotelettes auf dem Rost zu braten. Man richtet sich hierbei nach Hammel-Cotelettes auf dem Rost.

75. Grilladen von kaltem Kalbsbraten. Es werden vom Kalbsbraten fingerdicke Scheiben geschnitten, diese in Eier und Muskat getunkt, in gestoßenem Zwieback oder Cracker umgekehrt und in reichlich gelb gewordener Butter, indem man einige Körnchen Salz darüber streut, möglichst schnell auf beiden Seiten gelb gebraten und sogleich angerichtet.

Geschieht das Braten langsam, so werden die Grilladen trocken und hart, sonst aber, falls der Braten zart und saftig war, sehr wohlschmeckend.

76. Gebackene Kalbsfüße. Wenn die Füße rein geputzt und ab=
gesengt sind, werden sie gewässert und alsdann mit Wasser, Essig, Salz,
Zwiebeln, groben Gewürzen und grünen Kräutern weich gekocht. Wünscht
man nicht sogleich Gebrauch davon zu machen, so kann man sie in dieser
Brühe einige Tage aufbewahren. Dann werden die Knochen herausge=
macht, die Füße gespalten, in die Klare I. No. 39 getunkt und in Back=
butter I. No. 25 oder Schmalz gelb gebacken. Man kann die Füße auch
blos in Wasser und Salz kochen, dann in Ei und geriebenem Weißbrod um=
drehen und in einer Pfanne gelb und kroß backen.

Als Beilage zu feinen Gemüsen: auch wird Sauerkraut damit
garnirt.

77. Gestovte Leber. Die Kalbsleber ist je frischer desto besser.
Sie muß ganz frisch gebraucht werden, da sie schon nach einem heißen Tage
der Gesundheit nachtheilig ist. Man wasche also die frische Leber, ziehe
die Haut davon ab und spicke sie auf folgende Weise: Recht viel kurze
Speckstreifen werden in einer Mischung von Salz, Pfeffer und Nelken=
pfeffer gewälzt, dann wird mit einem spitzen Messer in die Leber gesto=
chen und der Speck hinein gedrückt. Darnach läßt man einen reichlichen
Stich Butter gelb werden und die Leber fest zugedeckt ¼ Stunde darin
schmoren, dann bedeckt man sie zur Hälfte mit kochendem Wasser, gibt
einen halben Teller kleingeschnittene Zwiebeln, 2 Lorberblätter, noch
etwas Salz, Nelkenpfeffer und ein Stück Butter dazu, und wenn sie bei=
nahe weich ist, geriebenes Weißbrod, einen reichlichen Löffel Birnmus,
Sirup oder ein Stückchen Zucker, Essig und nach Gefallen ein Glas
Rothwein.

Die Sauce muß reichlich und sämig sein. Zeit des Kochens ¼ Stunde.
Es werden gekochte Kartoffeln dazu gegeben.

Anmerkung. Leber kann leicht versalzen werden, was man hier
beachten wolle.

78. Leber-Ragout mit Kräutern (Sächsische Küche). Nach=
dem die ganz frische Leber gewaschen, enthäutet und in Streifen geschnit=
ten, schwitze man etwas Schalotten, Schnittlauch, Thymian, Dragon und
Petersilie, dies alles gehackt, in Butter gelb, thue die Leber und Salz
dazu und lasse diese so lange schmoren, bis sie weich ist. Dann gebe man
geriebenes Weißbrod, Muskatnuß und Nelkenpfeffer, 2 Tassen Bouillon,
eben so viel Wein dazu und lasse es eben miteinander durchkochen.

79. Gebratene Leber mit Sauce. Die frische Leber wird ge=
waschen, von Haut und Sehnen befreit, in fingerdicke Scheiben geschnitten,
nach Belieben mit etwas Pfeffer und nicht viel Salz bestreut, in Mehl
umgekehrt und in heißgemachter Butter und Fett, oder Butter und Speck
etwa 10 Minuten bei einmaligem Umkehren aufmerksam gebraten. Län=
geres Braten macht die Leber trocken. Sobald beim Einstechen mit einer
Gabel kein Blut heraustritt, ist die Leber gabr. Man gibt dann rasch
2 Tassen kaltes Wasser in die Pfanne, deckt die Pfanne schnell zu, läßt sie
einige Minuten schmoren und richtet sie in ihrer Sauce sofort an.

Nach Belieben kann man auch etwas frische gestoßene Wachholder=
beeren in die heiße Butter streuen; sie geben der Leber einen angenehmen
Geschmack.

80. Gebratene Leber als Beilage. Die Leber eines frisch ge=
schlachteten Kalbes wird in Scheiben von der Dicke eines halben Fingers
geschnitten, wobei Haut und Adern entfernt werden, in Eier, Muskat und
wenig Salz umgedreht, mit gestoßenem Zwieback bestreut, oder in Mehl
gewälzt, offen in reichlicher Butter so lange leicht und schnell gebraten,
bis sie inwendig ganz weich, von außen kroß geworden. Längeres Braten
macht die Leber trocken und hart.

81. Leberklöße. Die Vorschrift ist im Abschnitt Klöße zu finden.

82. Nierenschnitten. Die gebratene Niere mit ihrem Fett und
einem Stückchen Schinken, wenn es gerade da ist, nebst etwas Kalbsbraten
und Petersilie wird ganz fein gehackt, mit einem Ei und 1—2 Eidottern,
einigen Eßlöffeln dicker süßer Sahne, dem nöthigen Salz, etwas Zitro=
nenschale und Muskatblüte oder Muskatnuß und wenig gestoßenem Zwieback
untereinander gemischt. Dann macht man Weißbrodscheiben in Milch und
1—2 Eiern weich, bestreicht sie dick mit dieser Masse, streicht solche glatt, kerbt
sie kreuzweise ein und bestreut sie mit feingeriebener Semmel oder Zwie=
back. Ist das geschehen, so läßt man Butter heiß werden, brät die untere
Seite darin gelb und legt sie dann einige Minuten auf die Nierenseite.
Als Nachgericht werden die Nierenschnitten mit Zucker bestreut, als Bei=
lage zu Gemüsen aber ohne Zucker gegeben.

**83. Friandellen von gekochtem Kalbfleisch in Schmalz auszu=
backen.** Gekochtes Kalbfleisch wird in feine Würfel geschnitten, Butter
und Mehl geschwitzt, etwas Bouillon oder Wasser (doch nicht zu viel, da
die Sauce dick sein muß), Salz und Zitronenschale dazu gegeben, mit ei=
nem Eigelb abgerührt, das Fleisch darin durchgekocht und zum Kaltwerden
auf eine Schüssel gelegt. Sodann wird ein Ei mit etwas Salz geschlagen
und mit viel gestoßenem Zwieback gemischt. Demnächst werden die von
der kalten Masse geformten kleinen Bällchen in dem Zwieback umgedreht,
in heißem Schmalz hellbraun gebacken und angerichtet. Die Schüssel wird
mit Zweigen von Petersilie, welche zuvor in dem Schmalz abgebacken sind,
garnirt.

84. Kalbsbraten in Würfel geschnitten mit Rosinen. Man
schneide Kalbsbraten in kleine Würfel, lasse Butter gelb werden, etwas
geriebenes Weißbrod oder Mehl darin gelb schwitzen, gebe Bouillon oder
Wasser, Bratenbrühe, 1 Glas Wein, etwas Zitronenschale, Muskatblüte
und Salz nebst reichlich Rosinen hinzu, lasse sie in kurzer Brühe weich
kochen und den Braten nur darin heiß werden.

85. Ragout von übriggebliebenem Kalbsbraten. 1—2 fein
geschnittene Zwiebeln werden in Butter oder Bratenfett gelbbraun ge=
schwitzt, dann wird ein Löffel Mehl darin gebräunt und hinzu gegeben:
einige Tassen Wasser, Bratenbrühe, gewürfelte saure Gurken, Pfeffer und
Salz. Wenn die Gurken weich sind, so wird der in passende Stückchen

geschnittene Kalbsbraten darin heiß gemacht. Wie schon bemerkt, macht das Kochen den Braten zähe.

86. Auf andere Art. Ein reichlicher Stich Butter oder Bratenfett wird mit einigen geschnittenen Zwiebeln gelbbraun gemacht, ein Küchenlöffel voll Mehl hinzugegeben und so lange gerührt, bis es gebräunt ist, sodann kommt hinzu: etwas Wasser und weißer Essig, einige Lorberblätter, etwas Nelkenpfeffer, in Stücke geschnittene saure Gurken, Zucker und Salz und zuletzt der in Stücke geschnittene Braten; die Knochen, ebenfalls in Stücke gehauen, dürfen nicht fehlen.

Zeit des Kochens $\frac{1}{2}$—$\frac{3}{4}$ Stunde.

C. Hammelfleisch.*)

87. Hammelkeule oder Ziemer wie Wild zubereitet. Wird das Hammelfleisch nicht in Essig gelegt, so muß es in Bezug auf die Witterung 2—3 Tage geschlachtet sein, weil es sonst weniger mürbe wird. Der Ziemer wird gut geklopft, enthäutet, das Fett abgelöst, wie Hasen gespickt, mit Nelken und Nelkenpfeffer eingerieben, in Speck und Butter gelb gemacht, dann etwas Salz darüber gestreut und mit süßer Milch nach der Vorschrift: „Rindfleisch wie Hasen zu braten" zubereitet.

88. Hammelkeule auf gewöhnliche Art. Man gebrauche die Keule nicht vor der bemerkten Zeit, klopfe sie, ohne das Fett zu entfernen, gehörig, wasche und trockne sie mit einem Tuche ab, lege sie dann in kochendes Fett: Butter und Speck, mache sie gelbbraun, gieße kochendes Wasser —wenn man das Fleisch säuerlich wünscht, den vierten Theil Essig - hinzu, würze sie mit Schalotten oder Zwiebeln, etwas Lorberblättern, Nelken, Pfeffer, Dragon und streue feingemachtes Salz darüber. Hat man frische Gurken, so kann man einen halben Teller voll in Würfel schneiden und solche sogleich mit in die Bratpfanne geben, wodurch die Sauce an Geschmack und Ansehen sehr gewinnt. Die Keule wird unter häufigem Begießen 3 Stunden, am besten fest zugedeckt, gebraten. Eine Stunde vorher gebe man nach und nach 2 Tassen Sahne, in Ermangelung Milch, zur Sauce, auch kann man, wenn kein Essig angewandt wurde, zuletzt einen Eßlöffel Senf damit verbinden. Beim Anrichten rühre man einen Eßlöffel trockenes Mehl einige Minuten lang in der Pfanne gelb, gebe soviel Wasser hinzu, daß die Sauce sämig wird, und reibe sie dann durch ein Sieb. Der Braten kann mit kleinen Kartoffelklößen oder farcirten Kartoffelscheiben oder mit einem Kranz von geschmorten Zwiebeln garnirt werden. Zur Zubereitung nimmt man besser eine irdene als eine eiserne Pfanne, weil die Säure leicht den Eisengeschmack entwickelt.

89. Geschmorte Hammelkeule. Man setzt die Keule, wie oben, nicht zu frisch und gut geklopft, mit Wasser und Weißbier (welches nicht bitter sein darf) auf's Feuer, schäumt sie, gibt Nelken, Pfefferkörner, 3 Lor-

---

*) Da Hammelfett außerordentlich schnell gerinnt, so sind für alle Speisen von Hammelfleisch gewärmte Schüsseln und Teller erforderlich.

berblätter, einige ganze Zwiebeln und ein Bündchen grüne Kräuter, als: Dragon, Weinraute, Majoran und Basilikum hinzu und läßt sie 2 Stunden, f. st zugedeckt, langsam kochen. Dann gießt man die Brühe ab, bestreut die Keule mit nicht zu viel feingemachtem Salz, auch mit einem Löffel Mehl, gibt Butter darunter, macht sie auf beiden Seiten braun, während sie oft hin und hergeschoben werden muß, um das Anbrennen zu verhüten. Darauf füllt man von der Brühe ohne Fett, die durch ein Sieb gerührt worden ist, hinzu, gibt Zitronenscheiben ohne Kerne, eingemachte Gurken, welche man der Länge nach mehreremale durchschneidet, oder auch frische mit einer Obertasse Essig und eine Hand voll Perlzwiebeln dazu, läßt die Keule vollends gahr schmoren, wozu ungefähr 2½ Stunden gehören, richtet sie mit etwas Sauce an und gibt die übrige mit den Gurken und Zwiebeln dazu.

90. Lammbraten. Ein oder beide Hinterviertel zusammen werden gewaschen, abgetrocknet, mit Nelkenpfeffer eingerieben, mit Rosmarin und einigen Lorberblättern in die mit reichlich Butter heiß gemachte Pfanne gelegt, später mit etwas feingemachtem Salz bestreut und wie Kalbskeule nicht zu weich gebraten; eine Stunde wird hinreichend sein.

91. Hammel= und Lamm=Cotelettes. Diese werden wie Kalbs=Cotelettes behandelt, wobei alles Fett entfernt wird. Beim Anrichten kann auf jede Cotelette ein Stückchen Sardellenbutter oder Kräuterbutter gelegt werden.

92. Vorzügliche Hammel=Cotelettes auf dem Rost zu braten. Die Cotelettes werden gehörig zugeschnitten, selbstredend alles Fett entfernt, wohl geklopft, in zerlassene Butter getaucht, mit Salz und Pfeffer und darnach mit gestoßenem Zwieback bestreut. Dann werden sie 8 Minuten auf dem Rost gebraten, 4 Minuten auf jeder Seite, und so rasch als möglich zur Tafel gebracht.

93. Hammelfleisch=Fricassee. Man schneide Fleisch von einem jungen Hammel in mittelgroße Stücke, setze es mit dem nöthigen Wasser und Salz aufs Feuer, gebe eine Stunde später 2—3 mit je einer Nelke durchstochene Zwiebeln, welche vor dem Anrichten entfernt werden, hinein, falls der Geschmack von Kümmel beliebt ist, so füge man etwas hinzu. Auch kann durch Beimischung von Champignons der Wohlgeschmack erhöht werden. So lasse man das Fricassee etwa 2 Stunden langsam nicht zu weich kochen, fülle das Fett ab, brate mit Butter einen Löffel voll Weizenmehl gelblich, aber nicht braun, rühre es dazu, lasse das Ganze nachdem noch etwa 10 Minuten langsam kochen und richte an.

94. Lamm=Fricassee mit Kapern und Sardellen. Das Fleisch wird in kleine viereckige Stücke zertheilt, gewaschen und nebst einigen Nelken, Lorberblättern, ganzen Zwiebeln, Muskatblüte und Basilikum in kochende Butter gelegt, eine Weile darin geschmort, etwas kochendes Wasser und Salz hinzugegeben und zugedeckt langsam gekocht. Wenn es beinahe gahr ist, welches ungefähr nach einer Stunde der Fall sein wird, gibt man weiß geschwitztes Mehl, Zitronenscheiben ohne Kerne, Kapern

7

und etwas Wein hinzu und rührt erst beim Anrichten einige feingehackte
Sardellen durch, weil solche durch Kochen ihren Wohlgeschmack verlieren.
Das Fricassee kann indeß auch ohne Kapern und Sardellen sein zubereitet
werden, was sogar von Manchen vorgezogen wird.

95. Ragout von gekochtem oder gebratenem Hammelfleisch.
Man schneidet Zwiebeln in Scheiben und schmort sie in Butter oder gutem
Fett, doch nicht in Hammelfett, weich, rührt dann Mehl darin braun, gießt
unter beständigem Rühren nach und nach wenig kochendes Wasser hinzu,
und wenn man sie hat, auch etwas braune Sauce. Dann würzt man
diese mit Dragon und Basilikum, Pfeffer, Nelken, 1—2 Lorberblättern,
dem nöthigen Salz und etwas Essig, gibt auch, wenn es sein kann, einen
halben bis ganzen Eßlöffel dicke saure Sahne und eingemachte abgeschälte
und in Scheiben geschnittene Gurken hinzu, läßt die Sauce eine Weile zugedeckt langsam kochen und das in passende Stückchen geschnittene gekochte
Fleisch gehörig darin schmoren, gebratenes nur heiß werden. Was man
von den bemerkten Kräutern nicht hat, kann unbedenklich wegbleiben.

D. Kaninchen.

96. Vorbemerkungen. Ehe wir der Zubereitung verschiedener
Speisen von Kaninchenfleisch uns zuwenden, möchte ein Wort über die
Vorrichtung hier nicht überflüssig sein.

Das Tödten des Kaninchens geschieht am leichtesten wie folgt:
Es wird am Halse zwischen den Vorderbeinen ein scharfes Messer hineingestochen, wodurch das Herz getroffen und das Thier sogleich getödtet ist.
Damit das Fleisch recht hell erscheine, wie es zu weißen Fleischspeisen erwünscht ist, und sich länger erhalte, lasse man solches ausbluten. Das
Blut werde mit Essig aufgefangen und kalt hingestellt, um es zu einem
braunen Ragout (Kaninchenpfeffer) anzuwenden. Nach dem Tödten muß
das Kaninchen sogleich abgezogen und ausgenommen werden.

Zum Abziehen macht man mit der Scheere einen fingerlangen
Einschnitt unten in den Bauch, mitten zwischen beiden Hinterschenkeln.
Der Einschnitt muß beinahe bis an die Mitte des Bauches gehen. Dann
wird rings um den Einschnitt der Balg mit dem Finger abgelöst, besonders stark gegen die Hinterfüße zu. An den Hinterfüßen wird am Ende
derselben der Balg mit dem Messer abgelöst, so daß an jedem Ende noch
ein 4 Zoll langes Stück vom Fell bleibt. Hat man auf diese Weise den
hinteren Theil des Kaninchens abgezogen, so wird der Balg gegen den
Kopf zu umgestülpt und stark gerissen. Der ganze Balg löst sich dann
sofort ab, bis auf das Ende der Vorderfüße, welches mit dem Messer
abgeschnitten wird. Sollte an manchen Stellen derselbe sich schwer ablösen, so hilft man mit dem Messer nach.

Das Ausnehmen. Das Kaninchen wird auf den Rücken gelegt
und die Haut des Bauches von den Schenkeln gegen die Brust zu (die
Messerschneide aufwärts gehalten) aufgeschlitzt bis zur Brust. Man hat
sich dabei in Acht zu nehmen, daß man die Eingeweide nicht verletzt.

Diese werden dann herausgenommen und die Galle von der Leber abge=
löst. Im übrigen hat man sehr darauf zu achten, daß sich keine Unrei=
nigkeit mehr im After befindet, und wischt daher mit einem Tuche daselbst
sorgfältig aus.

Das Zerlegen des Kaninchens, wenn es als Ragout verwendet
wird, geschieht wie folgt: Man schneide die Vorderfüße an der Schulter
heraus, schneide die Hinterfüße ebenfalls weg, mache aus jeder Keule zwei
Theile. Hierauf schneide man die Haut vom Bauch auf beiden Seiten ab
und halbire sie, schneide den Kopf weg und spalte ihn in 2 Theile, ebenso
den Hals bis zur Schulter, auch in zwei Theile getheilt. Darauf wird
die Brust auf beiden Seiten knapp am Rückenstück abgenommen und hal=
birt. Den Rumpf zertheile man in zwei Finger breite Stücke, indem man
ein Messer quer aufsetzt und mit einem Klopfer darauf schlägt.

97. Frischer Kaninchenbraten. Zu den verschiedenartigen Bra=
ten ist die große Sorte am passendsten. Das Kaninchen muß hierzu aus=
gewachsen, doch noch jung sein. Aeltere Kaninchen werden am besten als
Kaninchenpfeffer zubereitet; alte Kaninchen sind am ersten zur Suppe
tauglich.

Zum Braten werden Kopf, Vorderbeine und Bauchhaut abgeschnit=
ten, der Rücken abgespült und wie Hasen gespickt, andernfalls lege man
einige Speckscheiben darauf. Dann streue man etwas feines Salz darüber
hin, lege den Braten in die heiße Pfanne, worin reichlich Butter nebst
einigen Speckscheiben gelb gemacht sind, und gebe einen Eßlöffel Senf
hinzu. Sobald der Braten unter öfterem Begießen anfängt gelblich zu
werden, gebe man wie beim Hasenbraten, am besten saure Sahne, in
Ermangelung nach und nach etwas Milch hinzu, und setze bei guter Hitze
ein öfteres Begießen fort. Sobald der Braten sich weich durchstechen läßt
und dunkelgelb erscheint, was je nach dem Alter des Thieres in einer
Stunde oder länger erfolgt, lege man ihn auf eine heiße Schüssel, rühre
das in der Pfanne sich Angesetzte mit einem halben Eßlöffel Mehl zusam=
men und mit Wasser zu einer gebundenen Sauce, von welcher nur etwas
über den Braten, die übrige dazu gereicht wird.

Aepfelcompot ist hierzu die angenehmste Beilage.

98. Kaninchenbraten säuerlich zubereitet. Der Rücken eines
großen, doch nicht alten Kaninchens wird nach dem Abspülen in ein läng=
liches irdenes Gefäß gelegt, Essig mit einigen Lorberblättern, gehackten
Zwiebeln, gröblich gestoßenen Pfefferkörnern und einigen Muskatnägelchen
gekocht und kochend darüber gefüllt. Nachdem das Fleisch drei Tage lang
oftmals mit dem Essig begossen und zweimal umgelegt worden ist, wird
der Rücken mit etwas Salz versehen und mit Speck und Butter, wie in
voriger Nummer bemerkt, mit Sahne oder Milch zart und gelb gebraten
und so weiter wie im Vorhergehenden verfahren. Zur Zeit ist als Com=
pote Birnen und Zwetschen, hierzu empfehlenswerth.

99. Kaninchenbraten wie Wild. Der Rücken eines großen
Kaninchens werde 3 Tage vor dem Gebrauch in einem irdenen Geschirr
mit folgender Beize übergossen: Dazu nehme man ¼ Quart Essig, ¼ Quart

Rothwein (wozu das Letzte vom Faß gebraucht werden kann), 4 gehackte Zwiebeln, einen gehäuften Theelöffel frische grob gestoßene Wachholder= beeren, einen Theelöffel zerstoßene Pfefferkörner, 3 Lorberblätter und ein Bündchen Thymian. Damit begieße man den Kaninchenrücken täglich dreimal, lege ihn auch täglich auf die andere Seite. Dann wird der Braten wie Hasen gespickt, mit Salz versehen und mit saurer Sahne nach No. 98 gebraten.

Braun oder roth gekochte Birnen (bei letzteren nehme man keine Preißelbeeren), Aepfelcompote und Preißelbeeren, frisch oder eingemacht, sind besonders passend dazu.

100. Braunes Ragout oder Kaninchenpfeffer. Das Blut wird beim Tödten des Kaninchens, wie schon bemerkt, mit Essig hinge= stellt, das Fleisch in passende Stücke getheilt, Herz, Lunge und Leber dazu gelegt und solches in einem engen Geschirr reichlich zur Hälfte mit Essig, welcher mit einigen Lorberblättern, mit reichlich Pfefferkörnern und Nä= gelchen gekocht ist, bedeckt. Damit dasselbe sich gut durchziehe, werde es täglich umgelegt und in drei Tagen zubereitet. Alsdann mache man ein Stück Butter gelb (zur Ersparniß kann auch feinwürfliger Speck genommen werden), bräune darin unter häufigem Umrühren eine Handvoll klein ge= schnittene Zwiebeln, rühre dann einen gehäuften Eßlöffel Mehl gleichfalls darin bräunlich und gebe so viel Wasser hinzu, als zur Sauce gehört, nebst dem nöthigen Salz und dem Essig, worin das Fleisch gelegen hat; würde indeß die Sauce dadurch saurer, als sie sein muß, so halte man einen Theil zurück. So koche man das Fleisch, bis es sich leicht durch= stechen läßt, doch nicht zu weich, rühre, ohne weiteres Kochen, das Kanin= chenblut durch, auch einen Eßlöffel voll Birn= oder süßliches Apfelkraut, in Ermangelung ein Stückchen Zucker, so daß die Sauce einen etwas süß= säuerlichen Geschmack erhält, welcher von den Gewürzen ein wenig pikant schmeckt. Die Sauce muß recht gebunden sein.

Es wird ein Schüsselchen gut gekochter und recht dampfender Kartof= feln dazu angerichtet.

101. Kaninchenfricassee. (Weißes Ragout.) Das Kaninchen wird in ansehnliche Stücke getheilt, Kopf, Hals, Lunge und Leber bleiben zurück, und das Fleisch gewaschen. Dann lasse man ein reichliches Stück Butter gelb werden, einen stark gehäuften Eßlöffel Mehl darin gelblich schwitzen, lege das Fleisch mit zwei feingewürfelten Zwiebeln und Salz hinein und lasse es auf beiden Seiten eine Weile schmoren. Dann gieße man so viel kochendes Wasser, als Sauce erwünscht ist, hinzu, gebe wo möglich Champignons hinein und lasse das Fleisch nicht zu weich kochen. Möchte die Sauce nicht sämig genug sein, so kann man durch einen ganz fein gestoßenen Zwieback leicht nachhelfen, auch rühre man etwas feinge= riebene Muskat hinzu, so daß die Sauce einen feinen Geschmack erhalte.

Wünscht man das Fricassee mit Klößchen, so koche man Klößchen von Kaninchenfleisch, oder von Rindfleisch, oder Marklößchen allein und lege sie beim Anrichten zwischendurch und ringsum.

Anmerkung. Es wird hier auf die vielen bittern Zitronen hinge=
wiesen, welche täglich in den Handel kommen und womit so manche Speise
ungenießbar gemacht wird. Die Zitronen sind daher vor dem Gebrauch
zu probiren.

102. **Cotelettes von Kaninchen.** Hierzu nimmt man den Rü=
cken des Kaninchens, häutet denselben vorsichtig ab und löst die Filets vor=
sichtig von den Knochen ab. Sodann schneidet man zweifingerbreite Stück=
chen von den Filets und klopft dieselben, wie bei andern Cotelettes, steckt
in jedes Cotelette ein Rippchen von der Brust des Kaninchens, spickt die=
selben ganz fein und dämpft sie in Butter 3 Minuten gahr. Während des
Dämpfens bestreut man sie mit etwas feinem Salz. Diese Cotelettes wer=
den in einem Kranz, die gespickte Seite nach oben, auf der Schüssel hübsch
angerichtet und in die Mitte ein feines Ragout von Trüffeln, Champig=
nons und Klößchen, welche von dem übrig gebliebenen Fleische des Kanin=
chens bereitet werden, gegeben. Die Knochen und Abfälle des Kaninchens
können sehr gut bei der Anfertigung der Sauce zum Ragout verwendet
werden.

E. Schweinefleisch.

. 103. **Einen ganzen Schinken zu braten.** Nachdem Bein und
Spitze von dem frischen Schinken eines jungen Schweines abgesägt worden
sind, lege man denselben, mit Salz eingerieben, in eine kleine hölzerne
Mulde, gieße Essig, welcher mit 1 Handvoll gereinigten und kleingeschnit=
tenen Schalotten oder Zwiebeln, 1 Handvoll Dragon, 1 Eßlöffel Pfeffer=
körnern, 2 Theelöffel Nelken und 6 Lorberblättern aufgekocht, kochend dar=
über und lasse ihn 8 Tage darin liegen, während man ihn, wenn er nur
zur Hälfte bedeckt ist, täglich umlegen und begießen muß. Wünscht man
ein kleines Mittelstück zu braten, so werde das Gewürz verhältnißmäßig
angewandt. Beim Gebrauch bringe man den Schinken, die Schwarten=
seite nach oben liegend, mit der Hälfte der Beize, worin er gelegen hat,
und etwa 1—2 Quart Wasser aufs Feuer und lasse ihn fest zugedeckt bei=
nahe weich kochen. Dann gieße man die Brühe ganz darunter weg und
durch ein Sieb, lege ein Stück Butter in die Bratpfanne, durchkreuze mit
einem scharfen Messer entweder die Schwarte des Schinkens und stecke auf
jedes Carré eine Nelke, oder man streue nach dem Abziehen der Schwarte
feingestoßenen Zwieback, mit Muskatnuß vermengt, recht dick darüber und
brate ihn unbedeckt in einem stark geheizten Ofen vollends weich und ganz
dunkelgelb, während man nach und nach die kräftige Brühe, jedesmal nur
eine halbe Tasse, hinzufügt. Unterdeß muß der Schinken an den Seiten
recht oft, aber behutsam, begossen werden, damit die Kruste oben recht kroß
und nicht abgespült werde. Beim Anrichten nehme man das Fett zum
Theil von der Sauce, streue einen gehäuften Eßlöffel Mehl hinein, rühre
es einige Minuten, verlängere die Sauce so viel als nöthig und schneide
einige Zitronenscheiben hinein. Zur Verzierung dieses Bratens ist Fol=
gendes sehr passend: Mehrere Knollen Sellerie werden in Wasser und
Salz halb gahr gekocht, dann schneidet man sie der Länge nach in 8 Theile
und kocht sie in der Brühe des Schinkens, ehe man dieselbe abgießt, nicht

zu weich, setzt sie bis zum Anrichten hin, läßt sie zuletzt, wenn die Sauce fertig ist, darin einige Augenblicke schmoren und garnirt damit die Schüssel.

Man kann zum Gahrwerden eines ganzen Schinkens auf drei Stunden rechnen.

Anmerkung. Ist man genöthigt, den Schinken zu braten, ohne ihn zuvor in Essig legen zu können, so versetzt man das Wasser, worin derselbe gekocht werden soll, mit reichlich Essig.

104. Frische Schweinskeule mit einer Kruste. Nachdem die Schwarte von der Keule abgelöst, wird dieselbe mit kaltem Wasser abgespült, auf etwa 3 Zoll Entfernung mit Gewürznelken besteckt, mit Salz bestreut und in der Bratpfanne mit Wasser in den Ofen gesetzt, der anfangs keine allzu starke Hitze haben darf, damit die Keule nicht von außen gahr wird und inwendig blutig bleibt. Es muß diese gut begossen und so oft es nöthig ist, kochendes Wasser hinzugefügt werden. Nachdem sie gahr geworden, was an den Seiten durch leichtes Hineinstechen mit einer Gabel zu erkennen ist, wird das Fett von der Brühe abgefüllt, die Schwartenseite beinahe einen Finger dick mit einer Mischung von geriebener Brodrinde, Zucker und etwas feingestoßenen Nelken bestreut und die Keule, ohne sie weiter zu begießen, noch so lange in den Ofen gestellt, bis die Kruste härtlich geworden ist.

Zeit des Bratens wenigstens 3 Stunden.

105. Schinken wie Wildschweinsbraten zu bereiten. Man nimmt den Schinken eines jungen Schweines von 8—10 Pfund, schneidet die Schwarte davon ab und reibt ihn gut ein mit folgender Mischung: ¼ Quart rothen Wein, ¼ Quart Essig, 2 große geriebene Zwiebeln, 6 Lorberblätter, gestoßenen Pfeffer, Nelken und Nelkenpfeffer, von jedem Gewürz einen Theelöffel voll, 30 frische Wachholderbeeren, die gehackte Schale einer halben Zitrone, einige Stück Ingwer und eine halbe Handvoll kleingeschnittenen Dragon. Dann legt man den Schinken in die bemerkte Brühe, begießt ihn täglich damit und läßt ihn mehrere Tage darin liegen. Darnach macht man ihn, mit Salz bestreut, in einer Pfanne mit Butter gelb, gießt ein paar Tassen kochendes Wasser und von der Brühe dazu und läßt ihn bis zum Weichwerden zugedeckt unter öfterem Begießen 2—2½ Stunden braten; am besten ist hierzu eine irdene Bratpfanne. 1 Stunde vorher gibt man 2 Tassen Sahne an die Sauce, welche beim Anrichten, nachdem das Fett einigermaßen davon abgenommen, mit etwas Mehl sämig gemacht wird, wie es beim ersten Schinkenrezept bemerkt worden.

106. Schweinsbraten. Das sogenannte Nackenstück ist am mildesten und der darin befindlichen feinen Knochen wegen vortheilhaft. Am besten ist solches von einem jungen Schweine nach der Mitte hin so ausgeschnitten, daß es mit einer dünnen Fettlage bedeckt ist, was beim Bestellen zu bemerken sein würde.

Zum Braten ist Nierenfett nach I. No. 43 ausgeschmolzen, sehr gut. Die Zubereitung kann auf zweierlei Art, und erstere sowohl im Ofen als

im Topfe geschehen. Damit das Stück Fleisch mehr vom Salz durchdrun=
gen werde, reibe man es nach dem Abwaschen am vorigen Abend mit Salz
und Pfeffer ein, was jedoch nur bei Schweinefleisch geschehen darf; ein
Rindsbraten würde dadurch zähe werden. Man lasse nun in einem passen=
den eisernen Topf reichlich Fett heiß werden, lege den Braten hinein und
lasse ihn, indem man denselben zuweilen hin= und herschiebt, fest zugedeckt
unter einmaligem Umlegen bei mittelmäßiger Hitze gelb und gahr werden,
wobei man, wäre das Stück 3—5 Pfund, auf 2—2½ Stunden rechnen
kann; übrigens schadet ein Heißhalten dem Schweinsbraten nicht. Möchte
das Fett zu heiß werden, so daß man einen etwas bräunlichen Geschmack der
Sauce zu befürchten hätte, so kann zuweilen eine halbe Tasse Sahne, in Er=
mangelung kochendes Wasser hinzugefügt werden.

Beim Anrichten auf eine heiße Schüssel wird die Sauce abgefettet,
ein Eßlöffel Mehl eine Weile darin gelbbraun gemacht und mit kochendem
Wasser zu einer sämigen Sauce gerührt, wobei ein gehöriges Zusammen=
rühren, damit das angesetzte Braune derselben zu gut komme, zu em=
pfehlen ist.

Anmerkung. Nach Geschmack können einige frische, grob zer=
stoßene Wachholderbeeren ins Fett gethan werden, ehe der Braten hinein=
gelegt wird.

107. Auf andere Art. Nachdem am vorigen Abend das Stück
mit Salz, Pfeffer und Muskatnelken eingerieben, stelle man den Topf mit
Wasser und so viel Essig, daß es ganz sauer schmeckt, in dem Maße aufs
Feuer, als nöthig ist, das Fleisch ¾ hoch zu bedecken. Dahinein thue man
reichlich kleingeschnittene Zwiebeln, Pfefferkörner, noch einige Nelken und
Lorberblätter, lasse die Brühe kochen und lege den Braten hinein, welcher
fest zugedeckt unter einmaligem Umwenden stets langsam kochen muß, bis
solcher zur Hälfte gahr geworden. Möchte bis dahin die Brühe noch nicht
abgekocht sein, so schadet es nicht; man gieße sie in ein Geschirr, thue das
Fett wieder in den Topf, nöthigenfalls Nierenfett dazu, und lasse den Bra=
ten langsam gahr und gelbbraun werden, während so oft als nöthig etwas
von der Brühe, in Ermangelung einige Eßlöffel kochendes Wasser hinzuge=
fügt werden.

Beim Anrichten werde die Sauce, nachdem sie wie im Vorhergehen=
den sämig gemacht ist, durch ein Sieb gerührt. Möchte dieselbe vielleicht
etwas zu sauer sein, so kann, falls sie gehörig braun wäre, mit 1—2 Eß=
löffel Milch nachgeholfen werden.

108. Geräucherten Schinken zu kochen. Man legt den Schin=
ken eine Nacht in Wasser, wäscht ihn am andern Morgen gehörig mit
einer Handvoll Weizenkleie und heißem Wasser, spült ihn klar ab und
setzt ihn, mit kaltem Wasser bedeckt oder in einem Dampfkessel, die
Schwarte nach oben, aufs Feuer. Derselbe muß schnell zum Kochen ge=
bracht werden, dann aber langsam, doch fortwährend 3½ Stunde kochen
und darnach ½ Stunde in der Brühe nachweichen. Ganz vorzüglich aber
wird ein ganzer Schinken, wenn man ihn am Tage, bevor man ihn ge=
braucht, Morgens auf eine heiße Platte stellt, wo er nicht kochen kann,

und ihn dann am andern Tage in demselben Wasser gahr kocht. Der
Schinken wird so überaus zart, ohne daß er von außen im Geringsten
zerkocht. Soll derselbe ganz zur Tafel gebracht werden, so legt man ihn
beim Anrichten zuerst auf eine Küchenschüssel, nimmt mit einem Messer
alles Unansehnliche weg, macht 2 Finger breit vom Ende einen graden
Schnitt durch die Schwarte, so daß dieselbe an der Beinseite fest bleibt
und rings umher einen Rand bildet, rollt das inwendige Stück Schwarte
von der Spitze an auf, sticht diese Stelle mit einem hölzernen Pfriem oder
dem feinen Knochen, den man aus dem Beine ziehen kann, fest, rollt nun
das Bein in ein zierlich geschnittenes Papier, befestigt es, legt den Schinken auf die dazu bestimmte Schüssel, Petersilienblätter auf den Rand und
macht von feingehackter Petersilie eine Verzierung auf die Randschwarte.

Anmerkung. Die Reste von einem Schinken verwendet man
ganz passend zu Schinkel-Kartoffeln oder zu gebackenen Schinkenresten mit
Nudelteig.

109. Gebackener Schinken auf mecklenburgische Art. Ein geräucherter Schinken wird, wie beim Kochen desselben bemerkt ist, gewässert
und gereinigt, darnach abgetrocknet, Brodteig in Form eines Schinkens in
doppelter Größe nicht zu dünn ausgerollt, mit grünen oder getrockneten
Kräutern, als Thymian, Majoran, Dragon, Melisse, Schnittlauch, Basilikum und dergl. bestreut, der Schinken darauf gelegt und mit Teig so zugeschlagen, daß beim Backen nicht der geringste Schwaden daraus hervortreten kann. Dann wird ein Blech mit Mehl bestreut, der Schinken
darauf gelegt und in einem Backofen je nach der Größe 2 - 3 Stunden gebacken.

Anmerkung. Der angeschnittene Schinken kann bis zum ferneren Gebrauch in diesem Teige aufbewahrt werden.

110. Schinkenschnittchen. Von übriggebliebenem Schinken,
welcher mit etwas Fett sehr fein gehackt wird, nehme man zu einem Suppenteller voll 3 Eier, einige gestoßene Zwiebäcke und etwas Pfeffer und
vermische es gehörig. Unterdeß werden Weißbrodschnittchen in Milch
und Eiern eingeweicht, dann mit dem Fleisch ringsum bedeckt, glatt gestrichen, in gestoßenem Zwieback oder Weißbrod gewälzt und in Butter
gelb gebacken. Ein wohlschmeckendes Gericht zum Salat, sowie auch zu
allen Blättergemüsen und Bohnen.

111. Ein Spanferkel zu braten. Nachdem das Spanferkel
geschlachtet, rein gemacht und gewaschen, werden demselben die Pfoten
abgeschnitten und die Augen ausgestochen, inwendig wird es mit Salz
ausgerieben, von außen abgetrocknet, mit einem hölzernen Spieß der
Länge nach durchstochen, in die Bratpfanne, wo hinein das Wasser kommt,
gelegt, recht oft mit Speck oder feinem Oel bestrichen und mit einer Spicknadel gestochen, damit keine Blasen entstehen. Das Spanferkel wird nicht
wie andere Braten begossen, auch erst, wenn es gelbbraun und hart ist,
mit etwas Salz bestreut. Dann wird es wieder mit Speck bestrichen, und
nachdem es eine Stunde gebraten, mit einer Zitrone im Maul, recht heiß
ohne Sauce angerichtet. Folgendes wird dazu gegeben: Man hackt

Leber, Herz und die vorher abgekochte Lunge sein und schmort dies in Butter gahr. Dann fügt man in Butter geschwitzte Schalotten, worin ein Eßlöffel Mehl gelb gemacht und welches mit Fleischbrühe zu einem schlanken Brei gerührt worden, nebst Salz, Muskatnuß, Nelkenpfeffer, Zitronensaft und etwas feingehackte Zitronenschale hinzu und läßt dies alles mit einander durchkochen.

112. Pökelfleisch. Man richte sich beim Kochen nach eingepökel= tem Rindfleisch.

113. Würstchen von Schweinefleisch. Hierzu nimmt man durchwachsenes feingehacktes Schweinefleisch, Salz, Muskat und Zitro= nenschale oder etwas gehackte Schalotten, einige Eier, etwas geriebenes Weißbrod und ein wenig Sahne. Dies wird untereinander gemischt, mit der Hand zu kleinen Würstchen gerollt, mit Zwieback bestreut und in But= ter gelb gebraten.

114. Schweins=Cotelettes. Das Fleisch muß von einem jungen Schwein sein. Dieselben werden zubereitet wie Kalbs=Cotelettes (No. 72) und machen besonders zu allen Kohlarten eine angenehme Beilage.

115. Auf andere Art. Man nehme zu 4 Cotelettes ein Pfund vom Rückenstück eines jungen Schweines, hacke es mit dem nöthigen Salz und etwas Pfeffer ganz fein, theile es in vier Theile, forme es zu Cote= lettes und durchkreuze die Oberfläche etwas, wodurch sie besser panirt werden können. Dann schlage man 1 Ei mit einem Eßlöffel Wasser, wel= ches zu 6 Cotelettes hinreicht, sorge für reichlich getrocknete und gestoßene Weißbrodrinde oder für altes geriebenes Weißbrod, mache Butter oder Nierenfett nach I. No. 54 recht heiß, tunke die Cotelettes ringsum in Ei, wälze sie dann in Weißbrod und brate sie auf beiden Seiten rasch in offe= ner Pfanne einige Minuten gelbbraun, während man sie öfter hin= und her schiebt, damit das Fett nicht bränzlich werde. Sobald sie inwendig nicht mehr blutig sind, nehme man sie rasch vom Feuer, damit sie recht saftig bleiben; ein längeres Braten macht sie trocken. Solche Cotelettes passen zu den feinsten Gemüsen, auch zu Kartoffelspeisen. Auch kann man eine beliebige Kraftsauce von Fleischextrakt mit Kapern, Sardellen und dergleichen um die Cotelettes anrichten und Zitronensaft darüber träufeln.

116. Beefsteaks vom Abfall eines geräucherten rohen Schin= kens. Alles Fleisch von einem rohen Schinken, was nicht wohl zu Tisch gebracht werden kann, — wäre es auch trocken und hart, — lege man, nach= dem die Schwarten und die zähe Rinde dünn davon abgeschnitten worden, einen Tag in Wasser und eine Nacht in Milch. Darnach hacke man es mit dem noch nöthigen Salz möglichst fein, forme es zu fingerdicken Beef= steaks, drehe sie in Ei und etwas Pfeffer, dann in gestoßenem Zwieback um und brate sie nach vorhergehender Vorschrift.

Wünscht man diese Beefsteaks sehr weich zu haben, so brate man sie zugedeckt langsam bis 1½ Stunde, während zuweilen etwas kochendes Wasser hinzugefügt wird.

117. Grilladen ohne Pökelfleisch. Weichgekochtes übriggeblie= benes Pökelfleisch wird in Scheiben geschnitten, in Ei und Nelkenpfeffer umgedreht, in Mehl gewälzt und in Butter gelb und kroß gebraten. Eine recht wohlschmeckende Beilage zu verschiedenen gröberen Gemüsen.

118. Klopps von Schweinefleisch. Diese werden nach No. 22 zubereitet.

119. Beefsteaks von Schweinefleisch. Die Zubereitung ist wie Beefsteaks von gehacktem Rindfleisch No. 18. Sie werden in braunge= machten Zwiebeln oder gelbgemachter Butter gebraten.

120. Filets von Schweinefleisch. Die Filets werden etwas geklopft, mit wenig Salz bestreut, in gelbgemachte Butter gelegt und fest zugedeckt langsam ¼ Stunde bei einmaligem Umwenden gebraten. Dann gibt man etwas Sahne hinzu und läßt sie bei öfterem Begießen noch etwa eben so lange braten, wenigstens nicht länger, bis sie sich zart durchstechen lassen. Beim Anrichten kommt wie gewöhnlich etwas Mehl, einige Mi= nuten später soviel Bouillon oder Wasser hinzu, daß es eine gebundene Sauce gibt.

121. Süßsäuerliches Ragout von Schweinefleisch. Das Nackenstück eignet sich besonders dazu; man schneide das Fleisch in pas= sende Stücke und verfahre ganz damit wie beim Hasenpfeffer; reichlich Zwiebeln und Gewürz ist bei einer sämigen, nicht zu langen Sauce eine Hauptbedingung, auch darf das Fleisch nicht im mindesten zerkochen.

122. Frische Bratwurst (Mettwurst) zu braten. Man be= gieße die Wurst mit kochendem Wasser, lasse sie ungefähr ¼ Stunde ziehen. Dann lege man sie in eine Pfanne, durchsteche sie mit der Gabel und lasse sie im Ofen oder auf dem Ofen braun braten.

123. Auf andere Art. Bratwurst von feingehacktem Fleisch wird in zerlassene Butter gelegt und bei einmaligem Umwenden 10 bis 15 Minuten nicht zu rasch gebraten.

124. Bratwurst in Bier zu kochen. Ein Stück Butter lasse man in der Pfanne schmelzen, lege die Wurst hinein, mache sie auf beiden Seiten gelb, gebe Bier, welches nicht bitter sein darf, nach und nach hinzu und lasse die Wurst darin weich werden.

125. Geräucherte Schweinswurst zu kochen. Diese Wurst wird hauptsächlich zu braunem Kohl, in Erbsen=, Bohnen=, Linsen= und Kartoffelsuppe gekocht. So lange sie noch weich ist, wird sie mit heißem Wasser abgewaschen, mit kaltem oder kochendem Wasser aufs Feuer ge= bracht und weich gekocht. Ist dieselbe aber ausgetrocknet, so reicht dies zum Weichwerden nicht hin. Sie muß dann 2 Tage vor dem Kochen abgewaschen, mit Wasser bedeckt, nicht in die heiße Küche, sondern an ei= nen kalten Ort gestellt werden; sie wird dadurch erweicht und genießbar. Uebrigens ist nicht zu rathen, selbstgemachte Wurst zum Kochen und Braten zu lange aufzubewahren.

126. Frankfurter Knackwürstchen. Dieselben werden mit kochen=
dem Wasser bedeckt, 10 Minuten zugedeckt auf eine heiße Platte gestellt
und roher Meerrettig ohne weitere Zuthaten dazu angerichtet.

F. Wildbret.

**127. Im Allgemeinen und vom passenden Anwenden der
verschiedenen Theile des Wildbrets.** Das Wildbret darf, wie es
schon oben bemerkt worden, nur leicht abgewaschen, nicht ausgewässert
werden; zerschossene blutige Stücke machen hier eine Ausnahme. Dann
darf man solches nach alter Sitte auch nicht dem Verderben nahen,
d. h. zu alt werden lassen, weil dadurch alles Feine gänzlich verloren
geht.

Die Braten müssen gut gehäutet, sauber gespickt (siehe Vorbereitungs=
regeln I.) und bei nicht zu starkem, doch auch nicht zu schwachem Feuer mit
reichlich Butter und Speck bei unermüdlichem Begießen saftig gebraten
werden. Nach und nach reichlich Sahne zur Sauce angewandt, macht die
Braten und Saucen besonders gut.

Bei allem Wildbret ist, mit Ausnahme des wilden Schweines, der
Kopf der schlechteste Theil und nur zu einem gröberen Ragout, wie Ragout
von Schweinefleisch beim Einschlachten, zu gebrauchen, wozu man auch
den Hals nehmen kann, die Zunge ist jedoch sehr gut. Darnach folgt die
Brust, besonders wenn sie durch den Schuß blutig geworden, und ist dann
am passendsten zum Ragout. Nun folgen die Blätter und Keulen, die
sich sehr zum Schmoren, letztere auch zu Braten eignen, und endlich der
Ziemer, das beste Stück zum Braten.

128. Vom Aufbewahren des Wildbrets. Der Hase erhält sich
in kalten Wintertagen, im Fell an der Luft hangend, 8—14 Tage ganz
frisch. Indeß kann man alsdann den Braten, wenn es sein muß, noch
einige Tage in Essig aufbewahren, doch wird er nichts weniger als da=
durch verbessert. Fleisch von Reh, Hirsch und Schwein ist auf folgende
Weise längere Zeit zu erhalten. Man läßt die Stücke gehörig zu Braten
hauen, bestreut sie mit nicht zu viel Salz, sticht mit einem spitzen Messer
schräg in das Fleisch, drückt kurze, einen halben Finger dicke Speckstreifen,
welche in gestoßenem Salz, Nelken und Nelkenpfeffer umgedreht sind,
nebst Schalotten hinein und läßt die Braten in einer Pfanne von allen
Seiten schnell zurösten. Ganz kalt geworden, packt man sie mit einigen
Zwiebeln, ganzem Pfeffer, frischen Wachholderbeeren, einer in Scheiben
geschnittenen Zitrone und etwas Salz selbstschließend in ein kleines Faß
oder einen passenden Steintopf, gießt so viel gekochten und wieder kalt
gewordenen Bieressig darauf, daß das Fleisch bedeckt ist, und gießt es mit
geschmolzenem Talg etwa zwei Finger dick zu. Es wird dadurch vor dem
Zutritt der Luft bewahrt, erhält sich sehr lange und bekommt in dieser
Beize einen angenehmen Geschmack.

Nach dem Herausnehmen eines Stückes muß man das Fett wieder
schmelzen und darauf gießen. Man kann die Stücke sowohl zu Pasteten
gebrauchen, als auch braten und schmoren.

129. Bei vorstehendem Verfahren Wildbret zu schmoren.
Man legt von demselben ein Stück in einen Topf, gibt von dem Gewürz,
worin es gelegen hat, etwas dazu, nebst einem Stück Butter, und läßt es
fest zugedeckt gahr schmoren. Vor dem Anrichten gibt man reichlich süße
Sahne, etwas braunes Mehl und ein Stückchen Zucker zur Sauce.

130. Pfeffer von Hirsch oder Reh. Hierzu eignen sich am besten
Blatt, Brust, Hals und Rippen. Man muß diese Stücke, besonders wenn
sie zerschossen, blutig und wenn stellenweis durch den Schuß Haare eingedrungen sind, gehörig nachsehen und waschen. Dann schneidet man das
Fleisch in passende Stücke, macht es in Speck und Butter ringsumher gelbbraun, gießt kochendes Wasser hinzu, deckt den Topf rasch zu, gießt einige
Minuten später, nachdem dasselbe mit Wasser und Salz abgeschäumt, Folgendes dazu: geriebenes Schwarzbrod oder Roggenmehl, welches in Butter oder Speck braun geröstet ist, Zitronenschale, Pfeffer, Nelken, einige
Lorberblätter, recht viel in Würfel geschnittene Zwiebeln, länglich geschnittene Gurken und Essig. Später kommt ein Glas Rothwein und sehr wenig Aepfel- oder Birnkraut, oder statt dessen ein Stück Zucker, doch nur so
viel, daß die Schärfe des Essigs gemildert wird, hinzu.
Die Sauce, mit der das Fleisch angerichtet wird, muß reichlich und
sämig sein. Hierzu gebratene oder gekochte Kartoffeln.

131. Reh- und Hirschziemer im Ofen zu braten. In Ermangelung einer Bratpfanne mit hermetischem Verschluß ist für Wildbraten eine Pfanne mit schließendem Deckel zu empfehlen, um sie anfangs zudecken zu können, wodurch solche Braten viel saftiger und milder werden.
Darin lasse man reichlich Speckwürfel heiß werden, gebe ein Stück Butter
hinzu, lege den Ziemer, die gespickte Seite nach oben, hinein und lasse ihn
zugedeckt eine Stunde braten, während in dieser Zeit sowie namentlich auch
später ein öfteres Begießen nicht versäumt werden darf, wobei so oft als
nöthig eine halbe Tasse kochendes Wasser hinzugefügt werden muß, damit
die Sauce keinen bränzlichen Geschmack erhalte. In der letzten halben
Stunde gebe man statt Wasser dicke saure Sahne hinzu. So lasse man den
Braten weder bei zu starker, noch bei schwacher Hitze je nach dem Alter des
Fleisches und der Größe des Stückes 2—2½ Stunden braten, während derselbe nicht umgelegt wird. Beim Anrichten wird die Sauce mit etwas kaltem Wasser gut zusammengerührt, die gewöhnlich ohne weitere Bindungsmittel durch die Sahne sämig genug wird, andernfalls füge man sehr wenig Mehl hinzu.

132. Reh- und Hirschkeule zu braten. Da letztere, namentlich
bei einem gehetzten Hirsche, etwas Starkschmeckendes hat, so thut man wohl,
sie vorher mit kochendem Essig, welcher mit etwa 2 feingeschnittenen Zwiebeln, 4 Lorberblättern, 4 Nelken und 8 Pfefferkörnern, beides gestoßen,
zum Kochen gebracht, zur Hälfte zu übergießen und dieselbe 3—8 Tage
darin liegen zu lassen, während sie täglich umgewendet werden muß. Wäre
man genöthigt, solche Keule frisch zu gebrauchen, so darf sie nicht sogleich
zugeröstet, muß vielmehr anfangs langsam gebraten werden. Im übrigen
wird auf die vorhergehende No. hingewiesen.

133. Hasenbraten im Ofen. Man nimmt dazu den ganzen Rücken nebst den Hinterläufen, das Uebrige wird zum Hasenpfeffer gebraucht. Beim Abwaschen sehe man aufmerksam zu, daß die Steißstelle wohl gereinigt werde, auch keine Haare, welche vielleicht von den Hagelkörnern eingedrungen sind, zurückbleiben. Dann wird der Rücken enthäutet und gespickt, wie es schon in den Vorbereitungsregeln I. bemerkt ist. Man streue sodann etwas Salz darüber und lege ihn, den Rücken nach oben, mit reichlich Butter, auch einer kleinen Tasse Wasser, wodurch das Fleisch zarter wird, in eine irdene Bratpfanne, umwickele die Füße mit Papier und brate ihn, damit er nicht austrockne, in einem heißen Ofen, der jedoch von unten eine nicht gar zu starke Hitze haben darf, weil sonst die Sauce leicht bränzlich wird. Sobald der Braten gelblich geworden, gieße man nach und nach 1—2 Tassen dickliche süße Sahne hinzu. Reichlich Butter, Sahne, in Ermangelung frische Milch und fleißiges Begießen macht den Braten saftig, selbst das Fleisch an den Beinen kann dadurch fast ebenso mürbe und saftig zubereitet werden, als der Rücken. Man brate einen jungen Hasen nicht über ¾ Stunde, einen älteren etwa 1—1½ Stunde, und nehme den Braten, sobald er sich milde durchstechen läßt, sofort aus dem Ofen, selbst dann, wenn das Anrichten noch nicht erfolgen kann, indem durch Warmhalten im Ofen das Fleisch austrocknet. Zur Zeit setze man die Pfanne wieder 10 Minuten hinein und versäume das Begießen nicht, auch vergesse man nicht, das Papier beim Anrichten zu entfernen. Die Sauce werde nach No. 1 zubereitet.

134. Hasenpfeffer. Die Vorderbeine nebst Bauchhaut des Hasen werden in Stücke getheilt, gehörig gewaschen und die Haare, die sich etwa darin finden sollten, gut abgespült; der Kopf wird gespalten und sammt Herz, Leber und Lunge gewaschen. Wünscht man das Fleisch vor dem Gebrauche einige Tage aufzubewahren, so gieße man Essig darauf und wende es jeden Tag um; bewahre es aber nicht, bis Geruch entsteht, wie das so häufig geschieht. Beim Gebrauche mache man, zur Ersparniß der Butter, einen Theil Nierenfett heiß, lasse mehrere fein gewürfelte Zwiebeln unter öfterem Umrühren darin gelb werden, sowie darnach auch einen gehäuften Eßlöffel Mehl. Ist das geschehen, so rühre man so viel kochendes Wasser hinzu, als zu einer reichlichen Sauce, unter Berücksichtigung des Verkochens, gehört, gebe Salz, einige gestoßene Nägelchen, eine reichliche Messerspitze Pfeffer, einige Lorberblätter, ein reichliches Stück Butter und so viel als nöthig von dem Essig, worein man das Fleisch gelegt hat, hinzu und lasse dasselbe fest zugedeckt darin gahr werden, doch darf es nicht im geringsten zerkochen. Dann rührt man einen Löffel Birnkraut oder ein Stück Zucker, auch nach Belieben ein Glas Rothwein an die Sauce; hat man frisches Hasenblut, wodurch dieselbe sehr an Wohlgeschmack gewinnt, so vermischt man solches mit etwas Essig und läßt es, wenn der Hasenpfeffer fertig ist, eben durchkochen; dann aber darf man anfangs nur wenig Mehl gebrauchen. Die Sauce muß einen etwas pikanten, süßsäuerlichen Geschmack haben und zwar recht gebunden, doch nicht zu dick sein. Abgekochte Kartoffeln machen die passendste Beilage.

Anmerkung. Das Hasenblut muß beim Schlachten sogleich mit etwas Essig angerührt, an einen kalten Ort gestellt, darf jedoch nicht über 3 Tage aufbewahrt werden.

135. Cotelettes von Hasen. Diese Cotelettes werden ebenso bereitet wie vom Kaninchen; siehe Cotelettes von Kaninchen.

136. Wildschweinsbraten. Der Braten von einem überjährigen Wildschwein oder Frischling ist der vorzüglichste. Das Stück wird enthäutet und gespickt, mit etwas kochendem Wasser aufs Feuer gesetzt, abgeschäumt und folgende Gewürze hinzugegeben: Pfeffer, Nelken, Nelkenpfeffer, Zwiebeln, einige Lorberblätter, Wachholderbeeren, $\frac{1}{4}$ Quart brauner Essig, und nur ein wenig Salz, weil die Brühe durch Einkochen andernfalls zu salzig würde. Ist der Braten gahr, so gießt man die eingekochte Brühe durch ein Sieb, läßt den Braten mit Butter, ausgebratenem Speck und Sahne unter fleißigem Begießen braun werden, indem man nach und nach die Kraftbrühe hinzugießt.

Man läßt die Keule etwa $2\frac{1}{2}$—3 Stunden, ein Stück vom Rücken kürzere Zeit braten.

G. Zahmes und wildes Geflügel.

137. Puter (Turkey) zu braten. Wenn der Puter nach den Vorbereitungsregeln unter I. zwei bis drei Tage vorher geschlachtet und vorgerichtet ist, so wird derselbe vor dem Gebrauch aufgebogen, nach Belieben gespickt oder ungespickt mit der Farce I. No. 10, 11 oder 12 gefüllt. Dann streut man etwas feingeriebenes Salz darüber, legt dünne Speckscheiben auf die Brust und in die sehr saubere Bratpfanne, versieht dieselbe mit reichlich Butter und kochendem Wasser und bringt den Puter fest zugedeckt aufs Feuer und läßt ihn in kurzer Brühe etwa $1\frac{1}{2}$ Stunden oder so lange, bis das Fleisch beinahe mürbe geworden, nicht zu stark, doch ununterbrochen kochen. Darauf gießt man die Brühe in ein Geschirr, legt ein reichliches Stück Butter in die Pfanne, stellt sie in einen heißen Ofen und läßt den Puter unter häufigem Begießen, was unbedingt nothwendig ist, vollends weich und gelb, nicht braun werden. Die Brühe wird nach und nach hinzugegossen, auch macht dicke Sahne die Sauce schmackhafter. Beim Anrichten rührt man 2 Theelöffel Mehl einige Minuten lang in der Bratpfanne, gießt so viel kaltes Wasser hinzu, daß die Sauce sämig wird, wobei das in der Pfanne sich Angesetzte los- und zusammengerührt werden muß. Sollte etwas Salz fehlen, so füge man es hinzu. Unterdeß wird der Puter auf eine recht heiße Schüssel angerichtet, demselben eine Zitronenscheibe in den Schnabel gelegt und der Rand der Schüssel mit feingeschnittenen Zitronenscheiben verziert.

Ein junger Puter bedarf zum Weichwerden $1\frac{1}{2}$, ein älterer 3 Stunden und länger.

138. Puter mit einer Fleischfarce. Zu dieser Fülle nimmt man $\frac{3}{4}$ Pfund gehacktes Kalbfleisch ohne Sehnen, $\frac{3}{4}$ Pfund recht durchwachsenes Schweinefleisch, ebenfalls feingehackt, $\frac{1}{2}$ Obertasse geschmolzene Butter, 3 Eier, von welchen 2 Eiweiß zu Schaum geschlagen und zuletzt durchgemischt werden, 2 Pfund zwei Tage altes in kaltem Wasser eingeweichtes und ausgedrücktes Weißbrod, ¼ Unze gereinigte und geschnittene Morcheln, 4 Stück halb gahr gekochte und abgezogene Kälbermilch, welche man da=zwischen legt, Salz, Muskat, Champignons oder Kapern und fein gehackte Peterſilie.

Dieſe Farce wird in den Kropf und den Leib des Puters gefüllt, der=selbe nach vorhergehender Vorſchrift gebraten oder in einer Braese (ſiehe Vorbereitungsregeln I. No. 52) zubereitet.

Anmerkung. Auf dieſe Weiſe gefüllt, reicht der Puter für eine große Geſellſchaft hin und kann warm oder kalt zur Tafel gegeben werden.

139. Puterhenne in Fricaſſee=Sauce (eine Vor= und Mittel= ſchüſſel). Die Henne wird wie zum Braten vorgerichtet, die Beine kann man nach den Vorbereitungsregeln unter I. in die Haut ſchieben. Dann ſetzt man dieſelbe mit kalter Butter und einigen Schalotten aufs Feuer, läßt ſie feſt zugedeckt langſam gelb werden, gießt etwas kochende Fleiſch=brühe oder Waſſer hinzu, gibt Zitronenſchale, doch nur das Gelbe, Muskat=blüte, etwas Dragon hinzu und ½ Stunde ſpäter viel Champignons, und läßt ſie in kurzer Brühe, feſt zugedeckt, gahr ſchmoren. Unterdeß ſorgt man für etwas kräftige Fleiſchbrühe, gibt ½ Stunde vor dem Anrichten gelbgeſchwitztes Mehl, nach Belieben auch Midder, gefüllte Krebsnaſen, Piſtazien, Spargel oder Blumenkohl (ſiehe I. No. 17 u. ſ. w.) hinein, läßt alles weich werden, aber nicht im mindeſten zerkochen, nimmt das Fett von der Puterſauce, fügt dann die gekochte Sauce, welche wie jede Fricaſſee=Sauce ſehr gebunden ſein muß, nebſt einigen Zitronenſcheiben ohne Kerne hinzu, rührt dieſelbe mit 2 Eidottern und Krebsbutter ab und richtet die Puterhenne mit Weißbrod=, Kalbfleiſch=, oder Schwammklößchen, in Waſſer und Salz eben angekocht, in ihrer Sauce zierlich an. Man reicht Schnitten von Blätterteig dazu und gibt dies Gericht ſtatt Paſtete.

140. Polenta. Man bringe ein gutes Huhn, ſauber vorgerichtet, mit Salz, wie zur Suppe, doch mit weniger Waſſer aufs Feuer (ſiehe Hüh=nerſuppe II. No. 14), ſchäume es gut ab, gebe ein Stück Butter, einige Stück Muskatblüte hinzu und laſſe es zugedeckt langſam kochen. Unterdeß koche man ¼ Pfund Perlgraupen mit der Hühnerbrühe, welche nach und nach hinzugefügt wird, recht weich und zuletzt ſo ſchlank, daß man zum Eſſen dieſes Gerichts einen Eßlöffel der Gabel vorziehen möchte. Das weich ge⸗ochte Huhn wird dann ganz oder ſauber tranchirt in die Mitte ei=ner runden Schüſſel gelegt und die Perlgraupen um daſſelbe angerichtet. Es kann braune Butter darüber gegeben werden, doch iſt es eben nicht nothwendig.

Dieſe kräftige, leicht zu verdauende und wohlſchmeckende Speiſe, wel=che auch mit Rindfleiſch gekocht werden kann, wird als Gemüſe und Fleiſch gegeben.

141. Gebackene Hähnchen in Sauce. Die Hähnchen werden, nachdem ſie vorgerichtet ſind, der Länge nach durchgehauen und zart und ſaftig gebraten. Dann nimmt man ſie heraus, macht in der zurückgeblie=benen Butter Mehl gelb, rührt kräftige Fleiſchbrühe, gehackte Champig=nons, etwas Muskatblüte und Zitronenſcheiben hinzu und kocht ſolches zu einer dicken Sauce. Nachdem man dieselbe mit Eidottern abgerührt hat, füllt man etwas erhöht die Höhlung der halben Hähnchen damit, setzt sie neben einander in eine Backschüssel und diese ¼ Stunde in den Backofen, worauf sie ohne weiteres angerichtet werden.

142. Junge Tauben zu braten. Am besten sind Nesttauben. Sie müssen ein bis zwei Tage vor dem Gebrauch getödtet sein, dürfen aber nicht gepflückt an die Luft gelegt werden. Nachdem sie, wenn's beliebt, mit der Farce I. No. 10 gefüllt sind, stelle man sie in einem passenden irdenen Töpfchen mit fest schließendem Deckel und in reichlich guter Butter, mit etwas Wasser und einigen Körnchen Salz (sie können leicht versalzen werden) auf ein mäßiges Feuer, wo sie indeß fortwährend langsam braten, bis sie recht weich geworden sind. Tauben dürfen nur gelb gebraten und die Sauce nicht im mindesten dunkel sein. Besonders ist die größte Sorgfalt beim Braten nothwendig, wenn solche für Kranke bestimmt sind. Beim Aufstellen können nach Geschmack einige frische Wachholderbeeren zerschnitten, nicht zerstoßen, in die Butter gelegt, auch beim Braten ein Löffelchen süße Sahne hinzugefügt werden, doch ist beides Geschmackssache, die Hauptsache ist, besonders für Kranke, eine weiche und helle Zubereitung.

143. Feines Fricassee von Hähnchen (Küken) oder Tauben mit Krebsen. Man schneide die Hähnchen in vier, die Tauben der Länge nach in zwei Theile, damit man das Geflügel erkennt, indeß kann das nach Belieben gehalten werden. Dann stelle man sie mit etwas Salz und reichlich frischer Butter fest zugedeckt auf mäßiges Feuer, lege sie nach einer Weile auf die andere Seite und füge nach ½ Stunde kochende Bouillon, einige Zitronenscheiben, aus welchen die Kerne genommen, ein Stück Muskatblüte und etwas feingestoßenen Zwieback hinzu und lasse sie zugedeckt langsam weich werden, doch dürfen sie nicht im geringsten zerkochen. In der letzten Viertelstunde gebe man folgende Zuthaten ins Fricassee, deren Vorrichtung im Abschnitt I. No. 17 u. f. w. nachzusehen ist; Midder (Kalbsmilch), gefüllte Krebsnasen, Morcheln, Spargelköpfe, Saucissen, sowie auch beim Anrichten in Bouillon oder in gesalzenem Wasser gahr gekochte Weißbrodklößchen, Austern, Krebsschwänze und Krebsbutter. Die Sauce werde mit 1—2 Eidottern abgerührt. Recht fein angerichtet, wird diese Schüssel mit Schnitten von Blätterteig zur Tafel gebracht und vertritt die Stelle einer Pastete.

Anmerkung. Was man von den bemerkten Zuthaten nicht haben kann, das lasse man weg. Ein gewöhnliches Fricassee wird ebenso gemacht, nur daß die feineren Zuthaten wegbleiben und kochendes Wasser statt Bouillon hinzugegossen wird.

144. Feines braunes Ragout von Hähnchen (Küken) und Tauben. Man rechnet auf 12 Personen 4 Hähnchen oder 8 Tauben. Dieselben werden wie in No. 143 vorgerichtet und in Butter gahr gedämpft. Dann rührt man ein Ei dick frische Butter bräunlich, streut Mehl hinein und rührt es ebenfalls braun, doch darf es ja nicht bränzlich werden. Dieses Mehl wird mit der kräftigen Brühe, worin das Geflügel gahr gemacht ist, angerührt und mit brauner Kraftbrühe nachgefüllt, eine in Scheiben geschnittene Zitrone, woraus die Kerne genommen, dazu gegeben, nebst etwas gestoßenen Nelken, Pfeffer und Salz. Wenn dies kocht, wird nach Belieben von Folgendem hinzu gethan: Eine kleine Handvoll Morcheln, eben so viel in Stückchen geschnittene frische oder eingemachte Champignons, 6—8 Stück in Scheiben geschnittene Trüffeln, $\frac{1}{4}$ Pfund Midder (Kalbsmilch), $\frac{1}{4}$ Pfund Maronen, $\frac{1}{4}$ Pfund in Butter gebratene kleine Saucissen, Klöße, die aus $\frac{1}{4}$ Pfund feingehacktem Fleisch aufgerollt sind, $\frac{1}{4}$ Tasse Kapern und 1 Eßlöffel voll Pistazien. Wie das alles vorgerichtet wird und wie lange es im Ragout kochen muß, ist in den Vorbereitungsregeln mitgetheilt. Dann wird das Fleisch ins Ragout gelegt und, nachdem es $\frac{1}{4}$ Stunde langsam gekocht hat, angerichtet. Die Sauce muß dicklich, recht kräftig sein und nur einen Geschmack von Säure haben.

Anmerkung. Die Klöße würden, in der dicken Sauce gekocht, weniger locker werden, es ist daher besser, sie in Fleischbrühe oder gesalzenem Wasser einige Minuten oder so lange zu kochen, bis sie inwendig nicht mehr roth erscheinen, und dann ins Ragout zu legen. Dasselbe wird als Voressen allein oder auch mit gut gebratenen Kartoffeln gegeben.

145. Gebackene Hähnel. Nachdem die 6 bis 8 Wochen alt gewordenen Hähnchen geputzt und gewaschen sind, hält man sie eine Minute in heißes, darauf in kaltes Wasser, theilt sie der Länge nach mit einem scharfen Messer in zwei Theile, nimmt den Rückgratknochen heraus und schneidet sie dann der Breite nach durch, damit man von jedem Hähnchen 4 Theile erhält. Diese werden mit wenig fein gemachtem Salz bestreut, in feinem Mehl umgedreht, in Eier, welche mit eben so vielem Wasser zerklopft sind, getunkt, dann in Semmelkrumen stark umgedreht und sofort in reichlichem Schmalz, welches nicht gar zu heiß gemacht werden darf, gelbbraun gebacken. Man kann jedesmal 8 Stück in das heiße Schmalz legen, wobei die Pfanne vorsichtig leicht bewegt wird, damit das Anbrennen verhütet werde. Sie bedürfen nur etwa 4 Minuten, um eine schöne Färbung zu erhalten und durchgebacken zu sein. Dann legt man sie zum Abtröpfeln des Fettes so lange auf einige Brodschnitten, bis die übrigen Theile gebacken sind, läßt auch eine Handvoll grüner Petersilie, welche gewaschen und in einem Tuche abgetrocknet ist, in Schmalz gelb werden, doch muß man, um ein zu starkes Aufbrausen zu verhüten, die Pfanne vorher vom Feuer nehmen. Dann werden die Hähnchen auf eine erwärmte Schüssel, nach der Mitte höher, angerichtet und mit der gebackenen Petersilie, welche mit etwas feingemachtem Salz bestreut ist, bekränzt, wobei auch ein Sträußchen Petersilie darauf gelegt wird.

146. Junge Hühner mit Sauce. Man setzt sie mit wenig kochendem Wasser, Salz, einem reichlichen Stück Butter und etwas Petersilienwurzel aufs Feuer und läßt sie, gut abgeschäumt, nicht zu weich kochen. Dann macht man von der Hühnerbrühe eine Kapern=, Champignons=, Sardellen= oder Krebssauce und richtet sie über die Hühner an.

147. Hühner in Reis. Die Hühner werden in Wasser und Salz abgeschäumt und mit einem reichlichen Stück Butter gahr gekocht. Unter=

deß brüht man Reis ab (man kann auch Perlgraupen nehmen), füllt die Hühnerbrühe nach und nach hinzu und kocht ihn langsam weich, aber nicht breiig. Eine halbe Stunde vorher gibt man nach Gefallen gut gewaschene Rosinen zum Reis und gießt die etwa noch übrig gebliebene Hühnerbrühe nach, damit derselbe nicht zu steif werde. Dann werden die Hühner zerlegt, recht heiß in der Mitte der Schüssel geordnet, der Reis ringsum angerichtet und auf Wunsch die Schüssel mit beliebigen Klößchen garnirt.

148. Ente zu braten. Dieselbe kann nach Belieben gefüllt oder ungefähr gebraten werden. Zur Füllung nimmt man entweder: in 4 Theile geschnittene Aepfel und Korinthen, oder, was vorzuziehen ist, man hackt Herz, Lunge, Leber und den abgezogenen Magen fein, gibt ½ Ei dick weichgerührte Butter, 2 Eier, ¼ Pfund in kaltem Wasser eingeweichtes und stark ausgedrücktes Weißbrod, Muskatnuß und Salz hinzu. Auch kann man nach englischem Gebrauch die Höhlung mit Zwiebeln, Salbei, Weinraute und Salz füllen.

Die Ente wird mit etwas Salz angerieben, mit reichlich Butter und wenig Wasser aufs Feuer gebracht und je nach dem Alter 2—2½ Stunden fest zugedeckt, langsam gebraten, wobei, wenn's nöthig wäre, zuweilen ein kleiner Guß kochendes — nicht kaltes — Wasser seitwärts hinzufügt wird. Das Begießen darf nicht versäumt werden. Ist die Ente weich und gelblich gebraten, so wird die Sauce gemacht, wie es beim Puter bemerkt worden.

149. Ente mit Zwiebeln zu dämpfen. Man schäumt die Ente in Wasser und Salz ab, gibt hinzu einen halben Suppenteller voll geschnittene Zwiebeln, etwas Weißbrod und Nelken, auch Dragon, wenn man ihn gerade hat, und kocht sie darin ganz weich. Dann wird die Sauce durch ein Sieb gerührt, mit Zitronenscheiben durchgekocht und über die Ente angerichtet.

150. Ente auf französische Art. Man hackt die Leber mit etwas Speck und Schalotten, macht sie mit in Wasser ausgedrücktem Weißbrod, 2 Eiern, Muskat und Salz zu einer Farce, füllt damit die Ente und näht sie zu. Dann legt man Butter oder Speck in einen Topf, darauf eine Handvoll Petersilie, 3—4 ganze Zwiebeln und einige Scorzoner- oder gelbe Wurzeln, läßt die Ente darin gahr und gelbbraun werden, rührt etwas geschwitztes Mehl, kochendes Wasser und ein wenig Essig, auch nach Belieben ein Stückchen Zucker an die Sauce und läßt die Ente noch einige Minuten darin schmoren.

151. Gedämpfte Ente in brauner Sauce. Man nehme zu einer ausgewachsenen jungen Ente ½ Quart Wasser, ein Ei dick Butter, 6 Schalotten, das nöthige Salz und lasse sie fest zugedeckt langsam weich schmoren, damit die Sauce nicht zu stark einkoche. Nachdem dieselbe gahr geworden, rühre man einen Eßlöffel voll in Butter gebräuntes Mehl, ½—1 Glas Wein, 4—6 Stück gestoßene Nelken, etwas Zucker hinzu und lasse die Ente noch eine Weile darin schmoren.

152. Ente in Gelée. Die Anweisung ist im Abschnitt XII. No. 18 zu finden.

153. Gänsebraten. Hat man die Gans nach I. zum Braten vorgerichtet, so füllt man den Leib mit in 4 Theile geschnittenen Aepfeln, welche man auch mit Rosinen oder Korinthen oder mit getrockneten abgebrühten Zwetschen vermischen kann. Auch wird dieselbe in einigen Gegenden mit gekochten Kastanien oder mit kleinen Kartoffeln und etwas Salz oder mit Fleischfarce gefüllt, dann näht man die Oeffnung zu, legt die Gans in die Bratpfanne, salzt sie, gibt Wasser darunter und läßt sie, fest zugedeckt, beinahe weich werden und dann erst unter fleißigem Begießen offen braten, wobei von Zeit zu Zeit etwas kochendes Wasser hinzugegossen wird. Die Gans muß recht kroß, gelbbräunlich, nicht zu braun, gebraten werden und die Sauce ebenfalls eine hellbraune Farbe erhalten. Beim Anrichten zieht man die Fäden heraus und macht die Sauce wie beim Puter fertig. Zeit des Bratens 2½ — 3 Stunden.

154. Gans im Gelée. Findet sich in XII. No. 19.

155. Gänseschwarz auf westfälische Art. Man nimmt hierzu das, was nicht zum Gänsebraten gehört, nämlich: Hals, Flügel, Leber, Herz, Lunge, Magen und Beine, letztere werden in heißes Wasser gelegt und abgezogen. Der Hals wird in einige Stücke gehauen, das Uebrige ebenfalls getheilt. Soll das Fleisch mehrere Tage aufbewahrt werden, so gieße man etwas Essig darauf. Beim Gebrauch wird es mit nicht zu vielem Wasser und Salz abgeschäumt, mit einigen Zwiebeln, 4 Lorberblättern, Pfeffer und Nelken (auch nach Belieben mit zwei Handvoll abgebrühten Pflaumen) gahr gekocht. Dann macht man Mehl in Butter braun, achtet aber darauf, daß es nicht bräunlich werde, und gibt solches, mit der Brühe angerührt, auch Essig, ein Stück Zucker oder so viel gutes Birnkraut dazu, daß die Sauce einen süß-säuerlichen Geschmack erhält. In einigen Gegenden ist es üblich, anstatt des gebräunten Mehls die Sauce mit geriebenem Honigkuchen gebunden zu machen. Hat man Gänseblut, so wird dies eben durchgekocht, wodurch das Gänseschwarz sehr an Farbe und angenehmem Geschmack gewinnt, dann aber darf man vorher nur wenig Mehl nehmen, weil das Blut die Sauce sehr verdickt. Uebrigens muß dieselbe dicklich, auch reichlich sein und einen kräftigen Geschmack von Gewürz und Essig haben. Sollte das Gänsefleisch nicht hinreichend sein, so kann man etwas Schweine- oder Kalbfleisch von der Brust dazu nehmen.

Es werden Kartoffeln dazu gegessen.

Anmerkung. Das Blut wird beim Schlachten der Gans aufgefangen, mit Essig gerührt und kann um Martini 3, späterhin bei größerer Kälte bis zu 8 Tagen, offen stehend, an einem kalten Orte aufbewahrt werden; ohne Essig aber würde es bald verderben.

156. Gänseklein oder Gänseschwarz auf Stettiner Art. Das Fleisch wird, wie es im vorhergehenden Rezept bemerkt worden, in Wasser und Salz ausgeschäumt und in nicht zu langer Brühe gahr gekocht. Dann macht man Butter gelb, schwitzt darin einige feingehackte Zwiebeln, läßt auch Mehl darin gelblich werden und gibt dies mit Brühe feingerührt zum Fleisch, würzt es scharf mit Pfeffer und Thymian und läßt es noch einige Minuten in der recht runden, kräftigen Sauce kochen.

157. Braunes und weißes Gänse-Ragout. Dazu wird die ganze Gans in Stückchen gehauen, sammt Herz, Magen, Lunge und Leber in Wasser und Salz abgeschäumt, mit einigen Zwiebeln, 3 Lorberblättern, ½ in Scheiben geschnittene Zitrone—die Kerne entfernt—und mit einer Prise feingestoßenem Pfeffer weich gekocht. Soll das Ragout braun sein, so fügt man etwas gestoßene Nelken, in Butter braun gemachtes Mehl, Essig und einen halben Löffel Birnkraut oder ein Stückchen Zucker hinzu, sowie auch zuletzt das Gänseblut. Soll es ein weißes Ragout sein, so bleibt Essig, Gänseblut und das Süße weg und kommt dann gelb geschwitztes Mehl nebst einigen Zitronenscheiben und gestoßener Muskatblüte hinzu; auch wird die Sauce mit einem Eidotter abgerührt.

158. Becassinen, Reb-, Birk-, Hasel- und Feldhuhn zu braten. Gleich anderem Geflügel werden die Hühner zum Braten vorgerichtet und mit feinem Salz bestäubt. Dann wird die Brust mit einer dünnen Speckscheibe umbunden und am Spieß oder in einem irdenen Topf auf nicht starkem Feuer in reichlich Butter und wenig Wasser, fest zugedeckt, recht aufmerksam etwa ½—1 Stunde gebraten, während man sie fleißig begießt und in der letzteren Zeit zuweilen einen Eßlöffel süße Sahne, in Ermangelung frische Milch hinzufügt. Nach dem Anrichten wird das sich Angesetzte mit etwas kaltem Wasser losgerührt, wenig Milch hinzugefügt, so daß die Sauce sich etwas bindet, und mit dem vielleicht fehlenden Salz aufgekocht.

Anmerkung. Die zum Braten bestimmten Hühner müssen jung sein, man erkennt sie an der gelben Farbe der Beine.

159. Rebhühner auf sächsische Art. Nachdem die Rebhühner wie in No. 158 vorgerichtet sind, wird die Brust fein gespickt, wenig Salz darüber gestreut, eine Scheibe Speck darauf gelegt und jedes Huhn mit 2 Weintraubenblättern zugebunden. Darnach legt man die Rebhühner in kochende Butter und läßt sie zugedeckt nicht zu stark braten, indem man nach und nach etwas Wasser hinzugießt. Nach Verlauf von ½ Stunde gibt man löffelweise saure Sahne darüber, sowie auch zuletzt etwas gelbbraun gemachte Butter. In Ermangelung der Sahne kann man beim Braten frische Milch anwenden und etwas durchgesiebte Semmel, in Butter gelb gemacht, hinzufügen.

Speck und Weinblätter, welche sich beim Braten ablösen, richtet man allein an und gibt sie als eine besondere Delikatesse mit den Rebhühnern zur Tafel.

160. Kalte Feldhühner mit Sauce (zu empfehlen). Man schneidet die kalten Hühner in vier Theile, legt sie zierlich auf eine passende Schüssel und gibt folgende Sauce darüber hin: 3-4 Eßlöffel feines Salatöl, 2—3 Eßlöffel weiße Gelée von Kalbsfüßen, 2 Eßlöffel Dragonessig, sehr fein gehackte Schalotten und Dragon, etwas Pfeffer und Salz. Dies alles wird so lange gerührt, bis es sich verbindet und eine dicke Sauce geworden ist.

161. Schnepfe zu braten. Ist dieselbe nach den unter I. angegebenen Regeln zum Braten vorgerichtet, so werde die Brust mit feinen

Speckscheiben umbunden und der Kopf so gebogen, daß der Schnabel in die Höhe gerichtet ist. So bringt man die Schnepfe mit kalter Butter aufs Feuer und läßt sie zugedeckt langsam 1—1½ Stunde braten. Zugleich röstet man dünn getheilte Schnittchen Weißbrod, legt sie unter die Schnepfe, damit das Inwendige während des Bratens darauf falle. Dies sogenannte Schnepfenbrod wird auf einer heißen Schüssel angerichtet und die Schnepfe darauf gelegt.

Auch kann man vor dem Braten das Eingeweide herausnehmen, den Magen abziehen, und solches mit etwas Speck, einer Schalotte, wenig kleingeschnittener Zitronenschale, etwas in kaltem Wasser ausgedrücktem Weißbrod, Salz und Pfeffer fein hacken und auf die Schnittchen streichen, welche am besten in Schmalz recht saftig und kroß gebacken werden. Beim Anrichten lege man die Schnittchen rings um die Schüssel, begieße sie mit der Sauce und lege eine in acht Theile geschnittene Zitrone dazwischen.

162. Holztauben und Ringeltauben, wahrscheinlich das Feinste vom wilden Geflügel. Dasselbe wird bereitet wie Reb- und Feldhuhn.

163. Wilde Enten werden vorgerichtet wie zahme Enten und auf Speckscheiben bei späterem Hinzuthun von dicker Sahne saftig und zart gebraten. In Ermangelung von letzterer kann, wenn die Ente beinahe weich geworden ist, zuweilen ein Eßlöffel Milch hinzugefügt werden, wodurch die Sauce gleichfalls gewinnt.

164. Krammetsvögel werden nach den unter I. gegebenen Regeln vorgerichtet, nicht ausgenommen, nur entfernt man den Magen mittelst einer Dressir- oder Packnadel. Man setzt sie mit viel Butter (zu 12 Stück kann man 6 Unzen rechnen) und einer Tasse Wasser, am besten in einem irdenen Gefäß, dicht neben einander gelegt, aufs Feuer, streut etwas Salz darüber und brät sie, fest zugedeckt, bei einmaligem Umwenden weich oder nach Belieben so lange, bis sie recht kroß geworden sind. Da die Krammetsvögel sich häufig von Wachholderbeeren nähren und man gewöhnlich Beeren im Magen findet, so vermeiden manche Köchinnen einen Zusatz. Wenn indeß ein stärkerer Wachholdergeschmack wünschenswerth sein möchte, so gebe man gröblich gestoßene Wachholderbeeren, welche möglichst frisch sein müssen, in die Bratbutter.

165. Salmi von Schnepfen, Feldhühnern, Krammetsvögeln und wilden Enten. Man legt einige Scheiben rohen Schinken in einen Topf, das Wild darauf, gibt dazu: wenig Salz, einige gelbe Wurzeln, einige geschnittene Schalotten oder Zwiebeln und Butter, und brät das Geflügel, fest zugedeckt, gelb, gießt gute Fleischbrühe hinzu und läßt es vollends weich werden. Dann zerlegt man solches mit einem scharfen Messer in kleine, zierliche Stückchen, stößt, was nicht zerlegt werden kann, nebst Lunge, Leber und dem Schinken im Mörser und rührt es mit der Brühe durch ein Sieb. Zu dieser Sauce gibt man noch etwas gehackte Schalotten und eine Messerspitze Pfeffer und kocht sie mit Fleisch eben durch.

Die Sauce zu Salmi muß eigentlich nur von durchgerührtem Fleisch sämig gemacht werden; doch kann man auch auf andere Weise etwas nachhelfen.

V. Pasteten.

A. Große Pasteten.

1. Im Allgemeinen. Pasteten werden in Pasteten= oder Torten=pfannen gebacken.

Pasteten=Teig. Der Teig richtet sich nach dem Inhalt der Pa=steten. Zu feinem Geflügel, Lamm= oder Kalbfleisch, wenn ein Fricassee davon gemacht wird, nimmt man einen Blätterteig oder auch feinen But=terteig; soll das Fleisch in der Pastete gahr gemacht werden, einen guten Butterteig. Letzteren nimmt man auch zu Hasen=, Hirsch=, Wildschweine=fleisch u. s. w.

Zitronen. Die Zitronen zu den Pasteten, wie zu jedem andern Gebrauch, versäume man nicht vorher zu versuchen, da sich jetzt häufig bittere vorfinden.

2. Straßburger Gänseleber=Pastete. No. 1. 3 Pfund Kalb=fleisch, wovon alles Häutige entfernt worden, wird mit einer Handvoll Schalotten, der feinen gelben Schale von 4 Zitronen, 10 bis 12 gereinig=ten Sardellen und einer Handvoll Kapern fein gehackt; dazu kommt noch eine Handvoll ganze Kapern, eine Handvoll feingestoßenes Weißbrod, ge=stoßenes Gewürz und so viel guter weißer Wein, daß es ein Teig wird, der sich gut streichen läßt. Dann macht man von ¼ Pfund Butter, 4 Eiern, etwas Salz und Wasser mit dem nöthigen Mehl einen recht steifen Teig, verarbeitet ihn gut, bestreicht eine passende Form mit But=ter, bestreut sie mit feingestoßenen Weißbrodrinden und belegt sie mit dem dick ausgerollten Teig, welcher etwas über die Form hinausgehen muß. Auf denselben bringt man etwas gestoßenes Weißbrod, dann eine Lage Farce, eine Lage in etwas Wein und Gewürz gekochte Trüffeln, eine Lage in Stücke geschnittene Gänseleber, wieder Farce, Trüffeln, Gänseleber und so fort, bis die Form gefüllt ist, die letzte Lage muß aus Farce be=stehen. Der Inhalt wird nun ganz mit Speck bedeckt, darüber legt man Streifen von Teig, um Halt zu geben, dann einen Deckel von Teig, wel=cher in der Mitte mit einem Knopf versehen wird; den überstehenden Teig biegt man auf den Deckel herein und kneift ihn ein. Die Pastete wird in einem Backofen hellbraun gebacken, wozu etwa 2 Stunden gehö=ren, und nachdem sie kalt geworden, aus der Form genommen. Man rechnet zu derselben 2 Gänselebern. Die Leber wird mit süßer Milch gewaschen, Wasser darf sie nicht berühren.

3. Straßburger Gänseleber=Pastete. No. 2. 1 Pfund Kalb=fleisch, ¼ Pfund Speck und eine halbe Gänseleber werden fein gehackt, dazu gibt man ebenfalls ein Stück Weißbrod in weißem Wein geweicht, ¼ Pfund Sardellen, 1–2 Unzen Kapern, die Schale einer Zitrone, eine Handvoll in Butter gedämpfte Schalotten, Trüffeln, Gewürznelken, Thymian und Basilikum, dies alles fein gehackt und gut gemischt. Die Form wird wie bei dem vorhergehenden Rezept behandelt und mit Teig ausgelegt, dann kommt darauf die Hälfte der Farce, auf dieselbe 1½ Gänseleber, in Stücke geschnitten, Trüffeln und der Rest der Farce, übrigens wird die Pastete geschlossen und gebacken wie die vorige.

4. Straßburger Gänseleber-Pastete. No. 3. Nachstehendes Rezept wurde von einer Dame als ein ganz vorzügliches mitgetheilt. Je weißer und fetter die Lebern, desto besser wird die Pastete. Auf eine derselben von mittlerer Größe nehme man 2 große Gänselebern, 1 Pfund mageres Schweinefleisch, 1 Pfund Schweinefett (Blume) und 1 Pfund Trüffeln. Die Lebern werden in Stücke geschnitten, die Trüffeln, wie bekannt, gereinigt, mit Salz und weißem Pfeffer bestreut und in die Leber gesteckt. Dann macht man von dem Schweinefleisch und Fett nebst den Abfällen der Lebern, alles möglichst fein gehackt und mit Pfeffer und Salz gewürzt, eine Farce, streicht sie durch ein Sieb, damit sie ganz fein werde, und legt nun die mit Salz bestreuten Lebern abwechselnd mit Farce und Trüffeln in einen Pastetentopf recht fest eingeschichtet. Darauf wird die Pastete 2—2½ Stunden in einem mäßig heißen Ofen gebacken, und wenn man sie länger aufzubewahren wünscht, mit weiß ausgelassenem Schweinefett übergossen.

5. Schweinsleber-Pastete. Eine Schweinsleber wird 5—6 Minuten lang in heißes Wasser gehalten, dann gehackt und durch ein Sieb gerührt. Darauf schneidet man ½ Pfund rohen Speck in kleine Würfel, beinahe eben so viel wird abgekocht und gehackt. Beides thut man nebst der Brühe, worin der Speck gekocht ist, zu der Leber und würzt sie mit 6 abgekochten und durchgeschlagenen Zwiebeln, in kleine Stückchen geschnittenen Trüffeln, Gewürz und einem Glas Rothwein, kocht es, bis die Masse etwas dick geworden, thut sie in eine mit Speck belegte Form und läßt sie bei mäßiger Hitze 1½—2 Stunden backen. Hernach wird die Pastete beschwert. Durch das Beschweren zeigt sich viel Fett, welches nicht abgenommen werden darf; wenn sich aber nach vollständigem Erkalten vielleicht etwas Brühe zeigen möchte, so kann sie vorsichtig abgegossen werden. Diese Pastete hat Aehnlichkeit mit einer Gänseleber-Pastete.

6. Schmackhafte Pastete von Farce. Es wird zu derselben ein Blätter- oder Butterteig von 1½ Pfund Mehl und folgende Farce gemacht: 1 Pfund Rindfleisch, 1 Pfund Kalbfleisch, 1 Pfund Schweinefleisch und 1 Pfund Speck (wenn das Schweinefleisch fett ist, läßt man den Speck weg) werden mit dem nöthigen Salz sehr fein gehackt, sodann 8 schäumig geschlagene Eier, Muskat, weißer Pfeffer, eine geriebene, in Butter geschmorte große Zwiebel, ganz fein gehackter Dragon, Basilikum und Melisse, etwa 4—5 Unzen gestoßener Zwieback, ein paar Tassen Wein oder Wasser gut durchgemengt. Darauf legt man eine Springform bis oben hin nach No. 4 mit ausgerolltem Teig aus und die Farce hinein, bedeckt sie mit Oberblatt und Rand, macht eine Verzierung darauf und bestreicht die Pastete mit Ei. Dann wird dieselbe, nachdem in der Mitte eine Oeffnung darin gemacht wurde, 1½ Stunde gebacken und eine

Kapern=, Sardellen=, Austern=, Morcheln= oder eine gute Kraftsauce
dazu gegeben.

7. Pastete von Hähnchen mit Schinken=Farce. Fette Hähn=
chen werden in 4 Theile geschnitten, in einer Braese (siehe Abschnitt
1. No. 52) gahr gemacht, damit sie weiß bleiben. Zu einer Pastete für
14–18 Personen rechnet man 4—5 Hähnchen und 1½—2 Pfund rohen
Schinken. Derselbe wird mit etwas Schinkenfett ganz fein gehackt,
4 Eier, welche mit Butter und 4 Eßlöffel Milch zum Rührei gemacht
sind, etwas eingeweichtes und ausgedrücktes Weißbrod, Muskat und Nel=
kenpfeffer, zwei Eier, das zu Schaum geschlagene Weiße und ¼ Tasse
geschmolzene Butter hinzu gegeben und zur Farce untereinander gemischt.
Die Hälfte davon wird auf einen aufgerollten Sahneteig (XVIII. No. 10)
gestrichen, die Hähnchen darauf angeordnet, mit Farce bedeckt und übri=
gens nach früheren Andeutungen verfahren. Von der Braese nimmt man
das Fett, gibt Fleischbrühe, geschwitztes Mehl, etwas Wein, Zitronen=
saft, Muskatnuß, ganze Kapern oder feingehackte Sardellen hinzu und
rührt die Sauce nach Belieben mit einigen Eidottern ab.

**8. Feine Schüssel=Pastete von Kalbfleisch und Midderklöß=
chen.** Man backt einen Deckel von Butterteig wie bei der Schüssel=Pastete
von G. flügel. Zugleich wird das bei den Fleischspeisen bemerkte feine
Kalbfleisch=Fricassee mit Midderklößchen gemacht, deren Vorschrift im
Abschnitt Klöße (XIV. No. 6) mitgetheilt ist, letzteres in einer tiefen
Schüssel angerichtet, mit dem gebackenen Deckel bedeckt und ganz heiß zur
Tafel gegeben.

9. Englische Fleisch=Pastete. Man nimmt zu einer Schüssel für
8 Personen ½ Pfund Mehl, 6 Unzen Butter, 1 Ei und ½ Obertasse kaltes
Wasser, macht hiervon im Kalten einen Teig, den man gut verarbeitet
und in zwei nicht ganz gleiche Theile schneidet. Den kleinsten Theil rollt
man aus, schneidet drei Finger breite Streifen daraus und belegt dami=
den Rand einer tiefen Schüssel, welche man vorher mit Butter bestrichen
hat. Dann nimmt man jedes kalte gebratene Fleisch—Geflügel oder auch
verschiedene Reste,—schneidet es in kleine passende Stücke, legt nun einige
Spedscheiben auf den Boden der Schüssel und das Fleisch darauf, indem
man Salz, Nelkenpfeffer und nach Belieben auch aufgerollte Fleischklöß=
chen dazwischen legt. Nun werden 1—2 Tassen kräftige Bouillon darüber
gegeben, das andere Stück Teig rund herum etwas größer als die Schüs=
sel ausgerollt und über das Fleisch gelegt. Den überhängenden Teig biegt
man wie eine feine Rolle nach innen und drückt ihn mit zwei Fingern rund
herum an, um den Rand zu formen, und bestreicht das Ganze mit verdünn=
tem Ei, macht in der Mitte 2 Einschnitte in den Teig und läßt die Pastete
1—1¼ Stunde backen; doch muß die Oberhitze stärker als die Unterhitze
sein.

Man gibt die Pastete auf der Schüssel, in welcher sie gebacken ist,
zur Tafel.

10. Pastete von Schinkenresten (sehr gut). 1 Pfund feines
Mehl, 6 Unzen Butter, ein Ei, ⅛ Quart dicke saure Sahne. Man macht

davon mit einem Messer einen Teig, schneidet ihn in mehrere Theile und rollt jeden Theil möglichst dünn aus. Dann wird eine Springform oder eine eiserne Kasserolle mit Butter bestrichen und mit Teig ausgelegt. Zugleich wird gekochter Schinken mit etwas Fett (das letzte vom Schinken kann dazu benutzt werden) und mit einer Zwiebel ganz fein gehackt; zu dieser Portion gehört ein tiefer Teller voll. Nun werden 5—6 Eier ge= klopft, mit ¼ Quart dicker guter Sahne, Muskat und dem Schinken durch= gerührt und von dieser Farce ein Finger dick über den Teig gestrichen, ein rundes Blatt Teig darauf gelegt und so abwechselnd fortgefahren, bis ein Stück Teig den Schluß macht. Dies wird bei starker Hitze 1 Stunde ge= backen und umgestürzt zur Tafel gegeben.

11. Pastete von Macaroni mit Schinken und Käse. Die Anweisung ist unter IX. zu finden.

12. Pastete von Schinkenresten mit Nudelteig. Die Anwei= sung ist unter IX. zu finden.

13. Pastete von ganzen Fischen. Kleine Hechte oder andere Fische werden geschuppt und auf folgende Weise entgrätet: Man schneidet sie unausgenommen am Rückgrat der Länge nach mit einem scharfen Messer auf, trennt das Fleisch von den Gräten und sticht den Kopf am Rückgrat ab, doch muß die Haut unbeschädigt bleiben. Darnach werden sie marinirt, mit Farce gefüllt und auf ein mit Speckscheiben belegtes Unterblatt von Butterteig geordnet.

14. Englische Pastete von Rhabarber. Man mache einen Teig nach No. 9, nach Belieben von ¼ oder ¾ Pfund Mehl, theile ihn in zwei Theile und rolle jedes Stück aus, belege mit einem Blatt des ausgerollten Teiges eine Form oder Backschüssel und streue etwas gestoßenen Zwieback darüber hin. Dann nehme man Rhabarber - - die Vorrichtung ist im Abschnitt Compots XV., No. 2 mitgetheilt — und lege ihn lagenweis mit Zucker, Zimmet, Zitronenscheiben, die Kerne entfernt, und etwas gestoße= nem Zwieback auf den Teig, decke das andere Teigblatt darauf u. s. w.

15. Apple=Pie — englische Obst=Pastete. Nachdem eine tiefe Schüssel mit einem Teigrande ausgelegt, füllt man dieselbe mit geschälten, in 4 Theile geschnittenen Aepfeln, streut gehörig Zucker, Zitronenschale oder Zimmet lagenweis durch und gibt, wenn die Aepfel im Frühjahr nicht mehr saftig und weich sind, ein Paar Tassen Wein und Zitronenscheiben hinzu. Dann wird das Unterblatt darüber gelegt und übrigens ganz nach No. 9 verfahren.

Anmerkung. Diese Pastete kann man auch von Pflaumen und Kirschen machen.

B. Kleine Pasteten.

16. Vom Backen kleiner Pasteten. Hierzu eignet sich besonders ein Blätterteig, doch kann auch ein Butterteig dazu genommen werden. Man rollt ihn dünn aus, sticht mit einem Wasserglase doppelt so viel Bo= den aus, als man Pastetchen zu haben wünscht, legt die Hälfte auf eine mit

Papier ausgelegte Backplatte, sticht diese mittelst eines kleineren Glases nochmals aus, wodurch die Ränder gebildet werden, welche ringsum genau auf die Unterblätter passen müssen. Bevor man solche auflegt, bestreicht man des Zusammenhaltens wegen den Rand der Unterblätter mit etwas kaltem Wasser.

Die Pastetchen werden nach Angabe vor oder nach dem Backen gefüllt. Man gebe denselben eine starke Mittelhitze und sehe in 10 Minuten einmal nach; beim Durchbrechen eines Pastetchens läßt sich am besten das Gahrsein erproben. Die Farce mache man dick, aber nicht steif, fülle sie recht heiß in die gebackenen Pastetchen, welche, wenn sie aus Blätterteig bestehen, vorher inwendig etwas eingedrückt werden müssen, und gebe sie warm zur Tafel.

Hat man die Pastetchen beim Konditor backen lassen, was man in den Städten so gut haben kann, und erhält sie nicht ganz heiß, so setze man sie vor dem Füllen etwa 5 Minuten in einen heißen Ofen.

Anmerkung. Die beim Ausstechen der Ränder entstandenen Blättchen können mit Ei bestrichen, mit einem Gemengsel von grobgestoßenen Mandeln, Zucker und Zimmet bestreut, gelb gebacken, zum Dessert oder Thee gegeben werden.

17. Fleurons. Dieselben dienen zum Garniren einer Ragoutschüssel oder als Beilage statt einer Pastete. Man treibt Blätterteig eine Federspule stark aus, sticht ihn mit einer kleinen runden Form aus, bestreicht die Stücke mit verdünntem Ei, klappt sie zusammen, bestreicht auch die obere Seite der Halbmonde und backt sie gelb.

18. Wohlschmeckende Pastetchen von Geflügel oder Kalbfleisch mit Käse. Es wird ein kräftiges wohlschmeckendes Ragout, nachdem die Knochen entfernt, in kurzer Brühe gekocht und mit Eigelb abgerührt. Unterdeß rollt man einen Butterteig dünn aus, belegt damit die Pastetenförmchen, füllt dieselben mit dem in Stückchen geschnittenen Fleisch nebst der dicklichen Sauce zur Hälfte an und läßt die Pastetchen reichlich ¼ Stunde bei mittelmäßiger Hitze backen. Während dieser Zeit rühre man ein Stückchen geschmolzene Butter von Walnuß-Größe, 2 ganze Eier, etwas dicke süße Sahne und geriebenen holländischen oder grünen Schweizerkäse zu einer dicklichen Sauce, fülle von derselben 2 Eßlöffel voll in jedes Pastetchen und lasse sie nachdem nochmals ¼ Stunde backen.

19. Pasteten von Midder (Kalbsmilch). Auf 4 bis 5 Personen rechnet man ein Kalbsmidder. Dieses wird mit kaltem Wasser aufs Feuer gesetzt, wenn es warm geworden ist, in kaltes Wasser gelegt, die Haut abgezogen, mit einigen Schalotten in Butter gebraten, fein gehackt, mit etwas in kalter Bouillon oder Wasser ausgedrücktem Weißbrod, drei Eiern, wovon die Hälfte des Eiweißes zu Schaum geschlagen wird, Zitronen, einem reichlichen Stück frischer, zu Sahne gerührter Butter und nach Belieben mit einigen gereinigten und gehackten Sardellen gut durchgerührt. Auch kann man einige Austern mit ihrer Brühe hinzufügen. Die Füllung wird vor dem Backen in die Pastetchen gegeben und diese gebacken, wie es im ersten Rezept der kleinen Pasteten bemerkt ist.

20. Feinste Midder-Pastetchen. Die Masse zu den Midder-klößchen im Abschnitt Klößchen (XIV. No. 6) wird in geschlossene Butter-teig-Pastetchen (siehe No. 18) gefüllt und gebacken.

21. Schmackhafte Kalbfleisch-Pastetchen. Hierzu hacke man ein Stückchen kalten Kalbsbraten ganz fein, würze es mit Muskat und Salz, rühre es über Feuer mit einem reichlichen Stück Krebsbutter, oder in deren Ermangelung mit frischer Butter und etwas guter Bratenbrühe oder Bouillon zu einer ziemlich dicken Farce, welche man, nachdem sie vom Feuer genommen, mit einem Eidotter abrührt. Wenn Krebsbutter fehlt, so kann man zuletzt etwas feingehackte Petersilie durchrühren; bei Anwendung der ersteren aber bleibt die Petersilie fort. Hiervon wird jedesmal ein Theelöffel voll recht heiß in ein gebackenes Pastetchen gefüllt.

22. Austern-Pastetchen. Es wird ein reichliches Stück Krebs-butter, in Ermangelung derselben frische Butter, zu Sahne gerührt, verhältnißmäßig hinzugefügt 2—3 Eidotter, etwas Zitronensaft, Muskat-blüte und Salz, die Brühe von den hierzu bestimmten Austern (man rechnet auf die Person 3—4 Stück), ferner gehackte Champignons, Kapern, etwas gestoßener Zwieback und feingehackter Kalbsbraten mit guter Bratensauce. Zuletzt rührt man die Hälfte des zu Schaum geschlagenen Eiweißes durch. Sollte die Füllung zu steif sein, so gibt man etwas saure Sahne oder kräftige Bouillon oder weißen Wein hinzu, füllt vor dem Backen hiermit die Pastetchen und legt, nachdem sie 10 Minuten bei einer Mittelhitze gebacken haben, auf jedes 3—4 Austern, welche mit Zitronen-saft und Eidottern bestrichen und mit etwas sehr feingestoßenem Zwieback bestreut sind, und stellt sie darauf noch 5 Minuten in den Ofen.

23. Reis-Pastetchen. Reis, welcher gut abgebrüht ist, wird mit Milch und dem nöthigen Salz weich und ganz steif gekocht; unterdeß wird gekochter und ganz fein gehackter Schinken mit saurer Sahne vermengt und lagenweis mit dem Zwieback bestreute Förmchen gefüllt und gebacken.

24. Geschwind gemachte Semmel-Pastetchen von Fleisch-resten. Man hackt übriggebliebenen Kalbsbraten, oder was man dieser Art hat, mit etwas fettem Fleisch, auch kann Schinken dazu genommen werden, ganz fein, gibt Muskat, Salz, ein Stück Butter, einige Eier, Petersilie, oder etwas gehackte Schalotten oder Zwiebeln hinzu und rührt dies über Feuer zu einer nicht zu steifen Farce. Damit werden Semmel oder Milchbrödchen, von denen man die Kruste abgerieben, eine Scheibe abgeschnitten und vorsichtig ausgehöhlt hat, gefüllt, zugebunden oder mit einem hölzernen Spillchen durchstochen und zugedeckt. Nun werden die Brödchen in einer Pfanne in den Ofen gesetzt, worin man Milch und Butter hat heiß werden lassen, und fleißig damit begossen; wenn dies eingezogen ist, wird das Begießen mit Butter und Bratensauce fortgesetzt, bis sie gelbbräunlich geworden sind.

——— ::———

VI. Allerlei Speisen von Fischen und Schalthieren.

1. Allgemeine Regeln bei der Vorrichtung und Zubereitung der Fische und in welchen Monaten sie am besten sind.

Zubereitung in frischem Zustande. Alle Fluß- und ungesalzenen Fische müssen ganz frisch zubereitet werden, weil sie bald den Geschmack verändern, Ekel erregen und der Gesundheit höchst nachtheilig sind. Der Fisch ist am besten aus seinem Element geschlachtet, doch auch nach dem Fange hingestorben brauchbar. Die Erkennungszeichen seiner Frische sind folgende: Die Augen und Schuppen müssen klar und glänzend erscheinen, die Kiemen ein lebhaftes Roth und einen frischen Fischgeruch haben; der ganze Fisch muß steif sein. Sind die Kiemen steif, so ist er nicht zu gebrauchen.

Schlachten der Flußfische. Es geschieht solches, indem man mit einem scharfen Messer der Länge nach einen Finger breit in die Spitze des Schwanzes schneidet und mit dem Messerrücken derb aufs Genick schlägt. Wünscht man sie einige Stunden aufzubewahren, so ziehe man die Kiemen heraus, schlage sie in ein nasses Tuch und bringe sie an den kältesten Ort, lege sie aber nicht ins Wasser, was denselben gleich dem Fleische die besten Theile entzieht.

Den Aal tödtet man durch einen schweren Hammerschlag auf den Kopf, oder man faßt ihn mit einem Tuche unterhalb des Kopfes und schlägt diesen mehrere Male recht kräftig gegen den Küchentisch oder auf einen Stein, bindet dann einen Bindfaden unter dem Kopfe so fest als möglich zusammen und befestigt ihn an irgend einem Haken oder Nagel. Dann schneidet man mit einem scharfen Messer ringsum unter den Brustflossen die Haut ein, trennt diese einen Finger breit los und streift sie mit einem groben Tuche und Salz bis zum Schwanze hin ab, indem man mit fester Hand derb herunter fährt, welches auch, sobald man im Zuge ist, leicht von statten geht; doch muß man an den Schwanzflossen durch Losschneiden nachhelfen. Kleine Aale zieht man nicht ab; man reibt sie stark mit Salz, schneidet die Flossen ab, den Leib auf, nimmt das Eingeweide heraus und entfernt vorsichtig die Galle von der Leber. Darnach wäscht man sie so lange mit Salz, bis das Wasser klar bleibt, schneidet sie schräg in drei Finger breite Stücke, wirft Kopf und Schwanzspitze weg (letztere soll etwas giftig sein), reibt die übrigen Stücke in- und auswendig mit Salz, gießt etwas heiß gemachten Essig darüber und stellt sie zugedeckt hin, bis zum nahen Gebrauch.

Zu den meisten Fischspeisen werden die Fische geschuppt. Es wird ihnen der Leib aufgeschnitten, das Eingeweide herausgenommen, wobei die Galle vorsichtig von der Leber geschnitten werden muß, da solche, wenn sie verletzt wird, einen bitteren Geschmack mittheilt, der sich nicht durch Abspülen verliert. Dann werden sie gut gewaschen, entweder ganz gelassen oder in beliebige Stücke getheilt. Beim Kochen alter oder großer Fische gebe man ein kleines Stück Butter ins Wasser, es macht sie weicher und blätterig. Wünscht man große Fische ganz gekocht zur Tafel zu bringen, so legt man sie auf einen Heber in den Fischkessel und stellt ihn mit kochendem gesalzenem Wasser auf's Feuer, streut auch etwas Salz darüber. Die meisten Fische werden in kochendes Wasser gegeben und rasch gekocht; nur Seefische kocht man auf nicht zu starkem Feuer, damit sie vor Aufreißen bewahrt werden.

Salzen und Kochen der Fische, sparsame Anwendung der Lorberblätter. Den Fisch weder zu schwach noch zu stark zu salzen und ihn vollständig gahr, aber nicht zu weich zu kochen, beweist eine gute Köchin. Rückert sagt von derselben: Fühlst du's in den Fingerspitzen, wie viel Pfeffer, wie viel Salz? Da aber nicht alle Fingerspitzen maßgebend sein möchten, so wird es am sichersten sein, beim Kochen eine Kleinigkeit zu versuchen, wo man dann nöthigenfalls noch Salz hinzufügen kann. Damit der Fisch solches besser aufnehme, lasse man ihn nach dem Kochen 5–10 Minuten im Fischwasser. Das Gahrsein ist am Schwimmen und am leichten Herausziehen der Flossen zu erkennen. Zum Anrichten gehört eine erwärmte tiefe Schüssel mit einem Einleger. Man sorge dafür, daß sowohl der Fisch, als auch die dazu bestimmten Kartoffeln nebst der Sauce recht dampfend und alles zugleich zur Tafel gebracht werde.

Beim Gebrauch der Lorberblätter ist sowohl bei den Fischen als Fleischspeisen eine sparsame Anwendung zu empfehlen, sie dürfen, da der Geschmack derselben stark hervortritt, nur stückweise gebraucht werden.

Fische, welche man mit Oel und Essig servirt, lasse man nicht in der Brühe, worin sie gekocht sind, erkalten, sondern nehme sie heraus, lege sie, nachdem die Brühe kalt geworden, wieder hinein und stelle sie bis zum Gebrauch an einen kalten Ort.

Backen der Fische. Hierbei ist zu bemerken, daß sie in offener Pfanne rasch gahr und kroß gebacken und sogleich auf einer vorher heiß gemachten Schüssel angerichtet werden müssen.

Fische in Gelé sind im Abschnitt XII. No. 4 und 5 zu finden.

Lebern von Flußfischen, beim Karpfen auch die Milch, gelten als die feinsten Theile der Fische. Lebern von Seefischen aber haben einen starken Thrangeschmack, sind also ganz ungenießbar.

Uebliche Gebrauchszeit der Fische. Der Lachs (Laichzeit—November, Dezember) in allen Monaten genießbar.

Der Lachs, engl. Salmon, ist im Mai am feinsten.

Der Aal, engl. Eel (Laichzeit unbekannt) immer brauchbar, am fettesten im Oktober bis April.

Der Hecht, engl. Pickerel (Laichzeit — März und April) bleibt mager bis Juli, ist am besten September bis Januar.

Der **B a r f ch**, engl. **Bass, Black Bass** (Laichzeit — März, April), am besten vom September bis Januar.

Der **Z a n d e r**, auch **S a u b a r t** genannt, engl. **Pike**, Laich= und Gebrauchszeit wie Barsch.

Der **K a r p f e n**, engl. **Carp** (Laichzeit—April, Mai), wird außer den Laichmonaten das ganze Jahr hindurch gegessen, ist aber am besten in den Monaten Oktober bis Ende März.

Der **M a i f i f ch**, engl. **Shad** (Laichzeit — Ende April, Mai) ist ein Seefisch, welcher nur während der Laichzeit die Flüsse hinaufsteigt, um den Laich darin abzusetzen. In diesem krankhaften Zustand wird er massen= haft gefangen und zu Markt gebracht, ist aber einer raschen Veränderung unterworfen und dann der Gesundheit höchst nachtheilig. Getrocknet und geräuchert hat der Maifisch Aehnlichkeit mit Lachs.

Die **F o r e l l e**, engl. **Trout**, (Laichzeit — November, Dezember) ist am besten vom Mai bis August.

K r e b f e sind am besten vom Mai bis Ausgangs August.

A. Fluß= oder Süßwasser=Fische.

2. Lachs (Salmon) zu kochen. Der Lachs wird geschuppt, in 2 Finger dicke Scheiben geschnitten und gewaschen. Dann wird Wasser, ein Guß Essig, Salz, ganzer Pfeffer, Nelken und Nelkenpfeffer, nebst einigen Lor= beerblättern, Zitronenschale, auch, wenn man ihn gerade hat, etwas Ros= marin, zum Kochen gebracht, der Fisch hineingelegt, geschäumt und 5 Mi= nuten gekocht. Darnach läßt man den Lachs bis zu ¼ Stunde langsam nachweichen. Man gibt ihn mit Kartoffeln und geschmolzener Butter, welche aber nicht kochen, sondern nur heiß werden darf, und mit feinge= hackter Petersilie. Soll der Lachs kalt mit Oel und Essig gegeben wer= den, so nimmt man ihn aus der Fischbrühe, läßt solche erkalten und legt ihn dann wieder hinein bis zum Gebrauch. Es gehört zum Kochen des Lachses weniger Salz als zu andern Fischen.

3. Lachs mit gelber Sauce. Wird gekocht wie in No. 2 und eine reichliche Kapernsauce XVII. No 6 recht heiß dazu angerichtet.

4. Lachs mit Kräutern. Der Lachs wird gehörig gereinigt und in passende Stücke geschnitten, dann werden folgende Kräuter, als: Pe= tersilie, Schalotten, Dragon, auch Kapern, ausgewässerte und entgrätete Sardellen und etwas gestoßener Pfeffer durchgemischt. Darauf läßt man frische Butter schmelzen, fügt die gehackten Kräuter und so viel Zitronen= saft hinzu, daß es einen säuerlichen Geschmack erhält, stellt solches auf's Feuer, legt, wenn es warm geworden, den Lachs hinein und läßt ihn unter fleißigem Umwenden 2 Stunden darin liegen, während die Butter nur flüssig erhalten wird, nicht braten darf. Nun wird eine Pfanne mit Butter heiß gemacht und der Lachs 10 Minuten darin gebraten, wobei man ihn häufig mittelst einer Feder mit der Marinade auf beiden Seiten bestreicht.

Zur Sauce wird die übriggebliebene Marinade mit 2 Glas weißem Wein, einigen Löffeln guter Kraftbrühe eingekocht, und sollte sie nicht säuerlich genug sein, Zitronensaft hinzugefügt und mit einem Eidotter abgerührt.

5. Marinirter Lachs. 2 Pfund Lachs schneidet man, ohne ihn zu waschen, mit der Haut in 1 Zoll dicke Scheiben, salzt diese 1 Stunde lang ein, trocknet sie mit einem Tuche ab, bestreicht sie mit feinem Oel und brät sie schnell gahr und bräunlich, welches am besten auf einem Rost geschieht. Dann lege man die Scheiben in einen irdenen Topf, koche 1½ Quart nicht scharfen Essig, 2 Unzen Salz, zwei Zitronenscheiben, 2 Lorberblätter, Dragon, 1 Dram weißen Pfeffer und gieße es abgekühlt über den Lachs, welcher in einem zugebundenen Topfe bis zum Gebrauch aufbewahrt wird. Auch kann man denselben wie Aal No. 2 mariniren (siehe No. 16).

6. Aal (Eel) zu kochen. Nachdem der Aal nach No. 1 getödtet, gereinigt, in Stücke geschnitten und zum Blaukochen mit heißgemachtem Essig übergossen ist, läßt man ihn in kochendem Wasser mit einem Guß Essig, Salz, einem Lorberblatt, Zitronenscheiben, Schalotten, ganzem Pfeffer, Nelken und einem kleinen Stück Butter ungefähr 10—15 Minuten nicht zu stark kochen und gibt ihn recht heiß mit Kartoffeln, Butter und Senf zur Tafel. Auch ist geriebener Meerrettig, mit Essig, feinem Oel und etwas Zucker vermischt, gut dazu. Man thut wohl, die Aalbrühe aufzuheben, um die etwa übriggebliebenen Aalstücke darin aufzubewahren.

Auch der Aal bedarf weniger Salz als die übrigen Fische.

7. Kalter Aal mit Sauce. Der Aal wird gekocht wie in No. 6, doch nimmt man dazu halb Essig und halb Wasser und bewahrt ihn bis zum Gebrauch in der Brühe auf; jedoch ist es besser, ihn nicht darin erkalten zu lassen, sondern ihn nach dem Kaltwerden wieder hinein zu legen. Er erhält sich 8 Tage ganz frisch. Die Schüssel wird mit in Streifchen geschnittenen eingemachten Gurken, hartgekochten Eiern, Rothrüben (Beete), Zitronenscheiben, Kapern und Petersilie fein verziert und mit der Sauce Remoulade (unter XVII. zu finden) oder mit Senf, Essig und Oel zur Tafel gebracht.

8. Bremer Aal-Ragout. Der Aal wird, wie bemerkt, gereinigt, in Stücke geschnitten, eine Stunde mit Salz bestreut und vor der Zubereitung abgewaschen. Dann bringt man ihn mit kräftiger, schwach gesalzener Bouillon, so daß dieselbe mit dem Aal gleich steht, zum Kochen, gibt einige in Stücke geschnittene Champignons hinzu und läßt den Aal gahr werden. Alsdann rollt man von Fischfarce längliche Klößchen auf und läßt sie höchstens 5 Minuten im Ragout kochen. Zuvor nimmt man im Verhältniß zur Quantität frische Eidotter, etwas Mehl, ein Stück frische Butter, einige Tropfen Zitronensaft und ein wenig Muskatblüte, knetet es zusammen und löst es mit der kochenden Aalbrühe langsam auf, so daß es eine glatte Sauce wird, die man langsam zu dem Aal gießt, indem man durch Schütteln die Sauce bewegt, um das Gerinnen zu verhüten, und das Ragout eben aufkochen läßt, wobei vielleicht noch fehlendes Salz und Zitronensaft hinzugefügt werden muß.   Die dickliche Sauce wird über die angerichteten Aalstücke und Fischklößchen vertheilt, mit Kapern bestreut und die Schüssel mit Fleurons (siehe Pasteten No. 17) garnirt oder solche dazu gegeben.

9. Gestovter Aal. Man kocht 2 gehackte Kalbsfüße 1 bis 2 Stunden, gibt die Brühe durch ein Sieb und gleich wieder in den umgestülpten Topf, legt die abgespülten Aalstücke hinein, thut, wenn man sie hat, noch ein paar Tassen Bouillon hinein nebst 2 Eßlöffel voll Essig, ein wenig Muskatblüte, 2 3 kleine Zwiebelchen in Scheiben geschnitten, einige Zitronenscheiben ohne Kerne, deckt den Topf fest zu und läßt dies alles langsam gahr kochen; man schmeckt nach der Brühe, ob etwa Salz fehlt oder Essig, legt die Stückchen in eine Schüssel und gibt die etwas erkaltete Brühe darüber.

10. Gebackener Aal. Die Stücke werden vorher gesalzen, in Ei und Weißbrodkrumen umgewendet, in offener Pfanne in gelb gewordener Butter gahr, dunkelgelb und recht kroß gebacken.

11. Gebratener Aal. Der abgezogene und in passende Stücke geschnittene, gut gereinigte Aal wird mit Salz eingerieben, mit Salbeiblättern umbunden, in offener Butter rasch gebraten und mit oder ohne die Salbeiblätter recht heiß angerichtet und mit Zitronenschnitzeln umlegt. Beim Speisen wird der Aal, wie es bei Austern geschieht, mit Zitronensaft reichlich beträufelt.

12. Aufgerollter Aal. Ist der Aal nach No. 1 gereinigt und ausgeweidet, so nimmt man auch die Gräten heraus, legt ihn auseinander und streut Salz darüber; hat man kleine Aale, so näht man ein paar zusammen, damit die Rolle nicht zu schmal werde.   Darauf macht man ein Füllsel von 4—5 hart gekochten Eiern, Petersilie, Schalotten, Thymian und Majoran, alles gehackt, Muskatnuß und Salz, und gibt, wenn man sie hat, einige kleine Fische gehackt hinzu.   Gut untereinander gemischt, streicht man dies über die inwendige Seite des Aals, rollt ihn fest auf einander, bindet vorsichtig Bindfaden darum, läßt Butter in einem Brattopf zergehen, stellt die Rolle in demselben in die Höhe und läßt sie rund herum gelb und weich braten.   Beliebt es, den Aal auf diese Weise gefüllt zu kochen, so bindet man ein Tuch darum und kocht ihn in Wasser und Salz gahr.   Warm wird er zu jungen Erbsen, kalt in Scheiben geschnitten mit der Sauce Remoulade oder à la diable (beide unter XVII. zu finden) als Mitschüssel gegeben.

13. Aal in Sauce mit einem Rand von Blätterteig. Der Aal wird in Stücke geschnitten, gesalzen und wieder abgespült.   Zu 4 Pfund Aal nimmt man 1 Eßlöffel Mehl, rührt es mit 2 Unzen Butter über Feuer gelb, gibt gute Fleischbrühe, Zitronenscheiben ohne Schale und Kerne, 1 Lorberblatt, Madeira oder weißen Wein hinzu.   Der Aal wird darin gahr gekocht und auf einer heißgemachten Schüssel angerichtet. Alsdann gibt man Morcheln, Kapern oder Champignons zur Sauce, rührt solche mit Eidottern ab, richtet sie über den Aal an und setzt einen gebackenen Rand von Blätterteig auf den Rand der Schüssel.

14. Gefüllter Aal. Nachdem der Aal nach No. 1 vorgerichtet, gesalzen und der Rückgrat ausgelöst ist, schneidet man ihn in nicht zu kleine Stücke, füllt diese mit der Farce nach No. 12, bindet dieselben mit einem Faden fest zu, so daß nichts herausfalle, bestreut solche mit gestoßenem Zwieback und backt sie in Butter dunkelgelb.

15. Aal zu mariniren. No. 1. Der Aal wird abgezogen, ein paar Stunden in Wasser gelegt, eine Stunde eingesalzen, in Stücke geschnitten, mit einem Tuche abgetrocknet, in einer sehr sauberen Pfanne in seinem Oel gebacken und zum Erkalten auf Löschpapier gelegt. Zu dem in der Pfanne zurückgebliebenen Oel werden Schalotten, Pfefferkörner, ganze Muskatblüte, einige Lorberblätter, Zitronenscheiben, woraus die Kerne entfernt, gegeben und ¼ Stunde mit so vielem Essig und etwas Wasser gekocht, als nöthig ist, den Aal zu bedecken. Derselbe wird mit der kaltgewordenen Brühe übergossen und in einem steinernen Topfe bis zum Gebrauch an einem kalten Orte aufbewahrt.

Man kann den Aal ohne weiteres zierlich anrichten; oder es können die Aalstücke eine gemischte Schüssel bilden. In letzterem Fall werden dieselben mit härtlich gekochten, in Viertel geschnittenen frischen Eiern, kleinen Essiggurken, eingemachten Perlzwiebeln, Rothebeete zierlich durchgelegt und mit Kapern überstreut.

16. Aal zu mariniren. No. 2. Man stellt in einem irdenen oder glasirten Topf Wasser mit so vielem Essig aufs Feuer, daß es einen stark sauren Geschmack erhält, gibt Schalotten oder Zwiebeln, reichlich weiße Pfefferkörner, einige Lorberblätter, Zitronenschale nebst dem nöthigen Salz hinzu, legt, wenn es ¼ Stunde gekocht hat, die Aalstücke nach vorhergehender Vorschrift, zuvor gesalzen und wieder abgespült, hinein, kocht sie gahr, legt sie zum Kaltwerden auf eine Schüssel, dann in den bestimmten Topf, gießt die kaltgewordene Brühe darüber, womit sie bedeckt sein müssen, und bewahrt den zugebundenen Topf an einem kalten Orte.

17. Forellen (Trout) blau zu kochen. Die Forellen werden, wie alle Fische, welche blau gekocht werden sollen, nicht geschuppt, nur ausgeweidet, wobei man sie am besten auf ein naßgemachtes Küchenbrett legt, und sie so wenig als möglich mit der Hand berührt, damit der Schleim, der das Blauwerden hervorbringt, nicht von den Schuppen abgewischt werde. Dann spült und legt man sie auf eine flache Schüssel, gießt heißen Essig darüber und läßt sie zugedeckt ½ Stunde ruhig liegen. Sie werden dadurch blau, doch darf man sie nicht berühren. Dann kocht man Wasser mit reichlich Salz, gibt, wenn es kocht, die Forellen mit dem Essig hinein, läßt sie zugedeckt 6 Minuten auf der Platte stehen, wenn die Fische auch nicht kochen, und richtet sie heiß mit geschmolzener Butter, nach Belieben mit feingehackter Petersilie an, oder gibt sie kalt mit feinem Oel, Essig und Pfeffer. Die Butter zu allen Fischen darf beim Schmelzen nicht kochen, weil sie dadurch sehr verliert.

9

Die Forelle gehört zu den Fischen, die am meisten Salz bedürfen.

Anmerkung. Die Forellen werden meistens wohl ohne vorher blau gemacht zu sein, einfach in Wasser gegeben und wie vorgeschrieben gekocht.

18. Forellen zu braten. Nachdem die Forelle geschuppt, ausgeweidet und gut gewaschen ist, schneidet man dieselbe in beliebige Stücke, salzt sie einige Stunden vor dem Braten stark ein, wodurch das Fleisch fester wird. Sollte sie zu stark gesalzen sein, so ziehe man sie leicht durch kaltes Wasser und lasse dieses auf einem Durchschlag ablaufen, Hierauf drehe man die Stücken in Mehl oder in geschlagenem Ei mit fein gestoßenem Cracker oder geriebenem Weißbrod, um und brate sie in halb Butter, halb Fett, auf beiden Seiten schön gelb.

19. Karpfen (Carp) blau zu kochen. Der Karpfen wird geschlachtet und ausgeweidet, wie es in No. 1 bemerkt worden, der Länge nach gespalten, die beiden Hälften in 2—3 Stücke geschnitten und gewaschen. Man kann ihn gleich den Forellen blau machen, und wird derselbe dann wie diese gekocht und recht heiß angerichtet. Das Gahrsein erkennt man am leichten Herausziehen der Flossen. Um die Farbe zu erhöhen, deckt man eine Schüssel darüber und gibt ihn mit heißer Butter und feingehackter Petersilie, auch mit einer rohen Meerrettigsauce zur Tafel.

Der Karpfen erfordert recht viel Salz.

20. Karpfen in Rothweinsauce. Man schuppt den Karpfen und fängt in einer kleinen halben Tasse Essig das Blut auf, verfährt übrigens mit der Vorbereitung nach vorhergehender Nummer. Sind die Stücke gewaschen, so thut man sie nebst Salz, geschnittenen Zwiebeln, grobgestoßenem Pfeffer und Nelken, Zitronenscheiben und Lorberblättern in eine Kasserolle, gibt etwas Weißbier oder Wasser und übrigens so viel Rothwein hinzu, daß der Karpfen eben bedeckt ist. Sodann nimmt man, so gut es thunlich ist, den Schaum ab, gibt ein großes Stück Butter nebst etwas feingestoßenem Zwieback hinein und läßt denselben nicht gar zu stark kochen. Kurz vor dem Anrichten rührt man das Blut und ein Stück Zucker durch, legt den Karpfen in eine Schüssel und rührt die Sauce, welche recht gebunden sein muß, durch ein Sieb darüber.

21. Karpfen mit polnischer Sauce. Die Karpfen werden nach No. 1 geschlachtet, dann geschuppt, gespalten, in Stücke geschnitten und das Blut in Essig aufbewahrt. Zu 3 Pfund derselben nimmt man etwa 3 Wurzeln (Möhren), 1 Pastinake, 2 Petersilienwurzeln, 3 Zwiebeln, $\frac{1}{4}$ Sellerieknolle, schneidet dies alles in Scheiben, thut es in eine Kasserolle nebst etwas Ingwer, einigen Nelken, Pfefferkörnern und etwa 2 Lorberblättern, gießt halb Bier, halb Wasser dazu und läßt es $\frac{1}{4}$ Stunde kochen. Dann legt man die Karpfen hinein, streut das nöthige Salz darauf, gibt 3 Unzen Butter, $\frac{1}{2}$ Zitrone, woraus die Kerne entfernt, ein Weinglas voll Essig (das was schon zum Blut gekommen ist, mitgerechnet) sammt dem Blut hinzu und läßt es fest zugedeckt noch $\frac{1}{4}$ Stunde kochen. Sind die Karpfen weich, so nimmt man sie aus der Brühe, setzt sie auf eine heiße Stelle, thut

Pfefferkuchen oder geriebenes Weißbrod und 1 Glas Rothwein an die Sauce, rührt sie durch ein Sieb und gibt sie theils über die Karpfen, theils dazu. Es werden Kartoffeln dazu gereicht. Das Bier darf nicht bitter und die Sauce muß dicklich sein.

22. Gefüllter Karpfen. Man schuppt den Karpfen, nimmt ihn aus, salzt ihn und löst von der einen Seite das Fleisch, welches zwischen Kopf und Schwanz sitzt, behutsam ab, so daß beide Theile an der Haut hängen bleiben und weder Rückgrat noch Haut beschädigt werden. Dann hackt man das herausgeschnittene Fleisch, nachdem man die Gräten entfernt hat, recht fein, reibt ein reichliches Stück Butter zu Sahne, rührt hinein: 2 Eier, etwas in Wasser eingeweichtes und wieder ausgedrücktes Weißbrod, 1—2 Schalotten, Zitronenschale, Salz, Muskatblüte und zuletzt das gehackte Karpfenfleisch. Fände man die Farce zu weich, so fügt man ein wenig geriebenes Weißbrod, andernfalls etwas Wasser hinzu und streicht sie in die Lücken des Karpfens, so daß er seine vorige Gestalt wieder erhält, bestreut ihn mit Zwieback, legt ihn nebst Butter auf Speckscheiben in eine Pfanne, die gefüllte Seite nach oben, und läßt ihn unter öfterem vorsichtigen Begießen im Ofen gahr und gelb werden.

Kann man einen Deckel mit Kohlen auf die Pfanne legen, so wird der Karpfen noch besser.

23. Ganzer Karpfen gebacken. Der Karpfen wird geschuppt, gewaschen, nicht der Bauch, sondern der Rücken aufgeschnitten, eingesalzen, nach einer Stunde abgetrocknet, in Ei und Brodkrumen umgewendet, in einer flachen Pfanne in kochender Butter oder mit Schmalz schön gelb gebacken und heiß angerichtet. Die Pfanne darf man beim Backen der Fische nicht zudecken, weil sie sonst weich werden; dasselbe geschieht auch, wenn man sie nicht sofort zur Tafel gibt.

24. Kalter Karpfen mit Sauce. Nachdem der Karpfen geschuppt, wie gewöhnlich ausgeweidet, gut gespült und 1 Stunde eingesalzen ist, legt man ihn in eine Bratpfanne, gibt ¼ Quart Wein oder Weißbier, etwas Gewürz, Dragon, Petersilie und etwa 3 Unzen Butter hinzu und läßt ihn unter fleißigem Begießen langsam weich kochen. Dann läßt man ihn erkalten, gibt die Sauce Remoulade oder à la diable auf eine Schüssel, legt den Karpfen hinein und verziert den Rand mit Eiern und Petersilie.

25. Marinirter Karpfen. Man schuppe und nehme den Karpfen aus, schneide die Galle von der Leber und ziehe den Darm heraus; dann wasche man ihn, reibe die in- und auswendige Seite mit Salz, lasse ihn so eine Weile liegen, gebe dem Eingeweide wieder seinen vorigen Platz und trockne den Fisch ab. Man kann ihn auch zuvor spalten und in Stücke schneiden. Darauf bestreiche man ihn mit feinem Oel und lasse ihn auf einem Rost langsam gahr und gelbbraun werden; in Ermangelung eines Rostes kann man auch eine Pfanne dazu nehmen, man muß dann aber oft schütteln, damit er sich nicht ansetze. Sodann läßt man ihn erkalten, kocht Essig mit Zitronenschale, Schalotten oder Zwiebeln, ungestoßenem Gewürz, Muskatblüte, etwas Salz und einem Lorberblatt und gießt die Sauce, nachdem sie kalt geworden, darüber. Nach einigen Tagen ist der

Karpfen zum Gebrauch gut und hält sich einige Wochen, wenn die Brühe in der Hälfte der angegebenen Zeit einmal aufgekocht wird.

26. **Barsch (Bass) zu kochen auf holländische Art.** Die Bärsche werden nur auf dem Bauche mit einem Reibeisen geschuppt, so ausgenommen, daß Milch und Leber darin bleiben, gut gespült und etwa 10 Minuten in wenig kochendem Salzwasser gekocht, in welchem man zuvor mit einem Stück Butter und ganzen Pfefferkörnern ziemlich viel kleine Petersilienwurzeln, worauf noch einige grüne Blätter sind, hat weich kochen lassen. Man legt die Petersilienwurzeln beim Anrichten zwischen die Bärsche in eine Schüssel und bringt sie mit dem Wasser, worin sie gekocht sind, recht heiß und dampfend zur Tafel. Es werden Butterbrödchen dazu gereicht.

Eine Schüssel als Voressen. (Der Barsch bedarf mehr Salz als der Aal, weniger als die Forelle.)

27. **Barsch auf deutsche Art.** Wie in No. 26 gekocht, doch ohne Fischwasser angerichtet mit geschmolzener Butter, Senf, feingehackter Petersilie (jedoch jedes besonders) oder mit einer sauren Eiersauce und Kartoffeln zur Tafel gegeben.

28. **Auf andere Art.** Die Bärsche werden nicht, wie in No. 26, auf dem Bauche, sondern mit einem Reibeisen ganz geschuppt und gereinigt, mit kochendem Salzwasser, Zwiebeln, ganzem Pfeffer, Lorberblättern aufs Feuer gebracht und gahr gekocht. Dann hackt man 2 hartgekochte Eier mit Petersilie klein, rührt Muskat und gestoßenen Zwieback hinzu, legt die Fische in eine Schüssel, bestreut sie mit dem Gemengsel und gibt sie mit heißer Butter zur Tafel.

29. **Barsch mit Kapernsauce.** Man kocht solche nach No. 28 und richtet ihn mit einer Kapernsauce an.

30. **Barsch in französischer Sauce.** Die Bärsche, das Stück zu ¼ Pfund, werden geschuppt, ausgenommen, gut gewaschen, gesalzen und mit reichlich Butter in eine Kasserolle gelegt. Sobald sie an beiden Seiten durchgeschwitzt sind, streut man etwas Mehl darüber, kehrt die Fische darin um und gießt so viel weißen Franzwein hinzu, daß sie bedeckt sind. Zugleich gibt man etwas feingestoßenen Nelkenpfeffer, gehackte Petersilie, feingehackte Schalotten hinzu und läßt die Bärsche, fest zugedeckt, langsam gahr kochen, doch dürfen sie nicht im mindesten zerfallen.

31. **Hecht (Pickerel) blau zu kochen mit Butter und Meerrettig.** Hierzu nimmt man kleine Hechte, weidet sie aus und biegt den Schwanz in die Schnauze, doch darf man sie nicht lange in den Händen halten, weil sie sonst nicht recht blau werden. Dann macht man sie nach Nr. 17 blau und kocht sie etwas länger als Forellen. Man garnirt beim Anrichten die Hechte mit Petersilienblättern und gibt mit der heißen Butter zugleich geriebenen Meerrettig, mit Essig und etwas Zucker angerührt, dazu. Die Leber, welche als das Feinste am Hechte gilt, werde nicht vergessen, auch nicht, zuvor die Galle vorsichtig davon abzuschneiden. Salz wie bei Barsch.

32. **Hecht auf englische Art.** Die Hechte werden geschuppt, ausgenommen, gewaschen, in große Stücke geschnitten und in kochendem Salz-

wasser, mit Zwiebeln, Lorberblättern, ganzem Gewürz, einem Stück Butter und etwas Essig gekocht.   Wenn sie angerichtet sind, streut man geriebenen Meerrettig darüber und gießt dann braune Butter so heiß als möglich über dieselben, damit sie kraus werden.   Um die Brühe zu verlängern, kann man auch etwas Fischwasser hinzufügen, übrigens darf die Butter hierbei nicht geschont werden.

33. Hecht auf sächsische Art.   Der Hecht wird wie gewöhnlich in kochendem gesalzenem Wasser gahr gekocht.   Zugleich werden einige Eier hart gekocht und das Gelbe und Weiße, jedes besonders, so auch Petersilie fein gehackt.   Dann wird mit diesen drei Theilen ein Schüsselchen garnirt und solches mit brauner Butter zum Fisch gereicht.

34. Gedämpfter Hecht.   Man schneidet mit einem scharfen Messer die Schuppen dicht an der Haut weg, daß sie weiß werde, spaltet den Hecht und schneidet ihn in beliebige Stücke, spült ihn gut, läßt ihn in Salzwasser 5 Minuten kochen und legt ihn in einen anderen Topf.   Unterdeß hat man Kapern mit weißem Wein, etwas Fischwasser, Zitronensaft und Schale, einem reichlichen Stück frischer Butter und etwas geriebenem Weißbrod kochen lassen, welches man über den Hecht gießt und denselben darin ¼ Stunde langsam schmoren läßt.   Beim Anrichten kann man nach Belieben der Sauce einen Geschmack von Sardellen geben.   Dann rührt man ein Eidotter daran und bringt den Hecht heiß zur Tafel.

35. Hecht mit gelber Brühe.   Hierzu nimmt man gewöhnlich einen großen Hecht, biegt, wenn er gut gereinigt ist, den Schwanz in die Schnauze, läßt ihn auf einem Einleger, damit er ganz bleibe, in gesalzenem Wasser mit einem Stück Butter, wodurch das Fleisch milder wird, gahr kochen und dann etwas abtröpfeln, richtet ihn in einer tiefen, heißgemachten Schüssel an und füllt die Kapernsauce R. Nr. 8 recht heiß darüber.

36. Gespickter Hecht.   Man nimmt hierzu einen Hecht, so groß man ihn bekommen kann, etwa 10—15 Pfund schwer, zieht die Haut ab, salzt und spickt ihn recht fein und dicht und backt ihn in einer flachen Bratpfanne in reichlicher Butter unter fleißigem Begießen 1½ Stunde.   Dann streut man geriebene und durchgesiebte Semmel über den Fisch, gibt nach und nach 2—3 Obertassen saure Sahne darüber hin und begießt ihn vor dem Anrichten mit bräunlich gemachter Butter.   Die Sauce wird wie Bratensauce mit etwas kaltem Wasser gut und sämig gerührt und zum Hecht angerichtet.

37. Gebackener Hecht.   Die Hechte werden gut gereinigt, die großen gespalten und in Stücke geschnitten, die kleineren ganz gelassen.   Dann macht man Schnitt an Schnitt der Breite nach, doch nur durch die obere Haut, und salzt sie.   Nach ½ Stunde trocknet man sie ab, wendet sie in Ei und Weißbrodkrumen, für einen gewöhnlichen Tisch in Mehl um und läßt sie in einer offenen Pfanne, worin reichlich Butter oder Backfett gekocht und still geworden, kroß und hellbraun werden.   Damit der Fisch nicht wieder weich werde, darf man ihn nicht früher backen, bis es Zeit ist, ihn zur Tafel zu geben.

Der Hecht dient als Beilage zum Sauerkraut, auch zum Salat.

38. Gebratener Hecht. Wird zubereitet wie Forelle Nr. 18.

39. Hecht mit Parmesankäse und Zwiebeln (vorzüglich). Ein großer Hecht ist hierzu am besten. Derselbe wird geputzt, nachdem der Rückgrat herausgenommen, in 3 Finger breite Stücke geschnitten und das nöthige Salz darüber gestreut. Dann läßt man zu 5 Pfund Fisch 3 Unzen Butter in einer Kasserolle zergehen, gibt eine Handvoll fein geschnittene Zwiebeln dazu, läßt die Fischstücke darin gahr dämpfen und nimmt sie heraus. Alsdann rührt man 1 Eßlöffel feines Mehl in der Butter gelb, gibt unter stetem Rühren ¼ Quart dicke saure Sahne hinzu und gießt die Sauce in eine tiefe Schüssel. Die Fischstücke werden nun so viel als möglich von den Gräten befreit, in feingeriebenem Parmesankäse umgedreht, die bemerkte Schüssel lagenweise damit gefüllt, noch eine Handvoll Parmesankäse darüber gestreut und im Backofen gelbbraun gebacken.

40. Hecht in Eiersauce (desgleichen). Es wird dem Hecht der Schwanz in die Schnauze geklemmt, mit halb Essig halb kaltem Wasser, etwas Zwiebeln, zwei Lorberblättern, einigen Pfefferkörnern, einer halben bis ganzen Petersilienwurzel und dem nöthigen Salz in einer nicht zu weiten Kasserolle, damit die Brühe nicht zu lau werde, aufs Feuer gesetzt und gekocht. Ist es gahr, so hebt man ihn vorsichtig auf eine heiß gemachte Schüssel, gießt folgende Sauce darüber und deckt ihn zu.

Man löst 1 Löffel Mehl in einem Stück kochender Butter auf, rührt unterdeß 10 Eidotter mit knapp 1 Quart kräftiger Bouillon an, gibt solches in das aufgelöste Mehl und läßt es unter beständigem starken Rühren zum Kochen kommen: dann fügt man vorher gahr gemachte Champignons, Krebsschwänze, Krebsbutter und etwas Zitronensaft hinzu und richtet die Sauce über den Hecht an.

41. Gebackener Hecht mit saurer Sahne. Der Hecht wird, in passende Stücke geschnitten, in eine irdene Bratpfanne gelegt. Zu 3 Pfund Hecht werden alsdann 2 Lorberblätter, einige Zwiebelscheiben, Salz, 2 Unzen Butter, ¼ Quart saure Sahne gegeben und etwa 20 Minuten in einem heißen Ofen gebacken, während der Fisch mehrere Male mit dieser Sauce begossen und mit gestoßenem Zwieback oder Parmesankäse bestreut werden muß. Beim Anrichten wird die Sauce mit etwas Bouillon zusammengerührt, mit Zitronensaft oder etwas Essig vermischt und über den Fisch gegossen. Lorberblätter und Zwiebelscheiben werden entfernt.

42. Gebackener Hecht (vorzüglich). Nachdem der Hecht wohl gereinigt, auf beiden Seiten gespickt und etwas gesalzen ist, wird er in gelbbrauner Butter angebacken, dann kommen fein geschnittene Zwiebeln daran, wenn solche durchgeschmort sind, wird Wasser hinzugefügt. Nach zehn Minuten Kochens kommt ein etwas gewässerter, feingeschnittener Häring, gestoßener Zwieback, etwas Essig, gestoßener Pfeffer und Muskat-

nuß, auch das vielleicht noch nöthige Salz hinzu. Die Sauce muß ganz
sämig sein.

43. Hecht-Fricassee. Man gibt ein reichliches Stück frischer But=
ter in eine irdene Schüssel, legt den wohlgereinigten, in Stücke geschnitte=
nen Hecht hinein, gibt weißen Wein, einige Zitronenscheiben, woraus die
Kerne genommen sind, feingehackte Sardellen und Salz dazu und streut
feingestoßenen Zwieback oder altes geriebenes Weißbrod darüber, läßt ihn
fest zugedeckt ¼ Stunde oder so lange dämpfen, bis er gahr ist, richtet ihn
an, rührt einige Eßlöffel dicke saure Sahne zu der Sauce und gießt solche
über den Fisch.

Reis zu Ragout (siehe Abschnitt XI. No. 16) wird als Rand um das
Fricassee angerichtet.

44. Hechtsalat. Die Angabe ist unter Salate (XVI. No. 5) zu
finden und wird hier nur darauf hingewiesen.

45. Zander (Pike), auch Sandart genannt, zu kochen. Der
Zander wird geschuppt, ausgeweidet, von den Flossen befreit und tüchtig
gewaschen. Ist der Fisch groß, so wird er, um beim Herausnehmen das
Zerbröckeln zu vermeiden, am besten auf einem Fischheber gekocht, in Er=
mangelung ziehe man mittelst einer Packnadel einen Bindfaden durch den
Schwanz und die Augen, binde ihn zusammen, stelle den gekrümmten Fisch,
die Rückseite nach unten, mit kaltem Wasser bedeckt und dem nöthigen Salz
aufs Feuer, schäume ihn beim Aufwallen ab und lasse ihn nicht zu stark,
aber durch und durch gahr kochen. Beim Anrichten lege man ihn auf eine
erwärmte Schüssel, schneide den Bindfaden kurz ab und ziehe ihn behutsam
heraus. Der Fisch wird mit feingehackter Petersilie bestreut und eine
Krebs= oder Austernsauce, oder die sächsische Fischsauce dazu gegeben.

46. Gebackener Zander oder Sandart mit Kräuterbutter.
Der Zander wird wie bemerkt vorgerichtet, auf beiden Seiten Schnitt bei
Schnitt eingekerbt, gesalzen und nach einer Stunde abgetrocknet. Dann
vermischt man einige rohe Eidotter mit dem Safte einer Zitrone, gehackten
Schalotten und Petersilie, halb frischer Butter und halb Sardellenbutter
und bestreicht den Fisch damit, legt ihn in eine mit Speckscheiben versehene
Pfanne, bestreut ihn mit Brodkrumen und läßt ihn in einem heißen Ofen
backen, während man zuweilen etwas weißen Wein darunter gießt. So=
bald der Zander gahr geworden und eine gelbbräunliche Kruste erhalten
hat, wird er sofort angerichtet und eine Krebs- oder Austernsauce dazu
gegeben.

47. Zander zu backen. Derselbe wird wie Hecht in reichlich But=
ter gebacken, angerichtet, etwas Weinessig zu der braunen Fischbuttter ge=
rührt und unter den Fisch gegeben.

48. Maifische (Shad) zu mariniren. Man verfahre damit wie
beim Aal zu mariniren No. 2 (s. No. 16).

49. Mai-Pieren (Rümpchen—kleine Fische) zu kochen. Es
werden diese weder geschuppt noch ausgenommen, nur mit etwas Salz ge=
rieben, auf einem Durchschlag, der in Wasser gestellt wird, gewaschen.

Zugleich wird Wasser und Salz, einige Lorberblätter, reichlich Pfefferkörner und Schalotten oder kleine Zwiebeln aufs Feuer gesetzt und eine Weile gekocht, damit das Gewürz ausziehe. Nachdem die Pieren hineingeschüttet, wird nach einigen Augenblicken der Topf abgesetzt, weil solche kaum des Kochens bedürfen. Sie werden alsdann mit dem Gewürz angerichtet und kalt mit Oel und Essig zur Tafel gegeben.

50. Weißfisch (Whitefish) auf Kohlen gebraten. Nachdem der Fisch gereinigt und abgetrocknet, werden, wenn er nicht zu groß, kleine Einschnitte auf beiden Seiten gemacht (ist er groß, spaltet man ihn in zwei Theile) dann mit Pfeffer und Salz bestreut, mit etwas geschmolzener Butter leicht bestrichen und auf dem für diesen Zweck gemachten Draht- oder Eisenrost (Broiler) bei gutem Holzkohlenfeuer auf beiden Seiten schön gelb gebraten. Der Rost muß jedoch heiß gemacht werden, ehe man den Fisch darauf thut. Wenn der Fisch gahr, nimmt man ihn behutsam vom Rost und servirt ihn mit einer a la Maitre d' Hotel-Sauce, die auf folgende Art gemacht wird.

Zu ¼ Pfund Butter, welche man auf dem Feuer zergehen ließ (dieselbe darf aber nicht zu heiß werden oder gar kochen!), nimmt man den Saft einer Zitrone, ein kleines Bündel Petersilie, feingehackt, und etwas feingemachten Pfeffer, rührt alles zusammen und giebt es zu dem Fisch.

51. Muskallongen (Muskallonges) zu bereiten. Man behandelt ihn ganz wie Hecht (No. 31 usw.), mit dem er überhaupt viele Aehnlichkeit hat.

52. Aesche (Greyling) zu bereiten. Ganz wie Weißfisch (No. 50.)

53. Katzenfisch (Catfish) zu bereiten. Derselbe wird meistens abgesotten und mit einer Buttersauce gegeben, oder er wird im Fett gebraten.

B. See= und Salzwasserfische.

54. Stör (Sturgeon) zu kochen. Ist der Stör geschlachtet und ausgeweidet, so legt man ihn in einem Tuche zugeschlagen 1—2 Tage im Keller auf einen Stein, weil sein Fleisch, frisch gekocht, zähe ist. Vor dem Gebrauch reibt man ihn einigemal mit Salz und Wasser ab, damit alles Schleimige entfernt werde, und schneidet ihn je nach seiner Größe in 5 12 Theile, welche nach dem Kochen in beliebige Stücke zerlegt werden. Man bringt ihn mit kaltem Wasser und einer Handvoll Brennnesseln — diese befördern das Weichwerden und zugleich das Herausziehen des Thranes — aufs Feuer, läßt ihn langsam zum Kochen kommen und unter fortwährendem Schäumen ½ Stunde langsam kochen. Dann legt man ihn in frisches kochendes Wasser, gibt etwa 6—10 Zwiebeln, einige Lorberblätter, 1 Dram Nelken, 4 Drams Pfefferkörner und 1 Bund Thymian, Salbei und Majoran hinein und läßt ihn nochmals bis zu 1 Stunde ganz langsam kochen, während man alles Fett sorgfältig abnehmen muß. Erst wenn der Fisch weich ist, gibt man Salz dazu, läßt ihn zum Aufnehmen desselben noch eine Weile im Fischwasser liegen, nimmt ihn dann heraus, entfernt alle hervorstehenden Knorpeln, zerlegt die Stücke, wie schon bemerkt, in kleinere Theile und gibt Butter und guten Senf oder eine Peter-siliensauce dazu.

Die übriggebliebenen Stücke kann man bei Hinzugeben von Essig in der Fischbrühe mehrere Tage aufbewahren und mit Oel, Essig, Pfeffer, Senf und feingehackten Zwiebeln serviren.

55. Stör-Cotelettes. Man nimmt hierzu das übriggebliebene Fleisch aus der Brühe, schneidet es in fingerdicke Scheiben, tunkt sie in Eier, Pfeffer und gehackte Schalotten, wälzt sie in gestoßenem Zwieback und bäckt sie in gelbbrauner Butter an beiden Seiten rasch hellbraun. Man gibt sie zu jungen Wurzeln (Möhren) oder allein mit in Butter braun gemachten Zwiebeln.

56. Stockfisch (Cod-fish) gut zu kochen. Der Stockfisch heißt in frischem Zustande Kabliau, gesalzen Laberdan, getrocknet Stock- oder Klippfisch. Der Langfisch ist dem Rundfisch vorzuziehen, und der, welcher von weißlicher Farbe, jedoch vors Tageslicht gehalten röthlich erscheint, der beste. Man rechne vom Stockfisch in trockenem Zustande auf 3 Per-sonen 1 Pfund.

Um denselben weich und ansehnlich zur Tafel zu bringen, richte man sich nach folgender Vorschrift. Wünscht man den Stockfisch Freitags zu kochen, so lege man ihn spätestens Dienstag Morgen früh ein. Vor dem Einlegen bedecke man ihn ½ Stunde mit Wasser, klopfe ihn dann mit einem hölzernen Hammer anfangs nicht so stark, nach und nach derber und so lange, bis er locker geworden ist; doch darf er nicht zersetzt werden, wo er dann in 3—4 gleiche Stücke gehauen wird. Zum Erweichen kann man so-wohl Pottasche als Soda anwenden. Letztere ist indessen vorzuziehen, da sie nicht nur wohlfeiler ist, sondern auch weniger leicht einen unangeneh-men Geschmack zurückläßt. Zu jedem Pfunde Stockfisch ist 1 Unze kleinge-stoßener Soda ein richtiges Verhältniß. Man lege die Stücke in einen Steintopf, mit der Soda bestreut, auf einander, bedecke sie reichlich mit weichem Wasser und stelle den Topf bis Donnerstag Morgen, also 2 Tage und 2 Nächte, an einen ganz kalten Ort; in einer warmen Küche würde ein Beigeschmack entstehen. Dann drücke man die Stücke aus, mache die Schuppen von der Haut und inwendig alles Unreine heraus, schneide die Flossen weg, spüle den Fisch ab und lege ihn in frisches weiches Wasser. Das Wechseln des Wassers muß bis zum nächsten Morgen dreimal gesche-hen, wobei jedesmal das Ausdrücken nicht versäumt werden darf.

Beim Zubereiten des Stockfisches lege man die Stücke aufeinander in ein Tuch und bringe sie 3 Stunden vor dem Gebrauch in einem Topfe, wo-rin ein alter Teller liegt, mit kaltem weichem Wasser aufs Feuer. Durch das Einlegen in ein Tuch bleiben die Stücke ansehnlicher. So lasse man den Stockfisch erst langsam heiß werden, dann ziehen, n i c h t k o c h e n, auch nicht einmal zum sogenannten Krimmeln kommen. Beim Anrichten lege man das Tuch auf einen Durchschlag, dann die Stücke auf eine heißge-machte Schüssel, streue feingeriebenes Salz lagenweise darüber, decke die Schüssel zu und stelle sie so lange auf den Fischtopf, bis die Kartoffeln an-gerichtet sind.

Zu 1 Pfund Stockfisch, im trockenen Zustande gerechnet, gehört zum Ueberstreuen 1—2 Unzen Salz. Wünscht man denselben im Wasser zu salzen, so wird, nachdem ein Theil des Stockfischwassers entfernt worden ist, so viel Salz als nöthig ist, ¼ Stunde vor dem Anrichten hinein gethan.

Zur Sauce ist für die meisten Personen reichlich geschmolzene Butter und guter Senf am angenehmsten, indeß sind auch billigere Saucen nicht zu verwerfen. Neben der Travemünder Sauce kann man auch Wasser, etwas Milch und Fischbrühe kochen, mit wenig Stärke gebunden machen und dann Butter und Senf durchrühren, nicht kochen.

Anmerkung. Wird mehr Stockfisch gekocht als gegessen wird, so kann das Uebriggebliebene in zurückgehaltener Brühe erwärmt werden. Auch kann man nachstehendes Gericht davon bereiten.

57. Stockfisch mit Sahne. Uebriggebliebenen Stockfisch befreie man von allen Gräten, lasse Butter in einer Kasserolle schmelzen, eine fein-gehackte Zwiebel und etwas Mehl darin gelb werden, rühre Sahne hinzu und lasse es langsam kochen. Darnach lege man den Fisch nebst etwas feingehackter Petersilie und Salz hinein, lasse ihn darin recht heiß werden und richte ihn an.

58. Laberdau (Salted Cod-fish). Wünscht man diesen stark ge-salzenen Fisch recht weich zu haben, wässere man ihn bei Anwendung von Soda wie Stockfisch 3 Tage lang. Dann bringe man ihn mit kaltem wei-chen Wasser und einem Stückchen Butter aufs Feuer und lasse ihn 2 Stun-den langsam ziehen, nicht kochen.

Es passen dazu dieselben Saucen wie zum Stockfisch, auch ist Peter-siliensauce zu empfehlen.

59. Frischer Kabliau (Cod-fish). Man schuppt den Kabliau, nimmt das Eingeweide heraus und entfernt die Flossen, wäscht ihn und schneidet Kopf und Schwanz nicht zu kurz ab, das Mittelstück in 2—3 Finger breite Stücke; der Kopf des Kabliau, welcher für viele eine Deli-katesse ist, wird, wenn er nicht gar zu groß ist, in 2 Theile gehauen und 5 Minuten vorab in scharf gesalzenes kochendes Wasser gelegt, darnach werden die übrigen Stücke hinzugegeben und noch 10—15 Minuten bei stetem Abnehmen des Schaumes gekocht. Sobald der Fisch gahr ist, richte man ihn auf einer heißgemachten Schüssel an, garnire die Schüssel mit Petersilienblättern und gebe Butter und Senf (erstere darf nicht kochen) und abgekochte Kartoffeln dazu, oder man wähle eine andere belie-bige Sauce, etwa von Sauerampfer, Petersilie, Garnelen (Granat), Austern. Bei großen Essen wird neben geschmolzener Butter noch eine zweite Sauce gereicht. Soll der Fisch ganz zur Tafel, wodurch er safti-ger bleibt, so legt man ihn auf einem Fischheber in kaltes gesalzenes Wasser und kocht ihn auf raschem Feuer wie bemerkt worden. Die Leber kann ihres thranigen Geschmackes wegen nicht gebraucht werden.

60. Gesalzener Kabliau. Zum Versenden wird der frische Kabliau gesalzen. Nachdem er wohl gereinigt, lege man ihn je nachdem er schwächer oder stärker gesalzen, einige Stunden bis eine Nacht in Was-ser, bringe ihn mit kaltem weichen Wasser und einem Stückchen Butter aufs Feuer und lasse ihn bei öfterem Abschäumen langsam weich kochen, wobei man etwa auf ¼ Stunde rechnen kann. Man thut wohl, vor dem Kochen ein wenig vom Kabliau zu versuchen, um nöthigenfalls das Wasser noch etwas nachzusalzen.—Saucen wie bei frischem Kabliau.

61. Schellfisch zu kochen. Der Schellfisch wird geschuppt, ausgeweidet, gewaschen und je nach der Größe in 3—4 Theile geschnitten. Nochmals abgespült thut man denselben in kochendes, nicht zu schwach gesalzenes Wasser und nimmt den Schaum ab. Wenn dies zu kochen beginnt, ist der Fisch gahr, weiter kochen darf er nicht. Zum Aufnehmen des Salzes läßt man ihn noch eine Weile im Fischwasser und richtet ihn recht heiß an.

Beim Versenden werden die Schellfische mitunter ausgeweidet und stark gesalzen. In diesem Falle setzt man sie mit kaltem Wasser aufs Feuer und nimmt hinsichtlich des Salzens beim Kochen Rücksicht darauf, weshalb zu rathen ist, vorher zu versuchen, ob die Fische wenig oder stark gesalzen sind.

Man gibt gekochte und recht heiße Kartoffeln, geschmolzene Butter und guten Senf oder eine Senfsauce dazu.

Anmerkung. Beim Ausweiden der Schellfische finden sich häufig lange Würmer. Es ist dieses freilich nicht appetitlich, indeß sind solche Fische dadurch nicht unbrauchbar.

62. Schellfisch mit Spargel gestovt. Der Schellfisch wird gereinigt, von den Gräten befreit, gesalzen und in kleine Stücke geschnitten, dann werden diese abgetrocknet, in geschlagenes Ei und Muskatnuß getunkt, in geriebener Semmel umgewendet und in heißgemachter Butter gelbbraun gebacken. Unterdeß läßt man gereinigten und in 2 Theile geschnittenen Spargel (die Köpfe werden, damit sie nicht zerkochen, etwas später hinzugegeben) in gesalzenem Wasser gahr kochen und mit dem Schellfisch in etwas Fleischbrühe, Butter, gestoßenem Zwieback und Muskatblüte eine Weile stoven. Die Sauce rührt man mit Eidottern und etwas Zitronensaft ab.

63. Schellfischschwänze zu backen. Die Schwänze werden, nachdem die Fische gereinigt sind, ¼ Fuß lang abgeschnitten, eine Stunde eingesalzen, wie Kabliau gebacken und zu grünen Gemüsen, auch zu Kartoffelsalat gegeben.

64. Steinbutt (Turbot) zu kochen. Steinbutt gilt für die Krone aller Fische, dessen Kopf, Schwanz und Flossen für viele die delikatesten Theile sind. Nachdem er geschuppt und vorsichtig ausgeweidet ist, damit die Galle unverletzt von der Leber entfernt werden kann, schneide man die auf der schwarzen Seite unter der Haut befindlichen Steinchen heraus, wasche den Fisch mit Salz und Wasser, schneide den Schwanz reichlich eine halbe Hand lang und den Kopf so weit ab, daß ein fingerbreiter Rand von Fleisch daran bleibt und jedes Stück eine Portion liefert. Dann schlage man mit Messer und Hammer das Mittelstück der Länge nach glatt durch und theile auf gleiche Weise die beiden Hälften der Breite nach in passende Stücke. Darnach lege man sie mit einer Hand voll Salz in etwas kaltes Wasser, lasse sie ¼ Stunde darin liegen und koche sie in gut gesalzenem kochendem Wasser bei Abnehmen des Schaumes etwa 10 Minuten, wo man dann durch leichtes Herausziehen einer Flosse das Gahrsein erproben kann.

Wünscht man den Fisch ganz zu kochen, so lege man ihn auf einen Fischheber, in Ermangelung binde man ihn in eine Serviette und stelle ihn, mit einem alten Teller darunter, mit kaltem gesalzenem Wasser aufs Feuer. Sobald er gahr ist, ziehe man den Heber heraus, lasse das Wasser ablaufen, lege den Fisch auf eine warme Schüssel und garnire ihn mit Petersilie.

So lange im März und April die Sauerampferblätter noch recht zart sind, paßt eine Sauerampfersauce, zur anderen Zeit eine Krebs-, Garnelen- oder gerührte Buttersauce dazu. Auch wird man gut gekochte Kartoffeln mit langsam geschmolzener Butter, Zitronensaft und Senf angenehm dazu finden.

65. Butte (Halibut) zu backen. Nachdem dieselben gut gereinigt sind, bestreue man sie mit Salz, lasse sie 1—2 Stunden stehen, trockne sie ab, kerbe die Haut Schnitt bei Schnitt ein, bestreiche sie mit zerschlagenem Ei, wozu etwas Wasser genommen wird, bestreue sie mit Zwieback und backe sie in gelbgemachter Butter oder heißem Schmalz in offener Pfanne auf beiden Seiten rasch hellbraun und recht kroß. Da dieser Fisch sehr leicht weich bleibt oder nach dem Backen wieder weich wird, so gehört dazu ein nicht zu schwaches Feuer und ein schnelles Anrichten, auch darf die Schüssel nicht bedeckt werden. Man gibt ihn zu Kopf-, Sellerie- und Kartoffelsalat.

Man kann ihn auch, in Scheiben geschnitten, wie Weißfisch auf dem Roste braten und mit einer Maitre d'Hotel-Sauce geben.

Oder wie Schmelt, in Eiern und Brod oder Biscuit, mit grünen Erbsen als Beilage.

66. Schollen (Plaices) zu kochen. Nach dem Schuppen nimmt man die Schollen auf der weißen Seite aus, schneidet Kopf und Flossen davon ab, wäscht sie in- und auswendig, bestreut sie mit Salz, gießt Essig darüber, und läßt sie so einige Stunden stehen, wodurch das weiche Fleisch etwas fester wird. Dann legt man sie in gesalzenes kochendes Wasser und läßt sie nicht zu weich werden. Man gibt eine saure Eiersauce, Senf und gut gekochte, recht dampfende Kartoffeln dazu.

67. Schollen zu backen. Große Schollen werden, wenn sie nach vorhergehender Nummer gereinigt sind, in Stücke geschnitten, kleine bleiben ganz. Man legt sie 2 Stunden lang in scharf gesalzenes, wo möglich hartes, mit etwas Essig vermischtes Wasser, trocknet sie dann ab und verfährt übrigens damit wie Butte zu backen.

68. Seezungen (Soles) zu kochen. Die Seezungen haben eine weiße und eine graue Seite, erstere wird geschuppt, letztere vom Schwanz aufwärts abgezogen. Man entfernt den Kopf, Spitze des Schwanzes und Flossen, nimmt das Eingeweide heraus, wäscht sie einigemal mit kaltem Wasser und legt sie eine Stunde in Salzwasser. Darnach werden sie in gesalzenem kochendem, mit Zwiebeln und grobem Gewürz versehenem Wasser in einigen Minuten gahr gekocht. Beim Anrichten verziert man den Rand mit grünen Blättchen nebst Zitronenscheiben. Man gebe dampfende Kartoffeln und nach Belieben eine Krebs= oder gerührte But= tersauce mit Senf dazu.

69. Gebackene Seezunge mit Sauce. Zum Backen und Fri= cassee ist es besser, die Seezungen auf beiden Seiten abzuziehen. Es ge= schieht dies sehr leicht, indem man die Spitze des Schwanzes 1 Minute an die Flamme eines brennenden Lichts hält, diese mit einem scharfen Messer etwas löst und dann die ganze Haut rasch herüberzieht. Hierauf schneidet man die Zunge in grade oder schräge Stücke, salzt diese 1—2 Stunden ein, trocknet sie sauber ab, macht zum schnelleren Gahrwerden mit einem schar= fen Messer an beiden Seiten zwei leichte Einschnitte, bestreicht sie mit Ei und Muskatnuß, bestreut sie mit gestoßenem Zwieback und brät sie in gelbgewordener Butter bei öfterem Begießen gahr, kroß und dunkelgelb.

Man garnirt die Schüssel wie bei gekochten Seezungen und gibt eine Kapern-, Krebs= oder Sardellensauce dazu, oder richtet sie, wie es in Hol= land üblich ist, zu einer Schüssel gutem Kopfsalat an. In Bremen ist es üblich, Kartoffelsalat dazu zu geben.

70. Gebackene Seezungen mit Zitronensaft. Die Seezungen werden wie in vorstehender Anweisung vorgerichtet, 1—2 Stunden in Essig, Salz, gehackte Schalotten und Gewürze gelegt und dann wie be= merkt worden gebacken. Zu der braunen Butter in der Pfanne gibt man Zitronensaft und gießt sie über den angerichteten Fisch.

Derselbe wird als feine Beilage zu jungen Erbsen oder allein mit einer Garnelen= (Granat=) Sauce gegeben.

71. Dorsch (Torsk) zu kochen. Der Dorsch ist einer der zartesten Seefische, dem Schellfisch ähnlich. Derselbe wird von Schuppen, Einge= weiden und Flossen befreit, gut gewaschen, in passende Stücke geschnitten, in scharf gesalzenem Wasser einige Minuten gekocht. Da sein Fleisch leicht zerfällt, so kann man ihn wie Steinbutt behandeln. Man richtet ihn auf einer heißen Schüssel an und gibt die Travemünder Sauce dazu.

72. Makrelen (Mackerels) zu kochen. Die Makrele ist ein fetter, weichlicher Fisch. Man weidet ihn so nahe als möglich am Kopfe aus, wäscht und legt ihn eine Stunde in starkes Salzwasser nebst einem tüchtigen Guß Essig, kocht ihn ganz oder in Stücke zertheilt. Im ersten Fall legt man ihn in runder Form auf eine Schüssel und gießt heißen Essig darüber. Unterdeß läßt man in gesalzenem Wasser, Zwiebeln, Dragon, Thymian, Basilikum, Pfeffer und Nelken auskochen, bringt die Makrelen, wie bei Steinbutt zu kochen bemerkt worden, auf Heber oder Schüssel hinein, kocht sie unter Abnehmen des Schaumes und Hinzugießen von Essig einige Minuten und gibt die Travemünder Sauce dazu.

73. Makrelen in Marinade. Die Fische werden vorgerichtet und gekocht wie im Vorhergehenden, doch nimmt man halb Wasser halb Essig zu den bemerkten Kräutern. Wenn sie gahr sind, werden sie aus der Brühe genommen und nachdem diese erkaltet ist, wieder hineingelegt.

Wenn Fische, welcher Art sie auch sein mögen, in der Brühe erkalten, verlieren sie den feinen Geschmack.

Beim Gebrauch richtet man sie mit Petersilienblättern an und gibt Oel, Essig, Pfeffer und Senf dazu oder servirt sie zu Kartoffeln in der Schale mit frischer Butter.

74. Beignets von übriggebliebenem Fisch. Man macht eine Farce von einem Stück zerrührter Butter, etwas Muskatnuß und Salz, einigen Eiern, Zitronenschale, geriebenem Weißbrod, etwas Wasser und dem übriggebliebenen, von allen Gräten befreiten und feingehacktem Fisch, formt davon fingerlange und zwei Finger breite Stückchen, wälzt sie in Ei und gestoßenem Zwieback, worunter man Parmesan- oder holländischen Käse mischen kann, und backt sie in Butter hellbraun. Man kann sie mit in Butter gebackener Petersilie garniren und zu Kopf- oder feinem Kartoffelsalat geben.

75. Kaviarschnitten (nach der Suppe, zum Nachtisch, sowie auch zum Frühstück). Es werden Butterbrödchen von gerösteten Semmelschnitten gemacht und reichlich mit Kaviar bestrichen, feingehackte Zwiebeln und Zitronenstückchen dazu gegeben. Auch werden geröstete Semmelschnittchen und Zitronenstückchen, sowie auch der Kaviar zur beliebigen Bedienung jedes besonders gereicht.

76. Sardellen- (Anchovy-) schnittchen (eine beliebte Schüssel nach der Suppe). Milchweißbrod wird in Schnitten, entweder geröstet oder mit Butter in einer Pfanne gelb gemacht, oder in Milch und Ei eingeweicht und in Schmelzbutter rasch gelb gebraten. Alsdann werden die Schnittchen mit der unten bemerkten Sauce bestrichen und mit Sardellen, wie zum Butterbrod vorgerichtet (A. No. 30), belegt. Mit diesen Schnittchen wird der Rand einer Schüssel angefüllt und zwar so, daß die eine Hälfte der Schnitten die andere bedeckt. In die Mitte der Schüssel werden verlorene, halb durchgeschnittene Eier, die offene Seite nach oben gelegt und folgende Kräutersauce darüber angerichtet: Die Dotter 4 hartgekochter Eier werden fein gerieben, gehackte Kräuter, als: Dragon, Petersilie und Pimpinell, ferner ¼ Quart Bouillon, 2 Eßlöffel feines Oel, 1—2 Eßlöffel scharfer Weinessig, Kapern, Senf und etwas Pfeffer nach und nach dazu gerührt.

77. Stettiner Sardellenschnittchen (nach der Suppe). Sardellen werden wie zum Butterbrod (siehe unter Vorbereitungsregeln) vorgerichtet. Milchbrödchen, welche vor dem Backen nicht eingeschnitten, werden in fingerdicke Scheiben getheilt und auf dem Rost oder im Ofen dunkelgelb geröstet. Sind die Scheiben zu dünn geschnitten, so werden sie von der Hitze krumm gezogen. Zugleich kocht man frische Eier hart, trennt das Gelbe vom Weißen, hackt ersteres recht fein, desgleichen auch Petersilie, welche nach dem Waschen vor dem Hacken oder Schneiden in einem Tuche ausgedrückt wird, damit die Nässe entfernt werde. Dann bestreiche man die Schnitten mit frischer Butter, lege auf jede der zwei Hälften eine Sardelle, in der Mitte ein Streifchen Petersilie und zu beiden Seiten das Eigelb.

78. Sardellenbutter zu Butterbrödchen nach der Suppe, zum Nachtisch und Frühstück, auch zum Würzen verschiedener Saucen. Die Vorschrift ist in den Vorbereitungsregeln zu finden (I. No. 22) und wird hier nur darauf hingewiesen.

79. Frischer Häring nach der Suppe. Der Häring wird wie in den Vorbereitungsregeln (I. No. 60.) bemerkt worden, vorgerichtet und in schräge Stückchen geschnitten. Dann wird ein kleines Wellchen frische Butter in die Mitte einer Schüssel gelegt, Häringe zu beiden Seiten, oder ein Kranz von Häringsscheiben um die Butter und zierliche Weißbrod= schnittchen, eins zur Hälfte auf dem andern liegend, rund herum geordnet. Die Schüssel wird mit einem Dessertmesser und einer Gabel versehen.

80. Frische Häringe (Herrings) zu backen. Man reinigt solche von Schuppen und Eingeweide, wäscht, salzt und trocknet sie ab, wendet sie in Ei um, dann in Zwieback und Muskatblüte und backt sie in gelber Butter.

81. Frische Häringe zu mariniren. Die Häringe werden ge= schuppt und ausgenommen, abgeputzt, mit gutem Oel bestrichen, mit Salz und gestoßenem Pfeffer bestreut und auf dem Rost auf beiden Seiten gahr und bräunlich geröstet. Dann legt man sie schichtweise mit Lorberblättern, Dragon, Thymian, Zitronenschalen und einigen Nelken in einen irdenen oder steinernen Topf, gießt mit etwas Salz gekochten und kaltgewordenen Weinessig darüber, bindet den Topf gut zu und stellt ihn an einen kühlen Ort.

82. Gesalzene Häringe zu räuchern. Dieselben werden gut ge= wässert, am besten in Milch gelegt, und darauf einige Stunden in den Rauch gehangen. Sie sind dem Kieler Sprott ähnlich und werden gleich diesem zum Butterbrod gegeben.

83. Gesalzene Häringe zu backen auf mecklenburgische Art. Es werden die Floßfedern abgeschnitten, Gräten, Roggen oder Milch ent= fernt und die Häringe in Milch gelegt, damit die salzigen Theile heraus= ziehen. Dann werden sie abgetrocknet, in einer Tunke von Wein, einigen Eidottern und etwas Mehl umgedreht und in heißer Butter gebacken.

Man gibt diese Häringe zu Sauerkraut (eingemachtem Weißkohl).

84. Gesalzene Häringe zu mariniren. Die Häringe werden geschuppt, nach dem Herausziehen der Milch, ohne aber den Leib aufzu= schneiden, gut abgewaschen und zwei Tage am besten in Milch, andernfalls in kaltes Wasser gelegt, damit das Salz gänzlich herausziehe. Darnach nimmt man auf 12 Häringe 1 Muskatnuß, 1 Unze weiße Senfkörner, 8 Stück Schalotten, 12 weiße Pfefferkörner, stößt dies alles klein und schiebt in jeden Häring einen Theil dieser Mischung. Dann legt man die Häringe schichtweise mit kleinen Zwiebeln, Pfefferkraut, Dragon, Thymian und Lorberblättern in einen Topf, zerrührt die Häringsmilch mit gutem Essig und gießt solches darüber.

85. Auf andere Art. Nachdem die Häringe wie im Vorherge= henden vorgerichtet, damit das Salz genügend herauszieht zwei Tage am besten in Milch, sonst in Wasser gelegen haben, das Eingeweide heraus=

genommen und der Leib glatt geschnitten ist, werden dieselben lagenweise mit ganzen Schalotten oder kleinen Zwiebeln, Kapern, Nelken, Pfeffer, Zitronenscheiben und einigen Lorberblättern in ein Einmacheglas oder einen Steintopf gelegt und mit Essig übergossen. Auch kann man die Häringsmilch durch ein Sieb und mit Essig zu einer dicklichen Sauce rühren und über die Häringe gießen.

Oder: Man schneidet die Häringe (den Sardellen gleich) in lange schmale Streifen, marinirt sie, wie gesagt worden, und vermischt die Sauce beim Gebrauch mit feinem Salatöl.

Zum Butterbrod sind sie nach letzterer Angabe sehr angenehm.

86. Häringe wie Neunaugen zu bereiten. Nachdem dieselben ausgewässert und abgetrocknet sind, schneidet man den Kopf an beiden Seiten etwas kleiner, sticht die Augen aus und brät sie auf einem Rost braun, legt sie mit Zitronenscheiben, Lorberblättern, grobgestoßenem Pfeffer und Nelkenpfeffer in einen Topf und gießt Salatöl darüber.

Man gibt sie zum Frühstück, auch zur Erbsensuppe.

87. Bücklinge (Red Herrings) zu braten. Wünscht man diese auf einem Rost zu braten, wodurch sie besser werden, als in einer Pfanne, so schneidet man sie am Rücken auf, nimmt das Eingeweide heraus, thut ein Stück Butter hinein, schlägt sie wieder zusammen, legt sie in ein mit Butter bestrichenes Papier und brät sie darin gahr. Hat man keinen Rost, so werden die Bücklinge an der entgegengesetzten Seite aufgeschnitten und nach dem Herausnehmen des Eingeweides (nicht aber der Milch) leicht in Butter gebraten.

Sie werden zum Sauerkraut angerichtet oder als Schüssel allein mit Rührei gegeben.

88. Hummer (Lobster) zu kochen. Die Oeffnung des Hummers muß mit einem zugespitzten Stückchen Holz verschlossen werden, weil sonst zu viel Wasser einzieht; dann wird derselbe in brausendem Wasser, welches wie Fischwasser reichlich gesalzen worden, gekocht. Gleich beim Hineinlegen muß man ein glühend gemachtes Eisen darin ablöschen, damit das Wasser nicht aus dem Kochen komme, und dies einige Minuten später wiederholen. Man läßt den Hummer je nach der Größe ½—¾ Stunde kochen und bestreicht ihn nach dem Herausnehmen mit einer Speckschwarte, wodurch er Glanz erhält. Bevor man ihn zur Tafel bringt, theilt man ihn der Länge nach mit Messer und Hammer in zwei Theile, diese der Breite nach in kleinere Stücke, knickt auch die Scheren ein, um bei Tafel das Fleisch leichter herausheben zu können, legt darnach die Theile so zusammen, daß sie ihre vorige Gestalt wieder erhalten, und garnirt die Schüssel mit Petersilienblättern.

Warm wird der Hummer mit Butter, feingehackter Petersilie und in 8 Theile geschnittenen Zitronen gegeben; kalt wird Provenceöl, Weinessig und Petersilie dazu gereicht.

89. Hummer-Fricassee mit Fischklößchen und Spargel. Gemästete Küken (junge Hähne) werden wohl gereinigt, in nicht zu viel Wasser und Salz aufs Feuer gebracht, gut ausgeschäumt, mit einem reichlichen

Stück Butter und Muskatblüte langsam gahr gekocht. Reichlich ¼ Stunde vorher gibt man recht zarten, gut abgeschälten und abgekochten Spargel hinzu.

Unterdeß nimmt man von dem gekochten Hummer das Fleisch aus Kopf, Schwanz und Scheeren, schneidet es in längliche Stücke, stößt Schalen, Kopf und Beine im Mörser nicht ganz fein und läßt dies in Butter langsam ¼ Stunde braten.

Sind die Küken weich geworden, so schneidet man mit einem scharfen Messer alles Fleisch in zierliche Stücke, füllt das Fett mit etwas Brühe darüber, gibt die Spargelköpfe hinzu und stellt es zugedeckt warm. In der übrigen Brühe kocht man kleingeformte Fischklöße (XIV. No. 3), welche zum Spargel gelegt werden. Dann rührt man so viel Mehl in die Butter, worin die Hummerschalen braten, als man zu einer Fricasseesauce bedarf, läßt es darin gahr werden, gießt Hühnerbrühe hinzu, kocht dies ¼ Stunde und gibt es durch ein feines Sieb. Diese recht sämige Sauce von frischer hellrother Farbe läßt man in dem ausgespülten Topfe mit dem Kükenfleisch, Spargel und den Klößen einige Minuten kochen, gibt das Hummerfleisch, welches wie Krebsfleisch nicht wieder kochen darf, hinzu, nimmt den Topf vom Feuer, rührt die Sauce mit 1—2 Eidottern ab, richtet das Fricassee in einer heißen Schüssel an und gibt Schnittchen von Blätterteig dazu.

90. Hummersalat mit Kaviarschnitten. Die Vorschrift findet sich unter den Salaten.

91. Garnelen (Squills). Die Garnelen werden lebendig in brausend kochendes, stark gesalzenes Wasser geschüttet, während sie ¼ Stunde kochen, läßt man einigemal ein glühendes Eisen darin ablöschen, wodurch sie eine schöne rothe Farbe erhalten.

92. Krebse (Crabs). Nachstehende Zubereitungsweise wurde uns von einem Kenner als die vorzüglichste empfohlen: Vorab werden die Krebse, welche lebendig sein müssen, in kaltem Wasser mittelst eines Handbesens sorgfältig gereinigt. Dann lasse man in einem unterdeß heiß gewordenen Kessel ein kleines Stück Butter zergehen, gebe einen Guß Essig, ein Bund Petersilie mit Dragon vermischt, zerstoßenen Pfeffer und Salz hinzu, und gebe die Krebse, wenn das Wasser stark kocht, hinein und rühre einigemal um. Sobald dieselben nach 10—15 Minuten eine rothe Farbe erhalten haben, werden sie vom Feuer genommen und pyramidenförmig über eine Serviette angerichtet und mit Petersilie garnirt.

93. Austern (Oysters) zu backen. Man tröpfelt etwas Zitronensäure auf die Austern, wendet sie in Ei und Muskatblüte und darauf in gestoßenem Zwieback um und läßt sie in einer sauberen Pfanne in kochender Butter steif werden; ein eigentliches Braten macht die Austern hart.

Als feine Würze und Verzierung zum Sauerkraut.

94. Rohe Austern. Man gibt dazu Catsup, Essig, Pfeffer und Salz, nach Belieben.

95. Flundern (Flounders) zu backen. Nachdem sie gereinigt, werden sie auf einer Seite eingeschnitten, darauf in eine flache Blechpfanne gelegt und mit Salz und Pfeffer bestreut, dann etwas geschmolzene Butter darüber gegossen, etwas fein gehackte Zwiebeln und Petersilie nebst feinen Brodkrummen darüber gestreut, noch einige kleine Stücke Butter oben auf; hiernach werden sie mit etwas Fleischbrühe oder Wasser auf der Seite begossen und im Ofen gebacken. Auch kann man etwas Wein unter die Fleischbrühe thun und sie als Sauce benutzen. (Auf solche Art kann man fast alle Fischarten zubereiten.)

Flundern können indeß auch wie Schmelts (Smelts), No. 96, zubereitet werden.

96. Schmelts (Smelts) zu backen. Nachdem sie gereinigt und abgetrocknet, werden sie leicht gesalzen, mit etwas Mehl bestreut, dann in Eier getaucht, in feingeriebenem Brode oder Biscuit umgewendet und in heißem Fette gebacken. Auch kann man sie, blos mit Mehl bestreut, in heißem Fett backen.

97. Fischpudding. Siehe unter Puddings.

—::— ——

VII. Verschiedenerlei selten vorkommende Speisen.

Dieser Abschnitt soll Aufschluß über einige Anforderungen der feineren Küche geben, und es fehlt ja auch in bescheidenen Haushalten nicht an besonderen Gelegenheiten, wo man einmal etwas Besonderes auftischen will.

1. Schildkrötensuppe (Turtlesoup). Mittelgroße Schildkröten sind den großen vorzuziehen, indem das Fleisch der letzteren gewöhnlich hart und zähe ist. Die Schildkröte wird am Morgen des vorhergehenden Tages bei den Hinterfüßen aufgehangen, der Kopf, sobald sie denselben lang aus dem Schilde streckt, ergriffen und mit einem scharfen Messer abgeschnitten. Darnach läßt man sie 4 Stunden hängen und ausbluten, legt sie auf ein Küchenbrett, schneidet die weiße Platte ringsum heraus und nimmt vorsichtig die Eingeweide weg, damit die Galle, welche bekanntlich an der Leber sitzt, unverletzt bleibt und gänzlich entfernt werden kann. Leber und Herz, auch wenn sich Eier vorfinden möchten, legt man in frisches Wasser, die Därme werden nur dann gereinigt und in Wasser gelegt, wenn man sie zu Würstchen verwenden will; den mit Stacheln versehenen Mastdarm brühe man zum Reinigen und Abziehen der Stacheln in heißem Wasser ab. Nach dem Herausnehmen der Gedärme schneidet man die Vorderfüße—Ruder genannt—mit ziemlich großen Fleischklumpen von der Seite heraus, die Hinterfüße enthalten kleinere Fleischstücke. Die Flossen werden, so weit die Außenseite geht, abgeschnitten, Füße und Bauchplatte in kochendem Wasser abgebrüht, wodurch die Haut schuppenweise abgezogen werden kann. Die Schildkröte ganz zu kochen, wie es auch wohl geschieht, ist nicht anzurathen, da alsdann viel Schleim und starker Geruch zurückbleibt.

Man wäscht nun das Fleisch gut ab, legt es einige Stunden in kaltes Wasser, wechselt solches mehremal und hängt das Fleisch auf, damit es über Nacht auslüfte. Am andern Tage setzt man Fleisch und Herz zur beliebigen Zeit mit schwacher Rindfleisch-Bouillon, welche schon am vorhergehenden Tage gekocht sein kann, und dem nöthigen Salz auf's Feuer, nimmt den Schaum sorgfältig ab, gibt ein Bündchen Dragon und Thymian, feingehackte Zwiebeln und eine Flasche weißen Wein hinzu, und läßt es, gut zugedeckt, langsam weich kochen. Dann nimmt man es aus der Brühe und schneidet es, nachdem es abgekühlt, in zierlich längliche Stückchen. Die Leber wird nicht mitgekocht, sondern in Butter weich gedämpft, beim Anrichten in Scheiben geschnitten und in die Terrine gelegt.

Die Schildkrötensuppe wird sowohl klar als gebunden gegeben, letzteres aber von den Meisten vorgezogen. Man macht dazu Mehl in Butter braun, rührt es mit Brühe fein und gibt es mehr zuletzt an die Suppe. Das Schildkrötenfleisch läßt man ¼ Stunde in der Suppe, sowohl in einer klaren als gebundenen, kochen, würzt sie mit Ingwer, Cayenne-Pfeffer, Nelken und Muskatblüte, dies alles pulverisirt; auch gibt man Klöße hinein, welche von etwas zurückgelassenem rohen Schildkrötenfleisch gemacht werden, wie folgt: Es wird dieses mit reichlich Ochsenmark möglichst fein zerhackt, dann noch im Mörser breiartig zerstoßen, mit Milchbrod, Eiern, Salz, Muskatblüte, abgeriebener Zitronenschale und weißem Pfeffer gut vermengt und Klößchen davon aufgerollt. Statt derselben kann man auch Kalbfleischklöße nehmen. Da Klöße überhaupt in einer gebundenen Suppe so leicht dicht werden, so geht man sicherer, sie in der Suppe zu kochen, ehe Mehl hineingegeben wird, und mit etwas kochender Suppe bis zum Anrichten in der Terrine heiß zu halten.

Hat man Kenner zur Tafel und hält es für gut, Schildkrötenwürstchen in der Suppe zu geben, so nimmt man dieselbe Farce, wie zu den bemerkten Klößen, mischt noch ein kleines Glas Cognac, etwas fein gehackte, in reichlich Ochsenmark geschwitzte Schalotten, noch etwas weißen Pfeffer und geriebene Leber durch, füllt diese Masse in die kleinen gereinigten Därme, kocht sie gahr und legt sie, in schräge Stücke geschnitten, beim Anrichten in die Terrine. Zuletzt werden die etwa vorgefundenen Eier nebst einer Flasche Madeira in die Suppe gegeben und diese sofort recht heiß auf Leber und Klößchen angerichtet.

Eine Schildkröte mittlerer Größe bedarf zum Kochen 1½—2, eine alte Schildkröte 3—3½ Stunden.

2. Suppe von marinirtem Schildkrötenfleisch. Wenn eine Suppe davon bereitet werden soll, so wird es in kleine viereckige Stücke geschnitten und in einer sehr kräftigen Espagnoll mit Madeira nur einmal aufgekocht, dann angerichtet.

Zur Espagnoll bestreicht man den Boden einer tiefen Kasserolle halb Finger dick mit frischer Butter, legt ein Pfund mageren rohen Schinken in Scheiben geschnitten darauf, dann 3—4 große in Scheiben geschnittene spanische Zwiebeln, eine Kalbsnuß, 2 alte Feldhühner oder 2 alte Tauben, ein altes Huhn und etwaigen Abfall von rohem oder gebratenem Geflügel, gießt zwei Füllöffel Fleischbrühe darauf und stellt die Kasserolle auf schwaches Feuer, wo man das Ganze langsam einkochen und lichtbraun anziehen läßt; indeß sei man recht aufmerksam, daß es nicht bränzlich werde. Dann wird es mit Fleischbrühe aufgefüllt, zum Kochen gebracht, ganz rein abgefettet, einige gelbe Mohrrüben, Porree und Pastinak dazu gethan und langsam gekocht. Unterdeß wird feines Mehl in ¼ Pfund frischer Butter eine Stunde langsam auf schwachem Feuer lichtbraun geröstet, mit Fleischbrühe glatt und dünnfließend angerührt, zu der anderen Brühe gethan und 2 Stunden lang ununterbrochen langsam gekocht, während man oftmals Fett und Schaum rein abnimmt und es dann durch ein Haarsieb gießt, wieder auf's Feuer bringt, eine halbe Flasche Madeira hinzufügt und solches unter starkem Rühren so lange einkocht, bis eine klare dickflüssige Brühe entstanden ist, der man zuletzt noch den Saft einer Zitrone beifügt.

3. Froschschenkel-Ragout. Hierzu werden die Froschschenkel mit Wasser, Essig und Salz in ein Gefäß gelegt, mit einem Besen gepeitscht und tüchtig gewaschen. Dann läßt man einen Stich Butter zergehen, legt sie nebst einigen Schalotten und etwas Salz hinein und dämpft sie, gut zugedeckt, beinahe gahr. Darnach stäubt man etwas Mehl darüber hin, gibt kräftige Bouillon, Muskatblüte und einige Zitronenscheiben hinzu, läßt die Froschschenkel vollends weich werden und rührt die Sauce mit Eidottern ab. Auch kann das Ragout mit in Bouillon oder gesalzenem Wasser gekochten Fleisch- oder Weißbrodklößchen umgelegt werden.

Anmerkung. Die Frösche werden durch einen schweren Hammerschlag auf den Kopf getödtet, und denselben darnach die Schenkel abgeschnitten.

4. Frische Froschschenkel zu braten. Nach dem Reinigen läßt man dieselben ¼ Stunde, mit Salz bestreut, stehen, wäscht sie mit kaltem Wasser, tunkt sie in geschlagenes Ei mit Muskatnuß, wälzt sie in Zwieback oder Semmel und backt sie in heißgemachter Butter während einer ¼ Stunde gelb.

5. Fischotter zu braten. Dieselbe wird in Stücke geschnitten, der Kopf entfernt und mit allen Sorten Kräutern, klein geschnittenen Wurzeln, Zwiebeln, Knoblauch, einigen Lorbeerblättern, Salz, grob gestoßenem Gewürz und einem Glas Essig 24 Stunden eingelegt. Dann macht man ein Stück Butter gelb, thut ein paar in Scheiben geschnittene Zwiebeln mit einigen ebenfalls klein geschnittenen Wurzeln hinein, legt die Fischotter-Stücke darauf und läßt sie zugedeckt dämpfen. Nach einiger Zeit wendet man die Stücke um, thut ¼ Quart rothen Wein, einen Füll= löffel gute Fleischbrühe und 3—4 in Butter gelb geröstete Weißbrod= schnittchen hinzu und läßt die Fischotter darin gahr werden, worauf man sie so lange in ein anderes Geschirr hinstellt, bis das Fett abgenommen ist. Hierauf gibt man die Sauce durch ein Sieb über die Fischotter und thut den Saft einer halben Zitrone hinzu.

6. **Fischotter in feinen Kräutern.** Die Fischotter wird nach vorhergehender Angabe eingelegt. Dann nimmt man einige Schalotten oder eine andere Zwiebel, ein Stückchen Knoblauch, etwas Petersilie, 1 Unze Kapern, 4 Sardellen, wenig Thymian und Basilikum, schneidet das alles fein, dämpft es in einer Kasserolle mit 4 Eßlöffel Provenceöl, legt die Fischotter-Stücke hinein, dämpft auch diese, während man sie einige= mal umlegt, und gießt dann ein Glas weißen Wein darüber. Nachdem dies eingekocht ist, streut man einen halben Eßlöffel Mehl darauf, thut einen Füllöffel gute Fleischbrühe, etwas Dragon und den Saft einer Zitrone oder etwas Essig dazu, läßt es aufkochen, nimmt das Fett ab und richtet an.

7. **Wilde Gans.** Zäher noch als eine alte zahme, ist eine alte wilde Gans. Daher nehme man die Gans nur, wenn sie jung ist, zum Braten. Andernfalls werde sie nach der Vorrichtung unter I. in kleine Stücke zertheilt, mit kochendem Essig, Lorberblättern und Nelken über= gossen und 8 Tage gebeizt, während täglich die Stücke umgelegt werden. Die Zubereitung ist wie Hasenpfeffer, doch lasse man den Zucker weg.

Zum Braten wird die Gans mit feingemachtem Salz in= und aus= wendig eingerieben, so auch mit Pfeffer und Muskatnelken, und wie Gans, doch ungefüllt, mit Butter und feinem Nierenfett weich und gelb gebraten. In der letzten halben Stunde eine halbe Tasse Sahne hinzugefügt, gibt eine angenehme Sauce.

8. **Wilde Ente.** Hinsichtlich der Verwendung richte man sich nach vorhergehender Bemerkung. Ist die Ente zum Braten bestimmt, so wird sie mit feingemachtem Salz und Pfeffer eingerieben, mit reichlich Butter und feinem Nierenfett aufs Feuer gebracht, zwei Lorberblätter, 2 Zitro= nenscheiben, 8 Wachholderbeeren hinzugethan, und nachdem die Ente, fest zugedeckt, auf beiden Seiten gelblich geworden, sehr wenig kochendes Wasser hinzugegossen und langsam zart und gelb gebraten. Etwas dicke Sahne ist bei der Zubereitung zu empfehlen. Die Sauce wird mit etwas kaltem Wasser zusammengerührt, mit etwas Fleischextrakt und einem Glas Rothwein durchgekocht und angerichtet.

Bei Zubereitung einer alten wilden Ente richte man sich nach Hasen= pfeffer, nehme dazu reichlich Zwiebeln, keinen Zucker.

9. **Schneehuhn.** Die Bereitung ist wie beim Feldhuhn, doch muß die ganze Haut mit den Federn vorher abgezogen werden.

10. **Wasserhuhn.** Die Haut wird ihres thranigen Geschmacks wegen abgezogen und das Huhn, mit Speckscheiben umbunden, wie wilde Ente gebraten.

11. Perlhuhn. Das Perlhuhn ist nur jung zu gebrauchen und wie Feldhuhn zu braten.

12. Fischreiher zu bereiten. Vom Fischreiher ist nur die Brust brauchbar und sehr wohlschmeckend, das Uebrige thranig. Man bestreue die Brust bei der Zubereitung mit dem nöthigen Salz, binde seine Speckscheiben darüber, lege sie in reichlich heißgemachte Butter und brate sie bei öfterem Begießen und späterem Hinzuthun von einer Tasse Sahne bei mäßigem Feuer weich und gelb. Die Sauce wird wie beim Hasenbraten gemacht.

13. Auerhahn zu braten. Zum Braten ist nur junges Auerwild zu empfehlen, da alte Auerhähne, selbst wenn sie (was zum Weichwerden des Fleisches empfohlen wird) 8 -10 Tage in einem Sacke 2—3 Fuß tief in die Erde vergraben werden, mit seltenen Ausnahmen zähe bleiben und dieserhalb am besten zum Ragout oder Fricassee verwandt werden. Der Auerhahn wird mit nachstehend bemerkter Farce gefüllt: Ein Stück gutes Kalbfleisch und etwas roher Schinken nebst dem Fett werden fein gehackt, dann fügt man hinzu einige Eidotter, ein paar gestoßene Nelken, etwas dicke süße Sahne, Salz, geriebenes Weißbrod und das zu Schaum geschlagene Eiweiß. Dies alles wird gut gemischt, der Auerhahn damit gefüllt und wie Puter gebraten.

14. Auerwild-Pastete (sehr zu empfehlen). Man schneidet den Auerhahn in kleine Stücke, löst alle Knochen daraus und läßt die Stückchen in Butter etwas braten. Darauf legt man sie einige Stunden in Weinessig mit Pfeffer, Muskat und feinen Zwiebelchen. Unterdeß wird Kalbfleisch, Rindfleisch und frisches Schweinefleisch zu gleichen Theilen ganz fein gehackt, hinzugethan ein rohes Eidotter und das gehackte Eigelb einiger hartgekochter Eier, etwas Weißbrod und Muskat. Dann belegt man die Pastetenform unten mit Speck und Butter, darauf eine Lage Auerhahnstückchen, demnächst eine Lage von dem gehackten Fleisch, und so fort, bis die Form gefüllt ist. Oben auf legt man einige Zitronenscheiben, streut etwas Salz darüber und gibt eine halbe Flasche Wein hinzu. Darnach wird die Form fest zugedeckt und auf gelindem Feuer 4—5 Stunden gekocht. Möchte die Pastete unterdeß zu trocken werden, so kann man etwas Wein hinzugießen. Nachdem dieselbe gahr geworden ist, nimmt man die Zitronenscheiben weg, macht die Sauce mit Eigelb etwas sämig und gibt die Pastete kalt zur Tafel.

15. Dachs zu braten. Ein junger Dachs soll sehr zart und wohlschmeckend, Schweinsfilet ähnlich sein. Man lege ihn 2 3 Tage lang mit Zwiebeln, gelben Wurzeln, Salbei und allerlei Küchenkräutern, Lorberblättern, Pfeffer, Nelken und Salz in Essig, spicke und brate ihn wie einen jungen Hasen, doch seines zarteren Fleisches wegen kürzere Zeit.

16. Dachspfeffer. Alles Fleisch, welches man nicht als Braten gebraucht, wird in Stücke gehauen und gerade wie Hasenpfeffer zubereitet. Um nöthigenfalls die Portion zu vergrößern, kann etwas Schweinefleisch hinzugethan werden.

VIII. Warme Puddings.

1. Vom Kochen der Puddings.

Behandlung der Puddingsformen. Vorab sei aufmerksam gemacht, eine Puddingsform, welche schon gelitten hat, nicht eher zu gebrauchen, bevor man sie mit Wasser gefüllt, — wobei sie selbstredend von außen nicht naßgemacht sein darf, eine Weile auf eine trockne Stelle hingesetzt und sich so von der Dichtigkeit derselben überzeugt hat. Befindet sich die geringste Oeffnung darin, so mißräth der Pudding ganz und gar. Vor jedem Gebrauch werde die Form mit einem trocknen Tuche gut ausgerieben, überall ohne eine Stelle zu übergehen, reichlich mit Butter bestrichen und dann mit feingestoßenem Zwieback oder getrockneten Weißbrodrinden bestreut. Geschieht das Bestreichen mangelhaft, so läßt die Form nicht los und der Pudding kommt zerbröckelt heraus. Nach dem Gebrauch ist es eine Hauptsache, daß die Form nicht nachlässig hingestellt, sondern mit Zeitungspapier ganz gehörig gereinigt und an einem trocknen Orte bewahrt wird.

Mandelreibe. Werden Mandeln gebraucht, so können sie mit etwas Wasser gestoßen oder gerieben werden. Letzteres ist vorzuziehen und wird hierbei auf I. No. 34 aufmerksam gemacht.

Rühren der Puddingmasse. Die Puddingmasse muß gut gerührt, das Weiße ganz frischer Eier, ohne die geringste Beimischung von Eigelb (siehe I. No. 33), von einer zweiten Hand recht steif geschlagen werden, damit man nicht genöthigt sei, die gerührte Masse ruhen zu lassen. Sobald der Schaum leicht durchgezogen ist, muß diese ohne Aufschub sogleich in die Form und — mit Ausnahme von Hefenpuddings — in kochendes Wasser gestellt werden.

Füllen der Form und Kochen der Puddings. Beim Hefen-Pudding wird die Form reichlich halb gefüllt und in lauwarmem Wasser aufs Feuer gebracht; bei anderen Massen läßt man gewöhnlich den vierten Theil fehlen. Dann wird die Form fest verschlossen, da, wo sie geöffnet wird, rund herum mit Mehl, welches mit etwas Wasser ganz dick gerührt, bestrichen und nur so tief in kochendes Wasser gestellt, daß das Wasser während des Kochens nicht an den Rand reicht, da sonst leicht etwas in die Form dringen könnte, was das Aufgehen des Puddings verhindert. Um das Aufspringen der Form zu verhüten, welches zuweilen der Fall ist, lege man zwei Bolzen darauf. Der Pudding muß fortwährend gleichmäßig kochen, weshalb zum Nachgießen für kochendes Wasser gesorgt werde, doch muß dies seitwärts geschehen; auch darf nicht an den Topf gestoßen werden, damit der Pudding nicht zusammensinke.

Verfahren beim Kochen der Puddings in einem Tuche. Wünscht man den Pudding in einem Tuche zu kochen, so muß dasselbe vorher in heißem Wasser gut ausgewässert und darnach stark ausgerungen, der inwendige Raum, so weit der Pudding reicht, mit Butter oder Schmalz bestrichen und mit Mehl bestäubt werden; der Raum zwischen Band und Masse darf weder zu weit noch zu enge sein, und das Wasser muß ununterbrochen stark kochen, weil der Pudding sonst dicht wird und also mißräth. Eine Form ist immer vorzuziehen.

An richten. Beim Anrichten wird die Schüssel erwärmt. Bei kalter Jahreszeit, und wenn die Küche weit vom Speisezimmer entfernt ist, hebe man die Form erst kurz vor dem Eintritt ins Zimmer vom Pudding ab.

Am vorzüglichsten gerathen alle Puddings in einem Dampfkessel.

2. Englischer Plum-Pudding, No. 1. 4 Eier, das Weiße zu Schaum geschlagen, ¾ Quart frische Sahne, ½ Pfund feines Mehl, ½ Pfund feingehacktes Nierenfett, ½ Pfund gut gewaschene Korinthen, ¾ Pfund ausgekernte, gröblich gehackte Rosinen, 2—3 Unzen Zucker, 1 Unze geschnittene Succade, 1 Unze Orangenschale, ½ Mußkatnuß, ein halbes Weinglas Rum und etwas Salz.

Dies alles wird gehörig untereinander gerührt, in eine Form gefüllt und 4 Stunden gekocht. Beim Anrichten wird der Pudding mit Arrak übergossen, angezündet und flammend zur Tafel gebracht. Eine weiße Schaumsauce ist am passendsten dazu. Zugleich aber werden auf einem Präsentirteller Arrak, Zucker, kleine Fidibusse und Licht herum gereicht, damit die Gäste nach Belieben statt Sauce zu ihrer Portion Arrak und Zucker nehmen und dies anzünden können.—Für 12—14 Personen.

Anmerk. Dieser Pudding kann am vorhergehenden Tage angerührt werden, ohne daß es dem Gerathen desselben hinderlich wäre. Auch schadet ein längeres Kochen nicht,

3. Englischer Plum-Pudding, No. 2. ½ Pfund Rosinen, ½ Pfund Korinthen, ½ Pfund gehacktes Nierenfett, ½ Pfund gestoßener Zwieback, ½ Pfund Zucker, ¼ Pfund Zitronat, 2—3 Unzen gestoßene süße Mandeln, 2—3 Unzen Orangenschale, ½ Muskatnuß, 1 Weinglas Rum und 4 ganze Eier (wovon das Weiße nicht zu Schaum geschlagen wird).

Die Bestandtheile werden gehörig mit einander verbunden und in einer Serviette sechs Stunden gekocht.—Für 12—14 Personen.

4. Desgleichen. No. 3. Ganz festes feingeschabtes Rinder-Nierenfett, Mehl, ausgekernte Rosinen und Korinthen, von jedem Theile 1 Pfund, 8 Eier, ¼ Pfund Zucker, 3 Unzen feingeschabte Mandeln, ½ Muskatnuß, 1 Theelöffel Salz, ½ Unze Zitronat, ½ Unze Orangenschale, 1 Weinglas Rum und so viel Milch, daß ein Löffel im Teig aufrecht stehen bleibt. Der Teig wird tüchtig verarbeitet, zum festen Ballen geformt und in einem Tuche 6—8 Stunden gekocht.

Auch kalt soll dieser Pudding zu empfehlen sein.

Für 24—28 Personen.

5. Plum-Pudding mit Weißbrod. 6 ganze Eier und 6 Eidotter werden zerrührt, abwechselnd — damit das Mehl nicht klümprig werde — hinzugerührt ½ Pfund feines Mehl, knapp ¼ Quart Milch, 1 Pfund feines

2 Tage altes, geriebenes Weißbrod, ¼ Pfund feingehacktes Nierenfett, ¼ Pfund ausgesteinte Rosinen, ¼ Pfund Korinthen und etwas Salz.

Dies alles wird mit einander zerrührt, in eine große Form gefüllt, oder man legt eine Serviette in eine tiefe Schüssel, bestreicht sie in der Mitte mit Butter, stäubt Mehl darüber hin, thut das Angerührte hinein und bindet, indem man ein wenig Raum zum Aufgehen läßt, einen Bind=faden darum und kocht den Pudding in kochendem Wasser ununterbrochen 3—4 Stunden.— Für 24 Personen.

Uebrigens schadet ein längeres Kochen diesem sowie auch dem vor=hergehenden Pudding nicht.

6. Neuer aufgerollter englischer Pudding. 1 Pfund feines Mehl, ½ Pfund feingeschabtes Nierenfett, 1 Ei, 1 kleine Tasse kaltes Wasser, 1 Löffel Zucker.

Dies alles wird zu einem Teig gerührt, tüchtig verarbeitet, 2 Mes=serrücken dick länglich ausgerollt, mit feinen Johannisbeeren oder sauren ausgesteinten Kirschen oder Pflaumen belegt, die dann mit dem nöthigen Zucker bestreut werden. Oder man bestreicht den Teig mit jedem belie=bigen Eingemachten oder mit gutem Compote, rollt ihn der Länge nach auf, drückt den Teig an beiden Seiten zu, rollt ihn in eine Serviette, die man an beiden Seiten zuschlägt, und kocht ihn in kochendem Wasser ununter=brochen 2 volle Stunden.

Dieser Pudding wird ohne Sauce mit geriebenem Zucker gegeben. Kalt kann er als Kuchen servirt werden und ist als solcher sehr zu empfeh=len; doch muß dann zum Teig statt Nierenfett Butter genommen werden. Für 16 Personen.

7. Englischer Korinthen = Pudding. Es wird 1 Pfund feines Mehl mit ½ Pfund ganz feingehacktem Nierenfett und etwas Salz ver=mengt, dann werden 2 schäumig geschlagene Eier, reichlich ¼ Quart fette Milch, 2 Unzen Zucker, 7 Unzen Korinthen, 7 Unzen ausgesteinte Rosinen, Gewürz nach Belieben dazu gerührt, zuletzt ein Glas Rum durchgemischt und diese Masse in einer Form von 4—6 Stunden gekocht.

Es kann eine Wein= oder Rumsauce dazu gegeben werden. Für den täglichen Tisch ist folgende Sauce zu empfehlen: Man läßt etwas feines Mehl mit Butter anziehen, rührt kochendes Wasser dazu, läßt solches mit Zucker, Zimmet und etwas Salz kochen, nimmt die Sauce vom Feuer und rührt weißen Wein, nach Belieben auch einen Eßlöffel Rum durch. — Für 15 Personen.

Anmerkung. Das vom Pudding Uebriggebliebene kann in der Form wieder gekocht werden, und soll dies durch nochmaliges Kochen selbst dem frischen Pudding vorzuziehen sein.

8. Englischer Aepfel = Pudding (für einen täglichen Tisch). 1 Pfund feines Mehl, ¼ Pfund festes, eine Nacht gewässertes und ganz fein geschabtes Nierenfett, 1 gehäufter Theelöffel voll pulverisirter Ingwer, desgleichen Salz. Dies alles reibt man gut untereinander und macht dann mit kaltem Wasser einen Teig daraus, der wie Weißbrodteig tüchtig ver=

arbeitet wird und nicht an den Händen klebt. Dann rollt man den Teig rund aus, legt eine Serviette in eine tiefe Schüssel, stäubt etwas Mehl darüber, legt das ausgerollte Blatt hinein, füllt es mit in Viertel geschnittenen sauren Aepfeln und einigen ganzen Nelken, drückt den Teig oben fest zusammen, bindet das Tuch zu und kocht den Pudding in kochendem Wasser und 2 Eßlöffel Salz 2 Stunden stark und ununterbrochen, ohne welches der Pudding einen dichten Streifen erhält. Man servirt ihn ohne Sauce mit Zucker.

Als einzelnes Gericht nach einer etwas sättigenden Suppe für 6 Personen; besonders ist Kartoffelsuppe mit Fleischextrakt zu empfehlen.

9. Reis-Pudding mit Rosinen. Reis, etwas Zimmet und Zitronenschale, 6 Eier, 3 Unzen Butter, 3 Unzen Zucker, ¼ Pfund gut gewaschene und angetrocknete Rosinen.

Der Reis wird abgebrüht, in Milch mit etwas ganzem Zimmet und Zitronenschale langsam gahr und steif, nicht breiig gekocht. Nachdem derselbe ein wenig abgekühlt ist, rührt man die Butter zu Sahne, gibt Zucker, abgeriebene Zitronenschale, Eidotter und den etwas abgekühlten Reis hinzu und mischt zuletzt den ganz festen Schaum der Eier leicht durch. Dann gibt man die Masse mit den Rosinen lageweise in eine gut angestrichene Form.

Die Rosinen werden durch die Masse gerührt, ehe der Eierschaum durchgemischt wird. Statt der Rosinen kann man auch feingestoßene Mandeln, worunter 9 Stück bittere sind, anfangs zu der Butter rühren. Der Pudding wird 2½ Stunden gekocht und eine weiße Schaum= oder Rumsauce dazu gegeben.
Für 10—12 Personen.

10. Reismehl-Pudding. No. 1. 7 Unzen Reismehl, stark ½ Quart Milch, ¼ Pfund Butter, 8 Eier, ¼ Pfund Zucker, 1 Unze Zitronat, Schale einer Zitrone, etwas Salz.

Man richte sich bei der Zubereitung nach Griesmehl=Pudding, fülle die Masse in die Form, lasse den Pudding 2½ Stunden ununterbrochen kochen und gebe eine Schaum= oder Rothweinsauce dazu.
Für 8—10 Personen.

11. Reismehl-Pudding. No. 2. 7 Unzen Reismehl, stark ½ Quart Milch, ¼ Pfund gewaschene Korinthen, 3 Unzen Butter, 3 Unzen Zucker, 6 Eier, 1 Theelöffel Zimmet. Im übrigen nach vorhergehender Anweisung.—Für 8—10 Personen.—2½ Stunden kochen.

12. Griesmehl = Pudding (sehr gut). (Für 12—15 Personen.) ¼ Pfund stark gekörntes Griesmehl, stark ¼ Quart Milch, ¼ Pfund Butter, ¼ Pfund durchgesiebter Zucker, 12 Eier, die Schale einer abgeriebenen Zitrone oder 6 Stück kleine feingestoßene bittere Mandeln.

Man koche die Hälfte der Milch, rühre mit der andern das Gries= mehl an, gebe es nebst der Hälfte der Butter hinein und rühre so lange, bis die Masse sich gänzlich vom Topfe löst. Dann reibe man die übrige Butter zu Sahne, gebe unter fortwährendem Rühren hinzu: Eidotter,

Mandeln, Zucker, das etwas abgekühlte Griesmehl und mische den festen Schaum der Eier leicht durch).

Man lasse den Pudding 2½—3 Stunden kochen und servire ihn mit einer Schaum-, Rum- oder Rothweinsauce.

13. Griesmehl=Pudding (für 6--8 Personen). Stark ¼ Quart Milch, 2 3 Unzen gekörntes Griesmehl, 3 Unzen Zucker, 3 Unzen frische Butter, 1 Unze Sultanrosinen, 5 frische Eier und etwas Zitronenschale.

Milch, Zucker und Butter werden zum Kochen gebracht, das Gries= mehl hinein gestreut und gerührt, bis die Masse von der Kasserolle los= läßt. Dann stelle man dieselbe hin, bis sie etwas abgekühlt ist, rühre 2 ganze Eier, 3 Dotter nebst Zitronenschale und Rosinen stark hinzu und mische 3 zu steifem Schaum geschlagene Eiweiß leicht durch Die Masse wird in einer gut zugerichteten offenen Form im Backofen zur Hälfte in kochendes Wasser gestellt und 1½ Stunde langsam, doch ununterbrochen ge= kocht, während nöthigenfalls kochendes Wasser hinzugegossen werden muß.

Anmerkung. Griesmehl=Pudding kann nur heiß gegeben wer= den; mit dem Erkalten wird die Masse dicht

14. Korinthen=Pudding (vorzüglich). ¼ Pfund Butter, ¼ Pfund feines Mehl, stark ½ Quart Milch, 8 vollkommene Eier, 3 gehäufte Eßlöffel durchgesiebter Zucker, das Abgeriebene einer Zitrone oder eine große halbe Muskatnuß, ¼ Pfund gute, gewaschene und wieder angetrocknete Korinthen, 7 Unzen altes geriebenes Weißbrod und reichlich ein halbes Weinglas voll Rum oder Arrak.

Nach einem neuen, zu empfehlenden Verfahren beim Abrühren der Puddingsmasse über Feuer wird, während man die Milch zum Kochen bringt, das Mehl mit der Butter zum Teig geknetet und dieser nach und nach stückchenweis hineingethan, wodurch sich das Mehl völlig auflöst und sich zu einer ganz feinen Masse bildet, welche man so lange rührt, bis sie sich gänzlich vom Topfe löst. Ist dieselbe etwas abgekühlt, so werden all= gemach Eidotter, Zucker, Gewürz, Korinthen und Weißbrod hinzugerührt, dann wird der feste Eiweißschaum mit dem Rum leicht durchgemischt, die Masse sofort (siehe No. 1) in die vorher zugerichtete Form gefüllt und gut verschlossen 2½—3 Stunden gekocht. Eine Schaumsauce, auch Obstsauce, dazu.

Für 14 16 Personen.

15. Weißer Sago=Pudding. 7 Unzen gereinigter Sago, mit Milch gahr und dick gekocht, 10 Eier, ¼ Pfund Butter, ¼ Pfund Zucker, Zimmet und Schale einer Zitrone, 5 Unzen gestoßener Zwieback, 1 Tasse gute süße Sahne. Wie Reis=Pudding zubereitet und gekocht; auch dieselbe Sauce.

Für 14 Personen.

16. Brauner Sago=Pudding. ¼ Pfund Sago wird einigemal kalt, dann warm gewaschen, mit halb Rothwein halb Wasser gahr und dick gekocht; knapp 3 Unzen Butter zu Sahne gerührt, dazu sechs Eidotter,

2 Unzen gestoßener Zwieback, ¼ Tasse süße Sahne, ¼ Pfund Zucker, Zimmet und Zitronenschale und das zu Schaum geschlagene Weiße.

Man kocht den Pudding 2 Stunden und gibt eine Schaumsauce dazu. Für 12 Personen.

17. Loth- oder Schwamm-Pudding. 7 Unzen ganz feines Mehl, 12 Eier, ¼ Pfund Butter, ¼ Pfund Zucker, die abgeriebene Schale einer Zitrone, ¾ Quart Milch.

Zum vorzüglichen Gerathen dieses Puddings richte man sich beim Abrühren der Masse ganz nach der Bereitungsweise des Korinthen-Puddings unter Beachtung der Bemerkungen in No. 1, koche ihn alsdann 2—2½ Stunden stark und ohne Unterbrechung und servire ihn mit einer guten Schaum-, Rothwein- oder Fruchtsauce. Eine weichliche Sauce paßt nicht dazu.

Für 12—14 Personen.

Anmerkung. Wie überhaupt, muß besonders dieser Pudding sogleich in die Form und ins kochende Wasser gesetzt werden.

18. Schwäbischer Loth-Pudding. 5 Unzen feines Mehl, 5 Unzen feingestoßene Mandeln, 5 Unzen Butter, 5 Unzen Zucker, 9 Eier, ¼ Quart Milch und die abgeriebene Schale einer Zitrone.

Der Pudding wird wie der vorhergehende zubereitet, 2 Stunden gekocht und mit einer der bemerkten Saucen gegeben.

19. Pudding von Faden-Nudeln (sehr gut). Stark ½ Quart Milch, ¼ Pfund Butter, ¼ Pfund Zucker, 7 Unzen Faden-Macaroni, abgeriebene Schale einer halben Zitrone, 2 Unzen gestoßene Mandeln, worunter 6 Stück bittere sind, 2 Messerspitzen Muskatblüte, 12 Eier.

Milch, Zucker und die Hälfte der Butter werden zum Kochen gebracht, die zerdrückten Faden-Macaroni hineingegeben und gerührt, bis die Masse steif ist und sich vom Topfe ablöst. Dann wird die übrige Butter zur Sahne gerieben, hinzugerührt: Mandeln, Gewürz, Eidotter, die etwas abgekühlte Masse und dann der steife Eiweißschaum leicht durchgemischt.

Man lasse diesen Pudding 2½ Stunden kochen und gebe eine warme Sauce von saurem Kirsch- oder Johannisbeersaft oder Weinsauce dazu.

Für 15—18 Personen.

20. Nudel-Pudding, auf andere Art. 1 Quart Milch, ¼ Pfund Nudeln, ¼ Pfund frische Butter, 8 Eier, etwas abgeriebene Zitronenschale oder ein Stückchen Vanille.

Die Nudeln werden mit der Milch, der Hälfte der Butter und Vanille dick gekocht. Während die Masse etwas abkühlt, rühre man die übrige Butter weich, die Eidotter nach und nach hinein, gebe Zucker und Nudeln hinzu, rühre die Masse noch eine Weile, mische den steifen Eiweißschaum leicht durch und fülle sie in eine vorgerichtete Form. Diese wird im Backofen zur Hälfte in kochendes Wasser gestellt und offen langsam, doch fortwährend gekocht.

21. Bisquit-Pudding, warm und kalt zu geben. ¼ Pfund Bisquit oder Scheiben von einem Bisquitkuchen, 10 Eier, stark ¼ Quart frische Sahne oder Milch, etwas mit Zucker fein gestoßene Vanille.

Man legt den Bisquit in eine zugerichtete Form, schlägt die ganzen Eier, gibt Vanille und Sahne hinzu und gießt es darüber. Der Pudding wird 2 Stunden gekocht, die Form geöffnet und an einem zugfreien Orte auf eine warme Schüssel gestürzt. Soll er kalt gegeben werden, so läßt man ihn in der Form, bis größtentheils die Hitze verdampft ist, weil er dann weniger zusammensinkt. Hierzu ist eine Vanillesauce üblich; da sie indeß den Pudding sehr weichlich macht, so ist zu Schaumsauce zu rathen. Für 12—14 Personen.

22. Mandel-Pudding, kalt und warm zu geben. 5 Unzen Butter, 10 Eidotter, 7 Unzen Zucker, Saft und abgeriebene Schale einer Zitrone, ½ Pfund mit etwas Wasser feingestoßene, besser geriebene Mandeln (nach I. No. 34) und ¼ Pfund altes Semmelbrod.

Letzteres wird abgeschält, in Milch geweicht und ausgedrückt, die Butter weich gerührt und die bemerkten Theile nach einander hinzugefügt; nachdem die Masse gut gerührt, wird der feste Eiweißschaum leicht darunter gemischt und der Pudding sogleich aufs Feuer gebracht. Man läßt denselben 2 Stunden kochen und gibt Schaumsauce oder Fruchtsaft dazu. Für 12 Personen.

23. Warmer Vanille-Pudding. 1½ Pfund altes Weißbrod, wovon die Kruste entfernt, knapp 1 Quart frische Sahne oder Milch, ¼ Pfund Butter, 5 Unzen feingestoßene Mandeln, 5 Unzen durchgesiebter Zucker, 10 Eier und etwas mit Zucker feingestoßene Vanille.

Das Weißbrod wird in der kalten Sahne eingeweicht und fein gerieben, die Butter zu Sahne gerührt, nach und nach Eidotter, Mandeln, Zucker und Vanille hinzugegeben, die Masse ¼ Stunde nach einer Richtung hin gerührt und alsdann das zu steifem Schaum geschlagene Eiweiß durchgemischt.

Man läßt den Pudding 2—2½ Stunden kochen und gibt eine Schaumsauce dazu. Für 12—15 Personen.

24. Zwieback-Pudding No. 1. ¾ Pfund Zwieback, mit frischer Butter bestrichen, 1 Quart Milch, 9—10 Eier, ¼ Pfund Korinthen und ¼ Pfund Rosinen, beide gut gewaschen, letztere ausgekernt, ¼ Pfund geschabte Mandeln, 2 gehäufte Eßlöffel Zucker und die dünn abgeschnittene und feingehackte Schale einer halben Zitrone.

Die gut vorgerichtete Form wird einige Stunden vor dem Kochen des Puddings mit einer Lage Zwieback belegt, wobei man die Lücken mit Zwiebackbröckchen ausfüllt. Dann zerklopft man die ganzen Eier, gibt Milch und den Zucker hinzu, streut von dem oben Bemerkten einen Theil über den Zwieback und fährt so fort, bis eine Zwiebacklage den Schluß bildet. Darnach wird bei starken Zwischenpausen die Eiermilch tassenweis gleichmäßig und langsam darüber vertheilt, so daß solche die Masse allgemach durchziehe und die oberste Lage gleich der untersten durchweicht werde. Man lasse den Pudding 2—2½ Stunden kochen und servire ihn mit einer guten Schaum-, Rothwein- oder Fruchtsauce; letztere aber muß gebunden sein und darf der Saft nicht zu sehr gespart werden. Für 14—16 Personen hinreichend.

25. Zwieback=Pudding No. 2. 8 Unzen Zwieback, 1 Obertasse voll Rosinen, 6 Eier, knapp ¾ Quart frische Milch, 2 Unzen Zucker und etwas Zimmet.

Im übrigen richte man sich nach vorhergehender Vorschrift und lasse den Pudding, der kleineren Quantität wegen, 1½—2 Stunden kochen.

Für 10—12 Personen.

26. Zwieback=Pudding mit Johannisbeeren oder sauren Kirschen. Derselbe wird nach Zwieback=Pudding No. 2 bereitet, jedoch nehme man hierzu 8 Eier, streue statt Rosinen ½ Pfund Johannisbeeren und 11 Unzen Zucker durch und versäume nicht, die Form nach No. 1 reichlich zu bestreichen.

Dieser Pudding wird ohne Sauce gegeben und ist von vorzüglichem Geschmack.

Für 10—12 Personen.

27. Kartoffel=Pudding (sehr gut). ¼ Pfund Butter, 6 Unzen durchgesiebter Zucker, 1 Unze süße und 8 Stück bittere feingestoßene Mandeln, Zitronenschale, Zimmet, 12 Eidotter, 1½ Pfund geriebene Kartoffeln und ¼ Pfund altes geriebenes Weißbrod.

Die Kartoffeln, welche sehr gut und mehlig sein müssen, werden am Tage vorher reichlich halb gahr gekocht, abgezogen, andern Tages gerieben und das, was hinter die Reibe fällt, gewogen. Die Butter wird zu Sahne gerieben, dann werden Zucker, Mandeln, Zitronenschale, Zimmet und nach und nach die Eidotter hinzugerührt, sowie auch die Kartoffeln. Nachdem die Masse eine gute Weile gerührt, wird das Weißbrod und darnach der feste Schaum der Eier durchgemischt.

Man lasse den Pudding 1¼ Stunde backen oder reichlich 2 Stunden kochen und reiche eine Schaum=, Rum= oder Fruchtsauce dazu.

Für 16—18 Personen.

28. Feiner Mehl=Pudding mit Hefe. 1½ Pfund feinstes Mehl, 6 Unzen Korinthen, 6 Unzen ausgelernte Rosinen, 6 Unzen Butter, 1—2 Unzen trockne Hefe, 6 Eier, stark ½ Quart lauwarme Milch, ¼ Pfund Zucker, Schale einer Zitrone, ½ Muskatnuß.

Nachdem die Butter weich gerührt, werden nach und nach die ganzen Eier, abwechselnd Mehl und Milch und das Uebrige hinzugerührt, zuletzt wird die mit etwas Milch zerrührte Hefe durchgemischt, die Masse mit einem flachen hölzernen Löffel tüchtig geschlagen, so daß sie Blasen wirft, in die zugerichtete Form gegeben, in lauwarmes Wasser gestellt und 2½ Stunden gekocht.

Es kann eine Rumsauce dazu gegeben werden; auch wird dieser Pudding ohne Sauce zu Braten und gekochtem Obst angerichtet.

Bei einigen Schüsseln für 8—9 Personen.

29. Gewöhnlicher Mehl=Pudding mit Hefe. 1¾ Pfund gutes Mehl, 1—2 Unzen trockne oder 4 Eßlöffel gewässerte dicke Hefe, 3—4 Unzen geschmolzene Butter, 4 Eßlöffel Zucker, Rosinen und Korinthen nach Belieben, zusammen etwa 7—8 Unzen, knapp ¾ Quart lauwarme Milch, 2 Eier.

Man rührt dies alles untereinander, läßt es vor dem Kochen in der Form aufgehen, oder stellt die Form in lauwarmes Wasser und läßt solches langsam zum Kochen kommen.

Eine Fruchtsauce, oder geschmolzene Butter, oder gekochtes Obst mit reichlich Brühe dazu.

Die Hälfte dieser Portion reicht hin für 6—7 Personen.

30. Mehl- und Weißbrod-Pudding zu gekochtem Obst, vorzüglich zu Birnen oder frischen Zwetschen. Knapp ¼ Quart Milch, 3 Unzen Butter, 7 Unzen gutes Mehl, 8 Eier, ½ Theelöffel Muskatblüte, ¼ Pfund altes geriebenes Weißbrod, 2 Eßlöffel Zucker, ⅓ Glas Rum.

Die Hälfte der Butter wird geschmolzen, Mehl mit Milch angerührt hinzugeben und so lange gerührt, bis sich die Masse vom Topfe löst. Nachdem die stärkste Hitze verdampft ist, wird das Abgerührte mit den Eidottern, der Muskatblüte und dem Zucker tüchtig geschlagen, dann das Weißbrod durchgerührt, darnach der steife Eierschaum und zuletzt der Rum eben durchgemischt.

Der Pudding wird 2½ Stunden gekocht und gibt mit gekochtem Obst ein sättigendes Gericht für etwa 8 Personen.

31. Schwarzbrod-Pudding. 6 Unzen Butter, 6 Unzen Zucker, 8 Eier, etwas Nelken, Zimmet, Kardamom, Zitronenschale, ¼ Pfund Korinthen, ½ Pfund altes geriebenes und durchgesiebtes Schwarzbrod.

Die Butter wird zu Sahne gerieben, Gewürze, Eidotter, Korinthen und das Schwarzbrod hinzugerührt, zuletzt der steife Schaum der Eier durchgemischt, sowie auch ⅓ Glas Rum.

Dieser Pudding wird 2½ Stunden gekocht und eine Schaum- oder Rothweinsauce dazu gegeben.

Für 10—12 Personen.

32. Schwarzbrod-Pudding mit Mandeln. ½ Pfund altes geriebenes und durchgesiebtes Schwarzbrod, ¼ Pfund Butter, 1 Glas Rothwein, 12 Eier, ½ Pfund durchgesiebter Zucker, ¼ Pfund geriebene Mandeln, 1 Theelöffel voll Zimmet, abgeriebene Schale einer halben Zitrone und 2 Messerspitzen zerstoßene Kardamom-Körner.

Das Schwarzbrod wird mit der Butter über Feuer eine Weile gerührt, dann der Wein dazu gegeben. Etwas abgekühlt, fügt man das Uebrige nach und nach unter starkem Rühren hinzu und mischt den steifen Schaum, wie immer, zuletzt durch die Masse.—Man kocht den Pudding 2—2½ Stunden und gibt eine Rothweinsauce dazu.

Für 12—14 Personen.

33. Prinzregenten-Pudding (sehr gut). ¼ Pfund ausgekernte Rosinen, ¼ Pfund Korinthen, ¼ Pfund feingeschnittene Mandeln, 6 Unzen Zucker, 14 Eier, knapp ¾ Quart Milch, 18 Unzen 2 Tage altes Milchbrod, ohne Rinde gewogen.

Das Brod wird in Scheiben geschnitten, in Butter gelb gebraten und in Würfel gebrochen. Milch, Zucker und Eier nebst Zitronenschale werden zusammen geschlagen; das Uebrige wird lagenweise in die zugerichtete Form gelegt und wie Zwiebackpudding mit der Eiermilch übergossen.

Man läßt den Pudding 2—2½ Stunden kochen und gibt eine Him=
beer= oder Johannisbeersauce dazu.

Für 15—18 Personen.

34. Weißbrod-Pudding (sehr wohlschmeckend). 2 Pfund 2
Unzen 2 Tage altes Weißbrod, ¼ Pfund Butter, 10 Eier, ¼ Pfund Zucker,
¼ Pfund Korinthen, Zimmet oder Zitronenschale und ein kleines Glas
Rum oder Arrak. Ein Zusatz von 2½ Unze feingeschnittenen oder gröb=
lich gestoßenen Mandeln, ½ Unze Zitronat, etwas Nelken und Kardamom
macht diesen Pudding ganz besonders fein.

Das Weißbrod wird abgeschält, gerieben, über Feuer mit der Hälfte
der Butter gerührt, bis es recht heiß geworden, die Rinde mit Milch zu
einem dicken Brei gekocht und fein gerührt. Dann reibt man die übrige
Butter weich, rührt nach und nach Eidotter, Zucker, Gewürz, Korinthen,
das etwas abgekühlte Weißbrod hinzu sowie auch den festen Schaum der
Eier und zuletzt den Rum.—Der Pudding wird 2½ Stunden gekocht und
eine Schaum= oder Rumsauce dazu gegeben.

Für 16—18 Personen.

35. Obst-Pudding (sehr zu empfehlen). 2 Pfund 2 Unzen 2
Tage altes Weißbrod, knapp 1 Quart Milch, ¼ Pfund Butter, 10 Eier, je
nachdem das Obst viel oder weniger Säure hat, 6—8 Unzen geriebener
Zucker, Zitronenschale und Zimmet, auch nach Gefallen ¼ Pfund Korinthen.

Das Weißbrod wird dünn abgeschält, in kleine Stücke gebrochen, mit
der Milch und Butter so lange über Feuer gerührt, bis es sich vom Topfe
löst, und zum Abdampfen hingestellt. Dann rührt man obige Theile —
den steifen Eiweißschaum zuletzt — hinzu, gibt die Masse abwechselnd la=
genweise mit in Scheiben geschnittenen sauren Aepfeln oder mit Kirschen
in die Form und kocht den Pudding zwei Stunden. Derselbe kann ohne
Sauce mit Zucker gegeben werden.

Für 12—15 Personen.

36. Weintrauben-Pudding (desgleichen). ¼ Pfund Butter, 8
Eier, ¼ Pfund feingestoßene Mandeln, ½ Pfund durchgesiebten Zucker, Zim=
met, auch nach Belieben etwas Zitronenschale, ¼ Pfund abgeschältes Weiß=
brod, ein Suppenteller voll abgepflückter Trauben.

Man weicht das Weißbrod in kalte Milch ein, drückt es aus, rührt die
Butter zu Sahne, gibt Eidotter, Zucker, Gewürz, das Weißbrod dazu, und
mischt, nachdem die Masse starkgerührt ist, die Trauben nebst dem Eiweiß=
schaum durch.

Man lasse diesen Pudding 2 Stunden kochen. Eine Schaumsauce ist
am angenehmsten dazu.

Für 8—10 Personen.

37. Englischer warmer Fleisch-Pudding. Man nimmt 2 Pfund
schieres Rindfleisch, schabt es von den Sehnen und hackt es mit einer klei=
nen Zwiebel ganz fein. Dann reibt man ¼ Pfund Butter zu Sahne,
rührt nach und nach hinzu 8 ganze Eier, einige Löffel saure Sahne, Zitro=
nenschale, etwas Pfeffer und Nelkenpfeffer, einen möglichst frischen, gerei=
nigten, ganz fein gehackten Häring, 3 Unzen nicht frisches Weißbrod ohne

Rinde in kaltem Wasser etwas geweicht und ausgedrückt, fein gehackte Champignons und Morcheln und das nöthige Salz. Diese gut gemengte Masse wird in einer wohl zugerichteten Form 2 Stunden ununterbrochen gekocht. Es kann eine Krebs= oder Morchelsauce dazu gegeben werden; bei letzterer bleiben die Morcheln im Pudding weg.

38. Pudding von kaltem Kalbsbraten, am besten warm, doch auch kalt zu geben (sehr empfehlenswerth). 1¾ Pfund von Haut und Sehnen befreiter Kalbsbraten von ganz frischem Geschmack, sehr fein gehackt, 8 Eier, knapp 6 Unzen Butter, 2—3 Unzen 2 Tage altes abgeschältes und geriebenes Milchbrod, ¼ Obertasse süße Sahne, 6 kleingehackte Schalotten, Salz und etwas Muskatnuß.

Die Schalotten werden in 1 Unze der bemerkten Butter geschwitzt, dann 2 Eier mit 2 Eßlöffel Wasser zerklopft, hinzugegeben und solches zu weichem Rührei gemacht. Darnach reibt man die übrige Butter zu Sahne, gibt nach und nach 6 Eidotter hinzu und rührt es eine Weile stark nach einer Seite hin, wo dann Rührei, Milchbrod, Sahne, Muskatblüte, Kalbsbraten, das nöthige Salz unter stetem Umrühren hinzugefügt und darauf das zu steifem Schaum geschlagene Eiweiß durchgemischt wird. Der Pudding wird in einer gut vorgerichteten Form 1½ Stunde gekocht und mit einer Champignons=, Krebs= oder Kraftsauce heiß zur Tafel gegeben. Kalt wird derselbe mit einer Sauce servirt, die von einigen hartgekochten, feingeriebenen Eidottern, reichlich feinem Oel, Weinessig, Zucker, Kapern, etwas Senf und Pfeffer gut gerührt wird.

Für 12—14 Personen.

39. Krebs=Pudding. 1 Pfund 6 Unzen gutes 2 Tage altes Weißbrod, ½ Quart frische Milch, 3 Unzen Krebsbutter, 10 frische Eier, ¼ Pfund durchgesiebter Zucker, ½ Unze gestoßene bittere Macronen oder die Schale einer Zitrone, knapp ¼ Pfund feingehacktes Nierenfett und 18 Stück kleingeschnittene Krebsschwänze.

Es wird von Weißbrod die Kruste dünn abgeschnitten, solches in der Milch geweicht und gänzlich zerdrückt, darauf die Krebsbutter weich gerieben. Dann rührt man nach und nach Eidotter, Zucker und Macronen, Nierenfett und die Krebsschwänze hinzu, mischt zuletzt den steifen Schaum der Eier durch und läßt den Pudding 2½ Stunden kochen. Es wird eine Sauce von Sahne oder Milch und Krebsbutter dazu gekocht und mit Eidottern abgerührt.

Für 14—16 Personen.

———— :: ————

IX. Aufläufe und verschiedenartige Gerichte von Macaroni und Nudeln.

A. Aufläufe.

1. Im Allgemeinen.

Form der Schüssel. Die Form zu den Aufläufen muß gleich einer Puddingsform behandelt, auch wie diese mit Butter ausgestrichen und mit Zwieback bestreut werden. In Ermangelung einer Form kann zum Auflauf auch eine Schüssel, welche die Hitze verträgt, genommen werden.

Hitze und Backen. Die Hitze darf weder zu stark noch zu schwach sein und die Unterhitze nicht fehlen. Bei Ermangelung letzterer können zwei glühend gemachte Bolzen anshelfen, die einmal erneuert werden müssen. Man stellt die Form am besten auf einen kleinen Rost, indem man sie dann drehen kann, ohne den Auflauf zu bewegen. Sollte derselbe von oben zu früh Farbe bekommen, so kann man die fernere Hitze durch Ueberlegen von Papierbogen abhalten, jedoch muß der erste Bogen, falls der Auflauf noch weich wäre und also ankleben würde, mit Butter bestrichen werden.

Die Form mit einer Serviette zu umlegen. Der Auflauf wird nicht umgestürzt, sondern in der Schüssel oder Form, worin er gebacken ist, aufgetragen. Letztere wird auf eine Porzellanschüssel gestellt zu Tisch gebracht, bei Gesellschaft vorher mit einer feinen Serviette, in Breite der Form gefalten, umlegt.

2. Sago-Auflauf. ½ Pfund Sago, Milch, 6 Eier, 3 Unzen Butter, 3 Unzen Zucker, Zitronenschale nach Belieben, 2 Unzen feingestoßene Mandeln, worunter 6 Stück bittere sein können.

Der Sago wird abgebrüht, in 1 Quart Milch gahr und steif gekocht, daß er sich vom Topfe ablöst. Dann rührt man Butter zu Sahne, gibt nach und nach Eidotter, Zucker, Zitronenschale, Mandeln, den etwas abgekühlten Sago und zuletzt das zu Schaum geschlagene Weiße hinzu.

Auch kann man Zitronen und Mandeln weglassen und dem Auflauf einen Geschmack von Vanille geben, die mit Zucker gestoßen wird. Man läßt denselben 1 Stunde backen.

Für 10 Personen.

3. Reis-Auflauf. ½ Pfund Reis, ¼ Pfund Butter, 8 Eier, ¼ Pfund Zucker, Zitronenschale und Zimmet, einige Zwiebäcke, ¼ Pfund gewaschene und ausgesteinte Rosinen und 1 Quart Milch.

Der Reis wird in Wasser einige Minuten gekocht, abgegossen und mit kochender Milch aufs Feuer gesetzt, ohne ihn zu rühren, gahr und steif gekocht; dann rührt man die Butter weich, gibt Eidotter, Zucker, Gewürz, den etwas abgekühlten Reis, einige gestoßene Zwiebäcke, Rosinen hinzu, mischt den Schaum durch und backt den Auflauf 1 Stunde.

Für 10—12 Personen.

4. Soufflé au riz, (Brüsseler) sehr fein, in einer Schüssel mit Kruste. 2 Unzen Reis, 1 Quart Milch, 4 Eier, Zucker, woran eine Zitrone abgerieben wird, nach Geschmack. Nachdem der Reis gut abgebrüht, kocht man denselben mit Milch, Zucker und Zitronenschale langsam gahr und dick und rührt ihn mit 4 Eidottern ab. Dann zieht man den festen Schaum der Eier vorsichtig durch die Masse und gibt dies alles in die Schüssel mit der Kruste.

Die Krustenschüssel bereitet man auf folgende Weise: Man schlägt das Weiße von 5 Eiern zu steifem Schnee, zieht darauf langsam ⅓ Pfund feingesiebten Zucker durch und streicht mit der Hälfte dieser Schaummasse eine etwas tiefe Porzellanschale aus. Nun stellt man dieselbe in einen nicht zu heißen Ofen und läßt die Masse hellgelb, aber recht kroß backen. Alsdann gibt man den fertig gekochten Reis hinein, streicht die andere Hälfte des Eierschaums darüber und stellt dies wieder in einen mäßig geheizten Ofen.

Sobald der Auflauf gestiegen und oben hellgelb geworden, muß derselbe sofort servirt werden. Man kann ihn nach Belieben mit Geléestücken belegen.

5. Chokolade-Auflauf. Gut 2 Unzen Butter werden weich gerieben, mit 5—6 Eidottern, 3 Unzen Zucker, gut 2 Unzen geriebener Chokolade, etwas Vanille und knapp 7 Unzen in Milch geweichtem und ausgedrücktem Weißbrod gerührt, der Schaum der Eier durchgemischt und ¾ Stunde gebacken.

Für 8—10 Personen.

6. Gries- oder Reismehl-Auflauf. ¼ Pfund gekörntes Griesmehl, ⅜ Quart Milch, 7 Unzen Butter und 2 Unzen frisches Schweineschmalz, oder im Ganzen 7 Unzen Butter, 7 Eier, 3 Unzen Zucker, 6—8 Stück feingestoßene bittere Mandeln und etwas Salz.

Man läßt das Griesmehl in der Milch und einem Theil der Butter unter stetem Rühren so lange kochen, bis es gahr und ganz steif ist, dann reibt man die übrige Butter zu Sahne, gibt dazu Eidotter, Zucker, Mandeln, Salz, das etwas abgekühlte Griesmehl, und ist dies alles gut gerührt, den festen Schaum der Eier. Wünscht man den Auflauf zu verfeinern, so gebe man etwas beliebige Marmelade oder Fruchtgelée mit der Masse lagenweise in die Form.

Man läßt den Auflauf 1 Stunde backen, gibt denselben mit der Form zur Tafel und bestreut ihn mit Zucker und Zimmet.

Für 10—12 Personen.

7. Mehl-Auflauf. Dieselbe Masse wie zu Loth- oder Schwamm-Pudding (VIII. No. 17) wird 1 Stunde gebacken. Man rühre vor dem

Hineingeben des Eiweißschaumes 3 Unzen 2 Tage altes geriebenes Weiß= brod durch.

Für 12—14 Personen.

8. Nonnen=Auflauf. 7 Unzen feines Mehl, ¼ Pfund Zucker, ¼ Pfund Butter, 2 Unzen gestoßene Mandeln, 4 Eier, ⅛ Quart mit Vanille oder Zitronenschale gewürzte Milch. Dies alles setzt man aufs Feuer und rührt es zu einer dicken Crême ab. Dann reibt man noch 1 Unze Butter weich, fügt 5 Eidotter hinzu, rührt es mit der Masse tüchtig durch, vermischt diese mit dem zu starkem Schaum geschlagenen Eiweiß und backt sie in einer Form oder Randschüssel 1 Stunde in mäßi= ger Hitze.

Es wird Eingemachtes oder feines Compote dazu gereicht.

Für 6—7 Personen.

9. Weißbrod=Auflauf. Man läßt 6—8 Zwiebäcke, mit kochender Milch übergossen, weichen und rührt die Masse, so lange sie noch heiß ist, mit einem Stich Butter ganz fein (sie darf nicht zu dünn sein), gibt 2 Unzen geriebene Mandeln, 8—10 Eigelb, Zucker, Zitrone nach Geschmack, eine Obertasse vorher gequellte Rosinen und schließlich das zu Schaum geschla= gene Eiweiß hinzu und backt es in der Auflaufform 1 Stunde. Wenn der Auflauf gahr ist, überstreicht man ihn mit Johannisbeer= oder einer andern Gelée, und gibt darüber das von 4—5 Eiern zu steifem Schnee geschlagene und mit Zucker vermengte Eiweiß, läßt es im Ofen einiger= maßen fest werden und gibt es zur Tafel.

Für 10—12 Personen.

10. Zwiebacks=Auflauf. Etwa 15 Stück Zwiebäcke werden ge= stoßen, mit Milch angefeuchtet und dazu 2 Unzen Butter zu Schaum gerührt, 6—8 Eidotter, 2 Unzen gestoßener Zucker und schließlich das zu Schnee geschlagene Eiweiß hinzugegeben. Eine Auflauf=Form wird mit Butter bestrichen und mit gestoßenem Zwieback bestreut, der Boden mit frischem Obstcompot oder eingemachten Früchten bedeckt, der Auflauf darüber gegeben und im Ofen ½—¾ Stunde gebacken.

11. Schwarzbrod=Auflauf. Nachdem man 7 Unzen Butter zu Sahne gerieben, werden nach und nach hinzugerührt 10 Eidotter, 5 Unzen Zucker, etwas Nelken, Zimmet, Kardamom und Zitronenschale, 7 Unzen geriebenes und durchgesiebtes Schwarzbrod, 3 Unzen Korinthen, auch nach Belieben 1 Unze Mandeln und zuletzt der feste Schaum leicht durch die Masse gemischt, 1 Stunde gebacken.

Für 9 Personen.

12. Kartoffel=Auflauf. ¼ Pfund zu Sahne geriebene Butter, 8 Eidotter, ¼ Pfund Zucker, ½ Unze gestoßene Mandeln, worunter 6 Stück bittere sind, auch nach Belieben Zitronenschale oder Zimmet. Dies Alles wird nach vorhergehender Angabe gemischt und eine Weile gerührt, dann 11 Unzen am Tage vorher in der Schale halb gahr gekochte, abgezogene und geriebene Kartoffeln, mit 3 Unzen geriebenem Weißbrod durchge= rührt, sowie auch nachher der feste Schaum der Eier. Man läßt den Auflauf 1 Stunde backen.—Für 10 Personen.

13. Omelette soufflé. No. 1. 4 Eßlöffel durchgesiebter Zucker, 4 Eier, abgeriebene Schale einer halben Zitrone.

Der Zucker wird mit Eidottern und Zitronen 10 Minuten stark gerührt, mit dem ganz festen Schnee der Eier leicht vermischt, auf einer mit Butter bestrichenen Platte in einem mäßig geheizten Ofen höchstens ¼ Stunde gebacken und gleich servirt.

Für 5 Personen.

14. Omelette soufflé auf andere Art. No. 2. 6 Eier, 4 Eßlöffel feingestoßener Zucker, 1 Eßlöffel feines Mehl, ¼ Pfund Butter.

Die Eidotter werden mit dem Zucker ¼ Stunde gerührt, erst in dem Augenblick, wenn man backen will, wird das zu festem Schaum geschlagene Eiweiß mit dem Mehl hinzugerührt. Dann wird auf einem schwachen Feuer die Butter ohne Salz in einer Pfanne geschmolzen, das Angerührte hineingegossen und immer durchgezogen, so daß der Boden heraufkommt. Wenn die Omelette die Butter an sich gezogen hat, so gibt man sie auf eine Schüssel, schlägt sie doppelt und bestreut sie mit Zucker und Zimmet, oder mit in Zucker gestoßener Vanille oder man legt Confitüren dazwischen. Auch kann man den Saft einer Zitrone darüber träufeln und dann mit Zucker bestreuen, auch Rum darüber gießen und solchen anbrennen.

Für 6 Personen.

15. Omelette für den täglichen Tisch. Ein ziemlich gehäufter Eßlöffel Mehl wird mit ¼ Quart warmer Milch und $\frac{1}{16}$ Quart Wasser fein gerührt. Dann schlage man 4 frische ganze Eier von gehöriger Größe mit etwas Salz und vermische es miteinander. Darnach werde in einer sehr sauberen Pfannkuchenpfanne reichlich Butter, oder halb Butter, halb Fett heiß gemacht, das Omelette hinein gegossen und beim häufigen Drehen der Pfanne und Unterlassen der Flüssigkeit unten allerwärts gelb gebacken, wo es dann oben trocken sein wird. Das Omelette kann sodann ohne weiteres mit einem Pfannkuchenmesser zur Hälfte umgeklappt und auf eine heiße Schüssel geschoben, oder mit etwas Zucker bestreut, oder vor dem Zusammenschlagen mit eingemachten Preißelbeeren oder mit Apfelmus bestrichen werden.

Für 4 Personen.

16. Schwamm = Auflauf. 1 Eßlöffel voll dicke saure Sahne, 6 Eier, Zucker und Vanille.

Man rührt die Sahne mit Eidottern, Zucker und Vanille eine gute Weile, mischt das zu steifem Schaum geschlagene Eiweiß durch und läßt den Auflauf schnell backen.

Für 4—5 Personen.

17. Auflauf von saurer Sahne. Stark 1 Quart dicke saure Sahne, 8 Eier, 4 Eßlöffel Mehl, Zucker, Zimmet, Vanille, oder in Ermangelung derselben abgeriebene Zitronenschale und eine Messerspitze Salz.

Die Sahne wird gut geschlagen, Eidotter nebst dem Uebrigen nach und nach dazu gerührt, das zu Schaum geschlagene Eiweiß durchgemischt und in einer Form ¾ Stunde gebacken.

Für 6—8 Personen.

18. Auflauf von saurer Sahne und Obst. Obige Masse, jedoch statt der 4 Eßlöffel Mehl nur 1 Eßlöffel Stärke über feines ungekochtes Obst gegossen und gebacken, gibt einen feinen und wohlschmeckenden Auflauf.

Für 5—6 Personen

19. Auf andere Art. Stark ½ Quart saure Sahne, 6 Eier, 3 Unzen feingestoßener Zwieback, 3 Eßlöffel Zucker, etwas mit Zucker feingestoßene Vanille oder Zimmet und Zitronenschale.

Die Sahne wird mit den Eidottern und dem Uebrigen eine Weile stark gerührt, mit dem Eiweißschaum vermischt, auf gut gekochtes Obst in eine zugerichtete Auflaufform oder Schüssel gegeben und ¾ Stunde gebacken.

Für 4—5 Personen.

20. Rhabarber-Auflauf. Hierzu 1 Compote von Rhabarber und die Hälfte der Masse des Loth= oder Schwammpuddings. Von letzterer gebe man einen Theil in eine zugerichtete Form, streiche das Compote darüber, bedecke es mit der übrigen Masse und backe den Auflauf ¾ Stunde bei guter Mittelhitze.

Für 6—8 Personen.

21. Auflauf von sauren Kirschen. ¾ Pfund 2 Tage altes Weißbrod ohne Kruste wird in Milch geweicht und über Feuer abgerührt. Dann rührt man ein Ei dick Butter zu Sahne, gibt hinzu: 9 Eidotter, etwas gestoßene Mandeln, auch einige bittere Zitronenschalen, 2—3 Löffel Zucker, das Weißbrod, den Eierschaum, 1 Pfund saure ausgesteinte Kirschen, die man mit Zucker vermischt hat, und läßt dies eine Stunde backen.

Für 9—10 Personen.

22. Reis-Auflauf mit Aprikosen (sehr gut). ¾ Pfund Reis, ¼ Pfund Butter, ¼ Pfund Zucker, Vanille, knapp 1¾ Quart Milch, 8 Eier, in Zucker eingekochte Aprikosen, Aprikosenmus und Vanille.

Der Reis wird zum Kochen gebracht, abgegossen und nachher mit Butter, Zucker, einem Stück Vanille und der Milch langsam weich und steif gekocht, die Körner müssen ganz bleiben. Alsdann läßt man ihn abdampfen, rührt die Eidotter und das zu steifem Schnee geschlagene Weiße leicht durch, gibt eine Lage Reis und eine Lage in Zucker eingekochte Aprikosen abwechselnd in die Form und läßt dies 1 Stunde backen. Es muß gleich anfangs etwas weniger Feuer darunter gelegt werden.

Beim Herausziehen des Auflaufs wird Aprikosenmus in die Mitte und rund herum gelegt.

Für 12—14 Personen.

23. Ein feiner Aepfel-Auflauf. Feine mürbe Aepfel, Eingemachtes zum Füllen derselben, ¼ Pfund Butter, ¼ Pfund Mehl, ¼ Pfund Zucker, 6 Eier, ¼ Quart Milch und die Hälfte der Schale einer Zitrone.

Die Aepfel werden geschält und so ausgebohrt, daß sie an der Stielseite unverletzt bleiben, die Höhlung wird mit etwas Eingemachtem gefüllt und in eine mit Butter bestrichene Schüssel, in welcher man backen kann, neben einander gestellt. Dann wird die Hälfte der Butter geschmolzen,

Mehl und Milch angerührt, hinzugefügt und über Feuer gerührt, bis es sich vom Topfe ablöst. Unterdeß rührt man die übrige Butter weich, gibt Eidotter, Zucker, Zitronenschale und die etwas abgekühlte Masse dazu und mischt, wenn alles gut gerührt ist, den festen Schaum der Eier leicht durch und gibt dies über die Aepfel. Der Auflauf wird sogleich in den Ofen gestellt, in mittelmäßiger Hitze 1 Stunde gebacken und in derselben Schüssel aufgetragen. ·

Auch kann man die Aepfel in vier Theile schneiden, statt des Eingemachten 3 Unzen gewaschene Korinthen zwischen streuen und jene Masse darüber vertheilen.

Für 8—10 Personen.

24. Gewöhnlicher Auflauf von Aepfeln, der jedoch von allen Früchten gemacht werden kann. ¼ Pfund Mehl, 3 Unzen Butter, ¾ Quart Milch, 2 Eßlöffel Zucker, 6 Eier, Zitronenschale oder 8 Stück gestoßene bittere Mandeln und 1½ Theelöffel Salz.

Nachdem die bemerkten Theile nach vorhergehender Angabe zusammengesetzt sind, gebe man davon den vierten Theil in eine gut zugerichtete Form oder Schüssel, lege 2 gehäufte Suppenteller in 4 Theile geschnittene mürbe säuerliche Aepfel darüber hin, bestreue sie mit Zucker und Zimmet, bedecke sie mit der übrigen Masse und backe den Auflauf 1¼ Stunde.

Derselbe kann, wie oben bemerkt, von allen Früchten gebacken werden. Zwetschen, sowohl frische als getrocknete, werden ausgesteint, letztere aber vor dem Aussteinen weich gekocht; bei saftigen Früchten, als: sauern Kirschen, Heidelbeeren (Bickbeeren), Johannisbeeren ꝛc. wird des Saftes wegen gestoßener Zwieback mit dem Obst vermischt, und je nachdem solches viel oder weniger Säure hat, mehr oder weniger versüßt.

Für 10—12 Personen.

25. Auflauf von Aepfeln, frischen, auch getrockneten Zwetschen. 2 Suppenteller geschälte, in 3 Theile geschnittene Aepfel, 1 Glas Wein, Zucker und Zimmet, 19 Unzen 2 Tage alte Semmel, ¼ Pfund Butter, 8 Eier, 6—8 Stück feingestoßene bittere Mandeln oder Zitronenschale.

Die Aepfel lasse man mit Wein, Zucker und Zimmet in einem irdenen Geschirr langsam weich werden. Frische Zwetschen putze man ab, entferne die Steine und koche sie ohne weitere Flüssigkeit in ihrem eigenen Saft mit Zucker und Zimmet. Beide Obstsorten dürfen nicht zerkochen. Beim Kochen der getrockneten Zwetschen richte man sich nach Zwetschen-Compote (unter XV). Unterdeß weicht man die Semmel in Milch, macht die Hälfte der Butter heiß, rührt die Semmel darin trocken ab und stellt sie zum Ausdampfen hin. Nach dem werden Eidotter nebst dem Genannten hinzugerührt, die Masse gut geschlagen, mit dem Schaum der Eier vermischt und die Hälfte in die ausgestrichene, mit Zwieback bestreute Schüssel ausgebreitet, das gekochte Obst darüber gestrichen und mit der andern Hälfte der Masse bedeckt. Wenn der Auflauf halb gahr ist, wird, ohne die Form aus dem Ofen zu nehmen, rasch etwas grobgestoßener

Zucker, mit Zimmet gemischt, darüber gestreut und vollends gahr und dun-kelgelb gebacken, was in etwa 1¼ Stunde der Fall ist.

Für 10 Personen.

26. Aepsel=Auflauf auf andere Art. Man nimmt zwei Sup-penteller steifes Aepfelmus, vermengt es mit 23 Unzen 2 Tage altem ge-riebenem Weißbrod, ¼ Pfund zergangener Butter, 8 Eidottern, Zucker und Zimmet, rührt den Schaum der Eier durch und backt den Auflauf in einer Form 1¼ Stunde.

Für 10 Personen.

27. Auflauf von Aepfeln und Brod. Ein gehäufter Suppen-teller in Scheiben geschnittene Aepfel, eben so viel geriebenes halb Schwarz-halb Weißbrod ¼ Pfund Zucker, 2 Unzen Korinthen, 2 Eidick frische But-ter, etwas gestoßene Nelken und Zimmet.

Das Brod wird mit der Hälfte des Zuckers, Zimmet und Nelken ver-mischt, hiervon eine Lage in eine zugerichtete Form gestreut, mit Stückchen Butter belegt, eine Lage Aepfel, Korinthen, Zucker und Zimmet darauf gelegt und so abwechselnd fortgefahren, bis Brod den Schluß macht. Dann wird der Auflauf mit reichlich Stückchen Butter belegt, und bei star-ker Hitze 1¼ Stunde gebacken.

Für 6—8 Personen.

28. Schaumgericht No. 1 (als Mittelschüssel, auch als Torte). ¾ Pfund Zwieback, ¼ Quart Milch, 8 Eier, Zucker, Zitronenschale, Korin-then oder Rosinen und Fruchtgelée.

Milch, Eidotter, Zitronenschale und 4 Eßlöffel Zucker werden unter-einander gerührt und die Zwiebäcke darin geweicht. Dann wird eine Schüssel, worauf das Gericht zur Tafel kommt, mit Butter bestrichen und mit Weißbrotkrumen bestreut, mit dem dritten Theil der Zwiebäcke belegt, etwas Korinthen und Fruchtgelée darüber vertheilt, wieder mit einem Drittheil Zwieback nebst einer Lage Korinthen oder Rosinen und Gelée versehen und zuletzt mit dem Rest der Zwiebäcke bedeckt. Darauf wird das Gericht mit Zucker und Zimmet bestreut, mit einer schließenden Schüssel fest zugedeckt und ¾ Stunde lang auf kochendes Wasser gestellt.

Nach Verlauf dieser Zeit wird das Eiweiß in Schaum geschlagen, mit einem Eßlöffel Zucker vermischt, über die Masse gestrichen und etwa 10 Minuten in einen heißen Ofen gestellt.

Für 20 Personen.

29. Auflauf von Aepfeln und Reis. Im Verhältniß zu der Form ½—¾ Pfund Reis, Milch, 4—7 Unzen Zucker, 3—5 Unzen Butter, 4—6 Eier, 12—14 saure Aepfel, Wein, Zitrone, Apfelsine.

Man kocht den abgebrühten Reis in Milch und einem Stück frischer Butter gahr, aber nicht zu weich. Zugleich kocht man geschälte und halb durchgeschnittene Borsdorfer Aepfel in Wasser, Wein, Zucker, Zitronen-saft und Schale gahr, doch müssen sie ganz bleiben, nimmt sie aus der Brühe, gibt zu derselben noch so viel Zucker, daß sie geléeartig wird, und drückt den Saft einer Apfelsine dazu. Nun reibt man die übrige Butter weich, rührt Eidotter, Zucker, den Reis hinzu und mischt den steifen

Eiweißschaum leicht durch. Darnach legt man in eine gut zugerichtete Form eine Lage Reis, eine Lage Aepfel und bedeckt diese wieder mit Reis. Die Aepfel dürfen die Seiten der Form nicht berühren und auch nicht aus dem Reis hervorstehen. Dann streut man gestoßenen Zwieback darüber und legt kleine Stückchen Butter darauf, läßt den Auflauf etwa eine Stunde backen, oder so lange, bis er eine schöne gelbe Farbe bekommen hat, stürzt ihn dann auf eine Schüssel und gibt die geléeartige Sauce darüber.

Für 15—18 Personen,

30. Desgleichen (einfach und gut). Es wird eine Lage Reis, welcher in Milch mit einem Stückchen Zimmet, etwas Zucker und Salz dick gekocht ist, in eine Backschüssel oder Form gebracht, eine Lage gekochtes Aepfelmus darüber gestrichen, mit Reis bedeckt, mit Zucker und feingestoßenem Zwieback bestreut und etwa 1 Stunde gebacken.

31. Vanille-Auflauf. Man kocht 1½ Pint Milch, 3 Unzen feines Mehl, 3 Unzen Butter, dieses über Feuer gesetzt und gerührt, bis es vom Topfe losläßt; dann gebe man 3 Unzen Zucker, 8 Eigelb und Vanille, zuletzt den festen Schnee von 8 Eiern hinzu und bäckt es in Mittel-Hitze ½ Stunde. Wenn der Auflauf fertig ist, wird er mit Zucker bestreut.

32. Auflauf von Milchreis-Resten oder Aepfelreis-Resten. Man läßt 1 Ei groß Butter zergehen, zerrührt es mit 4 Eidottern und etwas Zucker und gibt den Reis mit etwas Zitronenschale und einigen fein gestoßenen Zwiebäcken und dem Eierschnee hinein und backt dies ½—1 Stunde; auch kann man dieses Gericht von übrig gebliebenem Aepfelreis machen und Obstsauce dazu geben.

33. Schwarzer Magister. Auflauf für einen täglichen Tisch. ¾ Pfund Weißbrod wird in Scheiben geschnitten und in Butter gebraten, 1 Pfund Pflaumen, die am vorhergehenden Tage gewaschen, abgekocht und nachdem eingeweicht sind (man kann sie über Nacht in den Bratofen stellen), werden ausgesteint und mit dem Weißbrod lagenweise in eine Springform gelegt, dann wird stark ½ Quart Milch, die mit Pflaumenbrühe vermischt wird, mit 2 Eiern geklopft, darüber gegossen, etwa 2 Unzen Butter in Stückchen zertheilt, darüber gelegt und im Backofen 1 Stunde gebacken.

Für 6—7 Personen.

34. Härings-Auflauf. Man richte sich nach dem Kartoffel-Auflauf (No. 12), lasse selbstredend Mandeln, Zucker und die darin benannten Gewürze weg, und rühre reichlich Muskatnuß und das in seine Würfel geschnittene Fleisch von 2—3 gut gewässerten und ausgegräteten Häringen nebst einer Untertasse in Butter braun gebratener Zwiebeln und etwas Pfeffer und Nelkenpfeffer durch.

Für 10 Personen.

35. Fleisch-Auflauf. Man richte sich nach Pudding von kaltem Kalbsbraten in Abtheilung VIII. No. 38.

36. Mehlspeise von Rudeln (für 4—6 Personen). In Ermangelung von Reisnudeln mache man von 2 Eiern einen Rudelteig, wie solcher in Abschnitt XI. No. 16 beschrieben ist. Dann koche man die Rudeln in Salzwasser ab, nehme solche heraus, thue sie in kaltes Wasser, rühre sie einigemal um und breite sie zum Abtrocknen auf ein Sieb aus. Darnach werden 6 Eidotter mit 5 Unzen gestampftem Zucker und ¼ Pfund geklärter Butter eine Weile gut gerührt, die abgetrockneten Rudeln, ¼ Pfund gut gewaschene und in einem Tuche abgetrocknete Korinthen, 2 Unzen süße gestoßene Mandeln, die abgeriebene Schale einer halben Zitrone, 1 gestoßener Zwieback und eine Messerspitze Zimmet hinzugefügt; nachdem dies alles gut verbunden ist, wird das zu steifem Schaum geschlagene Eiweiß langsam durchgezogen und die Masse in einer gut vorgerichteten Mehlspeiseform 1¼ Stunde gebacken.

B. Verschiedenartige Gerichte von Macaroni und Rudeln.

37. Macaroni, Schinken und Parmesankäse zu gleichen Theilen. ¼ Pfund Macaroni, ¼ Pfund feingehackter Schinken, ¼ Pfund Parmesankäse.

Die Macaroni werden in Wasser und Salz weich gekocht und auf dem Durchschlag mit kochendem Wasser übergossen. Nachdem sie erkaltet und in 1 Zoll lange Stücke geschnitten sind, schmort man einige feingehackte Schalotten in etwas Butter, thut den Schinken, darnach die Macaroni, den Käse, zuletzt noch knapp ¼ Quart saure Sahne dazu und backt dies in einer vorgerichteten Form oder Schüssel ¼ Stunde.

38. Auflauf von Macaroni, Schinken und Parmesankäse. ¼ Pfund Macaroni, 1 Pfund gekochter und feingehackter Schinken, 2 Unzen geriebener Parmesankäse, 4 Eier, 2 Unzen Butter, knapp 1 Quart Milch und Muskatnuß.

Die Macaroni werden in reichlichem Wasser mit Salz weich, aber nicht breiig gekocht, abgegossen, in 1 Zoll lange Stücke geschnitten, mit dem Schinken und Käse nebst Muskatnuß lagenweis in die Form gelegt und mit Milch, geschmolzener Butter und den geklopften Eiern übergossen. Man lasse den Auflauf bei starker Hitze eine Stunde backen.

39. Pasteten von Macaroni mit Schinken und Käse. Hierzu ein Blätter- oder Butterteig von 1¼—2 Pfund Mehl. ¼ Pfund Macaroni in Fleischbrühe oder kochendem Wasser und Salz weich gekocht und zum Ablaufen auf einen Durchschlag geschüttet, ferner 1 gehäufter Suppenteller gekochter, mit etwas Fett feingehackter Schinken, ¼ Pfund Butter, 3 Unzen Parmesankäse, 6 Eier.

Die Butter wird weich gerieben, mit dem Käse und den Eidottern tüchtig gerührt und darnach mit den Macaroni und dem zu steifem Schaum geschlagenen Eiweiß vermischt. Alsdann wird eine Lage Schinken auf den aufgerollten Teig gelegt, darüber eine Lage von der eingerührten Masse, und so abwechselnd fortgefahren, bis alles zu Ende und das Ganze mit einem Oberblatt von bemerktem Teig versehen ist. Man richte sich beim Formen und Backen der Pastete nach V. No. 4.

Anmerkung. Dies Gericht kann auch ohne Teig in einer vorge= richteten Form oder Schüssel gebacken und statt Parmesan= allenfalls weißer Schweizerkäse dazu genommen werden. Auch können Faden= oder Gemüsenudeln die Stelle der Macaroni vertreten.

40. Macaroni mit Parmesankäse. ¼ Pfund Macaroni, 2 Unzen Butter, 3 Gran geriebener Käse.

Man koche die Macaroni in kochendem Wasser und Salz weich, schütte sie auf einen Durchlag, lege sie schichtweise mit Butter, Käse und vielleicht noch fehlendem Salz in eine vorgerichtete Form oder Schüssel und lasse sie in nicht zu heißem Ofen gelb backen. Dann schiebe man die Macaroni auf eine Schüssel und gebe sie zu Braten, Cotelettes, Fricadellen und dergl. Auch werden sie zu feingekochtem Sauerkraut gereicht.

Anmerkung. Man kann dies Gericht, statt mit Käse, auch mit Zucker zubereiten und jedes beliebige Compote dazu geben.

41. Schüssel mit Braten, Macaroni und gebratenen Kar= toffeln (nach der Suppe, auch als Mittelschüssel). Hierzu paßt sowohl der aufgerollte Braten als auch ein Filet. Letzteres wähle man nach Gefallen, entweder wie Hasen oder nach englischer Weise etwa 8 Minuten gebraten, und sorge für eine gute kräftige und reichliche Sauce. Zugleich werden Macaroni in Wasser und Salz weich abgekocht, zum Ab= laufen auf einen Durchschlag geschüttet, mit kochendem Wasser übergossen und mit gelb gemachter Butter nun zum Kochen gebracht. Auch werden Kartoffeln von mittlerer Größe recht aufmerksam ganz weich und dunkel= gelb gebraten. Dann wird der Braten in zierliche Scheiben geschnitten, in seiner vorigen Gestalt auf eine heiße Schüssel gelegt, die Macaroni rings umher angerichtet, die sämige Kraftsauce kochend heiß darüber gefüllt und das Gericht mit einem Kranz Kartoffeln garnirt.

Anmerkung. Zum Wohlgeschmack dieser Schüssel gehört ein rasches Anrichten, damit Braten, Macaroni und Kartoffeln völlig heiß ge= reicht werden können.

42. Filetbraten, Macaroni, Rührei und Schinken. Die Zube= reitung der beiden ersten Theile ist nach vorhergehender Vorschrift und wird mit dem Anrichten gleichfalls die sämige Bratensauce darüber gefüllt. Dann wird das gut zubereitete Rührei in der Pfanne reichlich mit gekoch= tem und feingehacktem Schinken vermischt, solches um die Macaroni gelegt und die Schüssel ganz heiß zur Tafel gegeben.

43. Schinken=Nudeln. In Ermangelung von Reisnudeln mache man für etwa 8 Personen von 2 ganzen Eiern und 2 Dottern nach Ab= schnitt XI No. 17 einen festen Nudelteig und rolle ihn ganz dünn aus. Sobald die Theile trocken geworden sind, schneidet man sie in Streifen und diese zu Nudeln von der Breite eines kleinen Fingers, kocht sie in kochendem gesalzenem Wasser, schüttet sie auf einen Durchschlag und gießt kochendes Wasser darüber. Dann wird eine kleingehackte Zwiebel und etwas feinge= schnittene Petersilie mit einem Stückchen Butter gedämpft, 1 Pfund ge=

kochter Schinken ohne Fett klein geschnitten, 6 ganze Eier und 6 Eidotter mit ½ Quart dicker saurer Sahne, einem halben Theelöffel Muskatblüte und der gedämpften Zwiebel und Petersilie tüchtig gerührt, wo dann der Schinken durchgemischt und dies alles mit den Nudeln gehörig untereinander gerührt wird. Darnach bestreicht man eine Form mit Butter, füllt die Masse hinein, bestreut sie mit Zwieback und stellt sie etwa ½ Stunde in einen heißen Ofen.

Zu vorstehenden Nudelspeisen werden gute gekochte Zwetschen oder Aepfelmus gegeben und paßt besonders dazu Kalbsbraten, frische Bratwurst (nicht lange gebraten) und Schweinscotelettes

Aus der Nudelbrühe können angenehme Suppen bereitet werden.

44. Gebackene Schinkenreste mit Nudelteig. (Ein wohlschmeckendes Gericht, vorzüglich zum Sauerkraut und Spinat). Man macht einen Nudelteig von einem Ei, dessen Bereitung in XI. No. 17 zu finden ist, schneidet ihn in Stücke, etwa von der Größe eines Kartenblattes, läßt diese in kochendem Wasser gahr kochen und auf einem Durchschlag abkühlen. Unterdeß werden die Reste eines weichgekochten Schinkens, fett und mager, so fein als möglich gehackt und mit Muskatnuß und etwas Pfeffer oder mit geriebenem grünen Schweizerkäse gewürzt, wobei zu bemerken ist, daß harte Schinkenreste vorher weich gekocht werden müssen. Darnach bestreicht man die Auflaufform oder eine alte tiefe porzellanene Schüssel mit Butter und belegt den Boden und die Seiten derselben mit den Nudelblättchen, so daß keine Zwischenräume bleiben. Ueber diese Lage macht man eine Lage Schinken, bedeckt sie mit Nudeln und fährt so fort bis zu 2 oder 3 Lagen, jedoch muß die oberste Lage aus Nudelblättchen bestehen. Alsdann zerklopft man in einem Suppenteller 4 Eier, füllt denselben mit guter Milch, fügt auch, falls der Schinken nicht zu salzig wäre, etwas Salz hinzu und gießt die Eiermilch über die Speise, welche in einem heißen Ofen 1 Stunde gebacken und umgestürzt zur Tafel gebracht wird.

Anmerkung. Statt des aufgerollten Nudelteigs können zur Aushülfe auch gekochte Gemüsenudeln dienen.

Sollten die Schinkenreste härtlich sein, so koche man sie in wenig Wasser weich; jedenfalls aber muß das Magere zum Feinhacken kochend heiß gemacht werden.

45. Crème à la Plumage. Zu vier Formen schlage man 1 Quart süßen Rahm recht steif, lasse ihn etwas stehen, daß die Milch sich setzt, löse 1 Unze Gelatine in 1 Pint Wasser auf, und stoße ½ Unze bittere Mandeln mit etwas Milch recht fein. Hat sich die Gelatine aufgelöst, so schlage man sie kalt mit der Mandelmilch und lasse Alles mit 1 Pfund gebränntem Mehl, 10 Eiern, Muskatenuß, Zimmet, Englisch-Gewürz, Nelken nach Geschmack, 1 Glas Wein oder Brandy 2 Stunden langsam backen.

X. Plinzen, Omelettes und Pfann-
kuchen aller Art,

sowie

einige andere in der Pfanne zu backende Speisen.

---

1. Im Allgemeinen.

Pfannkuchenpfannen. Pfannkuchenpfannen sind am besten von Stahl; die glasirten wegen Mangel an Haltbarkeit nicht zweckmäßig. Man gebrauche die Pfanne nur zum Backen der Kuchen, nicht, wie es häufig geschieht, zugleich zum Kochen saurer Speck- und Zwiebelsaucen und dergl. Es ist hierzu ohnehin eine kleine tiefe Pfanne passender. Man thut wohl, die Pfanne nach jedem Gebrauch mit Zeitungspapier zu reinigen, wo es dann bei vorkommenden Fällen nur des Auswischens mit einem Stückchen Papier bedarf. Geschieht dies nicht, so muß dieselbe jedenfalls erst aufs Feuer gestellt, mit Salz trocken ausgescheuert und gut nachgerieben werden. Das Auswaschen der Pfanne ist dem Loslassen der Kuchen gar zu hinderlich, auch erfordern dieselben dann viel mehr Fett.

Einrühren. Das Einrühren mit warmer — statt kalter — Milch und tüchtiges Schlagen der Masse, bevor die ganze Quantität Milch hinzugegeben wird, verfeinert sie ganz ungemein. Ob es vorzuziehen ist, daß Eiweiß zu Schaum zu schlagen, hängt einzig und allein vom Geschmack ab. Geschieht es, so werden die Kuchen sehr locker und weich, auch kann hierbei eher ein Ei gespart werden; beim Anwenden der ganzen Eier aber lassen sich die Kuchen besser inwendig milde, übrigens kroß backen.

Geeignetes Feuer zum Backen. Zum Backen der Pfann-kuchen gehört ein weder zu schwaches, noch zu starkes Feuer.

Passendes Backfett. Ein gutes Backfett besteht aus halb Butter halb gutem Schweineschmalz oder langsam ausgebratenem Speck. Auch kann eine Seite des Kuchens mit Schmalz, die andere mit Butter gebacken werden. Wünscht man ohne weiteres Butter zu gebrauchen, so wird eine gute Hausfrau Topfbutter der frischen vorziehen, weil von letzterer gar zu viel erforderlich sein würde.

Um die Pfannkuchen gut und kroß zu backen, thue man nicht gar zu wenig Backfett in die Pfanne, lasse sie nicht braun werden, nicht einmal zu stark erhitzen, gebe den Teig hinein und drehe die Pfanne so, daß derselbe sich überall gleichmäßig vertheilt, man durchsteche denselben fortwäh-rend mit dem Messer, namentlich am Rande der Pfanne, damit er in der Pfanne nicht ungahr bleibt und so lange, bis kein flüssiger Teig sich mehr auf der Oberfläche befindet. Man dreht die Pfanne sehr aufmerksam, damit er auf jeder Seite braun wird und schwenkt ihn in derselben, um zu sehen, ob er sich auch gut löst. Sollte er an einer Stelle fest kleben, so schiebt man ein Stückchen Butter darunter und wendet ihn, um ihn auf der andern Seite ebenso zu backen.

2. Plinzen (eine Schüssel allein zu geben und eine Beilage zum Spinat). No. 1. 4 mäßig gehäufte Eßlöffel feines Mehl, 3 Unzen an Gewicht, 4 große oder 5 kleinere Eier, ¼ Quart zusammengesetzt 2 Theile süße Sahne oder Milch und 1 Theil heißes Wasser, 2 Unzen gut gewaschene Korinthen, 2 Eßlöffel geschmolzene Butter, abgeriebene Zitronenschale oder Muskatblüte und etwas Salz.

Der Teig wird beim Hinzuthun der ganzen Eier nach No. 1 gut geschlagen und 4 Plinzen — dünne Kuchen — daraus gebacken. Dann werden diese zweimal getheilt, mit Zucker und Zimmet bestreut und aufgerollt.

Die Plinzen werden zum Thee und Butterbrod gegeben.

Als Mittel= oder Nachgericht kann man sie mit einer rothen oder weißen Weinsauce oder Sauce von Fruchtsaft serviren.

Als Beilage zum Spinat lasse man Zucker, Zitronenschale und Korinthen weg und rühre feingeschnittenes Schnittlauch durch den Teig.

3. Plinzen von saurer Sahne (Rahm, Flott). No. 2. 2 Unzen beste Korn=Stärke, 4 Eier, ¼ Quart dicke saure Sahne, Muskatblüte, Zimmet und etwas Salz.

Nachdem man die Stärke mit 2 Eßlöffel kaltem Wasser zerrührt hat, wird sie mit Eidottern, Sahne und Gewürz stark geschlagen, dann mische man den steifen Schaum der Eier durch, backe 4 Plinzen, rolle jede auf und gebe sie, mit Zucker und Zimmet bestreut, heiß zur Tafel. Auch sind eingemachte Früchte jeder Art eine angenehme Beilage.

4. Plinzen auf andere Art. Man macht 1½ Quart Milch lauwarm, quirlt 8 Eier hinein, schüttet nach und nach, unter stetem Rühren, 2 Pfund Mehl, darauf ¼ Quart Bierhefe hinein, dann wird ein wenig Salz hinzugethan und die Pfanne mit Speck eingerieben. Hierauf werden sie gebacken wie Pfannkuchen.

5. Saure Milch=Pfannkuchen. Man mache 2 Tassen saure Milch im Topfe warm, thue 2 Theelöffel Saleratus hinzu und lasse es etwas gähren. Dann werden 2 Tassen Mehl warm gemacht — es muß ziemlich dick sein —, 8 Eier gut geschlagen und hinzugethan, nebst etwas Salz und nun läßt man sie langsam backen.

6. Ohrfeige No. 1. 4 große frische Eier, 1 gehäufter Eßlöffel Kartoffelmehl oder Stärke, ¼ Quart lauwarme Milch mit etwas Wasser vermischt, eine reichliche Messerspitze Muskatblüte oder abgeriebene Zitronenschale und etwas Salz, ferner beliebiges Eingemachtes.

Das Weiße der Eier wird von den Dottern sorgfältig getrennt, damit ersteres zu recht festem Schaum geschlagen werden kann, der erst in dem Augenblick durch den zuvor stark geschlagenen Teig gemischt wird, wenn man zu backen anfängt. Das Feuer muß gleichmäßig und sehr schwach, die Pfanne glatt sein. In derselben lasse man wenig Butter zergehen, gebe die Schaummasse hinein, lege einen vorher heiß gemachten blechernen Kuchendeckel darauf und backe die Ohrfeige nur auf einer Seite, ohne die Pfanne zu schütteln, und zwar so lange, etwa 10 Minuten, bis sie oben trocken und die untere Seite gelb geworden ist, während man die Pfanne zuweilen dreht. Darnach bestreiche man dieselbe mit beliebigem Eingemachten, Marmelade oder Gelée, schlage sie zusammen, schiebe sie auf eine längliche Schüssel und streue Zucker und Zimmet darüber. Auch kann man die Ohrfeige inwendig und oben mit Zucker und Zimmet bestreuen und mit einer Wein-, Frucht- oder Rumsauce zur Tafel geben. Sehr angenehm ist dazu ein gutes Compote von frischen Johannisbeeren, welches auch zum Zwischenstreichen angewendet werden kann, und bleibt dann die Sauce weg.

Anmerkung. Eine große Messerspitze pulverisirtes Hirschhornsalz mit dem Eiweißschaum durchgemischt bewirkt ein noch stärkeres Aufgehen.

7. Auf andere Art, statt einer Torte. No. 2. Man backe 2 Ohrfeigen nach vorhergehender Angabe, schiebe die erste offen auf eine runde Schüssel, tröpfle den Saft 2 saftiger, recht frischer Zitronen darüber, bestreue sie reichlich mit Zucker, schiebe die andere auf einen Kuchendeckel, schwinge sie mit fester Hand auf die erste und versehe sie noch mit etwas Zucker.

8. Omelette (Eierkuchen). No. 1. 8 frische Eier, 1 gehäufter Eßlöffel Stärke oder feinstes Mehl, ¼ Quart warme mit etwas Wasser vermischte Milch, etwas Muskatblüte und Salz. Dies wird nach No. 1 tüchtig geschlagen, auf schwachem Feuer Butter in der Pfanne zum Stehen gebracht, das Eingerührte hineingegeben und die Flüssigkeit mit dem Löffel untergelassen. Sobald die Omelette oben trocken geworden und sich von der Pfanne gelöst hat—sie muß ganz weich bleiben und wird nicht umgewendet — streue man Zucker und Zimmet darüber und schiebe sie zusammengeschlagen auf eine längliche Schüssel.

Besonders angenehm sind eingemachte Preißelbeeren dazu, auch kann man die Omelette mit Sommerwurst, Rauchfleisch und geräucherter Zunge geben, wo dann beim Einrühren feingehacktes Schnittlauch durchgemischt werden kann; Zucker und Zimmet bleiben weg.

9. Omelette No. 2. Man nimmt zu 6 Eiern 3 Löffel zerlassene Butter, 2 Tassen Milch und 3 Löffel Mehl.

10. Omelette von Weißbrodschnitten. Man rühre eine Omelette, lasse Weißbrodschnitten in kalter Milch weich werden, mache sie in einer Pfanne mit gutem Backfett an beiden Seiten gelb, lege Stückchen Butter dazwischen und gebe die Omelette darüber hin. Durch Hineinstechen mit einem Messer lasse man das Flüssige hineinziehen, schiebe die Omelette, sobald sie sich von der Pfanne löst, auf eine Schüssel und bestreue sie mit Zucker und Zimmet. Eingemachte Preißelbeeren sind hierzu sehr passend.

11. Speck und Eier. Man nehme zu jedem Ei einen großen Eßlöffel Milch, einige Körnchen Salz und zerklopfe sie gehörig. Dann schneide man guten Speck von der Größe eines halben Kartenblattes in Scheiben, lasse sie in der Kuchenpfanne an beiden Seiten etwas gelb werden und gieße die Eiermilch darüber hin. Nachdem die Flüssigkeit durch Hineinstechen mit einem Messer verdampft ist, schiebe man den Kuchen möglichst schnell auf eine bereitstehende Schüssel, damit die Eier recht weich bleiben.

Nach Gefallen kann auch feingehacktes Schnittlauch mit den Eiern vermischt werden.

12. Eierpfannkuchen (vorzüglich). Zu 3 Kuchen: 6 frische Eier, 6 kleine Eßlöffel Mehl, ¼ Quart Milch, stark ½ Quart saure Sahne, etwas Salz.

Mehl, Sahne, Eidotter und Salz werden gerührt, dann wird die Milch hinzu gegeben und kurz vor dem Backen das zu Schaum geschlagene Eiweiß durchgemischt.

Werden die Kuchen mit Butter gebacken, so nehme man weniger Salz und richte sich übrigens nach No. 1.

13. Eierpfannkuchen auf andere Art. Man nimmt zu 6 Eiern 7 große Löffel Mehl, etwa 1 Pint Milch und 1 Pint Wasser.

14. Gewöhnliche Schaumpfannkuchen. Von 5 Eiern das Gelbe, 1 gehäufter Eßlöffel voll Mehl, 1 Obertasse gute frische Milch, Salz und das Weiße der Eier zu Schnee geschlagen und übrigens verfahren wie beim vorhergehenden Rezept.

15. Feinerer Schaumpfannkuchen. Hierzu nimmt man 4—6 Eßlöffel steifen sauren Rahm, etwas feines Mehl, so daß die Masse zusammenhält, 6—7 Eigelb, Salz und das zu Schnee geschlagene Eiweiß, backt dies in heißer Butter und in der Pfanne auf der einen Seite gelb, wendet es um und läßt es nochmals backen. Es sind hierzu Preißelbeeren zu empfehlen.

16. Pfannkuchen von Stärke. Zu einem Kuchen 4 frische Eier, 2 Unzen Stärke, ¼ Quart warmgemachte Milch, dazu ⅓ Wasser und etwas Salz.

Eidotter, Stärke, Milch und Salz werden tüchtig geschlagen, mit dem steifen Schaum der Eier vermischt, nach No. 1 in Butter, welche abgeklärt ist, gebacken.

Anmerkung. Bestreut man die feineren Pfannkuchen in der Minute, wo man sie umwenden will, mit gestoßenem Zwieback, so gewinnen sie an Ansehen und Geschmack.

17. Pfannkuchen von feinem Mehl, auch zu gutem Obstpfannkuchen passend. 4 Eier, 3 Eßlöffel feines Mehl, ¼ Quart Milch mit etwas Wasser vermischt und etwas Salz.

Dies wird beim Hinzuthun der ganzen Eier nach No. 1 gerührt und gebacken. Zu Obstpfannkuchen mische man etwas Zimmet oder Muskatblüte durch den Teig.

18. Auf andere Art. 4 Eier, 1 Eßlöffel dicke Sahne, in Ermangelung etwas geschmolzene Butter, 4 gehäufte Eßlöffel feines Mehl, an Gewicht 3 Unzen, $\frac{3}{16}$ Quart Milch und etwas Salz.

Eier, Sahne und 1 Eßlöffel Wasser werden stark geschlagen, Milch und Mehl hinzu gerührt, mit halb Speck oder Schmalz, halb Butter nach No. 1 gebacken.

19. Gewöhnlicher Pfannkuchen. Zu einer mittelmäßig großen Pfanne: 3 Unzen Mehl, 3 Eier, $\frac{1}{4}$ Quart Milch und etwas Salz. Wünscht man jedoch nur 2 Eier anzuwenden, so muß etwas weniger Milch genommen werden.

Zu einer größeren Pfanne kann man $\frac{1}{4}$ Pfund Mehl, 3 Eier und knapp $\frac{1}{2}$ Quart Milch mit Wasser vermischt rechnen. Der Teig werde nach No. 1 gerührt und gebacken.

20. Johannisbeerkuchen (vorzüglich). Hierzu ein guter Pfannkuchenteig nach No. 17 mit etwas Zucker und Gewürz, 1 kleiner Suppenteller recht reife Johannisbeeren, $\frac{1}{4}$ Pfund geriebener Zucker, $\frac{1}{4}$ Pfund gestoßener Zwieback.

Man lasse die Butter in der Pfanne recht heiß werden, gebe den Teig hinein, lege die Johannisbeeren darauf und bestreue sie vor dem Umwenden mit dem Zwieback. Der Kuchen wird, nachdem er auf beiden Seiten gehörig gebacken, auf der Schüssel mit dem bemerkten Zucker bestreut.

21. Kuchen von sauren Kirschen. Man richte sich nach vorhergehender Vorschrift.

22. Aepfelkuchen No. 1. 2 Suppenteller voll kleingeschnittener Aepfel werden mit Zucker, Zitronenschale und so viel Wein langsam weich gekocht, daß keine Flüssigkeit darunter bleibt.

Dann schlage man 6 Eidotter mit $\frac{3}{8}$ Quart dicker saurer Sahne, 2 Eßlöffel Kartoffelmehl, etwas Salz und Zimmet, mische das zu steifem Schaum geschlagene Eiweiß durch und backe hiervon 2 Kuchen zugedeckt auf einer Seite blaßgelb. Nachdem der zweite fertig ist, streiche man die Aepfel gleichmäßig darauf, bedecke sie mit der ungebackenen Seite des ersten Kuchens, lasse denselben auf beiden Seiten noch etwas nachbacken und gebe ihn mit Zucker bestreut sogleich zur Tafel.

23. Aepfelpfannkuchen. No. 2. 12 große säuerliche Aepfel, $\frac{1}{4}$ Pfund Butter, 12 kleine Zwiebäcke, Milch zum Einweichen derselben, 6 Eier, $\frac{1}{4}$ Pfund Korinthen, 2 Eßlöffel Zucker, Zitronenschale oder Zimmet.

Die Aepfel werden geschält, in 8 Theile geschnitten und auf gelindem Feuer in der Butter mürbe geschmort. Dann gießt man zu den gestoßenen Zwiebäcken so viel gute Milch, daß sie darin weichen können, schlägt 4 Eiweiß zu Schaum, rührt das Bemerkte zur Zwiebackmasse, fügt zuletzt die Aepfel und darnach den Schaum hinzu. Auch kann man mit den Aepfeln 2 Eßlöffel Rum durchrühren. Der Kuchen wird auf langsamem Feuer gebacken.

24. Aepfelkuchen. No. 3. Teig wie zu Johannisbeerkuchen, 1 Suppenteller geschälte, in feine Scheiben geschnittene Aepfel, Zucker und Zimmet.

Man dämpfe die Aepfel auf mäßigem Feuer in einer Kuchenpfanne mit etwas Butter, zugedeckt, weich, vertheile sie gleichmäßig und gieße den Teig darüber. Ohne den Kuchen mit Zwieback zu bestreuen, backe man ihn auf beiden Seiten schön gelb und bestreue ihn gut mit Zucker.

25. Kleine Aepfelkuchen. No. 1. Man schäle große gute Aepfel, schneide sie in fingerdicke Scheiben, das Kerngehäuse heraus. Dann lasse man sie mit etwas Arrak und Zucker durchziehen, oder man gebe folgendem Teig von ⅓ Quart guter Milch, ¼ Pfund feinem Mehl, 4 Eidottern und etwas Salz eine Beimischung von etwas Muskatblüte oder Zimmet. Dies wird tüchtig geschlagen und erst, wann zu backen angefangen wird, mit dem steifen Eiweißschaum vermischt,

Vorher werden die Aepfelscheiben auf schwachem Feuer in einer zugedeckten Kuchenpfanne weich gedämpft (doch dürfen sie nicht im geringsten zerbröckeln), in dem dicken schäumigen Teig umgedreht und in offener Kuchenpfanne, worin Butter recht heiß gemacht, auf beiden Seiten schön gelb gebacken.

Anmerkung. Auch können die gedämpften Aepfelscheiben in eine Hefen-Klare getunkt und gebacken werden.

26. Kleine Aepfelkuchen. No. 2. Man mache einen Teich nach No. 17, schäle gute saure Aepfel und schneide sie ganz fein, vermische sie ohne weiteres mit dem Teig, backe kleine Kuchen davon, bestreue sie mit Zucker und Zimmet, doch müssen diese beim Backen, wozu Butter genommen wird, fest zugedeckt werden.

27. Kuchen von Weißbrod und Aepfeln. Es werden frische Weißbrodschnitten in kalter Milch, wo möglich mit 1—2 Eiern eingeweicht, in Butter auf beiden Seiten blaßgelb gemacht, so daß sie inwendig weich bleiben. Dann werden sie in der Pfanne, indem diese vom Feuer genommen wird, mit dickem Aepfelmus, welches mit Korinthen gut gekocht ist, dick bestrichen und mit Teig, welcher zu Aepfelkuchen No. 1 bemerkt worden, bedeckt. Vor dem Umwenden wird der Kuchen mit gestoßenem Zwieback bestreut und auf beiden Seiten recht kroß und gelbbraun gebacken.

Man kann auch statt des angegebenen Teiges 4 zerschlagene Eier und ¼ Quart Milch gleichmäßig darüber gießen. Sobald keine Flüssigkeit mehr zu sehen ist — die Eier müssen recht weich bleiben — wird der Kuchen, ohne ihn zu wenden, auf eine Schüssel geschoben und mit Zucker bestreut.

28. Zwetschenpfannkuchen. Man nehme einen beliebigen Teig No. 17 oder 18. Dann gebe man etwa ⅓ davon in eine mit Butter heiß gemachte Pfanne, lege die abgeriebenen und entsteinten Zwetschen, nachdem der Teig ziemlich gebunden ist, eine neben die andere, die offene Seite nach unten, hinein, vertheile den übrigen Teig darüber und backe den Kuchen, nachdem die Flüssigkeit eingezogen, bis zum Umwenden zugedeckt, auf mäßigem Feuer so lange, bis die Zwetschen weich geworden sind und der Kuchen eine gelbbraune Farbe erhalten hat.

Man bestreue ihn mit Zucker und Zimmet und gebe ihn warm zur Tafel.

29. Pfannkuchen von Heidelbeeren (Wald= oder Blaubeeren). Derselbe wird wie Zwetschenpfannkuchen gebacken, oder es wird nach dem Umwenden des Kuchens die gebackene Seite dick mit Heidelbeeren, die mit geriebenem Zwieback bestreut sind, belegt, zugedeckt, bis die untere Seite gebacken ist, wo dann die Beeren weich sein werden. Der Kuchen wird auf der Schüssel mit Zucker bestreut.

30. Kirschenpfannkuchen. Man backe ihn wie Zwetschenpfann= kuchen und nehme die Kirschen nach Belieben mit oder ohne Steine.

31. Austern=Auflauf (Scalloped Oysters). Man rolle einige Hand= voll Crackers fein, dann bestreiche man eine etwas tiefe Schüssel mit Butter und bestreue dieselbe mit Crackers; dann eine Lage Austern, die man eine nach der andern aus der Brühe nimmt, damit keine Schale daran bleibe, mit Pfeffer und Salz bestreut und kleine Stückchen Butter darauf gelegt; dann eine Lage Crackers und sofort, doch muß der Schluß in Crackers be= stehen. Dann schlage man 1 Ei mit $\frac{1}{2}$ Pint Milch, fülle es darüber, lege kleine Stückchen Butter darüber hin und backe es eine halbe Stunde.

32. Semmel= oder Weißbrodkuchen. No. 1. $1\frac{3}{4}$ Pfund feines 2 Tage altes Weißbrod, etwa $\frac{1}{2}$ Quart Milch zum Einweichen, $\frac{1}{4}$ Pfund Butter, $\frac{1}{4}$ Pfund Zucker, $\frac{1}{4}$ Pfund Korinthen, $\frac{1}{4}$ Pfund gestoßene Mandeln, 6 Eier, 1 Theelöffel Zimmet oder etwas Zitronenschale.

Die Rinde wird vom Weißbrod abgeschnitten, geröstet und fein gesto= ßen, das Brod in Stücke gebrochen, in kalter Milch eingeweicht. Dann reibe man die Butter zu Sahne, rühre die Eidotter eins nach dem andern und Zucker hinzu, sowie auch das geriebene Brod, die vorher gewaschenen Korinthen, Mandeln und Gewürz, und mische, wenn der Teig stark gerührt worden ist, kurz vor dem Backen den Eiweißschaum durch. Unterdeß wird eine gewöhnliche recht saubere Kuchenpfanne mit Butter bestrichen, mit der Hälfte der feingestoßenen Rinde bestreut, das Eingerührte hineingegeben, glatt gestrichen und ganz langsam bis zum Umwenden zugedeckt, gelb ge= backen, wobei nicht geschüttelt werden darf. Dann wird die übrige ge= stoßene Rinde über den Kuchen gestreut und solcher bei einmaligem Um= wenden auf beiden Seiten dunkelgelb gebacken und mit Zucker bestreut.

33. Weißbrodkuchen. No. 2. Ein Pfund nicht frisches Weiß= brod (die Rinde geröstet und feingestoßen) wird in dicke Würfel geschnit= ten. Dann schlägt man 4–6 Eier mit stark $\frac{1}{4}$ Quart Milch, 1–2 Eß= löffel Zucker, Zimmet und etwas Zitronenschale, wo hinein man das Weiß= brod, mit einer Obertasse voll Korinthen, ebenso viel Rosinen, beide gut gereinigt, bei behutsamem Umrühren mehrere Stunden weicht. Beim Backen wird der Teig, indem man die Rinde zum Unter= und Ueberstreuen gebraucht, in der Kuchenpfanne mit heißgemachter Butter und Schmalz wie im Vorhergehenden gebacken und mit Zucker bestreut.

34. Kartoffel = Pfannkuchen. Man nimmt dazu 4 Tassen kalte geriebene Kartoffel, 2 Tassen Mehl, 2 Pint Wasser, 2 Pint Milch, 5 Eier und etwas Salz.

35. Aepfel-Pfannkuchen. Dazu gehört: 5 Eßlöffel Mehl, 1 Ei, 1 Taffe Milch, etwas Zimmet und Zucker nach Geschmack.

36. Pfannkuchen von dickgekochtem Reis. ½ Pfund abgebrühter, in Milch mit einem Stückchen Butter, einigen Stücken Zimmet oder Zitronenschale, ¼ Pfund Rosinen (welche etwas später dazu kommen) und etwas Salz weich und dick gekochter Reis, 4 Eier, 2—3 Eßlöffel Zucker, etwas gestoßener Zwieback oder geriebenes Weißbrod.

Der etwas abgekühlte Reis wird mit den Eidottern, dem Zucker und Zwieback durchgerührt, mit dem zu Schaum geschlagenen Eiweiß vermischt, in einer Kuchenpfanne mit Butter auf nicht starkem Feuer zu einem, oder löffelweise zu kleinen Kuchen gebacken. Etwas geröstete und feingestoßene Weißbrodrinde oder Zwieback in die Pfanne und beim Umwenden auf den Kuchen gestreut, macht ihn ansehnlicher und schmackhafter. Der Kuchen wird mit Zucker bestreut zur Tafel gegeben.

A n m e r k u n g. Bei einem Ueberrest von Reisbrei wird man nach vorstehender Vorschrift leicht das richtige Verhältniß treffen können; hierbei aber ist es besser, Korinthen zu nehmen, da Rosinen im Kuchen nicht weich werden.

37. Pfannkuchen von gekochten übriggebliebenen Nudeln. Zu 2 Pfannkuchen wird ein Suppenteller voll Nudeln, 1 gehäufter Eßlöffel Mehl, 3 Eidotter, 1 Obertasse Milch, etwas Muskatblüte oder Nuß und ein wenig Salz unter einander gemischt und das zu Schaum geschlagene Eiweiß durchgerührt.

38. Dünne Pfannkuchen. Man bereite sie aus 4 Tassen Mehl, 2 Quart Milch und Wasser und 8 Eier.

39. Saure-Milch-Pfannkuchen. Dazu gehören 3 Tassen dicke Milch, 2 Theelöffel Saleratus, 4—5 Eier, Salz, ungefähr 3½ Tasse Mehl. Saleratus wird zuerst in die Milch gethan, dann die Eier, zuletzt das Mehl. Es ist gut, wenn Alles gut warm ist.

40. Kleine Puffertskuchen von Weizenmehl. 1 Quart warme Milch, 2 Unzen geschmolzene und abgeklärte Butter, 3—4 Eier, 1 Eßlöffel Zucker, 1 Unze Hefe, 1 Pfund feines erwärmtes Mehl, 4—6 Unzen Korinthen, Zimmet oder Muskatblüte und etwas Salz.

Das Mehl wird mit der Milch fein gerührt, mit dem Uebrigen vermischt, der Teig tüchtig geschlagen, mit den erwärmten Korinthen vermengt und znm langsamen Aufgehen, zugedeckt, an einen warmen Ort gestellt. Wenn nach Verlauf von 1½ — 2 Stunden der Teig gut aufgegangen ist, backt man ihn in einer offenen Kuchenpfanne mit Butter, oder Butter und Schmalz zusammen heißgemacht, zu kleinen Kuchen von der Größe einer Untertasse, welche nur einmal umgelegt werden, und zwar dann erst, wenn sie oben ganz trocken geworden sind.

Man gibt diese Kuchen in Familie mit einer Tasse Thee. Chokolade empfiehlt sich nicht, weil wenige die Zusammenstellung vertragen.

41. Hefen-Waffel. Man nehme dazu 1 Pfund Mehl, 4 Eier, einen Theelöffel Salz, ein paar Eßlöffel Zucker, 1½ Pint Milch, worin

4 Unzen Butter geschmolzen werden, dann etwas Hefe dazu und gähren lassen.

42. Schnellgemachte Buchweizen-Pfannkuchen. Dazu gehören 1 Quart Buchweizenmehl, ½ Tasse Mais= oder Weizenmehl, etwas Salz und nach Belieben 2 Eßlöffel Sirup. Hiervon mache man mit kaltem Wasser einen ziemlich dünnen Teig und thue 2 Eßlöffel Backpulver dazu.

43. Pfannkuchen von Buchweizenmehl. No. 1. Man nehme 2 Pfund Buchweizenmehl — es kann auch 1 Tasse Weizenmehl darunter sein—, ungefähr 3 Pint halb Wasser, etwas Salz, 4 Theelöffel Backpulver. Hiervon macht man einen ziemlich dicken Pfannkuchenteig und backt dann mit gutem Fett kleine Pfannkuchen. (Doch darf man von dem Fett nur sehr wenig in die Pfanne thun.) Will man sie mit Hefe machen, was auch geht, so rührt man sie einige Stunden vor dem Backen, oder, wenn sie Morgens gegessen werden sollen, wo sie am leichtesten verdaulich sind, Abends vorher an. Sie werden mit Sirup oder mit frischer Butter gegessen.

44. Pfannkuchen von Buchweizenmehl. No. 2. 2 gestrichene große Obertassen feines Buchweizenmehl, 3 Tassen heißes Wasser, 1 Tasse dicke saure Sahne und Salz.

Gut gerührt, und ohne den Teig hinzustellen, sogleich in recht heiß gewordener Butter oder halb Butter, halb Schmalz gelbbraun gebacken.

45. Pfannkuchen von Buchweizen. No. 3. 2 gestrichene Obertassen Buchweizenmehl mit 3 Tassen heißem Wasser und Salz ange= rührt, 1 Tasse kalte, geriebene Kartoffeln, locker durchgemischt und sogleich, wie im Vorhergehenden bemerkt, gebacken.

46. Pfannkuchen von Buchweizenmehl. No. 4. 3 gestrichene Obertassen Buchweizenmehl mit 5 Tassen nicht saurer Buttermilch oder heißem Wasser und Salz angerührt, mit Speck gebacken.

47. Puffertskuchen von fein ausgesiebtem Buchweizenmehl. Man nehme zu jeder gestrichenen großen Obertasse Mehl eine gleiche Tasse heißes Wasser, einen reichlichen Eßlöffel dicke saure Sahne, in Er= mangelung so viel geschmolzene Butter oder Schmalz, ¼ Unze Hefe und etwas Salz. Auch kann man Korinthen hinzufügen.

Nachdem der Teig angerührt, wird solcher mit einem Löffel stark ge= schlagen, zum Aufgehen hingestellt und zu großen oder kleinen Kuchen ge= backen.

48. Westfälische Reibekuchen (Kartoffel = Pfannkuchen) mit Hefe. No. 1. Man nehme hierzu, so wie auch zu den nachstehenden Vorschriften, recht gute wohlschmeckende dicke Kartoffeln, wasche sie vor und nach dem Schälen recht sauber und reibe sie roh auf einem Reibeeisen. Zu folgender Vorschrift: 10—12 große Kartoffeln, etwa ¼ Quart Milch, ¼ Pfund Weißbrod und 3 kleine Zwiebäcke, 4 Eier, 1 Unze Hefe, 2 Eßlöf= fel voll dicke saure Sahne und etwas Salz.

Der Teig darf nicht dünn sein, damit sich nicht die wässerigen Theile scheiden. Das Geriebene wird 1 Stunde mit kaltem Wasser bedeckt und in einem Tuche ausgepreßt. Dann werden Milch, Weißbrod und Zwie= back heiß gemacht, zerrührt, Kartoffeln, Eier, Hefe, Sahne und Salz tüchtig durchgerührt und an einen warmen Ort zum Aufgehen hingestellt. Der Teig muß so lange aufgehen, bis noch einmal so viel entstanden ist, wo dann mit dem Backen angefangen wird. Das Feuer darf hierbei weder zu stark noch zu schwach sein, weil im ersten Falle die Kuchen nicht gahr, im letztern austrocknen würden. Es gehört zu Reibekuchen über= haupt reichlich Fett; halb abgeklärte Butter, halb Schmalz eignet sich vorzüglich dazu. Es wird dieses in einer Pfannenkuchenpfanne recht heiß gemacht und der Teig zu kleinen Kuchen gebacken, welche bis zum Umwen= den zugedeckt und gelbbraun gebacken werden.

49. Westfälische Reibekuchen (Kartoffel = Pfannkuchen) mit Hefe. No. 2. ½ Quart rohe geriebene Kartoffeln nach vorhergehender Angabe, doch nicht ausgepreßt, 6 Eier, 3 Eßlöffel dicke saure Sahne, 2 gestrichene Eßlöffel Mehl und etwas Salz.

Das Geriebene wird zum Abtröpfeln 5 Minuten auf einen Durch= schlag gelegt, dann mit Eidotter, Sahne, Mehl und Salz vermischt und der Eierschaum durchgemengt. Zum Backen kann nach Belieben geschmol= zene und vom Bodensatz abgeklärte Butter, Schweineschmalz oder langsam ausgebratener Speck genommen werden; indeß ist eine Mischung von Butter und Schmalz besonders zu empfehlen. Jedenfalls muß das Fett bereit stehen, wenn die Kuchen eingerührt sind, damit man nicht genöthigt wäre, den Teig hinzustellen. Die Masse wird löffelweise in die mit reich= lich heißem Fett versehene Pfanne gegeben und offen während weniger Minuten dunkelgelb gebacken, wobei die Kuchen mit dem Messer einmal umgewendet, und nachdem die ersten herausgenommen, bei Hinzuthun von Fett andere hineingelegt werden.

Anmerkung. Alle Reibepfannkuchen gewinnen dadurch sehr an Geschmack, daß sie nach dem Reiben der Kartoffeln so rasch als möglich gebacken werden.

50. Westfälische Reibekuchen (Kartoffel = Pfannkuchen) auf andere Art. No. 3. Das Geriebene wird wie im ersten Rezept be= merkt worden, gut gewässert und durch ein Tuch gepreßt. Unterdeß wird etwas Weißbrod mit Milch gekocht, das Ausgepreßte damit angerührt und mit Salz, reichlich Eiern, etwas dicker Sahne, wodurch die Kuchen besonders locker und milde werden, gut vermengt. Die Masse, welche nicht steif angerührt werden darf, vielmehr leicht vom Löffel abfallen muß, wird in reichlichem Fett zu kleinen Kuchen gebacken.

51. Westfälische Reibekuchen (Kartoffel = Pfannkuchen) No. 4 (wohlfeil, locker und schmackhaft, welche Mittags zurückgesetzt wer= den können). Man nehme einen etwas gehäuften Suppenteller nach No. 49 roh geriebene Kartoffeln, gebe dazu eine etwas gehäufte Unter= tasse gekochte, ganz kalte geriebene Kartoffeln, 1 Ei und Salz, rühre solches gut unter einander und backe in reinschmeckendem heiß gemachtem Schmalz rasch kleine Kuchen davon in offener Pfanne nach No. 50. Es werden von bemerkter Masse 7 Stück. Es kann Thee, auch Aepfelmus dazu gegeben werden.

52. Roggenmehl-Pfannkuchen. Man mache von Roggenmehl und saurer Milch einen Pfannkuchenteig, thue etwas Salz und ein wenig Soda hinein, und backe sie in einer Pfanne, worin etwas Fett heiß gemacht ist.

53. Welschkorn-Pfannkuchen. Man nehme dazu 1 Pint Welschkornmehl, 2 Eßlöffel geschmolzene Butter, 1 Theelöffel Salz, 2 Eier, 1 Eßlöffel Zucker, soviel saure Milch, daß der Teig die rechte Dicke erhält, und etwas Saleratus. Sollte zu viel Saleratus hineingerathen sein, so gieße man ein paar Tropfen Essig dazu.

54. Welschkorn-Pfannkuchen auf andere Art. Man nimmt 1 Pint Welschkornmehl und 2 Eßlöffel Weizenmehl in eine tiefe Schüssel, gibt 1 Theelöffel Salz dazu, schlägt 2 Eier hinein und rührt sie in das Mehl, gießt dann lauwarme Milch dazu, bis der Teig die nöthige Dicke hat, und mischt noch einen Eßlöffel voll Schweineschmalz hinein. Wenn der Teig eine halbe Stunde an einem warmem Ort gestanden, ist er gut zum Backen.

55. Cornmeal-Griddle-Cakes. Man weiche ¾ Pint Kornmehl über Nacht in 3 Tassen saure Milch und 1 Tasse sauren Rahm. Morgens rühre man noch 1 Pint Weizenmehl, 2 Eier und ein wenig Salz dazu und so viel Backsoda, daß es nicht mehr sauer schmeckt. Hiervon backt man in halb Fett, halb Butter kleine Pfannkuchen.

56. Arme Ritter. Man nehme dazu am besten frisches Weißbrod, schneide die Rinde ab, das Brod in fingerdicke Scheiben. Dann schlage man zu ½ Quart warm gemachter Milch 3 ganze Eier, etwas Muskatblüte oder Zimmet, 1 Eßlöffel Zucker und mache die Schnitten darin weich. Unterdeß röste und stoße man die Rinde, tunke die Schnitten in geschlagenes Ei, drücke beide Seiten in die Rinde, backe sie in heiß gemachter Butter von außen kroß, inwendig weich und richte sie mit Zucker bestreut zum Compote an.

57. Arme Ritter schnell und gut zu backen. Es eignen sich hierzu am besten große doppelte Zwiebäcke, welche nur einmal im Ofen gewesen sind, oder auch Semmel. Von ersteren nehme man zu 6 Stück, an Gewicht 19 Unzen, 1 Quart Milch und 6 Eier. Die Zwiebäcke werden gespalten, die Milch wird mit etwas Muskatblüte, Zitronenschale oder Zimmet und wenig Salz eben aufgekocht und mit einem Löffel darüber vertheilt, wobei man bald nachher die untersten weichen Schnitten nach oben legt. Unterdeß schlägt man die Eier, legt die Schnitten nach beiden Seiten hinein, daß die Eier gut einziehen, und backt sie in heißgemachter Butter mit Schmalz vermischt dunkelgelb.

Man bestreut sie stark mit Zucker und gibt sie womöglich mit frischem Compote recht heiß zur Tafel.

58. Karthäuserklöße. Milchbrödchen werden auf einer Reibe abgerieben und halb durchgeschnitten. Zu 3 Milch-Brödchen nehme man

3 Obertassen Milch, 2 Eier, 1 Eßlöffel Zucker und etwas Zitronenschale, Muskatblüte oder Zimmet, klopfe es untereinander, gieße es über die Bröbchen und lasse sie 2—3 Stunden darin weichen. Nachdem sie durch und durch weich geworden, bestreue man sie mit der abgeriebenen Rinde und backe sie in reichlich heißer Butter dunkelgelb. Man richte die Klöße zu Compote jeder Art an, oder gebe eine beliebige Wein= oder Fruchtsauce dazu.

59. Reisbirnen (ostfriesisch). Man kocht ½ Pfund Reis, nachdem derselbe gut abgebrüht, mit Milch weich und recht steif, gibt dann ein Ei dick Butter, Zucker und abgeriebene Zitronenschale nach Geschmack hinzu. Nach dem Erkalten der Masse formt man längliche Klöße daraus, die man in Ei und Zwieback umwendet und in der Butter hellbraun backt. Man gibt eine Vanille=, Wein= oder Fruchtsauce dazu.

60. Welschkornmehlbrei. Man setze frisches Wasser in einem Kessel aufs Feuer zum Kochen, thue Salz hinein. Wenn es kocht, rühre eine Handvoll Welschkornmehl nach der andern in das kochende Wasser, bis es dick genug ist, und lasse es unter beständigem Rühren gahr kochen. Dies ist sehr angenehm in Scheiben geschnitten und gebacken. Zu diesem Zwecke schütte man das Gekochte in eine irdene Schüssel und lasse es völlig erkalten, schneide fingerdicke Scheiben davon, drehe sie in zerklopftem Ei um und backe sie in Fett, oder halb Fett, halb Butter, schön gelb. Gut zum Frühstück oder Abendbrod.

———— ∷ ————

XI. Eier=, Milch=, Mehl=, Reis= und Maisspeisen.

1. Eier zu kochen. Um die Eier genau nach Wunsch zu kochen, darf man dieselben nicht eher ins Wasser legen, bis es stark kocht. Weiche Eier erfordern zum Kochen 3—3½ Minuten, wenn die Dotter etwas dicklicher sein sollen, 4 Minuten; Eier zum Butterbrod oder zum Garniren der Gemüse, wozu man das Weiße fest, das Gelbe noch etwas weich nimmt, 4½ 5 Minuten.

Beim Kochen mehrerer Eier ist ein Eiernetz von Bindfaden filirt, zweckmäßig und bequem, indem darin die Eier zugleich hineingegeben und herausgenommen werden können.

Will man die Eier abschälen und zum Garniren von Gemüse gebrauchen, so werden sie sogleich in kaltes Wasser gelegt, nach den Abkühlen behutsam die Schale entfernt und in gesalzenem Wasser wieder erwärmt.

2. **Sächsische Sol=Eier** werden bekanntlich am wohlschmeckendsten auf den Salinen in einem Netz in natürlicher Sole gekocht; doch kann man sie auch künstlich zubereiten. Wünscht man die Sol=Eier von gelber Farbe, so kocht man sie in Zwiebelwasser, andernfalls in gewöhnlichem Wasser hart, klopft die Schale ringsum klein, ohne sie zu entfernen, und legt die Eier 24 Stunden in Salzwasser, welches so stark sein muß, daß sie darin schwimmen.

4. **Rührei.** Von gewöhnlichen, nicht zu kleinen frischen Eiern nehme man zu jedem Ei 1 Eßlöffel Milch (manche ziehen jedoch Wasser vor), wenig Salz und die Hälfte einer kleinen Wallnuß groß Butter. Man zerklopft Eier, Milch und Salz, läßt, am besten in einem irdenen Geschirrchen, die Butter gelb werden, gießt die Eier hinein und rührt sie über nicht zu starkem Feuer langsam bis zum Dickwerden, wobei schon vorher die Pfanne abgenommen, und sobald das Rührei fertig ist, in ein bereitstehendes Schüsselchen gefüllt wird, damit es recht weich bleibe. Beim Rühren darf aber solches nicht breeig gemacht werden, weshalb es gut ist, den Löffel strichweise über den Grund zu ziehen.

Man gibt das Rührei zu Spargel, Sommerwurst, kalter Zunge und Rauchfleisch, zu den drei letzteren kann etwas feingehacktes Schnittlauch mit den geklopften Eiern vermischt werden.

5. **Rührei mit Speck.** 8 Eier, 4 kleine Löffel voll Mehl, 8 Löffel Milch, etwas Pfeffer und Salz quirlt man gut durcheinander und gibt etwas Schnittlauch dazu; dann schneidet man ein gutes Stück geräucherten Speck in feine Würfel, breitet diese in einer tiefen Pfanne aus, gibt die Masse dazu, zieht dann mit einem hölzernen Löffel von allen Seiten recht fest auf dem Boden der Pfanne herum und läßt es gahr, aber nicht zu hart werden.

6. **Spiegel= oder verlorene Eier.** Eine Handbreit hoch Wasser wird in einem Topf mit Salz gekocht, frische Eier, eins nach dem andern, rasch hinein geschlagen, doch müssen sie neben einander liegen können. Sobald das Weiße gut zusammenhält (hart dürfen sie nicht gekocht sein), werden sie herausgenommen und wenn man sie säuerlich wünscht, mit etwas Essig besprengt. Dann schneidet man sie ringsum glatt, streut etwas feingestoßenes Salz darüber und gibt sie, auf Spinat gelegt oder dazu angerichtet, zur Tafel. Auch machen sie, mit einer Sardellen= oder Häringssauce angerichtet und mit geröstetem Brod servirt, ein Gericht nach der Suppe.

So auch machen halb hart gekochte verlorene Eier in dicklicher Saucrampfer=Sauce mit in Butter gebratenen Weißbrodschnittchen garnirt, eine angenehme Abendspeise. Falls gerade etwas Kalbsbraten vorräthig wäre, so können Stückchen davon zu den Eiern gelegt werden.

7. **Gebackene Spiegel=Eier.** In einer gescheuerten, recht saubern Pfanne läßt man Butter heiß werden, schlägt die Eier behutsam hinein, so daß jedes Ei ganz bleibt, streut etwas feingemachtes Salz darüber und schiebt sie, wenn das Weiße dicklich geworden ist, ohne sie

umzuwenden, auf eine Schüssel, schneidet den Rand glatt und richtet sie zum Spinat oder zu ähnlichen Gemüsen an.

8. Spiegel-Eier mit saurer Sauce. Man richte eine Schüssel mit gebackenen Spiegel-Eiern an und fülle folgende Sauce darüber.

Auf 4 Personen etwa 2 Eier, 1 stark gehäufter Theelöffel Mehl, 1 große Obertasse Wasser, Essig nach Geschmack und so viel Zucker, daß der Essig gemildert wird. Dies alles wird bis zum Aufkochen gerührt, ¼ Ei dick Butter durchgemischt, über die heißen Eier angerichtet und die Schüssel einige Minuten zugedeckt auf eine heiße Platte gestellt.

9. Eier mit Senfsauce. Frische Eier werden weich gekocht, abgeschält, der Länge nach glatt durchgeschnitten, in eine Schüssel, die offene Seite nach oben, gelegt und mit sehr wenig feingemachtem Salz bestreut. Es wird eine Senfsauce darüber gegeben.

Anmerkung. Dies Gericht kann Abends warm als Zwischengericht, auch kalt zum Fleisch und Butterbrod gegeben werden.

10. Auf andere Art für den täglichen Tisch. Die Eier werden nach vorstehender Angabe gekocht, durchgeschnitten und recht heiß angerichtet. Dann fülle man eine gewöhnliche Senfsauce kochend heiß darüber und gebe Kartoffeln in der Schale nebst sauren Gurken dazu.

11. Eierkäse.. 10–12 Eier (je nach der Größe) schlägt man gut durcheinander, rührt sie mit 1½ Quart Milch und etwas Salz so lange über schwachem Feuer, bis es gerinnt, zu heiß darf es nicht werden, und gießt es dann zum Ablaufen schnell in die Form, damit die Eier recht weich bleiben. Auch kann man einige Korinthen, welche man vorher in kochendem Wasser hat ausquillen lassen, lagenweise durchstreuen. Hat man indeß etwas längere Zeit bis zum Gebrauch, so wird der Eierkäse jedenfalls milder, wenn man die Eiermilch in einen Steintopf gießt, solchen in kochendes Wasser stellt und dieselbe so lange fortwährend kochen läßt, bis sie gerinnt.

Eine angenehme Sauce dazu ist: Sahne von saurer Milch mit Zucker und Zimmet schäumig geschlagen und mit Arrak vermischt. Auch paßt eine kalte Wein- oder Fruchtsauce dazu.

12. Eier-Gelée. 1½ Quart Milch, 4 geschlagene Eier und 5 Eidotter, 1 abgeriebene Zitrone, Zucker und Zimmet gebe man in eine tiefe Schüssel, setze sie zugedeckt auf kochendes Wasser und lasse sie so lange stehen, bis das Gericht dick geworden ist. Kalt bestreue man es mit Zucker und gebe eingemachte Preißelbeeren dazu.

13. Geschlagene Milch. Dick gewordene Milch mit der Sahne wird mit einem Schneebesen ¼ Stunde stark geschlagen, Zucker und Zimmet durchgerührt, in eine tiefe Schüssel gefüllt, mit Zwieback servirt. Man kann auch ein Glas rothen Wein mit durchschlagen.

14. Zerrührte Käsemilch (Dickemilch). Man nimmt dick gewordene Milch ohne Sahne, setzt sie in die Nähe des Feuers, daß sie allmählich von den wässerigen Theilen sich scheide (doch muß sie weich bleiben), läßt sie in einem dazu bestimmten leinenen Beutel ablaufen, reibt sie durch ein blechernes Sieb und rührt dann junge Sahne oder frische Milch mit

Zucker und Zimmet durch. In eine tiefe Schüssel gefüllt und glatt ge=
strichen, bestreut man sie mit Zucker und Zimmet, auch wohl mit gestoße=
nem Ingwer, oder man gibt etwas saure Sahne, die mit Zucker und Zim=
met schaumig geschlagen ist, darüber und die übrige Sahne dazu. Ohne
Sauce muß diese Milch nicht zu dick gerührt und Rücksicht darauf genom=
men werden, daß sie sich nach dem Anrühren, gleich wie Reis nach dem
Kochen, bedeutend verdickt.

Anmerkung. Viele lieben es, Stippmilch mit Preißelbeeren oder
Kirschcompote zu vermischen.

15. Reisbrei (eine kalte und warme Schüssel). Zu ¼ Pfund
Reis gehören 2¼ Quart mit ⅓ Wasser vermischte Milch. Man brühe den
Reis nach I. No. 47 ab, lasse ein Stückchen Butter in einem Topfe, der
nicht leicht anbrennt, zergehen, wodurch dieselbe, ohne zu rühren, vor An=
brennen gesichert wird, gieße die Milch hinein und lasse sie zum Kochen
kommen. Dann gebe man Reis mit einigen Stückchen gutem Zimmet dazu
und lasse ihn gahr, aber nicht zu weich und nicht zu dick kochen. Später
wird ein Stückchen Zucker und wenig Salz hinzugefügt, der Reis in eine
Schüssel gefüllt und mit Zucker bestreut. Wünscht man denselben kalt zu
geben, so rechne man beim Kochen darauf, daß er während des Kaltwer=
dens viel dicker wird. Auch gebe man ihn nicht sogleich in die bestimmte
Schüssel, sondern rühre ihn vorher erst durch, ehe man ihn servirt.

Anmerkung. Einige Stückchen Zimmet mit dem Reis gekocht,
gibt demselben einen feineren Geschmack, als wenn der Reis damit bestreut
wird.

Uebriggebliebenen Reisbrei kann man entweder als Pfannkuchen nach
IX. No. 30 zubereiten, oder auch zum Füllen von Plinzen nach IX. No. 3
zweckmäßig verwenden.

16. Reis mit Aepfeln (ein warmes Abendessen). Man nehme
hierzu den besten Reis, brühe ihn gut ab, lasse in einem Topfe einen Stich
Butter zergehen, gebe den Reis mit kochendem Wasser, einem Stück Zim=
met und etwas Salz hinein und lasse ihn langsam kochen. Wenn er bei=
nahe weich geworden ist, gebe man die Aepfel nebst einem reichlichen Stück
Zucker dazu, koche ihn vollends gahr, aber nicht zu dick, und rühre ihn vor=
sichtig durch, damit der Reis ganz bleibe. Auch kann man ein Glas Weiß=
wein durchrühren. Aldann richte man ihn an und streue Zucker darüber.

Zu ¼ Pfund Reis sind 6 mittelmäßig große geschälte und in 8 Theile
geschnittene nicht sehr saure Aepfel ein gutes Verhältniß und gibt dies als
zweites Gericht eine Portion für 3 Personen.

Man kann die Aepfel auch zu Mus kochen und mit dem Reis ver=
mischen. Wird spät im Frühjahr dies Gericht von Paradies=Aepfeln zu=
bereitet, so lasse man sie zur Hälfte weich kochen und gebe dann erst den
abgebrühten Reis hinzu.

17. Reis mit Rosinen (ein leichtes Essen für Genesende).
Ist der Reis abgebrüht, so setze man ihn nach vorhergehender Angabe aufs
Feuer und gebe, wenn er ¼ Stunde gekocht hat, ausgesuchte und gewaschene
Rosinen dazu und lasse ihn weich werden, aber nicht zerkochen.

18. Reis zu Ragout. Man nimmt zu 2 Schüsseln 1 Pfund Reis, brüht ihn ab und kocht ihn in Bouillon gahr, rührt dann ein Glas Medeira und 1 Tasse Sahne, 2 Eidotter, ¼ Pfund Parmesankäse hinzu und legt ihn als Rand um ein angerichtetes Ragout von Geflügel oder Kalbfleisch.

19. Milch-Reis. Man nehme dazu 2½ Quart Milch, 1½ Quart Wasser, 1 Pint Reis, 1 Stückchen Butter. Der Reis wird gut gewaschen und 1—2 mal mit kochendem Wasser gebrüht, dann mit kaltem Wasser aufs Feuer gesetzt. Wenn er gequollen ist, gibt man die Milch dazu, auch ein Stückchen Zimmet und Salz; Zucker nach Belieben. Man muß fleißig rühren, damit er nicht verbrennt. Dann gibt man ihn mit Zucker und Zimmet bestreut zur Tafel.

20. Gute Nudeln (Portion für 8—10 Personen). Hierzu gehören 4 ganze Eier, 4 Eßlöffel Milch und so viel ganz feines Mehl, als Milch und Eier annehmen. Das Mehl gibt man in eine Schüssel, macht in der Mitte eine Vertiefung, gibt Eier und Milch hinein, rührt solches mit einem Messer zu einem leichten Teig, legt diesen auf einen Tisch und macht ihn mit den Händen, während man immer Mehl unterstreut, zum glatten, ganz festen Teige. Je länger und steifer derselbe verarbeitet ist, desto besser werden die Nudeln. Dann schneidet man ihn in 4 Theile, rollt jedes Stück so dünn wie Papier nach beiden Seiten hin aus und hängt es zum Trocknen auf einen Trockenstock. Ist das vierte Stück ausgerollt, so legt man das erste auf den Tisch, stäubt etwas Mehl darüber, schneidet es kreuzweis durch, legt die Stücke aufeinander, rollt sie lose auf und schneidet sie mit einem Messer in Strohhalm breite Streifen, macht diese auseinander, indem man ein wenig Mehl darüber streut, und läßt sie trocknen; doch kann man sie auch sogleich gebrauchen.

Man koche die Nudeln in reichlich kochendem Wasser mit Salz weich, etwa ½ Stunde, schütte sie auf einen Durchschlag und gieße kochendes Wasser darüber. Dann richte man sie an und gebe gebräunte Butter, worin man geriebenes Weißbrod oder fein gerollte Crackers geröstet hat, darüber. Will man sie zu Fleischsuppe benutzen, so schneide man sie sehr fein.

Kalbsbraten und getrocknete Zwetschen sind eine passende Beilage, doch ist auch ohne weiteres Aepfelmus angenehm dazu.

21. Mittelgrobe Graupen mit Zwetschen (ein Mittag- und Abendgericht). Man rechne als Gemüse auf 3 Personen ¼ Pfund Graupen, setze sie mit einem Stück Butter und wenig Wasser aufs Feuer und koche sie in kurzer Brühe bei öfterem Nachgießen und Durchrühren langsam recht weich und kurz ein und füge etwas Salz hinzu. Unterdeß brühe man ¼ Pfund Zwetschen ab, koche sie in reichlichem Wasser langsam weich, schütte sie mit der Brühe zu den weich gekochten Graupen, rühre dies mit 1—2 Eßlöffel Zucker oder Sirup unter einander und lasse es noch ein wenig kochen.

Es wird dies Gericht zwar mit der Gabel gegessen, darf jedoch nicht zu dick gekocht sein. Man gebe kaltes Rauchfleisch oder eingeschnittenen Braten dazu.

Anmerkung. Beim Anrichten braune Butter, Zucker und Zimmet darüber gegeben macht das Gericht noch wohlschmeckender. Dann aber kann man beim Kochen Butter und Zucker weglassen.

23. Auf andere Art. Man koche feine oder auch grobe Graupen nach vorhergehender Vorschrift, doch mit etwas Muskatblüte gewürzt, recht weich und ganz dick, mache eine Milchsauce dazu, wie man sie in XVII. findet, und richte getrocknete, gut gekochte Zwetschen mit kurz einge= kochter Brühe dazu an.

24. Ein leichtes Abendessen von Buchweizengrütze. Man läßt Milch kochen, Buchweizengrütze darin ausquellen, gibt etwas Salz hinzu und läßt sie nicht gar zu weich und nicht zu dick kochen. Beim An= richten gebe man braune Butter und Zucker darüber.

25. Mehlgräupchen zu kochen. Derselbe eben so fein ausge= rollte Teig wie zu Nudeln, wird in kleine Würfel geschnitten, die man mit dem Wieg= oder Hackmesser so fein wie Graupen macht. Ist der Teig vorzüglich schön und fest, so kann man ihn auch auf der Reibe reiben. Diese Mehlgräupchen werden besonders zu Milchsuppen gebraucht.

26. Maisbrei. Derselbe wird wie Maissuppe, doch dicker ge= kocht; es ist ein nahrhaftes und wohlfeiles Essen.

27. Italienischer Sterz. Das Maismehl schüttet man in gesal= zenes siedendes Wasser in die Mitte des Topfes, ohne zu rühren, so daß sich ein schwimmender Haufen bildet, den man so lange kochen läßt, bis er niedergesunken ist und das darüber stehende Wasser mehreremal aufge= wallt hat. Dann nimmt man das Gefäß vom Feuer, rührt das Ganze zu einem steifen Brei, den man gleich und glatt drückt und wieder aufs Feuer stellt, bis Dampf auszuströmen anfängt. Man kann den Sterz wie Polenta benutzen, gewöhnlich wird er in Scheiben geschnitten und entweder mit heißer brauner Butter übergossen oder in der Pfanne in Butter gebacken.

———::———

XII. Gélée's und Gefrornes.

1. Beschaffenheit der verschiedenen Gallertstoffe zu Gelée's, als: Hausenblase, Kalbsfüße, Gelatine und Agar-Agar.

Als Bindungsmittel zur Bereitung der Gelée's kennen wir bisher die Hausenblase, eine Abkochung von Kalbsfüßen, und die in Paris erfundene Gelatine. In neuester Zeit ist ein neues Bin= dungsmittel: Agar-Agar bekannt geworden. Es möge hier im Allge=

meinen die Rede davon sein, wie der Stand dieser Bindungsmittel gewonnen wird und was beim Umstürzen der Gelée's zu beachten ist.

1. **Hausenblase.** Die Hausenblase liefert die feinsten, klarsten und ansehnlichsten, aber auch die kostspieligsten Gelée's. Diejenige, welche als Blätter im Handel vorkommt und die, vors Licht gehalten, einen bläulichen, perlmutterartigen Schein hat, ist die beste. Die andere Art von Hausenblase ist zusammengerollt und muß, wenn sie gut ist, blätterig sein. Erstere schneidet man in kleine Stücke, letztere wird vorher mit einem Hammer weich und locker geklopft, so daß sie sich zerschneiden läßt. Darnach stellt man die zerschnittene Hausenblase zum Einweichen in einem sehr saubern, engen, irdenen Töpfchen, je nach ihrer Anwendung mit Wein oder Wasser bedeckt, über Nacht hin und Morgens auf schwaches Feuer, und läßt sie langsam kochen, bis sie aufgelöst ist, was bis zu ¼ Stunde der Fall sein wird. Wenn sie gut ist, so löst sie sich beinahe ganz auf und sieht wie klares Wasser aus. Man gibt diese Flüssigkeit durch ein Mullläppchen und gebraucht sie nach Vorschrift.

Von guter Hausenblase bedarf man zu 2½ Quart Gelée 2⅜ Unzen, andernfalls ist mehr erforderlich.

2. **Kalbsfüße. Stand von Kalbsfüßen.** Die Gelée von Kalbsfüßen ist zwar viel umständlicher, als die von Hausenblase, jedoch auch viel billiger herzustellen, zugleich sehr reinschmeckend. Der Stand wird auf folgende Weise gemacht: die Kalbsfüße zu Gelée jeder Art werden abgebrannt, also mit ihrer lederartigen Haut recht sauber gereinigt, gut gewaschen und zum Ausziehen und Weißwerden einige Stunden, besser über Nacht in lauwarmes Wasser gelegt. Darnach werden sie wo möglich in einem glasirten, jedenfalls weißkochenden Topfe mit kaltem Wasser aufs Feuer gesetzt; sobald es gut kocht und der Schaum entfernt ist, werden sie abgegossen und wieder mit frischem Wasser bedeckt auf ein rasches Feuer gebracht. Man lasse die Füße etwa 3, 4—5 Stunden bei öfterem Umrühren langsam aber ununterbrochen kochen, bis sie zerfallen, nehme sie heraus, gieße etwas Wasser darüber und dieses zu der gut eingekochten Brühe, welche nach dem Abnehmen des Fettes durch ein feines Haarsieb in ein porzellanenes oder irdenes Geschirr gegossen und bis zum nächsten Tage hingestellt wird. Vor dem Gebrauch muß sowohl die obere Fetthaut, als auch der Bodensatz, soweit derselbe unklar ist, abgeschnitten werden.

Zu 2½ Quart Gelée gehören im Winter 6, im Sommer 8 gute Kalbsfüße, von welchen die Brühe bis zu ⅞ Quart eingekocht werden kann. Dieser also bereitete Stand kann zu Wein-, Fleisch- und Fisch-Gelée dienen.

Eine geschickte Gastwirthin bedient sich zum Kochen von Kalbs-Gelée statt der Kalbsfüße abgehauener Beinknochen von rohem Kalbsbraten und behauptet, daß die Gelée von diesen bereitet, viel weniger Umstände erfordere und klarer werde, als die von Kalbsfüßen.

3. **Gelatine.** Die Gelatine ist in ihrer Anwendung der Hausenblase ähnlich, der Geschmack aber ist weniger rein als jener, obgleich

man, wenn sie gut ist, ihr durchaus keinen Nebengeschmack beilegen kann. Die Gelatine hat der raschen und bequemen Anwendung und ihrer Wohlfeilheit wegen eine starke Verbreitung gefunden, so daß sie jetzt überall zu haben ist. Man erhält sie in kleinen Tafeln, worin schrägwinkelige Carrée's gepreßt sind, von gelblich weißer, klarer, sowie auch von schön rother Färbung. Letztere hat zu Wein-Gelée's den Vorzug. Je klarer die Farbe, desto besser ist die Gelatine.

Zweck und Vorrichtung der Gelatine. Dieselbe dient nicht nur zu Blancmangers, Fleisch- und Fisch-, sondern auch zu klaren süßen Gelée's, sie wird aufgelöst wie folgt: Man zerschneidet sie mit der Scheere in kleine Stücke, setzt diese in einem sauberen Geschirrchen mit kaltem Wasser oder Wein, zu 1 Unze Gelatine eine Obertasse voll, auf eine heiße Platte, wo sie nach Verlauf von $\frac{1}{2}$—1 Stunde völlig aufgelöst ist, und der Schaum sauber abgenommen wird. Falls ein schnellerer Gebrauch erwünscht wäre, setze man sie mit etwas mehr Wasser auf nicht zu starkes Feuer und rühre häufig um, bis sie aufgelöst ist, damit sie nicht am Topfe klebe. Zu klaren Gelée's kann man sie klären, wie es bei den Vorschriften bemerkt worden; jedoch ist es eben nicht nothwendig. Zu 1$\frac{1}{4}$ Quart Flüssigem nehme man im Winter $\frac{3}{4}$ Unzen, im Sommer $\frac{7}{8}$ Unzen Gelatine. Da es sich indeß erwiesen hat, daß der Gallertstoff von verschiedenem Gehalt ist, so möchte es rathsam sein, zu einer umzustürzenden Gelée vorher eine kleine Probe zu machen, damit man bestimmt wisse, daß sie die nöthige Konsistenz enthält; jedenfalls aber ist es nothwendig, die Gelée, namentlich im Sommer, am vorigen Tage zu bereiten.

Die Gelatine hat indeß, da sie nach und nach aus mehreren Fabriken hervorgegangen ist, sehr an Werth verloren, so daß man sie bekanntlich selten mehr reinschmeckend findet, ein Beweis, daß sie häufig aus unreinen Theilen besteht. Es wird daher nachstehende Mittheilung willkommen sein.

4. Agar-Agar, ein neueres, viel Gallertstoff enthaltendes Bindungsmittel, besteht in dem Produkt eines ostindischen Seegewächses, und zwar als poröse, federleichte Masse von 1 Fuß breiten und eben so hohen Stangen von gelblichweißer Farbe.

Der Agar-Agar ist der Gelatine, seiner reinlichen und appetitlichen Bestandtheile wegen, sehr vorzuziehen; auch ist die Anwendung vortheilhafter, indem die Stange Agar-Agar zu höchstens 10 Cent Ladenpreis zu haben ist.

Zweck und Anwendung des Agar-Agar. Derselbe dient nach gemachten Proben zu Gelée's jeder Art: zu Wein-Fruchtsaft, Milch-Chokolade, nicht weniger zu Fisch- und Fleischgelée's. Zum Stürzen einer Geléeschüssel nehme man zu einer Stange $\frac{3}{4}$ Flüssiges, die Auflösung mitgerechnet.

Die Auflösung kann sowohl durch Wasser als Wein stattfinden, durch Wein wird sie indeß rascher erzielt; bei allen mit Milch zusammengesetzten Speisen kann nur von Wasser die Rede sein. Zur Auflösung weiche man den Agar-Agar wenigstens $\frac{1}{2}$ Stunde lang in reichlichem frischen Wasser ein, wodurch nichts von seinem Gehalt verloren geht, selbst nicht, wenn es länger geschehe, spüle und drücke die schwammig gewordene Masse aus, zerpflücke sie in kleine Theilchen und gebe zu jeder Stange entweder ⅔ Quart Wasser oder ¼ Quart leichten Wein, stelle solches in einem Blech- oder irdenen Geschirrchen zugedeckt auf eine heiße Platte und lasse es langsam kochen bis zur gänzlichen Auflösung, welche während oder nach einer halben Stunde erfolgen wird. Dann gebe man solche durch ein Mulltüchelchen, das in den Rezepten Bestimmte hinzu, bringe dies alles in einem glasirten oder irdenen Topf nicht ganz zum Kochen, gieße die Flüssigkeit gleichfalls durch ein Mulltüchelchen in eine mit feinem Oel bestrichene, oder nach näherer Bemerkung mit kaltem Wasser umgespülte Porzellanform und stürze die Gelée erst kurz vor dem Gebrauche; Wein-Gelée kann auch umgestürzt gegeben werden, sie bedarf dann weniger Konsistenz. Je rascher die Gelées überhaupt erkalten, desto schöner und fester werden sie.

Anmerkung. Weingelée kann man ohne weiteres in irgend eine beliebige Form gießen; völlig erkaltet, hält man die Form einen Augenblick in warmes Wasser, trocknet die Form schnell mit einem Tuche ab und stürzt die Gelée sofort um.

Bei Crêmes dasselbe Verfahren.

Bei Gelée's oder Crêmes, die gestürzt werden sollen, thut man gut, vorher eine kleine Probe zu machen.

2. Ueber Geléeformen, das Ordnen von Fisch, Fleisch, Verzierungen in denselben, und Stürzen der Gelée's. Die besten Formen sind porzellanene oder irdene, auch sind solche am leichtesten zu reinigen. Zum Lösen der Gelées werde die Form aufmerksam, aber fein bestrichen und zwar mit Mandelöl oder Provenceöl. Darnach fülle man von saurer Geléebrühe zu Fisch oder Fleisch eine ¼ Zoll hohe Lage hinein, wenn sie steif geworden ist, lege man eine Verzierung: etwa einen Stern oder eine Guirlande darauf, wozu Petersilie, Zitrone, Rothebeete, hartgekochte Eier, eingemachte Gurken und Kapern dienen können. Solche Verzierung bedecke man mit Geléebrühe und lege, nachdem sie fest geworden, das Bestimmte an Fisch oder Fleisch wohl geordnet darauf, gebe nun die übrige Brühe, womit solches bedeckt sein muß, darüber und lasse vollständig erkalten. Kann die Form auf Eis gestellt werden, so wird man in eiligen Fällen rascher damit fertig.

Zum Stürzen lege man die bestimmte Schüssel genau auf die Form und wende sie recht fest haltend, rasch um, putze den Rand sauber und verziere denselben bei sauren Gelée's mit krauser Petersilie, bei süßen mit feinen Blümchen.

Möchte die Gelée, ganz kalt und fest, sich dennoch nicht leicht stürzen lassen, so lege man ein in heißem Wasser ausgedrücktes Tuch einige Minuten um die Form, oder man halte solche einige Minuten — nicht länger — über kochendes Wasser, wodurch der Inhalt sich lösen wird.

Uebrigens ist zu allen Gelées, welche zum Stürzen bestimmt sind, zu rathen, vorab eine Kleinigkeit von der Geléebrühe auf einem flachen Teller erkalten zu lassen, damit bei fehlender Konsistenz ein Zusatz gemacht, oder die Brühe durch längeres Kochen noch etwas eingedickt, im entgegengesetzten Falle noch etwas verlängert werden kann.

3. **Vom Färben weißer Gelée's.** Man kann der Gelée verschiedene Färbung geben, um sie schichtweise anzuwenden, auch eine helle Geléeschüssel mit farbiger Gelée verzieren, was sich sehr hübsch macht.

Wünscht man die Gelée schön roth zu haben, so gebe man bei sauren Gelée's der Brühe vor dem Filtriren eine Beimischung von einigen Tropfen Rothebeetenbrühe (Rotherüben) oder von frischem Johannisbeersaft.

Auch kann mit Zucker eingemachter Fruchtsaft (Fruchtsirup) zum Färben von süßen Gelées und Blancmangers gebraucht werden, ganz besonders ist hierzu der eingekochte Saft der Beeren der Phytolacoa decandra (Alkermes) zu empfehlen, wovon einige Tropfen hinreichen, der kalten Speise eine feine rosa Färbung zu geben.

Die Bereitungsweise des Saftes ist im Abschnitt „Einmachen der Früchte" mitgetheilt.

Wünscht man zum Verzieren einen Theil der Gelée gelb zu haben, so lasse man einige Theilchen Safran in etwas Wasser ausziehen und nehme von der gelben Brühe so viel als nöthig ist zum Färben.

Um einen Theil der Gelée zum Verzieren braun zu färben, dient etwas aufgelöste Chokolade.

Von der also gefärbten Geléebrühe, welche zum Verzieren bestimmt ist, wird eine dünne Lage in eine vorgerichtete flache Porzellanschüssel gefüllt und zum Kaltwerden hingestellt.

Sind für eine große Tafel mehrere Geléeschüsseln bestimmt, so gebe man der einen eine rothe, der andern eine helle Färbung und wähle dann zum Verzieren abstechende Farben. Man schneide z. B. dreiwinklige Blättchen von rother Gelée und ordne sie, die Spitze nach oben, ringsum auf eine helle Geléeschüssel. Zugleich schneide man von der rothen Gelée eine Rose oder eine andere Blume mit Blättern und lege sie auf die Mitte der Schüssel. Auch können schmale Streifen von unten nach oben aufgelegt werden. Auf einer rothen Geléeschüssel machen sich weiße und gelbe Verzierungen gut, welche von einer geschickten, etwas geübten Hand sehr hübsch ausgeführt werden können. Auch wird zu süßen Gelées auf No. 23 hingewiesen.

A. Saure Gelees.

4. **Saure Gelée von Kalbsfüßen für Fisch und Fleisch.** Kein Gericht dient mehr zu Verzierung der Tafel als eine hübsche Geléeschüssel; auch erfordert sie im Verhältniß zu anderen feinen Speisen keine große Kosten und kann bei einiger Uebung nicht mißrathen.

Zum Kochen der Gelées gehört ein weiß glasirter oder ein irdener Topf. In Eisen gekocht wird die Gelée nicht klar und nimmt durch die Säure einen Eisengeschmack an.

Um eine saure Gelée zu bereiten, setze man 4—5 nach No. 1 blanchirte Kalbsfüße und 2—5 Pfund schieres, kein blutiges, sauber gewaschenes Rindfleisch, ein Stück Kalbfleisch, wozu auch Abfall von allerlei frischem

13

Fleisch und Geflügel (doch nichts von irgend einem Kopfe, wodurch die Gelée trübe wird), sowie auch in Würfel geschnittener roher Schinken genommen werden kann, mit kochendem Wasser bedeckt und etwas Salz auf rasches Feuer, schäume es gehörig, gebe hinzu: 2 Theelöffel voll Pfefferkörner, am besten weiße, halb so viel Nelkenpfeffer, 10 Schalotten oder 4 große Zwiebeln, 2 frische Lorberblätter, 1 gelbe Wurzel (Möhre) und Petersilienwurzel, ¼ Sellerieknolle, die fein abgeschälte Schale nebst Saft einer Zitrone und so viel Weinessig, daß die Brühe einen angenehm sauren Geschmack erhält, lasse das Wurzelwert eine Stunde kochen, das Fleisch darin gahr werden und darnach die Füße so lange kochen, bis die Knochen herausfallen. Dann gieße man die bis zu etwa 1¾ Quart eingekochte Brühe nach Nr. 1 durch ein Haarsieb in ein porzelanenes Geschirr, nehme am anderen Tage Fett und Bodensatz davon ab, setze den Stand mit ¼ Flasche Wein und dem Saft einer Zitrone aufs Feuer und versuche, ob die Brühe noch Salz und Säure bedarf. Nun wird die Geléebrühe auf folgende Weise geklärt. Bevor solche zum Kochen gebracht, schlage man etwa 4 Eiweiß zu flüssigem Schaum, füge die zerdrückten Schalen hinzu, sowie auch nach und nach einige Fülllöffel Geléebrühe, welche man mit dem Eiweiß schlage und zu der auf dem Feuer befindlichen Brühe gieße, indem man mittelst eines Löffels unter stetem Indiehöheziehen den Schaum mit derselben verbindet. Alsdann lasse man die Brühe eben aufkochen, setze den Topf auf ein schwächeres Feuer, wo die Hitze nur von einer Seite kommt, und lasse die Gelée zugedeckt ¼ Stunde langsam ziehen. Man mache nun die in No. 2 angegebene Probe; hat dann die Gelée die gewünschte Consistenz, so gebe man einige Anrichtelöffel voll von der nicht mehr zu heißen Brühe sammt Eiweiß und den Schalen an einem warmen Orte in einen recht sauberen Geléebeutel (Beutel von Filz) und wiederhole das Aufgießen, während die Brühe warm gehalten werden muß, so lange, bis alle Flüssigkeit in die darunter gestellte Schale getröpfelt ist. Hierbei ist noch zu bemerken, daß das erste und zweite Glas, welches durchgelaufen und stets trübe ist, wieder langsam aufgegossen werden muß. In Ermangelung des Filzbeutels ist ein unten spitz zugeschnittener Beutel von dickem weißen Flanell, welcher gut ausgebrüht und wieder getrocknet werden muß, sehr zu empfehlen; die Geléebrühe bleibt darin recht heiß und läuft gut durch. Es müssen an demselben oben einige Oesen von starkem Bande sich befinden, durch welche zum Aufhängen ein Stock geschoben und derselbe querüber auf zwei Stuhllehnen gelegt wird. Sollte auch ein solcher Beutel augenblicklich fehlen, so bediene man sich zur Aushülfe einer Serviette, welche auf einem umgekehrten Stuhle ausgespannt und fest gebunden wird. Doch muß man diese vorher in kochendes Wasser legen und ganz fest ausringen, weil die Gelée sehr leicht einen Beigeschmack erhält. Sollte das auf der Serviette Befindliche zuletzt nicht mehr warm sein und also nicht gut durchlaufen, so muß es wieder erwärmt werden.

Anmerkung. Zur Bereitung vorstehender Gelée kann man den Stand auch allein kochen, die Bouillon durch ein Haarsieb fließen lassen, wenn sie sich gesetzt hat, vom Bodensatz abgießen, vom Fett befreien und mit dem gereinigten Stand aufs Feuer bringen.

5. Saure Gelée von Agar-Agar für Fisch und Fleisch. Hierzu werde ein Stück gutes, schieres Rindfleisch, also ohne Fett, von 2½—3 Pfund nach dem Abwaschen mit so viel kaltem Wasser nebst dem nöthigen Salz, daß es eine kräftige Bouillon wird, in einem glasirten oder irdenen Topfe möglichst rasch zum Kochen gebracht, wodurch klarer ausgeschäumt werden kann. Nach einer halben Stunde Kochens nehme man das Fleisch heraus, spüle den sich angesetzten Schaum davon ab und stelle die Brühe eine Weile zum Klarwerden hin. Nachdem das Unklare sich gesenkt hat, wird dieselbe vorsichtig vom Bodensatz in den ausgewaschenen Topf gegossen, mit dem Rindfleisch wieder aufs Feuer gebracht und hinzugefügt: reichlich eine halbe Sellerieknolle, ein Stück Petersilienwurzel, 4 weiße Zwiebeln, die fein geschälte Schale einer Zitrone nebst dem Saft, 2 frische Lorberblätter, 2 Theelöffel weiße Pfefferkörner, ½ Theelöffel ganzen Nelkenpfeffer (Pyment) und so viel Weinessig, daß die Gelée einen angenehm sauren Geschmack erhält, gebe auch das vielleicht noch fehlende Salz hinzu. So lasse man die Bouillon gut zugedeckt, ununterbrochen mäßig stark kochen, bis das Fleisch gahr, doch nicht zu weich geworden ist. Dann seihe man die auf etwa 1½ Quart eingekochte Kraftbrühe durch ein Mulltuch, stelle dieselbe an einen warmen Ort, damit sie nicht zu rasch erkalte, was andernfalls dem Klarwerden hinderlich sein würde, und gieße die Brühe nach dem Erkalten langsam von dem noch etwas trüben Bodensatz ab. Unterdeß werden zwei Stangen Agar-Agar nach No. 1 dieses Abschnitts mit Wein aufgelöst, durch ein Mulltüchelchen geseiht, mit der Bouillon zum Kochen gebracht und nach No. 2 in die zugerichtete Form über das Bestimmte, sei es Fisch oder Geflügel, gefüllt.

6. Zubereitung der Fleisches, welches zu einer Geléeschüssel bestimmt ist, als: Filet, Geflügel und dergl. Jedes Fleisch, sei es Filetbraten oder ein anderes Stück, wird gut gewaschen und alles Fett davon geschnitten. Geflügel kann, mit Ausnahme der Gans, gespickt werden, wobei man den Speck in Salz umdreht und die hervorstehenden Enden des Specks glatt abschneidet; aus dem Puter und der Gans nimmt man die Knochen, worüber eine Anweisung in Abschnitt I. zu finden ist. Dann setze man das Bestimmte mit Wasser und so viel weißem Weinessig, daß es angenehm sauer schmeckt, und dem nöthigen Salz in einem weiß glasirten Topfe aufs Feuer, schäume es rein aus, füge von den in No. 1 angegebenen Gewürzen hinzu und lasse das Fleisch in kurzer Brühe, fest zugedeckt, langsam gahr werden. Darnach nehme man dasselbe aus der kurz eingekochten Brühe, stelle es zum Erkalten hin und zerlege es in passende Stückchen oder lasse es ungeschnitten. Ersteres ist jedoch vorzuziehen, indem die Schüssel ihr Ansehen behält und weniger Geléebrühe erforderlich ist. Die Brühe füge man entweder zu jener Geléebrühe, wie sie in No. 1 angegeben worden ist, oder man gieße sie durch ein Haarsieb, reinige sie am nächsten Tage von allem Fett und Bodensatz, setze sie mit 2 Pfund Kalbsstand, der aus 4 Kalbsfüßen bereitet ist, oder zu 1½ Quart Brühe, 1½ Unzen Gelatine oder 1½ Stange Agar-Agar nach No. 1 aufgelöst, aufs Feuer und verfahre weiter nach No. 1.

7. Lachs in Gelée. Man koche in einem irdenen oder glasirten Topfe Wasser mit weißem Pfeffer, Zitronenscheiben ohne Kerne, Zwiebeln, Muskatblüte, etwas Salz, 2—3 Lorberblättern und dem nöthigen Weinessig eine gute Weile, so daß die Gewürze ausziehen, gebe den eine Stunde vorher etwas eingesalzenen und in Scheiben geschnittenen Lachs hinzu und koche solchen darin gahr. Dann wird derselbe herausgenommen, je nach Portionen 2—3 blanchirte Kalbsfüße, kräftige Fleischbrühe nebst einigen gelben Wurzeln und Petersilienwurzeln dazu gethan und solange gekocht, bis das Fleisch von den Knochen fällt. Ist die Gelée wie in No. 1 am nächsten Tage von Fett und Bodensatz befreit, so setze man sie, mit Wein, nöthigenfalls auch mit Weinessig verdünnt, nebst dem geschlagenen Weißen von 4 Eiern aufs Feuer, und verfahre übrigens ganz wie bei No. 4. Statt der Kalbsfüße kann man zu 1½ Quart Brühe (siehe No. 1), 1½—1¾ Unzen Gelatine oder 1½ Stange Agar-Agar nehmen.

8. Aal in Gelée. Zu einer gewöhnlichen Form nehme man zwei große Aale, welche nach gehörigem Reinigen wie Lachs gesalzen und gekocht werden. Im übrigen sei ganz auf No. 2 hingewiesen, indeß können bei Fisch zu der bemerkten Verzierung noch Krebsschwänze gefügt werden.

9. Geléeschüssel von eingesalzener Zunge mit Agar-Agar und Liebig's Fleischextrakt. Nachdem vorab eine gute Zunge nach Abschnitt IV. No. 34 eingesalzen und weich gekocht ist, koche man von ½ Pfund schierem Rindfleisch nach No. 5 dieses Abschnitts mit den darin bemerkten Zuthaten 1¼ Quart Bouillon, gieße dieselbe nach Angabe klar vom Boden ab, bringe die nach No. 1 gemachte Auflösung von 2 Stangen Agar-Agar mit der Fleischbrühe zum Kochen, wo solche dann 1½ Quart nicht übersteigen darf, versuche nach Salz und Säure, damit die Gelée den gewünschten Geschmack erhalte, stelle den Topf vom Feuer und mache die in No. 2 angegebene Probe, so daß man sicher sei, daß die Gelée die nöthige Festigkeit erhalten werde. Unterdeß schneide man von der Zunge reche glatte Scheiben in gleichmäßiger Form und entferne den Rand derselben. Besitzt nun die Geléebrühe die nöthige Konsistenz, wird noch kochend heiß so viel von Liebig's Fleischextrakt durchgemischt, daß die Brühe einen angenehm kräftigen Geschmack erhält. Dann lasse man eine Lage Geléebrühe in der bestrichenen Form erkalten, ordne die Zungenscheiben darauf, lege zwischendurch und ringsum eine Schnur von Perlzwiebeln, welche man in etwas Wasser mit reichlich weißem Weinessig und wenig Salz weich gekocht hat, bedecke die Lage mit der übrigen Brühe und verfahre weiter nach No. 2.

Anmerkung. Für eine mäßige Schüssel wird die Hälfte der bemerkten Geléebrühe hinreichend sein. Von feiner Cervelatwurst würde auch eine solche Geléeschüssel gemacht werden können.

10. Beef-Royal. Ein Stück gutes Ochsenfleisch aus der Mitte des Binnerspalts von 8—10 Pfund legt man 8 Tage in Essig, spickt es gehörig und läßt es mit 8 Kalbsfüßen, Lorberblättern, Schalotten, einer in Scheiben geschnittenen Zitrone, weißem Pfeffer, Salz und 1½—2 Flaschen rothen Wein 3 Stunden fest verschlossen langsam kochen. Dann nimmt man das Fleisch heraus, gibt etwas braun gebrannten Zucker dazu und gießt die Brühe durch ein feines Haarsieb über das Fleisch.

11. Kalbfleisch in Gelée. Man schneide das Vordertheil eines gut gemästeten Kalbes in kleine viereckige Stücke, wasche sie mit heißem Wasser und bringe sie mit 2 blanchirten Kalbsfüßen und Salz zum Kochen, gebe nach dem Abschäumen reichlich Weinessig, Pfefferkörner, ganze Nelken und Nelkenpfeffer, einige Lorbeerblätter, auch, wenn man sie gerade hat, etwas Zitronenschale oder einige Stück Muskatblüte hinzu und lasse das Fleisch langsam weich kochen, dann nehme man es heraus, koche die Brühe, wenn sie noch zu reichlich ist, mit den Kalbsfüßen etwas ein, doch nicht länger, bis sie kalt zu Gelée wird, rühre das schäumig geschlagene Weiße einiger Eier durch und lasse die Brühe durch einen Geléebeutel fließen. Das Fleisch wird nun in einige mit Provenceöl bestrichene Geschirre gelegt und die Brühe darüber gegossen. Statt mit Kalbsfüßen kann die Gelée vollkommen so gut mit Agar-Agar (siehe No. 1) zubereitet werden.

Beim Stürzen wird auf No. 2 hingewiesen und die Sauce à la diable dazu gegeben. Zum längeren Erhalten des übrigen Geléefleisches dient, solches kühl und offenstehend aufzubewahren.

12. Kalbfleisch in Gelée à la Küstelberg (besonders angenehm im Sommer). Man nehme ansehnlich geschnittene Stückchen Kalbfleisch wie zum Fricassee, lege solche in einen hohen Steintopf, dazwischen Zitronenschale und ein wenig Nelkenpfeffer und streue, wenn der Topf gefüllt ist, das nöthige Salz darauf, übergieße das Fleisch mit einer Mischung von ⅔ braunem Bieressig, ⅓ Wasser und binde den Topf mit einer Blase fest zu. Darauf setze man denselben in ein mit Wasser gefülltes eisernes Gefäß und lasse es 3 Stunden kochen.

Es müssen sich zwischen dem Fleische viele Knochenstückchen befinden und muß das Ganze nur lose in den Topf gelegt werden, damit sich Gelée bilden kann. Man gebe Sauce à la diable oder Senf mit Zucker dazu.

Als Beilagen sind Kopf- und Endiviensalat vorzüglich.

13. Kalbskopf - Sülze (vorzüglich). Unter den Speisen von Kalbfleisch zu finden.

14. Schweinsrippen in Gelée. Die Bereitung dieser ebenfalls sehr angenehmen Speise findet man in Abtheilung XXII.

15. Junge Hähnchen in Gelée. Sind die Hähnchen, wie es beim Braten bemerkt worden, vorgerichtet, werden die Brustknochen eingedrückt und herausgenommen. Dann werden sie mit etwas Salz eingerieben, in einem irdenen Topfe in gelb gewordener Butter und etwas Wasser zugedeckt, langsam weich und gelblich gedämpft und auf einer Schüssel zum Erkalten hingestellt. Unterdeß läßt man eine nicht zu dünne Lage Geléebrühe nach No. 5 auf einer mit Mandelöl bestrichenen Schüssel kalt werden, deren Größe nach der Schüssel, worauf die Gelée gestürzt wird, gewählt werden muß. Darauf legt man das erkaltete Fleisch und bedeckt solches mit der übrigen ziemlich abgekühlten Geléebrühe. Am nächsten Tage stürzt man die Gelée auf die bestimmte Schüssel und verziert sie nach No. 2.

16. Puter (Turkey) in Gelée. Hierzu muß der Puter ganz jung sein und muß derselbe wenigstens 2, besser 3 Tage vorher geschlachtet und rein gemacht werden, wie es im Abschnitt I. bemerkt ist. Derselbe kann nach gleichem Abschnitt No. 12 in Gelée gefüllt werden. Die Zubereitung ist ganz wie die im Vorhergehenden bemerkte.

17. Enten in Gelée. Man brauche dieselben gleichfalls jung, nehme solche, ganz kalt geworden, aus der Serviette, schneide sie in zierliche Scheiben, lege sie kranzförmig auf eine längliche Schüssel, die Gelée ringsum garnirt, und gebe die bemerkte Sauce oder die Sauce Remoulade dazu.

18. Gans in Gelée. Die Gans wird nebst 4 Kalbsfüßen in einem weiß kochenden Topf mit Wasser bedeckt und dem nöthigen Salz rein abgeschäumt, mit den in No. 2 bemerkten Gewürzen, dem Wurzelwerk und Essig, bei Abnehmen des Fettes gahr gekocht und die Brühe nach No. 1 geklärt. Erkaltet löst man mit einem scharfen Messer die Brust vom Knochen, schneidet sie in glatte, zierliche, schräglaufende Stückchen, die Beine durch das obere fleischige Stück in 2 Theile und verfährt mit dem Einlegen in die Form sowie im übrigen nach No. 2.

B. Süße, klare Gelée's.

Voraus sei hier wiederholt, die Gelées im Sommer wo möglich, wenn sie nicht auf Eis erkalten können, Tags vor dem Gebrauch zu bereiten. Ueber das Färben und Verzieren von Geléeschüsseln ist das Nöthige in No. 3 dieses Abschnittes mitgetheilt.

19. Feine Wein-Gelée von Kalbsfüßen. Man nimmt zu 3½ Quart Geléebrühe 12 große Kalbsfüße und kocht von denselben einen Stand, wie das in No. 1 genau angegeben worden. Dann setzt man denselben mit 1¾ Quart Wein, ½ Pfund Zucker, ¼ Unze feinen durchgebrochenem Zimmet, dem Saft von 12 und der gelben Schale von 3 Zitronen, gibt 6—8 aus flüssigem Schaum geschlagene Eiweiß hinzu und verfährt weiter nach No. 1. Man gibt die Gelée in Gläser oder feine Assietten, oder zum Umstürzen in mit Mandelöl bestrichene Formen.

Für 30—36 Personen.

Anmerkung. Man rechnet zu 1 Flasche Wein 3 Kalbsfüße, für Kranke jedoch nur 2, weil die Gelée zarter sein muß. Ueberhaupt müssen alle Gelée's nicht zu fest gemacht werden, je leichter, desto feiner; jedoch müssen sie so viel Festigkeit haben, daß sie nicht brechen, falls sie gestürzt werden sollen.

20. Wein-Gelée von Kalbsfüßen, weniger kostbar. Man kocht 9 Kalbsfüße mit Wasser zu 3 Pfund Stand ein (siehe No. 1), gibt am nächsten Tage, wenn Fett und Bodensatz von demselben abgeschnitten ist, 2¼—3 Quart weißen Wein, 18 Unzen Zucker, Schale und Saft von 4 Zitronen, ½ Unze feinen ganzen Zimmet hinzu und klärt es mit 6 Eiweiß. Uebrigens wie mitgetheilt worden.

21. Wein-Gelée von Agar-Agar. ⅞ Quart Weißwein, ¼ Pfund in kleine Stücke geschlagener Zucker, Saft von 2 saftreichen Zitronen, von einer Zitrone die feine gelbe Schale, welche man eine Weile in Wein ausziehen läßt, wo sie dann entfernt wird, und eine Stange Agar-Agar.

Nachdem der letztere nach No. 1 aufgelöst, läßt man den Wein, worin der Zucker aufgelöst ist, in einem glasirten oder irdenen Töpfchen zugedeckt heiß werden, mit der Auflösung des Agar-Agar vors Kochen kommen, gießt es durch ein Mulltuch in eine Kristallschüssel und stellt sie an einen kalten Ort. Wünscht man die Gelée zu stürzen, so nehme man 1½ Stange und verfahre nach No. 2.

22. Wein-Gelée von Agar-Agar in Gläsern zu reserviren. Eine Stange Agar-Agar mit ⅛ Quart Wein nach No. 1 aufgelöst und durch ein Mulltüchelchen geseiht, ⅞ Quart leichter Rheinwein, nach Geschmack 3—6 Unzen in kleine Stücke geschlagener Zucker, eine fingerlange Rolle feiner Zimmet, ein gliedlanges Stückchen Vanille und 4 Gewürznelken, nicht mehr.

Die Gewürze lasse man vorher in Wein ausziehen, dann den Zucker darin schmelzen, bringe den Wein nebst der Auflösung des Agar-Agar bis vors Kochen und gieße die Flüssigkeit durch ein Mulltuch (nicht zu heiß) in die bestimmten Gefäße.

Wünscht man diese Gelée zu stürzen, so bedarf sie etwas mehr Konsistenz; es würde dann der Wein mit der Auflösung gemessen und im Ganzen ⅞ Quart das richtige Maß sein.

23. Wein-Gelée auf andere Art. 1 Box Gelatine läßt man, aufgelöst in 1 Pint kaltem Wasser, 10 Minuten stehen, rührt, bis es aufgelöst ist, 2 Pint kochendes Wasser dazu, darauf giebt man hinzu 1 Pint Wein und 1 Tasse voll Zucker, hiernach wird eine Zitrone abgerieben und der Saft hineingedrückt, dann wird er durch ein Tuch gegeben, die Formen mit Wasser ausgefüllt und es auf's Eis gestellt.

24. Frucht-Gelée von eingekochtem Kirsch-, Himbeer- oder Johannisbeer-Sirup mit Agar-Agar zum Stürzen. Man löse nach No. 1 eine Stange Agar-Agar mit ⅞ Quart Wasser auf, seihe solches durch ein Mulltuch und gieße nun so viel leichten Weißwein hinzu, daß mit Zusatz von Fruchtsirup ⅞ Quart entstehen. Da wir letzteren von verschiedener Qualität finden, so werde hierbei der Geschmack befragt; die Farbe muß schön roth sein. An Zucker ist bei der Zusammensetzung dieses Rezeptes 2 gehäufte Theelöffel ein angenehmes Verhältniß, indeß würde der Zucker nach der Qualität des Fruchtsaftes eingerichtet werden müssen. Die Geléebrühe wird ganz heiß gemacht, dann durch ein Mulltuch in eine mit kaltem Wasser ausgespülte Form gefüllt und (siehe No. 2) vor dem Gebrauche gestürzt.

Diese Gelée, eben so klar und schön als angenehm von Geschmack, ist zugleich zum Verzieren von hellem Gelée zu empfehlen; auch kann von der Geléebrühe eine Kleinigkeit in ausgespülte Eierbecher gegeben und mit den gestürzten kleinen rothen Hügelchen die halbe Geléeschüssel verziert werden.

25. Rothe Wein=Gelée von Gelatine. 1⅛ Quart guter weißer Wein, stark ½ Quart starker Thee, ½ Quart Wasser, Saft und abgeriebene Schale von 2 Zitronen, stark mit Zucker versüßt, ein Guß Rum, im Winter 3 Unzen, im Sommer 3⅛, rothe Gelatine.

Mit Ausnahme der beiden letzten Theile wird alles zum Kochen gebracht, dann der Rum und die aufgelöste Gelatine durchgerührt.

26. Zitronen = Gelée, Deliciosa. (Für 18 Personen.) Stark 1 Quart Milch, 1 Flasche Weißwein, 1⅛ Pfund Zucker, Saft von 8 guten Zitronen, abgeriebene Schale einer Zitrone, 2⅛ Unzen rothe Gelatine nach No. 1 aufgelöst.

Milch und Zucker lasse man kochen, gebe Wein, aufgelöste Gelatine, Zitronensaft und Schale hinzu, wo dann die Milch gerinnt, lasse es einmal aufkochen und durch ein Multtuch in die mit Mandelöl bestrichene Crême= schüssel fließen.

27. Gelée mit allerlei Früchten. Man macht eine Wein= oder Zitronen-Gelée süßer als gewöhnlich, gießt dieselbe in eine Assiette, setzt Früchte der mannigfaltigsten Art, als Erdbeeren, Kirschen, Himbeeren, Johannisbeeren ꝛc. in zierlichster Ordnung hinein und läßt die Gelée fest werden. Auch kann man die Gelée wie gewöhnlich versüßen und die Früchte eine Weile vorher mit Zucker bestreuen.

Oder man reibt 1⅛ Quart reife Erdbeeren durch ein Sieb, gibt das Durchgelaufene und wieder heiß gemachte Zitronen=Gelée darauf.

28. Aepfel=Gelée. 1½ Pfund vorgerichtete und gewaschene gute saure Aepfel werden mit ½ Quart Wasser in einem irdenen Geschirr ganz weich gekocht, durch ein Sieb gerührt und mit ¼ Unze rother Gelatine, welche in stark ¼ Quart weißem Wein aufgelöst, warm vermischt. Dann gebe man die Schale einer halben, den Saft von 2 Zitronen, 1 Pfund ge= riebenen Zucker und etwas Arrak hinzu, lasse die Masse unter fortwähren= dem Rühren warm werden und fülle sie in eine mit Mandelöl bestrichene Form. Die Gelée wird, vollständig erkaltet, vor dem Gebrauch gestürzt und ohne oder nach Belieben mit einer Vanille=Sauce gegeben.

29. Himbeer= oder Stachelbeer = Gelée. Auf jeden gehäuften Eßlöffel Himbeer= oder Stachelbeer = Gelée nehme man 2 desgleichen feingeriebenen Zucker und 1 Eiweiß. Solches wird zusammen so lange gerührt, bis es ganz steif ist. Es dient dies zugleich, in Häufchen gesetzt, zum beliebigen Verzieren von Crême, auch zum glatten Ueberstreichen von Schneepfannkuchen.

30. Frucht = Gelée und Zusatz von Stand. Gelée's von Johannis= oder Himbeeren, besonders aber von Kirschäpfeln, wie man sie beim Einmachen der Früchte findet, in Glas= oder Porzellanformen auf= bewahrt und beim Gebrauch umgestürzt, machen schöne Gelée=Schüsseln. Es wird feines Backwerk dazu gereicht.

31. Charlotte de Russe. 1 Pint Sahne wird zu Schnee geschla= gen, dann in 1 Pint Milch nicht ganz ½ Box Gelatine aufgelöst, etwas Vanille und Zucker nach Belieben hineingethan, auf dem Ofen etwas warm gemacht und, wenn es abgekühlt, die geschlagene Sahne und der Schnee von 4 bis 5 Eiweiß dazu gerührt. Endlich wird es in Gläser oder in eine Form gethan, mit Ladyfingern ausgelegt und auf's Eis gesetzt.

32. Charlotte de Russe auf andere Art. Man nimmt ¼ Pint Milch, ½ Pint Sahne, 4 Eier, etwas Vanille, 2 Löffel Zucker und ½ Unze Eisenglüß, rührt es über'm Feuer, bis es dick wird; dann nimmt man es vom Feuer, schlägt einen festen Schnee aus 1½ Pint Sahne, thut etwas Rosenwasser dazu, rührt es zu dem andern und schüttet es schließlich in ein Glas, belegt es mit Ladyfingern und stellt es auf's Eis.

C. Gefrornes oder Eis.

33. Allgemeine Regeln.

Geräthschaften und Bereitungsweise. Die Geräthschaften dazu sind: ein Eimer und eine Büchse von Zinn oder Blech, die ganz fest verschlossen werden kann; zugleich darf das Eis nicht fehlen, welches man so fein zerschlagen muß, daß die Stückchen nicht größer sind als kleine Haselnüsse. Zuerst schüttet man eine Hand hoch Eis in den Eimer, ein paar Handvoll Salz darüber, dann setzt man die mit Crême gefüllte Büchse, fest zugemacht, hinein, legt an beiden Seiten rund herum eine Lage Eis, streut eine Handvoll Salz darüber, stellt die Büchse fest. und fährt mit dem Eis= und dem Salzstreuen so fort. Die Büchse und das Eis müssen mit der Höhe des Eimers gleichstehen. Dann streut man noch eine Handvoll Salz darüber. Ohne Salz kann kein Gefrornes gemacht werden, je mehr man davon nimmt, desto schneller ist man fertig. So läßt man die Büchse ¼ Stunde im Eise stehen, dreht sie am Henkel einigemal herum, ohne sie zu heben, nimmt den Deckel behutsam ab, rührt mit einem dazu geschnittenen glatten Spaten die Masse durch, macht das, was sich am Boden und an den Seiten angesetzt hat, los, während man mit der andern Hand die Büchse immer so schnell als möglich im Kreise um den Spaten dreht; doch muß man ja vorsichtig dabei sein, daß kein Eis in die Büchse falle. Ist nun die Masse gut gerührt, so macht man die Büchse wieder fest zu und läßt sie nochmals ¼ Stunde ruhig stehen, fängt dann wieder an zu rühren, alles Eisige abzustoßen und mit der Masse zu vereinigen, indem die Büchse immer bewegt werden muß. So fährt man fort, bis die Masse dick geschmeidig wird und sich wie dicke Sahne rühren läßt. Wenn dieselbe zu schnell gefrieren sollte, muß man sie mit Gewalt losstoßen und zerrühren, jedoch ohne die Büchse zu heben, und langsamer drehen. Wird das Gefrorne zu früh fertig, so gießt man 1½ Quart kaltes Wasser auf das Eis, damit das in der Büchse Befindliche nicht nachfriere und eisig werde, deckt den Eimer mit einem Tuch zu und läßt die Büchse bis zum Anrichten darin stehen. Dann füllt man das Gefrorne in Gläser und gibt es zum Dessert.

34. Vanille=Eis. No. 1. Man läßt ¼ Unze Vanille in etwas Milch langsam auskochen, preßt es durch ein Stückchen Leinwand und rührt hinzu: 16 frische Eidotter, 2¼ Quart gute frische Sahne, ⅞ Pfund Zucker, und läßt dies unter beständigem Rühren bis vors Kochen kommen, gießt es schnell in eine bereitstehende tiefe Schüssel und rührt die Masse so lange, bis sie nicht mehr heiß ist, damit sich keine Haut bilde. Ganz kalt geworden, füllt man sie in die Gefrierbüchse und verfährt weiter nach No. 1.

    Anmerkung. Aus dieser Portion bekommt man 30 — 40 Gläser. Die Vanille kann zweimal gebraucht werden.

    35. Vanille-Eis. No. 2. $1\frac{1}{2}$ Quart süße Sahne, 1 Stange Vanille, $\frac{1}{4}$ Pfund Zucker, 9 Eidotter. Man läßt dies unter beständigem Rühren bis vors Kochen kommen und verfährt weiter nach vorhergehender Vorschrift.

    36. Aepfelsinen-Eis. $\frac{1}{2}$ Pfund Zucker wird in einer mittelgroßen Tasse Wasser gekocht und ausgeschäumt, hinzu gegeben die auf Zucker abgeriebene Schale einer Apfelsine, der Saft von 8 Apfelsinen und 2 Zitronen, $\frac{1}{2}$ Flasche Malaga und $\frac{2}{3}$ Unzen Hausenblase oder $\frac{1}{4}$ Stange Agar-Agar, beides mit $\frac{1}{4}$ Quart Wein nach No. 1 aufgelöst.

    37. Himbeer-Eis. Saft von 2 Pfund ausgepreßten Himbeeren, $\frac{3}{4}$ Pfund mit etwas Wasser geklärter Zucker, $\frac{1}{2}$ Quart weißer Wein und einige Stücke Zimmet. Dies alles läßt man zusammen aufkochen und gefrieren.

    38. Ice-Cream. 6 Eier, 8 Unzen Zucker, tüchtig gerührt, werden in 1 Quart Milch gegossen, dann läßt man es kochen, bis es dick wird, und schließlich bringt man es zum Gefrieren.

————— ::: —————

XIII. Verschiedene kalte, süße Speisen,

als:

Puddings, welche nach dem Kochen in Porzellanformen gefüllt werden, Blancmangers, Speisen von geschlagener Sahne, Frucht-Schalen, nebst Wein-, Milch- und Frucht-Cremes in Assietten und Gläser zu füllen.

---

1. Allgemeine Regeln beim Kochen der Crêmes.

    1. **Sauberes Kochgeschirr.** Gleichwie nur in sauberen Kochgeschirren dem Auge und Geschmack angenehme Speisen zubereitet werden können, so sind diese zum Kochen der Crêmes eine nothwendige Bedingung. Am besten sind dazu entweder tiefe glasirte oder blecherne

Töpfe; da irdene Kochgeschirre nicht ein so rasches Feuer vertragen, als man es gern zum Kochen der Crêmes nimmt, so sind solche zu diesem Zweck nicht passend.

2. **Mandelreibe.** Bei Crêmes, wozu feingestoßene Mandeln gebraucht werden, wird auf die im Abschnitt I. No. 34 bemerkte Mandelreibe aufmerksam gemacht.

3. **Vanille.** Wünscht man die Vanille stückweise zu gebrauchen, so kann sie zweimal benutzt werden; übrigens dient es zur Ersparniß, eine Kleinigkeit mit Zucker gestoßen in ein Mulläppchen zu binden, und sie je nach Vorschrift in den Bestandtheilen einer Speise vorher auszziehen zu lassen oder damit aufs Feuer zu bringen.

4. **Schlagen der Crêmes.** Da die Crêmes sehr leicht gerinnen und alsdann mißrathen, so wolle man Folgendes nicht unbeachtet lassen: Die Crêmes müssen gleich von Anfang an etwas geschlagen werden, sobald sie aber warm geworden sind, muß das Schlagen rascher fortgesetzt werden und ununterbrochen rasch geschehen, bis v o r m Kochen. Kochen dürfen sie nicht, es sei denn, daß reichlich Mehl mit den Eiern verbunden wäre. Alsdann werden sie so schnell als möglich in eine bereitstehende Terrine oder tiefe porzellanene Schüssel geschüttet und noch eine kleine Weile geschlagen, bis sie nicht mehr sehr heiß sind.

Eidotter. Zu solchen Speisen, wobei die Eidotter zuletzt hinzu gegeben werden, zerrühre man diese mit etwas kaltem Wasser — zu jedem Eidotter 1 Eßlöffel voll — nehme den Topf vom Feuer, rühre von der kochenden Flüssigkeit etwas zu den Eidottern, nach und nach mehr, gieße sie unter starkem Rühren langsam zu der gekochten Masse und verfahre weiter wie bemerkt worden.

5. **Weiteres Verfahren.** Um zu verhüten, daß sich auf den Crêmes eine Haut bilde, rühre man sie bis zum Erkalten zuweilen durch und lasse sie bis 1 oder 2 Stunden vor dem Gebrauch stehen, rühre sie dann nochmals durch und fülle sie, nach ihrer Art, in Gläser, oder Crêmeschüsseln.

Zitronen. Bei Anwendung von Zitronen wird auf das, was im Abschnitt I, No. 63 darüber mitgetheilt ist, aufmerksam gemacht.

Stürzen. Zum Stürzen kalter Speisen ist es eine Hauptbedingung, solche vorher vollständig erkalten zu lassen und die Form entweder mit Mandel- oder Provenceöl überall dünn zu bestreichen, oder nach Angabe mit kaltem Wasser zu umspülen.

2. **Verzieren von Crêmes.** Dieselben können mit Succade, welche feinblättrig geschnitten ist, oder mit rothem und weißem spanischen Wind, mit Blättchen von Preißelbeer- und schwarzer Johannisbeer-Gelée, oder auch mit geeigneten Blumenblättchen verziert werden; besonders macht sich zum Verzieren Kirschäpfel Gelée sehr hübsch. Auch ist Folgendes zu empfehlen: Dicke süße Sahne (Rahm) wird ganz steif geschlagen, Zucker, ein kleiner Guß Arrak hinzu gegeben und durchgerührt, sodann

mit einem Theelöffel ausgestochen und der Rand der Crêmes damit verziert.

3. Victoria-Pudding. 2 Stangen Agar-Agar, in Ermangelung 2 Unzen Gelatine, 2½ Unzen Bisquitchen, ¼ Pfund halb gut gereinigte Sultanrosinen, halb Korinthen, oder statt derselben eingemachte, in Stückchen geschnittene Pfirsiche, Schale einer und Saft von 2 Zitronen, ¼ Flasche Weißwein, ¼ Pfund Zucker, 10 Eidotter und 2 ganze Eier.

Agar-Agar (siehe Gelée's No. 1) wird mit Wein, Gelatine mit Wasser aufgelöst. Der Wein wird mit dem gestoßenen Zucker, Eiern, und Zitronen unter stetem Schlagen mit dem Schaumbesen aufgekocht, vom Feuer genommen und das aufgelöste Bindungsmittel nebst dem Eiweißschaum gut durchgerührt. Dann füllt man in die mit feinem Oel ausgestrichene Porzellanform die Hälfte der Crême, legt die Bisquitchen, in Maraschino getunkt, darüber hin, streut die Rosinen und Korinthen oder Pfirsiche darauf, bedeckt solches mit der übrigen Crême, stellt es zum Erstarren auf Eis oder an einen kalten Ort und gibt die Speise umgestürzt ohne Sauce zur Tafel.

4. Wein-Pudding. 1 Flasche guter Rheinwein, 12 Eidotter, ½ Pfd. Zucker, Stand von zwei Kalbsfüßen, Saft und abgeriebene Schale einer Zitrone, ganzer Zimmet. Statt Kalbsstand kann man auch 1½ Stange Agar-Agar oder 1½ Unze Gelatine nehmen. Das Nähere ist in Abschnitt XII. No. 1 mitgetheilt. Wünscht man diese Speisen nicht zu stürzen, sondern in Assietten zu serviren, so ist von dem einen oder andern Bindungsmittel etwas weniger hinreichend.

Wein, Zucker und Gewürz setze man fest zugedeckt aufs Feuer, lasse es bis vors Kochen kommen, gebe die Gelée hinzu, lasse sie durchkochen, nehme den Topf vom Feuer, das Gewürz heraus und rühre die Eidotter, mit etwas kaltem Wasser zerrührt, gut durch die Masse, damit sie nicht gerinnen, gieße dieselbe schnell in eine Schüssel, rühre sie noch einige Minuten und gebe sie in eine mit Mandelöl bestrichene Porzellanform.

Dieser Pudding, ebenso fein als angenehm von Geschmack, wird nach dem Erkalten gestürzt und mit einer Vanillesauce zur Tafel gegeben.

Für 24 Personen

5. Zitronen-Pudding (vorzüglich). 1 Flasche Weißwein, 11 frische Eier, ½ Pfund Zucker, 3 frische Zitronen, 1 Unze Hausenblase, oder 1½ Stange Agar-Agar, oder 1 Unze Gelatine, 1 Eßlöffel Korn-Stärke.

Nachdem das eine oder andere nach Abschnitt XII. No. 1 aufgelöst, lasse man es durch ein Mullläppchen fließen. Dann reibe man 2 Zitronen auf dem Zucker ab, presse aus 3 Zitronen den Saft, zerrühre die Eidotter und lasse solches nebst Wein und der mit etwas Wasser aufgelösten Stärke unter forwährendem Rühren bis vors Kochen kommen. Schnell den Topf vom Feuer genommen, rühre man den steifen Schaum gut durch und schütte die Masse in eine mit feinem Oel bestrichene Form.

Für 24 Personen.

6. Sago-Pudding. 5½ Unzen echter Sago, 6 große Eier, gut 3 Unzen Zucker, eine Stange Agar-Agar, oder 1 Unze Gelatine, nach Abschnitt XII. No. 2 aufgelöst, Zitronenschale nnd Zimmet.

Der Sago wird behutsam abgebrüht, mit Milch, Zitronenschale und ganzem Zimmet langsam weich und steif gekocht. Dann läßt man unter stetem Rühren die aufgelöste Gelatine gut durchkochen, nimmt den Topf vom Feuer, rührt die Eidotter mit etwas Milch zum kochenden Sago, mischt sogleich den festen Eiweißschaum durch und füllt damit eine umgespülte Form.

Völlig erkaltet, wird der Pudding umgestürzt und mit einer Frucht- oder Rothweinsauce servirt.

Für 10 Personen.

7. Aepfel-Pudding. Ein Suppenteller Aepfelmus, welches in einem irdenen Geschirr mit Wein, Zucker und Zitronenschale schlank gekocht und durch ein Sieb gerührt wird, Saft von 2 Zitronen, eine Stange Agar-Agar, oder 1 Unze Gelatine, das eine oder andere nach Abschnitt XII. No. 1 aufgelöst, 4 Eiweiß und Zucker nach Geschmack.

Das Aepfelmus wird mit dem Zitronensaft und Zucker zum Kochen gebracht, die bemerkte Auflösung mit einem Eßlöffel zerrührter Stärke gut durchgekocht, vom Feuer genommen, der steife Eiweißschaum durchgemischt und in eine umgespülte Form gefüllt.

Für 8—10 Personen.

8. Rother Reismehl-Pudding. ½ Quart Johannisbeer- oder Himbeersaft, ½ Quart Rothwein, 5 Unzen Reismehl oder gröblich gekörntes Griesmehl und Zucker nach Geschmack.

Wein, Saft und Zucker lasse man kochen, streue das Reismehl hinein, lasse es gahr, doch nicht breiig und nicht zu steif werden, fülle es in ein naßgemachtes Geschirr und stürze es erkaltet auf eine Schüssel.

Eine wohlschmeckende Sauce zu diesem und dem nächstfolgenden rothen Pudding ist geschlagene Sahne mit Vanille und Zucker, auch kann man eine kalte Vanillensauce, sowie auch dicke Sahne mit Rothwein, Zucker und etwas Rum geschlagen, dazu geben.

Für 10 Personen.

9. Auf andere Art, rothe Grütze genannt. Stark ½ Quart Saft, stark ½ Quart Wasser, 5 Unzen Griesmehl, oder Sago (kann unechter sein), Zucker nach Geschmack, nach vorhergehender Angabe gekocht.

Für 10 Personen.

10. Auf andere Art. ½ Flasche Fruchtsaft, 5 Unzen Reismehl, Zucker und einige Stücke Zimmet.

½ Quart Wasser wird mit dem Zimmet zum Kochen gebracht, Reismehl darin gahr gekocht, dann das Gewürz herausgenommen, Saft und der noch fehlende Zucker durchgerührt, übrigens wie im Vorhergehenden verfahren.

Für 10 Personen.

11. Rother Schaum-Pudding. 1½ Quart mit Rothwein oder Wasser vermischter Johannisbeer- oder Kirschsaft nebst Zucker, ½ Pfund Korn-Stärke, 6—9 Eiweiß, nach Belieben auch einige Stückchen Zimmet.

Nachdem die Flüssigkeit zum Kochen gebracht, wird die mit etwas Wasser aufgelöste Stärke hinzugerührt und gut durchgekocht. Dann nimmt man den Topf vom Feuer, mischt den steifen Eiweißschaum leicht durch, läßt die Masse noch einmal aufkochen und schüttet sie in eine umgespülte, mit Zucker bestreute Porzellanform.

Kalt gestürzt, wird der Pudding mit einer Vanillesauce servirt.

Für 12—14 Personen.

12. Rother Flambri. 1½ Quart Milch, gut 3 Unzen Zucker, einige gestoßene bittere Mandeln, etwas Vanille oder Zitronenschale und nicht ganz 1 Unze rothe Gelatine.

Die 4 ersten Theile werden zum Kochen gebracht, dann wird die mit einer Tasse kochendem Wasser aufgelöste Gelatine durchgerührt und die Masse in eine mit Wasser umgespülte Form gegossen.

Fruchtsaft ist hierzu die angenehmste Sauce.

Für 10—12 Personen.

13. Reis-Pudding mit Zitronen. ¾ Pfund bester Reis, ¾ Pfund Zucker, stark ½ Quart Wein, 4 Zitronen.

Der Reis wird gut abgebrüht, in Wasser gahr und dick, nicht steif gekocht, die Körner aber dürfen nicht zerkochen. Unterdeß reibt man eine Zitrone auf dem Zucker ab, schält 2 Zitronen bis an die Haut, welche den Saft umschließt, kocht die Schale in Wasser weich und schneidet sie in dünne Streifchen. Dann setzt man etwas in Wasser getunkten Zucker aufs Feuer, kocht ihn klar, gibt die Zitronenstreifen hinein und läßt sie bei öfterem Umrühren so lange kochen, bis sie den Zucker aufgenommen haben oder kandirt sind und legt sie zum Trocknen hin.

Der Zitronensaft wird mit Wein und Zucker gekocht und der heiße Reis nebst der kandirten Schale vorsichtig durchgerührt und in eine umgespülte Form gefüllt. Erkaltet stürzt man den Pudding auf eine Schüssel und legt zierliche Figuren von feinen eingemachten Früchten darauf.

Man servire ihn mit einer Schaum- oder Rothweinsauce.

Für 14 Personen.

14. Reis-Pudding mit Obstlagen. ½ Pfund Reis, Milch, Zucker und ganzer Zimmet, ferner Mandeln, Wein, Zitronen, Korinthen, in Scheiben geschnittene Aepfel.

Man kocht den Reis, nachdem er abgebrüht ist, in Milch, Zucker und Zimmet weich und nicht zu steif. Zugleich koche man langgeschnittene Mandeln in etwas Wasser halb weich, gebe ein paar Tassen Wein, Zucker, Zitronensaft und Schale, Korinthen und die Aepfelscheiben hinzu, lasse sie weich werden und mache die Sauce mit etwas Kartoffelmehl oder Stärke sämig. Dann gebe man in eine umgespülte Form eine Lage Reis, eine Lage Aepfel und so fort, bis der Reis den Schluß macht.

Kalt stürze man den Pudding auf eine Schüssel und gebe eine Wein- oder Vanillesauce dazu.

Für 12 Personen.

15. Blancmanger mit Hausenblase oder mit Agar-Agar. 2¼ Quart Milch, ½ Pfund Zucker, ½ Pfund süße und einige bittere geriebene Mandeln, 1½ Unzen Hausenblase oder knapp 2 Stangen Agar-Agar (siehe Abschnitt XII. No. 1), ein 1½ Zoll langes Stück Vanille, 1 Dram feiner ganzer Zimmet und abgeriebene Schale einer Zitrone.

Man läßt in der Milch Gewürz, Mandeln und Zucker langsam kochen, nachdem das Gewürz herausgenommen, das aufgelöste Bindungsmittel darin durchkochen, schüttet das Blancmanger in eine Schale, rührt es, bis die stärkste Hitze verdampft ist, und füllt es darnach in eine mit Mandelöl bestrichene Form.

Um demselben ein schönes Ansehen zu geben, kann man die Hälfte roth färben, wie es im Abschnitt XII. No. 3 bemerkt ist. Zu dem Zweck gibt man einige Tassen ungefärbte Masse in die mit feinem Oel bestrichene Form, fügt, sobald es fest geworden, ebenso viel gefärbte Masse hinzu und fährt so fort, bis beide Theile, welche in der Nähe des Ofens warm gehalten werden müssen, zu Ende sind. Dabei aber lasse man jedesmal der Flüssigkeit Zeit zum Festwerden, weil es sonst keine reine Abtheilung gibt. Völlig kalt geworden, stürzt man das Blancmanger auf die Schüssel und reicht Fruchtsaft dazu.

16. Blancmanger. No. 1. 1¼ Quart Milch, 2½ Unzen Stärke, 10 Eiweiß, 2½ Unzen süße und 4 Stück bittere geriebene Mandeln, 3 Unzen Zucker, Zitronenschale und ganzer Zimmet.

Milch, Mandeln, Zucker und Gewürz werden langsam zum Kochen gebracht, damit letzeres gut ausziehe, dann entfernt. Ist dies geschehen, so lasse man die Stärke, mit etwas kaltem Wasser zerrührt, gut durchkochen, nehme den Topf vom Feuer, rühre den steifen Eiweißschaum durch und schütte das Blancmanger in eine umgespülte Form.

Erkaltet, stürze man dasselbe auf eine Schüssel und gebe eine Frucht- oder eine kalte Weinsauce dazu.

Für 14—16 Personen.

17. Blancmanger. No. 2. 1¾ Quart Milch, knapp 5 Unzen Korn-Stärke, 10 frische Eier, ¼ Pfund süße und einige bittere geriebene Mandeln, 5 Unzen Zucker, Vanille oder Zimmet und Zitronenschale.

Das Blancmanger wird nach voriger No. gekocht, vom Feuer genommen, der steife Eiweißschaum durchgerührt, kalt umgestürzt mit einer der in derselben Vorschrift bemerkten Saucen gegeben.

Für 18 Personen.

18. Tassenspeise. 1¼ Quart Milch, 2⅔ Unzen geriebene süße Mandeln, 2⅔ Unzen Stärke, gut 3 Unzen Zucker, 10 Eiweiß und die abgeriebene Schale einer Zitrone.

Man koche diese Speise wie Blancmanger No. 2, fülle mit derselben 12 Untertassen und gebe dazu eine Vanillesauce, besser aber Fruchtsaft.

Für 12 Personen.

19. Sahneschaum. Gute Sahne vom vorhergehenden Tage ohne Zusatz von Milch, ein Stück Vanille, welches durchgespalten wird, und Zucker.

Die Vanille läßt man etwa 1 Stunde in der Sahne ausziehen, gibt Zucker nach Geschmack hinzu und schlägt sie im Keller mit einem Schneebesen in gleichmäßiger Schnelligkeit, indem man denselben immer hin und her bewegt. Den entstandenen Schaum legt man auf ein Haarsieb, gießt die abgelaufene Flüssigkeit wieder zur Sahne und setzt das Schlagen fort, bis alles Schaum geworden ist. Dann nimmt man die Vanille heraus und gibt die geschlagene Sahne in einer Assiette mit kleinem Backwerk zur Tafel, oder man benutzt sie nach Angabe.

20. Apfelsinenspeise. 3 Apfelsinen, 1 Zitrone, ¼ Pfund Zucker, ⅛ Stange Agar-Agar oder ½ Unze weiße Gelatine und knapp ¼ Quart steif geschlagene Sahne, nach vorhergehender Angabe bereitet.

Die Schale einer Apfelsine wird auf dem Zucker abgerieben, derselbe mit dem Saft der 3 Apfelsinen, dem Zitronensaft und dem Bindungsmittel, nach Abschnitt XII No. 1 vorgerichtet, in einem engen glasirten Töpfchen einmal aufgekocht, rasch abgenommen und nachdem gerührt, bis es fast kalt geworden. Dann wird die Sahne darunter gepeitscht, in eine mit feinem Oel dünn bestrichene Form gefüllt und zum Erkalten hingestellt.

Für 6 Personen.

21. Crême von saurer Sahne mit Hausenblase. 1½ Quart dicke saure Sahne, 2 Weinglas gewürzreicher Wein, ein Stück Vanille, Zucker und 1 Unze aufgelöste Hausenblase.

Die Sahne wird mit Zucker und Vanille nach No. 19 zu steifem Schaum geschlagen, die in wenig Milch aufgelöste Hausenblase nebst dem Wein durchgerührt in eine bestrichene Form gefüllt und auf Eis gestellt.

Umgestürzt wird die Crême mit spanischem Wind, Macronen oder Bisquits und mit Frucht=Gelée gegeben.

22. Wein=Crême (sehr gut). 1 Flasche guter weißer Wein, ⅓ Pfund Zucker, worauf eine Zitrone abgerieben wird, 10 recht frische Eier, Saft von zwei guten saftigen Zitronen und 1 mäßig gehäufter Eßlöffel Korn=Stärke, welche mit etwas kaltem Wasser aufgelöst wird.

Man schlage dies alles in einem Blech= oder glasirten Topfe mit einem Schaumbesen stark und ununterbrochen nach No. 1 bis vorm Kochen, schütte es rasch in eine bereitstehende Terrine, setze das Schlagen noch einige Minuten fort, fülle die Crême beim Anrichten in Assietten oder Gläser und gebrauche sie an demselben Tage, wo sie gemacht worden ist. Man gebe bittere Macronen oder ähnliches kleines Backwerk dazu.

23. Zitronen=Crême mit Erdbeeren oder Himbeeren. Eine Crême nach vorgehender Angabe, jedoch nur mit einer Zitrone gemacht, wird mit recht steifen Erdbeeren oder Himbeeren, welche vorher mit Zucker bestreut worden, lagenweise in eine Assiette gefüllt; die oberste Lage muß Crême sein. Sie wird mit den schönsten Erdbeeren verziert und Bisquit dazu gegeben.

24. Apfelsinen=Crême. ¼ Quart guter Wein, 2 Apfelsinen, 1 Zitrone, ¼ Pfund Zucker, 6—8 Eier.

Apfelsinen und Zitronen werden am Zucker abgerieben, doch erstere nicht zu stark, damit der Geschmack nicht zu sehr vorherrsche; dann wird der Saft ausgepreßt und alles über lebhaftem Feuer mit einem Schaumbesen stark geschlagen bis es kocht. Die Crême wird alsdann rasch in ein Geschirr geschüttet, noch eine kleine Weile geschlagen und in die zum Gebrauch bestimmte Schüssel gefüllt.

25. Schnell zu machende Vanille-Crème. 1¼ Quart Milch. 8 recht frische Eier, ein knapper Eßlöffel echte Weizenstärke oder feines Mehl, Zucker nach Geschmack und ein Stück Vanille.

Dies alles wird in einem recht sauberen Topf mit einem Schaumbesen tüchtig geschlagen bis eben vor dem Kochen, dann nehme man die Crème vom Feuer, schlage sie noch eine kleine Weile und fülle sie in eine Assiette. Es paßt eine Schaum=, auch Fruchtsauce dazu.

26. Tutti frutti. Es wird ein Blancmanger gekocht von stark ½ Quart Milch, 2 Eßlöffel Zucker, ⅞ Unzen Stärke, 3 Eiern, einem Stück frischer Butter von Wallnußgröße und Vanille oder Zitronenschale, oder statt dessen einige Stückchen ganzen Zimmet und 4 Stück geriebene bittere Mandeln; dann wird eine Schüssel mit Bisquit oder Zuckerplätzchen, oder auch mit gewöhnlichen Plätzchen belegt, eingemachtes Obst oder gut gekochtes frisches Compote darüber gegeben und mit dem abgekühlten Blancmanger.

27. Mandel-Crème. 1½ Quart frische Milch, ¼ Pfund geriebene Mandeln, gut 3 Unzen Zucker, 8—10 Eidotter, 2 Eßlöffel Stärke, Vanille oder Zitronenschale.

Dies alles lasse man unter starkem Rühren fast zum Kochen kommen, schütte die Crème schnell in eine Schale, rühre noch eine Weile, bis sie nicht mehr heiß ist, und richte sie an.

28. Mandelspeise (für 6 Personen). ¼ Pfund fein geriebene Mandeln, ¼ Pfund Zucker, stark ½ Quart süße Sahne oder Milch mit einem Stückchen frischer Butter, ⅞ Unzen Gelatine und ein Stück Vanille.

Mandeln und Zucker werden tüchtig gerührt, dann gibt man unter stetem Rühren die Sahne, worin man die Vanille gehörig hat ausziehen lassen, nach und nach hinzu, danach die mit einer halben Tasse Wasser aufgelöste Gelatine, rührt noch eine Viertelstunde, wobei die Masse ganz dicklich wird, und füllt sie in eine mit feinem Oel bestrichene Form.

Wünscht man eine Vanillesauce dabei zu geben (was indeß überflüssig ist), so bleibt die Vanille im Crème weg.

29. Chokolade-Crème. ¼ Pfund Chokolade, 1½ Quart Milch, Zucker nach Geschmack, 10 Eidotter, Vanille und 1 Eßlöffel Stärke.

Die Chokolade läßt man über Feuer mit etwas Wasser zergehen, mit Milch und Zucker 5 Minuten langsam kochen. Dann rührt man die Eidotter und Stärke mit zurückbehaltener Milch, gibt unter stetem Rühren von der Chokolade-Milch dazu und gießt, indem man tüchtig schlägt, dieses zur kochenden Milch, nimmt den Topf vor dem Durchkochen vom Feuer, setzt das Schlagen fort und richtet erkaltet die Crème an.

30. Milch-Crème mit Arrak. 1½ Quart Milch, 10 Eidotter, 1 gehäufter Eßlöffel feines Mehl, ¼ Pfund Zucker und Zitronenschale, 2 Wallnuß dick frische Butter, ⅓ bis 1 Tasse Arrak.

Butter und Mehl läßt man heiß werden, bis letzteres kraus wird, dann vom Feuer genommen, rührt man Milch, Eidotter, Gewürz und Zucker hinzu, schlägt es stark bis vorm Kochen, schüttet es rasch in eine Schale und schlägt den Arrak allgemach hinzu.

14

31. Speise von Reismehl oder gekörntem Griesmehl. No. 1.
1½ Quart Milch, ¼ Pfund gemahlener Reis, 2½ Unzen Zucker, 4 Eier,
1—1½ Unzen geriebene Mandeln, etwas ganzer Zimmet und Zitronen=
schale oder einige Tropfen Orangenblütenwasser.

Milch, Mandeln, Zucker und Gewürz werden aufs Feuer gestellt,
dann wird der Reis mit einer Messerspitze Salz und etwas zurückgelassener
Milch angerührt, in die kochende Milch gegossen, und während man stets
rührt, 10 Minuten langsam gekocht; zu weich darf er nicht werden.
Dann nimmt man den Topf vom Feuer, gibt die Eidotter mit etwas
zurückgehaltener Milch unter stetem Rühren langsam hinzu, mischt den
steifen Eiweißschaum durch und schüttet die Speise schnell in eine naßge=
machte Schüssel.

Es kann eine Sauce, wie sie bei Blancmanger No. 1 bemerkt worden,
dazu gegeben werden.

Man kann auch 2½ Unzen Korinthen mit der Milch aufs Feuer brin=
gen, die Mandeln weglassen und anstatt der bemerkten Gewürze etwas
Zimmet und 2 Pfirsichblätter in der Milch kochen. Letztere geben einen
Geschmack von bitteren Mandeln. Ist man sehr eilig, so kann man die
ganzen Eier mit 1 Eßlöffel Wasser tüchtig schlagen, nachdem der Topf vom
Feuer genommen, von der kochenden Reismasse allgemach hinzurühren und
dann solches mit derselben vermischen.

32. Auf andere Art. No. 2. 1½ Quart Wasser, ¼ Pfund Zucker,
¼ Pfund Reismehl, Saft und abgeriebene Schale einer saftreichen Zitrone,
3 Eßlöffel Arrak.

Man bringt Zucker, Zitronensaft und Schale mit ¾ Quart Wasser
zum Kochen, rührt das Reismehl mit dem übrigen Wasser hinzu, kocht es
10 Minuten und rührt, wenn es vom Feuer genommen worden, den Arrak
durch.

Es kann jede Sauce von Fruchtsaft oder Wein dazu gegeben werden.

33. Schneeball in Vanillesauce. (Auch floating Hand genannt.)
1½ Quart Milch, je nachdem man den Schneeball kroß zu haben wünscht,
8—12 frische Eier, gut 3 Unzen Zucker, 1 Obertasse Mandeln, ein Stück
Vanille und einige Stücke Zimmet.

Die Mandeln werden gerieben oder fein gestoßen, mit der Milch, dem
Zucker und Gewürz langsam zum Kochen gebracht, damit letzteres gut aus=
ziehe. Unterdeß wird das Eiweiß mit einem Theil des Zuckers zu festem
Schaum geschlagen, auf einer flachen Schüssel mit einem Messer glatt,
rund und bergartig geformt, auf die kochende Milch gehoben und vorsichtig
und langsam zuweilen 1 Löffel voll darüber gegeben, bis der Schnee gahr
ist, was nur einige Minuten dauert. Dann nimmt man ihn behutsam
mit 2 flachen Löffeln heraus, legt ihn in eine tiefe Schale, zerrührt die
Eidotter mit kalter Milch und gibt sie nebst einer großen Wallnuß dick
Butter, indem man den Topf vom Feuer genommen hat und stark rührt,
allgemach zu der kochend heißen Vanillemilch, füllt die Sauce, welche zuvor
noch eine Weile gerührt werden muß, um den Schneeball, jedoch so, daß
derselbe ganz weiß bleibe und nicht von der Sauce berührt werde.

Mit feinem Zucker bestreut und niedlich verziert, macht dies Gericht eine hübsche Mittelschüssel.

Eine schöne, halb aufgeblühte Rose, mit einigen kleinen Rosen= blättern zusammengebunden, oben in der Mitte hinein gesteckt, macht sich hübsch.

Anmerkung. Falls 8 Eidotter zur Sauce angewendet werden, kann man vorher ½ Eßlöffel Stärke in der Milch durchkochen lassen.

34. Schale mit Apfelsinen. Man schneidet die Apfelsinen, nach= dem sie abgezogen, in feine Scheiben, legt sie lageweise, mit reichlich gerie= benem Zucker durchstreut, in eine tiefe Schale, gießt weißen Franzwein darüber hin und gibt sie anstatt Crême.

Den Rand der Schüssel mit reifen Erdbeeren, gleich einer Perlschnur dicht aneinander, belegt, gibt derselben ein schönes Aussehen.

35. Schale von Erdbeeren und Apfelsinensaft. Apfelsinen werden ausgepreßt, gute reife Erdbeeren vorsichtig gewaschen, mit Zucker bestreut, in eine Schale gelegt, der Apfelsinensaft darüber gegeben und der Rand der Schüssel mit Apfelsinenscheiben garnirt.

36. Aepfel=Crême kalt zu bereiten (empfehlenswerth). 10 Stück große raschgebratene Aepfel, 6½ Unzen Zucker, 3 frische Eiweiß, Saft und Schale einer guten saftigen Zitrone oder Vanille und nach Belie= ben 2 Eßlöffel Arrak.

Die Aepfel werden von Schale und Kerngehäuse befreit, schnell durch ein Siebchen gerieben und mit dem steifen Schnee, Zucker, Vanille und Zitronen ¼ Stunde geschlagen, das Bemerkte hinzugegeben und dies alles 2 Stunden stark und ununterbrochen nach einer Richtung hin gerührt und angerichtet.

37. Stachelbeer=Crême, auch auf Torten anzuwenden. 2 Pfund reife Stachelbeeren, 1 Pfund Zucker, 6 Eier, 1 Glas Wein, etwas Zimmetwasser.

Die Stachelbeeren befreit man von Stiel und Blütenstelle, kocht sie in Wasser weich, läßt sie ablaufen und rührt sie durch ein Sieb. Dann kocht man Zucker und Wein, fügt die Marmelade und etwas Zimmetwasser hinzu und verfährt weiter nach vorheriger Angabe.

38. Stachelbeerspeise. (Rezept von der Insel Föhr.) Stark 1 Quart unreife von Stiel und Blume befreite Stachelbeeren, lasse man mit stark 1 Quart Wasser weich kochen, reibe sie durch ein Sieb und versüße sie nach Geschmack. Dann setze man das Mus aufs Feuer, gebe ¼ Pfund Reismehl, welches mit dem gewonnenen Saft angerührt ist, hinzu, lasse es unter stetem Rühren eine Weile kochen und gieße die Masse in eine naßgemachte Form.

Es wird rohe Sahne dazu gereicht.

39. Erdbeer=Crême. 2 Pfund recht reife Erdbeeren, ¼ Pfund Zucker, 6 Eiweiß, 1 Glas Rothwein.

Die Erdbeeren werden vorsichtig abgespült, zum Abtröpfeln auf ein nicht zu feines Sieb gelegt, darnach durchgerieben. Dann wird der Wein

mit dem Zucker gekocht, das Erdbeermus hinzugefügt, unter öfterem Um=
rühren zum Kochen gebracht, 1 Eßlöffel Stärke durchgekocht, der Topf
vom Feuer genommen und der steife Eiweißschaum durchgemischt.

Nachdem die Crême angerichtet, wird sie kurz vor dem Gebrauch mit
recht schönen Erdbeeren verziert.

**40. Crême von Himbeer= und Johannisbeersaft, in Assietten
oder Gläser zu füllen.** Stark ½ Quart halb Himbeer=, halb Johannis=
beersaft, 12 Eier. Der Zucker richtet sich nach der Beschaffenheit des
Saftes. Zu frischem Saft nehme man ½ bis ¾ Pfund geriebenen Zucker,
zu eingekochtem den fehlenden.

Saft, Zucker und Eidotter schlägt man mit einem Schaumbesen bis
vorm Kochen, nimmt den Topf rasch vom Feuer, fährt zu schlagen fort,
indem man den sehr steifen Schaum von 8 Eiern durchmischt.

Wünscht man diese Crême, sehr angenehm von Farbe und Geschmack,
in Gläser zu füllen, so kann man jedes Glas auf ein feines Tellerchen
stellen, ein paar bittere Macronen oder ein großes Bisquit nebst einem
Theelöffel dazu legen und die Teller auf einem Präsentirteller herum
reichen lassen.

41. Himbeerschaum in Gläser zu füllen. 5 Eiweiß schlägt
man zu sehr steifem Schnee und mischt 3 Eßlöffel Himbeergelée und
3 Eßlöffel Zucker durch.

42. Erdbeerschaum in Gläser zu füllen. 1½ Quart der reifsten
Walderdbeeren, ¾ Quart dicke süße Sahne, ½ Pfund Zucker und etwas ab=
geriebene Zitronenschale oder feiner Zimmet.

Die Beeren werden mit der Sahne zerrührt, durch ein Sieb gerie=
ben, mit Zucker und Gewürz zu Schaum geschlagen, in Gläser gefüllt.

**43. Crême von geschlagener Sahne mit Eiweißschaum in
Gläser zu füllen.** Man schlage frisches Eiweiß mit Zucker zu einem
ganz festen Schaum und nehme auf jedes Eiweiß 1 Eßlöffel dicke saure
Sahne, welche gehörig mit Zucker und Vanille, letztere mit etwas Zucker
recht fein gestoßen oder mit abgeriebener Zitronenschale vermischt worden.
Jedes wird einzeln mit einem Schaumbesen recht schäumig geschlagen und
mit einander vermischt.

**44. Crême von geschlagener Sahne (Sillebub) in Gläser zu
füllen.** 1½ Quart dicke süße Sahne, ½ Pfund Zucker, worauf 2 Zitronen
abgerieben sind, nebst dem Saft derselben und 3 Glas Franzwein.

Dies alles mit einander vermischt, wird im Kalten mit einem Schaum=
besen geschlagen. Sobald Schaum entsteht, wird derselbe abgenommen,
in kleine Gläser gefüllt und so fortgefahren, bis das Ganze Schaum ge=
worden ist.

Man kann schon einige Stunden zuvor, ehe man zu schlagen anfängt,
die Bestandtheile mit einander vermischen.

————— ·:· —————

XIV. Klöße.

A. Klöße zu Suppen und Fricassee's.

1. Regeln bei der Zubereitung der Klöße.

1. **Einweichen des Weißbrodes.** Das Weißbrod zu Klößen darf weder frisch sein noch in warmes Wasser gelegt werden, weil es andernfalls eine klebrige Masse würde. Man lege es eine kleine Weile in kaltes Wasser, drücke es dann aus und zerreibe es.

2. **Probe.** Zwar sind die Rezepte möglichst genau bestimmt, da es jedoch bei manchen Klößen auf eine Kleinigkeit mehr oder weniger Flüssigkeit ankommt, so ist zu rathen, vor dem Formen ein Klößchen zu kochen, wo dann nach Bedürfniß etwas Weißbrod oder Wasser zugesetzt werden kann.

3. **Formen der Klöße.** Fleischklöße zu Fricassee's und Suppen werden entweder mit den Händen aufgerollt, indem die Hand mit kaltem Wasser feucht gemacht wird, oder man streicht, was appetitlicher ist, die Masse auf eine flache Schüssel und sticht mit einem Thee- oder Eßlöffel, welcher jedesmal in die kochende Bouillon getaucht wird, ein Klößchen nach dem andern ab, legt es in die nicht gar zu stark kochende Suppe und läßt es zugedeckt nach Angabe 10—15 Minuten kochen.

4. **Kochen der Klöße.** Hat man viele Klöße zu kochen, so ist es besser, solche erst auf eine Schüssel zu legen und dann alle zugleich ins Kochende zu geben, da sonst die ersten zu lange kochen würden, was nicht sein darf. Wenn die Klöße von Mehl, Kartoffeln oder Weißbrod inwendig trocken geworden, so sind sie gahr; Fleischklöße wenn man kein rohes Fleisch mehr sieht. Klöße zu Fricassee's koche man nicht in dicklicher Sauce, weil sie darin dicht werden, sondern in Bouillon oder Wasser und Salz. Alle Klöße müssen zugedeckt gekocht und sogleich angerichtet werden.

2. **Klöße zu Krebssuppe.** Man rühre 2—3 Eßlöffel voll Krebsbutter weich, gebe hinzu 2 Eidotter, 1 Untertasse voll feingehacktes Fisch- und Krebsfleisch aus den Scheeren, eben so viel in Wasser stark ausgedrücktes Weißbrod, Muskatblüte, Salz und das zu Schaum geschlagene Eiweiß, rühre es gut untereinander, forme es zu kleinen runden Klößen und koche sie in der Suppe 5 Minuten. Die Schwänze lege man beim Anrichten in die Terrine, weil sie durch Kochen hart werden.

3. **Kleine Mehlklöße (sogenannte Spatzen).** Ungefähr 3 Pfund Mehl werden mit einem Eßlöffel Salz, 3—4 ganzen Eiern und der nöthigen kalten Milch, oder halb Milch halb Wasser, zu einem ziemlich festen Teig gut abgeschlagen und kurze Zeit an einen kühlen Ort ruhig hingestellt; etwas vor dem Anrichten sticht man kleine Klöße davon in kochendes gesalzenes Wasser, oder läßt sie durch einen ziemlich weiten

Trichter, den man zuvor mit kaltem Wasser gut ausspült, ins kochende Wasser laufen, läßt sie gut aufkochen, hebt sie mit dem Schaumlöffel auf eine Platte und richtet sie mit in Butter gerösteten Weißbrodtrumen oder gestoßenen Crackers an. Es paßt Apfelmus dazu.

4. Klöße zu braunen Suppen. ½ Pfund mageres Schweine= fleisch nebst ¼ Pfund Kalbfleisch ohne Sehnen wird sehr fein gehackt, dann reibt man 2⅓ Unzen Butter zu Sahne, rührt 2 Eidotter, 2⅓ Unzen in Wasser eingeweichtes und ausgedrücktes Weißbrod, Salz, Zitronenschale und Muskatblüte hinzu, auch das gehackte Fleisch, und mischt zuletzt den Schaum eines Eiweißes durch die Masse. Hiervon werden kleine Klöße aufgerollt und in Fleischbrühe gahr gekocht. Man kann sie auch nach dem Kochen mit feinem Zwieback bestreuen und in Butter gelb werden lassen.

5. Klöße von Rindfleisch. Es wird ½ Pfund Beefsteaksfleisch möglichst fein gehackt, wobei man alles Sehnige entfernt. Dann 2½ Unzen Butter zu Sahne gerührt, hinzugefügt: 2 Eidotter, 1½ Unzen abgeschäl= tes, eingeweichtes und ausgedrücktes Milchbrod, Muskatnuß, Salz und zuletzt der Schaum von einem Eiweiß. Die Masse muß zwar etwas weich sein, aber doch gehörig zusammen halten. Man sticht sie mit einem Löffel ab und kocht sie 5 Minuten in der Suppe.

Klöße von Kalbfleisch. Diese werden ganz wie Rindfleischklöße gemacht, übrigens kann etwas feingehackte Petersilie durchgemischt werden.

7. Midderklößchen zu feinem Kalbfleisch=Fricassee und Pa= stete. Man nimmt hierzu ½ Pfund frisches festes Nierenfett und ⅓ Pfund Kalbsmidder, entfernt die häutigen Theile, schabt und stößt beides so lange und fein, bis man eins vom andern nicht mehr unterscheiden kann. Dann streut man das nöthige feingemachte Salz nebst Pfeffer darüber, stößt von neuem, rührt es gehörig unter einander, thut ein Ei hinzu und stößt wie= der, darnach ein zweites, gießt dann unter fortwährendem Stoßen so viel Wasser, als eine halbe Eierschale faßt, in die Masse und wiederholt dies, sobald das Wasser eingedrungen ist, verschiedene Male, doch darf es nicht zu oft und zu rasch auf einander folgend geschehen, weil sonst die Klößchen im ersten Falle zu weich, im letzteren nicht zart würden. Dann bestreut man ein Backbrett mit Mehl, formt darauf die Klößchen von dicker Wall= nußgröße, kocht sie in Fleischbrühe und legt sie in das fertige Fricassee.

8. Schwammklöße in Fleischsuppe, auch in frischem Erbsen= gemüse (in ersterer für 14—16, in letzterem für 6 — 8 Personen). ¼ Pfund feines Mehl, ¼ Pfund Butter, ¼ Quart Wasser, 4 Eier, etwas Muskatblüte.

Die Hälfte der Butter wird kochend heiß gemacht, das Mehl mit der Milch angemengt und nebst einem Eiweiß zu der Butter gefügt und ge= rührt, bis die Masse nicht mehr am Topfe klebt. Dann wird die übrige Butter weich gerieben, Muskatblüte, ein Eidotter nach dem andern, sowie auch nachdem die etwas ausgedampfte Masse hinzugefügt. Bei schwach gesalzener Butter würde auch etwas Salz nöthig sein. Zuletzt rührt man das zu steifem Schaum geschlagene Eiweiß durch, sticht mit einem naßge=

machten Löffel Klößchen davon ab und kocht sie zugedeckt 10 Minuten in Suppe oder in einem Erbsengemüse.

Anmerkung. Die Erbsen müssen, bevor die Klöße hineinkommen, völlig gahr sein und eine so reichliche Brühe haben, daß sie mit dem Löffel gegessen werden.

9. Schwammklöße auf andere Art. 3 Eiweiß gibt man in eine Obertasse, füllt den übrigen Raum mit Milch, gibt solches nebst einer glei=chen Obertasse Mehl und zwei Wallnuß dick Butter in einen kleinen Topf und rührt die Masse über Feuer, bis sie sich vom Topfe ablöst. Nachdem sie nicht mehr sehr heiß ist, gibt man 2 Eidotter, mit Muskatblüte hinzu, sticht mit dem Löffel kleine Klöße davon in die kochende Suppe und läßt sie zugedeckt 10 Minuten kochen.

10. Auf andere Art. 1 Obertasse Milch, eben so viel Mehl, zwei Wallnuß dick Butter rührt man über Feuer, bis es sich vom Topf ablöst. Etwas abgekühlt, rührt man 2 Eidotter, eine Messerspitze Muskatblüte und Salz, einen Eßlöffel gestoßenen Zwieback und zuletzt das von einem Ei zu steifem Schaum geschlagene Weiße gut durch.

11. Schwammnudeln. Das weiße von 3 Eiern wird zu Schaum geschlagen, das Gelbe mit einem Löffel langsam durchgerührt, 3 Theelöffel voll feines Mehl und etwas Salz hinzugegeben. Die ganze Masse wird sodann auf die kochende Suppe gegeben, einige Minuten damit gekocht, mit dem Schäumer umgewandt, mit der Suppe in die Terrine gegeben, und demnächst mit einem Messer in kleine Stückchen getheilt.

12. Zwiebackklöße. Man reibe ½ Ei dick Butter zu Sahne und rühre sie ferner mit 2 ganzen Eiern und Muskatnuß eine geraume Weile, gebe dann nach und nach unter fortwährendem starkem Rühren 4 gehäufte Eßlöffel feingestoßenen Zwieback hinzu, von denen man, da die Masse sehr weich sein muß, ½ Eßlöffel zum Aufkochen zurückläßt. Die Klöße gebe man alle zugleich in kochende Bouillon, lasse sie einmal aufkochen, nehme dann rasch den Topf vom Feuer und stelle ihn fest zugedeckt 5 Minuten hin, wodurch die Klöße gahr werden; durch längeres Kochen würden sie fest werden.

13. Griesmehlklöße. Man rühre 2—3 Unzen Griesmehl mit ¼ Quart halb Wasser, halb Milch und einer Wallnuß dick Butter über Feuer so lange, bis die Masse ganz steif ist. Dann reibe man noch reichlich eben so viel Butter weich, gebe Muskatnuß, Salz, 3 Eidotter hinzu, das etwas abgekühlte Griesmehl und zuletzt das zu Schaum geschlagene Weiße von zwei Eiern. Dies wird theelöffelweise in die kochende Suppe gegeben und 10 Minuten langsam gekocht.

Für 8 Personen.

14. Eierklöße. Eine Stunde vor dem Anrichten wird ¼ Quart Fleischbrühe oder Milch mit 4 Eiern wohl geschlagen und nebst feingehack=ter Petersilie, Muskatblüte und Salz in einen mit Butter bestrichenen Topf gefüllt. Man läßt es in kochendem Wasser dick, nicht hart werden und sticht Klößchen davon in die angerichtete Suppe.

15. Weißbrodklöße. 2½ Unzen Butter reibt man zu Sahne, rührt dazu 2 Eidotter, Muskatblüte, nach Belieben auch etwas feingehackte Petersilie, ¼ Pfund in Wasser eingeweichtes und stark ausgedrücktes Weißbrod und das von 2 Eiern zu steifem Schaum geschlagene Weiße. Hiervon werden kleine Klöße mit dem Löffel abgestochen und in der kochenden Suppe 5 Minuten langsam gekocht.

16. Markklöße (vorzüglich). Ein Stück Mark von der Größe eines halben Hühnereis werde dünn geschabt, langsam geschmolzen und fein gerührt. Etwas abgekühlt gebe man hinzu: 1½ Eincents=Brödchen oder so viel an Semmel (nicht frisch) auf der Reibe gerieben, ein dickes Ei, Muskatnuß, das nöthige Salz, rühre die Masse, bis sie sich gehörig vermengt hat, und mische dann etwas kaltes Wasser durch, so viel, daß die Klößchen in der Suppe nicht zerkochen, doch ganz milde und locker werden. Bei der ersten Bereitung dieser ausgezeichneten Suppenklößchen ist zu rathen, vorab eins derselben in die kochende Suppe zu legen und dann nöthigenfalls mit einem kleinen Zusatz von geriebenem Weißbrod oder kaltem Wasser nachzuhelfen. Ohne die Masse hinzustellen, forme man dieselbe mit einem Theelöffel zu Klößchen, lege diese in die kochende Suppe, lasse sie mäßig kochen, bis sie inwendig nicht mehr klebrig erscheinen, und stelle dann den Topf vom Feuer.

Diese Portion ist für 4—5 Personen passend.

17. Auf andere Art. Ein kleiner Stich Butter und eben so viel Mark werden lange und ganz fein gerieben, hinzugegeben 1 ganzes Ei und von 2 das Gelbe, 2 geriebene Zwieback, Salz, etwas Muskatblüte oder Zitrone, daraus längliche Kügelchen geformt und einige Minuten in der Suppe gekocht.

18. Lothklöße. 1 Unze Wasser, 1 Unze Mehl, 1 Unze Butter werden unter einander gemischt, über Feuer ganz steif gerührt, etwas abgekühlt, 2 Eidotter, 1 Eiweiß und Muskatblüte dazu gegeben, mit dem Theelöffel kleine Bällchen abgestochen und solche in der Suppe 10 Minuten gekocht.

19. Mandelklößchen. 1½ Unzen Butter wird zu Schaum gerührt, dazu 2 ganze Eier, 1½ Unzen süße fein geriebene Mandeln, etwas Zucker und Zwieback oder Semmelmehl, soviel daß die Masse fest genug ist, Klößchen davon zu formen. Etwas saure Sahne kann man dazu nehmen.

20. Gewöhnliche Suppenklöße von Mehl. Ein Hühnerei dick Butter wird zu Sahne gerieben, dann gibt man nach und nach hinzu: 1 ganzes Ei, 1 Eidotter, Muskat oder gehackte Petersilie, Salz und 2 gehäufte Eßlöffel feines Mehl, rührt die Masse 5 Minuten stark, sticht mit dem Theelöffel Klöße davon ab und kocht sie 10 Minuten in der Suppe.

21. Kartoffelklöße. Eine dicke Wallnuß groß Butter wird zu Sahne gerieben, dann rührt man 2 Eidotter, 1 Untertasse voll geriebenes Weißbrod, eben so viel gekochte und geriebene Kartoffeln, welche jedoch nicht wässerig sein dürfen, Zitronenschale, Muskat und Salz allgemach dazu und zuletzt den steifen Eierschaum eben durch. Von dieser Masse rollt man kleine Klößchen und läßt sie 10 Minuten in der Suppe kochen.

22. Klöße von Eiweißschaum, zu Wein-, Bier- und Milchsuppen. Man schlägt Eiweiß mit Zucker zu steifem Schaum, sticht mit dem Löffel Klöße ab, legt sie auf die kochend heiß angerichtete Suppe, bestreut sie stark mit Zucker und Zimmet und deckt sie schnell zu, wodurch sie gahr werden.

B. Klöße, welche mit Sauce oder Obst gegessen werden.

23. Karthäuser-Klöße. Die Vorschrift ist in Abschnitt X mitgetheilt und sei hier nur darauf aufmerksam gemacht.

24. Feine Weißbrodklöße. Zu einem Ei dick geschmolzener Butter rühre man 4 Eidotter, Salz, Muskat, 2 kleine hölzerne Löffel Mehl, ¼ Pfund Weißbrod ohne Kruste, welches in Wasser eingeweicht und ausgedrückt ist, und mische zuletzt den Schaum der Eier durch.

Diese Masse gibt man löffelweise auf beinahe weichgekochtes Obst mit reichlicher Brühe und läßt die Klöße fest zugedeckt ½ Stunde, oder in kochendem Wasser mit Salz ¼ Stunde kochen.

25. Eine andere Art Weißbrodklöße. Man schneide von ¾ Pfund Weißbrod die Oberrinde kleinwürfelig und brate sie in Butter oder Speck gelb, gieße so viel Milch auf das Brod, daß es gut darin weichen kann, zerreibe es, gebe stark 4 hölzerne Rührlöffel voll Mehl, 4 Eier, Salz, Muskat, 1 Löffel geschmolzene Butter und die gebratene Kruste dazu, rühre dies alles gut untereinander und koche die Klöße nach vorhergehender Vorschrift.

26. Feine Kartoffelklöße. 2 Suppenteller geriebene Kartoffeln, die am Tage vorher mit der Schale gekocht sind, 4 hölzerne Rührlöffel Mehl, Muskat, Salz, 1 Obertasse geschmolzene Butter oder Bratfett und 6 Eier, das Weiße zu Schnee geschlagen. Dies alles wird wohl untereinander gerührt, mit dem Eßlöffel zu Klößen abgestochen, in kochendes Wasser mit Salz gegeben und ¼ Stunde gekocht. Man gibt braune Butter dazu.

Hierzu mehlige Kartoffeln, wässerige machen die Klöße klebrig.

27. Auf andere Art. 1 Pfund nach obiger Angabe geriebene Kartoffeln, 1 Pfund geriebenes Weißbrod, ¼ Pfd. geschmolzene Butter, 5 ganze Eier, etwas Salz und Muskat. Man mengt dies gut durcheinander und formt Klöße daraus, die man in kochendem Wasser und Salz ¼ Stunde kocht. Man gibt braune Butter und gekochtes Obst dazu.

28. Große Kartoffelklöße. Die mit der Schale in Wasser und Salz nicht ganz weich gekochten Kartoffeln werden abgeschält, und nachdem sie völlig kalt geworden, gerieben. Dann nimmt man zu 3 Theilen Kartoffeln 1 Theil geriebenes Weißbrod, brät die in kleine Würfel geschnittenen Krusten in Butter oder Speck gelb und nimmt davon auf jeden Suppenteller voll, 2 Eier, das Weiße zu Schaum geschlagen, 1 Unze Butter, welche braun gemacht wird, oder gutes Bratfett, auch nach Belieben etwas Muskatnuß, und arbeitet dies alles gut durcheinander. Hiervon werden handdicke Klöße aufgerollt, mit Mehl bestreut und in kochendem Wasser und Salz so lange gekocht, bis sie inwendig trocken sind, etwa 15 Minuten. Es wird braune Butter darüber angerichtet und gekochtes Obst dazu gegeben.

Eine Hauptbedingung zum Gerathen dieser Klöße sind, wie schon im vorhergehenden Rezept bemerkt worden, mehlige Kartoffeln.

29. Eine billigere Art Kartoffelklöße. Zu 6 etwas gehäuften Suppenteller voll geriebener Kartoffeln nehme man 1 Teller voll geriebenes Weißbrod, die Krusten gewürfelt und in Speck gebraten, 3 gehäufte hölzerne Rührlöffel voll Mehl, 4—6 Eier, von denen das Weiße zu Schaum geschlagen wird, und ¼ Pfd. in feine Würfel geschnittenen und ausgebratenen Speck. Die Klöße werden geformt und gekocht wie im vorhergehenden Rezept, und gekochtes Obst mit reichlich Brühe dazu gegeben.

30. Obstkloß von Semmel. Auf jede Person ¼ Pfund Weißbrod, 1 Ei und ½ Unze Butter. Die Krusten des Brodes werden fein gewürfelt und mit anderer Butter oder in Speck gelb gebraten, das Weißbrod gerieben, das Gröbere in Milch geweicht. Dann wird die Butter mit den Eidottern verrührt, Muskatblüte, Salz, das Weißbrod hinzugegeben und zuletzt der steife Eiweißschaum darunter gemischt. Man kann auch Rosinen hinzufügen. Unterdeß läßt man das Obst, falls es nicht ganz mürbe wäre, mit reichlichem Wasser, etwas Butter und Zucker eine Weile kochen, legt dann die als Kloß geformte Masse darauf und läßt sie fest zugedeckt eine Stunde fortwährend langsam kochen; nur sehe man zu, daß die Brühe nicht über dem Obste steht, weil sonst der Kloß weniger locker wird.

31. Gebackene Klöße zu Obst. 2 Pfund Mehl, ½ Quart lauwarme Milch, 3 Eier, 1 Obertasse geschmolzene Butter, 2 Löffel dicke, oder 1 Unze trockne Hefe und 2 Eßlöffel Zucker. Die Hälfte des Mehls rührt man mit der Milch, Salz, den Eiern und der Hefe an und läßt es aufgehen; dann rührt man das übrige Mehl, Butter und Zucker hinzu, macht es zu einem Teige, den man stark schlägt und nochmals langsam aufgehen läßt. Darauf formt man denselben zu kleinen Bällchen, welches am leichtesten auf folgende Weise geschieht: Man rollt den Teig dick aus und sticht mit einem engen Wasserglase Klöße davon ab, welche man alsdann zum drittenmale aufgehen läßt und in Schmelzbutter (I No. 25) etwa 10 Minuten kocht.

32. Dampfnudeln. Der Teig wird nach vorhergehender Nummer bereitet. Sind die Klöße zum dritten Male aufgegangen, so gibt man sie in eine tiefe Pfanne, in der man reichlich Butter hat gelbbraun werden lassen, gießt ¼ Quart Milch darunter, deckt sie ganz fest zu und legt noch ein feuchtes Tuch darüber hin. Wenn die untere Seite etwa nach 10 Minuten braun geworden ist, wendet man sie um und läßt sie offen auf der anderen Seite braun werden. Auch kann man sie ½ Stunde in Wasser und Salz kochen. Man gibt braune Butter und Obst dazu.

33. Hefenklöße mit Mehl. Man macht von 2 Pfund Mehl, ¾ Pfund Butter (es kann zur Hälfte geschmolzenes Nierenfett, falls solches nach Vorbemerkungen 51 zubereitet ist, dazu genommen werden), ¼

Pfd. Rosinen oder Korinthen, ½ Quart lauwarmer Milch, 3—4 Eiern, reichlich 2 Eßlöffel oder 1 Unze trockner Hefe und Salz einen lockeren Kloßteig, welchen man mit dem Löffel stark schlägt, läßt ihn 1 Stunde an einem warmen Orte aufgehen und gibt ihn löffelweise in kochendes Wasser mit Salz. Man läßt diese Klöße ¼ Stunde zugedeckt kochen und richtet sie schnell mit brauner Butter und Obst an. Auf Obst gekocht werden sie auch sehr gut. Siehe No. 30.

Anmerk. Die Hälfte gibt schon eine reichliche Portion.

34. Gebackene Griesmehlklöße. Stark ½ Quart Milch, ¼ Pfund Griesmehl, Salz und 1 Ei dick Butter werden über Feuer gerührt, bis die Masse ganz steif ist und sich vom Topfe ablöst. Etwas abgekühlt, gibt man 5—6 Eier, Zitronenschale oder Muskatblüte hinzu, formt eidicke Klöße daraus, die man mit Zwieback bestreut, in Butter und Nierenfett gelb brät und mit Zucker und Zimmet anrichtet.

Man gibt sie als Speise allein mit einer Wein= oder Fruchtsauce, oder mit gekochtem Obst zu oder ohne Braten.

35. Aepfelklöße. 1 Suppenteller in kleine Würfel geschnittene gute Aepfel, 2 Obertassen Milch, Zucker, Zitronenschale und so viel geriebenes Weißbrod, etwa ¾ Pfund, daß es einen guten Teig gibt, nebst 5—6 Eiern, das Weiße zu Schaum geschlagen, und ein Ei dick Butter.

Wenn alles wohl unter einander gemischt ist, werden Klöße davon in Wasser und Salz gekocht, mit Zucker bestreut und eine Weinsauce dazu gegeben.

36. Leberklöße. Zu einer Kalbsleber von mittlerer Größe, welche man abgehäutet, geklopft und durch ein Sieb gerieben hat, rührt man 1 Ei dick feingehackten Speck, 4 ganze Eier, mit ½ Tasse kaltem Wasser, Salz, Muskatnuß und etwas Pfeffer untereinander geklopft, gut 3 Unzen gewürfeltes, in Butter und Nierenfett geröstetes Weißbrod, auch nach Belieben feingehackte Zwiebeln, und so viel Mehl, als zum Zusammenhalten der Klöße nöthig ist. Um dies zu erproben, gibt man einen kleinen Kloß ins kochende Wasser; es muß derselbe aneinander halten, aber ganz locker sein; nöthigenfalls wird mit Mehl oder kochendem Wasser nachgeholfen. Dann gibt man mit einem blechernen Fülllöffel die Masse in kochendes gesalzenes Wasser, doch muß man den Löffel jedesmal darin naß machen, damit die handdicken Klöße sich leicht ablösen. Man läßt sie stark 10 Minuten mäßig kochen und richtet sie auf einer heißgemachten Schüssel mit geriebenem, in Butter und Nierenfett geröstetem Schwarz= oder Weißbrod an. Zur Sauce kocht man Butter, etwas Wasser und Salz und macht es mit einem Theelöffel voll Kartoffelmehl sämig.

Diese Klöße werden sowohl allein, als auch zum Sauerkraut gegessen.

37. Süddeutsche Leberklöße. 1 Pfund Kalbsleber, nach vorhergehender Angabe vorgerichtet, 3 Wecken, 1 Handvoll feines Mehl, 6 Eier, in Butter gedämpfte Zwiebeln und Petersilie, Majoran, Muskatnuß, Pfeffer und Salz. Die in feine Schnitten zertheilten Wecken werden mit einem Schoppen (½ Quart) kochender Milch ausgequellt. Nachdem dieselben die Milch aufgenommen, werden die zerklopften Eier nebst den Gewürzen durchgemengt, dann wird die geklopfte Leber und darauf das Mehl gehörig durchgearbeitet und übrigens nach vorhergehender Vorschrift verfahren.

38. Klöße von Weißbrod und Mehl. 1½ Pfund Mehl, 1¼ Pfund Weißbrod, 3 ganze Eier, ¼ Pfund geschmolzene Butter, ¾ Quart Milch mit etwas Wasser vermischt. Die Kruste des Brodes wird in kleine Würfel geschnitten und in Butter oder Nierenfett gebraten, das Brod in der Milch geweicht und mit der bemerkten Butter, den Eiern und Salz eine Weile gerührt, dann das Mehl und zuletzt das geröstete Brod hinzugegeben und mit dem Löffel kleine Klöße in kochendes Wasser und Salz gethan. Sie werden ¼ Stunde zugedeckt gekocht, mit brauner Butter und Obst gegessen.

39. Desgleichen auf Obst gekocht. Der Teig wird wie der vorhergehende angerührt, doch gibt man 1 Unze Hefe dazu, läßt denselben 1 Stunde aufgehen und schüttet die Masse dann auf das kochende Obst, wenn solches noch 1 Stunde Kochens bedarf.

40. Feine Klöße zu gleichen Theilen. Stark ½ Quart Mehl, ½ Quart geriebenes Weißbrod, ⅓ Quart aufgeschlagene Eier, ½ Quart Milch.

Die Krusten des Weißbrodes werden in kleine Würfel geschnitten und in Butter geröstet, mit den übrigen Theilen zusammen gerührt und in einem Topfe mit 3 – 4 Unzen Butter abgebrannt. Hat sich die Masse vom Topfe gelöst und ist etwas abgekühlt, so werden mit der Hand Klöße davon gerollt, mit Mehl bestreut und in kochendem Wasser 10 Minuten zugedeckt gekocht.

Man gibt braune Butter und Obst dazu.

41. Abgebrannte Klöße mit Backobst. Nach einer etwas sättigenden Suppe für 3—4 Personen.

¾ Quart Milch, eine Wallnuß dick Butter, ¼ Pfund Mehl, ¼ Pfund nicht frische Semmel, 2⅓ Unzen dicker Speck (bei dünnem Speck ein Zusatz von Butter oder Schmalz), 4 Eier und etwas Salz. Die Milch wird mit dem Mehl vermengt und nebst der Butter über Feuer gerührt, bis das Mehl gahr ist und sich gehörig vom Topfe löst, wo man es dann in einer Schale abdampfen, doch nicht erkalten läßt. Unterdeß wird die Rinde des Weißbrodes in kleine Würfel geschnitten, das Inwendige gerieben, der in kleine Würfel geschnittene Speck langsam ausgebraten, und nachdem die Schreven herausgenommen sind, die Weißbrodrinde darin langsam hart und dunkelgelb gebraten, während diese oft durchgerührt werden muß. Dann rührt man allgemach die Eidotter zu dem abgebrannten Mehl, sowie auch abwechselnd die übrigen Theile, und mischt dann das zu Schaum geschlagene Eiweiß durch. Man sticht Klöße, ½ Eßlöffel groß, davon ab, kocht sie 5 Minuten in gesalzenem Wasser und richtet sie auf einer heißen Schüssel an. Es wird beliebiges gekochtes Obst, dessen reichliche Brühe mit wenig Kartoffelmehl oder Stärke etwas sämig gemacht ist, dazu angerichtet.

Anmerkung. Die Klöße sind von gutem Geschmack und fallen weniger leicht, als die, wozu das Mehl roh angewandt wird

42. Speckklöße zu Obst. Auf 4 Personen 4 Obertassen Mehl, 4 Obertassen Wasser, 4 Eier und 2⅜ Unzen Speck.

Letzterer wird langsam gelblich ausgebraten, das Mehl mit dem Wasser angerührt nebst 2 Theelöffel Salz hinzugefügt, dann die Masse gerührt, bis sie sich vom Topfe löst. Etwas abgekühlt, werden nach und nach die Eier und noch 1 Obertasse Mehl durchgerührt, Klöße davon abgestochen und in reichlichem Wasser und Salz 10 Minuten gekocht.

43. Maisklöße. Man koche einen Maisbrei (Welschkorn-) nach XI., lasse ihn kalt werden, rühre ein paar Eier und etwas Mehl hinzu, steche Klöße davon ab und backe sie in Butter oder gutem Fett. Abends zu einer Tasse Thee passend.

———— :: ————

XV. Compotes
von frischen und getrockneten Früchten.

A. Frische Früchte.

1. Im Allgemeinen.

1. **Passende Geschirre zum Kochen des Obstes.** Jedes Obst, sowohl getrocknetes als frisches, muß in glasirtem Geschirr gekocht werden, in eisernen Töpfen erhält es einen höchst unangenehmen Eisengeschmack.

2. **Vorrichten des Obstes.** Getrocknetes Obst muß gut gewaschen werden. Bei Zwetschen ist es nothwendig, sie mehrere Mal mit warmem Wasser tüchtig zwischen den Händen zu reiben und sie dann nach dem Abspülen, mit kaltem Wasser aufgesetzt, etwa 10 Minuten stark abzukochen. Frische Zwetschen müssen vor dem Kochen mit einem Tuche abgerieben, Aepfel und Birnen nach dem Schälen gewaschen und dann abgespült werden, ohne welches man kein anständiges Compote erhält.

3. **Verfahren beim Kochen.** Zu frischen, saftigen Früchten, als: Himbeeren, Johannisbeeren, Heidelbeeren, frischen ausgesteinten Zwetschen rc. wird beim Kochen nur der Boden des Topfes naß gemacht, kein Wasser hinzugegeben, sie werden in ihrem eigenen Safte rasch gekocht, wo hingegen getrocknetes Obst reichlich mit Wasser bedeckt aufs Feuer gebracht und sehr langsam weich gekocht werden muß.

4. **Brühe.** Die Brühe darf weder zu dünn, noch zu stark eingekocht sein. Bei getrocknetem Obst kann man, wenn es weich geworden,

eine kleinere oder größere Messerspitze Stärke an die Sauce rühren; sie darf jedoch nicht sämiger gemacht werden, als es durchs Einkochen geschehen würde.

5. **Feines Anrichten.** Nach dem Kochen lege man das Obst auf eine flache Schüssel, gieße den herausgeflossenen Saft zur kochenden Brühe, mache beim Einrichten eine etwas gewölbte Form, wobei der Rand der Schüssel frei bleiben muß, und lege die ansehnlichsten Früchte mit einem Löffel darüber hin, das Hineinstechen mit einer Gabel ist immer zu sehen. Dann mache man die obersten Früchte mit etwas Sauce saftig, vertheile die übrige erst dann über das Compote, wenn es aufgetragen werden soll, wodurch es sehr an Geschmack und Ansehen gewinnt.

6. **Vorsicht.** Zum guten Bekommen gebe man in kalter Jahreszeit das gekochte Obst niemals eiskalt, sondern stelle solches, wenn es am vorhergehenden Tage gekocht wurde, einige Stunden an einen warmen Ort; es wird dadurch mancher Magenerkältung vorgebeugt werden.

Beimischung. Compote für einen täglichen Tisch etwas haushälterisch einzurichten, oder auch, wenn solches mit reichlich Sauce zu Mehlspeisen angerichtet werden soll, kann man beim Aufsetzen des Obstes, je nach der Portion, 1—2 Eßlöffel voll Kartoffel-Sago (an den kleinen, runden, weißen Körnern zu erkennen) hinzufügen. In Ermangelung des Bemerkten mache man die Obstbrühe mit guter Stärke etwas sämig.

8. **Ersatzmittel.** Zu jedem Compote, wozu Zitronenschale gebraucht wird, kann diese durch etwas in Zucker eingelegte Apfelsinenschale, ohne den Geschmack im Geringsten zu benachtheiligen, ersetzt werden. Anweisung ist im Abschnitt I, No. 64 zu finden.

2. **Compote von Rhabarber. (Pie Plant.)** Die dicken Stengel, so weit und so lange diese weich sind, was bis Anfang Juli der Fall ist, werden zu Compotes gebraucht. Man zieht von den Stengeln die Haut ab, schneidet sie in kurze Stückchen, wäscht und setzt sie mit kaltem Wasser aufs Feuer und läßt sie nicht ganz zum Kochen kommen, oder brühe sie mit kochendem Wasser, lasse sie 5 Minuten ziehen, dann legt man sie auf ein Sieb und in den kochenden Zucker, den man mit etwas Weißwein oder Wasser und ein wenig Zimmet, auch mit wenig Zitronenschale würzen kann, und läßt nun den Rhabarber rasch weich kochen. Dann macht man das Compote mit etwas feingestoßenem Zwieback sämig, läßt es noch ein wenig kochen und gibt erkaltet in Butter geröstete Semmelscheiben dazu.
Anmerkung. Der Rhabarber hat einen etwas säuerlichen Geschmack und einige Aehnlichkeit mit Stachelbeeren. Statt Zitronenschale kann in Zucker eingelegte Apfelsinenschale nach I. 64 gebraucht werden.

3. **Compote von Rhabarber einfacher zu bereiten.** Man stelle den vorgerichteten Rhabarber ohne weiteres mit dem nöthigen Zucker aufs Feuer, lasse ihn weich kochen, mache die Brühe mit etwas gerührter Kornstärke oder fein gestoßenem Zwieback bindend und gebe das Compote kalt.

4. **Compote von unreifen Stachelbeeren.** Hierzu nimmt man die Stachelbeeren, wenn sie die Hälfte ihrer Größe erreicht haben, schneidet

Stiele und Blüten davon ab und wäscht sie klar. Dann bringt man etwas Wasser mit reichlichem Zucker und einigen Stücken Zimmet zum Kochen, thut einen kleinen Theil der Beeren hinein, nimmt solche, sobald sie weich geworden sind, mit dem Schaumlöffel heraus, wozu indeß große Aufmerksamkeit gehört, da die Beeren leicht zerkochen, thut wieder neue hinein und fährt so fort Dann läßt man den Saft so viel als nöthig einkochen und füllt ihn über das Compote. Auf solche Weise gekocht, bleiben die Beeren ganz und es gehört weniger Zucker dazu.

5. **Auf andere Art.** Die vorgerichteten Stachelbeeren stellt man mit kaltem Wasser stark bedeckt auf schwaches Feuer. Sobald das Wasser recht heiß geworden, gießt man sie auf ein Sieb, wodurch den Beeren viel Säure entzogen wird. Darnach werden sie wie vorstehend zubereitet.

6. **Compote von reifen Stachelbeeren.** Nachdem man von den Stachelbeeren Stiel und Blüte entfernt hat, schütte man sie in kochendes Wasser, und sobald sie nach wenigen Minuten weich geworden sind, auf einen Durchschlag. Darnach rühre man sie durch denselben, bringe das Mus mit Zucker, etwas gestoßenem Zimmet, während man es öfter durchrührt, zum Kochen und verdicke es nach Belieben mit gestoßenem Zwieback oder mit etwas Kornmehl und dicker süßer Sahne.

7. **Wald-Erdbeeren zum Dessert vorzurichten.** Die Erdbeeren werden eine Stunde vor dem Serviren wo nöthig leicht abgespült, r e c h t r e i c h l i c h mit gestoßenem Zucker bestreut, etwas Wasser darüber gegeben und zugedeckt hingestellt. Durch Uebergießen von Wein verlieren die Erdbeeren ihr Aroma.

8. **Compote von ausgesteinten Kirschen.** Es können hierzu sowohl saure als süße Kirschen genommen werden. Man entferne die Stiele und Steine durch Herausstoßen mit einer Gänsespule. Dann zerstoße man verhälnißmäßig 4—6 Steine, koche sie $\frac{1}{4}$—$\frac{1}{2}$ Stunde mit etwas Wasser, ganzem Zimmet und einigen Nelken, schütte es auf ein Sieb, setze die durchgelaufene Flüssigkeit mit Zucker aufs Feuer und gebe, wenn sie kocht, die Kirschen hinein. Sind es Glaskirschen, so lasse man sie langsam $\frac{1}{4}$ Stunde kochen, saure einige Minuten mehr ziehen als kochen, wobei man zuweilen den Topf etwas schüttelt und die Kirschen vorsichtig umschwenkt. Nachdem dieselben weich geworden, nehme man sie mit einem Schaumlöffel aus dem Saft, lasse diesen sirupähnlich einkochen und richte sie damit an.

A n m e r k u n g. Zu 1 Pfund sauren Kirschen kann man etwa $\frac{1}{4}$ Pfund Zucker, bei süßen die Hälfte des Zuckers rechnen. Zu einem Gesellschaftsessen wird auf 4—5 Personen 1 Pfund Kirschen hinreichend sein.

9. **Compote von nicht ausgesteinten Kirschen.** Man entferne die Stiele oder schneide sie mit einer Scheere zur Hälfte ab, koche einige Tassen halb Wasser halb Wein mit Zucker, ganzem Zimmet und einigen Nelken. Nach Belieben kann man auch einige Kirschensteine zerklopfen, die Kerne in heißem Wasser wie Mandeln abziehen und hinzu geben. Wenn dies kocht, so lasse man die Kirschen langsam weich kochen, aufspringen dürfen sie nicht, und verfahre übrigens wie bemerkt worden.

10. Compote von Johannisbeeren. Diese werden mit einer Gabel von den Stielen gestreift, nicht gewaschen, mit reichlich gestoßenem Zucker lagenweise durchstreut und nicht länger gekocht, als bis die Beeren weich geworden sind, wobei man durch Schütteln den Saft über die Früchte schwingt und sie rasch mit dem Schaumlöffel herausnimmt. Dann wird der Saft sirupähnlich eingekocht und abgekühlt über das Compote gegeben.

11. Compote von Himbeeren. Die Himbeeren werden gut ausgesucht, schlechte Beeren und etwa vorkommende Würmer selbstredend entfernt und wie Johannisbeeren ganz langsam und aufmerksam gekocht, damit sie recht ansehnlich zur Tafel gebracht werden können.

12. Compote von Heidelbeeren (Blaubeeren). Die Beeren werden, nachdem sie ausgesucht, gewaschen und auf einem Durchschlag abgelaufen sind, mit nicht zu wenigem Zucker und etwas Zimmet gekocht, doch nicht länger, bis sie weich geworden sind, weil sonst zu viel Saft entsteht. Dann legt man entweder einige Zwiebäcke in eine Assiette, richtet die Heidelbeeren mit dem Saft darauf an, oder man nimmt die Heidelbeeren heraus und läßt den Saft noch etwas einkochen, oder man kocht die Heidelbeeren mit Zucker und Zimmet und rührt beim Anrichten einen Löffel dicke Sahne ohne etwas aufgelöste Stärke durch.

13. Heidelbeer-Compote auf englische Art. Nachdem die Heidelbeeren gewaschen und auf einem Sieb abgelaufen sind, schüttet man sie in einen Steintopf, worin noch nichts Fettiges gewesen ist, streut gehörig Zucker und etwas guten Zimmet lagenweise durch, deckt sie mit Porzellan fest zu und setzt den Topf in kochendes Wasser, welches fortwährend am Kochen bleiben muß, bis die Heidelbeeren weich sind. Dann werden sie ohne alles Weitere angerichtet.

Anmerkung. Die auf solche Weise zubereiteten Heidelbeeren erhalten einen ungleich feineren Geschmack. Guter Farin zum Versüßen dieses Compotes ist dem Zucker sehr vorzuziehen.

14. Compote von Pfirsichen. Die Früchte werden abgezogen, durchgeschnitten, die Steine herausgenommen, mit Zucker, etwas weißem Wein, einigen der abgezogenen Kerne nur 5—10 Minuten gekocht, damit sie nicht zu weich werden. Dann legt man sie in eine Assiette, die runde Seite nach oben, kocht den Saft noch ein wenig ein und verfährt nach No. 1.

15. Compote von Melone. Ist die Melone hart oder wünscht man sie nicht roh zu gebrauchen, so kann man ein gutes Compote davon bereiten. Sie wird geschält, in lange Stücke geschnitten, in Wasser, Wein, Zucker und reichlich Zitronenscheiben weich gekocht und mit dem kurz eingekochten Saft angerichtet.

16. Compote von Birnen. Man schält die Birnen recht rund, sticht die Blume heraus, schneidet die Stile zur Hälfte ab, wäscht und kocht sie in reichlichem Wasser und einem Glas Rothwein, Zucker, Zimmet und einigen Nelken oder Brühe von eingemachten Zwetschen, oder eingekochtem Johannisbeersaft, wo möglich in einem gut verzinnten oder in einem irdenen oder glasirten Topfe (in ersterem werden sie schöner roth) zugedeckt so lange, bis sie ganz roth und weich geworden sind. Ein langes Kochen erhöht Ansehen und Geschmack. Dann richtet man sie nach No. 1 an und gibt die sämig eingekochte Sauce durch ein Siebchen darüber.

17. Birnen mit Preißelbeeren. Siehe Einmachen der Früchte (Abschn. XIX).

18. Feines Compote von Zwetschen. Man zieht den Zwetschen, nachdem man sie in einem Siebchen einige Minuten in kochendes Wasser gehalten, die Haut ab. Ist dies geschehen und sind die Steine herausgenommen, so setze man sie, ohne Flüssigkeit, mit gestoßenem Zucker und etwas Zimmet aufs Feuer, lasse sie eine Weile langsam kochen, doch nicht zu weich werden, und richte sie mit dem Safte an. Auch kann man den Saft mit 1—2 Theelöffel Rum vermischen.

19. Compote von rohen Zwetschen. Recht reife abgezogene Zwetschen mit den Steinen 1 Stunde vor dem Anrichten in geriebenem Zucker gewälzt und in eine Assiette gelegt, gibt ein angenehmes Compote.

20. Zwetschen-Compote für den täglichen Tisch, auch zu Mehlspeisen passend. Die Zwetschen werden gut abgerieben und ausgesteint, falls sie ganz reif sind, ohne Zucker, mit ganz wenig Wasser und etwas Zimmet weich gekocht und mit dem Saft angerichtet.

21. Zwetschenmus. Die Zwetschen werden abgerieben, ausgesteint, mit einigen Eßlöffeln Wasser in ihrem eigenen Safte weich gekocht, durch ein Sieb gerührt, mit geriebenem, in Butter geröstetem Brod, Zucker, Zimmet, Zitronen- oder Apfelsinen-Schale gut durchgekocht und angerichtet.

22. Compote von Preißelbeeren (Kronsbeeren). Man richte sich nach der Vorschrift, wie sie beim Einmachen der Früchte gegeben ist.

23. Compote von Brombeeren. Die großen Beeren werden ausgesucht, die kleinen durchgepreßt, deren Saft, Zucker, einige Nelken, Stückchen Zimmet und Zitronenscheiben, aus welchen die Kerne entfernt sind, zum Kochen gebracht, die Beeren hinzu gegeben, langsam einige Minuten gekocht, dann herausgenommen und nachdem der Saft etwas eingekocht, darüber gefüllt.

Als Compote zu Mehlspeisen, wobei für eine reichliche Sauce gesorgt werden muß, kann man dieselbe mit einem Zusatz von Wasser und etwas Kornstärke verlängern.

24. Feines Compote von ganzen Aepfeln. Gute mürbe Tafeläpfel mittlerer Größe werden recht rund und glatt geschält, die Kerngehäuse herausgebohrt, der Länge nach mit feinen Einschnitten versehen und gut abgespült. Dann lasse man in einem irdenen Geschirr reichlich Wein, stark mit Zucker versüßt, einige Stücke ganzen Zimmet und Zitronenschale kochen, ein Zusatz von Erdbeersaft macht das Compote besonders angenehm, lege so viel Aepfel, als neben einander liegen können, hinein und lasse sie auf mäßigem Feuer zugedeckt einige Minuten kochen. Dann lege man sie mit einem Eßlöffel auf die andere Seite — das Hineinstechen mit einer

15

Gabel macht sie unansehnlich, — begieße sie, falls sie nicht völlig bedeckt sind, häufig mit dem Wein, nehme nach und nach die weich gewordenen Aepfel heraus, lege sie auf eine flache Schüssel, thue wieder andere beim Hinzuthun von Wein und Zucker hinein, gieße die Flüssigkeit von der Schüssel zum kochenden Saft und lasse ihn, nachdem die Aepfel herausgenommen, recht sämig einkochen. Unterdeß richte man das Compote nach No. 1 zierlich an, gebe die Hälfte des Saftes durch ein Siebchen gleichmäßig darüber, desgleichen die andere Hälfte erst kurz vor dem Gebrauch. Ist das geschehen, so lege man auf jede Oeffnung eine eingemachte Hagebutte oder etwas Aprikosen=Marmelade, oder Gelée von Aepfeln, Johannisbeeren oder Kirschäpfel.

25. Halbe Aepfel mit Zitronensaft. Man mache Wasser mit Zitronensaft recht säuerlich, füge reichlich Zucker, auch etwas Zitronen= oder Apfelsinenschale und ganzen Zimmet hinzu und koche die Aepfel darin weich.

26. Gebackenes Aepfelcompote mit Mandelguß. Es wird ein fein zubereitetes dickes Aepfelmus gekocht, zu einer Compotière 2 zu Schaum geschlagene Eiweiß heiß durchgerührt und solches glatt angerichtet. Dann wird eine Handvoll geriebene Mandeln mit Zucker, Zimmet, etwas Zitronensaft und dem Schaum von 2—3 Eiern vermischt, das Compote damit bestrichen, gelb gebacken und, wenn's beliebt, kalt mit Gelée verziert.

27. Aepfelmus. Je feiner die Aepfel, desto besser wird das Compote. Man schäle und schneide sie in 4 Theile, mache das Kerngehäuse sorgfältig heraus, wasche sie sauber und lasse sie mit Wein oder Wein mit Wasser versetzt, Zucker, ganzem Zimmet und Zitronenschale auf nicht starkem Feuer, ohne zu rühren, völlig zerkochen. Dann nehme man das Gewürz heraus und rühre das Aepfelmus möglichst fein. Möchte man vorziehen, dasselbe durch ein Sieb zu rühren, so muß solches nicht nur höchst sauber, sondern vorher gut gescheuert sein, indem das Compote sonst eine unangenehme Farbe erhält. Man streiche das Mus beim Anrichten recht glatt und verziere nach dem Kaltwerden die Compotière mit Frucht=Gelée, oder mache eine Verzierung darauf von feinem Zimmet. Hierzu tunke man ein rundes, naßgemachtes Gewürzreibchen oder einen Fingerhut in Zimmet, drücke am Rande der Schüssel einen Kreis ins Aepfelmus und fahre so fort, indem die Kreise ineinandergreifend eine Kette bilden. In der Mitte mache man eine ähnliche Verzierung, oder wende dazu festere Himbeer= oder schwarze Johannisbeer=Gelée, in feine Scheiben geschnittene Mandeln und dgl. an.

28. Aepfelmus auf andere Art. Wäre man nicht gut mit Aepfeln versehen und möchte doch gern bei einem täglichen Tisch eine große Schüssel Aepfelmus bringen, so koche man solche mit Wasser, Zucker und etwas Gewürz zu dünnem Mus, gebe je nach der Quantität ½—1 Eßlöffel voll Stärke mit etwas Wasser zerrührt hinzu, und lasse es unter stetem Rühren 5 Minuten kochen. Vor dem Abnehmen vom Feuer kann man auch noch ein zu steifem Schaum geschlagenes Eiweiß durchrühren und dann etwas Zucker und Zimmet darüber streuen.

29. Aepfelsalat. (Ein feines Compote von rohen Aepfeln und Apfelsinen). Gute abgeschälte Borsdorfer Aepfel, woraus das Kerngehäuse entfernt, auch Apfelsinen, welche jedoch nicht bitter sein dürfen, werden beim Wegnehmen der Kerne mit einem Messer in ganz feine Scheiben geschnitten und abwechselnd lagenweise mit fein gestoßenem Zucker und etwas Wein in eine Schale gelegt. Der Wein dient, das Compote zu durchziehen, es darf aber keine Brühe entstehen und muß die letzte Lage Apfelsinen und Zucker sein.

Das Compote wird einige Stunden vor dem Gebrauch gemacht und zu seinem Braten gegeben.

30. Süße Aepfel zu kochen. Man setze die Aepfel, nachdem sie geschält, in 4 Theile geschnitten und abgespült sind, mit Wasser, Anissamen, einem Stückchen Butter und nach Verhältniß ½—1 Tasse Essig aufs Feuer und lasse sie weich kochen. Der Essig befördert ein schnelleres Weichwerden und benimmt den Aepfeln das Weichliche.

31. Süße Aepfel roth zu kochen. Man nehme zu 2 Theilen geschälter und halb durchgeschnittener Aepfel 1 Theil ausgesuchte und gewaschene Preißelbeeren, koche zu 1½ Quart Beeren 5—6 Unzen Zucker mit 2 Tassen Wasser, schütte die Beeren hinein und nehme sie, nachdem sie weich geworden, mit einem Schaumlöffel aus dem Saft. Zu diesem Safte gebe man 4—6 Nelken, einige Stücke ganzen Zimmet und koche die Aepfel darin langsam und fest zugedeckt weich. Möchte Brühe fehlen, da süße Aepfel eines viel längeren Kochens bedürfen, so gieße man etwas Wasser hinzu. Die Aepfel werden nachher mit dem dicklichen Saft und den Preißelbeeren durchgerührt und angerichtet.

32. Compote von Quitten. Dieselben werden dünn geschält, mitten durchgeschnitten, das Kerngehäuse heraus gemacht und solches mit den Quitten in Wasser mit Zucker und etwas ganzem Zimmet weich gekocht. Dann gibt man ein Glas Wein dazu, richtet die Quitten an, läßt nöthigenfalls den Saft noch etwas einkochen und gießt ihn durch ein Sieb darüber.

Anmerkung. Das Gehäuse macht den Saft schneller dicklich und die Kerne geben eine schöne Färbung.

B. Getrocknete Früchte.

33. Feines Compote von Zwetschen. No. 1. Hierzu gehören gute Zwetschen, ganz frei von Rauchgeschmack. Sie werden, wie das immer geschehen muß, mit heißem Wasser zwischen den Händen gerieben, gewaschen, mit kaltem Wasser rasch zum Kochen gebracht und abgegossen. Ist das geschehen, so werden sie 2 bis 3 Tage vor dem Gebrauch in einem glasirten Geschirr mit weißem Wein bedeckt und mit dem nöthigen Zucker, einigen Stückchen Zimmet und Zitronenschale fest verschlossen, langsam zum Kochen gebracht, dann ohne weiteres Kochen bis zum bestimmten Tage hingestellt und angerichtet; jedoch müssen sie in dieser Zeit oftmals umgeschüttelt werden.

Also zubereitet sind die Zwetschen an angenehmem Geschmack den eingemachten vollkommen gleich.

34. Auf andere Art. No. 2. Man setze die Zwetschen, wie im Vorhergehenden vorgerichtet, Abends mit reichlichem Wasser in einem Steintopfe zugedeckt in einen noch heißen Bratofen, worin sie völlig ausquillen und weich werden. Andern Tags nehme man sie aus der Brühe, lege sie in eine Assiette, koche weißen Wein, Zucker, Zitronenschale und einige Stückchen Zimmet, füge etwas Johannisbeersaft hinzu und fülle die Sauce kochend über die Zwetschen.

35. Zwetschen-Compote. Falls die Zwetschen einen räucherigen Geschmack haben, so lasse man sie nach dem Waschen mit kaltem Wasser in einem offenem Geschirr langsam zum Kochen kommen, gieße sie ab und wiederhole das Abkochen noch einmal, wodurch sie zum Theil von ihrem unangenehmen Geschmack befreit werden. Im übrigen behandle man sie wie in No. 1, setze sie in einem irdenen Geschirr, reichlich mit Wasser bedeckt, mit Zucker und einem Stückchen Zimmet aufs Feuer, lasse sie, fest zugedeckt, zum Kochen kommen und langsam weich werden, wobei man auf 2 bis 2½ Stunden rechnen kann. Durch rasches Kochen quillen die Zwetschen nicht aus und erhalten keinen angenehmen Geschmack.

36. Zwetschenmus. Gute Zwetschen werden nach dem Abbrühen in einem irdenen Geschirr mit halb Wasser halb Wein weich gekocht und durch ein Sieb gerührt. Dann wird das Mus mit geriebenem und in Butter geröstetem Brod, Zucker, kleingeschnittener Zitronenschale und Zimmet noch ein wenig gekocht und in einer Compotière angerichtet.

37. Getrocknete Kirschen. Diese werden heiß abgewaschen, mit Wasser, Zucker und ganzem Zimmet in reichlicher Brühe wie Zwetschen langsam weich gekocht, die Brühe etwas eingekocht und angerichtet.

38. Getrocknete saure Aepfel. Sie werden einigemal mit kaltem Wasser, indem man sie mit den Händen reibt, gewaschen, in einem glasirten Geschirr mit Wein und Wasser oder nur mit Wasser ganz reichlich bedeckt, aufs Feuer gesetzt, mit etwas Zucker, Zimmet, auch, wenn man sie gerade hat, mit etwas in Zucker eingelegter Apfelsinenschale (siehe I No. 64) langsam weich gekocht. Ist dies geschehen, so nimmt man sie aus der Brühe, läßt solche, wenn sie dünn ist, noch so lange nachkochen, bis sie sämig geworden, oder gibt eine Kleinigkeit aufgelöste Stärke hinzu und gießt die Brühe durch ein Siebchen über das zierlich angerichtete Obst.

39. Getrocknete Birnen. Werden wie getrocknete saure Aepfel gekocht.

————::————

XVI. Salate.

1. Im Allgemeinen.

1. Vorrichtung. Alle grünen Salate müssen schon der Schnecken wegen recht sorgfältig nachgesehen werden, hierbei ist jedes schlechte Blatt zu entfernen; jedoch ist es irrig, aus den Blättern geschlossener, also gelb gewordener Köpfe die Blattstiele abzustreifen, wodurch dem Salat das Beste entzogen wird. Nachdem die äußeren Blätter des Kopfes entfernt sind, theile man die nächstfolgenden in etwa 3 Theile und schneide das geschlossene Inwendige in kleine Stücke. Bei schlechtem Salat aber ist es nöthig, die Blätter abzustreifen, da an solchem die Blattstiele zähe sind. Bei Korn= oder Feldsalat ist zu bemerken, daß derselbe dadurch viel milder wird, wenn man ihn 1—2 Tage vor dem Gebrauch in den Keller legt. Manche wollen behaupten, daß auch der Kopfsalat gewinne, wenn er 2 Stunden vorher aus dem Garten geholt und in den Keller gebracht wird.

2. Waschen und Ausschwenken. Die Salate dürfen, mit Ausnahme welk gewordener Salate, nicht ins Wasser gelegt werden. Man spüle sie kurz vor dem Anrichten in einem Eimer oder tiefen Topfe in reichlich kaltem Wasser, damit der etwa daran befindliche Sand zu Boden sinke, indem man sie ganz lose mit sauberer Hand ein wenig in die Höhe zieht und dann wieder unter Wasser bringt. Das Waschen auf solche Weise muß so oft geschehen, bis das Wasser klar bleibt, doch rasch ausgeführt werden. Kopfsalat braucht indeß nur wenig gespült zu werden. Viele sind sogar der Meinung, daß er gar nicht ins Wasser müsse, um recht milde zu bleiben. Dann wird der Salat auf einen Durchschlag gelegt, um das Wasser so viel möglich herauszubringen. Das Ausdrücken des Salates mit der Hand ist nicht allein unappetitlich, sondern es wird derselbe auch dadurch gequetscht, was namentlich bei gutem Kopfsalat gar leicht geschieht und wodurch demselben Ansehen und Frische entzogen wird.

3. Salatkräuter. Diese geben dem Salat eine sehr angenehme Würze, besonders Dragon, junge Zwiebelspitzen und Pfefferkraut oder breitblätterige Kresse. In Zeiten, wo die jungen Zwiebelspitzen fehlen, sind feingeschnittene Zwiebeln zu manchen Salaten unentbehrlich; da jedoch der Zwiebelgeschmack von Vielen gescheut wird, so gebe man bei einem Gesellschaftsessen zu solchem Salat, wozu sie passen, einige feinwürfelige Zwiebeln mit etwas Essig versehen dazu—sie erhalten durch den Essig eine schöne Färbung.

4. Rühren der Sauce. Salz wende man bei allen grünen Salaten höchst sparsam an, sie können leicht versalzen werden. Gutes Provenceöl gibt dem Salat den feinsten Geschmack, indeß ist auch frisches Mohnöl sehr gut. Wie man das Oel frisch erhält, ist bereits angegeben. Zu einer Salatsauce, wozu hartgekochte Eier angewendet werden, reibe man zuerst die Dotter möglichst fein, rühre etwas Essig und dann erst das

Oel nach und nach hinzu, weil die Sauce auf solche Weise gerührt, sich leichter verbindet, und vermische sie dann unter stetem Rühren mit den übrigen Theilen.

Ein wirklich zu empfehlendes Ersatzmittel der Eidotter zur Salatsauce für Kopfsalat, römischen Bindsalat, Endivien= und Feldsalat, besteht in ein bis zwei geschälten, weich gekochten Kartoffeln, welche ganz fein gerieben werden, so daß keine festen Theile sich finden. Man rührt sie mit Essig, Milch, Baumöl, Salz nebst beliebigen Salatkräutern zu einer gebundenen Sauce.

In manchen Gegenden wird dem grünen Salat eine Beimischung von Zucker gegeben; da, wo man diesen in den nächstfolgenden Rezepten vermissen möchte, kann derselbe leicht hinzugefügt und in Ermangelung der bei manchen Salaten bemerkten Sahne ein stärkerer Zusatz von Oel gemacht werden.

5. **Vorsichtiges Mischen.** Man vermische die grünen Salate erst kurz vor dem Gebrauch mit der Sauce, weil sie durch längeres Stehen zusammenfallen, zähe werden und alles Ansehen verlieren. Damit der Salat milder werde, menge man ihn erst leicht mit dem bestimmten Oel, dann behutsam mit der Sauce. Zu dem Zweck geschehe das Mengen mit zwei Gabeln leicht, vorsichtig und möglichst schnell, und vermeide man, wie es mitunter aus Unkunde geschieht, sowohl darauf zu stoßen als denselben zu rühren, weil sonst der Salat wie Mus erscheint. Fleisch=, Fisch= und Häringssalate werden hingegen wohlschmeckender, wenn sie mehrere Stunden vor dem Gebrauche, besser noch Tages vorher, gehörig gemischt werden.

2. **Hühner=Salat.** Man nimmt ein Huhn und läßt es kochen. Wenn es abgeschäumt, thut man eine Zwiebel, ein Lorbeerblatt, englisches Gewürz und Pfefferkörner hinein und läßt es weich kochen. Dann entfernt man die Haut von dem Huhn und hackt das Fleisch. Darauf schneidet man zwei Stangen englische Sellerie dazu. Man kocht drei Eier ganz hart; das Weiße hackt man, das Gelbe verrührt man ganz fein, rührt drei bis vier Eßlöffel Salatöl hinein und gießt dann Essig dazu, etwas gestoßenen Pfeffer und vier bis fünf Eßlöffel „Salad dressing“, dann etwas von der Hühnerbrühe, die man durchgiebt, mengt alles gut durcheinander. In Ermangelung von englischem Sellerie kann man auch weißen Kohl nehmen.

3. **Truthahnsalat.** Wünscht man bei einer großen Gesellschaft einen ganzen Truthahn als Salat zu geben, so richte man sich ganz nach vorhergehender Vorschrift und garnire die sternförmig angerichteten Felder mit Krebsschwänzen oder Garneelen (Granat).

Um Salat von übriggebliebenem Truthahnbraten zu bereiten, schneide man das Fleisch in kleine Scheiben. Unterdeß werden mehrere Sellerieknollen gahr gekocht, kreuzweis und dann zwei= bis dreimal getheilt. Demnächst wird gute Sommerwurst in halbe Scheiben geschnitten, die Salatsauce wie im Vorhergehenden gerührt und Fleisch, Sellerie, Sommerwurst und in Scheiben geschnittene Essiggurken vorsichtig damit

gemengt und hübsch angerichtet. Dann schneide man eingemachte Rothe=
becte in Streifen, lege davon einen Kranz um den Salat, schneide nicht gar
zu hartgekochte recht frische Eier mit einem scharfen Messer der Länge nach
gleichmäßig in 8 Theile und verziere damit den Kranz, indem man diese in
schräger Richtung, die runde Seite nach oben, auf benselben legt.

4. **Hechtsalat.** Hechte von mittlerer Größe werden ausgeweidet,
rein gewaschen (nicht gewässert, weil der Fisch wie das Fleisch durch Wäs=
sern an Geschmack verliert), ungeschuppt mit reichlich Zwiebeln in kochen=
dem Salzwasser weich gekocht, vom Feuer genommen und 10 Minuten im
Fischwasser stehen gelassen, da der Fisch dadurch besser das Salz aufnimmt.
Alsdann legt man die Hechte zum Abkühlen auf eine Schüssel, entfernt
sorgfältig Schuppen, Haut und Gräten und theilt sie in zwei Glied lange
Stücke. Zugleich nimmt man große Krebse, und kocht sie in gesalzenem
Wasser mit einem Guß Essig gahr. Der Essig gibt den Krebsen ein schö=
neres Roth. Alsdann werden die Schwänze und die Scheeren aus den
Schalen gemacht, was bei großen Krebsen dadurch leichter geschieht, daß
man die Scheeren auf der inwendigen Seite aufschneidet. Unterdeß kocht
man einige Eier hart, zerdrückt die Dotter in einem Napf, rührt sie mit
Essig (nicht mit Oel, weil ersterer sich leichter mit den Dottern etwas hart=
gekochter Eier verbindet) recht fein, vermischt sie mit feingehackten Scha=
lotten und etwas gehackten Sardellen, gibt unter stetem Rühren Provence=
öl, Weinessig und etwas Hechtbrühe hinzu, rührt die Sauce durch ein Sieb
und fügt dann noch etwas guten Senf und feingehackte Petersilie hinzu.
Nachdem man nun Sardellen wie zum Butterbrod vorgerichtet und dünne
Zitronenscheiben zierlich geschnitten hat, legt man den Hecht in eine etwas
tiefe Schüssel, zwischendurch das Fleisch aus den Krebsscheeren, richtet die
Sauce darüber an, bestreut die Schüssel mit Kapern und garnirt sie wie
folgt: den Rand derselben verziert man mit Krebsschwänzen, die Spitzen
nach außen gerichtet, legt die Sardellen streifenweise in schräger Richtung
oder sternförmig über den Fisch, dazwischen die bemerkten Zitronenscheiben,
zierlich geordnet, auch kann man in 4 Theile geschnittene Zitronenscheiben
am Rande aufstellen, und legt dann zuletzt die ausgeschnittenen Scheeren
zwischen die Krebsschwänze, wodurch die Verzierung gewinnt.

5. **Hummersalat mit Kaviarschnitten.** Der Hummer wird ge=
kocht, wie es bei den Fischen bemerkt worden, das Fleisch aus den Schalen
gelöst, in längliche Stückchen geschnitten, in eine Salatiere gelegt und mit
einer gut gerührten Sauce von hartgekochten Eidottern, Pfeffer, Salz, Pro=
venceöl, Weinessig, weißem Wein, feingehacktem Dragon, Petersilie und et=
was Schalotten begossen. Der Salat wird mit aufgerollten Sardellen,
Kapern, hartgekochten in 8 Theile oder in Scheiben geschnittenen Eiern
verziert und der Rand der Schüssel mit gerösteten Semmelschnittchen,
welche mit Kaviar bestrichen sind, garnirt.

6. **Sardellensalat.** Man wässert die Sardellen und reißt sie mit=
ten durch, damit man die Gräten herausnehmen kann, ordnet sie in einer
Salatschüssel mit Kapern, kleinen Essiggurken, eingemachten halb durchge=
schnittenen Zwetschen. in Scheiben geschnittener Zervelatwurst, marinirtem

Aal, welcher vorher gespalten und in fingerdicke Stücke geschnitten wird; auch kann man nach Belieben Morcheln und Austern, deren Vorrichtung man in den Vorbereitungsregeln findet, hinzufügen und in die Mitte der Schüssel einige Schnitten geräucherten Lachs legen. Den Rand verziert man mit Zitronenscheiben und gießt eine Sauce wie im Vorhergehenden bemerkt, oder die Dotter einiger hartgekochter Eier, feingerieben, mit Wein= essig, Oel, Pfeffer und Salz angerührt, darüber.

7. **Häringsjalat.** Von 12 Stück guten Häringen kann eine Schüssel für 24 Personen gemacht werden. Diese werden ausgenommen, gewaschen und eine Nacht, wo nöthig noch länger, am besten in Milch, in Ermange= lung in Wasser gelegt, während letzteres einmal gewechselt wird. Dann werden die Häringe von Haut und Gräten gereinigt und in ganz feine Würfel geschnitten. Knapp so viel dies an Portion sein wird, nehme man auch Kartoffeln, die mit der Schale gekocht, abgeschält und kalt geworden sind, reichlich Kalbsbraten, eingemachte Gurken, Rothebeete, gute saure Aepfel reichlich, 8—12 hartgekochte Eier, von denen man 4 Stück zum Verzieren auslegt. Dies alles wird gleich den Häringen in ganz feine Würfel geschnitten.

Wünscht man den Salat besonders fein zu haben, so lasse man die Kartoffeln weg, nehme dagegen die doppelte Portion Fleisch, setze eine Obertasse Kapern, nach Belieben einige Neunaugen, in zolllange Stücke zertheilt, und 2 große Stücke eingemachten ostindischen Ingwer, in kleine Stückchen geschnitten, hinzu, womit eine Wirthin, welche auf keine Kosten Rücksicht zu nehmen hat, sogenannte Ehre einlegen wird.

Dann werde dies alles mit einer gut gerührten, ganz reichlichen Sauce (wozu man auch die Milch von 3—4 Häringen mit Essig zerrührt und durch ein Sieb gegeben verwenden kann) vermengt, damit der Salat recht saftig werde. Hierzu gehört feines Provenceöl, Weinessig, etwas Roth= wein, Pfeffer, vielleicht noch fehlendes Salz und wenig Senf. Falls man den Salat am vorhergehenden Tage macht, wodurch derselbe gewinnt, so lasse man ihn über Nacht in einem porzellanenen Geschirr stehen, rühre ihn einige Stunden vor dem Gebrauch nochmals durch, richte ihn an und verziere ihn etwa auf folgende Weise:

Es werden grüne, eingemachte Gurken oder Petersilie, Rothebeete, das Gelbe von 4 hartgekochten Eiern, sowie auch das Weiße derselben, jedoch jedes einzeln, ganz fein gehackt. Dann streiche man den Salat in der Schüssel glatt, zeichne mit einem Messerrücken eine Figur darauf, etwa einen Stern, und lege mit einem Theelöffel in jedes Feld eine andere Farbe, indem man mit der linken Hand ein Messer an die Scheidelinie hält, damit man von allen Seiten in der Grenze bleibe. Rund herum lege man einen Rand von beliebiger Farbe: wählt man weiß oder gelb, so sehen Blättchen von krauser Petersilie darauf gelegt, hübsch aus; ebenso kann man gewässerte, durchgerissene und aufgerollte Sardellen und Kapern zum Auszieren benutzen. Auch kann man die Schüssel mit den genannten Theilen kreisförmig belegen. Es werden Zwiebeln nach Nr. 1 dazu gege= ben, oder man vermischt die Hälfte des Salats, ehe man ihn verziert, mit

1—2 geriebenen Zwiebeln und legt als Erkennungszeichen eine kleine Zwiebel auf die Mitte der Schüssel.

Da das Schneiden der verschiedenen Theile zum Häringssalat, was übrigens jedenfalls den Vorzug verdient, viel Zeit erfordert, so geht eine Hausfrau häufig zum Hacken über. Hierbei sei bemerkt, daß es in diesem Falle am besten ist, jedes allein und nicht zu fein zu hacken, damit der Salat nicht breiig erscheine.

Also bereitet, wird der Häringssalat bei Abendessen, Herren- und Damen-Thee's und Frühstücks genommen. Als Voressen bei Mittagsessen schneide man alles Angegebene in Striemen, rühre ein paar hartgekochte, ganz fein geriebene Eidotter an die Sauce und mit dieser den Salat vorsichtig an, damit alles ganz bleibe.

8. Häringssalat No. 2. Man nimmt ziemlich Kalbsbraten, 4 Häringe, welche man in's frische Wasser legt, 4 hartgekochte Eier, Pfeffer, Gurken (Senfgurken), rothe Rüben, Aepfel, eine Zwiebel und Kartoffel, dieses alles in kleine viereckige Stücke geschnitten. Das Gelbe von den Eiern wird fein gedrückt, Oel daran gerührt, dann Essig und Wasser nach Belieben an die geschnittene Masse gethan und zuletzt etwas Senf und Pfeffer und ein klein wenig Zucker dazu gegeben. (Tüchtig rühren und etwas stehen lassen.)

9. Häringssalat für den täglichen Tisch. Zu 2 Suppentellern Kartoffeln — rothe Mäuse sind am besten dazu — 2—3 gewässerte Häringe, 2 Untertassen Rothebeete, eben so viel saure Aepfel und Fleisch, alles gehackt, mit Zwiebeln, Oel, Essig, Pfeffer und Salz gut gemischt. Hat man saure Sahne, so gebe man etwas zur Sauce, andernfalls kann der Essig durch etwas Milch oder Wasser gemildert werden, weil dieser Salat viel Sauce bedarf.

10. Polnischer Salat. Kalter Braten jeder Art, Geflügel ausgenommen, wird in kleine Stücke geschnitten, Kopfsalat oder Endivien hinzugegeben und mit Oel, Essig, Senf, Pfeffer, Salz, ganz feingeschnittenen Zwiebeln und weich gekochten Eiern gut durchmengt.

A n m e r k. Diesen pikanten, wohlschmeckenden und sehr erfrischenden Salat können Salatliebhaber sich auch im Gasthofe sehr gut selbst bereiten.

11. Salat von gutem übriggebliebenem Suppenfleisch. Das Fleisch wird ½ 1 Stunde vor dem Gebrauch in feine Scheibchen geschnitten, mit einer gut gerührten Sauce vermengt. Man tunke die ansehnlichsten Scheiben vorher in die Sauce und lege diese über das angerichtete Fleisch. Eine Beimischung von eingemachten, in Scheiben geschnittenen Gurken ist zu empfehlen.

A n m e r k. Dieser Salat dient als Beilage zu grünem Salat, sowie zu Kartoffelspeisen aller Art, auch als selbständige Schüssel.

12. Trüffelsalat. Die frischen Trüffeln werden nicht geschält, sondern zuerst in warmem, dann in kaltem Wasser mit einer Bürste wohl gereinigt, darauf wie Gurkensalat geschnitten oder gehobelt und anstatt Essig, mit Zitronensaft, feinem Oel, Pfeffer, Salz und Senf angemengt.

13. Feiner Kartoffelsalat. Man nehme hierzu kleine nicht meh= lige Kartoffeln, koche sie mit Salz weich, ziehe sogleich die Schale davon ab, schneide sie vor dem Erkalten in kleine Scheibchen, gieße 1 Tasse kochendes Wasser darüber und decke sie zu, bis die Sauce fertig ist. Zur Sauce nehme man für 6 Personen 3 Salatlöffel feines Oel, eben so viel rothen Wein oder Fleischextract=Bouillon, 4—6 Löffel Essig, je nach der Schärfe desselben auch noch kochendes Wasser, gehörig Pfeffer und Salz, nach Be= lieben auch etwas Senf. Damit die Scheiben ganz bleiben, gebe man eine Lage Kartoffeln in die Salatschüssel, einige Löffel Sauce darüber und so fort, bis alle Kartoffeln gut angefeuchtet sind. Man mische auch recht fein geschnittene Zwiebeln durch.

Mit Ausnahme des Kopfsalates können fast alle grünen Salate zu Kartoffelsalat gegeben werden. Sie mit dem Kartoffelsalat zu vermischen ist nicht zu empfehlen, da sie dann zu weich und unansehnlich werden. Man richte daher die grünen Salate nach Vorschrift besonders an und gebe sie entweder apart zu dem Kartoffelsalat oder zuletzt, ohne ihn durch= zumischen, in einem Kranze um die Schüssel oder in die Mitte.

Es werden dazu gegeben Kalbs= und Schweinesülze, Kalbfleisch in Gelée, warmer und kalter Braten.

14. Kartoffelsalat für den gewöhnlichen Tisch. Ganz weich gekochte Kartoffeln werden in Scheiben geschnitten und bei möglichstem Warmhalten mit nachstehender Sauce recht saftig vermengt. Man rühre gutes Oel, Essig, Milch, Pfeffer, Salz und feingeschnittene Zwiebeln, inso= fern letztere von allen Tischgenossen gegessen werden. Das Vermengen geht auf folgende Weise sehr gut: Man gebe die geschnittenen Kartoffeln in eine Schüssel, die Hälfte der Sauce darüber hin, lege eine festschließende Schüssel darauf, fasse sie mit beiden Händen fest zusammen und schwinge den Salat darin oder rühre sie vorsichtig durch; dann gebe man die übrige Sauce hinzu und schwinge weiter, bis die Kartoffeln saftig geworden sind.

Anmerk. Zur Ersparniß des Baumöls wird in Gegenden, wo fette Gänse geschlachtet werden, häufig geschmolzenes Gänsefett zum Kar= toffelsalat angewendet.

15. Kartoffelsalat mit Speck. Man brät eine Untertasse voll Speck aus, der in feine Würfel geschnitten ist, entfernt dieselben, kocht im Fett eine feingeschnittene Zwiebel, den dazu gehörigen Essig, Salz und ein wenig Pfeffer — rührt einige Löffel saure Sahne daran, in Ermangelung ein wenig Wasser, und schneidet die Kartoffeln in warme Brühe, schwenkt sie darin um und richtet den Salat an.

16. Brunnkresse. Die Brunnkresse — ein sehr gesunder, blutrei= nigender und magenstärkender Salat — ist, wenn man sie haben kann, den ganzen Winter hindurch und im Frühjahr so lange brauchbar, als noch kein Froschlaich sie ekelhaft macht. Man nehme die Stiele nicht von den Blät= tern, sondern schneide sie 3 Finger breit ab; die an dem übrigen Theile des Stieles befindlichen Blätter lege man zu dem verlesenen Salat, sehe aber sorgfältig zu, daß etwaige Insekten entfernt werden. Das Waschen geschieht mehreremal in reichlichem Wasser, indem man die Kresse aus dem=

selben herauszieht und wieder unter Wasser bringt. Sie wird gut ausgeschwenkt, mit reichlich Oel, wenig Essig und wenig Salz gemengt und zu recht heißen Kartoffeln mit beliebiger Fleischbeilage angerichtet.

17. Salat von Gartenkresse. Man schneidet die Blätter, so lange sie jung und zart sind, mit der Scheere ab und mengt sie nach dem Waschen und Ausschwingen mit reichlich Oel, wenig scharfem Essig und einigen Körnchen Salz an.

Hierzu ist eine Sauce von Oel, Essig, feingeriebenen gekochten Eidottern, Senf und Zucker auch sehr beliebt.

18. Spargelsalat. Der Spargel wird geputzt, wie es beim Abschnitt Gemüse bemerkt ist, in Bündchen gebunden, mit kochendem Wasser und Salz langsam gar gekocht und auf einen Durchschlag gelegt. Völlig erkaltet, macht man die Fäden los, legt ihn in zierlicher Ordnung in eine Salatschüssel und gibt eines Oel und Essig zu gleichen Theilen, mit etwas Salz und Pfeffer vermischt, darüber.

19. Kopfsalat. Das Verlesen, Spülen, Ausschwenken und Mischen des Salats ist schon in No. 1 mitgetheilt und wird hier darauf hingewiesen. Zur Sauce rechne man für 6 Personen, wenn der Salat gut sein soll, die Dotter von 2—3 Eiern, 1—2 Eßlöffel Provenceöl, wenig Salz und Essig, auch nach Belieben etwas Senf und Pfeffer, nehme auch einige Salatkräuter, als: feingehackten Dragon, etwas junge Zwiebelspitzen, Borage u. dgl. Auch kann man der Salatsauce 2 Eßlöffel dicke saure Sahne beimischen und dagegen 1 Eidotter und 1 Eßlöffel Oel weniger nehmen. Nochmals bemerkt: der Salat werde vorab mit dem Oel leicht gemischt, dann mit der Sauce behutsam gemengt. Durch das Befeuchten des Salats mit Oel vor dem Mischen wird der Salat viel zarter und fetter. (Eier und Kräuter kann man weglassen und ihn einfach mit Oel, Essig Pfeffer und Salz machen.)

20. Kopfsalat auf französische Art. Nachdem der Salat wie vorstehend vorgerichtet, nehme man für einige Personen 1—2 Eßlöffel feines Baumöl, mische dies mit dem Salat, nehme dann 2 Löffel guten Weinessig, mit wenig Salz vermischt, auch nach Belieben etwas Pfeffer, gebe dieses zu dem geölten Salat, so, daß man keinen Tropfen Flüssigkeit darunter findet.

21. Blumenkohlsalat. Der Blumenkohl wird wie zum Gemüse verlesen und in Wasser und Salz langsam gahr gekocht, zum Abtröpfeln auf ein Sieb gelegt, so angerichtet, daß alle Blumen nach oben kommen, und mit einer gut gerührten Sauce von einigen hartgekochten Eiern, Essig, Oel, Pfeffer und Salz löffelweise übergossen.

22. Gurkensalat. Man findet, wie bekannt, mitunter so bittere Gurken, daß sie fast ungenießbar sind, welches besonders bei den späteren der Fall ist. Diesem aber kann leicht abgeholfen werden. Das Bittere befindet sich nämlich an der Spitze der Gurken und wird mit dem Messer beim Schälen verbreitet. Man schneide daher bei solchen Gurken ein nicht zu kleines Stück von der Spitze und schäle dabei immer vom Stiel nach der abgeschnittenen Seite. Uebrigens schneide man die Gurken in ganz feine Scheiben und vermische sie erst, wenn der Salat gegessen werden soll, vorab mit feinem Oel, dann mit folgender Sauce; Hartgekochte Eier oder dicke saure Sahne mit scharfem Essig, Pfeffer, Salz und Dragon eine Weile gerührt. Zwiebeln kann man darunter mischen oder, mit Essig angefeuchtet, dazu geben. Einige streuen nach veralteter Manier vor dem Anrühren des Salats Salz zwischen die Gurken, damit der darin befindliche Saft herauszieht. Dies aber benimmt ihnen nicht allein den erfrischenden Geschmack, sondern es macht sie auch zähe und unverdaulicher.

Gurken, nach Angabe zubereitet, und frisch gekochte heiße Kartoffeln dazu gegessen, werden, wie ich glaube, dem Gesunden niemals schaden.

23. Salat von Gurken und Kartoffeln. Im Herbst, wo viele den Genuß der Gurken vermeiden, oder auch, wenn der Salat als Hauptschüssel betrachtet werden soll, schneide man weich gekochte Kartoffeln und mische sie möglichst warm nebst den in Scheiben geschnittenen Gurken mit einer fertigen Sauce von Oel, Essig, Salz, Pfeffer, Dragon und kleingeschnittenen Zwiebeln. Ein Zusatz von dicker saurer Sahne ist sehr zu empfehlen.

24. Salat von Gurken und Kopfsalat. Man mische beide Theile vorab mit dem bestimmten Oel, dann mit der Sauce nach vorhergehender Vorschrift.

25. Bohnensalat. Kleine Salatbohnen werden, nachdem sie gut abgefäset sind, in kochendem Wasser und Salz weich gekocht, auf einen Durchschlag gegeben, kalt mit feingeschnittenen Zwiebeln, Oel, Essig, Pfeffer und Salz gemischt.

26. Salat von Bohnen und Gurken. In Wasser und Salz weichgekochte Salatböhnchen und in Scheiben geschnittene Gurken werden zusammen mit folgender Sauce gut gemischt: Dicke saure Sahne, in Ermangelung Milch, Oel, Essig, Pfeffer, Salz und feingeschnittene Zwiebeln.

27. Salat von Bohnen und Kopfsalat. Beide Salate werden nach vorhergehender Vorschrift mit einander vermischt.

28. Rother Salat. Rother Kohl (Kappus, Kraut), welcher aber kein Winterkohl sein darf, weil dieser immer zähe ist, wird fein geschabt, mit reichlich Oel durchgemengt, dann mit Essig, Salz und Pfeffer gemischt und nebst beliebiger Fleischbeilage mit abgekochten heißen Kartoffeln gegeben.

29. Weißer Kohl. Der Kohl wird sehr fein geschnitten, mit einer gut gekochten sauren Sahnesauce oder auch mit einer warmen Specksauce nebst Pfeffer und Salz gemischt und warme Kartoffeln dazu gegeben.

Anmerkung. Der Kohl ist nur im Herbst in vollem Safte zu Salat tauglich, späterhin ist er zähe.

30. Gemischter Wintersalat. 3 Theile in der Schale weich gekochte Kartoffeln, 1 Theil saure Aepfel, 1 Theil Rothebeete, 1 Theil eingemachte Gurken. Dies alles wird in feine Scheiben geschnitten, mit einer gut gerührten Sauce von reichlich Oel, etwas saurer Sahne, in Ermange=

lung Milch, Essig, Pfeffer und Salz vorsichtig durchgemengt, so daß die Scheiben ganz bleiben, dann angerichtet und derselbe mit nicht ganz hart= gekochten Eiern, welche in 8 Theile geschnitten werden, schrägliegend ver= ziert.

Es wird warmer Braten oder kaltes Fleisch und Häring dazu ge= geben.

31. Endiviensalat. Von krausen Endivien nimmt man nur die gelben Blätter, die groben Stengel werden entfernt, die feineren gespalten und in kleine Stücke geschnitten; glatte Endivien schneidet man mit den Stielen fein. Der Salat wird kurz vor dem Anrichten gewaschen, mit dicker Sahne, oder nach No. 1 mit einer ganz feingedrückten Kartoffel, Oel, Essig, Salz und Pfeffer gemischt, oder man gibt eine warme saure Sahne= sauce und warme Kartoffeln dazu.

32. Salat von römischem Bindsalat oder Sommerendivien. Nachdem die Blätter gebleicht sind, wird der Salat wie Endivien vorge= richtet und mit einer gleichen Sauce, unter Zusatz von Dragon und einer feingeschnittenen Zwiebel, gemischt.

33. Korn= oder Feldsalat. Der Feldsalat, welcher auf den Korn= feldern gesucht wird, ist der beste; übrigens ist der holländische Feldsalat mit den kleinen runden Blättern dem großblätterigen vorzuziehen. Um ihn milder zu machen, verfahre man nach No. 1 Beim Verlesen schneide man den Stengel so weit ab, daß die Blätter größtentheils einzeln werden, und entferne alle schlechten Blätter. Dann wasche man den Salat nach No. 1, vermenge ihn kurz vor dem Anrichten mit dem bestimmten Oel, dann mit der Salatsauce, welche in No. 1 (4. Rühren der Sauce) mitge= theilt ist. Wenn abgekochte Kartoffeln dazu gegessen werden sollen, so sorge man für eine hinreichend lange Sauce. Nachdem der Salat ange= richtet ist, kann man frische Eier, welche so gekocht sind, daß das Weiße fest, die Dotter aber noch weich sind, in Hälften oder Viertel geschnitten, um den Rand der Schüssel legen und Rothebeete dazu geben.

34. Selleriesalat. Die Sellerieknollen werden gut gewaschen, in Wasser und Salz gahr, aber nicht zu weich gekocht, geschält, schlechte und holzige Theile entfernt, in Scheiben geschnitten, mit Oel, Essig, Pfeffer und Salz gemengt und die Salatschüssel mit Sellerieblättchen garnirt.

Selleriesalat erhält sich einige Tage frisch.

35. Porreesalat wird wie Selleriesalat gemacht, nur schneidet man den Porree, statt in Scheiben, soweit derselbe weiß ist, in zwei Finger breite Stücke.

36. Salat von in Essig eingemachten Salatböhnchen. Es wird kochendes Wasser darauf gegossen, die Bohnen bleiben eine Weile darin stehen und werden dann mit gutem Salatöl, Pfeffer und Salz ange= mengt. Auch kann eine Speck= oder warme Sahnesauce dazu gegeben werden.

37. Tomaten=Salat. 12 Tomaten (Tomatoes) werden abge= zogen und in Scheiben geschnitten, 4 hartgekochte Eier dazu gegeben, 1 rohes Ei gut geschlagen; 1 Theelöffel Salz, ½ Theelöffel Cayenne-Pfeffer, 1 Theelöffel Zucker, ½ Tasse Essig durchgemischt; dann setze man es aufs Eis zum Kaltwerden, oder in Ermangelung desselben in kaltes Brunnenwasser. Zum Abziehen brühe man die Tomaten mit kochendem Wasser.

Einfach mit Zucker und wenig Essig angemacht sind sie auch sehr angenehm.

------- ::: -------

XVII. Saucen.

A. Warme und kalte Saucen zu Fisch, Fleisch, Gemüse und Kartoffeln.

I. Warme Saucen.

1. Im Allgemeinen.

Die Saucen sind bei einem Essen nicht als Nebensache zu betrachten, sie verdienen vielmehr eine ganz besondere Beachtung. Ein gutes Gericht wird durch eine schlechte Sauce herunter gesetzt, andernfalls gehoben.

In den Vorschriften überall das genaue Verhältniß zu bestimmen, würde nicht möglich sein, es muß das Augenmaß und der eigne Geschmack zu Rathe gezogen werden; hier im Allgemeinen einige Winke:

1. **Schwitzen und Braunmachen des Mehls.** Das Mehl zu den hellen Kraftsaucen wird so lange in der vorher heiß gemachten Butter unter stetem Rühren gekocht, bis es sich kräust und hebt und gelblich erscheint; zu den braunen Saucen wird es mit Butter gerührt, bis es eine schöne braune Farbe erhalten hat (siehe I.); Bouillon oder Wasser rühre man kochend hinzu. Eine jede Sauce muß mehr oder weniger gerundet, darf nicht im geringsten klümprig, noch weniger einem Mehlbrei ähnlich sein, und nach ihrer Art weder zu wenig noch zu viel Säure haben.

2. **Gewürz und englische Soja.** Auch muß der Sauce ein angenehmer Geschmack von Salz, Gewürz oder Kräutern gegeben werden, indeß darf kein Gewürz oder Kraut im Geschmack zu sehr hervortreten. Aus diesem Grunde darf auch die englische Soja, welche dazu dient, braune Saucen und Ragouts pikanter und gewürzreicher zu machen, nur theelöffelweise angewandt werden; etwas zu viel verdirbt die ganze Sauce, welche bei richtigem Verhältniß sehr an Wohlgeschmack gewinnt. Wenn zu hellen Saucen Maskatnelken angewandt werden, so entferne man vorher die darin befindlichen Köpfchen, da solche eine dunkle Färbung bewirken.

3. **Liebigs Fleischextrakt.** Die beste Würze einer Sauce ist Kraft. Um da, wo sie fehlt, nachzuhelfen, oder rasch eine gute Kraftsauce zu bereiten, ist Liebigs Fleischextrakt ein unschätzbares Mittel. Es bedarf bei einer fertigen Sauce nur der Durchmischung einer großen oder kleineren Messerspitze dieses Extraktes, um den Zweck aufs Beste zu erfüllen. Indeß hüte man sich vor nachgemachten Fabrikaten.

4. **Abrühren mit Butter und Eidottern.** Saucen, wozu Butter gebraucht wird, werden dadurch runder und milder, daß zuletzt rohe Butter theilweise durch die fertige Sauce gerührt wird. Soll dieselbe mit Eidottern abgerührt werden, so geschehe dies gleichfalls erst beim Anrichten, da die Sauce, auf dem Feuer mit Eidottern in Verbindung gebracht, gerinnen würde. Um dies gänzlich zu vermeiden, rühre man zu 1 Eidotter eine kleine Messerspitze Mehl und 4 Eßlöffel voll kaltes Wasser, gebe unter stetem Rühren nach und nach etwas Sauce dazu und gieße dies alsdann zu der kochenden Sauce, indem man sie gut durchrührt.

2. **Tomaten (Tomatoes) bei der Fleischsuppe zu geben.** Die Tomaten werden auseinandergebogen, mit etwas Fleischbrühe weich gekocht, durchgeschlagen und in einer Saucière servirt, damit man davon nach Belieben zur Suppe nehmen kann, wenn dieselbe angenehm säuerlich gewünscht wird.

3. **Gekochte Tomaten.** Man schäle die Tomaten, schneide sie in der Mitte durch und drücke den Saamen heraus. Dann lege man sie ohne Wasser in einen Topf und gebe rothen Pfeffer und Salz nach Geschmack dazu, ebenso etwas geriebenes Weißbrod und etwas gestoßene Muskatblüte. Man lasse sie über einem schwachen Feuer langsam zu einem Brei einkochen.

4. **Braune Kraftsauce.** Man macht mit Butter eine gehackte Zwiebel nebst Mehl braun, wozu die Butter vorher gebräunt sein muß, gibt hinzu: 1 gelbe Wurzel, ½ Petersilienwurzel, Dragon, etwas Nelken, Pfefferkörner, 1 Lorbeerblatt, und hat solches eine Weile geschmort, so gebe man kochendes Wasser hinzu und lasse dies alles 1 Stunde kochen, reibe es durch ein Sieb, bringe es wieder zum Kochen, rühre so viel Fleischextrakt durch, als zu einer kräftigen Sauce nöthig ist, und gebe ihr einen Geschmack von Zitronensaft. Im übrigen können Kapern oder fein gehackte Sardellen hinzugegeben werden.

5. **Weiße Kraftsauce.** Ist wie die vorhergehende, jedoch mit weißgebranntem Mehl zu bereiten; die Nelken bleiben weg.

6. **Austernsauce.** Man mache von den Austern die sogenannten Bärte, lasse letztere mit einigen Körnern gröblich gestoßenem weißen Pfeffer und einem Lorberbleit in kräftiger Bouillon auskochen und gebe sie durch ein Sieb. Dann mache man Mehl in reichlich Butter kraus (siehe unter I. Mehl zu schwitzen), rühre dazu die bemerkte Kraftbrühe, Muskat, ein Glas Wein, Saft einer Zitrone und füge beim Anrichten die Austern mit ihrer salzigen Flüssigkeit hinzu, sowie auch das vielleicht noch fehlende Salz. Man lege die Austern in die fertige Sauce; Kochen macht sie hart. Dieselbe wird mit 1—2 Eidottern abgerührt. 25 Stück Austern reichen hin für 6—8 Personen.

7. **Gelbe Kapernsauce zu Lachs und Hecht.** ½ Eßlöffel Mehl werde mit etwas Wasser zerrührt, hinzu gegeben: ½—¾ Quart Bouillon, 3 Zitronenscheiben, die Kerne entfernt, etwas feingestoßene Muskatblüte, und dies unter stetem Rühren zum Kochen gebracht. Dann gebe man ¼ Tasse Kapern hinzu, rühre, ohne die Sauce ferner kochen zu lassen,

¼ Pfund reinschmeckende Butter theilweise hinein, ziehe die Sauce, welche gewöhnlich durch die Butter das nöthige Salz erhält und dicklich sein muß, mit 3 Eidottern ab und richte sie recht heiß über und zu dem Fisch an

8. Hechtsauce mit saurer Sahne. Man nimmt ein reichliches Stück Butter, wendet es in Mehl um, rührt hinzu 4 Eidotter und 3 Eßlöffel sauren Rahm, ferner soviel Bouillon mit etwas Hechtwasser vermischt, daß die Sauce recht sämig bleibt und würzt sie mit Saft einer halben Zitrone, auch nach Belieben mit etwas Muskat. Unter beständigem Rühren bringe man dies alles eben zum Aufkochen.

9. Weiße Sardellensauce. Man kocht die Gräten von denjenigen Sardellen, welche zu dieser Sauce gebraucht werden sollen, gibt hinzu: etwas grobgestoßenen weißen Pfeffer und Nelkenpfeffer, 1—2 Lorberblätter, ein wenig Zitronenschale und kräftige Bouillon, welche von Fleischabfall gekocht sein kann. Dann schwitze man einige gehackte Schalotten oder Zwiebeln in Butter, lasse 1—2 Löffel Mehl darin gelb werden, zerrühre das Mehl mit der kochenden Brühe und streiche sie durch ein feines Sieb. Darnach bringe man die Sauce zum Kochen, würze sie mit Sardellenbutter oder einigen Sardellen, welche mit Butter (siehe I. No. 22) fein gehackt werden, Zitronensaft, ½—1 Glas weißen Wein, etwas feingestoßener Muskatblüte, und rühre die Sauce mit 1—2 recht frischen Eidottern und einem Stückchen frischer roher Butter ab.

Anmerkung. Das Abkochen der Gräten ersetzt einige Sardellen. Die Sauce muß stark gebunden sein.

10. Häringssauce. Ein in Milch gewässerter Häring wird fein gehackt. Dann schwitzt man einige feingehackte Schalotten oder Zwiebeln in Butter, läßt darin 1—2 Löffel Mehl gelb werden und rührt so viel Wasser hinzu, daß es eine recht sämige Sauce werde. Die Sauce läßt man mit etwas Pfeffer, 1 Lorberblatt, 2—3 Zitronenscheiben oder wenig Essig kochen und rührt sie mit etwas Fleischextrakt, 1—2 Eidottern und einem Stück roher Butter ab. — Zu Fisch und Fleisch.

11. Sauce von frischen Gurken. Man schält frische Gurken, theilt sie in zwei Hälften, nimmt das Kerngehäuse mit einem silbernen Eßlöffel heraus und schneidet sie in Würfel. Sie werden in Fleischbrühe mit Essig, Schalotten, in Butter gelb gebratenem Mehl, Salz und einem Lorberblatt weich gekocht und zu Kalb- und Hammelfleisch gegeben. Falls man kleine Zwiebeln, welche mit Dragon und Dill eingemacht sind, vorräthig hat, so gebe man einen Theil derselben mit Zwiebelessig hinzu und lasse sie in der Sauce halb weich werden; die bemerkten Schalotten und Essig bleiben dann weg. Erstere bewirken einen vorzüglichen Geschmack.

12. Holländische Sauce. 3 Eidotter und 1 Theelöffel feines Mehl werden mit ¼ Quart Wasser glatt gerührt, mit Muskatblüte oder Muskatnuß gewürzt, unter beständigem Rühren bis vors Kochen gebracht und rasch vom Feuer genommen. Dann wird ¼ Pfund Butter und etwas Essig gut durchgerührt. Je nachdem man diese Sauce gebrauchen will, kann man Austern, gehackte Sardellen, Kapern und Senf hinzugeben.

13. Garnelen- (Granat-) Sauce zu verschiedenen Fischen, besonders zu Seezungen, Stein- und Turbutt. Man schwitzt ¼ Eßlöffel Mehl mit frischer Butter gelb, rührt ¼ Quart Bouillon, Zitronensaft und Muskatblüte, wenn es kocht, ¼ Pfund Butter, einen guten Theil abgekochter und ausgeschälter Garnelen hinzu, nimmt darauf die Sauce schnell vom Feuer und rührt sie mit 2 Eidottern ab.

Anmerkung. Die Garnelen dürfen nicht kochen, weil sie dadurch hart werden.

14. Krebssauce zu feinem Fisch. Wird gemacht nach vorhergehender Vorschrift mit Krebsbutter. Statt der Garnelen nehme man Krebsschwänze.

15. Holsteinische oder Travemünder Sauce, besonders zu Dorsch und anderen Seefischen. Man rechne auf die Person 1 Unze gut ausgewaschene Butter und eine reichliche Messerspitze Mehl. Letzteres läßt man in der Butter heiß werden, rührt ⅞ Fischwasser und ⅛ Weißwein oder so viel kochende Bouillon hinzu, daß es eine gebundene Sauce werde, gibt Muskatnuß und etwas weißen feingestoßenen Pfeffer hinzu, auch das vielleicht noch fehlende Salz, rührt die Sauce bis vorm Kochen, nimmt sie dann vom Feuer, mischt noch ein Stück rohe Butter und etwas Zitronensaft durch, rührt die Sauce nach Belieben mit einem Eidotter ab und richtet sie sogleich an.

16. Sächsische Fischsauce. Man läßt Mehl in Butter kraus werden, gibt etwas feingehackte Schalotten, Fischbrühe —doch nicht zu viel, damit die Sauce nicht salzig werde,—etwas weißen Franzwein, Zitronenscheiben, reichlich Senf, wenig Weinessig, nach Belieben auch etwas Zucker hinzu, läßt die Sauce ein wenig langsam kochen und rührt vor dem Anrichten noch ein reichlich Stück Butter durch, woran hierbei nicht gespart werden darf.

17. Butter zu Fisch und Kartoffeln. Es darf diese nur zergehen und heiß werden, nicht kochen.

Oder: Es wird die Hälfte der bestimmten Butter in etwas Mehl umgedreht; ist sie schwach gesalzen, mit einem Theil Fischwasser, wo nicht, mit Wasser zum Kochen gebracht, die andere Hälfte der Butter, nachdem die Sauce vom Feuer genommen, hinzu gegeben und mit 1 Eidotter abgerührt.

18. Senfsauce zu Fisch. Ein reichliches Stück Butter, einige Eßlöffel Senf, halb Fischwasser, halb Wasser, werden mit 1—2 Theelöffel Stärke, welche mit etwas kaltem Wasser aufgelöst wird, gekocht, mit 1 Eidotter und einem Stück roher Butter abgerührt.

19. Senfsauce für den gewöhnlichen Tisch zu Fisch und Kartoffeln, auch über Eier anzurichten. Man lasse zwei Wallnuß dick Nierenfett, nach I. No. 54 zubereitet, schmelzen, rühre einen gestrichenen Eßlöffel Mehl und darnach so viel kochendes Wasser hinzu, daß es eine recht gebundene Sauce werde, und lasse sie mit etwas Salz einige

16

Minuten kochen. Dann werde sie vom Feuer genommen, ein Ei dick Butter und einige Eßlöffel Senf durchgerührt.

20. Senfsauce zu Suppenfleisch. 1 kleiner Theelöffel voll Mehl, 2 Eidotter, 1 Eßlöffel Zucker, 2 Löffel Senf, 1½ Tasse Wasser, Essig nach Geschmack und ein Stich Butter. Dies alles wird unter beständigem Rühren eben durchgekocht.

21. Sauerampfersauce zu weichlichem Fisch und Suppenfleisch. Man nehme eine Handvoll junger Sauerampferblätter, wasche und schneide sie ein, dann schwitze man in ½ Ei dick Butter einen gehäuften Eßlöffel Mehl gelb, gebe den Sauerampfer dazu, rühre ihn, bis derselbe weich geworden, was nur einige Minuten dauert, und gieße unter stetem Rühren so viel Fleischbrühe hinzu, als zu einer sämigen Sauce nöthig ist, würze sie mit Muskatnuß und Salz und rühre die Sauce, wenn sie kocht, mit noch eben so viel Butter und 1—2 Eidottern oder mit 1—2 Eßlöffel dicker saurer Sahne ab.

22. Gekochte Meerrettigsauce zu Suppenfleisch. Der Meerrettig wird gerieben. Unterdeß wird Fleischbrühe mit etwas Essig, Muskat, einem Stückchen Zucker, Salz, Butter und gestoßenem Zwieback gekocht und der Meerrettig durchgerührt. Die Sauce muß sehr dick sein. Man gibt sie zu gekochtem Rindfleisch, Kalbfleisch, auch Rauchfleisch.

23. Petersiliensauce, sowohl zu Suppenfleisch, als auch über Kartoffeln anzurichten. Feines Nierenfett und Mehl werden zusammen geschwitzt, Wasser oder Fleischbrühe nach Belieben und Salz dazu gegeben, nach dem Durchkochen ein reichliches Stück frische Butter, feingehackte Petersilie und etwas Fleischextrakt durchgerührt.

24. Dragonsauce zu Suppenfleisch. Wird wie Petersiliensauce gemacht, statt Petersilie wird Dragon genommen und die Sauce mit etwas Zitronensaft oder Essig und 1—2 Eidottern abgerührt.

25. Rothe Weinsauce mit Rosinen, zum Durchstoven von Ochsenfleisch, sauren Rollen und Rindfleisch. 2 Eßlöffel voll Mehl werden mit einem Stich frischer Butter gebräunt, mit kochender Zungenbrühe oder Wasser abgerührt, dazu gut 2 Unzen Rosinen, 1 Tasse Rothwein, Zitronensaft oder etwas Essig, Zitronenschale, Muskatblüte, einige gestoßene Nelken, etwas Zucker und Salz. Die ganze oder in Scheiben geschnittene Zunge wird in dieser Sauce so lange gestovt, bis die Rosinen weich geworden sind, dann gebe man eine reichliche Messerspitze Fleischextrakt hinzu, wodurch die Sauce sehr an Geschmack und Farbe gewinnt.

26. Rosinensauce auf andere Art, gekochtes Rindfleisch darin zu stoven. Man lasse eine Wallnuß dick feines Nierenfett heiß werden, mache darin eine fein geschnittene Zwiebel und 1—2 Löffel Mehl bräunlich, rühre solches mit kochendem Wasser zu einer gebundenen Sauce, gebe etwas gestoßene Nelken, Nelkenpfeffer, Salz, reichlich Rosinen und in kleine Würfel geschnittene eingemachte Gurken hinzu, lasse die Rosinen weich kochen und rühre eine Kleinigkeit Zucker oder Sirup nebst einer reichlichen Messerspitze Fleischextrakt durch. Darin lasse man das in Scheiben geschnittene Rindfleisch 10—15 Minuten langsam stoven.

27. Weiße Sauce, Ochsenzunge und gekochtes Rindfleisch darin zu stoven. Man lasse einige klein geschnittene Zwiebeln und Mehl in reichlich Butter gelb schwitzen, rühre dazu von der kräftigen Brühe, worin die Zunge weich gekocht ist, 1—2 Lorberblätter, etwas gestoßenen weißen Pfeffer, Muskat und ein Glas weißen Wein oder abgeschälte in feine Würfel geschnittene eingemachte Gurken.

In dieser Sauce lasse man die recht weich gekochte, abgezogene, in Scheiben geschnittene Zunge ¼ Stunde schmoren, rühre beim Anrichten die Sauce durch ein Sieb und mit einem Eidotter ab.

28. Sauce zu Kalbskopf. Man läßt einige Schalotten oder 2 Zwiebeln in gelbbraun gewordener Butter bräunen, desgleichen 2 Eßlöffel Mehl, rührt dies mit Kalbfleischbrühe und kochendem Wasser zu einer gebundenen Sauce und läßt sie mit 2 Möhren, Petersilienwurzel, 1 Lorberblatt, etwas Cayennepfeffer und Zitronenschale ¼ Stunde kochen. Dann reibt man sie durch ein Sieb, fügt einige Zitronenscheiben, Essig, etwas Zucker und Salz hinzu, läßt sie kochen und rührt dann einen kleinen Theelöffel Fleischextrakt, ein Stück Butter und ein Glas Madeira, oder ¼ Quart weißen Franzwein, oder auch nach Belieben etwas englische Soja durch.

29. Auf andere Art. Mehl wird in braungemachter Butter gebräunt, mit kochendem Wasser abgerührt und mit weißem Pfeffer, Senf, etwas Zucker, einer Prise Cayennepfeffer, kleingehackten Trüffeln oder Champignons, oder in Ermangelung derselben mit einer eingemachten abgeschälten und zu seinen Würfeln geschnittenen Gurke eine Weile gekocht und etwas Fleischextrakt durchgerührt.

30. Sauce zu einem Suppenhuhn. Man lasse 2 Theelöffel vom feinsten Mehl mit einem Stück frischer Butter anziehen, gebe dazu ¼ Quart kräftige Hühner-Bouillon, Muskat, etwas Zitronensaft und Salz, lasse die Sauce kochen und rühre sie mit 3 Eidottern und einem Stück frischer Butter ab. Man kann den Eidottern 1 Theelöffel sehr feingehackter Petersilie beimischen, oder auch 1 - 1½ Eßlöffel Kapern hinzufügen. Die Sauce muß so gebunden sein, daß sie am Fleische hängen bleibt. — Hinreichend für 6 Personen.

31. Sauce zum Blumenkohl. Man lasse frische Butter mit ½ Eßlöffel voll Mehl etwas anziehen, gebe frische Milch oder Bouillon, je nachdem man die Sauce liebt, noch ein Stück Butter, Muskatnuß und Salz hinzu und rühre sie mit 1—2 Eidottern ab. Die Sauce muß dicklich sein.

32. Spargelsauce. Man nehme für 4 Personen 2 Eidotter und einen gehäuften Theelöffel Mehl, rühre 2 Eßlöffel süße Sahne und ¼ Quart Spargelbrühe, falls solche nicht im mindesten bitter ist, andernfalls Wasser hinzu, gebe Muskatnuß und so viel Zitronensäure oder Weinessig, daß die Sauce einen Geschmack davon erhält, und 1 Haselnuß dick Zucker dazu, schlage die Sauce über raschem Feuer mit einem Schaumbesen bis vorm Kochen, nehme sie vom Feuer, rühre ein Ei dick gute Butter durch und gieße sie schnell in eine Saucière. Möchte die Sauce von der Butter nicht salzig genug sein, so füge man eine Kleinigkeit Salz hinzu. Die Sauce muß, gleich der vorigen, dicklich sein.

33. Auf andere Art. Für 4 Personen 2 Eidotter, 1 Eßlöffel dicke saure Sahne, oder nicht ganz ½ Eßlöffel Mehl, 2 Wallnuß dick Butter, etwas Muskat, reichlich 1½ Tasse Spargelwasser. Dies alles wird bis zum Kochen stark gerührt. Sollte die Sauce zu dick werden, so kann man mit etwas Mehlwasser nachhelfen.

34. Saure Eiersauce mit Milch zu Salatböhnchen. Es werden 2 Eidotter nebst 2 Theelöffel Mehl mit ½ Quart frischer Milch angerührt, ein sehr reichlicher Stich frische Butter, Muskatnuß und so viel Essig dazu gegeben, daß die Sauce einen säuerlichen Geschmack erhält, und über Feuer bis vorm Kochen mit einem Schaumbesen stark geschlagen. Sollte die Butter schwach gesalzen sein, so rührt man noch ein wenig Salz durch. Für 3—4 Personen hinreichend.

35. Feine Zwiebelsauce. Zu jedem gekochten Fleisch passend; auch über Kartoffeln anzurichten. Man lasse etwa 4 in Würfel geschnittene Zwiebeln mit einem Stückchen Nierenfett gelb werden, gebe einen Eßlöffel Mehl hinzu und rühre, sobald das Mehl sich hebt und kraus geworden, so viel Wasser hinzu, als zu einer gebundenen Sauce erforderlich ist, lasse sie eine Weile langsam kochen und streiche sie durch ein Sieb. Dann bringe man dieselbe mit feingestoßener Muskatblüte und Salz nochmals zum Kochen, nehme die Sauce vom Feuer und rühre sie mit einem Stück frischer Butter, einer großen Messerspitze Fleischextrakt und einem Eidotter ab.

36. Braune Zwiebelsauce mit Speck zu Kartoffeln. Es wird Speck in kleine Würfel geschnitten und langsam gelb gebraten, während oft darin gerührt werden muß; dann werden recht viele Zwiebeln, ebenfalls in kleine Würfel geschnitten, dazu gegeben, und wenn auch diese gebräunt sind, werden verhältnißmäßig 1—2 Eßlöffel Mehl eine Weile darin durchgerührt, Essig, Wasser und Salz nach Geschmack hinzufügt und die Sauce gut durchgekocht.

37. Helle Zwiebelsauce mit Speck zu Kartoffeln. In Würfel geschnittener Speck wird langsam ausgelassen, Mehl darin gelb geschwitzt und kochendes Wasser hinzu gerührt. Dann werden reichlich in Würfel geschnittene Zwiebeln darin weich gekocht und zuletzt Salz, etwas Pfeffer und Essig hinzu gefügt.

Anmerkung. Diese Sauce erfordert wenig Fett und sagt zugleich einem nicht starken Magen mehr zu, als die vorhergehende.

38. Specksauce zum Salat. In Würfel geschnittener und gelbbraun gebratener Speck wird mit 2 Eidottern, 1 Löffel Mehl, 4—5 Löffel Essig, etwas Wasser und Salz angerührt und unter fortwährendem Rühren zu einer recht gebundenen Sauce gekocht.

39. Sirupsauce zum Salat und Fleisch. Man nehme hierzu Butter, ausgebratenen Speck oder anderes gutes Fett, schwitze 2 Eßlöffel Mehl darin gelb, zerrühre es mit kochendem Wasser zu einer glatten runden Sauce, gebe so viel Essig, Sirup, Salz und Pfeffer hinzu, daß die Sauce einen süß-säuerlichen pikanten Geschmack erhält. Wünscht man

Fleisch darin aufzustoven, so füge man noch gut 2 Unzen Korinthen, 4 Lorberblätter und 8 Stück feingestoßene Nelken hinzu.

Anmerkung. Auch kann man zu dieser Sauce, welchen Zweck sie auch haben möge, 1—2 feingeschnittene Zwiebeln in Fett schmoren und dann das Mehl hinzufügen.

II. Kalte Saucen.

40. Sauce Remoulade. 2 große geriebene Zwiebeln, 3 hartgekochte und feingeriebene Eidotter, 8 Theelöffel Senf, 4 Eßlöffel seines Oel, 1 Eßlöffel Zucker, ¼ Quart Weinessig, weißer Pfeffer und Salz, nach Belieben auch 3—4 Stück gehackte Sardellen. Dies alles wird eine Weile gerührt, nicht gekocht, scharf durch ein Sieb gerieben, wo alsdann auch Kapern hinzugefügt werden können.

Die Sauce paßt zu jedem kalten Fisch, Braten und Pökelfleisch.

41. Sauce Mayonnaise zu kaltem Fisch und Geflügel, auch Fisch= und Geflügelsalat damit anzumengen. No. 1. Man nimmt die Eidotter von 3 ganz hart gekochten Eiern und 1 frisches rohes Eidotter, reibt sie mit 2 Theelöffel gutem Senf, 1—2 Theelöffel Zucker, 1 Theelöffel voll geriebener Schalotten, Salz, reichlich einer Messerspitze weißem Pfeffer und dem Saft einer Zitrone oder etwas Weinessig so fein wie Butter, gibt dann unter fortwährendem Rühren tropfenweis $\frac{1}{16}$ Quart Provenceöl hinzu, und wenn dies verrührt ist, nach und nach eine Tasse kräftige Fleischextrakt=Bouillon und noch so viel scharfen Weinessig, als man für gut findet. Die Sauce muß sehr rund sein. Der Geschmack der Mayonnaise kann mit Sardellenbutter, Kapern, in feine Würfel geschnittenen Essiggurken, Dragon und Petersilie verändert werden.

42. Wohlschmeckende Mayonnaise. No. 2. 2 Stich frische Butter, 2 Dotter hartgekochter Eier, 4 Eßlöffel Provenceöl, desgl. Weinessig, 2 Messerspitzen feingestoßener weißer Pfeffer und nöthigenfalls etwas Salz.

Die Butter wird schäumig gerieben und abwechselnd ein Löffel Oel und ein Löffel Essig dazu gerührt. Die Eidotter werden allein mit etwas Essig verrührt und nebst Pfeffer zuletzt hinzugefügt.

43. Sauce zu kalten Feldhühnern und Röllchen von Schweine= fleisch in Gelée. 2—3 Eßlöffel klare Gelée von Kalbsfüßen oder Agar-Agar, 3—4 Eßlöffel Provenceöl, 3 Eßlöffel Dragonessig oder scharfer Weinessig und Dragon, auch Pfefferkraut und Schalotten, alles sehr fein gehackt, etwas weißer Pfeffer und Salz. Dies alles wird so lange gerührt, bis es sich verbunden und eine dicke Sauce geworden ist.

44. Angenehmer Gewürzsenf zu verschiedenem Fleisch. Es werden 4 Zwiebeln, 4 Zehen Knoblauch und 8 Lorberblätter klein geschnitten, mit ⅞ Quart Weinessig in einem irdenen Kochgeschirr zugedeckt, 10 Minuten gekocht, durchgesiebt, ⅛ Pfund braunes und ¼ Pfund gelbes fein pulverisirtes und durchgesiebtes Senfmehl hinzugefügt und solches mit einer Reibekeule, in Ermangelung mit einem hölzernen Löffel so lange gerieben, bis es ein dicklicher Brei geworden. Alsdann werden 6½ Unze Ge-

würznelken, eben so viel guter Zimmet damit vermischt, und in einem ver=
schlossenen Glase aufbewahrt.

45. Häringsauce. Ein in Milch gewässerter und entgräteter
Häring wird mit drei hartgekochten Eidottern und einigen Zwiebeln ganz
fein gehackt und mit Pfeffer, Oel und Essig zu einer Sauce gerührt.—Zu
kaltem Braten.

46. Rohe Meerrettigsauce mit Sahne. Man rühre 1 Tasse
dicke süße Sahne und ½ Tasse Essig mit Salz und Zucker und mische so
viel Meerrettig, welcher aber nicht lange vorher gerieben sein darf, hinzu,
daß es eine dicke Sauce werde. Es wird dieselbe neben geschmolzener But=
ter zu gekochtem Fisch, besonders zu Karpfen gegeben.

Anmerkung. Hat man keine Sahne, so kann sie um so eher fort=
bleiben, da diese Sauce ohne die Zuthat von Sahne von Vielen vorgezo=
gen wird.

47. Borage zum Rindfleisch. Die zarten Blätter der Borage wer=
den fein geschnitten, mit Essig, Oel, Salz und Pfeffer angemengt.

48. Sauce zu kaltem Fleisch. Man nimmt einige hartgekochte
feingeriebene Eidotter oder dicke saure Sahne, gibt einige Löffel feines Oel
unter beständigem Rühren langsam hinzu und rührt es noch eine Weile,
daß es dick werde und sich verbinde; dann fügt man Essig, feingehackten
Dragon, Schalotten oder Zwiebeln, Pfeffer und Salz dazu. Diese Sauce
über kaltes, in dünne Scheiben geschnittenes Rindfleisch gegeben, ist eine
schöne Beilage zum Salat, auch zu Kartoffeln.

Anmerkung. Nimmt man zu dieser Sauce Eidotter, so muß man
solche mit etwas Essig anrühren, ehe Oel dazu kommt, weil Oel und Ei=
dotter sich schwer verbinden.

49. Kräuterbutter. Man nimmt 1 Eßlöffel feingehackte Peter=
silie, Schalotten und Kerbel, mischt es mit ¼ Pfund frischer, abgeklärter
und weichgeriebener Butter, gibt den Saft einer Zitrone, etwas Salz,
Pfeffer und Muskatnuß dazu. Hauptsächlich zu Beefsteaks.

50. Sahnesauce zu Salat. Dicke saure Sahne mit scharfem
Essig und feinem Oel nebst Salz eine Weile gerührt, so ist die Sauce fertig.
Besonders passend zu Endivien.

51. Eine gute Salatsauce. 1—2 frische, hartgekochte Eier, ein
frisches rohes Eidotter, etwas Weinessig, reichlich 4 Eßlöffel gutes
Provenceöl, 1 Eßlöffel Rothwein, ein Theelöffel Senf, ganz wenig Salz,
eine Messerspitze weißer Pfeffer, 2 feingehackte Schalotten, 2 Theelöffel
feingehackter Dragon.

Man reibe die Eidotter mit ½ Löffel Essig möglichst fein, gebe dann
unter stetem Rühren Senf, Pfeffer, Schalotten, Dragon, wenig Salz
(und, wo es gebräuchlich ist, etwas Zucker) hinzu, sowie auch nach und
nach Oel und Wein. Zuletzt mische man so viel Essig durch, als zum
angenehmen Geschmack einer Salatsauce gehört; zu viel Essig verdirbt den
Salat.—Die Sauce muß tüchtig gerührt werden, damit das Oel nicht
hervortritt. Ein Zusatz von 1 Eßlöffel Sardellenbutter macht dieselbe
für manche besonders wohlschmeckend.

B. Wein-, Milch- und Obstsaucen.

52. Weiße Weinsauce. Man rühre einen gehäuften Theelöffel Mehl nebst 4 Eidottern mit ⅜ Quart weißem Wein an, gebe hinzu: 3 gehäufte Eßlöffel Zucker, Zitronenschale und etwas ganzen Zimmet, bringe dies unter beständigem Rühren bis vors Kochen und gieße die Sauce rasch in ein Geschirr, worin sie noch einigemal durchgerührt werde, damit sie nicht gerinne, und fülle sie dann in die Sauciere.

53. Weiße Schaumsauce. 2 große frische Eier, stark geschlagen, ¼ Quart Wein, 1 Theelöffel voll Mehl (kein Kartoffelmehl, weil dies das Schäumen verhindert), etwa 2 gehäufte Eßlöffel Zucker, einige Zitronenscheiben, ganzer Zimmet. Dies alles wird mit einem Schaumbesen auf raschem Feuer stark geschlagen, bis der Schaum steigt (kochen darf die Sauce nicht), rasch in ein bereitstehendes Geschirr geschüttet und noch eine Minute geschlagen, um das Gerinnen zu verhüten.

Anmerkung. Diese Quantität ist für 6—8 Personen hinreichend. Eine Beimischung von Wasser würde dieser Sauce einen faden Geschmack geben.

54. Weiße Schaumsauce mit Rum. ¼ Quart Wein, 1 Theelöffel feines Mehl, 2 ganze Eier, von einer Zitrone Saft und die Hälfte der fein abgeschälten Schale, 3 Eßlöffel Zucker mit einem Schaumbesen beständig geschlagen, bis der Schaum sich hebt, dann schnell in ein Geschirr geschüttet, ein Glas Rum durchgemischt und angerichtet.

55. Kalte Punschsauce. Wird gemacht wie die vorhergehende, nur nehme man statt der ganzen Eier 3 große oder 4 kleine Eidotter, rühre die Sauce bis vorm Kochen und mische kalt ein Glas Arrak durch.

Zu kalten Puddings passend.

56. Rothe Weinsauce. Man lasse ½ Quart rothen Wein, ¼ Unze Zucker, einige Stücke Zimmet, Schale einer halben Zitrone und 2 Eßlöffel Himbeer- oder Johannisbeer-Gelée zugedeckt bis zum Kochen kommen, rühre Kornstärke mit kaltem Wasser an und gebe davon so viel zum Wein, daß die Sauce etwas gebunden wird, und fülle sie sogleich in eine Sauciere.

57. Rothe Weinsauce mit Korinthen. Es werden 1 bis 2 Unzen gereinigte Korinthen, ½ in Scheiben geschnittene Zitrone —die Kerne entfernt — und einige Stückchen Zimmet in reichlich ¼ Quart Wasser zugedeckt ¼ Stunde langsam gekocht, wo alsdann die Korinthen weich sein werden. Dann gebe man reichlich ¼ Quart Wein und Zucker hinzu und rühre, wenn die Sauce vor dem Kochen ist, so viel Kornstärke mit etwas Wasser verrührt hinzu, als nöthig ist, sie etwas zu binden, wozu nur eine Kleinigkeit gehört. Die Kornstärke bedarf zum Gahrwerden nur des Aufkochens.

58. Kalte rothe Weinsauce mit Rum. Dieselbe wird gemacht wie rothe Weinsauce, jedoch stärker versüßt. Nachdem sie vom Feuer genommen ist, wird 2 Wallnuß dick frische Butter durchgerührt und etwas abgekühlt mit einer kleinen Tasse Rum vermischt.

59. Weißer Wein und Zucker. Jedes allein zu Blancmangers und dergleichen gegeben, ist sehr erfrischend und manchem angenehmer, als eine süße Sauce.

60. Rothe Schaumsauce. Man richte sich hierbei ganz nach weißer Schaumsauce. Statt Zitronenscheiben kann nach Belieben etwas Frucht=saft und Johannisbeer=Gelée beigemischt werden.

61. Vanillesauce. Man läßt ein Stück Vanille in ¼ Quart junger Sahne oder frischer Milch 1 Stunde ausziehen, rührt dann einen gehäuf=ten Theelöffel Mehl, 4 Eidotter, etwas Zucker hinzu und bringt dies unter beständigem Rühren bis vors Kochen. Man gibt die Sauce sowohl warm als kalt. Die Vanille ist zweimal zu gebrauchen.

Anmerkung. Zur Ersparniß kann man etwas mit Zucker gestoßene Vanille lose in ein abgebrühtes Läppchen gebunden in der Sauce auskochen lassen. (Siehe Vorbemerkungen.)

62. Kalte Sahnensauce mit Gelée oder rothem Wein (zu Milchspeisen passend). 1 Tasse flüssig gemachte Himbeer= oder Johan=nisbeer=Gelée oder Saft schlage man mittelst eines Schaumbesens mit ¼ Quart dicker süßer Sahne schäumig.

Oder: Man schlage halb rothen Wein, halb dicke Sahne mit Zucker und Zimmet schäumig und mische einige Eßlöffel Arrak durch.

63. Sauce von Johannisbeeren, sowohl kalt als warm zu geben. Stark ½ Quart frischer Johannisbeersaft, ¼ Pfund Zucker, etwas Zimmet. Die Johannisbeeren werden wie zum Gelée ausgepreßt. Dann setze man den bemerkten Saft mit ¼ Quart Wasser, Zucker und Zimmet aufs Feuer, nehme beim Kochen den Schaum davon ab und mache die Sauce mit etwas Stärke - ungefähr 2 Theelöffel voll mit Wasser gerührt— etwas sämig.

64. Ungekochte Sauce von Johannisbeersaft. Nachdem die Johannisbeeren wie zu Gelée ausgepreßt sind, gebe man den Saft in eine Schale und rühre ihn kurz vor dem Anrichten mit geriebenem durchgesieb=tem Zucker ¼ Stunde. Man kann zu einem Pfund oder zu ½ Quart Saft ¼ Pfund Zucker rechnen.

Solche Sauce, ebenso schön von Farbe als erfrischend und angenehm von Geschmack, ist zu allen Blancmangers und kalten Reisspeisen unver=gleichlich.

65. Himbeersaft. Himbeersaft oder Gelée wird mit Wasser und weißem Franzwein, Zimmet und Zucker aufgekocht, dann mit etwas Kartoffelmehl oder feiner Stärke, mit wenig Wasser aufgelöst, etwas sämig gemacht.

66. Sauce von übriggebliebener Brühe eingemachter Zwetschen. Man vermische die Brühe zur Hälfte mit Wasser, rühre, wenn sie kocht, etwas mit Wasser zerrührte Stärke hinzu und gebe die Sauce zu kalten Reis= oder Griesmehlspeisen.

67. Sauce von getrockneten oder frischen Kirschen. Man stoße in einem Mörser saure getrocknete Kirschen oder einen Theil der Steine von frischen, koche sie mit den Kirschen ¼ Stunde in Wasser und einigen Zitronenscheiben und rühre sie durch ein großes Sieb. Dann lasse man die Sauce wieder kochen, gebe Zucker, gestoßenen Zimmet und etwas Nelken hinzu, und rühre so viel mit Wasser aufgelöste Stärke durch, daß die Sauce recht gebunden werde. Auch ein wenig Arrak hinzugefügt ist nicht übel. Statt der Kirschen kann man auch Kirschenmus nehmen.

68. Preißelbeer- (Cranberry) Sauce. Man läßt eingemachte Preißelbeeren mit ihrem Saft im Wasser, Zucker, Zimmet und einigen Nelken, woraus die Köpfchen entfernt, zum Kochen kommen und rührt zum Sämigwerden etwas Stärke oder Kartoffelmehl an die Sauce.

Oder man läßt Kartoffelsago mit Wasser, Zimmet und 1—2 gestoßenen Gewürznelken zum Kochen kommen, gibt Preißelbeeren hinzu und läßt die Sauce gut durchkochen.

69. Sauce von frischen Zwetschen. Die Zwetschen werden gut gewaschen, ausgesteint, mit etwas Wasser, einigen Nelken, woraus die Köpfchen entfernt, und einigen gröblich gestoßenen Kernen aus den Zwetschensteinen weich gekocht, durch ein Sieb gerieben und wieder zum Kochen gebracht. Sollte die Sauce nicht dicklich genug sein, so koche man einen halben bis ganzen Theelöffel Kartoffelmehl, mit etwas Wasser aufgelöst, durch und versüße die Sauce nach Gutdünken mit etwas Zucker.

70. Sauce von frischen Aepfeln. Saure Aepfel werden geschält, in 4 Theile geschnitten und gewaschen. Zu einem Suppenteller voll nehme man stark ½ Quart Wasser, einige Zitronenscheiben und eine Wallnuß dick Butter, koche die Aepfel darin weich und rühre sie durch ein Sieb. Dann lasse man in dieser Sauce ½ Tasse wohlgereinigte Korinthen weich kochen und füge etwas aufgelöste Stärke hinzu.

71. Tomato-Sauce. Ungefähr 20 Tomatoes werden in ihrer Mitte durchgeschnitten, die Kerne sammt dem Saft herausgepreßt und die Tomatoes hierauf mit einem Stück frischer Butter, etwas Salz, weißem Pfeffer und 2 Lorbeerblättern weich gedämpft. Hierauf gebe man 2 Suppenlöffel braune Sauce dazu und lasse das Ganze noch eine halbe Stunde kochen; dann streiche man die Sauce durch ein Haarsieb und gebe den Saft einer Zitrone daran.

72. Catsup. No. 1. Auf 2 Quart Tomatoes, wenn sie auf's Feuer gesetzt, durchaus heiß geworden und dann durch ein Sieb gerührt sind, nehme man 1 Eßlöffel voll Pfeffer und 1 dito Salz, ½ Eßlöffel Allspice, 1 Theelöffel voll Ingwer, 1 Theelöffel voll Nelken und ½ Quart Essig. Auch kann man ein wenig rothen Pfeffer daran thun. Dieses wird ungefähr 8 Stunden gekocht, zuletzt einige Eßlöffel voll Senf mit Essig angerührt, hinzugethan und einige Minuten lang durchkochen lassen.

73. Catsup. No. 2. Man nehme dazu 1 Quart Essig, 4 Eßlöffel Pfeffer, 4 Eßlöffel Senf, 3 Salz, 1 Englischgewürz, ½ Nelken, 4 Stück rothen Pfeffer und 1 Peck Tomatoes.

74. Tomato-Catsup auf noch andere Art. Man nehme ½ Bushel Tomatoes, kocht sie recht weich und thut sie dann durch ein Drahtsieb.

Dazu nimmt man nun: 1 Quart guten Essig, ½ Pint Salz, ¼ Unzen gemahlene Nelken, ½ Unze Allspice, ¼ Unze rothen Pfeffer, 2 Knoblauch= zehen fein gehackt, ⅛ Unze gemahlene Muskatblüte (oder Mace). Dies alles mische man mit den Tomatoes zusammen und koche es unter öfterem Umrühren etwa 3 Stunden, bis es ungefähr auf die Hälfte reducirt ist. Dann läßt man es erkalten, füllt es in Flaschen und verkorkt es gut. Diese Art von Catsup hält sich mehrere Jahre.

Wenn man ihn scharf zu essen liebt, kann man ¼ mehr rothen Pfeffer dazu nehmen.

XVIII. Backen.

A. Torten und Kuchen.

1. Regeln beim Backen.

1. **Behandlung der Hauptbestandtheile.** Zum guten Gerathen der Torten und Kuchen dient, die Bestandtheile derselben wenig= stens einige Stunden, in kalter Jahreszeit Abends vorher, in ein warmes Zimmer zu stellen, um sie zu erwärmen, und das Einrühren an einem zug= freien warmen Orte vorzunehmen. Blätter= und Butterteig machen hier eine Ausnahme. Die Eier aber, wovon das Weiße zu Schaum geschlagen werden soll, bringe man nicht vor dem Gebrauch in die Wärme. Wie das Eiweiß fest und schnell geschlagen werden kann, ist in I. No. 33 bemerkt.

2. **Mehl und Puder.** Zu Torten und Kuchen nehme man Mehl und Puder bester Qualität. Nach dem Erwärmen muß sowohl das Mehl als auch der Zucker durch ein Sieb gerührt werden, andernfalls wird man keinen feinen Teig erhalten.

3. **Butter.** Man wende, wenigstens zu seinem Backwerk, nur gute Butter an und entferne durch Waschen und Kneten die salzigen und wässerigen Theile. Wo man genöthigt ist, schlechtere Butter zu nehmen, da reicht jedoch das Auswaschen nicht hin, sie muß nach langsamem Schmelzen vom käsigen Bodensatze, welcher dem Gelingen des zu Backenden hinderlich ist, abgefüllt werden. Um sie schäumig zu rühren, stelle man sie in der zum Einrühren bestimmten Schale einige Minuten auf kochendes Wasser oder an einen heißen Ofen, damit sie erweiche aber nicht schmelze und reibe sie dann mit der runden Seite eines hölzernen Löffels so lange, bis sie Blasen wirft.

Zu den Rezepten folgender Backwerke ist auf frische Butter gerechnet. Sollte man indeß fette eingemachte Butter nehmen müssen, so kann man nach dem Abschmelzen auf jedes Pfund ¼ Pfund weniger nehmen, dieselbe darf jedoch unter keinen Umständen heiß gebraucht werden.

4. **Eier und Vorsicht beim Aufschlagen.** Auch sorge man für gute Eier — ein etwas starkes Ei verdirbt bekanntlich die ganze Masse. Darum geschehe das Aufschlagen nicht über der zum Einrühren bestimmten Schale, man halte jedes Ei über einen Teller, da beim Aufschlagen eines schlechten Eies zu leicht etwas der Küchenmasse mitgetheilt wird.

5. **Mandeln, Zitronen und Zitronenöl.** Bei Anwendung von Mandeln wird auf die Mandelreibe im Abschnitt I. No. 34 aufmerksam gemacht; desgleichen beim Gebrauch von Zitronen auf No. 63 gleichen Abschnitts. In Ermangelung von Zitronenschale kann man sich mit Zitronenöl aushelfen; indeß muß solches frisch und höchst sparsam, tropfenweis, angewandt werden, drei Tropfen werden hinreichend sein, die Schale einer halben Zitrone zu vertreten. Durch zu starke Anwendung des Zitronenöls erhält jede Speise einen üblen Geschmack.

6. **Vorrichtung der Form.** Bevor man das zu Backende einrührt, sorge man dafür, daß die Form oder Pfanne rein ausgerieben, mit Schmelzbutter oder wenig gesalzener Butter allerwärts gut bestrichen und mit gestoßenem Zwieback oder getrocknetem Weißbrod bestreut werde, damit man nicht genöthigt sei, das Eingerührte hinzustellen, bis die Form fertig gemacht ist, wodurch manche Kuchen gänzlich mißrathen würden. Blätterteig bedarf jedoch keiner ausgeschmierten Platte oder Form, indem derselbe durch seine eigene Fettigkeit losläßt.

7. **Rühren der Kuchenmasse und Verarbeiten eines Teiges.** Die Vorschriften zu den einzelnen Kuchen sind genau angegeben, indeß möchte es nicht überflüssig sein, im Allgemeinen über die Bereitungsweise einige Worte zu sagen: Zum Einrühren gehört eine tiefe Schale und ein kleiner hölzerner Löffel mit langem Stiel; die mit inwendig flacher Scheibe sind am geeignetsten. Man setze sich entweder mit der Schale hin, oder man lege ein naßgemachtes Tuch auf einen Tisch und stelle dieselbe darauf, wodurch das Hin= und Herschieben verhütet wird. Sind die Bestandtheile des Kuchens, mit Ausnahme des Eiweißschaums, mit einander vermischt, so kann man das fernere Rühren auf folgende Weise sich erleichtern: Man halte den Löffel mit der linken Hand oben leicht an, indem man mit der rechten Hand mehr nach unten hin den Löffel anfasse und die inwendige Seite nach sich haltend, denselben nach einer Richtung hin von der linken zur rechten Seite, oder nach Gefallen umgekehrt, die Runde machen läßt. Das Rühren muß ohne Unterbrechung sehr rasch und lebhaft geschehen und darf nicht langsamer beendet werden, als angefangen worden ist. Auf diese Weise reicht bei den meisten Kuchen ¼ Stunde, bei Mandel=, Sand=, Biskuitkuchen und dergl. ½ Stunde hin. Das stundenlange langsame Rühren hilft zu nichts und ist sehr zeitraubend.

8 **Bereitungsweise der Butter= und Weißbrodteige.** Bei jedem mit der Hand gemachten Teige, sei es Butter= oder Brodteig, muß das sogenannte K n e t e n gänzlich vermieden werden, da solches nur dazu dient, den Teig zu verdichten. Um denselben locker und

mürbe zu machen, lege man die Butter und was es sei, in die Mitte des Mehles, menge und verarbeite den Teig anfangs mit einem Messer, dann mit dem Ballen der rechten Hand, während solcher öfter umgekehrt und von allen Seiten nach der Mitte hin zusammengelegt werde, welches Verarbeiten so lange geschehe, bis Mehl und Butter verbunden sind. Dann stelle man den Hefenteig an einen warmen zugfreien Ort zum Aufgehen hin; den Butterteig aber einige Stunden an einen kalten Ort.

9. **Hirschhornsalz.** Um namentlich bei Bisquit=, Sand=, Brod=, Mandelkuchen und dergl. ein stärkeres Aufgehen zu bewirken, als es durch bemerktes starkes Rühren und die Anwendung eines steifen Eiweißschaumes schon geschieht, so mische man mit dem Eiweißschaum etwa 1 Dram pulverisirtes Hirschhornsalz durch die Masse.

10. **Hefe.** Hinsichtlich der Bereitung eines guten Hefenteiges sorge man vorab für frische, nicht bittere Hefe. Um dieselbe von ihrem unangenehmen Geschmack gänzlich zu befreien, gieße man am vorhergehenden Abend kaltes Wasser auf die Bierhefe und dieses vor dem Gebrauch davon ab. Die jetzt so häufig angewandte Preßhefe ist indeß, wo man sie haben kann, weit bequemer, indem sie nie bitter macht; jedoch muß sie frisch sein. Einige Minuten vorher rühre man etwas lauwarme Milch und Zucker hinzu. Letzterer bewirkt eine stärkere Gährung. Ist man genöthigt, Hefe anzuwenden, welche nicht ganz genügt—die Erkennungszeichen findet man in I. No. 44 bemerkt—, so vermische man sie mit einigen gekochten, kalten, durch ein Sieb geriebenen Kartoffeln, und rühre beim Gebrauch zu $\frac{1}{2}$ Unze oder zu jedem Eßlöffel voll gewässerter, dicker Hefe 1 Eßlöffel französischen Branntwein. Uebrigens verlasse man sich, wenn die Hefe alt ist und ihre Kraft verloren hat, auf das bemerkte Hülfsmittel nicht, man unterlasse lieber in solchem Falle das Backen, als das Gebäck zu verderben.

11. **Schlagen der Masse.** Zu Hefenkuchen muß die Milch gut lauwarm sein, sowie auch Mehl, Butter, Zucker und die zum Einrühren bestimmte Schale der Mulde. Ist der Teig gut gerührt, so wird derselbe dadurch ungemein verbessert, milder und feiner, daß die Masse wenigstens $\frac{1}{4}$ Stunde ununterbrochen recht derbe geschlagen wird. Es geschehe dies bei einem weichen Teige, wie z. B. Rodon= oder Formkuchen, Puffert und dergl. mit der runden Seite des Rührlöffels, bei festerem Teig nehme man denselben in die Hand, schlage ihn einigemal stark auf den Backtisch, lege den also lang geschlagenen Teig zusammen und setze das Schlagen und Zusammenlegen des Teiges bis zur bemerkten Zeit fort. Hat man eine Backmulde, so kann man den Teig darin tüchtig hin und her werfen.

12. **Aufgehen.** Nachdem stelle man denselben an einen warmen zugfreien Ort, bedecke ihn mit einem sauberen erwärmten Taffentuche und lasse ihn langsam etwa $1\frac{1}{2}$—2 Stunden aufgehen. Ein langsames Gähren macht den Teig milde, ein zu rasches und starkes Treiben aber trocken und zähe.

13. **Erproben der Hitze.** Der Grad der Hitze zum Backen läßt sich durch ein Stück Papier erproben. Legt man dasselbe in den

Backofen und es wird bald gelb, aber nicht schwarz, so ist dieser **erste Grad** der Hitze für Blätter=, Butter= und Hesenteig geeignet; wird das Papier langsam gelb, so hat die Hitze den **zweiten Grad** erreicht und paßt für das meiste zu Backende; noch schwächere Hitze, der **dritte Grad**, für Gebäck, welches austrocknen muß.

14. **Erproben.** Bei den Kuchen ist zwar so viel als möglich die Zeit des Backens angegeben; da das Gahrsein aber sehr von der Beschaffenheit der Hitze abhängt, so kann man solches dadurch erproben, daß man mit einem steifen Strohhalm an 2—3 Stellen den Kuchen durchsticht, wo man alsdann, wenn nichts daran hängen geblieben ist, vom Gahrsein überzeugt sein kann. Die Kuchen länger als nöthig im Ofen zu lassen, gereicht ihnen sehr zum Nachtheil, am meisten ist das bei Hefenbackwerk anzunehmen.

15. **Springformen.** Ist der Kuchen aus dem Ofen genommen, so stelle man die Form etwa 10 Minuten an einen warmen zugfreien Ort, nehme ihn dann erst heraus und bringe ihn nicht sogleich in ein kaltes Zimmer. Hierbei wird auf die Zweckmäßigkeit der blechernen Spring= formen aufmerksam gemacht, von welchen der Rand so leicht vom Boden zu entfernen ist und der Kuchen ausdünsten kann, ohne, wie es bei andern Formen unvermeidlich sein würde, den Kuchen beim Herausnehmen zu schütteln oder ihn wenigstens stark zu bewegen, wodurch schwammige Kuchen zusammensinken. Selbst zu Obstkuchen sind solche Formen zu empfehlen, da denselben darin eine bessere Form und ein aufstehender Rand gegeben werden kann.

16. **Aufbewahren der Formen.** Die Formen müssen nach jedem Gebrauch mit weichem Papier oder einem Tuche sauber ausgerieben und an einem luftigen Orte hingestellt werden.

17. **Aufbewahren des Gebackenen.** Dasselbe erhält sich am besten in Glas und Porzellan mit festschließenden Deckeln — eine gewöhnliche Suppenterrine eignet sich besonders dazu. Auch Blechtrommeln sind sehr gut, doch müssen sie von Zeit zu Zeit mit heißem Wasser aus= gewaschen, trocken gerieben und ausgelüftet werden. Hefen= und Obstkuchen sind frisch am besten; doch kann man sie nach einigen Tagen dadurch wieder auffrischen, daß man sie kurz vor dem Gebrauch in einem recht heißen Ofen gut durchwärmen läßt.

18. **Nicht gahr gewordener Kuchen.** Sollte ein Obst= kuchen von Butterteig nicht recht gahr geworden sein, so kann man denselben oder den Rest, einerlei, sogleich oder nach einigen Tagen in einem recht heißen Ofen nachbacken, wodurch er eben nicht an gutem Geschmack verliert.

2. **Guter Blätterteig.** 1 Pfund feines trockenes Mehl, 1 Pfund gute Butter, ungefähr 1—1½ Tasse kaltes Wasser, 1 kleines Glas Rum oder Arrat und 1 ganzes Ei.

Abends vorher wird die Butter mit der Hand gut ausgewaschen, da= mit sie recht zähe werde, einen Finger dick platt auseinandergedrückt und auf einem Teller in den Keller gestellt. Am andern Tage macht man in der Mitte des Mehls eine Vertiefung, gibt Ei, Wasser und Rum hinein, rührt mit einem Messer das Mehl dazu und verarbeitet den Teig mit den Händen gleich einem Weißbrodteig. Derselbe darf nicht zu steif sein, aber auch nicht an den Händen kleben. Dann rollt man ihn einen kleinen Finger dick aus, legt die Butter darauf und schlägt den Teig rechts und links über die Butter, ebenso auch die beiden andern Seiten, und läßt ihn im Kalten ¼ Stunde ruhen. Darauf wird derselbe ausgerollt, wobei man zum Ueber= und Unterstäuben nur wenig Mehl nehmen darf. Der Teig wird nun mit einem reinen Handstäuber abgestäubt, damit kein Mehl darauf liegen bleibt, derselbe nach angegebener Weise zum zweitenmale zusammengeschlagen und wieder zum Ruhen ¼ Stunde Zeit gelassen. So geschieht es noch zweimal. Ehe der Teig zum viertenmal ausgerollt wird, schneide man ein Stück dünn aus, lege von gewünschter Größe einen Blechdeckel, in Ermangelung eine Schüssel darauf, fahre mit einem Tortenrädchen umher, stäube etwas Mehl darüber, schlage den Teig kreuzweis zusammen, weil man ihn so besser auf die Platte bringen kann, stäube das Mehl rein ab, bestreiche ihn ringsum, wo der Rand zu liegen kommt, nur nicht die Seiten, mit etwas Ei, oder auch Wasser, lege von dem abgeschnittenen und ausgerollten Teig einen Rand darauf und steche an verschiedenen Stellen mit dem Messer hinein, wodurch Blasen verhütet werden. Nachdem der Teig also behandelt, muß er ohne Aufschub sofort in den Ofen, andernfalls wird der Blätterteig nicht gerathen. Man backe ihn bei 34 Grad Fahrenheit nicht über ½ Stunde.

3. Saarbrücker Blätterteig (sehr gut). 10 Unzen Butter, nach No. 2 vorgerichtet, 10 Unzen feinstes trocknes Mehl, 2 Eßlöffel Arrak und eine reichliche halbe Obertasse kaltes Wasser.

4. Guter Teig zu Torten und Pasteten. Zu 1 Pfund feinem Mehl nehme man ¾ Pfund gute ausgewaschene Butter, 1 ganzes Ei, 1 Eidotter und 2 Eßlöffel Franzbranntwein oder Rum. Das Mehl wird in eine Schüssel gethan, die Butter in kleine Stücke zerpflückt und durch das Mehl gemischt. Dann wird in der Mitte desselben eine Vertiefung gemacht, die Eier mit einer halben Obertasse Wasser zerschlagen, nebst dem Branntwein hinein gegeben und mit einem Messer ein Teig daraus gemacht, der wie Blätterteig viermal ausgerollt und zu beliebigen Zwecken benutzt wird.

Anmerk. Dieser Teig ist besonders im Sommer zu empfehlen, wo wegen der großen Hitze der Blätterteig für Ungeübte schwierig zu machen ist.

5. Mürbeteig zu Allerlei. Zu 1 Pfund feinem Mehl nehme man 13 Unzen Butter, ¼ Pfund durchgesiebten Zucker, 2 Eidotter und reichlich ½ Tasse Rum oder Arrak.

Nachdem die Butter nach Nr. 2 ausgewaschen und weich gerührt ist, werden Eidotter, Zucker, Arrak hineingegeben und mit dem Mehl im Kalten nach Nr. 1 zum Teig verarbeitet, den man alsdann über Nacht, oder doch wenigstens einige Stunden im Kalten ruhen läßt.

Wünscht man diesen Teig zu Obstkuchen zu verwenden, so sind 2 —3 Unzen Zucker hinreichend.

6. Sahneteig zu Torten und Pasteten. 1 Pfund feines trocknes Mehl, 10 Unzen ausgewaschene Butter, ½ Quart dicke säuerliche (nicht saure) Sahne, 2 gehäufte Eßlöffel Zucker, ½ Theelöffel Salz.

Die Butter wird in Stückchen zerpflückt, mit dem Mehl vermischt, in der Mitte desselben eine Vertiefung gemacht, das Bemerkte hineingegeben und im Kalten mit einem Messer so lange Mehl nach der Mitte hingezogen und gerührt, bis der Teig mit der Hand nach Nr. 1 (7. Rühren der Kuchenmasse) verarbeitet werden kann. Ist derselbe fertig, so muß man ihn über Nacht, oder wenigstens einige Stunden in den Keller legen, weil man ihn sonst nicht rollen kann. Sollte der Teig aber sogleich ausgerollt werden müssen, so darf man nur reichlich die Hälfte der Sahne nehmen. Zu Pasteten bleibt der Zucker weg.

7. Feiner Hefenteig zu Obstkuchen. 1 Pfund feines gewärmtes Mehl, ½ Pfund ausgewaschene Butter, 1 Ei, 2 Eidotter, 3 Eßlöffel Zucker, ¼ Quart lauwarme Milch, knapp 2 Eßlöffel dicke ausgewässerte, oder ½ Stück Hefe, nach No. 1. dieses Abschnitts gereinigt und in etwas Milch oder Wasser nebst einem kleinen Zusatz von Zucker zerrührt, und ein Theelöffel Salz.

Die Hälfte des Mehls rühre man mit der Milch und der Hälfte der Hefe, lasse es gut aufgehen, arbeite dann das übrige Mehl, die weich gewordene Butter, Hefe und Salz durch, schlage den Teig nach Nr. 1, rolle oder drücke ihn mit der flachen Hand auseinander und stelle ihn zum nochmaligen Aufgehen an einen warmen, zugfreien Ort.

8. Guß zu einem großen Kuchen von frischen Zwetschen. Ein kleiner Suppenteller dicker saurer Sahne, in Ermangelung frische Milch, 4 Eier, 2 Eßlöffel Zucker, 1 Theelöffel Zimmt.

Man schlägt die Sahne oder Milch tüchtig mit den ganzen Eiern und gibt solche, wenn der Kuchen beinahe gahr ist, löffelweise darüber.

9. Auf andere Art, zu Obstkuchen. ¼ Quart süßer Rahm, knapp 3 Eßlöffel Zucker und 4 Eidotter werden tüchtig geklopft, dann das zu Schaum geschlagene Weiße der Eier dazu gerührt und wie oben, über den Kuchen gegeben.

10. Glace oder Zuckerguß zu einer Torte oder kleinem Backwerk, sowie auch vom Verzieren des Gusses. ¼ Pfund feine durchgesiebte Raffinade, 1 zu Schaum geschlagenes Eiweiß, Saft einer saftreichen Zitrone oder 1 Eßlöffel Rum oder Arrat.

Zucker und Zitronensaft werden gerührt und das Eiweiß theelöffelweise allmählich hinzu gegeben, während man den Guß fortwährend nach einer Seite hin rührt, bis er schneeweiß geworden. Dies wird, wenn der Kuchen auf der Schüssel erkaltet ist, darüber gestrichen und getrocknet, welches an der Sonne, in einem abgekühlten Ofen oder durch eine glühend gemachte Schaufel geschehen kann, die man über dem Kuchen hin und her bewegt; doch sei man bei letzterem Verfahren vorsichtig, daß der Guß weiß bleibe und nicht von der Hitze gelbe Flecken bekomme. Auch kann man den Guß mit Streuzucker verzieren, oder mittelst einer kleinen Blumenzange eine Guirlande von Myrthen oder anderen passenden Blättchen um den Kuchen, und in der Mitte kleine, zierliche Bouquetchen von feinem Grün mit schönen Blumenblättchen legen, doch muß dies geschehen, ehe der Guß trocknet.

Eine solche Verzierung kann überaus malerisch gemacht werden, doch gehört dazu eine gewandte Hand.

11. Zuckerguß unschädlich zu färben. Man kann dem Guß oder etwas von demselben, auf folgende Weise eine Färbung geben und den weißen damit verzieren; dann aber darf kein Zitronensaft dazu genommen werden. Braun: wenn man etwas geriebene Chokolade in die Masse rührt; schön rosa: wenn einige Tropfen des Saftes der Phitolacca (siehe Absch. XIV.), in Ermangelung Johannisbeer= oder Himbeersaft hinzugefügt werden; hochroth: mit Cochenille; blau: mit Veilchensaft; gelb: mit Zitronenzucker oder etwas Saffran, worauf einige Tropfen Branntwein gegeben sind; grün: man gibt das Eiweiß, welches zum Zucker gebraucht werden soll, zu 1 Unze rohem Kaffee in ein Töpfchen und läßt es eine Nacht stehen, wodurch es eine grüne Farbe erhält, oder man preßt aus zerstoßenen Spinatblättern einige Tropfen Saft.

12. Streuzucker zum Verzieren des Backwerks. Man gibt ¼ Pfund Mohnsamen in eine flache Schüssel und kocht ¼ Pfund Zucker, den man vorher in Wasser getunkt hat; wenn er nicht mehr heiß ist, gibt man hiervon 1 Löffel voll auf den Mohnsamen und rührt ihn mit der flachen Hand so lange, bis er anfängt, kalt zu werden. Dies wiederholt man 6—8 mal, wo alsdann der Zucker zu Ende sein wird. Das Färben geschieht auf folgende Weise: roth: mit etwas Himbeer= oder Johannisbeersaft; gelb: mit Safran, welcher mit einigen Tropfen Branntwein abgezogen ist; ein Theil des Zuckers bleibt weiß. Da in neuerer Zeit manche Farben häufig verfälscht werden, so beschränke man sich auf das Bemerkte.

13. Echter königsberger Marzipan. 1 Pfund beste süße und ¼ Unze bittere Mandeln, 1 Pfund feiner durchgesiebter Zucker und Rosenwasser.

Die Mandeln werden wie eben behandelt und zum Abtrocknen 12 Stunden auf einer Schüssel ausgebreitet. Darauf werden sie auf einer Mandelreibe fein gerieben wie Mehl, mit dem Zucker vermischt und mit Rosenwasser zu einer festen, aber geschmeidigen Teigmasse gemacht, die zum Ausrollen weder zu spröde, noch zu weich sein darf. Dann bestreut man ein Backbrett mit durchgesiebtem Zucker, theilt den Teig in runde Klumpen, rollt sie messerrückenstark aus und sticht kleine runde Kuchen oder mit kleinen Blechformen beliebige Figuren davon aus. Zu den Rändern wird der Teig etwas dicker ausgerollt, in Streifen geschnitten und nachdem die Stelle mit Rosenwasser bestrichen ist, rings herum gelegt, wo alsdann der Rand mit einem Kneipeisen eingekerbt oder mit einem Messer bunt gemacht wird. Ist der Marzipan so weit fertig, so läßt man den Deckel einer äußerst sauberen Tortenpfanne durch aufgelegte Kohlen glühend heiß werben, schiebt die Kuchen, auf Blättchen Papier gelegt, darunter und läßt sie blaßgelb backen. Nachdem legt man sie zum Erkalten mit dem Papier auf flache Schüsseln. Unterdeß wird 1 Pfd. durchgesiebter Zucker mit Rosen= wasser etwa ¼ Stunde lang gerührt und der Marzipan bis zum Rande damit gefüllt, der, sobald der Zucker steif geworden ist, mit feinen einge= machten Früchten belegt wird.

14. Englischer Plumkuchen. 1 Pfund gute Schmelzbutter oder frische Butter, welche langsam geschmolzen, abgeklärt und wieder dick ge= worden ist, 1 Pfund geriebener und feindurchgesiebter Zucker, 1 Pfund gute Kornstärke, 1 Pfund gut gewaschene und wieder angetrocknete Korinthen, 12 Eier, stark 2 Unzen feingeschnittene Succade, ¼ Unze Zimmet, ½ Unze Nelken, beide Gewürze fein gestoßen, und ein Weinglas Madeira oder Arrak.

Man reibt die Butter zu Sahne, rührt nach und nach Eidotter, Ge= würze, Zucker und Korinthen hinzu und rührt die Masse nach No. 1 ½ Stunde so stark, daß sie Blasen wirft. Dann zieht man das zu einem festen Schaum geschlagene Eiweiß leicht durch, rührt nachdem die Stärke hinzu, sowie auch zuletzt den Madeira, setzt den Kuchen sofort in den Ofen und backt ihn bei einer Mittelhitze 1½ Stunde.

Anmerkung. Da man mitunter Stärke von säuerlichem Ge= schmack findet, so ist es nothwendig, sie vorher zu versuchen.

15. Noch ein guter Plumkuchen. 1 Pfund Schmelzbutter, 8 Eier, 1 Pfund Zucker, 1 Muskatnuß, 1 Pfund Korinthen, 1 Pfund Korn= stärke, 1 Weinglas Arrak oder Rum, nach vorhergehender Weise angerührt und gebacken.

16. Brauttorte (ganz vorzüglich). 1 Pfund gute ausgewaschene Butter, 1 Pfund geriebene frische Mandeln, 1 Pfund gestoßener und durch= gesiebter Zucker, 1 Pfund feines erwärmtes Mehl, 12 Eier, abgeriebene Schale einer Zitrone und ein Theelöffel voll Muskatblüte. Zum Bestrei= chen der gebackenen Kuchen gehören 4 Eidotter, ¼ Pfund geriebener Zucker, ¼ Pfund frische ausgewaschene Butter, Saft von 4 Zitronen, wovon 1 Zi= trone abgerieben wird.

Man reibe die Butter an einem warmen Ort zu Sahne (siehe No. 1), gebe unter stetem Rühren abwechselnd nach und nach Zucker, Gewürze, Eidotter und Mandeln hinzu und rühre die Masse ½ Stunde, wie es in No. 1 bemerkt worden. Dann rühre man das Mehl langsam hinzu, sowie auch das zu Schaum geschlagene Eiweiß, und backe davon 4 Kuchen bei 2 Grad Hitze dunkelgelb—nicht braun.

Zum Bestreichen der Kuchen koche man ein Zitronenmus wie folgt: Man lasse die bemerkte Butter auf schwachem Feuer schmelzen, rühre Zucker, Zitronenschale, Eidotter und den Zitronensaft hinzu, rühre stark, bis es dicklich wird, nehme es schnell vom Feuer, rühre noch eine Weile, bestreiche damit 3 Kuchen und lege alle 4 Kuchen aufeinander. Andern Tages schneide man den Rand mit einem scharfen Messer glatt, bestreiche die Fläche mit dem Zuckerguß No. 9 und verziere ihn sinnreich mit Myrthen und feinen Blumenblättern.

Anmerkung. Um die Kuchen von gleicher Größe zu bekommen, backe man sie in den flachen mit einem aufstehenden Rand versehenen Blech-Tellern (Gelée-Kuchen-Formen oder Jellytins), bestreiche sie mit Butter, vertheile die Masse darauf und lege sie auf eine Platte. Dieser Kuchen gewinnt dadurch, daß man ihn mehrere Tage vor dem Gebrauch backt, wie das bei allen Auflegekuchen der Fall ist. Als gehaltreicher Kuchen wird derselbe in seine Stücke geschnitten. Ueberreste können nach No. 1 längere Zeit aufbewahrt werden.

17. Punschtorte. ¾ Pfund Butter, ¾ Pfund Zucker, ¾ Pfund Kornstärke, 9 Eier, 1 Zitrone, ½ Tasse Arrak.

Die Butter wird abgeklärt oder ausgewaschen und zu Sahne gerieben, mit Eidottern, Zucker, Zitronenschale und Zitronensaft ½ Stunde nach No. 1 stark gerührt. Dann wird die Stärke, nachdem 1 Theelöffel Backpulver hineingemischt, hinzugefügt, darnach der Eiweißschaum, und nachdem der Arrak leicht durch die Masse gerührt, wie Sandkuchen gebacken.

Der Kuchen wird mit einem Punschguß glacirt.

18. Zwiebacktorte. ¾ Pfund durchgesiebter Zucker, ½ Pfund guter, gestoßener und durchgesiebter Zwieback, 6½ Unzen geriebene Mandeln, 15 Eier, 1 Zitrone, 1 Theelöffel feingestoßene Nelken, 4 Gran guter Zimmet.

Eidotter, Zucker, Mandeln, Gewürze und Zitronensaft werden nach No. 1 eine halbe Stunde stark gerührt, dann wird der steife Eiweißschaum durchgemischt, der Zwieback durch die Masse gezogen und sogleich in den Ofen gesetzt 1 Stunde gebacken.

19. Kenziger aufgerollter Kuchen. ½ Pfund gut durchgesiebter Zucker, 6½ Unzen feines, durchgesiebtes Mehl, 15 Eier, Gelée oder Confitüren.

Der Zucker wird mit den Eidottern ¾ Stunde stark gerührt, dann das Mehl und der feste Schaum der Eier durchgemischt. Hiervon werden 2 länglich viereckige Kuchen auf einer Platte 20—30 Minuten bei 36½ Grad Hitze (Fahrenheit) gebacken. Einer derselben wird mit eingemachtem Mus jeder Art oder Gelée bestrichen, der andere darauf gelegt und das Ganze wie eine Papierrolle aufgerollt.

Anmerkung. Dieser Kuchen ist von angenehmem Geschmack, hält sich lange und kann immer wieder als ein ganzer zur Tafel gebracht werden, indem man von demselben fingerdicke Scheiben abschneidet, die man in passende Stücke zertheilt. In Ermangelung der Confitüren paßt auch zum Bestreichen ganz vorzüglich das Zitronenmus in der Brauttorte No. 16.

20. Mandeltorte. No. 1. 1 Pfund recht frische süße und knapp ¼ Unze bittere Mandeln, ¾ Pfund durchgesiebter Zucker, 12—15 frische Eier, 1 Zitrone, 1 Theelöffel Muskatblüte, 2 gehäufte Eßlöffel feingeriebenes und durchgesiebtes Kartoffelmehl oder Kornstärke.

Die Mandeln werden abgezogen, gewaschen, abgetrocknet und gerieben, die Eidotter mit dem Zucker, worauf die Zitrone abgerieben ist, nebst dem

Saft derselben und Muskatblüte eine Weile gerührt, die Mandeln hinzu gethan und die Masse gleichmäßig und ununterbrochen nach einer Richtung (siehe No. 1) gerührt. Dann mischt man das nach I. No. 33 zu festem Schaum geschlagene Weiße der Eier leicht durch, sowie hernach das Kartoffelmehl, füllt es sogleich in die bereitstehende zugerichtete Form, stellt sie bei 36½ Grad Hitze in den Ofen und läßt diesen Kuchen 1¼ Stunde backen. Es darf nicht daran gestoßen werden, und die Hitze von unten nicht stärker als die von oben sein.

Zur Verschönerung dieser Torte kann man einen Zuckerguß nach No.10 darüber machen, solchen mit eingemachten Früchten belegen oder dieselbe mit Pomeranzenschale verzieren, die so dünn wie Papier geschnitten werden muß.

Anmerkung. Hirschhornsalz mit dem Kartoffelmehl durch die Masse gerührt, macht sie lockerer und leichter.

21. Mandeltorte mit Weißbrod. No. 2. 10 Unzen durchgesiebter Zucker, 9½ Unzen frische süße und 1 Unze bittere geriebene Mandeln, 12—14 Eier, 7 Unzen zwei Tage altes feingeriebenes und durchgesiebtes Weißbrod, 1 Zitrone.

Man rührt den Zucker, auf welchem die Zitrone abgerieben ist, nebst dem Saft derselben und den Eidottern ¼ Stunde nach No. 1, fügt die Mandeln hinzu und rührt wieder ¼ Stunde. Wenn dies geschehen, mischt man das Weißbrod schnell durch die Masse und dann das von 10 Eiern zu steifem Schaum geschlagene Weiße. Die Torte wird nach vorhergehender Angabe gebacken und verziert.

22. Kartoffeltorte. No. 1. 1¼ Pfund geriebene Kartoffeln, 16 Eier, ¾ Pfund durchgesiebter Zucker, 5 Unzen süße, 1 Unze bittere geriebene Mandeln, 1 Zitrone, 2 gehäufte Eßlöffel pulverisirtes durchgesiebtes Kartoffelmehl, in gänzlicher Ermangelung Puder.

Recht mehlreiche Kartoffeln werden am vorhergehenden Tage mit der Schale schnell gahr, aber nicht ganz weich gekocht, sogleich abgezogen, wenn sie gänzlich kalt geworden, gerieben und das, was hinter die Reibe fällt, gewogen. Man nimmt hiervon, wie bemerkt, 1¼ Pfund, breitet es auf einer flachen Schüssel auseinander und stellt es bis zum nächsten Tage an einen luftigen Ort. Dann rührt man die Eidotter, Zucker, worauf die Zitrone abgerieben ist, nebst dem Saft und den Mandeln ½ Stunde gleichmäßig und stark nach einer Richtung, gibt dann die Kartoffeln nach und nach hinein und rührt das von 14 Eiern zu festem Schaum geschlagene Weiße mit dem Kartoffelmehl leicht aber gut durch. Die Form muß, wie zu allen Kuchen, vorher zugerichtet sein, damit die fertige Masse sogleich hineingethan und in den Ofen gesetzt werden kann. Dieser Kuchen wird wie Mandeltorte gebacken und kann die Stelle derselben sehr gut vertreten; jedoch sind hierzu ganz mehlige Kartoffeln eine Bedingung.

23. Kartoffel-Torte. No. 2. 1 Pfd. gekochte, kalte, geriebene Kartoffel, 10 Eier, 4 Unzen süße Mandeln, 1 flachen Löffel Kornstärke, 2 Tassen Zucker, 1 ganze Zitrone abgerieben, die Hälfte von dem Saft 1 Stunde rühren, 1 Stunde backen. Dann werden Eier, Zucker und Zitrone ¼ Stunde gerührt und das andere alles dazugethan, zuletzt das zu Schnee geschlagene Eiweiß. Man muß das Reibeisen herumdrehen und die Kartoffel unten reiben, damit das Feine alles nach oben kommt.

24. Brod=Torte. 9 Unzen süße, 1 Unze bittere geriebene Mandeln, ¾ Pfund durchgesiebter Zucker, 16 Eier, 1 Zitrone, 2½ Unze Zitronat, ⅛ Unze feiner Zimmet, ⅛ Unze Nelken, 1 Dram Muskatblüte, ¼ Pfd. getrocknetes, gestoßenes und fein durchgesiebtes Schwarzbrod, welches mit 1 Glas Rothwein angefeuchtet wird.

Man reibe die süßen Mandeln mit der Schale, die bitteren ohne Schale, rühre Zucker, Eidotter, Schale und Saft der Zitrone, gebe die Mandeln hinzu und rühre solches ½ Stunde. Dann füge man die Gewürze, auch das Schwarzbrod zur Masse und vermische diese mit dem festen Schaum von 12 Eiern.

25. Brod=Torte auf andere Art. Man nimmt ¾ Tasse braun geröstetes Schwarzbrod, ½ Tasse geriebene Kartoffeln, 1 Tasse Zucker, etwas Zimmt, Zitronat, 6 Eier, das Weiße von den Eiern zu Schnee geschlagen, dazu etwas Branntwein oder Wein; ¾ Stunde backen; (etwas gestoßene Mandeln kann man auch dazu geben).

26. Brod=Torte mit Chokolade. 12 Eier, ¾ Pfund durchgesiebter Zucker, 2 Unzen süße Chokolade, ½ Unze Zimmet, abgeriebene Schale einer Zitrone oder ein Stückchen mit Zucker feingestoßene Vanille und 9 Unzen altes, geriebenes und durchgesiebtes Schwarzbrod.

Die Eidotter werden mit Zucker, Chokolade und Gewürzen eine halbe Stunde stark gerührt (siehe No. 1), dann wird das Schwarzbrod hinzugefügt, das Ganze mit dem steifen Eiweißschaum vermischt und gebacken.

27. Sandkuchen (vorzüglich). 1 Pfund gute frische Butter, 1 Pfund durchgesiebter Zucker, ½ Pfund feinstes Weizenmehl und ½ Pfund Puder oder pulverisirte, fein durchgesiebte echte Weizenstärke, je nach der Größe 10—12 frische Eier, Saft und fein abgeriebene Schale einer guten Zitrone und 2 Eßlöffel Arrak. Alles dieses muß, mit Ausnahme der Eier, einige Stunden vor dem Anrühren an einem warmen Ort stehen.

Die Butter wird vorher geschmolzen, vom Bodensatz abgeklärt, alsdann zu Schaum gerieben, und mit dem Zucker, welcher nach und nach hineingestreut wird, und Zitronenschale tüchtig gerührt. Dann gibt man unter stetem Rühren allgemach ein Eidotter nach dem andern hinzu, sowie auch die abgeriebene Zitronenschale, und rührt löffelweise das Mehl in die Masse. Nachdem solches im Ganzen eine halbe Stunde nach No. 1 gerührt worden, wird die Essenz mit dem Zitronensaft durchgemischt und alsdann das zu steifem Schaum geschlagene Eiweiß leicht durchgezogen. Ohne die Masse eine Minute hinzustellen, setze man sie sogleich in der bereitstehenden zugerichteten Form in den Ofen und lasse sie bei 264 Grad Fahrenheit 1½ Stunde backen. Während dieser Zeit darf nicht an die Form gestoßen werden. Die Unterhitze kann Anfangs etwas stärker als die Oberhitze sein, dann aber muß sie sehr vermindert und später das Feuer darunter ganz entfernt werden.

Anmerkung. Vor dem Hinzuthun des Eiweißschaumes 2 Gran Hirschhornsalz durchgemischt, bewirkt ein ganz vorzügliches Aufgehen, was jedoch auch ohnehin geschieht, wenn man sich genau nach der Vorschrift richtet. Da indeß Sandkuchen, wenn derselbe nicht im Warmen gerührt und gebacken wird, beim geringsten Zuge mißräth, so ist zu rathen, im Winter andere Kuchen zu wählen.

28. Sandtorte. ½ Pfund Butter wird fein gerührt, von 6 Eiern das Gelbe eins nach dem andern dazu gethan, gut untereinander gerührt, dann ¼ Pfund Zucker nach und nach hinein, ½ Pfund Stärkemehl und etwas Zitronenschale. 1 Stunde Rühren. Nachdem hierauf 1 Theelöffel Backpulver in's Mehl gemischt, muß man es ¾ Stunde backen lassen, die Form mit Papier belegen und mit Crackers bestreuen; den Schnee zuletzt hinein.

29. Gewürztorte. Diese wird gemacht und gebacken wie Sandkuchen No. 1, jedoch rührt man mit den Eidottern zugleich folgende Gewürze zu der Butter: 1 Dram feingestoßene Nelken, halb so viel Kardamom, die abgeriebene Schale einer Zitrone. Auch kann man nach Belieben stark ½ Unze gehackte Succade und stark ¼ Unze confitirte Pommeranzenschale hinzufügen. Mit dem Eiweißschaum werde 1 Dram pulverisirtes Hirschhornsalz durchgemischt.

30. Echte Nienburger Biscuit. No. 1. ½ Pfund durchgesiebte Weizen= oder Kornstärke, 1 Pfund Zucker, auf welchen 1 Zitrone abgerieben und der, nachdem das Gelbe davon abgeschabt, fein gestoßen und durchgesiebt ist, 10 ganz frische Eiweiß, 20 Eidotter, Saft einer guten Zitrone, 1 Dram pulverisirtes Hirschhornsalz. Stärke und Zucker werden ½—1 Stunde vor dem Anrühren zum völligen Trocknen und Warmwerden in den Backofen gestellt.

Man schlägt zuerst das Eiweiß zu so festem Schaum, daß er sich schneiden läßt, doch darf er alsdann nicht länger gepeitscht werden, weil er sonst körnig wird. Darnach schlägt man mit dem Schaumbesen Eidotter, Saft und Zitronenzucker hinein, sowie auch nach und nach den Zucker, und schlägt fortwährend recht stark, und zwar wenigstens ¼ Stunde lang. Dann wird die Masse auf stark kochendes Wasser oder auf einige Kohlen gesetzt, während ununterbrochen so lange geschlagen werden muß, bis sie milchwarm geworden, wo dann erst der Puder hineingestreut und so schnell als möglich in die Masse geschlagen, das Hirschhornsalz darüber gestreut und gleichfalls rasch durchgemischt wird. Ist dies geschehen, so darf die Masse keine Minute stehen, sondern muß sogleich in einer gut ausgestrichenen und bestreuten Form in den Ofen, welcher von unten und oben eine gute Mittelhitze haben muß. Der Bisquit wird wie Sandkuchen stark 1 Stunde gebacken. Um das zu frühe Gelbwerden desselben zu verhüten, was bei Kuchen ohne Butter so leicht erfolgt, bedecke man ihn in der ersten halben Stunde mit einem Bogen Papier derartig, daß solches beim Aufgehen des Kuchens denselben nicht berührt.

31. Schnell zu machender Bisquit. No. 2. 15 frische Eier, 1 Zitrone, ¼ Pfund durchgesiebter Zucker, ¼ Pfund Kornstärke, 1 Theelöffel Backpulver.

Man schlägt 13 Eiweiß zu einem möglichst festen Schaum, rührt 15 Eidotter mit der abgeriebenen Schale und dem Saft einer Zitrone leicht unter einander und läßt dies langsam in den Schaum fließen, indem man denselben mit einem Schaumbesen fortwährend stark schlägt. Dann streut man den durchgesiebten Zucker hinein, ferner den Puder und schlägt nun nicht länger, als bis sich dieser mit der Masse vereinigt hat. Das Hirschhornsalz ist auch hier zu empfehlen, doch nicht gerade nothwendig. Das weitere wie vorstehend.

32. Guter böhmischer Semmelbisquit. No. 3. Auf jedes Ei nimmt man ½ Unze Zucker und ½ Unze zwei Tage altes geriebenes und durchgesiebtes Weißbrod, knapp gewogen. Die Eidotter werden mit dem Zucker, Saft und Schale einer Zitrone und Zimmet mit einem Schaumbesen ¼ Stunde stark geschlagen, dann das Weißbrod hineingestreut und sogleich der steife Schaum der Eier leicht darunter gemischt. Dies in einer wohl zugerichteten Form 1 Stunde gebacken.

Ist das Weißbrod älter, so muß man etwas weniger nehmen. Für 6 Personen sind 8 Eier hinreichend.

33. Chokoladekuchen. 14 Eier, ½ Pfund durchgesiebter Zucker, ½ Pfund frische geriebene Mandeln, 6 Unzen auf einem Reibeisen feingeriebene und durchgesiebte süße Vanille=Chokolade, ⅛ Unze feiner Zimmet und 1 Dram pulverisirtes Hirschhornsalz.

12 Eidotter und 2 ganze Eier werden mit Zucker, Mandeln, Chokolade mittelst eines Schaumbesens ¼ Stunde stark geschlagen, anders ½ Stunde gerührt, dann wird das von den Eiern zu Schaum geschlagene Weiße durchgemischt, Hirschhornsalz schnell durchgerührt und eine Stunde wie Mandeltorte gebacken.

34. Tassenkuchen. 4 Eier, 1 Tasse (6 Unzen) Butter, 2 Tassen geriebener Zucker, 3 Tassen Mehl, 1 Tasse Milch, worin ein Theelöffel Hirschhornsalz aufgelöst, oder 3 Theelöffel Baking powder ins Mehl gethan, 3 Tassen Rosinen und Korinthen, 6 Stück fein gestoßene Nelken und die abgeriebene Schale einer Zitrone.

Die Butter wird zu Sahne gerührt, Zucker, Gewürz und Eier nach und nach hinzugegeben, darnach die Milch und das Mehl und zuletzt die Rosinen und Korinthen.

Man läßt den Kuchen bei mäßiger Hitze 2 Stunden backen.

35. Karmeliterkuchen. 9 ganze und das Gelbe von 2 Eiern, ¾ Unzen durchgesiebter Zucker, 1½ Pfund Mandeln mit der Schale, die mit Rosenwasser nicht ganz fein gestoßen sind, 3 Eßlöffel Kirschwasser, die abgeriebene Schale einer Zitrone, ½ Unze Zimmet, 1 Muskatnuß.

Eier und Eidotter werden schäumig geschlagen, die übrigen Bestandtheile nach einander hinzugefügt. Dann wird die Masse ½ Stunde stark und gleichmäßig gerührt, ½ Pfund feines Mehl darunter gemischt und bei 36½ Grad Fahrenheit gebacken.

36. Aniskuchen. No. 1. 10 frische Eier, 10 Eier schwer durchgesiebter Zucker, 5 Eier schwer Kornstärke, 1 Theelöffel Baking powder in die Stärke gemischt, oder feines erwärmtes Mehl, beides durchgesiebt, und 1½ Unzen ausgesuchter Anissamen.

Der Zucker wird unter starkem Rühren nach und nach zu den Eidottern gefügt und ¼ Stunde lebhaft gerührt. Dann rührt man den Anissamen und die Kornstärke löffelweise hinein. Nachdem die Kuchenmasse im ganzen ½ Stunde stark und gleichmäßig gerührt ist, wird das zu steifem Schaum geschlagene Eiweiß leicht durchgezogen und dieselbe in der zugerichteten Form oder Kuchenpfanne bei mäßiger Hitze, welche anfangs von unten etwas stärker sein kann, ¾ Stunde gebacken.

An merkung. Dieser Kuchen ist nach dem angegebenen Verhältniß und wenn hierbei die nöthige Vorsicht angewandt wird, ganz vorzüglich. Ueberreste können in einer genau zugedeckten Porzellanschüssel lange Zeit aufbewahrt werden.

Bei Mangel an Uebung geht man bei nachfolgender Vorschrift aber sicherer.

37. Aniskuchen. No. 2. 6 Eier, ¾ Pfund Zucker, ¾ Pfund Kornstärke, in Ermangelung seines Mehl, stark ¼ Unze Anissamen und nach Gefallen etwas Vanille oder Muskatblüte.

Man richte sich beim Rühren und Backen nach vorhergehender Vorschrift.

38. Schweizer Schaumtorte. Zum Teig ¾ Pfund feines Mehl, ¼ Pfund ausgewaschene Butter, 3½ Unze durchgesiebter Zucker, 1 Ei, ½ Weinglas französischer Branntwein und halb so viel kaltes Wasser. Auf den Kuchen ein gehäufter Suppenteller saure Kirschen, ½ Pfund Zucker, stark ½ Quart dicke süße Sahne, ein Stückchen mit Zucker feingestoßene Vanille.

Die Butter wird in Stückchen zerpflückt, mit dem Mehl vermischt, in der Mitte eine Vertiefung gemacht, Zucker, Ei, Branntwein und Wasser hineingegeben und mittelst eines Messers im Kalten ein Teig davon gemacht, den man mit der Hand noch ein wenig verarbeitet und zum bequemeren Ausrollen etwas ruhen läßt. Dann rollt man stark ⅔ des Teiges aus, schneidet ihn nach gewünschter Größe rund, bestreicht den schmalen Rand des Unterblattes mit Ei, nur nicht die Seiten, welches dem Aufgehen hinderlich ist, legt von dem zurückgelassenen aufgerollten Teig einen schmalen Rand darauf und backt ihn bei 34 Grad Fahrenheit (siehe No. 1) etwa ¾ Stunde. Unterdeß macht man aus den Kirschen die Steine, versüßt sie gehörig mit Zucker, legt sie mit dem Saft auf den Kuchen bis an den Rand, und setzt ihn noch so lange in den Ofen, bis die Kirschen weich sind. Auch hat man einen mit Vanille geschlagenen Sahneschaum von stark ½ Quart guter Sahne nach XIII. No. 19 zu bereiten, den man kurz vorher über die Kirschen füllt, wenn der Kuchen zur Tafel gebracht werden soll.

39. Schaumtorte auf andere Art. Ein Sahne- oder Mürbeteig, ferner: Frucht-Gelée, 5—6 Eiweiß, ¼ Pfund durchgesiebter Zucker und etwas mit Zucker feingestoßene Vanille.

Das Unterblatt wird gebacken wie Schweizer Schaumtorte, nachdem mit Frucht-Gelée oder Marmelade, welche auch von frischen abgezogenen Zwetschen gemacht werden kann, bestrichen. Dann wird das Eiweiß zu einem festen Schaum geschlagen, Zucker und Vanille unter stetem Schlagen allmählich hineingestreut, der Kuchen bis zu einem schmalen Rande damit bedeckt und so lange in den Ofen gestellt, bis der Guß eine hellbraune Farbe erhalten hat.

40. Schwäbische Torte. Hierzu ein Blätter=, Sahne= oder ein Mürbeteig, ein gutes, recht steif gekochtes Compot von unreifen Stachel= beeren, Johannisbeeren, Kirschen, Aepfeln oder Zwetschen, und zum Guß 6 Eier, ¼ Pfund feingestoßene Mandeln, ¼ Pfund durchgesiebter Zucker, abgeriebene Schale einer Zitrone oder etwas Muskatblüte.

Man lege von dem gemachten Teige einen Boden mit aufstehendem Rande in eine Springform, bestreue das Unterblatt recht dick mit feinge= stoßenem Zwieback, streiche das Compote darüber und bedecke es mit fol= gendem Guß: Die Eidotter werden mit Zucker, Mandeln und Zitronen= schale ¼ Stunde nach No. 1 stark gerührt und mit dem steifem Schaum die= ser Eier vermischt. Diese Torte wird bei 34 Grad Fahrenheit gebacken. Wenn der Guß gelb geworden ist, so lege man dünne Ruthen über die Form und bedecke sie mit einigen Bogen Papier, damit der Guß nicht dunkler werde.

41. Französische Torte. Ein Mürbeteig von 1¼ Pfund feinsten Mehls; ferner ¼ Pfund süße geriebene Mandeln, worunter 1 Unze bittere sind, ½ Pfund durchgesiebter Zucker, 4 Eiweiß, 1 Unze feingeschnittene Orangenschale, in Ermangelung eine abgeriebene Zitrone.

Man lasse den gemachten Teig im Kalten etwas ruhen, theile ihn dann in zwei nicht ganz gleiche Theile, drücke den kleinsten Theil mit der flachen Hand in einer zugerichteten Springform so auseinander, daß ein zwei Finger breiter Rand entsteht. Dann setze man die Mandeln mit dem Zucker in eine Kasserolle auf ein schwaches Feuer, lasse sie so lange durch= ziehen, bis sie nicht mehr an der Hand kleben, und stelle sie zum Abkühlen in eine Schale. Nachher rühre man die Orangenschale und 4 Eiweiß, zu steifem Schaum geschlagen, gut durch, streiche diese Masse gleichmäßig auf den Teig bis an den Rand, mache aus dem zurückgelassenen Teige mit dem Torteurädchen schmale Streifen, lege diese wie ein schrägwinkeliges Gitter über den Kuchen und biege den Rand darüber, damit die Enden der über= gelegten Streifen nicht zu sehen sind. Man backe den Kuchen bei 34 Grad Fahrenheit. Hat die Macronenmasse eine schöne gelbe Farbe erhalten, so lege man Papier darüber, lasse den Kuchen recht gahr werden, lege in je= des Gitter abwechselnd verschiedene eingemachte Früchte oder in eins Früchte und ins andre einen Sahneschaum, wie in der Schweizertorte.

42. Spiegelkuchen. Man backe einen Kuchen mit einem schmalen Rande von englischem oder Mürbeteig, mache eine beliebige Weingelée von einer halben Flasche Wein, gieße sie noch heiß auf den Kuchen und stelle ihn zum Kaltwerden hin.

43. Erdbeertorte mit Vanille=Crème. Hierzu ein Blätterteig, reife, reichlich mit Zucker versüßte Erdbeeren, 6 Unzen Zucker, 8 Eier, ein Stückchen mit Zucker feingestoßene Vanille, ½ Eßlöffel Puder oder ⅛ Stange Agar-Agar zur Crème.

Der Blätterteig wird gebacken und die Crème gemacht wie folgt: Man rührt die Sahne mit dem Bindungsmittel und den Eidottern, gibt

Zucker, Vanille hinzu und schlägt solches auf mäßigem Feuer bis vor dem Kochen. Dann schnell abgenommen, schlägt man das zu Schaum geschlagene Weiße von 6 Eiern unter die Crême und fährt mit dem Schlagen so lange fort, bis dieselbe nicht mehr heiß ist. Unterdeß werden die Erdbeeren nöthigenfalls leicht und behutsam gewaschen, auf einem Haarsieb abgetröpfelt und dick mit Zucker bestreut. Man rührt diese, wenn die Torte zur Tafel gebracht werden soll, unter die Crême und füllt solche bis an den Rand auf die Torte.

44. Stachelbeertorte. Ein beliebiger Teig, Blätter=, Mürbe= oder Sahneteig, letzterer eignet sich besonders zu dieser Torte; ferner: 1½ Pfund von Stiel und Blume gereinigte unreife Stachelbeeren, 1 Pfund geriebener Zucker und etwas Zimmet.

Man rolle ⅔ des Teiges zu einem Unterblatt nicht zu dünn aus, weil sonst der Saft der Stachelbeeren dasselbe durchdringt und der Kuchen nicht unverletzt von der Platte genommen werden kann, und bestreue den Boden dick mit feingestoßenem Zwieback. Unterdeß bringe man die Stachelbeeren, mit kaltem Wasser aufs Feuer gesetzt, nicht völlig zum Kochen, wodurch sie sehr viel von ihrer scharfen Säure verlieren, lege sie zum Abtröpfeln auf ein Sieb und dann auf den Kuchen, wobei ein zwei Finger breiter Rand frei bleibe. Sind die Stachelbeeren sehr dick, so bedecken sie den Kuchen nicht, man schneide sie durch und lege die Schnittseite nach unten. Dann bestreue man sie mit dem Zucker und Zimmet, schlage den Rand darüber und backe den Kuchen bei 34 Grad Hitze 1½ Stunde, in einem Bäckerofen kürzere Zeit. Uebrigens kann derselbe auch in einer Springform, wie Kuchen von frischen Zwetschen, vorzüglich gebacken werden.

Auch kann man die Stachelbeeren zu einem steifen Compote einkochen, das Unterblatt von der Hälfte des Teiges ausrollen und das ganz kalt gewordene Compote darüber streichen. Dann werden von dem übrigen Teige schmale Streifen gerädert, diese gitterartig über die Stachelbeeren gelegt, so daß die Enden durch einen Rand, den man darüber legt, bedeckt werden.

Anmerkung. Ein übergeschlagener Rand ist bei saftigem Obst einem aufgelegten Rande aus dem Grunde vorzuziehen, weil er das Durchdringen des Saftes verhindert.

Von Zucker darf nichts abgezogen werden; manche rechnen sogar auf jedes Pfund Stachelbeeren 1 Pfund Zucker.

Ein Versuch, diesen Kuchen auch von reifen Stachelbeeren zu machen, ist sehr gut gelungen und bedarf derselbe weniger Zucker.

45. Weintraubentorte. Ein Mürbeteig, unreife Weintrauben mit Zucker in gleichem Gewicht.

Man mache die Torte nach Gefallen offen oder mit einem Oberblatt und rolle den Teig aus oder drücke ihn, wie es bei Torte von frischen Zwetschen genau beschrieben ist, in eine Springform. Dann bestreue man den Teig ziemlich dick mit gestoßenem Zwieback, lege die Weinbeeren dicht neben einander darauf, bestreue sie dick mit Zucker, stelle den Kuchen so, oder mit einem Oberblatt versehen, bei 34 Grad Hitze (siehe No. 1) in den Ofen und lasse ihn während 1—1¼ Stunde dunkelgelb backen.

46. Johannisbeertorte. Ein Sahne= oder Mürbeteig, 1½ Pfund Johannisbeeren, 1 Pfund geriebener Zucker, einige Eßlöffel geriebener Zwieback.

Man rolle den Teig aus, streue reichlich gestoßenen Zwieback darüber, und lege das Obst, mit dem bemerkten Zucker bestreut, darauf. Mit dem Formen des Randes und Backen verfahre man wie bei Stachelbeer= Torte.

47. Kirschentorte (zu empfehlen). Ein Sahneteig, ein Suppen= teller voll saure, ausgesteinte Kirschen, ⅛—¾ Pfund Zucker, Zimmet, einige Eßlöffel gestoßener Zwieback.

Nachdem die Hälfte des Teiges zum Unterblatt ausgerollt und mit Zwieback bestreut, werden die Kirschen mit Zucker und Zimmet vermischt, ohne den ausgelaufenen Saft auf den Kuchen gelegt, von der andern Hälfte des Teiges ein Gitter darüber gemacht und bei 34 Grad Hitze gebacken.

Der ausgelaufene Saft wird mit Zucker etwas eingedickt, und wenn der Kuchen zur Tafel gebracht werden soll, theelöffelweise in die schrägen Vierecke gefüllt.

48. Kirschentorte mit Guß. Wird gemacht und gebacken wie die vorhergehende, doch ohne übergelegte Streifen. Dann schlägt man dicke saure Sahne mit dem ausgelaufenen Kirschsaft, im Ganzen etwa ¼ Quart, nebst 4—5 Eidottern, versüßt es mit Zucker und Zimmet, gibt es, wenn der Kuchen beinahe gahr ist, über die Kirschen und läßt ihn vollends gahr werden.

49. Kirschenkuchen. Man weiche für 3 Cents trockenes Weizen= brod (oder 3 dicke Scheiben Weizenbrod) in halb Milch ein, dann wird ¼ Pfund Butter, ¼ Pfund abgezogene Mandeln, ¼ Pfund Zucker, mit 5 Eiern tüchtig gerührt, hierauf drückt man das Weißbrod fest aus, gibt etwas feingeschnittene Zitronenschale dazu; wenn alles recht durcheinander ist, wird zuletzt 1 Pfund Kirschen mit Kernen dazu gerührt, in eine mit Butter bestrichene Form gethan und gebacken.

50. Zitronentorte von Blätterteig. Ein Blätterteig von ½ Pfd. Mehl, ferner: 4 frische saftige Zitronen, ½ Pfund geriebene Mandeln, ½ Pfund Zucker und 4 Eier.

Man schält die Zitronen dick ab, kocht die Schale in Wasser weich, zerschneidet sie in längliche Streifchen, kocht 2 gehäufte Eßlöffel Zucker mit 1 Eßlöffel Wein oder auch Wasser zu einem dicken Sirup und kocht die Schale darin so lange, bis sich der Zucker anhängt. Der Saft wird stark aus den Zitronen gepreßt, mit den Mandeln, dem Zucker, der kandirten Zitronenschale und den Eiern tüchtig gerührt. Dies auf den Blätterteig gestrichen und schnell gebacken.

51. Zitronen = Aepfeltorte von Blätter= oder Mürbeteig. 12—14 geriebene saure Aepfel, 8 Eidotter, 8 Eßlöffel geschmolzene

Butter, 6 Löffel gestoßener Zucker, Saft von 2 Zitronen, von einer die abgeriebene Schale. Dies alles wird unter einander gerührt, mit dem Schaum dieser Eier vermischt, auf einen mit Zwieback bestreuten Blätterteig gestrichen und bei 34 Grad Hitze gebacken. Damit die Torte nicht bräunlich werde, lege man zeitig einen Bogen Papier darüber.

52. Apfelsinentorte. ¼ Pfund Zucker, 6 Unzen geriebene Mandeln, 12 Eier, 2⅓ Unze Mehl und 2 Eßlöffel Arrak. Hiervon werden, nachdem die Bestandtheile wie Mandeltorte gerührt sind, 2 Kuchen gebacken. Dann werden 4 ganze Eier und 4 Eidotter, Saft von 4 Apfelsinen und 1 auf Zucker abgeriebene Apfelsine, Saft von 2 Zitronen und ¼ Pfund Zucker über Feuer mit einem Schaumbesen geschlagen, bis es dicklich wird. Diese Crème füllt man auf einen der Kuchen, legt den andern als Oberblatt darauf und glacirt die Torte mit Folgendem: Der Saft von 2 Apfelsinen wird mit ¼ Pfund feingestoßenem Zucker und 1 Eßlöffel Wasser ¼ Stunde gerührt und glatt übergestrichen.

53. Aepfeltorte. Ein Mürbeteig, gute saure in dünne Scheiben geschnittene Aepfel, ¼ Pfund Zucker, Zitronenschale und Zimmet, ¼ Pfund gewaschene und wieder angetrocknete Korinthen.

Die Hälfte des Teiges wird ausgerollt, das Bemerkte lagenweise darauf gelegt, mit einem Gitter versehen oder mit einem Oberblatt bedeckt und bei 34 Grad Hitze gebacken.

54. Obstkuchen für 12 Personen. 6 Unzen Mehl, 4 Unzen Butter, 2¼ Unzen Zucker, 1 Ei und 2 Eßlöffel Rum, in Ermangelung kaltes Wasser.

Dies alles wird gemengt, ausgerollt, kreuzweis zusammen geschlagen und nochmals derartig ausgerollt, daß man eine möglichst runde Form erhalte. Dann wird der Teig mit einer Form bedeckt, abgeändert und auf eine vorgerichtete Platte gelegt, mit einem schmalen Rand versehen, die in 4 Theile geschnittenen sauren Aepfel recht nahe zusammen kreisförmig auf den Teig gelegt, reichlich Zucker, Zimmet, Zitronenschale und gestoßenes Backwerk darüber gestreut, Stückchen Butter darauf gelegt und schön gebacken.

Bei Kirschen oder Zwetschen wird vorher Zwieback über den Teig gestreut.

Anmerkung. Es ist gut, wenn der Teig am Tage vor dem Gebrauch gemacht wird. Derselbe kann bis zu acht Tagen in einem Töpfchen im Keller aufbewahrt werden.

55. Aepfeltorte von Blätterteig mit Guß. Man rollt ⅔ des Teiges zu einem Unterblatt und Rand aus, legt in Scheibchen geschnittene Aepfel, mit Zimmet und Zucker bestreut, dick darauf und setzt den Kuchen bei 34 Grad (Fahrenheit) Hitze in den Ofen. Ehe er ganz gahr ist, macht man einen Sahneguß nach No. 9, gibt ihn gleichmäßig über das Obst und läßt die Torte vollends gahr werden.

56. Aepfelkuchen für einen Familientisch. Zum Teig 1½ Pfd. gutes Mehl, ¼ Pfund Butter, 2 Eßlöffel Zucker, 1 Ei, 1 Obertasse kaltes

Waſſer, im übrigen ſaure Aepfel, ¼ Pfund Zucker, 2 Eßlöffel Anisſamen darauf, bedecke ſie mit dem Oberblatt und ſchlage den überſtehenden Teig des Unterblattes als Rand darüber, mache in den Kuchen 2 Einſchnitte und backe ihn bei 34 Grad Fahrenheit dunkelgelb.

57. Torte von friſchen Zwetſchen (ſehr gut). Hierzu ein Teig nach No. 5, ferner: gute reife Zwetſchen, geriebener Zucker und Zimmet, geſtoßener Zwieback.

Die Zwetſchen ſetze man in einem blechernen Sieb ſo lange in langſam kochendes Waſſer, bis die Haut mit einem Meſſer leicht abgezogen werden kann (läßt man ſie zu weich werden, ſo wird das Abziehen erſchwert). Nachdem nun die Haut entfernt iſt, ſchneide man die Steine heraus und lege die Zwetſchen in eine Schale. Dann wird der Teig gemacht. Derſelbe kann, ohne ihn vor dem Ausrollen ruhen zu laſſen, ſogleich in einer zugerichteten Springform auseinander gedrückt werden. Zu dieſem Zweck lege man ihn ſtückweiſe in die Form und drücke ihn mit der flachen, mit Mehl beſtäubten Hand gleichmäßig, jedoch ſeitwärts dicker, auseinander, ſo, daß ein zwei Finger breiter Rand von gleichmäßiger Höhe entſteht, wobei jede durchſichtige Stelle mit Teig zu verdichten iſt. Den aufſtehenden Rand lege man mit zwei Fingern in ſpitze Zacken und biege dieſe ſchrägläufend nach einer Richtung hin. Darnach beſtreue man den Teig reichlich mit geſtoßenem Zwieback, drehe jede Zwetſche, eben zugedrückt, in geriebenem Zucker und lege ſie, am Rande anfangend, ganz dicht und kreisförmig bis zur Mitte hin, ſtreue etwas Zimmet darüber und laſſe den Kuchen bei 34 Grad Fahrenheit (ſiehe No. 1) 1¼ Stunde dunkelgelb backen.

Der aus den Zwetſchen gelaufene Saft werde auf einem Suppenteller mit etwas Zucker auf einer heißen Platte ein wenig eingedickt, und erſt, wenn der Kuchen zur Tafel gebracht wird, über die Zwetſchen vertheilt.

Anmerkung. Der bemerkte Teig iſt zu einer großen Torte hinreichend. Durch das Umdrehen der Zwetſchen in Zucker erhalten dieſe die gewünſchte Süße. Warm iſt dieſer Kuchen am wohlſchmeckendſten, jedoch kann derſelbe einige Tage vorher gebacken und vor dem Gebrauch ¼ Stunde in einen heißen Ofen geſetzt werden. In Zeiten, wo die Zwetſchen fehlen, kann der Kuchen nach dem Backen mit Mus von Zwetſchen ohne Schale beſtrichen und dann ¼ Stunde in den Ofen geſtellt werden.

58. Torte von getrockneten Zwetſchen (empfehlenswerth). Man nehme den Teig und lege nach No. 41 ein Gitter über das Obſt, oder man verfahre nach vorgehender Angabe; ferner gehören dazu 1 Pfd. Katharineupflaumen oder gute Zwetſchen, ½ Flaſche Weißwein, gut 6 Unzen Zucker, ¼ Pfund Korinthen, 1 Zitrone und geſtoßener Zwieback.

Die Pflaumen werden in heißem Waſſer abgewaſchen, Zwetſchen abgebrüht (ſiehe Compotes), und in wenig Waſſer ſo lange langſam gekocht, bis ſich die Steine herausdrücken laſſen. Dann werden ſolche entfernt, die Pflaumen mit der Brühe, Wein, Zucker, Saft und Schale einer Zitrone in einem irdenen Töpfchen, feſt zugedeckt, langſam weich gekocht; ¼ Stunde vorher gibt man die rein gewaſchenen Korinthen hinzu und läßt die Brühe gut einkochen. Völlig kalt geworden, streiche man das Mus auf den mit Zwieback bestreuten Teig, mache ein Gitter darüber und lasse den Kuchen bei 34 Grad Hitze 1—1¼ Stunde dunkelgelb backen.

59. Kuchen von Hefenteig auf einer Platte mit frischen Zwetschen, auch mit Aepfeln oder anderen beliebigen Früchten. 1 Pfund warm gestelltes Mehl, 5 Unzen geschmolzene und abgeklärte Butter, reichlich ¼ Quart lauwarme Milch, 1 Eßlöffel frische Hefe oder knapp ½ Stück Preßhefe, 2 Eier, 1 gehäufter Eßlöffel Zucker; ferner frische Zwetschen und zum Ueberstreuen des Obstes Zucker, Zimmet und Butter.

Man gibt das Mehl in eine Schale, in deren Mitte Butter, Zucker, Eier, Milch, etwas Salz und in die Milch zerrührte Hefe, macht solches zu einem lockeren Teige, welchen man langsam aufgehen läßt, rollt ihn dünn aus und legt ihn auf eine gut abgeriebene und bestrichene eiserne Platte; dann bestreicht man ihn mit geschmolzener Butter, streut Zucker und Zimmet darüber, läßt recht reife, gut abgeputzte und ausgesteinte Zwetschen in einem Topfe mit etwas Butter warm werden, legt sie dicht aneinander darauf (die Zwetschen aufgebogen, die inwendige Seite nach oben), kleine Stücke Butter und Zimmet darüber, stellt den Kuchen so lange an einen warmen Ort, bis er gut aufgegangen ist, und backt ihn schnell gahr, weil sonst der Teig austrocknen würde.

Nach Belieben kann man einen Guß nach No. 8 darüber machen, ehe der Kuchen ganz gahr ist, und ihn dann vollends gahr backen.

Das Erwärmen des Obstes macht den Kuchen bedeutend besser.

60. Waldbeer- oder Heidelbeerkuchen von Hefenteig auf einer Platte. Der Teig werde, wie es beliebt, nach vorhergehender oder nachfolgender Angabe gemacht; ferner gestoßener Zwieback, Heidelbeeren, Farin oder geriebener Zucker und Zimmet.

Der Teig wird auf einer gut gereinigten und bestrichenen Platte dünn ausgerollt, mit einem etwas aufstehenden Rande versehen und, wenn er gut aufgegangen ist, mit Zwieback bestreut. Dann werden die vorher in einem Ofen erwärmten Heidelbeeren dick auf den Teig gelegt, mit reichlich Farin (Puderzucker) und Zimmet bestreut. Darnach wird der Kuchen bei starker Hitze nicht zu lange gebacken, weil andernfalls die Waldbeeren zu viel Saft abgeben, und der Rand des Kuchens austrocknen würde.

Auch kann, bevor der Kuchen völlig gahr geworden, ein Guß nach No. 8 darüber gemacht werden.

61. Aepfelkuchen von Hefenteig auf einer Platte. 1 Pfund Mehl, 2 Eier, 1 Eßlöffel Hefe, ungefähr ¼ Pfund Butter, 2 Eßlöffel Zucker, eine große Tasse Milch und 1 Theelöffel Salz.

Das Mehl wird in einen Napf gethan, Eier und Zucker, nachdem sie nebst Salz mit der Milch zerklopft sind, in der Mitte hinein gegossen, mit dem Messer gerührt und zuletzt die mit Milch und etwas Zucker aufgelöste Hefe hinzugefügt. Der Teig wird auf eine gut vorgerichtete Platte ge=

legt, mit der flachen Hand gleichmäßig dünn auseinander gedrückt und zum
Aufgehen hingestellt. Unterdeß werden saure Aepfel geschält, je nach der
Größe in 4 oder 8 Theile geschnitten, mit etwas Butter auf dem Feuer erwärmt, ganz nah zusammen auf den gut aufgegangenen Kuchen gelegt und
mit Zucker und Zimmet bestreut. Dann mache man einen Guß darüber
von einer ziemlich großen Tasse saurer Sahne, 2 Eiern und Zucker und
stelle den Kuchen in einen heißen Ofen. Der Guß vermehrt die Quantität und macht den Kuchen recht saftig, doch ist derselbe auch ohne Guß sehr
gut, darf aber nicht im Ofen austrocknen.

Derselbe Teig paßt auch zum Kaffeekuchen, doch muß der Kuchen nach
dem Aufgehen mit Rosenwasser angefeuchtet, mit reichlich geschmolzener
Butter bestrichen und mit grobgestoßenem Zucker und Zimmet bestreut
werden.

62. Hamburger Kuchen. 2 Pfund feines Mehl, 1 Pfund Korinthen, ½ Pfund Butter, 9 Eier, 5 Unzen Zucker, gut 2 Unzen kleingeschnittener Zitronat, abgeriebene Schale einer Zitrone und gut 2 Unzen in
Milch aufgelöste Hefe.

Die Butter reibt man schäumig, rührt abwechselnd Zucker und Eier
hinzu, dann nach und nach das Uebrige, gibt die Masse in eine gut ausgestrichene Springform, bestreut den Kuchen mit einem Gemengsel von gehackten Mandeln, Zucker und Zimmet, und läßt ihn, wenn er aufgegangen
ist, bei starker Mittelhitze dunkelgelb backen.

63. Mannheimer Kuchen. 10 Unzen feines Mehl, ½ Pfund geschmolzene Butter, 20 Eier, in warmem Wasser erwärmt, 2 Eßlöffel Zucker,
abgeriebene Schale einer Zitrone, gut 1½ Eßlöffel in Milch aufgelöste Hefe
und etwas Salz. Die Butter wird ½ Stunde lang zu schäumiger Sahne
gerührt, dann die Eier, eins nach dem andern, abwechselnd mit einem Löffel
Mehl unter stetem Rühren hinzugegeben, darauf mit Hefe, Zucker und
Gewürz noch eine Weile geschlagen und in die vorher gut zugerichtete Form
gegeben. Man kann nach Belieben die Form mit halben Mandeln auslegen.

**64. Westfälischer Butter-, Kaffee- oder Zuckerkuchen. No.
1.** Zum Teig: 2 Pfund feinstes, erwärmtes und dann durch ein Blechsieb gerührtes Mehl, ½ Pfd. gute, völlig ausgewaschene Butter, 2 Eßlöffel
oder ½ St. Preßhefe in Milch aufgelöst, 2 kleine Theelöffel Salz, 2 Eier,
2 Eßlöffel Zucker, stark ¼ Quart warme, nicht heiße Milch. Auf den Kuchen: gut 10 Unzen gröblich gestoßener Zucker, ¼ Pfund Butter, gut 2 Unzen gröblich gestoßene Mandeln, 1 Dram feiner Zimmet; zum Besprengen
des gebackenen Kuchens ½ Tasse Rosenwasser, oder, wenn man diesen Geschmack nicht angenehm finden möchte, eben so viel weißen Wein oder Zuckerwasser.

Das Mehl wird in einer erwärmten Backmulde mit der in Stückchen
zerpflückten Butter vermischt, in der Mitte eine Vertiefung gemacht, die einige Minuten vorher in etwas Milch und Zucker aufgelöste Hefe nebst Eiern, Salz, Gewürz, Zucker und Milch hinein gegeben, mit einem breiten
Messer von allen Seiten das Mehl nach der Mitte hingezogen, rasch unter
einander geschlagen und wenig verarbeitet, was bei dieser Vorschrift eine

Hauptbedingung ist. Der so entstandene weiche Teig wird nun mit der flachen, mit wenig Mehl bestäubten Hand auf einer etwas erwärmten Bäckerplatte einen halben Finger dick ausgebreitet, ein erwärmtes Tassentuch darüber gedeckt und an einem mäßig warmen Orte so lange—etwa 1—1½ Stunde—zum Aufgehen hingestellt, bis der Teig gehörig gehoben ist. Nachdem dies geschehen, bestreut man ihn mit einem Gemengsel von Zucker, Mandeln und Zimmt, legt die in Stückchen zerpflückte Butter stellenweise darüber hin und backt den Kuchen bei guter Hitze etwa 15—20 Minuten. Derselbe darf nur dunkelgelb, nicht bräunlich werden, noch weniger im Ofen austrocknen, sondern muß inwendig weich bleiben. Beim Herausnehmen besprengt man ihn auf der Platte mit Rosenwasser, Wein oder Zuckerwasser.

Vorstehende Angabe füllt eine der größten Bäckerplatten; man kann die Angabe selbstredend bis auf ein Pfund Mehl beschränken, oder nach Belieben vergrößern.

Anmerk. Ganz frisch sind die Zuckerkuchen am besten. Um sie aufzufrischen, was recht gut geht, setze man sie vor dem Gebrauch einige Minuten in einen recht heißen Ofen. Sie werden gewöhnlich in zwei Finger breite und dreimal so lange Stückchen geschnitten.

65. Norderneier Butterkuchen. Nr. 2. Zum Teig 2 Pfund feines durchgesiebtes und erwärmtes Mehl, stark ½ Quart warme Milch, ¼ Pfund frische abgeklärte Butter, ¼ Pfund gewaschene und erwärmte Corinthen, 2½ Unzen frische, gewässerte Hefe, 2 kleine Theelöffel Salz, auch nach Belieben etwas Muskatblüte oder sonstiges Gewürz; auf den Kuchen ¼ Pfund gröblich gestoßener Zucker, ½ Unze Zimmt und noch etwas geschmolzene Butter.

Man macht von dem bemerkten Mehl mit Milch, Salz und 1 Unze in etwas Milch und Zucker aufgelöster Hefe einen feinen Teig, welchen man während des Aufgehens zweimal durcharbeitet. Dann gibt man die langsam geschmolzene und vom Bodensatz abgeklärte Butter, noch gut 1½ Eßlöffel aufgelöste Hefe und Korinthen dazu, arbeitet den Teig hiermit nur eben durch, rollt ihn wie im Vorhergehenden aus, bestreicht den Kuchen mit Butter, streut Zucker und Zimmt darauf und backt ihn in einem heißen Ofen 10 Minuten.

66. Butterkuchen. Nr. 3. Zum Teig 1½ Pfund erwärmtes Mehl, ¼ Pfund gewaschene und wo möglich eben ausgesteinte Rosinen, ¼ Pfund halb Butter halb gutes Schmalz, zusammen langsam geschmolzen, 1¼ Eßlöffel frische Hefe, ¼ Quart warme Milch und, wenn man sie gerade hat, 2 Eßlöffel dicke saure Sahne; zum Bestreichen des Kuchens gut 2 Unzen geschmolzene Butter und zum Ueberstreuen ¼ Pfund Zucker und etwas Zimmet.

Der Teig werde nach Butterkuchen No. 2 gemacht, ausgerollt, nachdem er gut aufgegangen, bestrichen, bestreut und schnell gebacken.

67. Sächsischer Speckkuchen. Zum Teig ¾ Pfund Mehl, ¼ Pfund geschmolzene Butter, ¼ Quart lauwarme Milch, 1 Unze Zucker, knapp 1 Eßlöffel Hefe, 2 Eidotter, ¼ Theelöffel Salz; zum Ueberstreuen ¼ Pfund geräucherter, kleinwürfelig geschnittener Speck, Kümmel und Zucker.

Man mache den Teig wie beim Wickelkuchen, No. 81, lasse ihn gut aufgehen, drücke ihn in eine flache Kuchenpfanne, forme einen Rand und lasse ihn nochmals aufgehen. Dann bestreue man ihn mit Speck, Kümmel und Zucker und backe ihn bei guter Hitze etwa ¾ Stunde.

68. Bremer Klöben. Zum Teig 3 Pfund gutes durchgesiebtes Mehl, 1 Pfund ausgewaschene Butter, 1 Pfund gewaschene Rosinen, welche wo möglich ausgesteint und dann warm gestellt werden, ½ Pfund durchgesiebter Zucker, ¾ Quart warme Milch, 3 Eßlöffel Hefe oder ½ Stück Preßhefe, 3 Theelöffel Salz, Gewürz nach Gefallen. Zum beliebigen Füllen, wobei die Rosinen weg bleiben, ¼ Pfund gewaschene und erwärmte Korinthen, ¼ Pfund Zucker, gut 2 Unzen langgeschnittene Mandeln, 1 Unze Succade.

Man mache den Teig, wozu alle Bestandtheile vorher erwärmt sein müssen, ganz nach Wickelkuchen, No. 81, lasse ihn langsam etwa 1½ Stunde aufgehen und rolle ihn 2 Finger dick zu einem langen schmalen Streifen aus, drücke diesen mit dem Rollholz in der Mitte der Länge nach ein, damit an den Seiten der Teig dicker werde, fülle, wenn es beliebt, diese Stelle mit Korinthen, Succade und Mandeln und schlage dann die beiden Seiten so aufeinander, daß keine vorsteht. Dann bringe man den Klöben in Form eines halben Mondes auf eine Platte, die Rückseite nach außen, worin einige Einschnitte gemacht werden, lasse ihn gehörig aufgehen, bestreiche ihn mit Ei und backe ihn bei nicht starker Mittelhitze eine reichliche Stunde.

69. Schlesischer Brünkelkuchen. Hierzu ein Butterkuchenteig ohne Rosinen und Korinthen von 1½ Pfund Mehl. Zum Ueberstreuen ½ Pfund geriebener Zucker, ¼ Pfund feines Mehl, ½ Pfund geschmolzene und abgeklärte Butter, gut 2 Unzen gröblich gestoßene Mandeln, ¼ Unze Zimmet.

Dies alles wird mit der Hand lose durchgemengt, so daß es kleine Krümeln werden. Dann wird der Teig, nachdem er gut aufgegangen, auf einer Platte dünn ausgerollt, mit Butter bestrichen und mit obigem Gemengsel bestreut, mit einer Feder noch etwas zurückbehaltene geschmolzene Butter darüber gesprengt und der Kuchen schnell gebacken.

70. Guter schlesischer Käsekuchen. Ein Teig wie im Vorhergehenden. Zum Ueberstreichen wird ein Suppenteller gute, abgelaufene Dicke- oder Käsemilch, mit junger Sahne sein, aber nicht zu dünn gerührt, 1 Obertasse geschmolzene Butter, Zucker und Zimmet nach Geschmack, 2 Eier und etwas gut gewaschene Korinthen durchgemischt.

Man rollt den Teig auf einer Platte dünn aus, läßt ihn aufgehen, streicht die etwas erwärmte Käsemasse darauf und backt ihn schnell wie Butterkuchen.

Anmerkung. Dieser Kuchen ist, wenn er nicht im Ofen ausgetrocknet, sondern weich gebacken und frisch gegessen wird, von sehr angenehmem Geschmack.

71. Schlesischer Stollen. Man macht von 3½ Pfund Mehl, mit ½ Quart lauwarmer Milch, 8 Eidottern, gut 2 Unzen Hefe und gut 1½

Unzen Salz einen Teig, den man im Warmen aufgehen läßt, arbeitet dann stark ½ Quart abgeklärte Butter, ½ Pfund ausgesteinte Rosinen, ¼ Pfund Zucker, gut 6 Unzen gröblich gestoßene Mandeln, noch 1 Eßlöffel Hefe und abgeriebene Zitronenschale durch den Teig und läßt ihn nochmals aufgehen. Dann formt man ihn zu einem langen Brod, macht mit dem Messer auf der Oberfläche der Länge nach zwei zackige Streifen, streicht reichlich geschmolzene Butter darüber, backt ihn bei 34 Grad Fahrenheit ½—¾ Stunde oder schickt ihn zum Bäcker in den Ofen.

72. **Hallesche Wecke (ein Nationalgebäck).** 1⅓ Quart warme Milch, 2½ Pfund Butter, 2 Pfund gewaschene und ausgesteinte Rosinen, 1 Pfund gereinigte Korinthen, 1 Pfund durchgesiebter Zucker, ¼ Pfund gewässerte trockne Hefe, ¼ Pfund süße, halb so viel bittere, gröblich gestoßene Mandeln, gut 2 Unzen Zitronat, Zimmet und Muskatblüte, von jedem Theile 1 Dram, 2 abgeriebene Zitronen, 5 Eidotter, etwas Salz und 3—4 Pfund gutes Mehl.

Man stellt das Mehl warm, die Hefe mit 1 Tasse Milch, 1 Löffel Rum an einen nicht zu warmen Ort, und besprengt die Rosinen mit Rum. Nachdem man den Teig nach vorhergehender Angabe gemacht hat, formt man ihn zu 2 Wecken — längliche Brode —, läßt sie langsam und gut aufgehen, legt sie auf ein Blech, welches mit einem bestrichenen Papier versehen ist, läßt sie gut ausbacken, bestreicht sie sogleich beim Herausziehen mit Butter und bestreut sie mit Zucker und Zimmet.

73. **Roll- oder Schneckenkuchen.** 2½ Pfund feines durchgesiebtes Mehl, 7 Eier, von 4 das Weiße zurückgelassen, 5 Eßlöffel gut gewässerte dicke mit Milch und Zucker aufgelöste oder ½ Stück Preßhefe, ½—¾ Pfund Farinzucker oder Melis, 1 Pfund gute ausgewaschene Butter, ½ Pfund Korinthen, ½ Pfund ausgesteinte Rosinen, ¼ Quart lauwarme Milch.

Alles dies muß vorab an einem warmen Orte gehörig durchgewärmt sein. Dann werden die Eier zerklopft, die Milch wird mit der Hefe zu den Eiern gegossen und die Hälfte des Mehles damit angerührt. Dieses läßt man ½ Stunde aufgehen, rührt nachher so viel Mehl dazu, daß man den Teig rollen kann, arbeitet die Butter durch, gebraucht von dem übrigen Mehl zum Unterstreuen und rollt den Teig dünn aus. Dann schneidet man ihn mit einem Backrädchen in stark zwei Finger breite Streifen, streut Zucker, Korinthen, Rosinen, Zimmet, auch nach Belieben Mandeln, der Länge nach feingeschnitten, darüber hin, rollt die Streifen in Form eines Schneckenhauses auf und setzt sie in eine zugerichtete Tortenpfanne nicht zu nahe aneinander, damit sie Raum zum Aufgehen haben. Sind größere Röllchen dabei, so kommen diese in die Mitte. Man läßt sie gut aufgehen und backt sie bei 34 Grad Hitze ¾ bis 1 Stunde.

74. **Elberfelder Kreugel (sehr zu empfehlen).** 2 Pfund Mehl, ¾ Pfund Butter, ½ Pfund Zucker, 5 Eier, ¼ Unze guter gestoßener Zimmet, ½ Quart Milch, ¾ Pfund Korinthen oder 2 Tassen Gelée und gut 2 Unzen frische Hefe.

Die Hälfte des Mehls rührt man mit der warmen Milch, den Eiern und der Hefe an, läßt es aufgehen und nimmt dann ¼ Pfund Zucker und so viel Mehl dazu, daß der Teig verarbeitet werden kann; die Butter gibt man nach und nach dazu, sowie auch das übrige Mehl. Dann wird der Teig nicht zu dünn ausgerollt, der übrige Zucker, nebst Zimmet und Korinthen übergestreut oder mit Gelée bestrichen, vorsichtig aufgerollt und zu einem offenen Kranze (halbmondförmig) geformt. Dieser wird dann auf eine Platte gelegt, wenn er gut aufgegangen ist, mit Butter bestrichen und ¾ Stunde bei 34 Grad Hitze gebacken.

Anmerkung. Wünscht man beim Backen dieses Krengels zugleich ein zweites Gebäck zu haben, so kann man vor dem Aufrollen des Teiges den vierten Theil desselben zurückbehalten, 2 gehäufte Eßlöffel Zucker durcharbeiten und davon Mandelkränze formen und backen, wie diese beim kleinen Backwerk beschrieben sind. Es würden dazu gut 2 Unzen Mandeln nöthig sein.

75. Dicker Kuchen. 2 Pfund durchgesiebtes erwärmtes Mehl, ¾ Pfund Butter, ½ Pfund Rosinen, gewaschen und ausgesteint, ¼ Pfund durchgesiebter Zucker, 4 Eier, ¾ Quart lauwarme Milch, ½ Eßlöffel Hefe, reichlich ¼ Theelöffel Muskatblüte.

Die ausgewaschene und erwärmte Butter wird zu Sahne gerieben, dann werden nach und nach Eier, Zucker, Gewürz, sowie auch abwechselnd Milch und Mehl, die in etwas Milch und Zucker aufgelöste Hefe und zuletzt die Rosinen hinzugerührt. Darnach wird der Teig stark geschlagen, und nachdem er in der zugerichteten Form gut aufgegangen ist, mit geschmolzener Butter bestrichen, mit gröblich gestoßenem Zucker und Zimmet bestreut und bei guter Hitze ¾ bis 1 Stunde gebacken.

76. Rodonkuchen (Schnecken-, Form- oder Napfkuchen). No. 1. 1 Pfund feinstes Mehl, welches der Klümperchen wegen durch einen Durchschlag getrieben werde, ¾ Pfund abgeklärte und wieder kalt gewordene Butter, 1 Eßlöffel durchgesiebter Zucker, 15 Eier, abgeriebene Schale einer Zitrone, ein Stückchen feingeschnittene Succade und 1 Eßlöffel frisch gewässerte, mit Milch zerrührte Hefe und ⅓ Theelöffel Salz.

Nachdem die genannten Theile gehörig durchwärmt, auch im Winter die Eier in warmem Wasser erwärmt worden und die Hefe mit etwas Milch und 1 Theelöffel Zucker aufgelöst, reibe man die Butter zu Schaum, rühre allgemach Zucker, Salz und Zitronenschale hinzu, sowie auch abwechselnd 1 Eßlöffel Mehl, 1 ganzes Ei und fahre damit fort, bis alles verrührt ist, wo alsdann die Hefe durchgemischt wird. Dann schlage man den Teig mit der runden Seite des Rührlöffels so lange, bis derselbe überall Blasen wirft, lasse ihn in der zugerichteten Form langsam etwa 1½ Stunde zugedeckt an einem zugfreien Orte aufgehen und backe den Kuchen bei guter Mittelhitze 1 Stunde.

Anmerkung. Man kann bei dieser und den nächstfolgenden Vorschriften nach Gefallen den Zucker weglassen und geriebenen Zucker zum Kuchen geben.

77. Rodonkuchen. No. 2. 1 Pfund feinstes, durchgesiebtes Mehl, ½ Pfund abgeklärte Butter, ¼ Pfund etwas gröblich gestoßene Mandeln, ¼ Pfund durchgesiebter Zucker, 9 frische Eier, ⅛ Quart frische erwärmte

Milch, abgeriebene Schale einer Zitrone, ½ Theelöffel Muskatblüte oder ein Stück feingeschnittene Succade, ½ Theelöffel Salz und 1 Unze frische Hefe.—Die Butter wird zu Schaum gerieben, dann gibt man unter stetem Rühren nach und nach die Eier hinzu, dann Mandeln, Milch, Gewürz, Zucker und aufgelöste Hefe, rührt zuletzt löffelweis das Mehl durch, und läßt die Masse in einer mit Butter bestrichenen und mit Puderzucker oder Zwieback bestreuten Form nach No. 1 aufgehen und backen.

78. **Rodonkuchen. No. 3.** 1 Pfund Mehl, ½ Pfund abgeklärte Butter, ¼ Pfund Sultanrosinen oder Korinthen, gut gewaschen, gut 3 Unzen Zucker, 5 frische Eier, ¼ Quart erwärmte Milch, ½ Theelöffel Muskatblüte, etwas auf Zucker abgeriebene Zitronenschale, ½ Theelöffel Salz und 1 Unze frische Hefe.

Die Bestandtheile werden nach vorhergehender No. zusammengesetzt und weiter nach No. 1 verfahren.

79. **Rodonkuchen. No. 4.** 1½ Pfund durchgesiebtes Mehl, ½ Pfund abgeklärte Butter, ¼ Pfund durchgesiebter Zucker, 5 frische Eier, ½ Quart warme Milch, 1½ Eßlöffel Hefe, 1 Theelöffel Muskatblüte oder Zitronenschale und 1 Theelöffel Salz.

Man richte sich übrigens ganz nach dem Vorhergehenden.

80. **Korinthenplatz.** 2¾ Pfund Mehl, ¾—1 Pfund Korinthen, gut gewaschen, ½ Pfund abgeklärte Butter, ½ Quart lauwarme Milch, 1½ Eßlöffel Hefe, 1 Obertasse Zucker, 2 Eier, Muskatblüte oder Zimmet und etwas Salz.

Dies alles wird 1 Stunde vor dem Anrühren an einen warmen Ort gestellt. Dann rührt man Milch, Eier und die Hälfte der Hefe mit der Hälfte des Mehls an, läßt es aufgehen und macht solches mit dem Uebrigen zum Teig, welchen man mit der runden Seite eines Löffels so lange stark schlägt, bis er Blasen wirft. Darauf läßt man denselben in einer ausgestrichenen Form 1—1½ Stunde aufgehen, bestreicht ihn mit verdünntem Ei und läßt den Kuchen bei starker Mittelhitze ¾—1 Stunde backen.

81. **Wickelkuchen.** Zum Teig 1¼ Pfund feines Mehl, ¾ Pfund ausgewaschene Butter, nach Belieben 3—5 Unzen Zucker, 2 Eier, 1½ Eßlöffel Hefe, knapp ¼ Quart lauwarme Milch, 1 Theelöffel Salz; auf den Teig: ½ Pfund Korinthen, ¼ Pfund Zucker, 1 Unze kleingeschnittene Succade oder Pomeranzenschale oder in Zucker eingelegte Apfelsinenschale (I. No. 59) und ¼ Unze Zimmet.

Nachdem alle benannten Theile gut erwärmt, die Hefe in etwas Milch und Zucker aufgelöst, legt man die weich gewordene Butter in die Mitte des Mehls, rührt Zucker, Eier, Hefe, Salz und Milch unter einander, gießt es hinzu und macht erst mit dem Messer, dann mit der Hand einen Teig, den man gut schlägt und aufgehen läßt. Darnach rollt man ihn zu einem langen 5 Zoll breiten Streifen, bestreut ihn mit Korinthen, welche vorher gewaschen und im Ofen erwärmt sind, Zucker, Pomeranzenschale und Zimmet, rollt ihn der Breite nach lose auf, legt das Ende der Rolle in die Mitte einer Form und so rund herum, bis der Streifen zum Kuchen geformt ist, jedoch muß die Rolle so gelegt werden, daß etwas

Raum zum Aufgehen dazwischen bleibt. Man läßt ihn an einem warmen Orte gut aufgehen und backt ihn zwischen 34 und 36 Grad Hitze 1—1½ Stunde.

82. Gewöhnlicher Puffert oder Topfkuchen. Zu 2 Pfund gutem Mehl ¼ Pfund Butter, doch kann man auch zur Hälfte Schweineschmalz nehmen, ferner 1—2 Eier, warme—nicht heiße—Milch, 1 Eßlöffel frische Hefe, 2 - 3 nicht ganz weich gekochte, kalt gewordene und geriebene Kartoffeln, 1 Theelöffel Salz und nach Gefallen etwas Muskatblüte.

Die Eier werden klein geschlagen, Hefe, Kartoffeln, Salz und Milch dazu gerührt und hiermit das Uebrige vermengt. Dann wird der Teig stark geschlagen, in einer mit Schmalz oder Butter bestrichenen tiefen Pfanne zugedeckt zum langsamen Aufgehen hingestellt; wenn das nach etwa 1½—2 Stunden erfolgt ist, auf dem Ofen zugedeckt ganz langsam gebacken. Nachdem der Kuchen oben trocken geworden, wird er umgewendet und vollends gahr gebacken.

An merkung. Möchte man gerade keine gekochten Kartoffeln vorräthig haben, welche jedoch den Puffert milder und lockerer machen, so würde auf stark ½ Quart Milch gerechnet werden müssen. Der Teig wird dadurch verbessert, daß man ihn am vorgehenden Tage anrührt und bis zum Aufgehen in den Keller stellt.

83. Mince-Meat. Man nehme drei Pfund sehr feingehacktes Rindertalg, die Haut ganz abgezogen, 3 Pfund gekochtes und gehacktes Rindfleisch—auch Zunge kann man nehmen, — 3 Pfund fein gehackte Aepfel, 2 Pfund Zucker, 2 Pfund Rosinen, 1½ Pfund Korinthen, 4 Eßlöffel Muskatnuß, 4 Eßlöffel Nelken; dann nimmt man so viel Cider oder Wein, daß es saftig wird. Man kann es auch ein wenig aufkochen. Manche lieben es, Zitronat und etwas Brandy, auch wohl Pfefferkuchen dazu zu thun.

84. Gries-Torte. 1 Tasse Gries, 1 Tasse Zucker, 8 Eier; Zucker und Eigelb werden ¼ Stunde gerührt, der Gries hinzugethan, dann der Schnee leicht durchgerührt und bei schwachem Feuer 1 Stunde gebacken.

85. Himmels-Torte. Man nimmt ¾ Pfund ausgewaschene Butter, 4 Eidotter, 4 Eßlöffel voll Zucker, die Schale einer Zitrone, 1 Pfund feines Mehl, backt hiervon 3 Kuchen, bestreicht diese mit Eiweiß, gehackten Mandeln, Zimmt und Zucker, dann macht man einen Crème von einem Pint sauren Rahm, Zucker, Vanille, dem Saft einer Zitrone. Wenn es kocht, werden 2 Eßlöffel Mehl angerührt; und zuletzt mit ein paar Eigelb abgerührt, dann werden die 2 Kuchen mit Gelée und dem Crème bestrichen.

B. Kleines Backwerk.

Vorbericht. Um das kleine Backwerk ohne Bröckelei schnell von der Platte zu lösen, bestreiche man diese, nachdem sie gut abgerieben und erwärmt worden, mit einem Stückchen Wachs. Sollte das Gebackene aus Versehen auf der Platte kalt und also fest geworden sein, so bedarf es zum Abnehmen desselben nur des Warmmachens der Platte.

86. Marschalltörtchen. Blätterteig, 2 Eiweiß, ¼ Pfund Zucker 3 Unzen geriebene Mandeln.

Man rollt den Blätterteig einen Strohhalm dick aus, sticht mit einem kleinen Wasserglase Boden aus und legt von folgender Mischung etwas darauf, welches man mit einem Theelöffel ein wenig auseinander streicht. Hierzu das zu steifem Schaum geschlagene Eiweiß, Zucker und Mandeln. Diese Törtchen werden bei 34 Grad Hitze gelb gebacken und frisch gegessen.

87. Fruchttörtchen. Mürbeteig, Ei, beliebige frische Früchte oder Confituren, Zucker und Zimmet.

Der Teig wird ganz fein ausgerollt, dann werden mit einem großen Wasserglase Boden davon ausgestochen, aus der Hälfte derselben, um Ränder zu formen, kleinere Boden gemacht, die ersten rund herum, nur nicht die Seiten, mit Ei bestrichen, die Ringe als Ränder darauf gelegt. Dann belegt man sie mit beliebigen Früchten,—ausgesteinte Kirschen, Trauben, auch unreife Stachelbeeren können dazu genommen werden, letztere aber müssen vorher eben abgekocht und wieder erkaltet sein,—gibt nach der Art der Früchte den nöthigen Zucker und Zimmt darüber und backt sie schnell gahr. Nimmt man sehr saftige Früchte, als Johannisbeeren oder Himbeeren, so streue man etwas Zwieback auf den Boden. Bei Anwendung eingemachter Früchte oder Gelée werden die Törtchen ungefüllt gebacken und dann bestrichen. Auch kann der Teig mit einem Ausstecher von der Größe einer Untertasse ausgestochen, zur Hälfte mit Früchten versehen und solche mit der anderen Hälfte bedeckt werden, hierbei wird der Rand angedrückt.

88. Gefüllte Fruchttörtchen in kleinen Formen zu backen. Mürbeteig, Quitten- und Aepfelmus, Zitronensaft und Schale, Mandeln, Zucker, Vanille und Eiweiß.

Der Mürbeteig wird dünn ausgerollt und werden dann kleine Formen damit ausgelegt. Vorher aber hat man Quitten mit der Schale recht weich gekocht, eben so viel saure Aepfel gebraten. Von beiden entfernt man das Inwendige oder Kerngehäuse nebst Schale, rührt Zucker, Zitronensaft und Schale durch und füllt hiermit die Formen. Unterdeß hat man Eiweiß zu Schaum schlagen lassen, schlägt Zucker und etwas Vanille durch, streicht dies über die Törtchen, bestreut sie mit gröblich gestoßenen Mandeln, die mit Zucker vermischt sind, und backt sie bei ziemlich starker Hitze.

89. Schweizer gefüllte Kröpfli. Zum Teig: ½ Pfund Mehl, 3 Unzen Butter, 1½ Unze Zucker, 3 Eßlöffel französischer Branntwein, 1 Eßlöffel Wasser, zum Füllen eingemachte Früchte oder Gelée.

Nachdem der Teig ausgerollt, werden mit einem großen Wasserglase Boden davon ausgestochen, diese mit eingemachten Früchten oder Gelée gefüllt, einmal zusammengeschlagen, mit Ei bestrichen und schnell im Ofen gebacken.

90. Gefüllte Kuchen. Blätter- oder Mürbeteig, Zwetschen- oder Aepfelmus, Ei, Mandeln und Zucker.

Der Teig—man kann auch Abfall von Blätterteig dazu verwenden——wird dünn ausgerollt, Zwetschen= oder gutes, steifes Aepfelmus thee=löffelweise darauf gelegt, mit ausgerolltem Teig bedeckt und mit einem Glase ausgestochen. Man bestreicht diese Kuchen mit Ei, bestreut sie mit gemahlenen Mandeln und Zucker und backt sie bei starker Hitze.

91. Kolatschen von Blätterteigabfall. Blätterteig, Ei, Mandeln, Zucker und Zimmet.

Abfall von Blätterteig sticht man mit einem kleinen Weinglase aus, bestreicht die Plättchen mit Ei, drückt sie in grob gestoßene oder geschnit=tene Mandeln, die mit Zucker und Zimmet vermischt sind, und backt sie bei starker Hitze gelb.

92. Hefenkolatschen. ¼ Pfund ausgewaschene Butter, 5 Eidotter, 1 Unze Zucker, Zitronenschale, 1 Tasse dicke saure Sahne, knapp 1 Unze in etwas Milch und Zucker aufgelöste Hefe und ¾ Pfund feines erwärmtes Mehl.

Die Butter wird zu Sahne gerieben, das Uebrige nach einander hinzu gerührt, dann setzt man davon wallnußgroße Klöße auf eine Platte, läßt sie gut aufgehen, legt auf jede Kolatsche eine eingemachte Hagebutte, Kirsche oder Rosine, bestreicht sie über und über mit geschlagenem Eiweiß, bestreut sie mit grob gestoßenem Zucker und backt sie bei starker Hitze 10 Minuten.

93. Mailänder Schnitten. ½ Pfund Mehl, ¼ Pfund Butter, gut 6 Unzen Zucker, 2 Eßlöffel dicke saure Sahne oder Franzbranntwein und 1 Ei.

Dies wird zum Teig gemacht, ausgerollt, in solche <> Stücke ge=schnitten, auch nach Belieben mit Ei bestrichen, schnell gebacken, erkaltet ein Stückchen Fruchtgelée darauf gelegt.

94. Speculaci oder Theeletterchen an den Weihnachtsbaum No. 1. 1 Pfund feines, durchgesiebtes Mehl, 1 Pfund durchgesiebter Zucker, ½ Pfund ausgewaschene Butter, 3 Eier, 1 Dram Zimmet, abgerie=bene Schale einer halben Zitrone und 1 Dram pulverisirtes Hirschhorn=salz.

Die Butter wird in Stückchen zerpflückt, mit dem Mehl vermischt und mit den benannten Theilen — mit Ausnahme des Hirschhornsalzes — zum Teig gemacht, welcher über Nacht oder wenigstens einige Stunden zum Ru=hen und Erstarren hingelegt werden muß; es schadet demselben gar nicht, wenn man ihn mehrere Tage vorher macht und an einem kalten Orte auf=bewahrt. Dann drückt man den Teig auseinander, streut das Hirschhorn=salz darüber hin, arbeitet es möglichst schnell durch und rollt den Teig stark einen Messerrücken dick aus. Nachdem werden aus demselben mit beliebi=gen Blechformen Figuren ausgestochen, auf einer mit Wachs bestrichenen Platte bei mittelmäßiger Hitze gelb gebacken.

Anmerkung. In Ermangelung der Formen kann man als Aus=hilfe von feinem Pappendeckel Figuren ausschneiden, solche auf den Teig legen und mit dem Messer ringsumher den Teig abschneiden.

95. Desgleichen. No. 2. ¾ Pfund feines Mehl, gut 6 Unzen durchgesiebter Zucker, ¼ Pfund Butter, 1 Ei, 1 Eßlöffel dicke saure Sahne oder Arrak, 1 Dram Zimmet, 1 Dram Hirschhornsalz.

96. Danziger Kaffeebrod (Weihnachtsgebackenes). 1 Pfund Mehl, ¼ Pfund Zucker, beides durchgesiebt, ¼ Pfund Butter, 4 Eier, 1 Dram Hirschhornsalz.

Der Teig wird nach vorstehender Anweisung gemacht und ausgerollt, mit Formen ausgestochen oder Figuren daraus gerädert und auf einer Platte gelb gebacken.

97. Feine Anisplätze (auch zum Weihnachtsbaum passend). ¾ Pfund halb feines Mehl, halb Puder, ¾ Pfund Zucker, beides durchgesiebt, 12 frische Eier, 2 Eßlöffel ausgesuchter Anissamen.

Das Eiweiß wird zu festem Schaum geschlagen, die Eidotter werden zerrührt und langsam zum Schaum gegeben, während man stark und ununterbrochen schlägt; dann wird der Zucker, welcher mit dem Anissamen vermischt worden, löffelweise hinzu geschlagen, sowie auch nachdem auf gleiche Weise das Mehl. Diese Mischung wird theelöffelweise auf eine mit Wachs bestrichene Platte gegeben und bei 36½ Grad Mittelhitze gelb gebacken.

Anmerkung. Diese Plätze sind sehr gut, wenn das Eiweiß recht fest geschlagen wird, weshalb beim Aufschlagen der Eier nicht das Geringste von den Dottern zum Weißen kommen darf. Die Hälfte der bemerkten Portion bringt schon eine große Anzahl. Zu diesen und allen folgenden Plätzen ist halb feines Mehl, halb Puder oder Kartoffelmehl besonders zu empfehlen, doch darf beides nicht ungesiebt gebraucht werden, was zum Gerathen des Backwerks eine Hauptbedingung ist. Wird bei Plätzen jeder Art auf ein Pfund Mehl zuletzt 1 Dram pulverisirtes Hirschhornsalz durchgemischt, so werden solche lockerer und größer, ohne Nachtheil für die Gesundheit.

98. Anisplätze auf andere Art (desgleichen). ¾ Pfund durchgesiebter Zucker, ¾ Pfund zur Hälfte feines Mehl, zur Hälfte Puder oder Kartoffelmehl, gleichfalls durchgesiebt, 4 ganze Eier, 1—2 Eßlöffel ausgesuchter Anissamen.

Der Zucker wird mit den ganzen Eiern auf dem Herde mit einem kleinen Schaumbesen so lange geschlagen, bis die Masse warm und dicklich wird, sodann vom Feuer genommen und bis zum Abkühlen fortgeschlagen, wo man dann Anissamen und Mehl hinzu rührt. Darauf wird die Platte mit Wachs bestrichen, die Masse theelöffelweise darauf gelegt, sogleich in eine mittelmäßige Hitze gestellt und gelb gebacken.

Auch kann man die Masse auf der Platte auseinander streichen, und wenn sie aus dem Ofen kommt, in schrägwinkelige Vierecke schneiden.

99. Gute Zuckerplätzchen. No. 1. ¼ Pfund Puder, ¼ Pfund gestoßener Zucker, beides fein durchgesiebt, 4 frische Eier, abgeriebene Schale einer halben Zitrone.

Die Eier werden mit Zucker und Gewürz ¼ Stunde stark gerührt, dann wird das zu steifem Schaum geschlagene Weiße durchgemischt und

darnach der Puder möglichst schnell durchgerührt. Dies wird theelöffel=
weise auf eine mit Butter bestrichene Platte gegeben und bei Mittelhitze
gelb gebacken.

100. Zuckerplätzchen. No. 2. 1 Pfund feines Mehl, 1 Pfund
durchgesiebter Zucker, 5 ganze Eier, 4 Eidotter, abgeriebene Schale einer
Zitrone, eine Messerspitze feingestoßener Kardamom, ebensoviel Zimmet.

Eier, Zucker und Gewürz werden ¼ Stunde gerührt, dann das Mehl
schnell durchgemischt und nach vorhergehender Angabe gebacken.

101. Mandelplätze. No. 1. ½ Pfund feines, durchgesiebtes
Mehl, ½ Pfund durchgesiebter Zucker, 2 Unzen Butter, 2 Unzen geriebene
Mandeln, 4 Eier, abgeriebene Schale einer halben Zitrone.

Man reibt die Butter zu Sahne, rührt, indem man nach und nach
Eier, Zucker, Gewürz und Mandeln hinzugibt, ¼ Stunde, mischt das
Mehl unter die Masse und backt sie theelöffelweise auf einer Platte bei
mittlerer Hitze.

102. Mandelplätze. No. 2. Dazu gehören 1 Pfund Zucker,
1 Pfund Butter, 4 Eier, 1 Pfund süße Mandeln, 1½ Pfund Mehl, für
5 Cents Rosenwasser und die abgeriebene Schale einer Zitrone. Butter,
Zucker, Eier und Zitronenschale werden gut zusammengerührt, dann die
abgeschälten feingeschnittenen Mandeln nebst dem Rosenwasser hinzugefügt
und zuletzt das Mehl durchgemischt. Dann rollt man den Teig zwei Mes=
serrücken dick aus, sticht Sterne oder beliebige Figuren davon aus, bestreicht
sie mit zerklopftem Ei und backt sie blaßgelb.

103. Chokoladeplätze. No. 1. Gut 6 Unzen durchgesiebter
Zucker, ¼ Pfund geriebene und durchgesiebte süße Chokolade, gut 2 Unzen
feines Mehl und 4 Eiweiß.

Das Eiweiß wird zu festem Schaum geschlagen, mit den benannten
Theilen schnell vermischt, dann werden kleine Plätze davon auf eine stark
bestrichene Platte gesetzt und bei Mittelhitze gebacken.

104. Chokoladeplätzchen. No. 2. ¾ Pfund feingeriebene Cho=
kolade, ¾ Pfund gestoßener und durchgesiebter Zucker, ¾ Pfund gestoßene
oder geriebene Mandeln (einige bittere darunter) und 6 Eiweiß.

Zucker und Eiweiß werden eine Weile gerührt, Chokolade und Man=
deln nach und nach hinzugegeben und die Masse auf einer mit Wachs be=
strichenen Platte gebacken.

105. Gewürzplätzchen. 2 Pfund Mehl, 2 Pfund Zucker, 12 große
oder 14 kleine Eier, die Schale von 2 Zitronen, für 10 Cents Succade, ¼
Unze gestoßene Nelken, ¼ Unze gestoßener Zimmet, ¼ Unze gestoßener Kar=
damom.

Eier, Zucker und Gewürz werden ½ Stunde gerührt, nach und nach das
Mehl hinzugegeben. Die Platte wird mit Wachs bestrichen, die Masse
theelöffelweise darauf gelegt und gelbbraun gebacken.

106. Sirupplätzchen. 2 Pfund Sirup, 3 Pfund Mehl, 1 Pfund
gestoßener Zucker, 1 Obertasse voll geschmolzene Butter, ¼ Unze gereinigte
Pottasche, die in einer Untertasse voll Rosenwasser aufgelöst ist, ¼ Unze ge=
stoßene Nelken, dito Zimmet und Kardamom, für 10 Cents Succade.

Sirup und Zucker werden eben aufgekocht, nachdem es ein wenig erkaltet, allmählich das Mehl nebst Butter und Gewürz hinzugefügt und zuletzt die Pottasche durchgerührt.

Die Masse muß mehrere Tage vor dem Backen eingerührt werden (kann 3 Wochen stehen), wird dann auf einem mit Mehl bestreuten Kuchenbrett einen Messerrücken dick ausgerollt, mit Blechformen ausgestochen und auf einer mit Wachs bestrichenen oder mit Mehl bestreuten Platte gebacken.

Anmerkung. In verschlossenen Porzellan= oder Blechgefäßen halten sich die Siruppläßchen sehr lange kroß.

107. Zimmetsterne (sehr gut). 1 Pfund durchgesiebter Zucker, 1 Pfund sorgfältig ausgesuchte Mandeln, welche gewaschen, getrocknet und mit der braunen Schale gerieben werden, 6 Eiweiß, ⅛ Unze feiner Zimmet und kleingeschnittene Schale einer Zitrone.

Man rührt Zucker und Zitronenschale mit dem zu Schaum geschlagenen Eiweiß ¼ Stunde stark und ununterbrochen, fügt den Zimmet hinzu, seßt einen Theil dieser Mischung bei Seite, rührt dann die Mandeln gut durch, rollt den Teig auf einem mit Mehl bestreuten Backbrett dünn aus und formt ihn mittelst eines Ausstechers zu Sternen von beliebiger Größe, welche man mit dem hingestellten Eiweiß und Zucker bestreicht und auf einer mit Wachs abgeriebenen Platte langsam backt.

Dieses Backwerk ist ausgezeichnet wohlschmeckend und erhält sich sehr lange.

108. Auf andere Art. 1 Pfund Mehl, 10 Unzen Butter, 2 Unzen Zucker, 2 Eier, ⅛ Unze feiner Zimmet, 1 Messerspiße Hirschhornsalz.

Dies alles wird zum Teig gemacht, welchen man gut verarbeitet, einen Messerrücken dick ausrollt und mittelst eines Blechringes zu Sternen aussticht. Darauf werden sie mit zerklopftem Ei bestrichen, in gröblich gestoßenen Zucker gedrückt und bei ziemlich starker Hiße gebacken.

109. Thee= oder Zimmetbrezeln. ¾ Pfund feines Mehl, ½ Pfund Zucker, beides durchgesiebt, ¼ Pfund langsam geschmolzene und abgeklärte Butter, 3 Eier, ⅛ Pfund guter Zimmet, 1 Dram pulverisirtes Hirschhornsalz.

Eier, Butter und Zucker werden gerührt, mit dem Hirschhornsalz, dem Zimmet und Mehl zum Teig gemacht, Brezeln daraus geformt, mit Eigelb und Wasser bestrichen, in einem nicht zu heißen Ofen gelb gebacken.

110. Thee-Kuchen. Dazu gehören 13 Unzen Mehl, 9 Unzen Butter, 9 Unzen Zucker, 2 Löffel Branntwein, 2 Eier; dieses Alles wird in einen Teig gemacht, ausgerollt, in kleine Formen gestochen, mit Eiweiß und Mandeln bestrichen und schön gelb gebacken.

111. Mandelschnitten. Ausgewaschene Butter, durchgesiebter Zucker, geriebene Mandeln und feines durchgesiebtes Mehl, von jedem Theile ½ Pfund, 2 Eier, abgeriebene Schale einer halben Zitrone.

Die Butter wird zu Sahne gerieben, mit dem Uebrigen zum Teig gemacht, wobei jedoch die Hälfte von Mandeln und Zucker zum Ueberstreuen zurückbleibt. Dann rollt man den Teig ½ Finger dick aus, schneidet läng=

lich viereckige Schnittchen daraus, bestreicht sie mit beschlagenem Eiweiß, streut Mandeln mit Zucker vermischt darüber und backt sie bei mäßiger Hitze gelb.

112. Hobelspäne. 2 Pfund feines durchgesiebtes Mehl, 1 Pfund geriebener Zucker, ¾ Pfund geschmolzene Butter, 6 Eier, Schale einer Zitrone.

Nachdem dies gut gerührt, wird die Masse so dünn wie möglich auf eine mit Butter bestrichene Platte gebracht und 8 bis 10 Minuten hellgelb gebacken. Dann wird der Kuchen ganz heiß in 1½ Zoll breite und 8 Zoll lange Streifen geschnitten und schnell wie Hobelspäne um einen dicken Stock gewickelt.

113. Wiener Gipfel. ¾ Pfund feines Mehl, ½ Pfund gesiebter Zucker, 6 Unzen frische, in kleine Stückchen zerpflückte Butter, 1 Theelöffel voll feiner Zimmet, 8 feingestoßene Nelken, abgeriebene Schale einer halben Zitrone, 2 ganze Eier und 3 Eidotter.

Dies alles macht man zu einem glatten Teig, rollt ihn auf einem mit Mehl bestäubten Backbrett messerrückendick aus, schneidet ihn in dreieckige Stücke, welche man mit beliebigem Eingemachten bestreicht. Dann werden die Spitzen darüber zusammen gebogen und auf einer mit Mehl bestäubten Platte gelb gebacken.

114. Kleines Backwerk in Form eines S. 15 Unzen Mehl, gut 9 Unzen Butter, gut 9 Unzen Zucker, 2 ganze Eier, etwas Zitronenschale und Kardamom.

Hiervon macht man im Kalten einen Teig, von welchem man kleine Stückchen auf einem Backbrett lang rollt und solche in oben bemerkter Form auf einer mit Butter bestrichenen und mit Mehl bestäubten Platte dunkelgelb backen läßt.

115. Italienischer Kuchen. ½ Pfund durchgesiebtes Mehl, ¼ Pfund ausgewaschene Butter, ½ Pfund durchgesiebter Zucker, 3 Eier, 3 Eidotter, 1 Eßlöffel Orangenblütenwasser.

Die Butter wird zu Sahne gerieben, mit den Eiern, dem Zucker und Orangenblütenwasser ¼ Stunde gerührt, das Mehl hinzu gegeben und hiervon kleine Kuchen auf einer Platte gebacken.

116. Bassumer Kuchen. 15 Unzen feines durchgesiebtes Mehl, knapp ¾ Pfund Butter, 7 Unzen durchgesiebter Zucker, 2 Eier, abgeriebene Zitronenschale oder ein kleiner Theelöffel Muskatblüte oder 4 Stück feingestoßene Nelken und etwas Zimmet.

Man reibt die Butter zu Sahne, rührt das Uebrige hinzu, zuletzt das Mehl, macht kleine Bällchen davon, drückt sie auf eine Platte, bestreut sie mit grobgestoßenem Zucker und Zimmet und backt sie bei 36½ Grad Hitze gelb.

Diese Portion gibt 50 Stück.

117. Zitronenbrod. Zum Teig ½ Pfund feines Mehl, wie zu allem feineren Backwerk durchgesiebt, gut 6 Unzen Zucker desgleichen, 2 große Eier, Schale und Saft einer Zitrone. Zum Ueberstreuen Mandeln, Zucker und Zimmet.

Nachdem dies alles zum Teig gemacht, wird derselbe ausgerollt, mit Butter bestrichen, mit Mandeln, Zucker und Zimmet bestreut, in kleine Stückchen von der Größe eines halben Kartenblattes geschnitten, gelb gebacken und noch heiß über ein Rollholz gebogen.

118. Belgrad-Brod. Es werden 6 ganze Eier und 5 Eigelb mit einem Pfund Zucker tüchtig gerührt, 1 Pfund Mandeln mit der Schale länglich geschnitten, 1 Unze Pommeranzenschale, 1 Unze Zitronat, ¼ Unze Zimmet, ¼ Viertel Nelken, Zitronenschale, 1 Pfund Mehl, 1 Messerspitze Potasche, in kleine lange Stückchen geschnitten und gebacken.

119. Gebrannte Mandeln. 1 Pfund mit einem Tuche abgeriebene, nicht abgeschälte Mandeln, 1 Pfund Zucker, nach Belieben ⅛ Unze Zimmet.

Den Zucker tunkt man in Wasser und kocht ihn in einer kleinen messingenen Kasserolle bis zu folgender Probe: Man hält eine Gabel hinein, nimmt sie heraus und bläst dagegen; wenn der Zucker in Blasen davon fliegt, so ist er gut, und es werden dann die Mandeln hineingeschüttet, die man beständig mit einem eisernen Spaten rührt, bis sie den Zucker aufgenommen haben. Dann setzt man den Topf vom Feuer und rührt sie fortwährend, bis sie trocken geworden sind, wo man dann den Topf wieder ans Feuer setzt und die Mandeln rührt, bis sie glänzen. Nun schüttet man sie auf eine flache Schüssel, mischt noch heiß den Zimmet durch und pflückt sie von einander.

120. Pfeffermünz. ¼ Pfund Zucker, einige Tropfen Pfeffermünzöl. Den Zucker lasse man kochen, wie zu gebrannten Mandeln, rühre einige Tropfen Pfeffermünzöl durch und lasse dies tropfenweise auf eine gut abgeriebene, erwärmte, mit Wachs bestrichene Platte fallen, indem man von einer steifen Papierdüte die Spitze schneidet und den Zucker durchtröpfeln läßt.

121. Süße Macronen. 1½ Pfund geriebener Zucker, 1 Pfund geriebene Mandeln, 4 Eiweiß, abgeriebene Schale einer Zitrone.

Die Mandeln werden mit dem Zucker, der Zitronenschale und dem sehr festen Eiweißschaum eine gute Weile gerührt, mit einem Löffel auf eine heißgemachte, mit Wachs bestrichene Platte gesetzt, bei schwacher Hitze gelb gebacken. Auch kann man die Macronen auf Oblaten backen, welches am bequemsten ist. Hat man indeß beides nicht, und muß sie auf Papier backen, so bestreiche man dasselbe, wenn sie aus dem Ofen kommen, auf der unteren Seite mit einem nassen Pinsel, wodurch sie sich lösen.

122. Macronen. 1 Pfund Mandeln werden mit der Schale gehackt, 1 Pfund Zucker, etwas Zimmet, dann 4 Eiweiß zu Sahne geschlagen, etwas gestoßener Zwieback dazu gethan und langsam gebacken.

123. Gewürz-Macronen. 1 Pfund geriebene Mandeln, 1½ Pfd. Zucker, 1 abgeriebene Zitrone, ¼ Unzen Zimmet, etwas Nelken, Muskatblüte oder Muskatnuß und einige Eiweiß.

Vorstehende Theile werden mit so vielem Eiweiß vermischt, daß die Masse sich verbindet, welches auf folgende Weise geschieht: Man stößt die

Masse mit einem hölzernen Löffel eine gute Weile hin und her, ohne sie zu rühren. Die Macronen werden gleich den vorhergehenden gebacken.

124. Chocolade = Macronen. ½ Pfund durchgesiebter Zucker, gut 6 Unzen süße und 1½ Unzen bittere Mandeln, gut 2 Unzen geriebene Chokolade, knapp 3 Eiweiß und ein Stückchen mit Zucker fein gestoßene Vanille.

Dies alles wird so lange tüchtig gerührt, bis sich die Masse etwas vom Löffel loslöst, dann bringt man dieselbe mit einem Theelöffel bei kleinen Zwischenräumen auf eine gut abgeriebene, mit Wachs bestrichene Platte, oder auf ein mit Butter bestrichenes weißes Papier und backt die Macronen in gelinder Hitze.

125. Mandelnüsse. ½ Pfund feines Mehl, ½ Pfund Zucker, ¼ Pfund feingestoßene Mandeln, stark 2 Unzen Butter, 2 große oder 3 kleinere Eier, Zitronen= oder Apfelsinenschale.

Die Butter wird zu Sahne gerieben, mit Eiern, Zucker, Gewürz und Mandeln ¼ Stunde tüchtig gerührt, das Mehl durchgemischt, kleine Bällchen davon aufgerollt und langsam gelb gebacken.

126. Pfeffernüsse. No. 1. 1 Pfund Zucker wird mit 10 Eidottern ¼ Stunde gerührt, 2 geriebene Muskatnüsse, Zimmet nach Belieben und 1 Pfund Mehl dazu gerührt. —Wie Mandelnüsse gebacken.

127. Weiße Pfeffernüsse. No. 2. (Sehr empfehlenswerth). 1 Pfund feinstes Mehl, 1 Pfund Zucker, beides durchgesiebt, 4 große Eier, 3 Unzen Zitronat, die Schale einer Zitrone, 1 Muskatnuß, 1 Eßlöffel Zimmet, 1 kleiner Theelöffel gestoßene Nelken.

Eier, Zucker, 1 Theelöffel Backpulver und Gewürz werden gut gerührt, auf einem Backbrett mit dem Mehl stark bearbeitet, kleine Kügelchen davon geformt und auf einem Blech langsam gebacken.

128. Gute braune Pfeffernüsse. No. 3. 2½ Pfund Mehl, 1¼ Pfund Sirup, ½ Pfund Zucker, ¼ Pfund Schmalz, ¼ Pfund Butter, beides zusammen geschmolzen, 2 große Eier, 1½ Unze gereinigte, in etwas Milch oder Wasser aufgelöste Pottasche, ½ Unze Nelken, ½ Unze Kardamom.

Nachdem der Sirup wohl geschäumt und etwas abgekühlt ist, wird solcher zu den bemerkten Bestandtheilen geschüttet und gut durchgearbeitet. Die Masse wird feiner, wenn sie 8 Tage, viel besser noch wochenlang vorher angerührt wird und an einem warmen Ort steht. Dann werden kleine Bällchen davon aufgerollt, solche auf einer mit Butter bestrichenen Platte bei guter Mittelhitze etwa ¼ Stunde aufmerksam gebacken. Bricht man eine Nuß durch und ist sie inwendig locker und trocken, so sind sie gahr. Sie haben einen angenehmen Geschmack und halten sich wohl ein Jahr lang.

129. Springerle. 1 Pfund feines Mehl, 1 Pfund Zucker, beides durchgesiebt, 4 große Eier, 1 Wallnuß groß Butter, 2 große Messerspitzen gereinigte Pottasche, Anissamen.

Zucker, Butter, Eier und die in etwas Milch aufgelöste Pottasche werden ¼ Stunde gut gerührt und mit dem Mehl, wovon etwas zurück=

bleibt, zum Teig gemacht. Derselbe wird auf ein mit Mehl bestäub= tes Brett gelegt, eine Weile verarbeitet, mit dem Rollholz ¼ Finger dick ausgerollt, mit etwas Mehl bestäubt und mit eigens dazu bestimmten Formen ausgedrückt. Nachdem man den ausgedrückten Teig auf den Backtisch gestürzt hat, so daß die Figuren oben liegen, werden solche mit dem Backrädchen von einander getrennt und auf ein mit Anis bestreutes Backbrett gelegt, wo sie an einem trocknen Orte über Nacht liegen bleiben. Andern Tages werden Bleche mit Wachs oder Oel bestrichen, die Springerle darauf gelegt und in einem mäßig warmen Ofen weißgelb gebacken.

130. Dicker brauner Kuchen. 4 Pfund bester Sirup, 4 Pfund Mehl, 1 Pfund Zucker, ¼ Pfund länglich geschnittene Mandeln, 1 Ober= tasse geschmolzene Butter, gut 2 Unzen gereinigt= Pottasche, feingehackte Schale einer Zitrone, ⅛ Unze Muskatnägelchen, ½ Unze Kardamom und ¼ Unze Zimmet, dies alles gröblich gestußen, nach Belieben auch klein= geschnittene Succade.

Sirup und Zucker läßt man zusammen eine Weile kochen; abgekühlt, schüttet man Pottasche, Gewürz, Mandeln, Butter hinzu und rührt dann das Mehl hinein. Nachdem der Teig 8 Tage, besser noch wochenlang an einem warmen Ort gestanden hat, knetet man ihn stark auf einem mit Mehl bestäubten Backbrett, bis er einem steifen Brodteig ähnlich ist. Ausgerollt, bestreicht man die Kuchen mit Eiweiß oder Rosenwasser und bäckt sie bei schwachem Feuer gahr.

131. Baseler Lebkuchen. Stark ½ Quart Honig, welcher wenig= stens 1 Jahr alt sein muß, 2¼ Pfund Mehl, 1 Pfund 6 Unzen Zucker, 7 Unzen ungeschälte Mandeln, ebenso viel Pomeranzenschale, desgleichen Zitronat und Schale von 2 Zitronen, dies alles gröblich geschnitten, 1⅛ Unzen Zimmet, ¼ Unze Nelken, 2 Theelöffel Muskatblüte, 1 Unze gereinigte Pottasche, 1 Glas Kirschwasser.

Honig und Zucker werden aufs Feuer gesetzt, wenn es steigt, die grob geschnittenen Mandeln eine gute Weile darin geröstet, dann vom Feuer genommen, wird das sämmtliche Gewürz hinzugefügt, und, etwas abgekühlt, die Pottasche durchgerührt. Nachdem kommt das Kirschwasser und zuletzt das Mehl hinzu. Man rollt den Teig, so lange er noch warm ist, 2 Messerrücken dick aus, schneidet ihn in länglich viereckige Stücke, legt sie dicht zusammen auf ein mit Mehl bestäubtes Blech und läßt sie über Nacht liegen. Dann backt man die Lebkuchen bei gelinder Hitze; die Hitze nach dem Brod in einem Bäckerofen ist eine geeignete. Noch heiß werden sie mit einem Messer in länglich viereckige Stückchen geschnit= ten, und nachdem sie kalt geworden, von einander gebrochen. Zum Guß läutert man Zucker, läßt ihn kochen, bis er Faden zieht, und bestreicht damit die Kuchen.

132. Baseler Leckerlein (vorzüglich). 1 Pfund Honig, 1 Pfund gestoßener und durchgesiebter Zucker, 1 Pfund Mandeln mit der Schale, der Länge nach fein geschnitten, 1 Pfund feinstes Mehl, gut 2 Unzen Zitronat und die Schale von 1 Zitrone, klein geschnitten, ½ Muskatnuß, etwas Nelken und ⅛ Weinglas Arrak oder Rum.

Man läßt den Honig auf dem Feuer zergehen, schüttet Zucker und Mandeln hinein, rührt es gut durcheinander, fügt das Uebrige hinzu und verarbeitet es tüchtig zu einem Teig, den man 8 Tage zugedeckt stehen läßt. Dann rollt man denselben einen halben Finger dick aus, legt ihn auf ein mit Wachs bestrichenes Blech, backt ihn bei starker Hitze und schneidet den Kuchen noch warm in beliebige, etwa zwei Finger breite und fingerlange Stücke.

133. Weiße Lebkuchen. 2 Pfund Mehl, 1 Pfund guter weißer Honig, 4 Pfund Zucker, ¼ Pfund geschnittene Mandeln, welche man im Ofen etwas röstet, kleingeschnittene Zitronen- oder Apfelsinenschale, ¼ Unze Nelken, 1 Dram Kardamom, 1 Unze gereinigte und aufgelöste Pottasche.—Der Teig wird wie Honigkuchen gemacht und gebacken.

134. Gute Braun- oder Lebkuchen. 2 Pfund 5 Unzen feines Mehl, 2 Pfund Zuckersirup (Runkelrübensirup gibt den Kuchen einen unangenehmen Geschmack), ¼ Pfund Zucker, ¼ Pfund ausgewaschene Butter, ¼ Pfund grobgestoßene Mandeln, die Schale einer Zitrone, ¼ Unze Zimmet, ¼ Unze Nelken, 1 Dram Kardamom, 1 Unze gereinigte in etwas Milch aufgelöste Pottasche.

Den Sirup läßt man auf dem Feuer dünn werden, thut dann Butter, Mandeln und Gewürz hinein, setzt den Topf vom Feuer, rührt das Mehl allgemach dazu, und wenn es abgekühlt ist, auch die Pottasche. Die Masse wird besser, wenn sie wenigstens 8 Tage an einem warmen Orte steht. Man bringe sie einen halben Finger dick auf eine heißgemachte, mit weißem Wachs bestrichene und wieder abgewischte (in Ermangelung mit Butter bestrichene) Platte, und setze sie bei 36½ Grad Hitze in den Ofen. Die Kuchen sind, sobald sie inwendig trocken geworden, gahr, und werden dann sogleich mit einem scharfen Messer auf der Platte in Form eines Kartenblattes geschnitten. Will man sie glaciren, so schlägt man Eiweiß etwas schäumig, rührt es mit Zucker zu einer flüssigen Masse, bestreicht damit die Kuchen ganz dünn und läßt es trocknen. Auch kann man auf der Platte, ehe dieselben in den Ofen kommen, in dieser Form halbe Mandeln darauf drücken.

135. Desgleichen. 6 Pfund gutes Mehl, 6 Pfund bester Zuckersirup, ¼ Pfund nicht salzige Butter, ½ Pfund Schmalz, gut 2 Unzen gereinigte Pottasche, ¼ Unze ausgesuchter Anissamen, 4 Theelöffel Zimmet, 3 Theelöffel Nelken.

Die 4 ersten Theile werden aufs Feuer gesetzt, das Mehl wird darin verrührt, eben zum Kochen gebracht, und nachdem der Teig ein wenig abgekühlt ist, die in etwas Wasser aufgelöste Pottasche durchgemengt und 8 Tage, besser noch viel länger, an einen warmen Ort gestellt. Dann wird die eine Hälfte des Teiges mit ½ Unze Anissamen, die andere Hälfte mit Zimmet und Nelken gut durchgearbeitet, einen Finger dick ausgerollt, wozu man etwas mit Zucker vermischtes Mehl anwendet, auf Platten, welche mit Oel bestrichen, gelegt, und mit einem Kuchenrädchen in viereckige Kuchen geschnitten.

Diese werden bei starker Mittelhitze etwa 15—20 Minuten gebacken, bis sie inwendig trocken sind, darnach von einander gebrochen und in zugedecktem Porzellan oder in einer Blechtrommel an einem warmem Orte aufbewahrt.

Anmerkung. Da alle Braunkuchen sich sehr lange erhalten und eine große Portion nicht mehr Zeit und Arbeit als eine kleine erfordert, so ist vorstehende Angabe von 6 Pfund gegeben, die nach Gutdünken verkleinert werden kann.

136. Wirksame Wurmsamenkuchen für Kinder. 1 Pfund gewöhnlicher Braunkuchenteig von Honig oder Sirup, ⅛ Unze guter pulverisirter Wurmsamen.

Ersterer wird vor dem Backen mit dem Wurmsamen gehörig durchgearbeitet und einen Strohhalm dick ausgerollt. Dann werden davon mit einer Obertasse Kuchen ausgestochen, 10—15 Minuten oder so lange gebacken, bis sie beim Durchbrechen nicht mehr klebrig sind. Hiervon kann man den Kindern bei abnehmendem Mond 4—6 Tage lang täglich einige zu essen geben.

137. Honigkuchen. 2 Pfund Honig, 2 Pfund Mehl, ½ Pfund Butter, ⅜ Pfund Mandeln mit der Schale, Schale einer Zitrone, ⅛ Unze Nelken, ⅛ Unze Kardamom, 1 Unze gereinigte, in etwas Wasser aufgelöste Pottasche.

Honig und Butter läßt man kochen, nimmt den Topf vom Feuer, rührt Mehl, Gewürz und die gröblich gestoßenen Mandeln hinzu, mischt, wenn der Teig etwas abgekühlt ist, die Pottasche gut durch und läßt ihn über Nacht liegen. Dann rollt man denselben einen kleinen Finger dick aus, macht ihn mit einer Form oder einem Backräbchen zu kleinen viereckigen Kuchen, legt auf jede Spitze eine gespaltene Mandel, auch ein Stückchen Zitronat, und backt sie gelbbraun.

138. Holländische Krackelinge. Man macht von ½ Pfund feinem Mehl, ¼ Pfund Zucker, 2 Eidottern, 1 Eßlöffel voll saurer Sahne und 1 Eßlöffel voll gestoßenem Koriander einen Teig, von dem man Stückchen abbricht, solche mit der Hand lang rollt, zu Bretzelchen oder Kränzchen formt und bei 36½ Grad Hitze gelb backt.

139. Gute Bentheimer Moppen oder Kümmelkuchen. 2¼ Pfund Mehl, 1½ Pfund Sandzucker, ½ Pfund Butter, ½ Quart Milch, 3 Eßlöffel gemahlener Kümmel, ⅛ Unze gereinigte Pottasche.

Butter, Zucker, Milch und Kümmel werden zum Kochen gebracht; abgekühlt wird die Pottasche hinein zerrührt und solches in die Mitte des Mehles geschüttet, das Ganze zu einem Teig gemacht und zum Ballen geformt. Alsdann wird derselbe in Scheiben geschnitten, jede Scheibe einen kleinen Finger dick ausgerollt, mit kleinen blechernen Formen von der Größe eines Zweischillingstücks ausgestochen und wie Pfeffernüsse gebacken.

Anmerkung. Statt des Kümmels kann jedes andere Gewürz zu diesen Moppen genommen werden.

140. Kleine Sandtorten. Kleine ausgezeichnete Formen werden mit der Sandkuchenmasse No. 27 ⅔ hoch gefüllt und langsam gebacken.

In verschlossenem Porzellan erhält sich dies Backwerk lange Zeit hindurch wohlschmeckend.

141. Kleine Biscuittorten. Man füllt kleine ausgestrichene Formen zur Hälfte mit einer beliebigen Biscuitmasse und backt sie bei starker Mittelhitze gelb.

142. Kleine Sahnekuchen. ½ Pfund Mehl, 6 Unzen Butter, 1 Ei, gut 2 Unzen durchgesiebter Zucker, reichlich 2 Eßlöffel dicke saure Sahne.

Dies alles wird zum Teig gemacht, ausgerollt, mit einem Glase zu kleinen Kuchen ausgestochen, welche mit gelbbrauner Butter bestrichen, mit Zucker und Zimmet bestreut und auf einer Platte im Ofen gelb gebacken werden.

143. Gute Sahne- oder Flottkrengel. 1 Pfund recht trocknes Mehl, ½ Pfund ausgewaschene Butter, 10 Eßlöffel dicke saure Sahne; zum Bestreichen geschmolzene Butter oder Ei, Zucker und Zimmet.

Die Butter wird in Stückchen zerpflückt, mit dem Mehl vermengt, in der Mitte desselben eine Vertiefung gemacht, die Sahne hineingegeben und schnell zum leichten Teige verarbeitet. Es werden von demselben Stückchen abgebrochen, diese mit der Hand 5—6 Zoll lang gerollt, die beiden Enden nach sich gebogen und in der Mitte zusammengedrückt. Dann werden die Krengel mit etwas zurückgelassener geschmolzener Butter oder Ei bestrichen, mit Zucker und Zimmet bestreut und bei guter Hitze schnell gebacken.

144. Kleiner Zwieback (ganz vorzüglich). 2¼ Pfund feines Mehl, ½ Pfund durchgesiebter Zucker, gut 6 Unzen Butter, oder halb Butter, halb gutes Schmalz, ⅜ Quart Milch, gut 2 Unzen frische Hefe, 3 Eier, etwas Muskatblüte und Nelken.

Das Mehl wird erwärmt, in eine Backmulde gethan, in der Mitte desselben eine Vertiefung gemacht, die erwärmte Milch nebst Eiern, Gewürz und der in etwas Milch zerrührten Hefe hineingegossen, zu einem weichen Teige angerührt und zugedeckt etwa 1 Stunde zum Aufgehen hingestellt. Dann wird der Zucker nebst der in Stückchen zerpflückten Butter hinzugefügt, mit dem übrigen Mehl vermengt und der Teig in der Mulde recht tüchtig geworfen (siehe No. 1). Dann bricht man von demselben kleine Stücke, etwa 1½—2 Unzen schwer, formt sie auf dem Backbrett mit der Hand recht rund und glatt, legt sie auf eine gut abgeriebene, bestrichene Bäckerplatte und läßt sie in einem warmen Zimmer nochmals gut aufgehen. Ist dieses geschehen, so schiebt man sie bei mäßiger Hitze in den Ofen, läßt sie 10—15 Minuten backen und auf der Platte erkalten. Dann werden sie vorsichtig mit einem scharfen Messer sägend durchgeschnitten, wobei der Zwieback nicht im Geringsten gedrückt werden darf, und — die Schnittseite nach oben—abermals im Ofen gelb gebacken.

Um den Zwieback recht kroß zu haben und ihn lange frisch zu erhalten, lasse man ihn, nachdem er durchgeschnitten, gebacken und erkaltet ist, nochmals im Ofen erwärmen.

145. Mandelkränze. Man rührt ¾ Pfund Butter zu Schaum, giebt dann 3 Eidotter, ½ Pfund Zucker, 1 Pfund Mehl dazu. Nachdem es tüchtig gerührt, werden davon kleine Kränze gemacht, mit Eiweiß bestrichen und mit gehackten Mandeln, Zimmt und Zucker bestreut

146. Mandelkränze auf andere Art. 1 Pfund Mehl, ½ Pfund frische Butter, ¼ Pfund Zucker, 1 großes Ei und 1 Dotter, ½ Tasse französischer Branntwein. Nachdem solches zum Teig gemacht, werden Stückchen davon zu kleinen Kränzen geformt, mit Ei bestrichen, mit grobgestoßenen Mandeln, Zucker und Zimmet bestreut und schnell gebacken.

147. Eierkränze. Zum Teig ein Pfund feines Mehl, eben so viel Butter, ¼ Pfund Zucker, die Dotter von 6 recht hartgekochten Eiern, ¼ Tasse Arrak oder Rum; auf die Kränze ¼ Pfund Zucker mit etwas Zimmet vermischt.

Die Eidotter werden fein gerieben, mit den übrigen Theilen zum Teig gemacht, kleine Kränze davon geformt, mit Ei oder geschmolzener Butter bestrichen, in Zucker und Zimmet platt gedrückt, bei rascher Hitze gebacken.

148. Windbeutel. No. 1. 1 Pfund Wasser, ½ Pfund ganz fein durchgesiebtes Mehl, ½ Pfund Butter, 8 frische Eier.

Man klärt die Butter ab und läßt sie mit dem Wasser kochen, streut und rührt das Mehl hinein und rührt, bis es sich vom Topfe ablöst. Nachdem solches nicht mehr zu heiß, aber doch noch warm ist, schlägt man unter beständigem Rühren nach und nach die Eier mit etwas Muskatblüte oder abgeriebener Zitronenschale zu der Masse, wobei jedesmal ein Ei verrührt sein muß. Dann legt man dieselbe mit einem in kaltes Wasser getauchten Löffel in Wallnußgröße bei gehörigen Zwischenräumen auf eine mit Mehl bestäubte Platte, setzt diese, ohne sie einen Augenblick stehen zu lassen, sogleich in einen stark geheizten Ofen und läßt die Bällchen gelb backen. Sie sind schnell gahr, werden mit Zucker bestreut und ganz frisch gegessen.

Anmerkung. Aus dieser Portion werden 35 — 40 Stück. Wünscht man die Windbeutel zu füllen, so rührt man den Zucker auf Zitronensaft dicklich, sticht, so wie sie aus dem Ofen kommen, oder hinein und gibt davon ½ Theelöffel in die Oeffnung; auch kann man sie mit Fruchtmarmelade oder Dreimus füllen.

149. Windbeutel. No. 2. Man kocht 1 Quart Milch mit 1 Pfund Butter, rührt 1¼ Pfund Mehl hinein, rührt es über dem Feuer, bis es vom Topf losläßt, läßt es abkühlen, giebt dann 12 Eier, eins nach dem andern, Zucker und Zimmet nach Geschmack hinzu, sticht mit einem Löffel Klößchen ab und bäckt sie in heißem Fett und Butter.

150. Deutsche Waffeln. ¾ Pfund feines Mehl, ½ Pfund gute, nicht salzige Butter, reichlich ½ Quart lauwarme Milch, 7 frische Eier, 1½ Eßlöffel frische Hefe mit etwas Milch aufgelöst, ⅛ Weinglas Arrat oder Rum, Muskatblüte oder Zitronenschale.

Die Butter wird zu Sahne gerieben, abwechselnd die ganzen Eier, Mehl, Milch, Hefe, nebst Gewürz hinzugerührt, der Teig geschlagen, bis

19

er Blasen wirft, der Branntwein durchgemischt und zugedeckt so hingestellt, daß er erst in 3 - 4 Stunden aufgegangen ist. Sobald die Masse stark gährt, fängt man bei gleichmäßigem, nicht starkem Feuer zu backen an, wobei man zuweilen das Eisen mit einem Stückchen Butter, welches in ein Läppchen gebunden wird, oder mit einer Speckschwarte bestreicht. Dann gibt man einen kleinen Rührlöffel voll Teig hinein, hält das Eisen eine kleine Weile auf beiden Seiten ins Feuer, öffnet und klappt dasselbe zum Loslassen zusammen und bestreut die gelbgewordenen Waffeln beim Herausnehmen mit Zucker.

Anmerkung. Beim Ankaufe eines Waffeleisens sehe man darauf, ein solches zu nehmen, welches keine zu flachen Vertiefungen hat und worin man 6 Stück zugleich backen kann.

151. Holländische Waffeln. 1 Pfund feinstes Mehl, ¼ Pfund gute Butter, 8 frische Eier, reichlich ¼ Quart lauwarme Milch, 1½ Eßlöffel frische Hefe, wenn es beliebt auch etwas Gewürz.

Der Teig wird wie im Vorhergehenden behandelt, zum langsamen Aufgehen 4 Stunden hingestellt, und wenn derselbe im vollen Gähren ist, vor dem Backen ¼ Bierglas kaltes Wasser hinzugegossen und einmal durchgerührt.

152. Vorzügliche Waffeln von dicker saurer Sahne. ½ Pfd. feines Mehl, ⅜ Quart dicke saure Sahne, flach abgenommen, damit keine Milch dazu komme, 6 frische Eier, etwas Zitronenschale oder Muskatblüte oder ein kleiner Guß Rum.

Man rührt abwechselnd nach und nach Eidotter, Sahne, Mehl und Gewürz, mischt den sehr steifen Schaum der Eier nebst dem Rum durch und backt, ohne den Teig stehen zu lassen, sofort die Waffeln bei gelindem Feuer gelb und bestreut sie warm mit Zucker und Zimmet. — Aus dieser Portion werden—in einem großen Eisen gebacken—14 -15 Stück.

153. Waffeln von süßer Sahne. 1 Pfund Mehl, ½ Pfund Butter, ⅜ Quart süße Sahne, 9 Eier, von 4 bleibt das Weiße zurück, Zitronenschale oder Muskatblüte. Man kann den Teig, welcher nach vorhergehender Angabe gerührt und gebacken wird, mit Zucker vermischen oder die Waffeln damit bestreuen.

154. Aepfelballhäuschen. 1 Pfund warm gestandenes Mehl, ⅜ Quart Milch, gut 2 Unzen Butter, 3 Eier, 3 Dotter, 1½ Eßlöffel Hefe, eine Messerspitze Salz, gut 2 Unzen Korinthen, ein Suppenteller in kleine Würfel geschnittene zarte saure Aepfel, Saft einer ganzen, Schale einer halben Zitrone oder etwas Zimmet, gehörig Zucker und nach Belieben gut 2 Unzen feingeschnittene Mandeln.

Anmerkung. Der Teig wird stark geschlagen, zum langsamen Aufgehen an einen zugfreien warmen Ort gestellt. Dann rührt man die Aepfel mit etwas Butter über Feuer, daß sie warm, aber nicht weich werden, gibt die warm gewaschenen Korinthen, das Gewürz, gehörig Zucker und nach Belieben gut 2 Unzen geschnittene Mandeln hinzu. Wenn der Teig stark gährt, so rührt man das erwärmte Gemengsel durch und backt die Masse löffelweise in einer Ballhäuschenform oder in Schmelzbutter.

155. Kleine Sirupkuchen. 1 Quart Sirup, 1 Tasse Zucker, 3 Tassen Fett, Zimmet, Nelken, ungefähr 1 Theelöffel von jedem, 3 Theelöffel Saleratus oder Backpulver und so viel Mehl, daß der Teig ziemlich steif ist und sich gut rollen läßt; Sirup, Zucker und Fett wird heiß gemacht, dann Gewürz und Backpulver hineingethan. Hierauf vom Ofen abnehmen und Mehl hineinrühren.

156. Kleine harte Kuchen. 1 Pfund Mehl, ¼ Pfund Zucker, ¼ Pfund Butter, 4 Eier, ¼ Unze Hirschhorn=Salz, aufgerollt und gebacken.

157. Cooky. 2 Tassen Zucker, ¾ Tasse Butter, 5 Eßlöffel saure Milch, 1 Theelöffel Saleratus, 4 Eier, Muskatnuß, ungefähr 5 Tassen Mehl, Butter und Zucker zuerst gut verrührt, dann die Eier tüchtig geschlagen, dann Milch und Mehl abwechselnd.

158. Marble-Cake. Der weiße Theil: 1½ Tasse Zucker, ¼ Tasse Butter fein gerührt, ½ Tasse süße Milch, 1 Theelöffel Soda, 2 Theelöffel Cream of tartar, das Weiße von ¼ Eiern, 2½ Tassen Mehl. Der dunkle Theil. 1 Tasse braunen Zucker, ½ Tasse Sirup, ½ Tasse Butter, ¼ Tasse saure Milch, 1 gestrichener Theelöffel Soda, 2 Theelöffel Cream of tartar, 2½ Tassen Mehl, das Gelbe von 4 Eiern, Nelken, Zimmt, Muskatnuß, englisches Gewürz, von jedem ½ Eßlöffel voll. Dann abwechselnd von dem weißen und dunkeln Theil in die Form gethan. 1 Stunde backen.

159. Kornstärke=Kuchen. ¾ Tasse Butter, 1 Tasse Zucker, 6 Eiweiß zu Schnee geschlagen, 1 Tasse weißes Mehl, 1 Tasse Kornstärke, 2 Theelöffel Backpulver, 1 Tasse süße Milch; Zucker und Butter gut verrührt, dann abwechselnd die Milch und das Mehl, das Backpulver in's Mehl vermischt, zuletzt den Schnee; ¾ oder 1 Stunde gebacken.

160. Nelken=Kuchen. 1 Tasse Zucker, ½ Tasse Butter, 1 Theelöffel Nelken, 1 Theelöffel Zimmt, 1 Theelöffel Muskatnuß, 1 Tasse geschnittene Rosinen, 1 Theelöffel Saleratus, 1 Tasse saure Milch, ungefähr 4 Tassen Mehl.

161. Sirup=Kuchen. 2 Tassen Sirup, 1 Tasse braunen Zucker, 1 Tasse Fett, ¾ Tasse süße Milch oder Wasser, 2 Theelöffel Saleratus, Ingwer und ungefähr 5 Tassen Mehl.

162. Kugelhopf. ¼ Pfund Schmalz, ¼ Pfund Butter, dieses zu Schaum gerührt, dann 6 Eier, die man zuvor in heißes Wasser legt; man rührt eins nach dem andern in die Butter; wenn es gut verrührt ist, thut man die Hefe dazu, ¾ Stück für 5 Cts., 1 Kaffeetasse süßen Rahm oder Milch, etwas Salz, ¾ Pfund Mehl; nun rührt man so lange, bis er ganz glatt ist und Blasen wirft und vom Löffel losläßt; nachdem man schließlich die Form mit Schmalz bestrichen und mit Mandeln und Crackers bestreut hat, lasse man ihn gut aufgehen. 1 Stunde backen.

163. Chokoladen=Guß. 1 Tafel Chokolade, ungefähr 2 Tassen Milch, etwas Zucker, Vanille, dieses kochen lassen, dann ein paar Eigelb hinein, damit es dick wird.

164. Custard-Cake. Zum Teig: 1 Tasse Butter, 2 Tassen Zucker, 2½ Tassen Mehl; 6 Eier, das Weiße zu Schnee geschlagen, 1 Löffel Backpulver und ½ Tasse Milch. In 4 Schichten zu backen. — Zum Bestreichen der Schichten: 1 Tasse Milch bringe man zum Kochen, 2 Eier werden geschlagen und in die Milch gethan, dann 2 Löffel Zucker und etwas Vanille; auf dem Ofen oder auf Dampf dick werden lassen.

165. Sponge-Cake. No. 1. 9 Eier, und soviel Zucker, wie 8 Eier, so viel Mehl, wie 6 Eier wiegen, Zucker und die Eidotter werden gut nach einer Seite gerührt, dann abwechselnd das Mehl und der Schnee von den 9 Eiern. Muskatnuß oder Zitrone nach Geschmack. 1 Stunde backen.

166. Desgleichen. No. 2. 5 Eier werden tüchtig geschlagen, 2 Tassen Zucker, nach und nach dazu gethan, 1 Tasse kaltes Wasser, 3 Tassen (nicht gehäuft) Mehl, 2 Löffel Backpulver, in's Mehl gemischt, und schnell backen lassen.

167. Spice-Cake. 1 Tasse Butter, 1½ Tasse Zucker, dieses tüchtig verrührt, 3 Eier, aber erst das Gelbe tüchtig geschlagen, 1 Tasse saure Milch, einen guten Theelöffel Soda, damit es gut aufgeht, dieses dazu, 1 Tasse große Rosinen (die Kerne heraus) etwas gehackt, 1 Tasse Korinthen, diese in eine Tasse Mehl vermengt, etwas Zitronat, 3 Tassen Mehl im ganzen, 1 Theelöffel Nelken, Zimmet, Muskatnuß, zuletzt den Schnee.

168. Silver-Cake. ½ Tasse Butter, 1½ Tasse Zucker, dieses tüchtig gerührt; 1 Tasse Milch, 1½ Tasse Mehl, ½ Kornstärke, 6 Eiweiß steif geschlagen, 1 Eßlöffel Vanille, ½ Theelöffel Soda und 2 Theelöffel Cream of tartar oder 2 Theelöffel Backpulver mit dem Mehl vermengt. 1 Stunde backen.

169. Gold-Cake. 1 Tasse Butter, 2 Tassen Zucker, 8 Eigelb, 4 Tassen Mehl, 1 Tasse Milch, 1 Löffel Soda in der Milch aufgelöst, 2 Theelöffel Cream of tartar mit dem Mehl vermischt, etwas Muskatnuß. 1 Stunde backen.

170. Cocoanut. ½ Tasse Butter, 2 Tassen Zucker, tüchtig verarbeitet, 4 Eigelb dazu, 1 Tasse Milch dazu gerührt, 2¾ Tassen Mehl, im Mehl ein guter Theelöffel Backpulver, dann mit Zucker, Wasser, Zitronensaft kochen lassen, auf die Schichten streichen, mit Cocoanut bestreuen, jedesmal Frosting dazwischen, damit es besser zusammen hält.

171. Gleich-Schwer. ½ Pfund Butter, leicht gerührt, ½ Pfund Zucker, ½ Zitronenschale, 4—5 Eier tüchtig geschlagen, ½ Pfund Mehl, in Gelée-Formen gebacken.

172. Cup-Cake. 2 Tassen Zucker, 1 gestrichene Tasse Butter; Butter und Zucker werden tüchtig mit den Händen bearbeitet, dazu 4 Eier, tüchtig geschlagen, dann 1 gestrichener Theelöffel Soda, die Spitze vom Löffel freigelassen, 1 Theelöffel Cream of tartar; dieses in eine Tasse gethan und voll Milch gegossen, man kann auch 2 gute Theelöffel Backpulver nehmen, dasselbe mit dem Mehl vermengt, dann abwechselnd Milch und Mehl, im ganzen 3 Tassen, etwas Zitrone oder Muskatnuß. 1 Stunde backen. Anfangs darf der Ofen nicht zu heiß sein.

173. Guter Sirupkuchen. 2 Tassen Sirup mit 2 Eiern verrührt, dann 1 Tasse halb Fett und Butter geschmolzen, 4 Tassen ungesiebtes Mehl, 1 Theelöffel Saleratus, 2 Cream of tartar, dieses in eine halbe Tasse dicke Milch, vor dem Mehl, hineingethan, etwas Ingwer, 10 gestoßene Nelken und 1 Theelöffel Zimmet.

174. Blätterteig. 1 Pfund Mehl, 2 Eier, 2 Eßlöffel Essig, 1 Pfund Butter, 1 Tasse Wasser, Eier und Essig, auch etwas Mehl wird zu einem schlichten Teig geschlagen, dann ausgerollt, die Butter darauf geschmiert, und wieder ausgerollt, so oft, bis die Butter alle drin ist.

175. Fruchtkuchen. No. 1. 12 Eier, 1 Pfund brauner Zucker, 1 Pfund Butter, 1½ Pfund Mehl, 4 Pfund Sultan-Rosinen, 3 Pfund kleine Rosinen, ¼ Pfund Feigen, 1 Pfund Zitronat, 2 Pfund Mandeln, 1 Orange, fein geschnitten, 1 Theelöffel Soda, ¼ Pint Brandy, ¼ Pint Wein, ¼ Pint Rosenwasser, 6 Eßlöffel Molasses, Nelken, Muskatblüte und Muskatnuß. Butter und Zucker tüchtig gerührt, dann Spices und Molasses in die Soda hinein gethan, damit es gut aufgehe, dann das Eigelb und zuletzt die Frucht.

176. Fruchtkuchen. No. 2. 1 Pfund Mehl, 1 Pfund brauner Zucker, ¾ Pfund Butter, 3 Pfund Rosinen ohne Kerne, 1 Pfund Korinthen, 1 Pfund Zitronat, ¼ Pfund süße Mandeln geschält und mit etwas Rosenwasser gestoßen, 1 Muskatnuß, 1 Weinglas guter Brandy, 10 Eier.

Butter und Zucker werden tüchtig zusammen gerührt, dann das Weiße von den Eiern und 8 Eigelb, jedes allein, geschlagen und hineingerührt, hierauf Mehl und Gewürz, und zuletzt die Frucht. 2 Stunden langsam backen.

Dieser Kuchen hält sich 2 Jahr.

177. Fruchtkuchen. No. 3. 12 Eier, 1 Pfund Butter, 1 Pfund brauner Zucker, 1 Pfund Rosinen, 1 Pfund Korinthen, ½ Pfund Zitronat, 1 Eßlöffel Zimmet, 1 Theelöffel Nelken, 1 Muskatnuß, 1 Tasse süße Milch, ¼ Brandy, 3 Theelöffel Backpulver. Butter und Zucker rühre man zusammen, die Eigelb dazu, dann Gewürz und die übrigen Sachen, zuletzt das zu steifem Schaum geschlagene Eiweiß. 2 Stunden langsam backen.

178. Weiße Kuchen. No. 1. 2 Tassen Zucker, ½ Tasse Butter, 1 Tasse Milch, 3 Tassen Mehl, knapp 3 Theelöffel Backpulver, mit dem Mehl gut vermengt, das Weiße von 4 Eiern.

Butter und Zucker werden zu Rahm gerührt, dann Milch und Mehl abwechselnd hineingerührt, zuletzt rühre man das zu Schaum geschlagene Weiße leicht durch die Masse. 1 Stunde langsam backen. In der letzten halben Stunde kann man die Hitze etwas stärker machen.

179. Weiße Kuchen. No. 2. 2 Tassen weißen Zucker, 1 Tasse süße Sahne, 1 Eßlöffel Butter, 2 Tassen Mehl, das Weiße von 5 Eiern, 1 Theelöffel Cream of tartar, ½ Theelöffel Soda oder 2 gute Theelöffel Baking Powder, etwas abgeriebene Citronen-Schale.

170. Weißer Kuchen. No. 3. 1 Tasse Zucker, ½ Tasse Butter, 1 Tasse Milch, 2 Eiweiß, 1 Theelöffel Cream of tartar, ¼ Theelöffel Soda oder 2 Theelöffel Backpulver, 2½ Tassen Mehl.

Anfangs bei schwachem Feuer backen, 1 Stunde.

181. Schnee-Kuchen (Snow-Cake). ¾ Tassen Butter, knapp 2 Tassen Zucker, 1 Tasse Milch, 1 Tasse Kornstärke, 2 Tassen Mehl, 1½ Theelöffel Baking-Powder.

Mehl, Kornstärke und Powder werden zusammen vermischt, Butter und Zucker zusammengerührt, dann Milch und Mehl hinzugerührt, zuletzt das zu Schnee geschlagene Weiße von 7 Eiern, abgeriebene Zitronenschale oder nach Belieben Vanille oder Muskatnuß; 1 Stunde langsam backen.

182. Delicate Cake. No. 1. 1½ Tasse (Powder-) Zucker, ½ Tasse Butter, 1½ Tasse Mehl, ¼ Tasse Kornstärke mit dem Mehl vermischt, ¼ Tasse Milch, das Weiße von 6 Eiern zu Schnee geschlagen, 1 knapper Theelöffel Cream of tartar, ½ Theelöffel Soda oder 2 Theelöffel Baking-Powder mit dem Mehl vermischt; etwas Mandel- oder Vanille-Extrakt. Bei schwacher Hitze 1 Stunde backen.

183. Delicate Cake. No. 2. 1 Tasse Butter, 2 Tassen Zucker, 1 Tasse süße Milch, 3 Tassen Mehl, 1 Theelöffel Cream of tartar, ½ Theelöffel Soda oder 2 Theelöffel Baking-Powder.

184. White Pound-Cake. 1 Pfund Mehl, 1 Pfund Zucker, ¾ Pfd. Butter, das Weiße von 16 Eiern zu steifem Schaum geschlagen, etwas Bitter-Mandel-Extrakt oder nach Belieben auch Zitronen-Schale. Butter und Zucker werden tüchtig gerührt und Mehl und Eiweiß abwechselnd langsam darunter gerührt. 1 Stunde backen.

185. Feather-Cake. 1 Tasse Zucker und 3 Eier zusammen tüchtig schlagen, 1 Ei dick Butter, 1 Tasse Mehl, 2 Theelöffelchen Baking-Powder, 8 Eßlöffel Milch oder Wasser, Muskatnuß oder Zitronenschale. Einfach und gut.

186. Crème-Kuchen (Cream-Cake). 4 Eier, 3 Tassen Mehl, 1½ Tassen Zucker, 3 Theelöffel Baking-Powder. Mehl, Zucker und Baking Powder werden zusammen gemischt, mit einer Tasse guter Sahne und den 4 Eiern zu einem glatten Teig gerührt und etwas Zitrone oder Vanille hinein gethan. 20 Minuten backen lassen.

187. Kornstärke-Kuchen (Cornstarch-Cake). 1 Tasse Butter, 2 Tassen Zucker, 1 Tasse Milch, ⅔ Tassen Kornstärke, den Rest Mehl, 2 Tassen Mehl. 2 Theelöffel Baking-Powder, das zu steifem Schaum geschlagene Weiße von 7 Eiern, etwas Zitronen Schale. Butter und Zucker werden zu Sahne gerührt, dann Mehl, Milch und Kornstärke abwechselnd hinzugerührt, zuletzt das Eiweiß. 1 Stunde backen.

188. Kaffee-Kuchen (Coffee-Cake). 1 Tasse Butter, 1 Tasse Zucker, 1 Tasse Sirup, 1 Tasse starken Kaffee, 5 Tassen Mehl, 1 Pfund Rosinen, 1 Theelöffel Zimmt, 1 Theelöffel Allspice, ½ Muskatnuß, 3 Eier, (kann auch mit 1 oder 2 Eiern gemacht werden), 2 Theelöffel Baking-Powder mit dem Mehl vermischt oder 1 Theelöffel Soda in den Sirup gesiebt. Eine gute Stunde backen.

189. Ein guter brauner Kuchen oder Kaffeekuchen. 1 Tasse Butter, 1 Pfund brauner Zucker, 6 Eier, 1 Pfund Rosinen ohne Kerne, 1 Pfund Korinthen, 2 Theelöffel Zimmet, 1 Theelöffel Nelken, 2 Tassen starker Kaffee, 5 Tassen Mehl, 3 gehäufte Theelöffel Baking-Powder mit dem Mehl vermengt, ½ Muskatnuß Butter und Zucker werden zusammendie Eier eins nach dem andern hinzugerührt, darauf das Gewürz, dann Mehl und Kaffee abwechselnd hineingerührt, zuletzt die Frucht. 1½—2 Stunden bei schwachem Feuer backen.

190. Goldkuchen (Gold-Cake). 1½ Tasse (Powder-) Zucker, ¼ Tasse Butter, ¾ Tasse süße Sahne oder Milch, 2½ bis 3 Tassen Mehl, 6 Eigelb, 2 Theelöffel Baking-Powder mit dem Mehl vermischt.

191. Silberkuchen (Silver-Cake). 1½ Tasse Pulverzucker, ¼ Tasse Butter, 3 Tassen Mehl, ½ Tasse süße Sahne oder Milch, das Weiße von 6 Eiern zu Schaum geschlagen und 1½ Löffel Backpulver. 1 Stunde backen.

192. Schaumkuchen (Sponge-Cake). No. 1. 15 Eier, 3 Glas (Powder-) Zucker, 4 Glas Mehl, 3 Theelöffel Baking-Powder, abgeriebene Zitronen=Schale oder Vanille. Eier und Zucker werden tüchtig zusammengerührt, das Eiweiß zu festem Schnee geschlagen, die Hälfte von dem Mehl in die Masse gerührt, dann die Hälfte von dem Eiweiß, darauf die andere Hälfte von dem Mehl und zuletzt der Rest des Eiweiß leicht durchgerührt. 1 Stunde langsam backen. Dies giebt 2 schöne Kuchen.

193. Französischer Schaumkuchen (French Sponge-Cake). No. 2. 2 Eier, 2 Tassen Zucker, 1 Tasse Milch, 3 Tassen Mehl, 2 Theelöffel Backpulver; dies alles zu einem Teig gerührt und langsam gebacken, ungefähr ¾ Stunden.

194. Cream Sponge Cake. No. 3. Man schlage 2 Eier in eine Tasse und fülle diese mit süßer Sahne bis an den Rand; dann nimmt man 1 Tasse weißen Zucker und eine kleine Prise Salz, thut es in eine Schüssel, rührt 2 Tassen Mehl hinzu, worunter 2 Theelöffel Baking-Powder gemischt sind, und 1 Theelöffel Zitronen=Essenz, thut dies Alles in ein viereckiges Blech und bäckt es 15 Minuten. Einfach und gut.

195. Zitronen=Kuchen. 3 Tassen Zucker, 1 Tasse Butter, 1 Tasse Milch, 5 Eier, 4 Tassen Mehl.

Butter und Zucker werden zu Sahne gerührt, die Eigelb gut gerührt dazu gethan, Mehl und Milch abwechselnd hinzu=, Schale und Saft einer guten Zitrone gut durch= und zuletzt das zu steifem Schnee geschlagene Weiße hinzugerührt, 2 Theelöffel Backpulver in's Mehl gethan und 1 Stunde gebacken.

196. Korinthen=Kuchen. Dazu gehören ½ Pfund Mehl, 1 Pfund Zucker, ¾ Pfund Butter, 7 Eier, ¼ Pint Milch, 2 Theelöffel Backpulver und 1 Pfund Korinthen.

Butter und Zucker werden tüchtig zusammengerührt, 1 Ei nach dem andern, dann Mehl und Milch hinzugerührt, zuletzt die sauber gewaschenen Korinthen. 1 Stunde backen.

197. Cocusnuß=Kuchen. 1 Pfund Zucker, 1 Pfund Mehl, 1 Pfund Butter, das Weiße von 12 Eiern, 1 Cocusnuß, ½ Glas Wein, 2 Theelöffel Backpulver oder knapp 1 Theelöffel Soda.

Butter und Zucker zu Sahne rühren, dann Mehl und das zu steifem Schaum geschlagene Weiße nebst der fein geriebenen Cocusnuß hinzugerührt und 1 Stunde langsam gebacken.

198. Clay-Cake. Dazu gehören 1 Taſſe Butter, 2½ Taſſe Zucker, 1 Taſſe Milch, 4 Taſſen Mehl, das Gelbe von 5 und das Weiße von 7 Eiern, 2 Theelöffel Cream of Tartar, 1 Theelöffel Soda oder 3 gute Theelöffel Backpulver mit dem Mehl vermiſcht.

Butter und Zucker werden ſolange gerührt, bis es wie Sahne aus= ſieht, dann das gut gerührte Eigelb hinzugethan, 1 Löffel Zitronen= Extrakt, dann das Mehl, und zuletzt das zu ſteifem Schaum geſchlagene Weiße von 7 Eiern durchgerührt.   Dieſe Maſſe giebt 2 Kuchen.

1 Stunde langſam backen.

199. Taſſen-Kuchen (Cup-Cake). Man nehme dazu 6 große oder 7 kleine Eier, 1 Taſſe Butter, 2 Taſſen Zucker, 1 Taſſe Milch, 4 Taſſen Mehl, 3 Theelöffel Baking-Powder.

Butter und Zucker zu Sahne rühren, ein Ei nach dem andern tüchtig hinzu=, Milch und Mehl abwechſelnd hineingerührt und das Baking-Powder ins Mehl gemiſcht.   1 Stunde backen.   Anfangs darf der Ofen nicht zu heiß ſein.   Dieſes giebt 2 Kuchen.

200. Zuckerguß. 1 Taſſe geſtoßener Zucker und 2 Eßlöffel Waſſer werden zuſammengekocht; dann nimmt man es vom Feuer, rührt das zu Schaum geſchlagene Weiße von 1 Ei durch und Alles gut zuſammen. Hier= mit glaſirt man die Kuchen.

201. Auflegekuchen.   No. 1.   Cocusnußkuchen (Cocoanut-Cake). 3 Taſſen Mehl, ½ Taſſe Butter, 1 Taſſe Zucker, 1 Taſſe Milch, 5 Eier, 2 Theelöffel Baking-Powder.   Butter und Zucker rührt man, bis es weiß iſt, dann rührt man 1 Ei nach dem andern hinzu, darauf Milch und Mehl abwechſelnd.   Hiervon backt man 4 Schichten von gleicher Größe in einem gut geheizten Ofen.   Dann werden 4 Eiweiß zu Schaum geſchlagen und mit 1 Pfund (Powder-) Zucker vermiſcht: mit dieſem werden die 4 Kuchen beſtrichen und gut mit Cocusnuß beſtreut.   Man braucht ½ Pfund präparirte Cocusnuß dazu.

202. Auflegekuchen.   No. 2.   Weißer Cocusnuß-Kuchen. 2 Taſſen Zucker, ¾ Taſſen Butter, das Weiße von 7 Eiern zu Schnee ge= ſchlagen, ⅔ Taſſe Milch, 2 Taſſen Mehl, 1 Taſſe Kornſtärke, 2 Theelöffel Backpulver.   In 4 Schichten gebacken.   Der Ofen muß recht heiß ſein. Zum Aufſtreichen: Das Weiße von 4 Eiern ſchäumig geſchlagen mit etwas Zucker, auf die Kuchen geſtrichen und mit Cocusnuß beſtreuen und aufein= ander legen.

203. Auflegekuchen mit Aepfeln.   No. 3. 7 Eier, ½ Taſſe Butter, 2 Taſſen Zucker, 2 Taſſen Mehl, 2 kleine Eßlöffel Backpulver, 3 Eßlöffel Waſſer.

Butter und Zucker zuſammengerührt; die Eier, das Gelbe und Weiße, jedes allein geſchlagen, dazu gerührt, ſowie Mehl und Waſſer.   In 4 Schichten in einem heißen Ofen ſchnell gebacken.   Zum Beſtreichen der Kuchen: 1 Ei, 1 Taſſe Zucker, 3 geriebene ſaure Aepfel und eine Zitrone; dies Alles rührt man über dem Feuer, bis es dick wird; abgekühlt beſtreicht man 3 Kuchen damit und legt ſie aufeinander.

204. Auflegekuchen mit Gelée. No. 4. 1 Taffe Butter, 2 Taffen Zucker, 6 Eier, 1 Taffe Milch, 3 Taffen Mehl, 3 Theelöffel Back=pulver mit dem Mehl vermischt. Butter und Zucker werden tüchtig gerührt, 1 Ei nach dem anderen, dann Mehl und Milch abwechselnd hin=eingerührt; in Schichten gebacken in einem gut geheizten Ofen. Mit beliebiger Gelée bestrichen.

205. Auflegekuchen. No. 5. Orangenkuchen. 1 Taffe But=ter, 2 Taffen Zucker, zu Sahne gerührt, 2 Taffen Mehl, 1 Taffe Korn=stärke, 1 Eßlöffel Backpulver unter das Mehl gemischt, 1 Theelöffel Zitronen=Essenz und ein Theelöffel Vanilla unter das Mehl gemischt und durchgesiebt; die Hälfte von diesem nebst 1 Taffe Milch zu der Butter gerührt, dann das zu Schnee geschlagene Weiße von 8 Eiern, darauf das übrige Mehl. In Schichten gebacken. Zum Bestreichen: Das Weiße von 2 Eiern, schäumig geschlagen, 1 Taffe Puder=Zucker, der Saft und die geriebene Schale von 2 Orangen.

206. Auflegekuchen. No. 6. Mit Zitronen=Honig. 2 Taffen Zucker, ⅔ Taffen Butter, 1 Taffe Milch, 1 Taffe Kornstärke und 3 Taffen Mehl werden mit 3 Theelöffel Backpulver vermischt; Butter und Zucker zu Sahne gerührt, dann die Milch, darauf das zu steifem Schnee geschla=gene Weiße von 8 Eiern, dann Mehl und Kornstärke hinzu gerührt und in Schichten gebacken.

Zitronen = Honig zum Bestreichen: ¼ Pfund Stücken=Zucker, 1 Ei und 4 Eigelb, der Saft von 3 und die geriebene Schale von 1 Zitrone und 2 Unzen Butter. Man stellt Butter, Zucker und Zitronen in einem Topf über schwaches Feuer; wenn es zergangen, rührt man die gut geschlagenen Eier dazu und rührt so lange, bis es so dick wie Honig ist. Mit diesem bestreicht man den Kuchen.

207. Pie-Crust. No. 1. Reichlich 1 Pfund Mehl, ⅓ Pfund Butter, ⅓ Pfund Fett. Man arbeite Butter und Fett mit einem Messer durch das Mehl, welches gesiebt sein muß, und gieße so viel recht kaltes Wasser (am besten Eiswasser) hinzu, daß es sich leicht ausrollen läßt.

208. Pie-Crust einfacher Art. No. 2. 1 Taffe Butter, 1 Taffe Fett und zu 1 Pfund Mehl so viel Wasser, daß es ein leichter Teig wird.

209. Cocoanut-Pie. No. 1. Frischgeriebene Cocusnuß, zu einer Taffe Cocusnuß 1½ Taffe süße Milch, das Gelbe von 4 Eiern, ein wenig Salz, Zucker nach Belieben, 1 Eßlöffel geschmolzene Butter; dieses Alles schlägt man 5—6 Minuten, dann wird es auf den Teig gethan und gebacken. Unterdeß schlägt man das Weiße von 4 Eiern zu festem Schaum, thut etwas Zucker darunter, streicht es auf den Pie und stellt ihn noch so lange in den Ofen bis er braun ist. Nimmt man präparirte Cocusnuß, so muß man sie über Nacht in Milch einweichen.

210. Cocoanut-Pie. No. 2. Dazu gehören 1½ Pint Milch, 6 Eier, 1 Cocusnuß, 3 Taffen Zucker, 1½ Taffen Butter. Zucker und Butter ver=rührt man zusammen, dann thut man die Eier hinzu, darauf Cocusnuß und zuletzt die Milch.

211. Frucht-Pastete (Fruit-Pie). Zu diesem nehme man eine Blech= oder Steinschüssel, die 2 Quart hält und unten fast so weit wie oben ist. Dann mache man einen guten Pie=Teig; nachdem man ihn dünn ausgerollt, bedecke man den Boden der Schüssel damit, doch nicht am Rande, dann lege man eine Lage fein geschnittene Aepfel, 2 Zoll dick, darauf eine Lage gehackter Rosinen, streue Zucker darüber, lege kleine Stückchen Butter darauf, bestrene ihn mit beliebigem Gewürz, gestoßenen Nelken, Muskatnuß oder Zimmet. Dann kommt wieder eine Schicht Teig und Frucht, u. s. w., bis die Schüssel voll ist; jedoch muß Teig den Schluß bilden. 2 Stunden langsam backen. Wenn fertig, stürzt man ihn auf einen Teller, bestreut ihn mit Zucker und Zimmet und giebt ihn warm zur Tafel; er ist aufgewärmt fast so gut wie frisch gebraten. (Zu dieser Portion gehört 1 Pfund Rosinen, 10—12 große Aepfel und 2 Tassen Zucker).

212. Zitronen=Pastete (Lemon-Pie). **No. 1.** 1 Zitrone wird abgerieben, der Saft ausgedrückt, das Andere gehackt; ferner nimmt man von 4 Eiern das Gelbe, ein gutes Stück Butter, 3 Eßlöffel Wasser, Zucker nach Belieben; alles dies wird auf den Pie gegossen und damit gebacken, dann der Schnee geschlagen, 2 Eßlöffel Zucker in den Schnee gethan, 1 Theelöffel Cream of tartar, das auf den fertigen Pie gestrichen wird. Hierauf mag man ihn noch einmal in den Ofen schieben und gelb werden lassen.

213. Zitronen = Pastete (Lemon-Pie). **No. 2.** Man rührt Schale und Saft einer guten großen Zitrone, 1 Tasse Zucker und das Gelbe von 3 Eiern untereinander. Dann kommen dazu 2 Tassen Milch, 1 Eßlöffel Kornstärke, 1 Prise Salz.

Man rührt die Kornstärke mit der Milch an und läßt sie zum Kochen kommen; wenn abgekühlt, rührt man es zu dem Uebrigen, gießt es auf den Pie und bäckt ihn, wenn er gebacken ist, schlägt man das Weiße von 3 Eiern zu festem Schnee, thut einen Eßlöffel Zucker hinein, streicht es auf den Pie, stellt ihn noch einige Augenblicke in den Ofen und läßt ihn eben braun werden.

214. Zitronen = Pastete (Lemon-Pie). **No. 3.** 4 Eigelb, 1 große saftige Zitrone, ¾ Tasse Zucker, 1 Soda-Cracker, fein gerollt, mit 1½ Tasse kochendem Wasser abgebrüht, Zucker, Eigelb, abgeriebene Schale und Saft der Zitrone hinzugedrückt, auf den Pie gegossen und gebacken. Dann das Weiße der 4 Eier mit 2 Eßlöffel Zucker zu festem Schnee geschlagen, darauf gestrichen und im Ofen eben braun werden lassen.

215. Rhabarber=Pastete (Pieplant-Pie). Man liest die Stengel ab, schneidet sie recht klein, brüht sie einige Minuten mit kochendem Wasser, läßt sie auf einem Durchschlag ablaufen und drückt sie mit den Händen noch etwas aus; dann bestäubt man den dünn ausgerollten und auf einen dazu bestimmten Teller gelegten Teig gut mit Mehl, legt den kleingeschnittenen Rhabarber darauf, stäubt etwas Mehl darüber, bestreut ihn gut mit Zucker und Zimmt (brauner Zucker ist am besten), legt ein Oberblatt mit einigen Einschnitten versehen darüber, drückt den Rand ringsum mit einer Gabel fest an und backt ihn bei ziemlich starker Hitze gahr.

Kirschen=, Johannisbeer= und Stachelbeer=Pie kann man ebenso machen, doch nicht brühen, und nach Belieben mit Gitter oder Deckel versehen.

216. Kürbis=Pastete (Squash-Pie). Man nimmt dazu 1 Pint Squash, 1 Pint Milch, 3 Eier, ½ Muskatnuß, 1 Theelöffel Zimmet, 1 Theelöffel Vanille oder gestoßenen Ingwer, 2 Tassen Zucker. Dies alles rührt man zu dem weichgekochten Kürbis, die Milch zuletzt, thut es auf den Pie und backt ihn ohne Oberblatt.

217. Aepfel = Pastete (Apple-Pie). Gute saure Aepfel werden geschält, gewaschen und in ganz dünne Scheibchen geschnitten, auf den dazu bereiteten Pie gelegt, mit Zucker und Zimmet bestreut, Stückchen Butter darauf gelegt, mit wenig Mehl bestäubt, der Rand mit Wasser angefeuchtet, und, wenn die Aepfel nicht sehr saftig sind, etwas Wasser daran gegossen, etwa 3—4 Eßlöffel voll.

Dann rollt man ein Oberblatt davon aus, macht einige Einschnitte hinein und legt es auf den Pie, schneidet ihn ringsum mit einem Messer ab, drückt den Teig mit einer Gabel an, was gleich eine kleine Verzierung bildet, und backt ihn bei guter Hitze gahr.

C. In Butter und Schmalz zu backen.

218. Regeln über das zu Backende.

Langsames Aufgehen des Teiges. Obgleich solches schon in No. 1 erwähnt worden ist, so sei hier wiederholt, daß durch langsames Aufgehen der Masse das Gebäck viel zarter wird.

Backfett. Butter gibt dem Backwerk den feinsten Geschmack. Wie diese zu vorliegendem Zweck vorgerichtet wird, ist im Abschnitt 1. No. 25 ausführlich bemerkt worden. Auch ist gutes Schweineschmalz zum Ausbacken sehr gut.

Nicht zu sparsam angewandt. Was nun von Vorstehendem angewendet werden soll, davon richte man die Quantität nicht gar zu sparsam ein, weil das zu Backende in reichlichem Fett weniger von demselben aufnimmt, einen angenehmen Geschmack erhält und das Gebrauchte bei einem kleinen Zusatz von frischem Fett zweimal angewendet und dann noch für gewöhnliche Gemüse benutzt werden kann.

Vorsicht. Der Topf zum Backen muß so groß sein, daß kein Ueberkochen zu befürchten ist, und das Fett zum Backen so heiß gemacht werden, daß eine hineingelegte Probe sogleich nach oben geworfen wird. Je schneller das zu Backende sich darin bräunt, desto weniger vermag das Fett einzudringen, was dadurch noch mehr zu vermeiden ist, daß ein Stück Ingwer in den Topf gelegt wird. Sollte das Fett gar zu stark erhitzt worden sein, so ist es nothwendig, den Topf vom Feuer zu entfernen, ehe das Bestimmte hineinkommt; doch beachte man dabei, wenn Kinder in der Nähe sind, die größte Vorsicht.

Backen. Zum Backen des Hefenteiges, welcher geformt und zum Aufgehen auf ein Backbrett gelegt wird, wie z. B. Berliner Pfannkuchen, wird die obere Seite zuerst ins Fett gelegt und, gleich anderem Gebäck, mittelst eines eisernen Löffels mit Fett begossen und mit einer Gabel untergetaucht, wobei es gut ist, den Topf oftmals ein wenig zu rütteln. Nachdem das Gebäck unten dunkelgelb geworden, wird es mit der Gabel auf die andere Seite geworfen, und wenn auch diese gebräunt ist, beim Herausnehmen, wo man es zum Abtröpfeln des Fettes einige Minuten auf Weißbrodschnitten legen kann, mit Zucker bestreut.

Anmerkung. Je nachdem man mehr oder weniger backt, würde 1, 1½ bis 2 Pfund Fett nothwendig sein.

219. Berliner Pfannkuchen. Zum Teig ¼ Quart Milch, ¼ Pfd. abgeklärte Butter, 1 Ei und 5 Eidotter, 1½ Unze Hefe, gut 1½ Unze Zucker, ein Theelöffel Salz und feines Mehl, wie folgt; ferner zum Füllen beliebiges Eingemachte: Dreimus, Johannisbeeren, Kirschen, Zwetschen oder Gelée.

Mehl und Butter werden vorher erwärmt. Dann schlägt man die Eier, rührt die lauwarme Milch nebst Hefe, Zucker und Salz hinzu und macht dies mit feinem Mehl zu einem leichten Teig, den man so lange schlägt, bis er Blasen wirft und nicht mehr am Löffel klebt. Darauf legt man ihn zum langsamen Aufgehen auf ein mit Mehl bestäubtes Backbrett. Ist das nun geschehen, so rollt man ihn einen Finger dick aus, legt mit dem Theelöffel Eingemachtes darauf, ein Stück Teig darüber, sticht mit einem Ausstecher oder Glase Kuchen davon aus, bestreicht sie da, wo sie zusammentreffen, mit Ei, legt sie auf Stücke Papier, welche vorher mit etwas Mehl bestäubt sind, und läßt sie in der Wärme langsam aufgehen. Unterdeß lasse man Schmelzbutter kochend heiß werden, 3 — 4 Kuchen zugleich vom Papier — die obere Seite nach unten — ins Fett gleiten und verfahre weiter nach vorstehender Vorschrift.

Die Pfannkuchen müssen eine gelbbraune Farbe erhalten, werden noch heiß mit einer Mischung von Zucker und Zimmet bestreut und frisch gegessen.

220. Schneebälle. No. 1. Man verrührt 4 Eier, 1 Ei großes Stückchen zerlaufene Butter, ein wenig Salz und 4 Eßlöffel süße Milch miteinander, dann rührt man so viel feines Mehl hinein, bis der Teig zum Ausrollen fest genug ist; sodann nimmt man ihn auf das Backbrett, schneidet kleine Stückchen davon, formt sie schön rund, so daß die davon ausgerollten Kuchen die Größe eines kleinen Tellers haben und schneidet mit dem Backröschen durch die Kuchen fingerbreite Streifen, aber nicht durchaus. Dann macht man in einer Pfanne, welche nicht größer sein darf, als der darin zu backende Schneeball, Schmalz heiß, faßt mit einer Spindel oder mit einem Rührlöffelstiel den einen Streifen, läßt den andern liegen, faßt den dritten wieder auf und so fort, bis sie alle aufgefaßt sind, legt sie dann mit dem Stiel in heißes Schmalz ein und breitet sie mit demselben aus, daß es einen runden Ballen giebt, kehrt diesen aber gleich um, daß er nicht zu braun werde. Wenn die fertigen Schneebälle auf Brodschnitten abgelaufen sind, bestreut man sie mit Zucker und Zimmt.

221. Schneebälle. No. 2. 5 Eier, ¼ Pfund Butter, ½ Pfund Mehl arbeitet man zu einem Teig zusammen, dann wird noch eine Tasse Zucker durchgearbeitet. Hiernach rollt man den Teig dünn aus, rädert mit einem Backrädchen viereckige Kuchen davon, macht in diese mit dem Rädchen 4 Einschnitte und backt sie in heißem Fett.

222. Schneebälle. No. 3. ½ Pfund Mehl, 2½ Unze Butter, ½ Pint Wasser, 8 - 9 Eier, zum Bestreuen Zucker und Zimmet.

Butter und Wasser läßt man kochen, streut dann das Mehl hinein und rührt es bis es trocken wird und nicht mehr am Topfe klebt; wenn es abgekühlt ist, rühre man nach und nach die Eier hinein und schlage den Teig mit einem Löffel, bis er zart ist. Alsdann mache man mit 2 Eßlöffeln Ballen davon und backe sie wie Berliner Pfannkuchen in Schmelzbutter gelb. Sie werden heiß mit Zucker und Zimmet bestreut.

Anmerkung. Wenn man die Eier vorher in warmes Wasser legt, so gehen die Schneeballen besser auf.

223. Kröpfeln. 1 Pfund Mehl, gut 2 Unzen Butter, gut 1½ Unze Zucker, ⅔ Quart Milch, 3 Eier, etwas Nelken, Zimmet und Kardamom.

Dies alles wird vorher erwärmt und zum Teig gemacht, in zwei Finger breite, lange Streifen geschnitten, diese der Länge nach dreimal so weit eingeschnitten, daß sie nur eben zusammenhalten, lose durcheinander geflochten und wie Mutzen gebacken.

224. Kröpfeln auf andere Art. 1 Pfund Mehl, ¼ Pfund Butter, gut 2 Unzen Zucker, 1 Eßlöffel Hefe, ⅔ Quart lauwarme Milch, 2 Eier, abgeriebene Zitronenschale und etwas Mehl zum Ausrollen des Teiges.

Man verrührt das Mehl mit der Milch und aufgelösten Hefe und stellt es zum Aufgehen hin. Nachdem der Teig gährt, rührt man Eier, Zucker, Zitronenschale, Butter, alles erwärmt, und noch so viel Mehl dazu, daß derselbe, ohne anzukleben, gerollt werden kann. Dann schlägt oder wirft man ihn nach No. 1, rollt ihn einen halben Finger dick aus, schneidet ihn in beliebige Stücke, läßt diese aufgehen und backt sie in Schmelzbutter goldgelb.

Auch kann man die Kröpfeln füllen. Man rollt sie dann dünn aus, legt Obst zwischen 2 Stückchen Teig und verfährt übrigens, wie bemerkt worden.

225. Fett-Kröpfeln (Fried Cakes). 1 Tasse Zucker, 4 Eßlöffel Butter, 3 Eier, 1 Tasse Milch, 3 Theelöffel Backpulver, soviel Mehl, daß der Teig sich leicht rollen läßt. In heißem Fett gebacken.

226. Fett-Kröpfeln auf andere Weise. Es wird 1 Pint Milch mit 3 Eiern zusammengeschlagen und so viel Mehl genommen, daß es ein ziemlich steifer Teig wird. Unterdeß mache man Fett heiß, steche den Teig mit einem Löffel aus und backe ihn. Warm zu geben mit Wein und Zucker oder süßer Sahne.

227. Rädergebackenes. Man schlage 3 Eier mit etwas Zucker und Muskatblüte und rühre so viel Mehl nebst 2 Eßlöffel Rum hinzu, daß es einen weichen Teig giebt, der sich rollen läßt. Dann rolle man denselben so dünn als möglich aus, schneide ihn mit dem Backrädchen in viereckige Stücke und backe diese in Butter oder Schmalz nach vorstehender Angabe.

Beim Herausnehmen bestreue man das Gebackene mit einer Mischung von Zucker und Zimmet, besprenge es stark mit Rosenwasser und bestreue es nochmals.

228. Züricher Küchli. Milch, feines Mehl, Zucker und Zimmet. Man läßt Milch und etwas Salz in einem eisernen Topfe kochen, rührt so viel Mehl hinein, daß der Teig sich vom Topfe loslöst, legt ihn auf ein Backbrett, formt ein Ei dicke, runde Klöße, backt sie in Schmelzbutter schön gelb und bestreut sie mit Zucker und Zimmet.

Man gibt sie sowohl zum Thee als zum Nachtisch, auch, je nachdem sie eine Schüssel ausmachen sollen, mit einer Schaumsauce oder Fruchtsaft, sowie auch mit Compote.

229. Aepfelscheiben in Butter oder Schmalz zu backen. Große saftige und recht mürbe Aepfel, Arrak und Zucker, eine Klare nach Abschnitt I, zum Bestreuen Zucker und Zimmet.

Man schält und schneidet die Aepfel in fingerdicke Scheiben, entfernt das Kerngehäuse, läßt sie mit Arrak und Zucker durchziehen, tunkt sie in die Klare, backt sie in Schmelzbutter dunkelgelb und bestreut sie sogleich mit Zucker und Zimmet.

Anmerkung. Damit die Aepfel bald nach oben kommen und also weniger Fett aufnehmen, lege man nicht über 6 Stück zugleich ins Fett.

D. Brod zu backen.

230. Semmel oder Milchbrödchen. Zu 1½ Quart frischer Milch 4 Pfund Mehl, 2—3 Eßlöffel frische Hefe und etwas Salz. Nachdem das Mehl einige Stunden vorher an einem warmen Orte gestanden und die Milch lauwarm gemacht ist, wird die aufgelöste Hefe zu letzterer gegossen und so viel Mehl hinzugerührt, daß es eine breiartige Masse wird, die man mit Mehl überstäubt und zugedeckt zum Gähren an einen warmen Ort stellt. Das übrige Mehl bleibt zum Verarbeiten des Teiges zurück, welches aber erst dann geschehen darf, wenn derselbe stark gährt und auf der Oberfläche Risse entstehen, wo dann das Salz hinzu kommt und derselbe mit dem übrigen Mehl so lange verarbeitet wird, bis er nicht mehr an den Händen klebt. Das Verarbeiten muß mit der flachen Hand geschehen, das sogenannte Kneten macht jeden Teig fest. Dann schlage oder werfe man den Teig nach No. 1 (Schlagen der Masse), forme ihn zu Brödchen von beliebiger Form, oder zu einem großen Brod, welche von außen ganz glatt sein müssen und keine Risse haben dürfen, lasse sie auf der Platte nochmals ein wenig aufgehen, mache dann einen Einschnitt darin, bestreiche sie auch nach Belieben mit verdünntem Ei, schiebe sie in einen gut geheizten Ofen und lasse sie nicht über das Gährsein hinaus backen. Weißbrod ohne Milch, mit Wasser, wird ebenso gebacken; ein großes Brod muß eine Stunde in einem nicht zu stark geheizten Ofen backen.

231. Milchbrödchen mit Butter. Man macht denselben Teig wie im Vorhergehenden, indeß fügt man beim Verarbeiten desselben

4 Eier und ¼ Pfund Butter hinzu, formt kleine Milchbrödchen, die auf der Platte noch ein wenig aufgehen und schnell backen müssen.

232. Feines gesäuertes Roggenbrod. Zu 1¼ Quart Wasser nimmt man 5 Pfund Roggenmehl und etwas Sauerteig von der Größe eines kleinen Apfels.

Des Abends vor dem Backtage mengt man, nachdem das Wasser gehörig warm gemacht ist, einen Theil des Mehls mit dem Wasser und dem Sauerteig zu einem Brei, bestäubt ihn gut mit Mehl und stellt ihn bis zum andern Morgen an einen warmen Ort. Darauf knetet man ihn mit etwas Salz und dem übrigen Mehl gut aus, macht ein langes Brod davon, legt es zum Aufgehen auf ein mit Mehl bestäubtes Backbrett und läßt es in einem gut geheizten Ofen 2 Stunden backen.

Sollte der Teig am Morgen nicht genug aufgegangen sein, so kann man beim Auskneten etwas Hefe zusetzen. Mengt man den Teig mit guter Buttermilch statt Wasser, so wird das Brod noch besser; man nimmt dann nur die Hälfte Sauerteig.

233. Backpulver Biscuits (Baking-Powder Biscuits). 1 Quart Mehl, 2 Theelöffel Backpulver (Baking-Powder), 1 Eßlöffel Butter oder Schmalz werden zusammen verrieben, mit kaltem Wasser, oder Wasser und Milch und mit einem Messer schnell zu einem Teig vermischt; dann verarbeitet man mit Mehl den Teig, bis er sich leicht ausrollen läßt (ungefähr 1 Zoll dick), sticht mit einem runden Ausstecher oder kleinen Glase Biscuits davon aus und backt sie in einem gut geheizten Ofen 15 Minuten.

———— :: ————

XIX. Vom Einmachen und Trocknen
verschiedener Früchte und Gewächse.

————

1. Regeln beim Einmachen der Früchte.

1. **Sorgfältiges Abreiben der Früchte.** Vorab wird beim Einmachen von Pflaumen und Zwetschen auf ein sorgfältiges Abreiben aufmerksam gemacht, weil solches mit dem Erhalten in genauer Verbindung steht. Zu dem Zwecke lege man ein reines Tuch auf den Tisch, fasse die Früchte der Länge nach an und reibe sie strichweise rings herum ab, wodurch diese Arbeit, welche oft sehr in die Länge gezogen wird, gut und rasch von Statten geht.

2. **Große Reinlichkeit der zum Einmachen erforderlichen Geräthe.** Um die Früchte zu erhalten, darf man dieselben in keinem Topfe kochen, in welchem etwas Fettiges gewesen ist. Eine

Ausnahme macht ein Keſſel von Kupfer oder Meſſing, welcher ſich am beſten zum Einmachen eignet. In Ermangelung nehme man dazu einen weiß glaſirten Topf. Löffel und Schaumlöffel müſſen ebenfalls rein von Fett ſein, weshalb es ſehr zweckmäßig iſt, die zum Einmachen erforder- lichen Geräthe nur zu dieſem Gebrauche zu benutzen.

3. Was bei dem Gebrauch der Muskatnelken (Nägel- chen) zum Einmachen zu beachten iſt. Zu manchen einge- machten Früchten ſind Nelken, im richtigen Maße gebraucht, ein ſehr angenehmes Gewürz, welche aber, ohne weiteres angewandt, hellen Früch- ten, als Kürbis, Hagebutten, Wallnüſſen u. ſ. w., ſchwarze Flecken mittheilen. Um ſolche zu verhüten, braucht man nur das Köpfchen herauszubrechen.

4 Guter Eſſig. Zum guten Erhalten der Früchte ſorge man ferner für guten Eſſig. Wünſcht man nicht den theuren Weineſſig anzu- wenden, ſo geht man ſicherer, anſtatt des ſchlechten weißen Fabrikeſſigs guten Biereſſig zu nehmen, der beſonders zu Zwetſchen ſelbſt dem Weineſſig vorzuziehen iſt und weniger Zucker erfordert.

5. Beim Einkochen der Früchte darf die Luft auf dem Herde nicht durch fremdartige Dünſte ver- unreinigt werden. Während des Einkochens der Früchte oder des Fruchtſaftes darf auf dem Herde nichts Fettiges, noch ſonſt etwas gekocht werden, was Dunſt und Geruch hervorbringt, wie es beſonders beim Abkochen aller Gemüſe der Fall iſt. Das Feuer muß vorher gehörig beſorgt, und iſt es ein Kohlenfeuer, ſo darf nicht von oben darin ge- ſtocert werden, weil der dadurch entſtehende Qualm nachtheilig einwirkt.

6. Sorgfalt beim Zubinden der Töpfe und Glä- ſer. Nach dem Einkochen der Früchte iſt es zum Erhalten eine Haupt- bedingung, ſofort ein reines Tuch darüber zu decken, damit nicht Fliegen oder Mücken hineinfallen und Gährung bewirken. Nach dem Erkalten aber darf das Zubinden der Töpfe und Gläſer nicht hinausgeſchoben werden, indem durch Offenſtehen derſelben, und wäre es nur 1--2 Tage, der Grund zum Verderben gelegt iſt.

7. Die Früchte müſſen mit Saft bedeckt ſein. Alle eingemachten Früchte müſſen völlig mit Saft oder Brühe bedeckt ſein. Diejenigen Früchte, welche mit Zucker in kurzer, ſämiger Brühe eingemacht ſind, werden, wenn ſie in den Gläſern völlig erkaltet ſind, mit einem darauf paſſenden Stückchen Briefpapier, welches mit Franzbranntwein oder Arrak ſtark angefeuchtet iſt, genau bedeckt, und die Gläſer entweder mit Blaſe, Pergamentpapier, oder in Ermangelung mit einem Stück reinen, doppelt gelegten Papiers zugebunden.

8. Reinigen der zum Zubinden beſtimmten Blaſe. Zum Reinigen der Schweinsblaſe wird dieſe einige Stunden in Brannt- wein gelegt und dann mit Weizenkleie abgerieben, oder ſie wird einen Tag in kaltes Waſſer gelegt, ſolches einigemal gewechſelt, die Blaſe darin gewaſchen und mit einem reinen Tuche abgetrocknet, wo ſie dann zum Ge- brauche fertig iſt.

9. **Lösen der Blase.** Damit die Blase beim Gebrauch der Früchte sich leichter löse, lege man einigemal ein in heißem Wasser ausgedrücktes Tuch um den Rand. Bei Dunstfrüchten aber stecke man den Hals der Gläser eine Minute in heißes Wasser, wodurch die Blase ganz unversehrt abgenommen und oftmals wieder gebraucht werden kann.

10. **Am besten und einfachsten** sind zum Präserviren der Früchte die jetzt allgemein im Gebrauch befindlichen Einmachegläser mit luftdichtem Verschluß.

11. **Hülfsmittel zum Erhalten der Früchte in Zucker.** Ein sicheres Mittel, alle in Zucker eingekochten Früchte besonders zu konserviren und ihnen zugleich einen angenehmen Geschmack mitzutheilen, besteht in einer Beimischung von eingemachtem ostindischem Ingwer. Man nehme auf 1 Pfund Frucht ein Stück etwa von der Größe eines halben Fingers, schneide es in kleinere Stücke und lege diese mit den Früchten in den geläuterten Zucker und später in die Gläser.

12. **Trocknen Ingwer zu reinigen.** Da zu einigen Rezepten trockner Ingwer gebraucht wird, so sei hier bemerkt, wie man diese Wurzel von ihrem erdartigen Geschmack befreit. Man lasse in der Apotheke um große Stücke zum Einmachen ersuchen, bedecke sie Abends vor dem Gebrauch mit kaltem Wasser, gieße solches am Morgen ab, schabe mit einem kleinen Messer alles Unreine weg und wasche sie klar. Darnach schneide man sie in fingerbreite Stücke. Im übrigen sei bemerkt, daß jetzt in größeren Apotheken gereinigter oder gebleichter Ingwer zu haben ist.

13. **Fruchtsäfte.** Fruchtsäfte bewahre man entweder in kleinen halben Flaschen oder Medizingläsern. In kleinen Haushaltungen sind letztere zweckmäßiger, indem eine angebrochene Flasche sich nie lange erhält.

14. **Gänzliches Austrocknen, Schwefeln und Zubinden der Gläser und Flaschen.** Die Flaschen müssen einige Tage vor dem Gebrauche ganz sauber gespült und inwendig an der Sonne oder Luft völlig getrocknet sein. Auch ist das Schwefeln nach No. 2 sehr zu empfehlen, sowie auch den eingekochten Saft über Nacht stehen zu lassen, damit er beim Einfüllen vom Bodensatz abgegossen und letzterer besonders in Gläser gefüllt werden könne; doch müssen die Flaschen mit einem reinen Tuche zugedeckt werden. Hat man die Flaschen oder Gläser bis auf einen stark zwei Finger breiten Raum angefüllt, so dient es zum Erhalten der Fruchtsäfte, einen Theelöffel voll Arrak oder Franzbranntwein darauf zu gießen. Alsdann verschließt man sie mit guten neuen Korken, welches vorsichtig geschehe, damit solche nicht mit Saft angefeuchtet werden, verlackt sie oder bindet ein Stückchen Pergamentpapier, in Ermangelung doppelt gelegtes Papier darüber, ohne die Flasche zu schütteln, und bewahrt sie aufrecht stehend an einem trocknen, kühlen, etwas dunkeln Orte.

15. **Leichtes Beschweren der Essigfrüchte und Bedecken mit einem Senfbeutel.** Früchte, welche mit Essig eingemacht sind, als: Gurken, Zwetschen, Kirschen 2c., bedecke man mit einer passenden Schieferscheibe und lege einen kleinen saubern Stein darauf, der aber nur so schwer sein darf, daß er das Eingemachte unter der Flüssigkeit

hält, nicht starken Druck hervorbringt. Zugleich dient zum Erhalten der Gurken das Auflegen eines Leinwandsäckchens mit Senfsamen von solcher Größe, daß alle Gurken damit bedeckt werden. Es bleibt sich gleich, ob brauner oder gelber Senf genommen wird, ersterer ist am wohlfeilsten. Auch bedarf es nur einer strohhalmbreiten Bedeckung. Ein solcher Senfbeutel ist ein außerordentliches Erhaltungsmittel der Gurken und wird daher vorzugsweise empfohlen.

16. **Zubinden der Töpfe und Bemerken des Inhalts.** Saure Gurken können in Ermangelung des vorstehend empfohlenen Pergamentpapiers mit neuem doppelt gelegten Papier zugebunden werden. Es gehört mit zur Akkuratesse einer jungen Hausfrau und macht sich so hübsch und freundlich, wenn beim Zubinden der Töpfe oder Gläser ein gleichmäßig geschnittenes Streifchen weißes Papier in der Mitte übergelegt, fest geklebt und der Inhalt, Monat und die Jahreszahl bemerkt, und dann das Papier 2—3 Finger breit unter dem Bande ringsum gleichmäßig abgeschnitten wird.

17. **Luftiger und kühler Standort.** Sind nun die eingemachten Früchte wie bemerkt worden behandelt, so sorge man dafür, daß sie an einen möglichst kühlen, recht luftigen, trocknen Ort gestellt werden. Der Keller eignet sich der Feuchtigkeit wegen ganz und gar nicht dazu, am wenigsten im Winter. Vorzüglich aber ist der Platz auf einem Schranke, welcher in einem kalten, luftigen, frostfreien Raume steht. In heißer Jahreszeit ist man jedoch auf den Keller hingewiesen.

18. **Bemerkungen beim Oeffnen der Töpfe.** Wird nun endlich noch beachtet, daß beim Oeffnen der Töpfe oder Gläser kein Hauch darüber hingeht, daß das Eingemachte mit einem reinen silbernen oder einem einzig zu diesem Zwecke dienenden kleinen hölzernen Löffel herausgenommen, glatt gestrichen und die Gefäße sogleich wieder zugebunden, auch keine übriggebliebenen Reste hinzugegeben werden, und zuweilen das Anfeuchten des Papiers mit starkem Branntwein wiederholt wird, so kann man sicher sein, daß die Früchte sich sehr gut erhalten.

19. **Von Zeit zu Zeit nachzusehen.** Dennoch darf man nicht versäumen, von Zeit zu Zeit nachzusehen, und sollte man finden, daß durch irgend ein Versehen Früchte, welche mit Zucker eingemacht sind, sich verändert hätten, so koche und schäume man etwas Essig mit Zucker und lasse sie darin eben durchkochen. Fehlt es jedoch nicht an Saft, so ist das Heißmachen mit einem Zusatz von französischem Branntwein und Zucker hinreichend, was am einfachsten dadurch geschieht, daß man die Gläser mit den Früchten offen in einem Topf mit Wasser auf den Herd stellt und sie kochend heiß werden läßt.

20. **Behandlung der Gurken, worauf sich Kahm befindet.** Wenn die Essiggurken mit Kahm bedeckt werden, welches gewöhnlich Folge eines schlechten Essigs ist, so muß der Topf ausgetrocknet werden, dann spüle man die Gurken mit kaltem Wasser ab, koche und schäume den Gurkenessig, gieße dann frischen Essig hinzu, lege die Gurken theilweise einige Minuten hinein und dann zum Abkühlen auf eine flache Schüssel,

bringe sie nach dem Erkalten wieder in den Topf und bedecke sie mit dem Essig. Wäre derselbe aber, ohne daß die Gurken verdorben schmecken, völlig schal geworden, so taugt er nicht mehr; man nehme frischen Essig, bringe ihn mit den abgewaschenen Gurken und dem gleichfalls auf einem Sieb abgespülten Gewürz aufs Feuer, nehme sie, wenn der Essig mehr heiß als warm geworden, heraus, lasse denselben kochen und gieße ihn, kalt geworden, darüber.

21. **Dill in Essig, zum Einmachen saurer Gurken.** Da der Dill zur Zeit des Einmachens saurer Gurken seinen Wohlgeschmack verloren hat, so wird auf das Einmachen von Dill (Abschnitt I No. 27) aufmerksam gemacht.

22. **Blechbüchsen.** Um bei den Blechbüchsen zum Einmachen von Früchten und Gemüsen der Mühe des Zulöthens überhoben zu sein, was namentlich für Hausfrauen auf dem Lande von Werth ist, wird auf eine neuere Konstruktion der hermetisch verschlossenen Blechbüchsen aufmerksam gemacht.

Anmerkung. Es wird wiederholt darauf aufmerksam gemacht, bei kleinen Haushaltungen zum Einmachen der Früchte kleine Töpfe oder kleine Gläser zu nehmen, da das Eingemachte sich in angebrochenen Töpfen nur bei großer Vorsicht lange Zeit gut erhält.

2. Vom Schwefeln der Gläser und Flaschen zum Aufbewahren eingemachter Früchte. Das Schwefeln ist, wie die Verfasserin sich davon überzeugt hat, zum Erhalten aller mit Zucker eingemachten Früchte so empfehlenswerth, daß sie es mit Vergnügen hier mittheilt.

Die Flaschen und Gläser werden wie gewöhnlich gut gespült und erstere in der Sonne inwendig ganz ausgetrocknet. Zugleich wird etwas Schwefel geschmolzen und ein kleines Stück Leinwand oder ein dicker zusammengelegter baumwollener Faden hineingetunkt. Das Eine oder Andere kann zu diesem Gebrauche aufbewahrt werden. Es wird davon ein Stückchen an einem Draht, den man sich leicht auf folgende Art verfertigen kann, befestigt. Man biege nämlich eine große neue Haarnadel auseinander, mache an einem Ende ein Häkchen, klemme ein geschwefeltes Stückchen, etwa von der Größe einer weißen Bohne, hinein, lasse es anbrennen und stecke den Draht in die Flaschen oder Gläser, indem man erstere sogleich mit einem Kork und letztere mit einer Untertasse bedeckt. Darnach fülle man sofort das Bestimmte hinein, schwefle auch leicht darüber hin und mache rasch den Verschluß. Das Schwefeln läßt keinen Schwefelgeschmack entstehen.

3. Zucker zu Confitüren zu läutern. Zum Einmachen der Früchte darf man keinen schlechten Zucker gebrauchen. Das Läutern geschieht auf folgende Weise: Der Zucker wird in Stücke geschlagen und 1 Pfund desselben mit $\frac{1}{4}$ Quart Wasser in einem recht sauberen messingenen, in Ermangelung in einem glasirten Kochgeschirr aufs Feuer gestellt und klar gekocht, während der etwa entstehende Schaum abgenommen wird.

Wünscht man ihn ferner bis zum Perlen zu kochen, so geschieht das auf einem langsamen Feuer, doch ist hierbei ein glasirter Topf zu vermeiden, da die Glasur springen würde.

Anmerkung. Bei mehreren Pfunden Zucker ist die Hälfte des be=
merkten Wassers hinreichend.

4. Das Kandiren der eingemachten Früchte zu verhindern.
Das Kandiren der Früchte hat darin seinen Grund, daß entweder der
Zucker zu stark eingekocht, oder die Frucht an sich zu trocken war. Ersterem
läßt sich durch Achtsamkeit vorbeugen; ist man jedoch genöthigt, Früchte zu
nehmen, die nicht saftig sind, so füge man zu dem Zuckersaft, nachdem sol=
cher von den Früchten gegossen und aufgekocht ist, eine Erbse groß guten
Alaun, der mit 1 Eßlöffel Wasser aufgelöst ist, wodurch das Kandiren ver=
hindert wird.

A. Früchte in echten französischen Branntwein einzumachen.

(Wenn in den folgenden Rezepten von Branntwein die Rede sein
wird, so ist damit echter Franzbranntwein gemeint; in unechtem verder=
ben die Früchte.)

5. Kirschen in Franzbranntwein. 3 Pfund süße Glaskirschen,
1½ Pfund bester Zucker, stark ½ Quart Franzbranntwein, Zimmet und
Nelken.

Die an einem sonnigen Tage gepflückten Kirschen werden, nachdem sie
abgeputzt und die Stiele zu Hälfte abgeschnitten, in ein Einmacheglas ge=
legt. Dann läutere man den Zucker nach No. 3, lasse ihn abkühlen, rühre
den Branntwein durch und fülle ihn mit einigen Stückchen Zimmet und
Nelken über die Kirschen. Völlig erkaltet, binde man das Glas mit einer
Blase fest zu.

6. Aprikosen und Pfirsiche in Branntwein. Zu jedem Pfund
Frucht ¾ Pfund feinen Zucker.

Man nehme die Früchte reif, aber unaufgesprungen, läutere den
Zucker nach No. 3, lege die sorgfältig abgeriebenen Früchte hinein, indem
man sogleich das Geschirr vom Feuer nimmt und den Saft darüber schwenkt.
Nach 48 Stunden koche man den Saft sirupähnlich ein, fülle ihn kalt mit
den Früchten in Einmachegläser, gieße so viel echten Franzbranntwein
hinzu, daß sie bedeckt sind, und verfahre übrigens nach No. 1. Sobald die
Früchte sich senken, ist der Branntwein eingezogen, und sie sind zum Ge=
brauch gut.

7. Quitten in Coguac. Zu 1 Pfund Birnquitten, nach dem
Kochen gewogen, ¾ Pfund Zucker, Cognac, Zitronenschale und Zimmet.

Die Quitten werden geschält, in 8 Theile geschnitten, und nachdem
das Kerngehäuse entfernt, in kaltes Wasser geworfen. Unterdeß lasse man
Wasser zum Kochen kommen, koche die Quitten darin so lange, bis man sie
durchstechen kann, weich aber dürfen sie nicht werden. Dann nehme man
sie mit einem Schaumlöffel heraus, lege sie zum Abtröpfeln auf einen Ein=
leger, stecke in jedes Stück ein feines Streischen Zitronenschale und Zimmet
und wiege sie. Dann wird der Zucker nach No. 3 geläutert, mit etwas
Quittenwasser dicklich gekocht, heiß über dieselben gegossen, nach 48 Stun=

ben der Saft stark eingekocht. Nach dem Erkalten wird soviel Cognac durchgerührt, als man für gut findet, und die Quitten damit bedeckt. Weiter nach No. 1.

8. Getrocknete französische Katharinenpflaumen erster Qualität in Cognac. Katharinenpflaumen, weißer Wein, Cognac, Zucker, Zimmet und Nelken.

Man legt die Pflaumen 48 Stunden lang in ordinären oder trüben weißen Wein, damit sie völlig ausquillen, und läßt sie auf einem Durchschlag abtröpfeln. Dann legt man sie in ein Einmacheglas, gibt einige Stücke Zimmet und einige Muskatnägelchen dazu, sowie auch feinen Zucker, gießt soviel Cognac darauf, daß die Pflaumen stark bedeckt sind, und stellt das Glas, gut zugebunden, eine Zeitlang an die Sonne oder an einen warmen Ort.

B. Früchte in Zucker und Essig einzumachen.

9. Stein- und Kernobst in Blechbüchsen einzumachen. Man nimmt Steinfrüchte jeder Art, nicht ganz reif, auch gute saftige Birnen. Aprikosen und Birnen werden geschält, andere Früchte gut abgeputzt. Dann legt man jede Frucht allein in die mit Soda gereinigten Büchsen in ¾ Höhe und bedeckt die Früchte mit geläutertem Zucker nach No. 3. Bedient man sich der in No. 1 unter 21 bemerkten Blechbüchsen, so kann man sie selbst verschließen; andernfalls läßt man die Büchsen zulöthen, wie es beim Einmachen junger Gemüse in Blechbüchsen bemerkt ist, stellt sie in kochendes Wasser, nimmt nach 15 Minuten den Topf vom Feuer läßt sie darin erkalten und bewahrt sie luftig stehend auf.

10. Dunstfrüchte ohne Zucker. Dieselben machen ein wohlfeiles, zugleich aber ein angenehmes und erfrischendes Compote, besonders zu Mehlspeisen, und ist dieses, da weder Essig noch Gewürz dazu gebraucht wird, vorzüglich für Kranke zu empfehlen. Doch ist zum Erhalten derselben eine ganz geeignete Temperatur unerläßlich; der Platz, wo Dunstfrüchte ohne Zucker aufbewahrt werden, muß ganz kühl, trocken und luftig sein.

Zum Einmachen eignet sich Kern- und Steinobst; auch unreife Stachelbeeren, wie sie zu Torten gebraucht werden, sind besonders anwendbar. Von ersteren sind nur Birnen, und zwar recht saftige, zum Einkochen passend. Diese werden geschält und können, wenn sie saftig und mürbe sind, ganz gelassen werden; Stiel und Blume werden entfernt. Im übrigen thut man besser, sie einmal zu theilen und das Kerngehäuse heraus zu schneiden.

Vom Steinobst eignen sich Aprikosen, Pfirsiche, Reineclauden, gewöhnliche gute Zwetschen und Kirschen. Dasselbe wird unversehrt, möglichst frisch vom Baum genommen, und nachdem jede einzelne Frucht mit einem weichen Leinwandtuche abgerieben worden (siehe No. 1), werden sie in Gläser so dicht, als es zulässig ist, angefüllt, ohne indessen das Obst zu zerquetschen. Alsdann werden die Gläser ganz dicht, möglichst luftdicht, verschlossen.

Die auf solche Weise angefüllten Gläser werden nun in einen Kessel oder Topf auf eine Lage Heu oder Hobelspäne gestellt und mit Heu oder Spänen derart umpackt, daß sie fest stehen und sich nicht berühren. Sodann füllt man den Kessel, welcher während des Kochens unbedeckt bleiben muß, seitwärts mit kaltem Wasser so weit an, daß die Gläser einen Zoll breit über der Fläche des Wassers hervorstehen, und sorgt dafür, daß das Wasser langsam erwärmt wird. Nachdem die Siedehitze erreicht ist, läßt man solches gelinde und so lange kochen, bis in den Gläsern etwa ¼ leerer Raum entstanden—nicht länger—, während zuweilen das verdampfte Wasser durch siedendes ersetzt wird. Ist das geschehen, so nimmt man den Kessel vom Feuer und läßt die Gläser darin erkalten, wischt sie alsdann mit einem feuchten Tuche ab und gibt denselben einen trocknen und kühlen Platz.

Die Dampffrüchte erhalten sich, nach Angabe eingekocht, im Ganzen gut, doch ist's nöthig, oft nachzusehen, und möchte in diesem oder jenem Glase, welches nicht ganz luftdicht war, ein kleines schimmeliges Bläschen auf den Früchten sich zeigen, so können sie nicht länger aufbewahrt werden.

Die Früchte werden in eine Compotière gelegt und nach ihrer Art mit Zucker bestreut; bei ganz reifem Obst aber bedarf es des Zuckers nicht. Noch ist zu bemerken, daß in geöffneten Gläsern die Dunstfrüchte sich höchstens 2 Tage erhalten. In Fällen, wo man gern längeren Gebrauch davon machen möchte, würde es nöthig sein, solche in einem Porzellanschüsselchen im Ofen mit etwas französischem Branntwein und Zucker heiß werden zu lassen.

11. Dunstfrüchte mit Zucker. Man legt nach vorhergehender Vorschrift das bemerkte Obst in Einmachegläser und streut auf etwa 1½ Quart desselben 4—6 Unzen geriebenen Zucker lagenweise durch, auch nach Belieben einige Stückchen feinen Zimmet. Ein mit Franzbranntwein getränktes Papier über die Früchte gelegt, gibt besonders dem Kernobst einen angenehmen Geschmack und dient zum Erhalten. Im übrigen wird auf die vorhergehende Vorschrift hingewiesen.

12. Erdbeeren in Zucker einzumachen. 1 Pfund reife Erdbeeren, 1 Pfund Zucker.

Nachdem der Zucker nach No. 3 geläutert, nehme man den Topf vom Feuer, lege die ganz sauber gepflückten Erdbeeren hinein, fülle mit dem Löffel den Zucker darüber, da selbst durch behutsames Umrühren die Früchte leiden, und stelle den Topf hin. Am andern Tage lasse man sie heiß werden und stelle sie wieder in demselben Topfe hin bis zum folgenden Tage, und wiederhole das Heißmachen noch einmal, ohne sie zu rühren. Nach dem Erkalten fülle man die Erdbeeren in Gläser, und sollte der Saft noch des Eintochens bedürfen, so setze man ihn noch ein wenig aufs Feuer, gieße ihn kalt darüber und richte sich weiter nach No. 1.

Unter allen Früchten sind Erdbeeren am ersten zur Gährung geneigt, weshalb hierbei Folgendes zu beachten ist: Nach Verlauf von 8—14 Tagen stelle man das luftdicht verschlossene Glas in einem Topf mit kaltem Wasser, etwas Heu darunter gelegt, aufs Feuer, lasse das Wasser langsam erwärmen und zum Kochen kommen und dann in dem Wasser erkalten.

Ein fingerlanges Stück eingemachten ostindischen Ingwer, in Stückchen geschnitten, mit den rohen Erdbeeren in den Zuckersaft gelegt und mit eingemacht, ist ein vorzügliches Mittel, die Früchte zu conserviren.

13. Erdbeeren in Gläser einzumachen. Nachdem die Erdbeeren abgezupft sind, lege man so viel auf eine Platte oder flache Schüssel, wie man auf einmal in den Topf thun kann, zu jedem Pfund Erdbeeren ¾ Pfund Zucker. bestreue die Beeren damit und stelle sie 2—3 Stunden hin, bis sie Saft gezogen haben. Darauf gieße man den Saft in den zum Einkochen bestimmten Topf, lasse ihn zum Kochen kommen, schäume ihn gut ab, thue die Erdbeeren behutsam hinein, lasse sie eben zum Kochen kommen und fülle sie in ein heißgemachtes Glas; sollte es nicht ganz voll sein, so stelle man es gut warm, bis noch mehr Beeren fertig sind; dann schraube man das Glas schnell zu, so lange das Eingemachte noch kochend heiß ist. Wenn es kalt geworden ist, schraube man noch etwas nach.

14. Erdbeeren mit Johannisbeersaft einzumachen. Zu 1 Pfd. Erdbeeren nehme man 1 Pfund geriebenen Zucker, streue die Hälfte lagenweise darüber und lasse sie über Nacht stehen. Am andern Tage koche man die andere Hälfte des Zuckers mit ¼ Quart rothem Johannisbeersaft zu Sirup, gebe die Erdbeeren mit ihrem Saft hinein und koche sie, bis sich eine Gallerte bildet.

Anmerkung. Man gibt dies feine Eingemachte nicht nur zu feinem Braten, sondern auch zu Sandkuchen und Bisquit, auch allein mit junger Sahne.

15. Erdbeer-Marmelade. 1 Pfund Erdbeeren, 1½ Pfund Zucker. Man kocht die Erdbeeren so lange in dem geläuterten Zucker, bis sie sich aufgelöst haben und der Saft dicklich wird. Nach No. 1 aufbewahrt.

16. Ein vorzüglich zu empfehlender Erdbeersaft für Kranke. 1½ Quart recht reife Walderdbeeren, 1 Pfund Zucker. Man koche den Zucker nach No. 3 zu einem perlenden Sirup, lege die Erdbeeren hinein, rühre sie mit einem silbernen Löffel behutsam durch den Zuckersaft, ohne sie zu zerdrücken, und lasse sie heiß werden, nicht kochen. Alsdann spanne man ein leinenes Tuch, welches aber vorher in frischem Wasser ausgekocht sein muß, über eine Schale von Porzellan und schütte das Ganze darauf, damit der Saft durchfließt. Die Erdbeeren dürfen weder gepreßt noch zerrührt werden, höchstens darf man mit dem Finger auf das Tuch tippen. Nachdem der Saft erkaltet ist, wird er vom Bodensatz abgegossen und in kleine halbe Flaschen oder Medizingläser (siehe No. 1) gefüllt. 3½ Quart Erdbeeren liefern stark ¾ Quart Saft, der in Krankheiten, besonders Brustleidenden theelöffelweise gegeben, außerordentlich heilsam und erquickend ist. Die Erdbeeren, welche, wie bemerkt, nicht zerdrückt werden dürfen, sind erkaltet ein wohlschmeckendes Compote. Auch kann man sie in Gläsern bis zur Zeit, wo es Johannisbeeren und

Himbeeren gibt, aufbewahren und dann mit diesen Früchten zu gleichen Theilen zu einer Marmelade einkochen, wozu dann auf 3 Pfund der frischen Früchte Zucker genommen wird.

17. Unreife Stachelbeeren als Dunstfrüchte. Die Anweisung ist in No. 10 und 11 zu finden.

18. Stachelbeeren in Gläsern einzumachen. Werden eingemacht wie Johannisbeeren, No. 30 und 31, nur brühe man sie vorher ab und wasche sie gut; jedoch dürfen sie nicht entzwei kochen. Sie sind auf diese Weise sehr angenehm und halten sich gut, doch müssen die Gläser luftdicht sein.

19. Reife Stachelbeeren in Zucker. 1 Pfund reife, feinschalige Stachelbeeren, 1 Pfund Zucker.

Jede Stachelbeere wird rein abgeputzt, von Stiel und Blume befreit, der Zucker in Wein oder Wasser getunkt, zu dünnem Sirup gekocht und der Schaum abgenommen. Dann werden die Stachelbeeren auf schwachem Feuer darin weich gekocht und mit dem Saft in ein Glas gefüllt. Nach Verlauf von 4—6 Tagen wird der Saft von den Stachelbeeren abgegossen, sirupähnlich eingekocht, warm darüber gegeben und übrigens nach No. 1 verfahren.

20. Stachelbeer-Marmelade. 1 Pfund reife Stachelbeeren, ¾ Pfund Zucker, Zitronenschale oder Zimmet.

Dunkelrothe überreife Stachelbeeren werden, nachdem sie abgeputzt, von Stiel und Blumen befreit sind, mit einem silbernen Löffel zerdrückt, alsdann durch ein Sieb gerührt, gewogen und in dem zu Sirup gekochten Zucker und Gewürz unter fortwährendem Rühren zu einer steifen Marmelade gekocht, welche, falls sie bis zu 8 Tagen nachwässern möchte, gut aufgekocht werden muß.

21. Himbeeren einzumachen. Diese werden wie Johannisbeeren behandelt, jedoch dürfen sie nicht gewaschen werden.

22. Himbeer-Gelée. Man richte sich nach No. 32 (Johannisbeer-Gelée No. 1) setze aber den Himbeeren etwas Johannisbeeren zu, weil so die Gelée fester wird.

23. Himbeer-Marmelade. Wird bereitet wie Erdbeer-Marmelade.

24. Himbeersaft. Nach Johannisbeersaft, jedoch zu 1 Pfund Saft, je nachdem man ihn mehr oder weniger süß zu haben wünscht, 5—6 Unzen Zucker.

25. Ausgegohrener Himbeersaft (vorzüglich). 1 Pfund klarer Saft, 1½ Pfund Raffinade.

Nachdem die Beeren zerdrückt und ausgepreßt, stelle man den Saft etwa 5—6 Tage ruhig hin, wo die Gährung erfolgt sein wird. Alsdann nehme man die schimmelige Haut davon ab, gieße den klaren Saft von dem darunter stehenden trüben behutsam ab, lasse ihn mit dem Zucker gut durchkochen, wobei der etwaige Schaum abgenommen wird, und fülle den Sirup oder Saft abgekühlt in sauber gespülte, ganz trockne kleine Flaschen oder Gläser. Weiter nach No. 1.

Der weniger klare Saft kann mit einer geringen Quantität Zucker zum ersten Gebrauch gekocht werden.

Anmerkung. Dieser Sirup ist zwar etwas kostspielig, doch sehr klar und schön und reicht davon 1—2 Eßlöffel voll zu 1 Glas Wasser.

26. Guter Himbeeressig. 5½ Quart Himbeeren, 1⅛ Quart guter Weinessig. Zu je 1½ Quart Saft 1½ Pfund Zucker.

Die Beeren werden etwas zerrührt, mit dem Essig 24 Stunden hingestellt und dann ausgepreßt. Am andern Tage wird der klare Saft vom Bodensatz abgegossen, mit dem bemerkten Zucker aufs Feuer gestellt, ausgeschäumt, über Nacht stehen gelassen und alsdann nach No. 1 verfahren.

27. Auf andere Art. Zu 4 Pfund Himbeeren ¼ Quart Weinessig und 2 Pfund Zucker. Nach Vorhergehendem zubereitet.

28. Auf andere Art. Zu 4½ Quart Himbeeren 2¼ Quart reinen Weinessig. Durchgepreßt gibt dies 4 Quart Saft, den man mit 6 Pfund Zucker gleich dem Vorhergehenden kocht, ausschäumt und aufbewahrt.

Anmerkung. Es schadet nicht, wenn die Himbeeren 2—3 Tage länger im Essig liegen, dann aber muß täglich durchgerührt werden.

29. Ueberzuckerte Johannistrauben (für eine feine Tafel). Man wählt hierzu die schönsten Träubchen, nach Belieben rothe, weiße oder auch schwarze, nimmt ein geklopftes Eiweiß in eine Obertasse, taucht je ein Träubchen hinein, läßt es abtropfen und überzuckert es dann, indem man es in gestoßenem, nicht gesiebtem Zucker theils herumdreht, theils mit Zucker überstreut. Dann werden die sämmtlichen Früchte an der Sonne etwas angetrocknet, was auch ohne Sonne in trockner Luft bald erfolgt; die Ofenwärme aber darf sie nicht berühren. Ganz frisch sind sie am schönsten, obgleich sie sich immerhin ein paar Tage erhalten.

30. Johannisbeeren einzumachen. 1 Pfund Johannisbeeren, 1 Pfund Zucker.

Die Beeren werden gewaschen, auf ein Sieb gelegt und darauf mit einer Gabel von den Stielen gestreift. Dann läutere man den Zucker nach No. 3, lege die Beeren hinein, lasse sie auf schwachem Feuer bei vorsichtigem Umrühren durchweichen, doch nicht im Geringsten zerkochen, lege sie mit einem Schaumlöffel auf einen porzellanenen Einleger oder eine flache Schüssel, füge den abgelaufenen Saft zum kochenden und lasse diesen dicklich einkochen; erkaltet rühre man die Beeren durch, fülle sie in Gläser und richte sich weiter nach No. 1. Die vielen Kerne machen dies Eingemachte unangenehm; es sei daher auf Dreifrucht-Marmelade aufmerksam gemacht.

31. Johannisbeeren in Gläsern einzumachen. Man nehme dazu Zucker nach Belieben, etwa ½ Pfund Zucker zu 1 Pfund abgestreifter Johannisbeeren. Man läßt sie mit dem Zucker kochen, füllt sie in heißgemachte Gläser und verschließt sie so schnell wie möglich.

• 32. Johannisbeer-Gelée. No. 1. Frisch gepflückte hochrothe Johannisbeeren werden sauber abgebeert, und dann roh durch ein feines Haarsieb leicht gepreßt.

Auf ½ Quart dieses gewonnenen Saftes rechnet man 1 Pfund mehl= fein gestoßenen Raffinadzucker, gibt diesen Zucker in einen kupfernen Schwungkessel, setzt solchen auf leichte Kohlengluth und bereitet davon unter fortwährendem Abstoßen mittelst eines hölzernen Rührlöffs einen soge= nannten Krumpelzucker, doch so, daß solcher nicht carmelirt, sondern voll= kommen weiß bleibt.

Hat man diesen Krumpelzucker gewonnen (der beiläufig bemerkt, dem ostindischen Palm=Sago ähnlich sieht), gießt man den Johannisbeersaft darauf und bringt ihn auf gelindem Feuer bis aus Kochen, hebt ihn dann schnell vom Feuer, läßt ihn ca. ½ Stunde ruhig stehen, nach welcher Zeit sich oben eine Schaumdecke gebildet hat, hebt diese mittelst eines Schaum= löffels behutsam ab, füllt dann die so geklärte Gelée sogleich heiß in geeig= nete Gläser, bindet solche, nachdem sie 8—10 Tage offen gestanden, mit Blase zu und bewahrt sie an einem kühlen Orte.

Das geeignete Quantum zur Bereitung dieser Gelée sind: 3 Quart roher Saft und 6 Pfund Raffinade. Bei geringerer Quantität carmelirt der Zucker sehr leicht –bei einer stärkeren Quantität aber verarbeitet sich der Zucker auf dem Feuer zu schwer.

33. Johannisbeer=Gelée. No. 2. Die Johannisbeeren werden möglichst rein abgezupft, in einem glasirten oder neuen Blechtopf aufs Feuer gestellt, mit einem Stampfer zerquetscht und bei öfterem Umrühren kochend heiß gemacht. Dann drückt man sie durch ein grobes starkes Tuch; doch darf man nicht zu viel auf einmal nehmen, damit der Saft gut heraus komme, stellt den Saft bis zum andern Tage ruhig hin, seiht ihn dann noch durch ein reines, ausgebrühtes weißwollenes Tuch. Auf 1 Pfund Saft 1 Pfund guter weißer Zucker. Nun stellt man den Saft in einem glasirten oder neuen Blechtopf aufs Feuer, läßt ihn zum Kochen kommen, rührt dann den Zucker hinein und läßt ihn unter öfterem Rühren eben aufkochen, schäumt hierauf etwas ab, und thut zur Probe etwas auf eine Untertasse. Sollte er nicht fest sein, so thue man noch etwas Zucker hinzu; wenn er dann fest ist, fülle man ihn heiß in Gläser oder Tassen und lasse ihn 8—10 Tage offen stehen. Schließlich lege man in Brandy eingetauchtes weißes Papier darauf und binde oder klebe die Gläser mit Papier zu.

34. Rohe Johannisbeer=Gelée. No. 3. 1 Pfund roher Saft, 1½ Pfund geriebener und durchgesiebter Zucker. Man preßt frisch gepflückte und abgebeerte Johannisbeeren durch ein Tuch, stellt den Saft über Nacht hin, gießt ihn klar vom Bodensatz und wiegt ihn. Dann rührt man denselben in einer tiefen porzellanenen Schüs= sel mit einem neuen hölzernen Löffel, welcher jedoch ausgelaugt sein muß, in einer Richtung gleichmäßig und ohne Aufhören 3 Stunden, während man jede ¼ Stunde Zucker langsam hineinstreut. Man muß denselben ein wenig eintheilen, damit er so lange hinreicht, bis man mit Rühren fertig ist. Nachdem wird der dick gewordene Saft in Gläser gefüllt und nach No. 2 aufbewahrt. Auf langes Erhalten kann man hierbei nicht rechnen.

35. Johannisbeersaft. Zu 2 Pfund Saft 1 Pfund guter Stücken= zucker, keine harte Raffinade.

Nachdem der Saft wie zu Johannisbeer=Gelée ausgepreßt und vom Bodensatz abgegossen, stelle man ihn aufs Feuer, lege den Zucker, zu kleinen Stückchen zerklopft, hinein, koche ihn unter fortwährendem Schäumen, bis er klar geworden, wo etwa ein Viertel verkocht sein wird. Alsdann nehme man ihn vom Feuer, lasse ihn über Nacht stehen und verfahre weiter, wie es in No. 1 bei den Fruchtsäften ausführlich bemerkt ist.

Anmerkung. Dieser Saft ist an Saucen, Kalteschalen und Getränken sehr zu empfehlen und hält sich mehrere Jahre.

36. Ausgegohrener Johannisbeersaft. Nach Himbeersaft zu bereiten.

37. Schwarze Johannisbeeren einzumachen. Auf jedes Pfund Beeren ½ Pfund Zucker, welchen man läutert und die Beeren darin weich kocht, während man sie zuweilen umrührt. Erkaltet füllt man sie in Gläser und verfährt weiter nach No. 1.

38. Gelée von schwarzen Johannisbeeren. Die Bereitung ist wie bei Johannisbeer=Gelée, doch bedarf es hierbei nur der Hälfte des Zuckers.

39. Dreifrucht=Marmelade (Dreimus). Johannisbeeren und Himbeeren, beide ausgepreßt, von jedem 1 Pfund, dazu 2 Pfund ausgesteinte süße Kirschen und 2 Pfund Zucker.

Letzterer wird nach No. 3 geläutert, das Uebrige nebst ¼ der Kirschenkerne, wovon die Haut entfernt wird, hinzugefügt und unter Abnehmen des Schaums und häufigem Durchrühren so lange gekocht, bis der Saft dicklich geworden ist, während in der letzteren Zeit ½ Unze feiner Zimmet dazu gethan und stets gerührt werden muß, um Anbrennen zu verhüten. Aufbewahren nach No. 1.

40. Dreifruchtsaft. 1 Pfund Himbeersaft, 1 Pfund Johannisbeersaft, 1 Pfund saurer Kirschensaft mit 1½ Pfund Zucker wie Johannisbeersaft gekocht und aufbewahrt.

41. Kirschen als Dunstfrüchte. Die Anweisung ist No. 10 und 11 zu finden.

42. Kirschen in Gläsern einzumachen. Sie werden ausgesteint und behandelt und eingemacht wie Johannisbeeren. Einige von den Kernen in ein Läppchen gebunden und mitgekocht macht sie sehr angenehm; sie können übrigens auch ganz mit den Steinen eingemacht werden, doch ist ersteres vorzuziehen.

43. Süße schwarze Kirschen zum Compote und Kirschenkuchen. 6 Pfund ausgesteinte Kirschen, 1 Pfund in Stückchen geschlagener Zucker, ¼ Unze in Stückchen gebrochener Zimmet, ¼ Unze Nelken, ¼ Quart echter starker Weinessig.

Dies alles werde unter Abnehmen des Schaumes so lange gekocht, bis die Kirschen weich geworden sind. Dann fülle man diese mit einem sauberen Schaumlöffel in den bestimmten Topf, gebe den Saft von den Kirschen zu dem übrigen Safte und koche denselben noch eine geraume Zeit, damit er einigermaßen sich runde. Nach dem Abkühlen, wobei jedoch ein reines Tuch übergedeckt werden muß, indem das Hineinfallen einer Fliege oder Mücke Gährung bewirken würde, wird der Saft mit den Kirschen durchgerührt und der Topf zugebunden. Zum Erhalten dient, den Saft nach Verlauf von 8 Tagen (nicht länger) noch eine kleine Weile nachkochen zu lassen. Dann wird der kochende Saft mit den Kirschen durchgerührt, erkaltet mit einem in Arrak getränkten Papier bedeckt und der zugebundene Topf an einen kühlen, luftigen Ort gestellt.

Anmerkung. Ein solches Compote eignet sich im Winter ganz besonders zu Kirschenkuchen. Zu diesem Zweck lasse man den Saft, welcher eine angenehme Sauce Blancmangers liefert, von den Kirschen ablaufen und fülle sie alsdann über einen gebackenen Sahne= oder Mürbeteig.

44. Kirschen, ein gutes Compote für Kranke. 4 Pfund halb süße halb saure entstielte und entsteinte Kirschen, 1 Pfund Zucker, etwas Zimmet.

Man tunkt den Zucker in Wasser, schäumt ihn gut und läßt die süßen Kirschen nebst Zimmet darin halb gahr kochen; dann gibt man die sauren Kirschen dazu, kocht alles weich, nimmt sie aus dem Saft, schüttet von letz= terem in kleine geschwefelte Flaschen, läßt den übrigen Saft noch etwas nachkochen und füllt ihn über die Kirschen. Zu dem Kirschensaft füge man noch in jede halbe Flasche einige Stückchen Zimmet, auch 2—3 Nelken und verfahre übrigens nach No. 1.

45. Kirschen=Marmelade. Zu 4 Pfund süßen, saftigen, schwar= zen Kirschen, ohne Stiele und Steine, 1 Pfund Zucker und etwas Zimmet und Nelken.

Der Zucker wird geläutert, Kirschen und Gewürz hineingegeben und gekocht, bis der Saft nicht mehr flüssig ist, dann mit einem Branntwein= papier bedeckt und gut zugebunden.

Oder: Zu 3 Pfund süßen schwarzen und 1 Pfund sauren Kirschen ohne Stiele und Steine gewogen, 1 Pfund Zucker, und weiter damit nach An= gabe verfahren.

46. Ananas einzumachen (zur Bowle). Die Ananas, aus wel= cher die Krone entfernt, wird in sehr feine Scheiben geschnitten, lagenweise mit geriebener Raffinade in ein zugedecktes Porzellangeschirr gelegt. Der Zucker richtet sich nach dem Wein. Zu einer Ananas von mittelmäßiger Größe kann man 10—12 Flaschen Wein und zu jeder Flasche gut 2 Unzen Zucker rechnen. Es wird also zu einer Ananas von angegebener Größe etwa 1½ Pfund Zucker gebraucht; wird mehr Zucker zum Punsch gewünscht, so kann nach Belieben etwas hinzugefügt werden. Nach Verlauf von 3—6 Tagen wird der Saft 5 Minuten gekocht, ein Glas Madeira durchgerührt, kochend über die Ananas gegossen und nach No. 1 erkaltet in ein Glas ge= füllt.

47. Ananas in Blechbüchsen einzumachen. Die Ananas wer= den dünn geschält, in Scheiben geschnitten, in Blechbüchsen gelegt, mit ge= klärtem Zucker, Zuckersirup, übergossen und die Büchsen gut verlöthet. Dann werden die Büchsen eine gute Stunde und zwar so, daß sie immer mit kochendem Wasser bedeckt sind, gekocht, worauf man sie in dem Wasser erkalten läßt. Nachher werden die Büchsen an einem kühlen Orte aufgehoben.

Auf diese Weise eingemachte Ananas kann man zu jedem Gericht: Gefrorenem, Mehlspeisen und Compot, besonders aber zur Bowle verwenden; die Bowle davon ist eben so gut wie von frischen Ananas und verfährt man damit wie folgt: Nachdem die Büchse geöffnet, nimmt man die Ananasscheiben heraus, durchschneidet sie ein oder zweimal, gibt sie in eine Terrine oder Bowle, überstreut sie lagenweise mit gestoßenem Zucker und läßt sie wohl zugedeckt 4—5 Stunden, auch länger, stehen und gießt dann leichten Moselwein mit dem übrigen Ananassaft aus der Büchse dazu. Man rechnet auf eine gute Frucht je nachdem 6—10 Flaschen. Nach Belieben gibt man unmittelbar vor dem Serviren eine Flasche Champagner hinzu.

48. Reineclauden in Zucker. Zu jedem Pfund nicht ganz reifer Reineclauden gehört 1 Pfund Zucker.

Man läutere denselben nach I. No. 37. und stelle ihn zum Abkühlen hin. Unterdeß werden die Früchte mit einem Tuche abgewischt, mit einer Nadel durchstochen und so viel als neben einander liegen können, in einem Messingkesselchen in dem abgekühlten Zuckersaft aufs Feuer gestellt. Nachdem sie offen kochend heiß geworden, aber nicht zum Kochen gekommen sind, während sie einmal umgelegt worden, lege man sie rasch neben einander auf ein sauberes Sieb und verfahre bei jedesmaligem Abkühlen des Saftes mit den übrigen Reineclauden ebenso. Ganz kalt geworden, legt man sie in ein Glas, gießt den Saft, welcher sofort aus dem Kesselchen entfernt werden muß, etwas abgekühlt darüber und läßt sie drei Tage zugebunden an einem kühlen Orte stehen. Dann wird der Saft etwas eingekocht, daß er die Früchte bedeckt, so viel guter Arrak durchgerührt, daß derselbe einen Geschmack davon erhält, und kalt über die Früchte gegossen, welche alsdann zugebunden an einem geeigneten Orte (siehe No. 1) sich vorzüglich erhalten und ihre grüne Farbe nicht verlieren.

49. Reineclauden-Marmelade. Dieselbe werde gekocht wie Aprikosen-Marmelade, No. 53 dieses Abschnitts.

50. Aprikosen, Pfirsiche und Reineclauden als Dunstfrüchte. Zu finden No. 10 und 11.

51. Aprikosen und Pfirsiche (Peaches) in Gläser mit Zucker einzumachen. Zu 3 Pfund Pfirsichen nimmt man 3 Tassen Wasser und zu jedem Pfund Pfirsiche ¼ Pfund Zucker. Die Pfirsiche werden mit kochendem Wasser gebrüht und die Schale davon abgezogen, durchgetheilt und der Kern herausgenommen. (Man kann sie auch ganz lassen.) Unterdeß stelle man Zucker und Wasser auf's Feuer. Wenn es kocht, lege man so viel Pfirsiche hinein, wie auf der Oberfläche Platz haben, lasse sie eben aufkochen (zerkochen dürfen sie nicht), thue sie in die vorher heißgemachten Gläser, und fahre so fort, bis sie alle gekocht sind; dann vertheilt man den kochenden Saft in die Gläser und schraubt sie fest zu. Nachdem die Gläser kalt sind, schraube man ein wenig nach. — Wünscht man Aprikosen ganz süß, so nimmt man auf 1 Pfd. ausgesteinte Früchte 1 Pfd. Zucker.

Man bringt die in einem Porzellangefäß heißgemachten und abgetröpfelten Früchte lagenweis mit Zucker bestreut ins Einmacheglas und gießt den dicklich eingekochten Saft kalt darüber.   Nach 8 Tagen den Saft nachkochen.

Vor dem Gebrauch erwärme man die Gläser vorerst durch lauwarmes Wasser, dann gieße man siedendes Wasser hinein, damit sie beim Hineinschütten der kochenden Früchte nicht zerspringen.

52. Aprikosen in Zucker und Essig. 4 Pfund reife, aber nicht zu weiche Aprikosen, 2 Pfund Zucker, $\frac{1}{4}$ Quart Weinessig, $\frac{1}{2}$ Unze in Stückchen geschnittener Zimmet, $\frac{1}{16}$ Muskatnelken und zwei fingerlange Stücke trockner Ingwer nach No. 1 gereinigt.

Essig und Zucker schäume man, nehme ihn vom Feuer und lasse die abgeschälten, mitten durchgeschnittenen und entsteinten Arikosen darin durch und durch heiß werden.   Dann lasse man sie auf einem Einleger abtröpfeln, lege sie mit den Aprikosenkernen, Zimmet und Nelken in ein Einmacheglas, lasse den Essig mit dem Zucker und Ingwer dicklich einkochen und gieße ihn kalt über die Aprikosen.   Nach Verlauf von einigen Tagen wird der Saft nochmals eingekocht, was nach einiger Zeit noch einmal wiederholt werden muß.   Beim Zubinden der Gläser richte man sich nach No. 1.

Anmerkung.   Die Gewürznelken bewirken zwar an den Aprikosen dunkle Stellen, doch geben sie einen angenehmen Geschmack und dienen sehr zum Erhalten.

53. Aprikosen= und Pfirsich=Marmelade.   Nicht überreife Früchte lasse man mit kochendem Wasser einmal aufwallen, ziehe die Haut davon ab und schneide sie von einander, um die Steine zu entfernen.   Man nehme dann so viel Zucker als Frucht, läutere denselben nach No. 3, thue die Früchte nebst der feingeschnittenen Schale einer Zitrone, wozu auch einige Stücke ostindischer Ingwer gegeben werden können, weil sie sehr zum Erhalten dienen, hinein, koche sie ganz weich, verrühre sie mit einem neuen ausgelaugten hölzernen Löffel und koche das Mus auf schwachem Feuer (des leichten Anbrennens wegen) unter stetem Rühren, besonders auf dem Grunde, zu einer dicken Marmelade.   Sollte diese nach acht Tagen nachwässern, so ist es nöthig, sie noch eine Weile nachzukochen.

54. Melone in Zucker und Essig einzumachen.   Melonen von mittlerer Größe, stark 1 Quart Weinessig, 1½ Pfund Zucker, $\frac{1}{2}$ Unze in Stückchen geschnittener Zimmet, eben so viel weiße Pfefferkörner, einige Stück eingemachter Ingwer, etwas Zitronenschale und 12 Nelken, die Köpfchen daraus entfernt.

Die Frucht wird, wenn sie ihre Reife erhalten hat, doch nicht darüber hin, geschält, halb durchgeschnitten, mit einem silbernen Löffel das Mark herausgenommen, in fingerlange und breite Stücke geschnitten, in ein Einmacheglas gelegt und mit Weinessig bedeckt.   So lasse man sie bis zum andern Tage stehen, gieße den Essig davon, nehme zu stark $\frac{1}{2}$ Quart desselben 1¼ Pfd. Zucker, koche und schäume ihn, füge die bemerkten Gewürze hinzu, lasse den Essig etwas einkochen, nehme ihn vom Feuer, lege die Melone hinein und fülle sie in ein Glas.   Dies wiederhole man in einem Zeitraum von acht Tagen noch zweimal; zum letztenmale aber wird der Essig sirupähnlich eingekocht.   Man richte sich im übrigen nach No. 1.

55. Desgleichen. Man richte sich hierbei ganz nach dem vorzüglichen Rezept: Melonen-Kürbis in Essig und Zucker.

56. Apfelsinenschale in Zucker. 1 Pfund gekochte Apfelsinenschale, ¾ Pfund Zucker.

Die Schale wird in 4 Theilen von der Frucht abgezogen, in Wasser fast weich gekocht, 1 Stunde in frischem Wasser ausgewässert und abgetrocknet. Nachdem läutert man den Zucker nach No. 3, gießt ihn heiß über die Apfelsinenschale und läßt beides 24 Stunden stehen. Am folgenden Tage kocht man solches dick ein, läßt es einige Tage offen stehen und wiederholt dies so lange, bis sich keine Flüssigkeit mehr bildet, wo man dann die Schalen auf Papier an der Luft trocknet.

57. Mais oder türkischen Weizen in Essig einzumachen. Sobald die Zapfen oder Kolben die Dicke eines Fingers erreicht haben, werden sie von ihrer Hülse und dem Gewebe befreit, mit Salz bestreut, wobei auf jedes Pfund ¼ Unze gerechnet werden kann, und Tag und Nacht an einen kalten Ort gestellt. Dann werden dieselben abgetrocknet, mit weißem Pfeffer, Dragon, Meerrettig und Basilikum lagenweise in ein Glas gelegt, mit gutem ungekochten Weinessig bedeckt, ein Schiefersteinchen zum Niederhalten darauf gelegt und zugebunden.

Besonders gut zum Rindfleisch.

58. Mixed Pickles in Essig. Man nehme schneeweißen Blumenkohl, fest geschlossene dicke Knospen des Brüsseler- oder Rosenkohls, fest geschlossenen Wirsing, junge kleine gelbe Mohrrüben (Wurzeln), kleine junge Salatbohnen, ausgeschotete junge englische Erbsen, Perlzwiebeln, in Ermangelung kleine Schalotten oder gewöhnliche kleine Zwiebeln, kleine grüne Gurken, junge Maiskolben, Samen von Kapuzinerkresse, Schoten von Radies, einige der Länge nach in 8 Theile geschnittene Zitronen, in Scheiben geschnittenen Meerrettig (dünne Wurzeln werden in gliedlange Stückchen getheilt), weißen Pfeffer, Dragon, Dill, frische Lorberblätter und Weinessig. Letzeren kann man, wenn er sehr stark ist, mit einem Viertel Brunnenwasser vermischen.

Die sechs ersten Theile werden nach ihrer Art sauber gereinigt, Blumenkohl und Wirsing in eigroße Stücke geschnitten, Mohrrüben, wenn sie nicht klein zu haben sind, einmal getheilt, kleine Salatbohnen bleiben selbstredend ganz, Perlzwiebeln werden vorgerichtet, wie es beim Einmachen derselben bemerkt ist. Dann wird jedes einzeln, Zwiebeln eingeschlossen, in reichlich gesalzenem kochendem Wasser eine kleine Weile aufmerksam gekocht, denn es muß alles noch härtlich bleiben, zum Abtröpfeln auf ein Sieb gelegt und jedes Einzelne in porzellanene Geschirrchen gefüllt. Wird zum Abkochen ein Messingkessel genommen, so bleiben die Salatböhnchen frisch grün. Gurken, Radiesschoten und Kapuzinerkresse werden am Abend vorher gewaschen, mit etwas Salz bestreut und am andern Morgen mit dem Uebrigen zierlich in Gläser geordnet, wobei man lagenweise die Gewürze durchstreut. Darauf wird das Ganze mit einer Lage Kräuter und Gewürz versehen, mit rohem Essig bedeckt und mit einem Stück gereinigter Schweinsblase oder Pergamentpapier nach No. 1 zugebunden. Hierbei muß eine Person die feuchte Blase so stramm als möglich über das Glas ziehen und eine andere den Bindfaden einigemal fest herumziehen, ehe er gebunden wird.

Anmerkung. Dieses schöne, besonders bei Herren so beliebte Eingemachte wird sowohl bei Suppenfleisch als Braten gegeben. In England werden halbe Kürbisse mit ihrer Schale, nachdem das Mark entfernt ist, in Essig wie Gurken eingemacht, die Pickles beim Anrichten zierlich geordnet hineingelegt und solche in Assietten aufgetragen.

59. Mixed Pickles in Zucker. Man nehme die Bestandtheile wie Mixed Pickles in Essig (mit Ausnahme der Kräuter), alles recht jung, wiege es und rechne auf je 2 Pfund 1½ Pfund geriebenen Zucker, ⅛ Unze weiße Pfefferkörner, desgleichen in Stückchen geschnittenen eingemachten Ingwer und in glatte Scheiben oder Stückchen getheilten Meerrettig.

Gurken, Maiskolben, Kapuzinerkresse und Schoten von Radies werden rein gewaschen und ohne Salz 24 Stunden mit Essig bedeckt; die Gemüse läßt man theilweise in stark siedendem Wasser ohne Salz rasch einigemal überwallen, bedeckt sie dann gleichfalls mit scharfem Essig und läßt auch diese 24 Stunden stehen. Alsdann wird der Essig abgegossen, alles mit dem Zucker und Gewürz lagenweise in ein porzellanenes Geschirr gelegt und zugedeckt 12 Stunden hingestellt. Darauf läßt man den Zuckersaft abfließen und aufkochen, das Benannte darin eine Weile langsam sieden, so daß es nicht zu weich und der Blumenkohl nicht bröcklig wird. Nach dem Abkühlen lege man die Pickles hübsch geordnet in Gläser und füge den Saft kalt hinzu, koche nach 6—8 Tagen den Saft etwas ein, gieße ihn kalt darüber, binde die Gläser zu und bewahre sie nach No. 1.

60. Grüne Bohnen ohne Zucker einzumachen. 1 Pfund kleine Salatbohnen, ¼ Pfund Zucker, ⅜ Quart Weinessig, ⅛ Unze ganzer Zimmet.

Man nehme Salatbohnen, die noch keine Kerne haben, streife die Fasern davon ab, lasse sie, damit sie ihre schöne grüne Farbe behalten, in einem kupfernen oder messingenen Kessel in kochendem Wasser halb gahr kochen, und lege sie zum Abtrocknen auf ein Tuch. Dann schäume man Zucker und Essig, gebe Zimmet und die Bohnen hinein, koche es noch eine Weile, und nachdem es abgekühlt, fülle man es in Gläser, koche nach einigen Tagen den Essig noch etwas ein, gieße ihn kalt über die Bohnen und verfahre weiter nach No. 1.

61. Kleine Salatbohnen mit Senf einzumachen. Kleine Salatböhnchen, guter Essig, zu je 1½ Quart desselben ¼ Pfund Zucker; Senfsamen, Zimmet, weißer Pfeffer und Meerrettig nach Gutdünken.

Die Salatböhnchen werden abgefäset, in einem kupfernen Kessel in Wasser und Salz beinahe gahr, doch nicht weich gekocht, kalt geworden, mit gelbem Senfsamen, Zimmet, weißem Pfeffer und etwas in Stückchen geschnittenem Meerrettig schichtweise in einen Steintopf gelegt. Unterdeß wird der Essig mit Zucker gekocht und kochend darüber gegossen. Die Bohnen müssen gänzlich bedeckt und mit einem Schieferstein versehen werden. Nach 8 Tagen wird der Essig wieder aufgekocht und kalt übergegossen, welches nach 8 Tagen nochmals wiederholt wird. Zum drittenmal aber läßt man den Essig ein wenig einkochen, so daß die Bohnen bedeckt bleiben. Uebrigens richte man sich nach No. 1.

62. Heidelbeeren (Wald- oder Blaubeeren in Flaschen einzumachen. Reife Heidelbeeren werden an einem sonnigen Tage gepflückt, ausgesucht, in gut gereinigte, ganz ausgetrocknete, am besten geschwefelte Flaschen (siehe No. 2), welche eine weite Oeffnung haben, gefüllt und solche unverkorkt in einem Kessel mit kaltem Wasser auf ein rasches Feuer gestellt, doch muß der Boden mit Heu bedeckt und auch Heu zwischen die Flaschen gelegt sein, damit sie sich nicht berühren. Man läßt sie, vom Kochen an, ¼ Stunde kochen und im Kessel kalt werden. Da die Heidelbeeren beim Kochen sehr zusammenfallen, so nimmt man eine der Flaschen und füllt damit die andern bis auf 2 Finger breit voll, gibt einen Theelöffel voll Arrak oder Rum darauf, verkorkt die Flaschen mit neuen Korken, indem man solche hinein dreht, versiegelt sie oder bindet ein Stück Blase über den Kork und bewahrt sie, aufrecht stehend, im Keller an einem dunkeln Orte.

Beim Gebrauch rührt man entweder etwas Zucker durch, oder man läßt das Compote in einem irdenen Geschirr, worin nichts Fettiges gewesen, mit etwas Zucker und Zimmet durchkochen.

Beide Verfahren sind gut, der Geschmack aber verschieden, besonders da bei ersterem ein Arrakgeschmack etwas vorherrschend ist, der bei letzterem sich verliert. Wir stimmen für letzteres.

63. Heidelbeeren ohne Zucker in Flaschen, auf andere Art. Reife Heidelbeeren werden ausgesucht, gewaschen, zum Ablaufen auf einen Durchschlag gethan und in einem irdenen oder glasirten Topfe ohne Wasser offen weich gekocht, während man sie zuweilen durchrührt; zerkochen aber dürfen sie nicht. Vorher aber muß man für gut gereinigte und vollständig trockne Flaschen mit möglichst weiter Halsöffnung sorgen. Dahinein füllt man die gekochten Beeren, indem man jedesmal einen Theil in ein porzellanenes Milchtöpfchen schüttet und beim Einfüllen mit einem Theelöffel nachhilft. Alsdann gießt man auf jede bis oben hin angefüllte Flasche 2 Theelöffel Rum oder Arrak, korkt sie fest zu, bindet ein Stück doppeltes Papier darüber und stellt sie aufrecht an einen trocknen, kalten Ort.

Anmerkung. Die Heidelbeeren erhalten sich so von einem Jahre ins andere. Beim Gebrauch gibt man ohne weiteres den nöthigen Zucker dazu, oder kocht sie mit Zucker auf und verfährt damit wie bei Heidelbeer-Compote.

64. Heidelbeeren mit Essig und Zucker. 9 Quart Heidelbeeren, 4 Pfund Zucker, ¼ Unze bester Zimmet und ½ Quart Weinessig oder guter Bieressig.

Die Beeren werden ausgelesen, gewaschen und zum Ablaufen auf einen Durchschlag geschüttet. Dann läßt man den Zucker in Essig zergehen, die Beeren darin nur einigemal aufkochen, weil sie leicht zu weich werden, und rührt den gestoßenen Zimmet durch. Am nächstfolgenden Morgen rührt man die Beeren nochmals durch, füllt sie in kleine Töpfe, legt ein Rumpapier darüber und bindet sie zu.

21

65. Tomatoes (Liebesäpfel). Zum Einmachen gehört zu jedem Pfund reifer Tomatoes ¾ Pfund feiner Zucker und ein fingerlanges Stück in Stückchen geschnittener eingemachter Ingwer.

Man übergieße die Früchte mit kochendem Wasser, ziehe mit einem feinen Messerchen die Haut ab, läutere den Zucker nach No. 3, und lege die Tomatoes mit dem Ingwer in den kochenden Zuckersaft. Nachdem dieser sofort vom Feuer genommen, werden die Tomatoes in dem Zucker=saft umgedreht und nach fünf Minuten mit dem Schaumlöffel auf eine flache Schüssel gelegt. Nach dem Erkalten lege man sie wieder in den heißgemachten Zucker und verfahre also d r e i m a l. Dann thue man die Früchte nach No. 1 in ein Glas, lasse den Saft etwas einkochen und gieße ihn kochend darüber. Weiter nach No. 1.

66. Tomatoes einzumachen, auf andere Art. 8 Pfund Tomatoes, 4 Pfund Zucker, 2 Zitronen, Zimmet und Nelken, ½ Tasse Essig. Die Tomatoes werden abgezogen, durchgeschnitten und der Same daraus entfernt, Zucker, Essig, die in Scheiben geschnittene Zitrone nebst Gewürz zum Kochen gebracht, die Tomatoes hinein gethan und bei fleißi=gem Rühren so lange gekocht, bis sie dick sind und nicht mehr wässerig erscheinen.

67. Tomatoes frisch zu erhalten (To can Tomatoes). Die Tomatoes werden gewaschen und die grünen und schadhaften Stellen aus=geschnitten. Darauf schneidet man sie durch, stellt sie mit etwas Salz aufs Feuer und läßt sie weich kochen. Dann gießt man sie auf einen Durchschlag und läßt sie ablaufen, thut sie wiederum in den Topf und läßt sie eben zum Kochen kommen, thut sie darnach in heißgemachte 1 oder 2 Gallonen haltende Steintöpfe mit langem Halse, korkt sie sogleich zu und versiegelt sie gut.

Die Tomatoes halten sich, nachdem sie geöffnet sind, im Winter 1 oder 2 Tage. Man kann sie auch in luftdichte Einmachegläser thun.

68. Tomatoe-Pickles oder in Essig eingemachte Tomatoes. Zu einem Peck grüner Tomatoes nimmt man 2 große Zwiebeln, zwei rothe oder spanische Pfeffer=Schoten und schneidet dies Alles in dünne Scheiben. Dann gehören dazu: 1 Unze ganzer schwarzer Pfeffer, 1 Unze ganzer Senfsamen, 1 Unze ganze Gewürznelken, ½ Unze Zimmetrinde. Hierauf werden nun ½ Pint Salz, Gewürz und Tomatoes nebst Zwiebeln und Pfefferschoten schichtenweise in einen Kessel gethan. Dann gießt man 3 Quart guten Essig darüber und setzt es, gut zugedeckt, auf's Feuer. Fängt es an zu kochen, so nimmt man es ab und läßt es zugedeckt erkalten. Während die Pickles auf dem Feuer sind, muß man sie einige Male um=rühren. Erkaltet werden sie in Steingefäße gethan und an einen kühlen Ort gestellt.

69. Preißelbeer=Gelée (Cranberry-Jelly) (ganz vorzüglich zum Verzieren kalter süßer Speisen). 1½ Quart Saft, 1 Pfund Zucker.

Die Beeren werden gekocht, der Saft wird vom Bodensatz klar abge=gossen und mit dem Zucker aufs Feuer gestellt, bei fortwährendem Schäumen etwa 15 Minuten gekocht, der Topf abgesetzt, nach einer Weile der sich zeigende Schaum abgenommen und der Saft in Gläser gefüllt. Durch zu langes Kochen verliert die Gelée ihr schönes Roth, fest aber muß sie werden, damit man sie zum Verzieren in feine Blättchen oder beliebige Figuren schneiden kann, weshalb es anzurathen ist, zum Erproben einige Tropfen des Saftes kalt werden zu lassen.

70. Preißelbeersaft. Recht reife Preißelbeeren werden gut verlesen, gewaschen, weich gekocht und in einen ausgekochten Beutel geschüttet. Der durchgelaufene Saft wird nach dem Erkalten klar vom Bodensatz abgegossen, zu 3⅔ Quart Saft 1 Pfund Zucker genommen, aufs Feuer gestellt, ausgeschäumt und nach 10 Minuten Kochens wie Johannisbeersaft aufbewahrt.

71. Brombeeren einzumachen. 3 Pfund reife ausgesuchte dicke Brombeeren, 1 Pfund Zucker, ⅛ Unze in Stücke gebrochener guter Zimmet und einige Nelken. Der Zucker wird nach No. 3 geläutert, die Beeren nebst Gewürz hinein gethan und auf langsamem Feuer unter öfterem behutsamen Durchrühren weich gekocht, doch so, daß dieselben ganz bleiben. Dann nimmt man sie heraus, läßt den Saft etwas dicklich einkochen und rührt nach dem Abkühlen die Beeren durch. Uebrigens nach No. 1.

72. Maulbeeren und Weintrauben einzumachen. Die Behandlung ist dieselbe wie die der Erdbeeren. Die große blaue Maulbeere eignet sich zum Einmachen am besten.

73. Perlzwiebeln einzumachen. Perlzwiebeln, weißer Pfeffer, Meerrettig und reichlich Dragon.

Die Perlzwiebeln werden sehr rein gewaschen, zum leichteren Abziehen der Haut lege man sie in lauwarmes Salzwasser, lasse sie darin erkalten und ziehe dann die Haut mittelst eines silbernen Theelöffels ab. Ein Messer darf zum Reinigen derselben nicht gebraucht werden, weil sonst schwarze Flecken entstehen. Nach dem Abspülen werden die Zwiebelchen in Weinessig mit weißem Pfeffer einige Minuten gekocht, herausgenommen, erkaltet mit Dragon und Meerrettig lagenweise in ein Glas gelegt, der ebenfalls kalt gewordene Essig darüber gegossen, mit einem Schiefersteinchen versehen und zugebunden.

A n m e r k u n g. Die Perlzwiebeln dienen als Beilage zum Suppenfleisch und Hammelbraten. Auch 1 Stunde in Hammel- oder Rindfleisch-Ragout gekocht, geben sie demselben einen gewürzigen Geschmack. Beim Anrichten lege man sie wie aneinandergereiht in den Rand der Schüssel.

74. Schalotten und Zwiebeln einzumachen. Von letzteren nehme man möglichst kleine, am besten ist, wenn zu diesem Zweck etwa Mitte Mai eine kleine Aussaat gemacht wird. Nachdem erstere oder letztere gewaschen, abgeschält und abgespült sind, stellt man sie, mit Salz durchstreut, über Nacht hin, macht anderen Tages die Haut ab, wäscht sie rein, läßt Essig sieden und die Zwiebeln theilweise, unter öfterem Durchrühren, darin gut durchkochen, wobei man sich, da dieselben leicht weich werden, nicht entfernen darf. Erkaltet werden sie mit r e i ch l i ch D i l l, Dragon, Meerrettig und Pfefferkörnern durchschichtet, mit dem kaltgewordenen Essig bedeckt, mit einer Schieferscheibe niedergehalten und zugebunden.

Anmerkung. Solche eingemachte Zwiebeln haben großen Werth für die Küche, da sie für gewöhnliche Saucen und Ragouts von übriggebliebenem Fleisch jeder Art die beste Würze sind. Die Verfasser erlauben sich daher die Hausfrauen darauf aufmerksam zu machen, für eine reichliche Quantität zu sorgen.

75. Rothebeete (Rotherüben) einmachen. Nur ganz dunkle Rothebeete sind tauglich. Man schneidet die Blätter bis auf 2 Zoll Länge davon ab, aber nicht das Geringste von der Wurzel, weil sonst der dunkelrothe Saft herauskochen würde, wasche sie recht recht rein und lasse sie entweder im Backofen gahr backen oder mit kochendem Wasser bedeckt fortwährend und so lange kochen, etwa 3—4 Stunden, bis sie sich weich anfühlen lassen. Mit der Gabel darf nicht hineingestochen und zum Nachgießen muß kochendes Wasser genommen werden. Dann zieht man sogleich die Haut ab, schneidet sie erkaltet in dünne Scheiben, legt solche mit Pfefferkörnern, Nelken (siehe No. 1), Meerrettig oder einigen Stückchen nach No. 1 gereinigtem Ingwer und sehr wenig Salz, nach Belieben auch mit einigen Loberblättern, in einen reinen Steintopf, worin nichts Fettiges gewesen ist, gießt so viel kochenden Essig darüber, daß sie bedeckt sind, und bindet erkaltet den Topf zu. Man gibt die Rothebeete zum Suppenfleisch, Braten, Kartoffel=, Endivien= und Feldsalat und verwendet sie feingeschnitten beim Häringssalat.

Anmerkung. Meerrettig, Nelken und Ingwer dienen zum Erhalten. Hat man diese Gewürze nicht, so mache man jedesmal nur kleine Portionen ein. Uebrigens hat es sich ergeben, daß die Beete, wenn sie ganz eingemacht werden, weniger leicht verderben.

76. Zuckergurken. No. 1. (Ganz vorzüglich). Man nehme hierzu große grüne Gurken wie zu Salat und behandle sie ganz wie Melonen=Kürbis in Essig und Zucker.

77. Zuckergurken. No. 2. 3 Pfund Gurken, 1½ Pfund Zucker, ¼ Quart Weinessig, ¼ Unze weiße Pfefferkörner, ½ Unze in glatte Stückchen geschnittener Zimmet und ein paar Stücke eingemachter, in Ermangelung trockner Ingwer nach No. 1 gereinigt.

Völlig ausgewachsene grüne Gurken (Schlangengurken sind zum Einmachen den Traubengurken vorzuziehen) werden geschält, der Länge nach durchgeschnitten, die Kerne sammt dem Mark mit einem silbernen Löffel herausgenommen und entweder in fingerlange und fingerbreite Stücke geschnitten, oder mit blechernen Ausstechern in Figuren, als: schrägwinkelige Vierecke, Sterne, Kränze, Dreiecke, halbe Monde, herzförmige Figuren und dergleichen ausgestochen. Alsdann werden die Gurken gewogen und gewaschen.

Man stelle dieselben mit gewöhnlichem Essig aufs Feuer, lasse sie aufkochen, ablaufen und gebe sie in den mit Zucker und Gewürz kochenden Weinessig. Nachdem sie einige Minuten darin gekocht haben—weich dürfen sie nicht werden—lege man sie in ein Einmacheglas, koche die Brühe etwas ein und gieße sie, zwar nicht kochend, doch noch warm auf die Gurken. Nach Verlauf von 4—8 Tagen (es kommt hierbei nicht auf einige

Tage an) wird der Essig nochmals eingekocht und kalt auf die Gurken gegossen, welches noch einmal wiederholt werden kann. Darnach wird das Glas nach No. 1 behandelt.

80. Zucker-Gurken. No. 3. In Stücken geschnitten und mäßig gesalzen muß man sie 24 Stunden stehen, dann ablaufen lassen und zweimal einen Tag um den andern mit kochendem Essig übergießen, dann über Nacht sie ablaufen lassen; das letzte Mal wird Essig mit Zucker gekocht, 1 Pfund Zucker auf ein Quart in den kochenden Essig gethan, hierauf läßt man sie einmal aufwallen, dann möge man sie herausnehmen, nachher den Saft darüber gießen und Zimmet und Nelken dazwischen streuen.

81. Süße Glasgurken. No. 4. 3 Pfund Gurken, 1 Pfund Zucker, ¾ Quart reiner unverfälschter Essig, ¼ Unze in Stückchen geschnittener Zimmet, 1 Dram Muskatblüte (ganze Stücke), einige Stücke gereinigter Ingwer und ⅛ Unze Nelken, aus welchen die Köpfchen zu entfernen sind (siehe Regeln beim Einmachen der Früchte No. 3).

Hierzu nehme man schon etwas gelb gewordene Schlangengurken, behandele sie nach Zuckergurken No. 1, bringe Essig, Zucker und Gewürze zum Kochen und lasse die zuvor in ordinärem Essig kaum zum Drittel weich gewordenen Gurken darin eine Weile kochen, jedoch müssen sie etwas härtlich bleiben. Man richte sich übrigens nach Vorhergehendem, wobei zu bemerken ist, daß es hier, der geringeren Quantität des Zuckers wegen, nothwendig ist, den Essig zweimal nachzukochen.

82. Süße Glasgurken. No. 5. Zu 3 Pfund Gurken ein Quart Essig, 1 Pfund Zucker, ¼ Unze in Stückchen geschnittener Zimmet, desgleichen weiße Pfefferkörner, ¼ Unze Nelken (siehe Regeln beim Einmachen der Früchte No. 3) 1 Dram Muskatblüte und einige Stücke trockner nach No. 1 gereinigter Ingwer.

Die schon etwas gelb gewordenen Gurken werden nach Zuckergurken No. 1 vorgerichtet, in fingerlange und fingerbreite Stücke geschnitten, in ein Glas gelegt, reichlich mit gutem Essig bedeckt und 24 Stunden hingestellt. Andern Tages wird der Essig abgegossen, und der bemerkte Zucker sammt den Gewürzen zum Kochen gebracht. Alsdann werden die Gurken darin reichlich zur Hälfte weich gekocht und herausgenommen. Weiter wird nach vorhergehender Angabe verfahren.

83. Riesen-Zuckergurken. No. 6. 6 Pfund vorgerichtete Gurken nach näherer Bemerkung, 3 Pfund Zucker, ¾ Quart echter Weinessig, etwas weißer Pfeffer, Zimmet und Nelken nach Angabe.

Die Gurken werden geschält, in 4 Theile geschnitten, nachdem das Inwendige herausgenommen, in fingerlange Streifen geschnitten und in Bieressig gekocht, bis sie ihre Farbe verändern. Sodann lege man sie auf ein Sieb, darnach in den mit Zucker und Gewürz kochenden Weinessig, nehme sie nach einer Weile heraus, koche den Saft etwas ein und gieße ihn kalt über die Gurken, wo dann derselbe in einigen Tagen aufgekocht, ausgeschäumt und kalt hinzugefügt wird.

84. Kleine Essiggurken. No. 1. Zu einem 1 Gallone großen Topf kleiner Gurken gut 6 Unzen Salz, ¾ Pfund Perlzwiebeln oder andere ganz kleine Zwiebeln (erstere lege man mit den Gurken in Salz), ¼ Pfund Meerrettig in glatte, gleichmäßige Scheiben geschnitten, 1 Unze trocknen nach No. 1 gereinigten Ingwer, ½ Unze Pfefferkörner, am besten weiße, ¼ Unze Nelkenpfeffer, 12 Stück wo möglich frische Lorberblätter, 2 Handvoll Dill, 1 Handvoll Dragon; zu empfehlen ist auch eine Handvoll Pfefferkraut oder breitblättrige Kresse, auch kann man unreife Weintrauben hinzufügen. Damit man von recht grünem Dill Gebrauch machen könne, sei auf das Einmachen von Dill in den Vorbereitungsregeln hingewiesen.

Grüne Gurken sind zum Einmachen den gelben vorzuziehen und Schlangengurken die besten. Sie werden gut ausgesucht, alle fleckigen und beschädigten entfernt, in frischem Wasser rein abgewaschen, mit Salz bestreut und 12 Stunden hingestellt. Wie die Perlzwiebeln vorgerichtet werden, ist beim Einmachen derselben bemerkt. Die Dillbüschel werden entweder in 3 Theile bis zum Samen hingeflochten, oder, was feiner ist, kurz abgeschnitten und beim Anrichten zierlich nebeneinander an den Rand der Assiette gelegt. Darnach lege man die Gurken mit den Gewürzen und Kräutern lagenweise in einen Steintopf, welcher neu sein muß oder nur zum Einmachen der Gurken benutzt worden ist. (Jedenfalls muß derselbe vor dem Gebrauche mit heißem Wasser ausgebäht werden.) Dann bedecke man die Gurken mit rohem Weinessig, wodurch sie eine grünere Farbe behalten, schütte nach 14 Tagen den Essig davon ab, koche und schäume ihn, gieße ihn kalt auf die Gurken, versehe den Topf nach No. 1 mit Schiefer und Stein, binde ihn zu und stelle ihn an einen kalten, recht luftigen Ort. Beliebt es, einen Senfbeutel auf die Gurken zu legen, wie dies in No. 1 empfohlen worden, so bedarf es des Aufkochens nicht.

Anmerkung. Wenn die Gurken aus dem eigenen Garten eingemacht werden, pflücke man sie nach und nach, sobald sie die passende Größe erhalten haben, und nachdem jede Portion eine Nacht mit etwas Salz versehen ist, lege man sie zu den früher gepflückten in rohen ordinären Essig, gieße aber jedesmal Essig hinzu, um sie zu bedecken. Zuletzt lege man die Gurken mit den Gewürzen in den Topf und bedecke sie mit frisch gekochtem und kalt gewordenem Essig.

85. Große Essiggurken. No. 2. Man nehme dazu große Gurken, welche noch keine Kerne haben, fest und frisch sind und richte sich übrigens nach vorhergehender Vorschrift.

Auch ist folgendes Verhältniß zu empfehlen: Zu 12 Pfund vorgerichteten Gurken gut 6 Unzen Salz, ¼ Pfund Schalotten, gut 6 Unzen Dill, gut 5 Unzen Meerrettig, 1 Unze Pfefferkörner und eine Handvoll Dragon.

86. Gurken in Essig und Wasser einzumachen (vorzüglich). No. 3. Auf 2¼ Quart Weinessig, 1¼ Quart Brunnenwasser, 1 Küchentasse oder eine Handvoll Salz und die in Gurken No. 1 angegebenen Gewürze.

Man nehme hierzu Gurken von jeder Größe, selbst völlig ausgewachsene, doch müssen sie fest und frisch sein und dürfen noch keine Kerne haben, wasche und lege sie 12 Stunden in frisches Brunnenwasser. Darnach trockne man sie mit einem reinen Tuche ab, schichte sie mit den angegebenen Gewürzen in Steintöpfe, schlage Essig, Wasser und Salz mit einem Schaumbesen stark und so lange, bis letzteres aufgelöst ist, gieße es auf die Gurken, welche reichlich mit der Brühe bedeckt sein müssen, lege einen Senfbeutel nach No. 1 darauf und verfahre weiter nach gleicher Nummer.

Anmerkung. Gurken, nach dieser Vorschrift eingemacht, haben einen sehr angenehmen Geschmack und erhalten sich gut. Zugleich eignen sie sich vorzüglich zu Gurkensalat.

87. Knoblauchgurken (sogenannte Teufelsgurken). No. 4.
Halbreife Gurken schält man, schneidet sie in vier Theile, nimmt das Inwendige heraus, salzt sie und stellt sie 48 Stunden lang hin. Dann trocknet man sie mit einem Tuche ab und legt sie lagenweise mit schwarzen und weißen Pfefferkörnern, Schalotten, Meerrettig, Pfefferkraut oder breitblättriger Kresse, Lorberblättern, Fenchel, Kümmel, spanischem Pfeffer und Knoblauch (von den beiden letztgenannten Gewürzen nicht viel) in einen steinernen Topf, wobei von den Kräutern eine Unter- und Oberlage gemacht werden muß, kocht in einem messingenen Kessel Weinessig und gießt ihn kochend darauf. Der Essig muß dreimal ein über den andern Tag aufgekocht und jedesmal heiß aufgegossen werden.

88. Senfgurken. No. 5. Zu einem 1 Gallone großen Steintopf ½ Pfund Salz, ¼ Pfund Schalotten, ¼ Pfund Meerrettig, ¼ Pfund gelben Senfsamen, 1 Unze nach No. 1 gereinigten Ingwer, ¼ Unze Pfeffer, Nelken (die Köpfchen entfernt), desgleichen Lorberblätter, 2 Hand voll Dill.

Schon etwas gelb gewordene Gurken sind hierzu am besten, weil diese nicht so leicht weich werden. Man schäle und schneide sie der Länge nach durch, nehme mit einem silbernen Löffel das Kerngehäuse und was nicht fest ist, heraus, bestreue sie mit dem bemerkten Salz und lasse sie über Nacht stehen. Gut abgetrocknet, schneide man sie in fingerlange und fingerbreite Streifen, lege sie in einen Steintopf und gieße kalten Weinessig darauf. Nach Verlauf von 8—14 Tagen bringe man den Essig in einem Messingkessel zum Kochen, schäume ihn, lege die Gurken mit den bemerkten Gewürzen lagenweise in den Topf, gieße den Essig kalt darüber — derselbe muß die Gurken reichlich bedecken —, lege einen Senfbeutel nach No. 1 darauf und verfahre weiter, wie es daselbst angegeben worden.

89. Senf-Gurken. No. 6. Man nimmt lange, etwas gelbliche Gurken, schält sie, macht den Kern heraus, schneidet sie in längliche Stücke, streut ziemlich viel Salz darüber und läßt sie einige Stunden stehen; dann nimmt man die einzelnen Stückchen, trocknet sie ab und legt sie schichtenweise in einen Topf mit Meerrettig, Schalottenzwiebel, Senf, Pfeffer, englischem Gewürz und Lorbeerblättern.

90. Geschälte und aufgekochte Gurken. No. 7. Zu 7 Pfund großen, grünen, geschälten und vorgerichteten Gurken nach vorhergehender

Angabe knapp 4 Unzen Salz, desgleichen Dill, desgleichen Meerrettig, desgleichen Schalotten, 1 Unze Pfefferkörner, ½ Unze Nelken, die Köpfchen entfernt (siehe Regeln beim Einmachen No. 3), und eine Handvoll Dragon.

Man bestreut die Gurken mit Salz, stellt sie 12 Stunden hin, bringt den Essig—es kann guter Bieressig sein—mit den Schalotten zum Kochen, läßt die Gurken theilweise darin 5 Minuten kochen, legt sie zum Abkühlen auf eine Schüssel und demnächst mit den Gewürzen lagenweise in einen Topf. Nach 8 Tagen wird der Essig abgegossen, ausgeschäumt, kalt übergegossen und ein Senfbeutel darauf gelegt.

91. Salzgurken auf andere Art. No. 8. Zu $\frac{1}{12}$ Oxhoft (hogshead) großer Gurken 6¾ Quart kaltes Wasser, 2¼ Quart Essig, 1 Pfund Salz, für 5 Cent Weinstein; Gewürz und Kräuter wie folgt: Pfeffer, Nelkenpfeffer, reichlich Dill, Meerrettig, Blätter von sauren Kirschen, Lorber- und Weinblätter.

Man wäscht und stellt die Gurken 3 Stunden in Brunnenwasser, trocknet sie mit einem Tuche ab, schichtet sie mit den Gewürzen und Kräutern in ein Faß und streut zwischen jede Gurkenlage 2 Theelöffel voll Weinstein. Unterdeß wird das Wasser mit dem Salz gekocht, ganz kalt geworden der Essig durchgerührt und auf die Gurken gegossen. Das Faß wird vom Böttcher zugeschlagen, vier Wochen an die Sonne gestellt und täglich umgesetzt.

92. Pfeffergurken. No. 9. Man nimmt ganz kleine Gurken, welche abgebrüht und gewaschen werden, reibt eine jede mit Salz ab und läßt sie 24 Stunden liegen. Hierauf werden sie einzeln abgetrocknet und schichtenweise mit Gewürz, Pfeffer, Nelken, englischem Gewürz, Senf, Muskatblüte, Lorberblättern und Estragon in einen Topf gethan. Dann kocht man Essig und gießt ihn an 3 Tagen, am ersten lauwarm, am zweiten heiß und am dritten ganz kochend, darüber.

93. Gurken wie ostindischen Mango einzumachen. No. 10. Kapern, in Ermangelung eingemachte Kapuzinerkresse, Meerrettig, Schalotten, alles in erbsengroße Würfel geschnitten, grob gestoßene Muskatnüsse, in Stückchen geschnittene Nelken (die Köpfchen entfernt), weiße Pfefferkörner und etwas gelber Senfsamen, alles gut gemischt.

Man nimmt hierzu glatte Gurken von mittler Größe, schneidet in der Mitte derselben ein rundes Loch von der Größe eines Fünfundzwanzigcentstückes, macht mit einem Theelöffel alle Kerne und was nicht fest ist, heraus, streut Salz über die Gurken und läßt sie eine Nacht stehen. Am andern Tag gut abgetrocknet, füllt man die Höhlung mit den angegebenen gemischten Gewürzen, bedeckt dieselbe mit dem herausgeschnittenen Stück von der Gurke, legt eine zwei Finger breite Binde von Leinwand in der Mitte herum, heftet sie mit einigen Reihstichen zusammen, legt die Gurken in einen Topf und gießt in einem Messingkessel gekochten Weinessig kochend heiß darüber. Weiter nach No. 1.

Anmerkung. Mit dieser Binde wird der echte Mango zur Tafel gegeben und wie Salzgurken zum Suppenfleisch und Braten servirt.

Bei unechtem Mango kann nach Belieben die Binde vorher entfernt werden.

94. Samba. No. 11. Man schält große Gurken, schneidet sie der Länge nach fein ab bis auf das Kernhaus und dann gleichfalls der Länge nach so fein wie Krautsalat, legt sie 3 Stunden lang in Salz, worauf sie in einem ausgebrühten Tuch aufgehängt werden, um auszulaufen. Sind sie ganz trocken, so legt man sie mit ganzer Muskatblüte, weißen Pfefferkörnern und etwas Schalotten schichtweise in ein Glas und gießt gekochten und wieder erkalteten Weinessig darauf.

Es macht sich ganz hübsch, den Samba mit eingemachten Zwiebeln zu garniren, indem man diese in der Mitte des Schüsselchens aufhäuft und von ersterem einen Kranz darum legt.

Sehr fein zu Rindfleisch und unter Häringssalat.

95. Gurkensalat einzumachen. No. 12. Halb ausgewachsene Gurken werden wie Salat geschnitten und gesalzen, dann in ein Sieb gethan, daß sie rein ablaufen, und darauf mit Weinessig in ein Geschirr gestellt, damit das Salz wieder herausziehe. Alsdann legt man ein Tuch in ein Sieb, schüttet die Gurken darauf und preßt sie wohl aus, legt sie, mit Zwiebeln und gestoßenem Pfeffer durchschichtet, in einen Steintopf oder in ein Glas, gießt hinreichend kalten Weinessig darauf und zuletzt etwas Provenceöl hinzu.

96. Gurkensalat einzumachen. No. 13. (Von einer vorzüglichen Köchin.) Die geschälten Gurken werden etwas dicker als zu gewöhnlichem Gurkensalat geschnitten oder gehobelt, gesalzen und zwar nur etwas stärker, als beim gewöhnlichen Salat, und sogleich, ehe sie Saft gezogen haben, fest in Gläser mit etwas weiter Oeffnung, damit man später den Salat bequem herausnehmen kann, eingedrückt. Die Oeffnung des Glases wird mit einem Kork fest verschlossen, weshalb sie nicht zu weit sein darf, und dann mit geschmolzenem Pech überzogen. Die so eingemachten Gurken werden sogleich in den Keller gestellt.

Vor dem Gebrauch wässert man dieselben einige Stunden und behandelt sie ganz wie frischen Gurkensalat.

97. Zwetschen als Dunstfrüchte. Es wird hierbei auf No. 10 und 11 hingewiesen.

98. Zwetschen in Blechbüchsen einzumachen (vorzüglich). Man läutert auf 8 Pfund reife Zwetschen 7 Pfund Zucker, legt die abgeriebenen, ganz unbeschädigten Zwetschen lose in Blechbüchsen, gießt den kochenden Zucker darüber, läßt die Büchsen zulöthen, wie beim Einmachen der Gemüse angegeben ist, kocht sie während 1½ Stunden in einem großen Kessel mit kochendem Wasser aufgesetzt, läßt sie im Wasser erkalten und stellt die Büchsen an einen kühlen, trocknen Ort.

Beim Gebrauch wird die Sauce kochend über die Zwetschen gegossen und erkaltet zur Tafel gegeben.

99. Zwetschen in Zucker. No. 1. 3 Pfund ganz reife nach No. 4 abgezogene Zwetschen, 1½ Pfund Zucker, ¼ Unze in Stückchen geschnittener Zimmet, 6 Eßlöffel Franzbranntwein und womöglich einige Stückchen eingemachter Ingwer.

Man läutere den Zucker, gebe Gewürz, den in Stückchen geschnittenen Ingwer und Branntwein hinzu und koche die nach folgender Vorschrift abgezogenen Zwetschen darin einige Minuten. Dann nehme man sie heraus, lasse den Saft etwas einkochen, gieße ihn kochend darüber und verschließe die Gläser augenblicklich.

Anmerkung. Rechnet man beim Einmachen der Zwetschen hauptsächlich auf Kranke, so lasse man den Branntwein weg; um so nothwendiger ist dann aber die Anwendung des Ingwer.

100. Zwetschen ohne Steine mit Essig und Zucker einzumachen. No. 2. 6 Pfund reife, ausgesuchte, entsteinte Zwetschen, 1½ Pfund Zucker, ⅞ Quart Weinessig, ¼ Unze in Stückchen geschnittenen Zimmet, ¼ Unze Nelken.

Man reibe die Zwetschen vor dem Entsteinen mit einem reinen Tuche ab, koche Essig, Zucker und Gewürz, gebe sie in kleinen Portionen etwa 2 Minuten lang hinein und nehme sie dann rasch heraus, wenn der Essig auch noch nicht wieder kocht, damit sie nicht weich werden, lasse denselben aber jedesmal, bevor eine neue Portion hinein gethan wird, wieder zum Kochen kommen. Wenn die Zwetschen nach und nach auf angegebene Weise gekocht sind, so koche man den Zuckeressig weiter; wenn er anfängt etwas dick zu werden, so thut man die Zwetschen noch einmal hinein und schwenkt sie gut darin um, bringt sie aber nicht mehr aufs Feuer, sondern füllt sie in Gläser, welche sogleich noch warm zugeschraubt werden. Wenn man sähe, daß der Saft etwas wässerig würde, so gieße man ihn ab, koche ihn auf und rühre die Zwetschen durch.

101. Zwetschen ohne Schale süß einzumachen. No. 3. Auf 1 Pfund gut abgeriebene und entsteinte Zwetschen ¼ Pfund Zucker.

Der Zucker wird mit etwas Wasser geläutert, dann die Zwetschen ohne Gewürz hinein gethan und gekocht, bis sie weich sind, doch müssen sie dabei hübsch ganz bleiben. Im übrigen verfahre man ganz nach vorhergehender Vorschrift.

102. Zwetschen ohne Schale einzumachen. No. 4. 4 Pfund abgezogene Zwetschen, stark ½ Quart Essig, 1¼ Pfund Zucker, ¼ Unze in gleichmäßige Stückchen geschnittener Zimmet.

Man tauche große Zwetschen in einem Netz in langsam kochendes Wasser, ziehe die Haut ab, wiege sie, koche Essig und Zucker, schäume ihn, gebe das Gewürz hinzu und lasse ihn erkalten. Dann lege man die Früchte in einen Steintopf oder in ein Einmacheglas, gieße den Essig darüber (derselbe muß mit den Zwetschen gleich stehen) stelle das Gefäß in einem Topf mit kaltem Wasser aufs Feuer, bedecke es mit Papier, daß keine Fliegen hineinfallen und lasse die Zwetschen vom Kochen an etwa ¼ Stunde kochen und in dem Wasser kalt werden. Nach 8 Tagen koche man den Essig etwas ein, gieße ihn kalt auf die Früchte und schüttele einige Zeit täglich den Saft über dieselben oder drücke sie mit einem silbernen Löffel so lange behutsam nieder, bis sie sich gesenkt haben; dann lege man ein Branntweinpapier darauf und binde das Glas mit Pergamentpapier zu.   Siehe No. 1. Ersatzmittel der Blase.

103.   Zwetschen in Essig und Zucker. No. 5. 6 Pfund reife ausgesuchte dicke Zwetschen, 1 Quart guter brauner Bieressig, 1½ Pfund Zucker, ¼ Unze Zimmet, ¼ Unze Nelken.

104.   Senf-Zwetschen. No. 6. 18 Pfund abgeriebene Zwetschen. 3¾ Quart guter Bieressig, 2 Pfund Zucker oder guter Zuckersirup, ⅔ Unzen Nelken, ½ Unze in Stückchen gebrochener Zimmet, ¼ Pfund brauner Senfsamen, welcher in einen Beutel von der Größe des Topfes gefüllt wird.

Der Essig wird mit dem Zucker oder Sirup gekocht, gut ausgeschäumt und das Gewürz hinzugefügt.   Dann werden, wie vorstehend bemerkt worden, die Zwetschen theilweise einige Minuten hineingegeben, abgekühlt in einen Topf gelegt und mit dem Senfbeutel bedeckt.   Den Essig läßt man noch ein wenig nachkochen, gießt ihn kochend darüber, bindet den Topf, völlig erkaltet, zu, und wiederholt das Aufkochen und Ausschäumen des Essigs bis zu 8 Tagen noch einmal, wo dann derselbe kalt darüber gegossen wird.

105.   Zwetschen-Marmelade als Compote, sowie auch zum Ueberstreichen oder Füllen von Torten und kleinem Backwerk. 6 Pfund völlig reife, von Haut und Steinen befreite Zwetschen, 2 Pfund Zucker, ¼ Quart Weinessig, ¼ Unze ganzer Zimmet, ¼ Unze Nelken, die Köpfchen entfernt (siehe Regeln beim Einmachen der Früchte No. 3).

Die Zwetschen werden abgezogen und entsteint.   Dann koche man den Zucker mit dem Essig klar, gebe Zwetschen, Nelken und Zimmet hinzu und koche die Zwetschen, da das Mus sehr leicht ansetzt unter stetem, aufmerksamem Rühren 2—2½ Stunden, oder so lange, bis keine festen Theile mehr zu sehen sind und die Marmelade ganz dick geworden ist.

Einige Stückchen Ingwer mit den Zwetschen gekocht und eingefüllt, dient zum Erhalten, auch ist das Mus nach 8—14 Tagen noch eine halbe Stunde nachzukochen; bis dahin aber darf der Topf nicht offen stehen. Uebrigens versäume man nicht, die Marmelade nach No. 1 mit einem in Franzbranntwein getränkten Papier zu bedecken, gut zuzubinden und an einen kühlen und luftigen Ort zu stellen.

106.   Birnen in Zucker (zugleich eine besänftigende Erquickung für Brustleidende). Zu jedem Pfund Birnen 1 Pfund Zucker und ein fingerlanges Stück eingemachten ostindischen oder trocknen Ingwer, nach Regeln beim Einmachen der Früchte gereinigt; von letzterem kann man auf jedes Pfund Birnen ¼ Unze rechnen.

Es sind hierzu gute, saftige, ziemlich mürb gewordene Tafelbirnen erforderlich.   Diese werden glatt geschält, mitten durchgeschnitten, vom Kerngehäuse befreit und abgespült.   Unterdeß läutere man den Zucker nach No. 3, thue die Birnen nebst dem in Stückchen geschnittenen Ingwer hinein und koche sie in dem Zuckersaft bis sie klar geworden sind, weich dürfen sie nicht werden.   Dann lege man dieselben zum Kaltwerden auf einen porzellanenen Einleger, darnach in ein Glas, gieße den Saft kalt darüber, koche letzteren am dritten Tage etwas ein, fülle ihn kalt auf die Früchte und binde das Glas gut zu, wie es auch das erste Mal geschehen muß.   Da nach einigen Tagen der Saft gewöhnlich wieder dünn wird und Birnen leicht in Gährung gerathen, so ist ein nochmaliges Aufkochen des Saftes erforderlich.   Darauf wird das Glas nach No. 1 versorgt und an einem kühlen Orte aufbewahrt.

107. Birnen auf andre Art.   Zu 8 Pfund Birnen 5½ Tasse Wasser, ¼ Pfund Zucker zu 1 Pfund Birnen.

Weiter verfahre man wie bei Pfirsichen (No. 51), jedoch lasse man die Birnen kochen, bis sie weich sind.

108. Senfbirnen.   Es gehört hierzu vorzugsweise die Königsbirne.   Zu ¼ Bushel ½ Pfund gemahlener Senfsamen mit Essig angerührt, 2 dicke Stangen Meerrettig, gut gereinigt und in dünne Scheiben geschnitten, 24 Lorberblätter, 1 Unze schwarze Pfefferkörner, 1 Unze Nelkenpfeffer und 1 Unze Nelken.

Die Birnen werden mit der Schale in einem messingenen Kessel mit Wasser bedeckt gekocht, bis sie sich durchstechen lassen, und zum Erkalten darin hingestellt, was bei Birnen nicht schädlich ist.   Dann legt man dieselben in einen Steintopf, worin niemals etwas Fettiges gewesen ist, bestreut sie lagenweis mit dem bemerkten Gewürz, gießt die Brühe, mit dem Senf angerührt, darüber, womit die Birnen bedeckt sein müssen, bindet den Topf zu und stellt ihn in den Keller.

109. Aepfel einzumachen.   Man nimmt zu 16 Pfund Aepfel 8 Pfund Zucker, 3 Quart Wasser, 1 Quart Essig und etwas Zimmt. Man muß beim Kochen gut aufpassen, denn sie verkochen schnell.

110. Aepfel-Gelée.   3 Pfund Saft, 3 Pfund Zucker, ½ Wasserglas Rheinwein und Saft einer guten Zitrone.

Man nehme wo möglich Pigeons, sonst andere feine saftige Aepfel, und zwar ehe sie völlig reif geworden sind, reibe sie mit einem Tuche ab, steche Stengel und Blumen heraus, schneide sie ungeschält in 4 Theile und koche sie mit Wasser bedeckt gahr, wobei die Bemerkungen in No. 1 zu beachten sind.   Darnach stelle man die Aepfel 24 Stunden hin, schütte sie in einen dazu verfertigten leinenen Beutel, der jedoch zuvor ausgekocht und wieder trocken sein muß, und lasse den Saft in ein sauberes Geschirr fließen.   Dann wird derselbe mit dem Zucker und bei späterem Hinzuthun von Wein und Zitronensaft so lange eingekocht, bis einige Tropfen, erkaltet, dick geworden sind.   Den eingekochten Saft fülle man in ein erwärmtes Glas und verfahre weiter nach No. 1.

111. Aepfel-Marmelade.   2 Pfund Aepfel, 1 Pfund Zucker und 1 Zitrone.

Die Aepfel werden geschält, mitten durchgeschnitten, gewogen und zweimal mit kaltem Wasser gewaschen.   Dann läutert man den Zucker, gibt die Aepfel nebst der Schale einer halben und den Saft einer ganzen Zitrone, auch für 1 Cent spanischen Flor hinzu und kocht sie in einem glasirten Topf (siehe No. 1) rasch ganz weich.   Dann nimmt man den Flor heraus, verrührt die Aepfel mit einem neuen ausgelaugten hölzernen

Löffel und kocht sie langsam zu einer steifen Marmelade, während, um das Anbrennen zu verhüten, stets auf dem Grunde gerührt werden muß. Möchte man bis zu 8 Tagen finden, daß die Marmelade etwas wässerig erscheint, so darf, gleichfalls unter aufmerksamem Rühren, ein Aufkochen nicht versäumt werden. Weiter nach No. 1.

112. Kirschäpfel-Gelée von angenehmem Geschmack und vorzüglich schöner Farbe. 1 Pfund Saft, ½ Pfund Zucker.

Die Kirschäpfel werden gewaschen, in einem Messingkessel oder glasirten Topf mit kaltem Wasser bedeckt, weich gekocht und mit der Brühe durchgepreßt. Am nächsten Tage wird der Saft klar abgegossen, gewogen, mit dem Zucker aufs Feuer gestellt, unter fortwährendem Schäumen 1 Stunde gekocht, wodurch einzig und allein diese Gelée ihre schöne rothe Farbe erhält.

Man füllt dieselbe in Gläser und bewahrt sie wie Johannisbeer-Gelée auf. Auch kann man sie in Glasformen aufbewahren, solche beim Gebrauch auf eine Glasschüssel umstürzen, und man hat die schönste Geléeschüssel, sowohl zu feinem Backwerk als zum Verzieren, indem man feine Blättchen und Figuren davon schneiden kann.

113. Kirschäpfel einzumachen. 2 Pfund Kirschäpfel, 1 Pfund Zucker, ½ Quart Weinessig, ¼ Unze Zimmet, ½ weißer Pfeffer und ⅛ Unze Nelken.

Die gut abgeputzten Früchte — die Stielchen bleiben daran — läßt man in dem kochenden Essig aufwallen, und nachdem dieselben herausgenommen, den Essig etwas einkochen. Nach einigen Tagen darf das Aufkochen des Saftes nicht versäumt werden.

114. Deutscher Ingwer von Kürbis. No. 1. So viel Sorten Kürbis auch zum Einmachen empfohlen werden, so ist unserer Ansicht nach der große gelbe Zentnerkürbis mit röthlich gelbem Fleisch vorzüglich. Stellt man denselben nach der Reife an einen kalten, luftigen Ort und verzieht mit dem Einmachen einige Wochen, so steht er der Melone ziemlich gleich.

Zum nächstfolgenden Rezept rechne man auf 2 Pfund Kürbisstücke 2 Pfund Zucker, 1 Dram pulverisirten Ingwer (der nicht durch langes Liegen an Kraft verloren hat) und eben so viel gestoßenen weißen Pfeffer, nach Gefallen auch eine kleine Messerspitze Cayennepfeffer.

Der Kürbis wird bis an das Fleisch abgeschält, durchgeschnitten, das Kerngehäuse mit einem Eßlöffel vollständig herausgemacht und in Stücke von der Größe eines kleinen Fingers geschnitten, die man, nachdem sie gewogen sind, theilweise in stark siedendem Wasser einmal aufkochen läßt. Dann lasse man solche auf einem Siebe ablaufen, lege sie in eine porzellanene Schüssel, streue das bemerkte Gewürz und den geriebenen Zucker darüber und lasse sie über Nacht zugedeckt stehen. Am nächstfolgenden Tage bringe man den Zuckersaft zum Kochen, lege den Kürbis hinein und lasse ihn nur eine kleine Weile darin kochen, bis er klar wird, weich aber darf er nicht werden. Darauf fülle man ihn in ein Glas, koche den Saft sirupähnlich ein und gieße ihn abgekühlt darüber. Sollte derselbe nach

einigen Tagen wieder dünn geworden sein, so wird er noch ein wenig ein=
gekocht und erkaltet der Kürbis damit bedeckt.

115. Deutscher Ingwer. No. 2. Zu diesem Eingemachten,
das dem ostindischen Ingwer täuschend ähnlich sein soll, wurde das Fleisch
des grünen Kürbis empfohlen. Man soll nach bemerkter Vorrichtung die
Kürbisstücke in Wasser halb gahr kochen, zum Ablaufen auf ein Sieb
legen, in einer Porzellanschüssel stark mit sehr feingestoßenem weißen
Pfeffer und pulverisirtem Ingwer bestreuen und sie zugedeckt eine Nacht
stehen lassen. Anderen Tages, heißt es, werden auf 2 Pfund Kürbis
2 Pfund echter Farinzucker (nicht von Rünkelrüben) mit etwas Wasser
gekocht, die Kürbisstücke in den kochenden Zucker gelegt und dann heraus=
genommen. Hierauf soll man den Saft, um ihn zu klären, durch ein
Haarsieb (welches nicht zum Durchgießen von Bouillon gebraucht wurde)
fließen lassen, dann mit 2 Pfund Zucker abermals aufkochen und zum
Erkalten hinstellen, welches Aufkochen und Erkalten des Saftes so oft
geschehen soll, bis derselbe die Dicke des Sirups erhalten hat, wo er
nun über den zuvor in das bestimmte Glas gelegten Kürbis gefüllt wird.

116. Melonenkürbis in Essig und Zucker. No. 1. Hierzu
auf 1 Quart guten Weinessig 1½ Pfund Zucker, Zimmet und Gewürznel=
ken. Nachdem man aus dem nicht zu reifen Kürbis das Kerngehäuse
sorgfältig herausgeschabt und die Schale hinlänglich abgeschält hat, werden
aus demselben Finger lange und 2 Finger breite Streifen geschnitten,
welche man an den 4 Spitzen abrundet und leicht blanchirt, indem man sie
eine kleine Weile in kochendes Wasser thut und mit kaltem Wasser abkühlt.
Dann wird die Mitte der einen Seite gleichmäßig in schräger Richtung
mit 3 Stückchen feinem Zimmet und 2 Gewürznelken, aus welchen vorher
die kleinen runden Blütenknospen (Köpfchen) gebrochen sind, besteckt.
Unterdeß kocht und klärt man den Essig und Zucker, läßt in diesem die
blanchirten Kürbisstreifen behutsam gahr, doch nicht zu weich kochen und
stellt beides in einem irdenen Geschirr hin. Anderen Tages wird der
Zuckeressig aufgekocht und geschäumt, die Kürbisstücke darin kochend heiß
gemacht und dann abermals beides in bemerktem Gefäß zurückgestellt. Am
dritten Tage wird der Zuckeressig abgegossen, nochmals aufgekocht, ge=
schäumt und zum Erkalten hingestellt. Darauf legt man die Kürbisstreifen
in Gläser, füllt den Saft darüber, bindet dieselben mit Blase oder Perga=
mentpapier zu und bewahrt sie an einem kühlen Orte.

Der Saft muß leicht sirupartig, die Kürbisstreifen aber müssen glasig
sein.

117. Kürbis einzumachen. No. 2. Hierzu nehme man den
Melonenkürbis, richte ihn vor, wie bemerkt worden, und rechne auf jedes
Pfund ¾ Pfund Zucker, 12 ganze weiße Pfefferkörner, eine Muskatblüte
und ⅓ Quart halb scharfen Weinessig, halb Wasser.

Bieressig wird zum Kochen gebracht und der Kürbis in kleinen Por=
tionen, so daß alle Stücke auf der Oberfläche liegen, hineingethan, nur
eben aufgekocht und bis zum nächsten Tage trocken hingestellt. Alsdann
läßt man den Zucker mit etwas Weinessig und Wasser sieden, den Kürbis

theilweise so lange darin kochen, bis er klar geworden ist, nicht länger, wo man ihn dann auf eine flache Schüssel legt, nach dem Kaltwerden mit den Pfefferkörnern und Stückchen Muskatblüte durchstreut und nebst dem Saft in ein Glas füllt. Das Aufkochen ist hierbei überflüssig.

118. Melonen. Man schält sie, schneidet sie in längliche Stückchen und legt sie über Nacht in Essig und Wasser, dann gießt man es ab. Zu 1 Pfund Melonen ¼ Pfund Zucker, etwas Zimmt und Nelken. Man läßt sie weich kochen, nimmt sie heraus und läßt die Sauce etwas einkochen.

119. Quitten einzumachen. 1 Pfund Birnquitten, ¾—1 Pfund Zucker, Zimmet und wo möglich einige Stückchen eingemachten Ingwer.

Birnquitten sind zum Einmachen die besten. Sie werden gut abgerieben, geschält, der Länge nach noch einmal durchgeschnitten und mit den Schalen und dem Kerngehäuse in Wasser beinahe gahr, doch nicht weich gekocht. Die Kerne geben den Quitten eine schöne rothe Farbe. Dann läßt man sie auf einem Einleger abtröpfeln, während man das Uebrige noch 1 Stunde kocht, durch ein Sieb fließen läßt und die Brühe mit dem Zucker ausschäumt. Hierauf läßt man die Quitten in dem Saft vollends gahr kochen, legt sie mit Stückchen Zimmet und Ingwer in ein Glas, kocht die Brühe stark ein und gießt sie nicht zu heiß über die Quitten. Der Saft muß, wie bei allem Eingemachten, die Früchte bedecken.

Liebt man an den Quitten einen etwas säuerlichen Geschmack, so füge man beim Kochen zu 1 Pfund derselben den Saft einer guten saftigen Zitrone.

120. Quitten-Gelée. 14 Stück Quitten und 2 Pfund Zucker. Die mit einem Tuche abgewischten Quitten werden in 4 Theile geschnitten, knapp mit Wasser bedeckt und in einem glasirten Topf (siehe No. 1) ganz weich gekocht. Dann gießt man den Saft durch ein Tuch und erhält etwa 1½ Quart. Darauf wird der Zucker nach No. 3 geläutert, der Quittensaft klar abgegossen, hinzugegeben und etwa ¼ Stunde gekocht, während der Schaum abgenommen wird. Der Saft wird dann die nöthige Konsistenz erhalten haben, doch ist eine Probe, wie sie bei Aepfelgelée angegeben ist, rathsam.

121. Quitten-Gelée auf andere Art. Stark ½ Quart Quittensaft und 1 Pfund Zucker.

Nachdem 1 Dutzend Quitten abgewischt, mit der Schale auf einem Reibeeisen bis auf das Steinige gerieben, durch ein Tuch gepreßt und der Saft über Nacht hingestellt, gießt man das Helle des Saftes vorsichtig ab, nimmt auf stark ½ Quart desselben 1 Pfund Zucker, läutert ihn nach No. 3, doch mit ¼ Quart Wasser, bis er Fäden zieht, und gießt alsdann den Saft hinzu, legt auch die in ein loses Läppchen gebundenen Quittenkerne hinein, welche ein stärkeres Verdicken der Gelée und eine schöne rothe Färbung bewirken. Gut geschäumt, läßt man den Saft etwa eine halbe Stunde kochen.

Solche Gelée ist vorzüglich, von reinstem Geschmack und schönster Farbe; aber sie ist zuweilen schwer zum Geliren zu bringen, weshalb auf die Probe wie in Aepfel-Gelée hingewiesen wird.

122. Quitten-Marmelade. 1 Pfund Quittenmark ¾ Pfund Zucker und eine Zitrone.

Man kocht Quitten in Wasser weich, schält sie und reibt das Mark auf dem Reibeeisen ab, läutert den Zucker nach No. 3, thut das Quitten- mark, die feingeschnittene Schale einer halben und den Saft einer ganzen Zitrone dazu und rührt es in einem irdenen Topf auf gelindem Feuer ununterbrochen, bis die Marmelade dicklich geworden ist. Möchte dieselbe bis zu 8 Tagen etwas wässerig erscheinen, so ist ohne Verzug ein Aufkochen nothwendig.

123. Große Schlehen einzumachen. 3 Pfund Schlehen, stark ½ Quart echter Bieressig, 1 Pfund Zucker oder guter Honig, ⅛ Unze in Stückchen geschnittener Zimmet, eben so viel Nelken.

Die Schlehen sind hierzu am besten, wenn der Reif darüber gegangen ist. Man setze sie mit kaltem Wasser aufs Feuer und schütte sie, ganz heiß geworden, auf ein Sieb. Dann koche man Bieressig und Zucker, nehme den Schaum ab, gebe die Schlehen nebst Gewürz hinein, lasse sie zum Kochen kommen, nehme sie heraus, koche den Essig etwas ein und gieße ihn, abgekühlt, über die Schlehen. Nach 8 Tagen wird das Einkochen des Essigs wiederholt und solcher kalt übergegossen.

C. Getrocknete Früchte.

124. Birnen zum Dessert zu trocknen. Große, nicht zu saftige Birnen (die sogenannte Pfundbirne eignet sich sehr dazu) werden geschält, von der Blume befreit, in Wasser, Wein, Zucker, Nelken und Zitronenschale halb gahr gekocht. Dann lege man sie, den Stiel zur Seite, auf ein Brett, ein gleiches darauf und drücke sie langsam platt bis zur Dicke eines Fingers. Darauf werden sie an der heißen Sonne oder im mäßig geheizten Ofen auf irdenen Schüsseln langsam, nicht hart getrocknet, mit Zucker bestreut und in steinernen Töpfen aufbewahrt.

Anmerkung. Beim Einkochen des Birnensaftes auf dem Lande kann man die geschälten Birnen ohne weiteres in dem Saft kochen, nach vorstehend bemerkter Weise behandeln und beim Einlegen in Töpfe mit dem Zucker etwas Zimmet vermischen.

125. Birnen zum Küchengebrauch zu trocknen. Die Birnen werden sehr gut, wenn man sie, etwas mürb geworden, in kochendes Wasser wirft, ein wenig kochen läßt, abschält und die Blume heraussticht. Dann werden sie auf sogenannten mit Papier belegten Horden in einem mäßig geheizten Ofen sehr langsam, nicht hart getrocknet.

126. Pflaumen (Zwetschen) ohne Steine zu trocknen. Sind dieselben halb trocken geworden, so drücke man an der Stielseite den Stein heraus und setze sie wieder in den nicht heißen Ofen, doch müssen sie nicht zu lange darin sein, sondern an der Luft etwas nachtrocknen.

127. Aepfel zu trocknen. Man nehme reife, vom Liegen etwas mürb gewordene Aepfel, schäle sie und bohre das Kerngehäuse heraus, oder schneide sie in der Mitte durch, mache das Kerngehäuse heraus und trockne sie in einem mäßig geheizten Ofen.

128. Heidelbeeren (Waldbeeren) zu trocknen. Gut ausgesucht, werden solche, dünn auseinander gelegt, in der Sonne getrocknet.

Anmerkung. Heidelbeer=Compote, sowohl von frischen als von getrockneten Beeren, ist ein vorzügliches Mittel gegen Diarrhöe.

129. Weintrauben zu trocknen. Man nehme dazu die kleinen, süßen, schwarzen Trauben, pflücke sie ab und trockne sie wie Heidelbeeren. Man kann sie statt der Korinthen gebrauchen.

130. Quitten zu trocknen. Wenn die Quitten vom Liegen etwas mürb geworden sind, werden sie geschält, in 8 Theile geschnitten und getrocknet. Zur Zeit können einige Stücke unter getrockneten Aepfeln und Birnen gekocht werden, wodurch solche für manche einen angenehmen Geschmack erhalten.

131. Kürbis zu trocknen. Man mache aus einem reifen, abgeschälten Kürbis das Kerngehäuse, schneide ihn in längliche Stücke, trockne sie an der Sonne oder in einem mäßig geheizten Ofen und koche einen Theil mit getrocknetem Obst.

———::———

XX Vom Einmachen und Trocknen der Gemüse.

A. Junge Gemüse.

1. Vom Einmachen junger Gemüse in Blechbüchsen.

Das Einmachen derselben geschieht in Blechbüchsen, welche, hermetisch verschlossen, Jahre lang aufbewahrt werden können. Das Gelingen hängt allein von der Güte der Büchsen ab: sind solche nicht vorsichtig dicht gearbeitet, so erhält das Gemüse sich nicht in denselben. Diese werden von beliebiger Größe angefertigt, etwa so groß, daß sie bei einer kleinen Personenzahl eine Portion halten; gewöhnlich nimmt man sie theils ½ Quart, theils 1½ Quart groß. Es ist dabei zu bemerken, daß Gemüse in einer geöffneten Büchse sich nicht länger aufbewahren läßt, sondern sogleich verbraucht werden muß. Der Rand der Büchse ist inwendig ringsum so gearbeitet, daß ein plattes, rundes Stück Blech als Deckel aufgelegt werden kann. Bevor das Einmachen begonnen wird, werden die neuen Büchsen zuerst in Pottaschenlauge und dann in heißem Wasser tüchtig ausgebrüht.

Die zum Einmachen geeigneten Gemüse sind: Erbsen; die frühe englische Mark= oder Ritererbse ist hierzu vorzüglich zu empfehlen, doch

22

nehme man diese nicht gar zu jung, sondern wenn die Kerne ihre Größe erreicht haben; ferner Dickebohnen, Schneidebohnen, kleine Wurzeln (Möhren), doch alles jung, ebenfalls Blumenkohl und Spargel. Die bemerkten Gemüse werden, mit Ausnahme von Erbsen und Spargel, in gesalzenem Wasser halb gahr gekocht, wobei weder reichlich Wasser, noch reichlich Salz genommen wird, da das fehlende Salz leicht beim Durchstoßen ersetzt werden kann. Erbsen werden wie gewöhnlich in nicht langer Brühe, und zwar ohne Salz, nicht über ¼ Stunde gekocht und mit der Brühe eingefüllt. Spargel, welcher ganz vorzüglich gut sein muß, wird nur gut abgewaschen, nicht gekocht, dicht und senkrecht in die Büchsen geschichtet und mit kochendem Wasser bedeckt. Die übrigen Gemüse werden ebenfalls möglichst dicht, und zwar so lange sie noch heiß sind, in die Büchsen gefüllt, jedoch braucht man sich damit nicht zu übereilen. Unter dem Deckel muß noch ein leerer Raum von der Breite eines kleinen halben Fingers bleiben. Sind die Büchsen so weit angefüllt, so gieße man in jede soviel von der Brühe, worin die Gemüse abgekocht worden sind, daß die Oberfläche derselben eben bedeckt wird und nur ein kleiner Raum von 2 Strohhalmen Breite von der Oberfläche des Gemüses bis an den Deckel der Büchse vorhanden ist, ohne welchen das Löthen unmöglich wäre. Alsdann geht man zum Löthen der heiß angefüllten Büchsen über, welches einen geschickten und zuverlässigen Blecharbeiter erfordert, da von demselben, wie gleich Anfangs bemerkt, das Gelingen des Ganzen abhängt. Die kleinste, unbedeutendste Oeffnung von der Größe einer Nadelspitze bewirkt das Verderben des Inhalts; wird dagegen nachstehendes Verfahren genau befolgt, so ist das ganze Zulöthen eine Kleinigkeit. Der auf die Oeffnung gelegte Deckel wird zuerst mit dem Löthkolben und etwas Zinn aufgelöthet, ohne mehr Zinn zu nehmen, als zum Haften des Deckels erforderlich ist. Dann muß man anfangen, auf dem ganzen Rand her einen Tropfen Zinn neben den andern zu setzen, so daß die einzelnen Tropfen sich dachziegelförmig decken und auf diese Weise ein erhobener dicker Ring von Zinn entsteht. Die zugelötheten Büchsen kommen sodann in einen großen Kessel mit kochendem Wasser, worin sie ununterbrochen 2 Stunden kochen und nachdem darin erkalten müssen. Alsdann kann man das Gelingen oder Mißlingen sogleich beurtheilen. Ist der Boden und Deckel leicht nach innen gebogen, so ist das Gelingen gewiß; sind hingegen dieselben nach außen gebogen, so hatte die Büchse Luft und muß daher wieder aufgemacht, von Neuem gelöthet und gekocht werden. Das Kochen hat den Zweck, den Sauerstoff der Luft bei einer Temperatur, bei welcher keine Gährung stattfinden kann, zu assimiliren, woher auch beim Erkalten der luftleere Raum in der Büchse entsteht. Beim Eintragen der Büchsen muß der Klempner gegenwärtig sein und solche noch ¼ Stunde in dem kochenden Wasser beobachten. Ist nur das kleinste Löchelchen vorhanden, so macht sich dieses durch kleine aus demselben aufsteigende Luftblasen bemerklich. Die Büchsen werden an einem kühlen, recht trocknen Orte aufbewahrt. Nach 14 Tagen müssen solche nachgesehen werden, sind sie dann nach außen gebogen, was jedoch selten vorkommt, so muß der Inhalt gleich gebraucht werden. Das Aufmachen geschieht entweder durch besonders dazu hergestellte scharfe Kneifzangen (Scheeren) oder durch Einschlagen des Deckels mittelst eines Beiles, auch mit einem alten Messer und einem glühenden Purreisen.

Das Gemüse wird auf folgende Weise gestovt: Man lasse in einem irdenen oder glacirten Topfe ein Stückchen frische Butter zum Kochen kommen, gebe nach Verhältniß der Portion ½—1 Eßlöffel Mehl darein und rühre, bis es steigt, füge dann so viel von der Gemüsebrühe und frische Butter, als nöthig ist, hinzu, gebe zu Erbsen und Möhren auch etwas Zucker, so wie das nöthige Salz, lasse das Gemüse darin kochend heiß werden, rühre es nach seiner Art mit etwas feingehackter Petersilie durch und richte es sogleich an. Der Spargel wird in seiner Brühe mit dem nöthigen Salz zum Kochen gebracht oder auch, nachdem die Büchse geöffnet ist, eine Stunde lang in frischem Wasser gewässert und darin zum Kochen gebracht, nachdem das nöthige Salz zugefügt ist, und dann wie gewöhnlich angerichtet, mit geschmolzener Butter oder einer säuerlichen Spargelsauce zur Tafel gebracht. Blumenkohl und große Bohnen werden ebenfalls in ihrer Brühe kochend heiß gemacht, erstere mit einer Blumenkohlsauce, letztere mit geschmolzener Butter und Petersilie durchgeschwenkt. Gemüse auf diese Art zubereitet, sind den frischen, wo nicht gleich, doch sehr ähnlich und haben nichts Starkes, was ihnen einzig und allein durch längeres Kochen oder Warmhalten mitgetheilt wird, was am wenigsten Erbsen und Wurzeln vertragen.

Die Büchsen müssen nach dem Gebrauch gut gereinigt, an einem trocknen Orte aufbewahrt und vor jedesmaligem Gebrauch vom Klempner nachgesehen werden.

2. Spargel in Schmelzbutter. Der Spargel zum Einmachen wird ganz jung und frisch genommen, gehörig abgezogen, so weit abgeschnitten, bis er anfängt härtlich zu werden, in kochendem gesalzenem Wasser in einem sauberen Topfe, der mit Weizenkleie ausgekocht sein muß, offen gahr gekocht und auf einem Tuche zum Abtrocknen auseinander gelegt. Alsdann wird klare Schmelzbutter ohne den mindesten Bodensatz aufs Feuer gesetzt, und wenn sie kocht, der Spargel hineingelegt, gut durchgekocht und dann mit der Butter in Einmachegläser gefüllt, doch muß die etwa abgegebene Feuchtigkeit des Spargels, die zu Boden sinkt, zurückbleiben und nicht das Geringste vom Spargel aus der Butter hervorstehen, diese vielmehr einen Finger breit den Spargel bedecken. Völlig erkaltet streue man einen Finger dick trocknes Salz darauf und stelle die Gläser offen an einen kalten, aber trocknen, luftigen Ort.

3. Junge Erbsen in Salz einzumachen (die in Blechbüchsen eingemachten haben jedoch den Vorzug). Es werden 3 Theile junge Rittererbsen und 1 Theil Salz in ein kleines, sauberes, ausgebrühtes und wieder getrocknetes Säckchen von Leinwand gethan, zugebunden, in einen Steintopf gesetzt und auf das Säckchen eine mit Wasser gefüllte Weinflasche gestellt. Die Zubereitung ist unter den Gemüsen zu finden.

4. Junge Erbsen zu trocknen. Man wähle dazu die frühe englische Ritter= oder Markerbse. Es werden diese jung ausgehülset, in weiches kochendes Wasser geschüttet, nach 5 Minuten herausgenommen und auf Tüchern zum Abtrocknen ausgebreitet. Dann werden sie auf Rahmen, die mit sauberen Papierbogen belegt sind, in einem schwach geheizten Ofen langsam getrocknet. Man bewahrt sie in papiernen Säckchen an einem trocknen, luftigen Orte hängend.

Beim Gebrauch werden sie Abends zuvor in kaltes, weiches Wasser gelegt und andern Tages abgekocht. Alsdann wird weiches Wasser mit frischer Butter und einem Stückchen Zucker zum Kochen gebracht, die Erbsen darin weich gekocht und mit dem nöthigen Salz, Petersilie, etwas Zucker und noch einem Stückchen Butter, welches in Mehl umgedreht wird, angerichtet.

Anmerkung. Die angegebene Sorte bedarf zum Weichwerden 1¼ bis höchstens 2 Stunden. Hat man keine grüne Petersilie, so kann man zum Kochen Petersilienbutter nehmen.

B. Herbst-Gemüse.

5. Allgemeine Regeln beim Einmachen der übrigen Gemüse.

Die Fässer müssen sogleich, nachdem sie leer geworden sind, mit einem Handbesen gut gereinigt, darauf mit kaltem Wasser gefüllt, solches während 8 Tagen einigemal erneuert, dann gut gescheuert, mit heißem Wasser gebäht, an der Luft getrocknet und auf eine Unterlage gestellt, bewahrt werden. Vor dem Einmachen der Gemüse muß man das Ausbähen wiederholen. Gemüse, welche vor dem Einmachen abgekocht werden, erhalten dadurch eine schöne grüne Farbe, daß dies in einem kupfernen Kessel geschieht, welches auch durchaus nicht nachtheilig ist, wenn solches sogleich ausgeschüttet und jedesmal frisches Wasser genommen wird. Ist das Gemüse eingemacht, so muß dasselbe mit einem leinenen Tuche bedeckt, mit Meerrettig oder Traubenblättern belegt und mit einem Einleger und so vielem Gewicht versehen werden, daß das Gemüse mit Brühe bedeckt, aber nicht ausgepreßt wird. Das Reinigen der Fässer geschehe alle Tage, wobei das Tuch ausgewaschen werden muß. Auch sei man aufmerksam, daß keine Brühe fehlt, andernfalls gieße man nach dem Reinigen gekochtes, kalt gewordenes Wasser hinzu.

Hätte das Gemüse aber trocken gestanden, so muß man vor dem Nachfüllen sorgfältig alles Verdorbene abnehmen, dabei auch mit dem Finger ringsum fahren, wo sich gewöhnlich noch etwas Weiches findet, und mit einem reinen ausgerungenen Tuche das Faß auswischen, das Tuch in frischem Wasser auswaschen und das so oft wiederholen, bis das Faß rein und klar geworden ist. Dann gieße man die Brühe mitten aufs Gemüse, lege das ausgewaschene Tuch wieder darauf, auch frische Blätter, sowie auch den abgewaschenen Einleger und Stein.

Beim Herausnehmen des Gemüses fasse man das darauf liegende Tuch von allen Seiten zusammen, damit der darauf befindliche Schleim sich nicht dem Gemüse mittheile, und nehme auch von den Seiten ein wenig weg. Darauf wird das Gemüse nicht über dem Faß ausgedrückt, das zum Ueberlegen bestimmte Tuch ausgewaschen, und nachdem Einleger und

Stein gut abgespült sind, das Faß wieder zugelegt. So bleibt das Gemüse ohne allen Nebengeschmack ganz frisch.

6. Schneidbohnen roh einzumachen (sehr gut). Zum Einmachen möchten junge Specksalatbohnen den Schwertbohnen vorzuziehen sein, weil letztere, wenn man nicht Zeit hat, gerade den nöthigen Zeitpunkt zu benutzen, gar zu schnell hart werden. Uebrigens ist es nicht in Abrede zu stellen, daß letztere, weich gepflückt, feiner sind.

Zu 100 Pfund Bohnen (ein großer, runder, stark gefüllter Waschkorb voll), die man fein und lang schneidet, nimmt man 7½ Pfund Salz, welches man theilweise durchstreut und lose durchrührt. So läßt man die Bohnen über Nacht in dem Gefäße stehen und füllt sie am nächsten Morgen ohne die Brühe fest in das dazu bestimmte Faß. Es wird dann noch so viel Brühe hervortreten, als nöthig ist, die Bohnen zu bedecken. Nach 3—4 Wochen wird das Unreine abgenommen, und sollte es nöthig sein, so wird eine gekochte Salzpökel darauf gegossen. Uebrigens richte man sich nach No. 5.

Anmerk. Man stellt diese Bohnen Abends vorher mit kaltem Wasser aufs Feuer, läßt sie eine Stunde kochen und setzt sie über Nacht in kaltes frisches Wasser. Am andern Morgen werden sie gut abgespült und zum Ausstoven mit Wasser und Butter aufs Feuer gebracht. Sie sind in einer Stunde gahr und von sehr gutem Geschmack.

7. Schneidbohnen abgekocht einzumachen. In Farmhaushaltungen, wo die Bohnen im eigenen Garten wachsen, pflücke man solche, wie sie zum Einmachen passen, schneide dieselben fein und lang, vermische sie mit wenigem Salz und rühre sie so lange lose durcheinander, bis der Saft sich zeigt. Dann drücke man dieselben in ein Faß und beschwere sie mit Einleger und Gewicht. Sind Bohnen zum Einmachen wieder herangewachsen, füge man sie auf gleiche Weise zu den früheren und fahre so fort, bis die zum Einmachen bestimmten Bohnen zusammen sind. Dann bringe man reichlich Wasser in einem großen Kessel zum Kochen, füllt einen Korb zur Hälfte mit ten eingemachten Bohnen, setzt ihn in das stark kochende Wasser, läßt sie eben durchkochen und legt sie zum Abkühlen in den Keller auf grobe Tücher. Durch das Abkühlen an der Luft verlieren die Bohnen ihre grüne Farbe. Darauf drücke man dieselben mit wenigem Salz in das Faß und versehe solches nach No. 5 mit Tuch, Blättern, Einleger und Gewicht.

Anmerkung. Das Einmachen der Bohnen vor dem Abkochen dient zur Bequemlichkeit, um nur einmal die Mühe des Abkochens zu haben.

8. Kleine Salatbohnen mit Salz einzumachen. Man nehme dazu eine beliebige Sorte Prinzeßböhnchen oder durchgebrochene Wachsbohnen.

Sie werden nach Belieben vor oder nach dem Abkochen aufmerksam abgefäset, letzteres ist vorzuziehen, in einem kupfernen Kessel mit kochendem Wasser einige Minuten abgekocht, und nachdem sie erkaltet sind, mit recht vielem Salz lagenweise in ein Faß gedrückt und dieses nach No. 5 versorgt.

9. Kleine Salatbohnen roh. Zu 30 Pfund derselben 3 Pfund Salz.

Die Böhnchen werden abgefäset, gewaschen, auf ein Sieb geschüttet, mit dem Salz durchstreut und in einem sauberen Fasse über Nacht hingestellt. Andern Tages werden sie durchgemengt, ganz fest in ein Einmachefaß gedrückt und dasselbe nach No. 5 zugelegt. Das Reinigen werde nicht versäumt.

10. Salatbohnen in Essig. 2¼ Quart Weinessig, 1½ Quart Brunnenwasser, eine Handvoll Salz, reichlich Meerrettig oder trockne Ingwerstücke, Lorberblätter, Pfeffer und Nelkenpfeffer.

Die Salatbohnen, welche man nach Belieben von jeder Größe nehmen kann, werden gut abgefäset, in einem kupfernen Kessel in brausend kochendes Wasser theilweise geworfen, worin sie aber nur etwa 10 Minuten bleiben dürfen, weil sie sonst weich würden und leicht verderben könnten. Dann legt man sie zum Kaltwerden auseinander, doch darf dies nicht an der Luft geschehen, die Luft benimmt den Bohnen ihre grüne Farbe. Alsdann drückt man sie lagenweise mit dem Gewürz in einen Topf, schlägt Essig, Wasser und Salz, bis letzteres aufgelöst ist, gießt es darüber — es muß die Bohnen völlig bedecken —, und legt einen Beutel mit einer dünnen Lage Senfsamen, welcher nach allen Seiten hin die Bohnen genau bedeckt, sammt Schiefer und Stein darauf, bindet den Topf zu und stellt ihn an einen luftigen und kalten Ort.

Anmerkung. Die Bohnen werden abgekocht, mit Oel und Essig, als Salat auch durchgestovt, oder mit einer Eiersauce als Gemüse gegeben.

11. Weißer Kohl (Kappus, Weißkraut). Zu ⅜ Barrels kann man ungefähr 24 feste, mittelgroße Köpfe rechnen; wünscht man ganz fein geschabtes Kraut zu haben, so werden 30 bis 34 feste Köpfe erforderlich sein. Indeß hüte man sich, Winterkappus einzumachen, da solcher zähe und starkschmeckend ist.

Der Kohl werde womöglich bald nach dem Abnehmen in frischem Saft fein und lang geschabt, das Faß mit etwas Salz bestreut und der Kohl in dünnen Lagen ohne Salz so fest als möglich hineingedrückt.

Ganze Weintrauben und kleine Borsdorfer Aepfel mit der Schale nach oberländischem Brauch lagenweise durchgelegt, ist zu empfehlen. Eine Küchentasse voll gutes Rüböl — kein Rapsöl — durchgesprengt, macht das Sauerkraut milde und bewirkt eine schöne Farbe. Auch kann man nach Gefallen Pfefferkörner und Wachholderbeeren durchstreuen. Auch wird wohl lagenweis Kümmel angewandt, indeß möchte es vorzuziehen sein, beim Kochen einen halben bis ganzen Eßlöffel Kümmel in ein Läppchen gebunden, zum Sauerkraut zu legen.

12. Schneidbohnen zu trocknen. Man nehme dazu die großen sogenannten Specksalatbohnen, die schon ausgewachsen, aber noch recht zart sind, schneide sie beinahe einen halben Finger lang und einen halben Finger dick, koche sie in kochendem Wasser einige Minuten ab und trockne sie in einem leicht geheizten Ofen nicht zu stark. Sie müssen hellgrün und zähe bleiben, dürfen also nicht brechen.

13. Salatböhnchen zu trocknen. Dazu sind die Prinzessenböhn=
chen zu empfehlen, doch sind auch andere kleine Stocksalatbohnen gut.
Man nehme sie nur nicht gar zu jung, wenigstens nicht eher, bis kleine Boh=
nen darin sind. Sie werden vorsichtig abgefäset, einmal aufgekocht und
weder zu langsam noch zu stark getrocknet. Die Bohne muß zähe bleiben,
darf nicht brechen Die Fasern oder Streifen lassen sich nach dem Kochen
am besten abziehen.

———— : : ————

XXI. Getränke und Liqueure.

A. Getränke.

**1. Von verschiedenen Kaffeesorten, vom Waschen, Brennen und
Mahlen des Kaffee's und von einigen Surrogaten.**

Mokka ist der feinste, wohlschmeckendste und theuerste Kaffee; seines
Feuers wegen aber nicht der gesundeste. Nächst diesem wird der gelbe und
besonders der braune Java - selbstredend echt und ungefärbt am mei=
sten geschätzt. Diesem gleich steht der Minado. Rio ist ein starker,
kräftiger und angenehmer Kaffee; wird derselbe aber etwas zu stark ge=
brannt, so erhält er einen scharfen Geschmack. Domingo ist weniger kräf=
tig und oft sehr unrein, aber milde und gesund. Ein höchst widerlicher
Kaffee ist, seines fauligen Beigeschmacks wegen, der Brasil, unbegreiflich,
daß er Abnehmer findet.

Vom Brennen des Kaffee's hängt der Geschmack eben so sehr ab, als
von der Qualität. Ein zu starkes Brennen macht ihn scharf; ein zu schwa=
ches Brennen gibt dem Kaffee einen sehr unangenehmen, faden, etwas
säuerlichen Geschmack.

Zwar lassen die größeren Kaufleute den Kaffee auslesen, doch sehe
man ihn noch eben durch, damit man sicher sei, daß keine schwarze faulige
Bohne der Portion Kaffee, wozu sie gerade kommt, einen Beigeschmack mit=
theilt.

Das Waschen des Kaffee's soll, wie manche behaupten, denselben sehr
verstärken. Es scheint dies jedoch mehr in der Idee zu liegen, jedenfalls
aber wird der Kaffee dadurch verfeinert und appetitlicher. Man nehme
dazu kaltes, nicht heißes Wasser, reibe ihn schnell zwischen den Händen,
schütte ihn auf einen Durchschlag, Wasser darüber, trockne ihn in einem
groben, reinen Tuche ab, indem man ihn gehörig abreibt, und lasse ihn an
der Sonne oder an einem warmen Orte trocken werden, auch kann man ihn
sogleich nachher brennen. Das Waschen hat zugleich das Angenehme, ge=
färbten Kaffee zu entfärben.

Zum Brennen des Kaffee's sind Drehtrommeln den Drehtöpfen vor=
zuziehen, weil darin dem Kaffee besser der richtige Grad des Brennens
gegeben werden kann. Das Brennen geschieht am besten bei einem nicht
gar zu starken, doch lebhaften Feuer, wobei der Brenner stets in Bewegung
gehalten werden muß, damit der Kaffee sich nach und nach bräune und eine
ganz gleichmäßige Farbe erhalte. Zum sogenannten Schwitzen darf er
nicht kommen, welches im Hervortreten der öligen Theile seinen Grund hat.
Sobald der Kaffee eine schöne, mittelbraune Färbung erhalten hat und die
Bohnen sich leicht durchbrechen lassen, ist er gut. Bei Uebung und Auf=
merksamkeit kann man einige Minuten vorher den Brenner vom Feuer ent=
fernen und dem Kaffee durch Schütteln, bis er nicht mehr heiß ist, den ge=
wünschten Grad geben, wodurch er kräftiger bleibt. Richtgeübte aber thun
besser, vorher ein flaches Geschirr zur Hand zu stellen, um ihn nöthigen=
falls ausschütten, ausbreiten und umrühren zu können, da der Kaffee be=
kanntlich bei einem gewissen Grad sehr leicht dunkel wird.

Zum Aufbewahren des Kaffee's nehme man eine blecherne Kaffee=
trommel oder eine Flasche mit weiter Halsöffnung und verschließe sie gut.
Auch sorge man für eine fein gestellte Kaffeemühle — fein gemahlener
Kaffee verstärkt das Getränk ganz bedeutend und bewirkt ein schnelleres
Klarwerden. Eine schlechte oder grobmahlende Kaffeemühle kann man von
einem Klempner oder Schmied gegen ein Geringes schärfen lassen.

2. Kaffee als Getränk. Man rechne zu einem starken Kaffee à
Person ¼ Unze, bei einer größeren Gesellschaft gebraucht man weniger.
Die Kanne stelle man vorher mit kochendem Wasser auf eine heiße Platte,
damit sie ganz heiß werde, ehe man den Kaffee, der nicht lange vorher ge=
mahlen sein und nicht offen stehen darf, hinein gibt. Dann gieße man die
nöthige Quantität stark kochenden Wassers gleich hinzu, einige Tassen her=
aus und wieder in die Kanne, und stelle solche einige Minuten oder so
lange auf eine heiße Platte, bis er Blasen wirft. Hat sich der Kaffee ge=
senkt und ist klar, so kann man ihn nach Belieben in eine andere heiß gemachte
Kanne gießen. Hartes Wasser macht den Kaffee wohlschmeckender als
weiches.

Zugleich sorge man auch für gute Milch — schlechte Milch verdirbt einen
guten Kaffee. Wünscht man denselben ausnahmsweise gut zu geben, so ist
selbstredend rohe Sahne erwünscht; hat man diese indeß nicht und mag
nicht gerne fett gekochte Milch nehmen, da manche die Haut scheuen, so kann
man sich auf folgende Weise helfen: Man setze frische Milch auf ein rasches
Feuer und rühre sie beständig, bis sie kocht, dann nehme man den Topf ab, zer=
rühre ein ganz frisches Eidotter mit einigen Tropfen kaltem Wasser, gebe
von der kochenden Milch allmälig dazu und rühre noch eine kleine Weile,
damit sich keine Haut bilde. Der Kaffee bekommt dadurch einen angeneh=
men Geschmack.

Anmerkung. Das Ansetzen des Kaffee's mit wenigem Wasser
haben wir für gut befunden, so häufig es auch geschieht.

3. Thee. In früheren Jahren wurde bekanntlich der schwarze Thee
nur mit grünem vermischt getrunken; mehr und mehr aber wird in gegen=

wärtiger Zeit nur von ersterem Gebrauch gemacht, da dieser eine weniger aufregende und Nerven angreifende Eigenschaft als der grüne Thee besitzt.

Pekko ist die beste Sorte des schwarzen Thee's. Je mehr weiße Spitzen (Herzblätter) darin enthalten sind, desto besser die Qualität. Da dem Karawanen=Thee das dem Pekko eigenthümliche Aroma nicht durch die Seeluft entzogen wird, so ist derselbe von äußerst feinem, angenehmen Geschmack, wird aber auch ungemein bezahlt. Viel billiger, als gewöhnlicher Pekko, ist Souchong=Thee, und eine gute Sorte desselben zu empfehlen. Congo ist am wenigsten geschätzt, indeß gibt es auch davon Sorten, die nicht übel sind.

Um den Thee recht gut zu machen, nehme man womöglich einen Theetopf mit einem runden Boden ohne Fuß, so daß er eine heiße Platte verträgt, und sorge für brausend kochendes Wasser.

Den Theetopf spüle man heiß aus und setze ihn mit kochendem Wasser auf eine heiße Platte. Nachdem er recht heiß geworden, gieße man das Wasser heraus, gebe für eine Person etwa 2 große Theelöffel Thee (für mehrere Personen kann verhältnißmäßig weniger genommen werden) hinein, setze den Thee mit wenig kochendem Wasser an, lasse ihn etwas ziehen, fülle den Topf mit kochendem Wasser, stelle ihn einige Minuten heiß und rühre ihn mit einem Theelöffel durch.

Grüner Thee wird mit einer Tasse kochendem Wasser übergossen, dieses in derselben Minute entfernt, mit wenig kochendem Wasser angefeuchtet, und nachdem er gezogen hat, nachgefüllt; kochen darf der Thee nicht.

Beim Serviren gieße man nur 2, höchstens 3 Tassen ein und fülle jedesmal eben so viel kochendes Wasser nach. Auch muß zuweilen etwas Thee nachgegeben werden. Auf diese Weise ist der Thee nicht so schnell abgetrunken, man gebraucht weniger und hat ein gutes Getränk.

Weiches Wasser macht den Thee angenehmer, als hartes, und ungekochte Sahne oder Milch ist hierzu der gekochten vorzuziehen.

Anmerkung. Thee für Kranke muß sogleich, nachdem er gut zubereitet ist, von den Blättern abgegossen werden; selbst in schwachem Fieberzustande soll er dann dem Kranken nicht nachtheilig sein.

4. **Milchchokolade.** Hierzu läßt sich hinsichtlich der Qualität der Chokolade und des Geschmacks kein bestimmtes Verhältniß angeben. Indeß rechnet man gewöhnlich von guter, süßer Chokolade ¼ Pfund zu 1¼ Quart oder ½ Unze zu 1½ Tasse, ⅓ Unze zu 1 Tasse, zum Verkochen etwas zuzugeben. Von bitterer Chokolade reicht weniger hin. Man setze die Chokolade mit Wasser kaum bedeckt aufs Feuer; nachdem sie ganz weich geworden, rühre man sie zu einem gleichartigen Brei und die frische Milch hinzu, die man mit einem Drittheil Wasser verdünnen kann, wodurch das Getränk einen angenehmeren Geschmack erhält und besser bekommt, als wenn es nur mit Milch zubereitet ist. Dann gebe man den nöthigen Zucker hinzu und lasse es etwa 10 Minuten unter beständigem Rühren kochen.

5. **Wasserchokolade.** Man kann zu 1½ Quart Wasser ¼ Pfund gute süße Chokolade oder zu jeder Tasse ½ Unze rechnen; zum Verkochen muß

zugesetzt werden. Sie wird wie die Milchchokolade gemacht, muß aber 10 Minuten bei starkem Feuer kochen und gerührt werden, wodurch sie sich bindet.

Anmerkung. Ganz besonders ist zu Wasserchokolade das holländische Chokoladenpulver in Flaschen zu empfehlen. Man rechnet davon als Abendgetränk à Person einen gehäuften Eßlöffel. Zum Frühstück auf 2 Personen 1½ Eßlöffel. Dasselbe bedarf nur des Durchkochens.

6. **Punch-Imperial.** Eine in feine Scheiben geschnittene Ananas, 1 Flasche Champagner, 1 Flasche Rheinwein, nicht völlig 1 Flasche Arrak, ½ Krug Selterswasser, 1½ Quart kochendes Wasser, ½—¾ Pfund Zucker, worauf eine Zitrone abgerieben, nach Belieben auch die feine Schale einer kleinen Pomeranze, 4 Apfelsinen, Saft von 4 frischen Zitronen, 1 Dram feiner ganzer Zimmt und ein Stück Vanille von der Länge eines halben Fingers.

Man läßt in kochendem Wasser Zimmt und Vanille gut ausziehen, nimmt das Gewürz heraus, gießt das Wasser in die Bowle, gibt Zucker, Zitronensaft, die abgezogenen, in Achtel geschnittenen Apfelsinen und die Ananas hinein. Nachdem dies kalt geworden ist, wird Rheinwein, Champagner, Arrak und Selterswasser hinzugegeben.

7. **Feiner Punsch à la Uhlenhorst.** Auf eine Flasche guten Rum nehme man den Saft von 4 saftreichen Zitronen ohne Kerne und Zucker bis zu 2 Pfund. Der Zucker und Zitronensaft wird in eine Terrine gethan, etwas von der äußeren gelben, fein abgeschälten Zitronenschale dazu geworfen und dann das Wasser kochend darauf gegossen. Bei gutem starkem Rum kann man 4 Flaschen und wohl noch etwas mehr nehmen. Der Punsch wird in der Terrine, nachdem man noch eine Flasche Champagner dazu gegossen, zugedeckt, bis zum Gebrauch aufbewahrt, und soll gleichfalls besser sein, nachdem er einige Zeit oder während des Tages gestanden hat. Wenn er dann, namentlich im Winter, etwas warm getrunken werden soll, so kann man ihn in der Terrine im Ofen vorher erwärmen, oder auch in einem sauberen irdenem Topf erhitzen, wobei der Punsch zugedeckt bleiben muß. Wenn von dem Getränke etwas übrig bleibt, so kann man es in eine Flasche füllen und diese liegend aufbewahren, welches im Winter bis 8 Tage geschehen kann, wodurch der Geschmack sich oft noch verbessert.

Auch ohne Champagner gibt die erwähnte Mischung einen guten Punsch.

8. **Weinpunsch. No. 1.** 6 Flaschen Rheinwein und ½—¾ Flasche Arrak (noch besser echter alter Jamaika-Rum) werden mit Zucker, ¼ Pfund per Flasche, bis zum Kochen erhitzt und dann in einer Bowle aufgetragen.

9. **Weinpunsch. No. 2.** 1 Flasche Bordeaux, 3 Unzen Zucker, 2 Flaschen Wasser, ½ Flasche feiner Arrak, Saft einer Zitrone.

Wein und Zucker läßt man siedend heiß werden, aber nicht kochen, gibt das kochende Wasser hinzu und zuletzt Arrak und den Saft einer Zitrone.

10. **Eierpunsch.** 1½ Flasche guter Franzwein, stark ½ Quart kochendes Wasser, ¼ Pfund Zucker, worauf eine frische Zitrone abgerieben, nebst dem Saft von 2 Zitronen, etwas Thee, Muskatnuß und einige Nelken, 8 Stück frische Eier.

Man läßt die Gewürze in dem kochenden Wasser ausziehen und preßt sie aus, gießt das Uebrige hinzu und schlägt dies alles mit dem Schnee=besen recht stark über raschem Feuer, bis der Schaum sich hebt, kochen darf es nicht. Wenn der Topf abgenommen ist, so muß noch ein wenig geschla=gen und während des Schlagens nach Geschmack etwas Arrak hinzugefügt werden.

11. Glühwein. Zu 4 Flaschen Rothwein 1 Pfund Zucker und 1 Unze in Stücke gebrochenen feinen Zimmet werden ein gutes Verhältniß sein, andernfalls kann nach dem Erhitzen noch Zucker hinzugefügt werden. Man stelle es zusammen in einem irdenen Topf zugedeckt aufs Feuer, und gebe es, bis zum Kochen erhitzt, in eine Bowle.

12. Heißer Eierwein (Dreifuß). Zu jedem ¼ Quart weißen Wein 1 frisches Ei und 1½ Unze Zucker.

Man schlägt dies auf raschem Feuer mit dem Schaumbesen bis vor dem Kochen. Durchkochen darf es nicht, weil es dann gerinnt.

13. Kalter Eierwein (ein erquickendes Getränk). Man nimmt zu ¼ Quart weißem oder auch rothem Wein zwei ganz frische Eidotter, rührt sie mit geriebenem Zucker und Muskatnuß und gibt dann den Wein allmählich dazu.

14. Punsch=Extrakt (vorzüglich). 1½ Pfund feiner Zucker, Saft von 4 recht frischen saftigen Zitronen, 1 Flasche feiner Arrak. Den Zucker lasse man mit 1½ Tasse Wasser gahr kochen, gebe den Zitronensaft hinzu, und wenn es abgekühlt ist, den Arrak. Beim Gebrauch gießt man zu 1 Theil dieses Extraktes 2 Theile kochendes Wasser.

15. Feiner Bischof. Zu einer Flasche Rothwein die möglichst fein abgeschälte Schale einer kleinen grünen Pomeranze und gut 3 Unzen Zucker.

Die Schale muß nach 10 Minuten entfernt werden.

16. Pfirsich=Bowle. Nachdem die Haut der Pfirsiche möglichst dünn abgezogen ist, werden sie in feine Scheiben geschnitten, lagenweise mit gestoßenem Zucker reichlich bestreut, womöglich mehrere Stunden, noch besser einen ganzen Tag zum Ausziehen in einem verschlossenen oder mit Papier zugebundenen Gefäße aufbewahrt und dann wie bei der Erdbeer=Bowle damit verfahren.

Siehe auch Pfirsiche in Blechbüchsen einzumachen.

17. Ananas=Bowle. Eine in dünne Scheiben geschnittene Ananas, je nach der Größe der Frucht 8—12 Flaschen Rhein= oder Moselwein, 1 Flasche Rothwein und nach Geschmack per Flasche 2½—3 Unzen Zucker.

Die Scheiben der Ananas bestreue man lagenweise stark mit Zucker, gieße ein Glas Madeira, in dessen Ermangelung Wasser darüber und stelle sie 24 Stunden zugedeckt hin. Darnach lege man sie in eine Bowle und füge Wein und den etwa zurückgehaltenen Zucker hinzu. Nach Gefallen kann auch ein halber Krug Selterswasser durchgemischt werden.

Anmerkung. Um bei einer Gesellschaft, wo die halbe Frucht hinreichend sein würde, die zweite Hälfte bis zu einer andern Zeit aufzu-

bewahren oder die Kosten und Mühe zu ersparen, welche oft zur augen=
blicklichen Beschaffung einer Ananas verwendet werden müssen, wird auf
das Einmachen derselben aufmerksam gemacht.

18. Maiwein. Möglichst junger Waldmeister (in den Monaten
April und Mai) vor der Blüte wird, wenn man ihn nicht selbst gepflückt,
unmittelbar vor dem Gebrauch rasch in Wasser abgespült und in eine Bowle
gelegt, in welcher vorher Zucker, per Flasche 2½—3 Unzen, mit ein wenig
Wasser aufgelöst ist, und dann soviel Mosel= oder Rheinwein hinzugege=
ben, als man Maiwein zu haben wünscht. Nach etwa ½ Stunde müssen
die Maikräuter aus der Bowle entfernt werden, da der Maiwein sonst zu
stark darnach schmecken würde. Man gibt der Länge nach in kleine Stücke
zertheilte Apfelsinen in die Bowle.

Einige Tage hält sich der Maiwein in Flaschen gefüllt, wobei jedoch
sorgfältig darauf zu achten ist, daß auch nicht das kleinste Stück Wald=
meister mit in die Flasche kommt.

Anmerkung. Der Waldmeister soll dadurch sehr an Aroma
gewinnen, daß man ihn einige Tage vor dem Gebrauch in einer ganz
sauberen Schachtel verschlossen aufbewahrt.

19. Guter Johannisbeerwein. Zu gut 10 Gallonen Wein
50 Pfund dicke vollkommen reife Trauben und 25 Pfund Raffinade.

Zu rothem Wein werden rothe, zu weißem Wein weiße Beeren ge=
nommen; auch kann man beide Sorten mit einander vermischen. Die
Trauben werden mit den Stielen ausgepreßt und liefern gewöhnlich 13½
Quart reinen Saft; sollten sie jedoch nicht soviel enthalten, so müssen
noch Trauben hinzugefügt werden.

Das Faß zum Johannisbeerwein muß überaus sauber sein, wo nicht,
so erhält der Wein einen Beigeschmack, und Kosten und Mühe sind verlo=
ren   Es gibt Familien, wo dieser Wein alljährlich gemacht wird und wo
man das Faß nach dem Abziehen des Weins vom Böttcher auseinander=
nehmen, die Stücke reinigen, in kaltem Wasser gehörig ausziehen, mit
kochendem Wasser ausbähen und an der Luft trocknen läßt, wo dann die
einzelnen Theile bis zum nächsten Gebrauche an einem trocknen Orte auf=
recht stehend bewahrt und nachdem wieder zusammengefügt werden. Das
Ausbähen ist nochmals nothwendig, und man ist dann sicher, ein sauberes
und dichtes Faß zu der neuen Produktion zu haben und sehr reinschmecken=
den Wein zu erhalten.

Der Zucker wird am Tage vorher, wenn der Wein angesetzt werden
soll, in kleine Stückchen zerklopft, in einem sehr reinen Geschirr mit Wasser
aufgelöst und solches durch einen weiten Trichter ins Faß gegossen. Ist
dieses geschehen, so füllt man das Faß mit dem bemerkten Saft, welcher
nach 24 Stunden klar vom Bodensatz abgegossen sein muß, übrigens mit
Wasser an, wobei man Anfangs noch einigemale schüttelt, so daß das
Zuckerwasser sich mit dem Saft vereinigt. Man legt es sodann offen am
besten in eine kühl liegende Kammer auf ein Gestell, damit die Gährung
ablaufen kann, und deckt ein Musläppchen darüber, daß keine Fliegen und
Mücken hineinfallen. In 8 bis 14 Tagen fängt die Gährung erst recht
an.   In dieser Zeit muß man den Zucker, der sich theilweise gesenkt hat,

einigemale mit einem abgeschabten Stock umrühren und darf nicht versäu=
men, jeden Morgen den Schaum mit einem eigens dazu bestimmten
Tüchelchen sorgfältig vom Spundloch wegzunehmen, das Faß wieder mit
Wasser nachzufüllen und mit dem dazu bestimmten Stock umzurühren.
Oft fängt der Wein auch früher zu gähren an, es ist deßhalb nöthig,
sogleich in den ersten Tagen nachzusehen. Wenn keine Bewegung mehr
im Fasse und die Gährung ganz vorüber ist, welches oft über 5 Wochen
dauert, verschließt man dasselbe, indem man den mit einem reinen Lappen
umwickelten Spund so fest in das Spundloch einschlägt, daß die äußere
Luft nicht mehr eindringen kann, und legt das Faß auf das bemerkte
Gestell in den Keller. Auch ist dabei zu bemerken, daß vorher, ehe der
Saft ins Faß gegossen wird, 7 Zoll über der Oeffnung, worein der Krahn
gesteckt wird, ein zweites Loch gebohrt werden muß, aus welchem zuerst
der Wein abgezogen wird; nachher, wenn es nicht mehr fließt, bedient
man sich der untersten Krahnenöffnung, damit derselbe recht klar bleibe.
Jedoch müssen beide Oeffnungen vom Faßbinder zugemacht werden, weil
sonst durch die Stärke des Weins die Korke herausfliegen würden. So
läßt man den Wein bis Ende März ruhig liegen. Indeß ist es, um einer
Explosion vorzubeugen, rathsam, während dieser Zeit das durch ein zuge=
spitztes Hölzchen verschlossene Zwickloch alle 4—6 Wochen einige Minuten
lang zu lüsten; eine Erschütterung des Fasses muß aber möglichst dabei
vermieden werden. Man füllt ihn alsdann in reine trockne Flaschen und
bewahrt diese, dicht verkorkt und versiegelt, aufrechtstehend im Keller am
dunkelsten Orte auf. Man hüte sich, die Flaschen hinzulegen, weil der
Kork sonst durch die Stärke des Weins davon fliegt.

Anmerkung. Solcher Wein ist von vorzüglicher Qualität und
wird durch das Alter immer besser und dem Champagner ähnlicher.
Geschieht das Auseinandernehmen des Fasses nicht, wie es Anfangs
bemerkt worden, so muß solches sogleich nach dem Abziehen aufs sorgfäl=
tigste gereinigt, gebäht, an der Luft getrocknet und an einem luftigen Ort
hingestellt werden.

19. **Stachelbeerwein.** Man nehme dazu rothe Beeren, welche
des Waschens bedürfen, und verfahre übrigens ganz nach vorhergehender
Vorschrift.

20. **Whip.** 2 Flaschen weißer Wein, ¼ Pfund Zucker, woran die
Schale von 1—2 Zitronen abgerieben, nebst dem Saft, 1 Dram feiner
ganzer Zimmet, 6 zerklopfte frische Eier.

Dies alles wird mit einem Schaumbesen auf raschem Feuer bis vorm
Kochen stark geschlagen, schnell in eine Bowle gegossen, in Gläser gefüllt
und heiß getrunken.

21. **Grog.** Man gieße zu einem Theil Arrak oder Rum und
Zucker nach Belieben 2—3 Theile kochendes Wasser.

22. **Schaumbier.** Man rechne auf jede Person ½ Quart Bier,
1 frisches Ei, 1 Unze Zucker, auch nach Belieben etwas Zitronenschale oder
Zimmet.

Das Ei wird zerklopft, mit Bier und Zucker auf ein rasches Feuer
gesetzt und mit dem Schaumbesen fortwährend bis vorm Kochen stark

geschlagen (kochen darf es nicht, weil es sonst gerinnt), der Topf vom Feuer genommen, noch ein wenig geschlagen und in Gläser gefüllt.

23. Bier-Kalteschale in Eier. Geriebenes Schwarzbrod, gewaschene und aufgekochte Korinthen, Zimmet, Zucker, einige Zitronenscheiben und Bier werden unter einander gemischt und in Gläser gefüllt.

24. Limonade. 2 Theile Wasser, 1 Theil weißer Wein, einige Zitronenscheiben werden mit Zucker nach Geschmack versüßt.

25. Limonade für Kranke (bei Fieber). Zu 1½ Quart kochendem Wasser gebe man den Saft (nicht die Schale) einer guten Zitrone und entferne alle Kerne.

Dies wird in eine Flasche gefüllt und dem Kranken mit etwas Zucker vermischt zum Trinken gegeben.

26. Mandelmilch für Kranke. ½ Pfund geschälte, gewaschene und geriebene, süße Mandeln werden mit ¾—1¼ Quart kaltem Wasser vermischt, durch ein sauberes Tuch, welches vorher in heißem Wasser gelegen hat (weil die Mandelmilch gar leicht davon einen Geschmack annimmt), stark durchgepreßt und etwas mit Zucker versüßt. Die Mandelmilch erhält sich—mit Ausnahme von heißen Sommertagen—in einer Flasche an einem kühlen Orte, in kaltes Wasser gestellt, bis zum dritten Tage.

Auch kann man zu den Mandeln 4—6 Stück bittere nehmen.

27. Gerstenwasser für Kranke. Die Gerste wird in kochendem Wasser mit einigen Zitronenscheiben ohne die Kerne, oder ein wenig Weinessig, wodurch sie weiß wird, aufs Feuer gesetzt. Nach einer Stunde wird das Gerstenwasser durch ein Sieb gegossen, nicht gedrückt, und nach Belieben mit etwas Zucker versüßt.

28. Molken für Brustkranke. Ein 1½ Zoll langes Stück von einem trocknen Kälbermagen, der bei Schlächtern zu haben ist, wird zum Einweichen 12 Stunden in kaltes Wasser gelegt. Nachdem läßt man 1½ Quart Milch kochen, rührt das Stück Kälbermagen sammt dem Wasser in die langsam kochende Milch und läßt solches auf schwachem Feuer so lange kochen, bis die Absonderung erfolgt, welches bis zu ¼ Stunde der Fall sein wird. Die Käsematte darf nicht hart sein. Alsdann gibt man das Ganze in ein sehr sauberes ausgebrühtes Säckchen von Leinwand und läßt es durchfließen.

In Ermangelung des Kälbermagens erfüllt ein Eßlöffel dickgewordene saure Milch den Zweck.

Es wird dies Getränk nach Vorschrift des Arztes gebraucht.

29. Ein ganz vorzügliches Getränk bei Diarrhöe und krankhaften Beschwerden. ½ Pfund bester Reis wird gut abgebrüht, mit ½ Unze ganzem Zimmet in einem irdenen Topf zu 1½ Quart kochendem Wassers gegeben, bis zu 1¼ Quart eingekocht, ohne Rühren durch ein Sieb gegossen und mit oder ohne Zucker den Tag hindurch getrunken. Es wird solches bis zur gänzlichen Besserung fortgesetzt.

30. Gerstenthee für Kranke. Ein Eßlöffel feine Gerste wird in einen Theetopf gegeben, dieselbe voll kochendes Wasser gegossen und kalt mit etwas Himbeersaft vermischt.

31. Brodwasser für Kranke. Gutes Schwarzbrod wird in Scheiben geschnitten, geröstet, kochendes Wasser darauf gegossen, Zitronenscheiben — alle Kerne entfernt, bei Fieber nur der Saft — hinzugegeben, klar abgegossen und mit Zucker versüßt.

32. Aepfeltrank. Man nehme 8 Stück gewaschene, mit der Schale in 4 Theile geschnittene Aepfel, die gelbe Schale einer halben, den Saft einer ganzen Zitrone, ein Stück Zimmet und ¼ Tasse gewaschene Rosinen, eben so viel Korinthen.

Dies wird mit 2¼ Quart Wasser so lange gekocht, bis die Aepfel weich sind, durch ein Haarsieb gegossen, mit Zucker versüßt und kalt getrunken.

Auch für Kranke ist dies ein angenehmes und gesundes Getränk, dann aber können die Gewürze wegbleiben. Statt der Rosinen und Korinthen kann man eine kleine Kruste Schwarzbrod mit den Aepfeln kochen und die Zitronenschale zurücklassen.

33. Isländisch Moos (ein Getränk für Brustkranke). Man läßt 1 Unze abgebrühtes isländisches Moos mit 1½ Quart Wasser 3 Stunden bis zu 3 Tassen einkochen. Dann wird es durchgepreßt und mit Zucker versüßt, auch mit frischer Milch des Morgens als Thee getrunken. Es kann am vorhergehenden Tage gekocht und Morgens warm gemacht werden.

34. Veilchen-Essig (ein beruhigendes Getränk für Kranke, namentlich bei Nervenleiden und Kopfschmerz). 2—3 Handvoll blauer, wohlriechender Veilchen, die Stiele entfernt, thut man in eine Flasche, füllt sie mit Weinessig und läßt sie, verkorkt, einige Zeit in der Sonne oder an einem warmen Ofen stehen, gießt den Essig durch ein Fließpapier und bewahrt ihn in einer Flasche, verkorkt, zum Gebrauch auf.

Es wird davon ein Theelöffel voll in ein kleines Glas Wasser gegeben und mit Zucker versüßt.

Zugleich ist dieser Essig eine feine Würze an Saucen und Ragouts.

35. Getränk von eingekochten Fruchtsäften für Kranke. Himbeer-, Johannisbeer- oder Kirschensaft, besonders auch Himbeeressig mit Wasser vermischt, sind namentlich in Fieberkrankheiten dem Kranken eben so erfrischend als zuträglich; für Brustleidende aber paßt letzterer nicht.

B. Liqueure.

36. Im Allgemeinen. Zur Bereitung derselben nimmt man eine große Flasche mit einer weiten Halsöffnung, füllt das Bestimmte nebst dem Branntwein, wozu man nach Belieben Franz-, Kirsch- oder auch echten Kornbranntwein wählt, hinein, korkt die Flasche gut zu und stellt sie 3—4 Wochen an die Sonne oder an einen warmen Ort, während man sie oft schüttelt. Dann tunkt man den in kleine Stücke geschnittenen Zucker in Wasser, kocht und schäumt ihn, läßt ihn etwas abkühlen, rührt den Branntwein dazu und läßt ihn durch Fließpapier laufen. Alsdann füllt man den bereiteten Liqueur in reine, trockne Flaschen und verkorkt sie gut. Auf die Kräuter kann man wieder etwas Branntwein füllen. Zu Franz- und Kirschbranntwein kommt zu stark ¾ Quart ¼ Quart gekochtes Wasser, welches man zu dem Zucker gießt. Diese Mischung wird in den folgenden Rezepten als 1¼ Quart Branntwein angenommen.

38. Gewürznelken-Liqueure. 1⅛ Quart Branntwein, ¼ Pfund Zucker, ¼ Unze Nelken, ½ Unze Koriander, beides gröblich gestoßen, und 20 Stück getrocknete schwarze Kirschen.

39. Zimmet-Liqueure. 1⅛ Quart Branntwein, ¼ Pfund Zucker, ¼ Unze gestoßener Zimmet.

40. Gewürz-Liqueure. 1¼ Quart Branntwein, ½ Pfund Zucker, ½ Unze Fenchel, Anissamen, Wachholderbeeren oder Koriander, gut 1 Dram Zimmet und 6—8 Stück Gewürznelken.

41. Französische Erdbeer-Liqueure. Man fülle eine Liqueur- flasche halb mit kleinen reifen Walderdbeeren, halb mit gestoßenem Kandis und fülle sie übrigens bis an den Kork mit feinem Arrak oder anderem Franzbranntwein, stelle sie täglich an die Sonne, gieße den Inhalt nach Verlauf von einigen Monaten durch ein Flanelltuch, und der Liqueur ist fertig.

42. Kirsch-Liqueure. 1⅛ Quart Branntwein, ½ Pfund Zucker, 2 Pfund schwarze Kirschen, halb süße halb saure, welche gestoßen werden, 1 Obertasse voll schwarze Johannisbeeren, 1 Dram Zimmet. Dies alles in eine Flasche gefüllt und 24 Stunden hingestellt.

43. Himbeer-Liqueure. 1⅛ Quart Franzbranntwein, gut 1 Dram Zimmet, ¼ Pfund Zucker, ¼ Quart Himbeeren.

44. Liqueure von schwarzen Johannisbeeren. Man richte sich nach vorhergehender Angabe; jedoch ist ½ Pfund Zucker hinreichend.

45. Vanille-Liqueure. ¼ Unze fein geschnittene Vanille läßt man 14 Tage in einer Flasche feinen Franzbranntwein ausziehen, gibt dann ½ Pfund geläuterten Zucker hinzu und färbt den Liqueur mit Saft von sauren Kirschen.

———:·:———

XXII. Wurstmachen, Einpökeln und Räuchern des Fleisches.

---

1. Im Allgemeinen.

Der Raum gestattet es hier nicht, das Einschlachten überhaupt, sowie die zweckmäßige Eintheilung des Fleisches beim Wurstmachen zu besprechen.

2. Feine Cervelatwurst (Sommerwurst).

Hierzu gehört das feinste Mettfleisch, womöglich von einem jungen, gutgemästeten Schweine, wobei man zu 5 Theilen magereren Fleisches einen reichlichen Theil Fett rechnen kann, und zwar zwei Drittheile Speck und einen Theil Flaumfett. Nachdem alles am besten in feine Scheiben geschnitten, — doch müssen hierbei die im Fleisch befindlichen Sehnen, Häute und härteren Theile sorgfältig von denselben getrennt werden — wird solches so fein gehackt, daß beim Aufrollen und Durchbrechen eines Bällchens sich keine festen Fleischtheile mehr finden. Im Besitz einer Hackmaschine wird diese Arbeit rasch und vorzüglich ausgeführt; auch bedarf es hierbei nicht des Austrennens der Häute, da sie in der Maschine sich zusammenfügen und leicht zu entfernen sind. Jedoch muß in diesem Fall das Fleisch von dem Fett gesondert werden, da letzteres breiig wird und der Wurst einen Schmalzgeschmack gibt. Man nehme statt dessen nur festen Speck, schneide denselben zu sehr feinen Würfelchen und mische dies durch das gehackte Fleisch. Auf diese Weise wird die Wurst ausgezeichnet. Dann wird das Fleisch mit dem blutigen Saft gewogen. Zu 6 Pfund desselben nimmt man $1\frac{1}{2}$ Unze feingestoßenes Salz, stark $\frac{1}{4}$ Unze gröblich gestoßenen weißen Pfeffer, gut 1 Dram Salpeter aus einer Apotheke und nach Belieben $\frac{1}{4}$ kleine Obertasse guten Rum oder Rothwein, den man indessen auch sehr wohl weglassen kann. Zu einem Zusatz von Blut, wie einzelne es gut finden, ist nicht zu rathen, da es die Wurst trocken und hart macht. Auch ist noch zu bemerken, daß man das gehackte und gewürzte Fleisch unter keiner Bedingung über Nacht stehen lassen darf, weil es dadurch die Farbe verliert und zähe wird.

Nachdem das Mett mit dem Gewürz, welches gleichmäßig darüber vertheilt werden muß, durch längeres Verarbeiten gehörig verbunden, fülle man es in wohl gereinigte, gut gewässerte und geruchlose, dicke, glatte Fettdärme, in welchen sich diese Würste am besten saftig erhalten; die in den Enddarm gefüllte Wurst bleibt am längsten saftig, sie werde also bis zuletzt bewahrt.

Sollte man mehr Wurst machen wollen, als glatte Fettdärme zu haben sind, so kann man sich mit der Haut des Nierenfettes aushelfen. Diese wird vorsichtig abgetrennt, in Stücke von beliebiger Länge und Breite geschnitten, unten und seitwärts dicht zugenäht. Rindsdärme aber taugen nicht zu solcher Wurst, ebensowenig die von Einigen gepriesenen Schlundröhren (sogenannten Tränkestrotten), weil hierbei die Wurst austrocknet.

23

Hinsichtlich des Füllens der Fettdärme ist zu bemerken, daß dies sehr behutsam geschehen muß. Zu diesem Zweck binde man den Darm unten zu, ziehe ihn ganz auf die Wurstspritze oder aufs Hörnchen, fülle das Fleisch vorsichtig hinein und drücke es behutsam und nur allgemach stärker an, damit der Darm nicht platze, die Wurst aber so fest als möglich werde, wobei die mit Luft gefüllten Stellen mit einer Nadel durchstochen werden. Der Vorsicht halber nehme man dazu eine Stopfnadel, welche mit einem zugeknoteten Faden versehen ist.

Je fester diese Wurst gefüllt und je dicker sie ist, desto besser erhält sie sich, wo hingegen Würste, welche lose gefüllt sind, verdorbene Stellen und einen starken Geschmack erhalten. Nach dem Füllen können die Würste, wenn sie nach Angabe sehr fest gefüllt sind, sogleich gut zugebunden werden; bei Mangel an Uebung aber ist zu rathen, sie eine Nacht liegen zu lassen, dann behutsam und zwar nach beiden Seiten hin, sie durch Streichen fester zu drücken, neue Bänder darum zu binden und die ersten abzuschneiden. Da die Bänder an dicken schweren Würsten, in Fettdärme gefüllt, mitunter abreißen, so ist es gut, ein Kreuzband darum zu machen. Alsdann hänge man sie 10—14 Tage in einen mit Luft verbundenen schwachen Rauch von Wachholder und bewahre sie hängend an einem luftigen, frostfreien Orte auf.

Anmerkung. Den Salpeter nehme man aus einer Apotheke; denn wäre derselbe nicht gut aufbewahrt,—feucht geworden, so hat er seine wirksame Kraft verloren und die Wurst erhält eine bleiche Farbe. Auch benimmt der geringste Frost derselben Farbe und Wohlgeschmack. Man thut wohl, die Würste nach einigen Monaten zu gebrauchen, weil sie dann erst wohlschmeckend werden.

3. **Kleine Saucissen.** Gut durchwachsenes Schweinefleisch wird fein gehackt, mit Salz, Muskatblüte und sehr wenig Pfeffer gewürzt, in ganz dünne Därme gefüllt, die man zwei Zoll lang umdreht. Die Saucissen werden in Butter und etwas Wasser fest zugedeckt, einige Minuten lang gelb gebraten und zu Ragout oder als Beilage zu feinen Gemüsen angerichtet.

4. **Westfälische dünne Mettwurst zum Räuchern, sowie auch zum frischen Gebrauch.** Ist dieselbe zum Räuchern und Kochen bestimmt, so gehört auf 10 Pfund Schweinefleisch ¼ Pfund Salz und ⅛ Unze Pfeffer. Zum frischen Gebrauch, also zum Braten, nehme man zu 5 Pfund 1 Unze feines Salz, ⅛ Unze gestoßenen Pfeffer und, wenn man den Geschmack liebt, die Hälfte feingestoßene Muskatnelken; jedoch ist zu rathen, die zum Räuchern bestimmten Würste nicht mit Nelken zu würzen, weil sie dadurch einen starken Geschmack erhalten.

Da die Wurst recht saftig sein muß, so ist hierzu am besten durchwachsenes Schweinefleisch, sonst muß gehörig Fett untergemischt werden. Beides wird in kleine Würfel geschnitten, nicht gehackt, weil dadurch die zum Räuchern bestimmten Würste saftiger bleiben. Ein Theil aber des geschnittenen Fleisches zu den Würsten, welche frisch gegessen werden sollen, kann nach Gefallen fein gehackt werden. Dann vermische man das Fleisch gut mit dem feingeriebenen Salz und Pfeffer, fülle die Fleischmasse in saubere dünne Därme und räuchere sie bei wenig Rauch und viel Luft etwa 2 – 3 Wochen. Die Würste, welche frisch gegessen werden sollen, lassen sich einige Zeit lustig hängend aufbewahren; tritt aber weiche, nasse Witterung ein, so werden sie leicht klebrig und erhalten einen Beingeschmack, weshalb man in solchem Falle sicherer geht, sie in eine Fleischpökel zu legen, wie weiterhin einige bemerkt sind, und worin sie sich gut erhalten.

5. Frankfurter Bratwurst. Durchwachsenes Schweinefleisch ohne Sehnen, auch etwas Fett, wird fein gehackt, mit Salz, Muskatblüte, Koriander, wenig Pfeffer und etwas rothem Wein gewürzt und in Schweinsdärme gefüllt. Frisch ist diese am feinsten, doch auch leicht geräuchert recht gut. Man hängt sie in der Luft auf.

6. Leberwurst zum Butterbrod. Man stampft eine rohe Schweinsleber ganz fein, jedoch kann man sie auch zuvor 10 Minuten in kochende Brühe legen, reibt sie durch ein Sieb, gibt einen reichlichen Theil weich gekochtes, ausgesuchtes, fein gehacktes Fleisch und Fett hinzu, ferner Salz (doch nicht zu viel, weil man die Leber leicht versalzen kann), Nelkenpfeffer, Muskatnuß und etwas Nelken nebst gekochtem, sehr fein gewürfeltem Speck. Dies alles mischt man gut durcheinander, füllt es in dicke, glatte Schweinsdärme, läßt jedoch einen zwei Finger breiten leeren Raum zum Ausdehnen der Leber. Dann bringt man sie, am besten an einer Weidenruthe hängend, in gesalzenes, kochendes Wasser und läßt sie langsam ½ Stunde kochen, wobei man sie mit einem glatten Löffel sanft niederdrückt, welches das Aufspringen verhütet. Man gebraucht die Würste frisch und geräuchert. In letzterem Falle hängt man sie 8—10 Tage in einen nicht starken Rauch, entfernt von der Hitze des Feuers, durch dessen Einwirken ein Verderben entsteht. Nach dem Räuchern hängt man sie an einem luftigen, frostfreien Orte auf.

Anmerkung. Bei diesem und den nächstfolgenden Rezepten wird auf ein sorgfältiges Binden aufmerksam gemacht, da die geringste Lücke ein Auskochen bewirkt. Sowohl Leber= als Blutwürste nach dem Kochen 10 Minuten in kaltes Wasser gelegt, macht sie ansehnlicher.

7. Mecklenburgische Leberwurst. Man nimmt hierzu Bauchfleisch nebst fettem Schweinefleisch, Nieren, Zunge und Schwarten, alles weich gekocht. Die Leber wird roh gehackt, durch einen Durchschlag gerieben, Bauchfleisch, Zunge, Fett und Schwarten werden feinwürzelig geschnitten, Nieren fein gehackt. Darnach wird dies alles mit feingestoßenem Salz, Pfeffer, Nelken und feingeriebenem, durchgesiebtem Thymian und Majoran gewürzt, Füllfett von der Fleischbrühe hinzugegeben und die Masse in saubere Därme gefüllt. Da die Leber sich ausdehnt, so dürfen die Würste nicht zu fest gestopft werden. Man kocht sie ½ Stunde in der Brühe, taucht sie beim Herausnehmen in kaltes Wasser, legt sie zum weiteren Abkühlen auf Stroh und gebraucht sie nach Gefallen frisch oder etwas geräuchert.

Wünscht man außer der Schlachtzeit Leberwurst zu machen, so kann man beim Bestellen des Fleisches sich nach folgendem Verhältniß richten:

Auf eine Schweinsleber nehme man 3 Pfund gekochtes und gehacktes Schweine- oder Rindfleisch, 2 Pfund gekochten, in feine Würfel geschnittenen Speck, 2 Pfund Weizenmehl und so viel von der eingekochten Brühe, worin das Fleisch gekocht ist, als zum Zusammenhalten der Masse nöthig ist; Salz, Pfeffer, Nelken und Nelkenpfeffer nach Geschmack.

8. Leberkuchen. Eine Kalbsleber wird gekocht, nach dem Kochen abgezogen, gerieben; dann kommt dazu etwas Zucker, Korinthen oder kleine Rosinen, Zimmet, Zitronenschale klein geschnitten, etwas Nelken, etwas geriebenes Brod, ein Eigroß Butter und einige Eier. Darauf ins Kälbernetz genäht und in halb Fett und Butter langsam gebraten.

9. Mecklenburgische Knackwurst. Ein Theil gutes, gekochtes Schweinefleisch, der Speck größtentheils davon abgeschnitten, um ihn zur Blutwurst anzuwenden, wird recht fein gehackt, mit Salz, Pfeffer, Nelkenpfeffer, Muskatblüte, feingehackter Zitronenschale gewürzt, gut durchgemengt, in saubere dünne Därme gefüllt, ¼ Stunde gekocht, in kaltes Wasser getunkt und nach dem Erkalten an einem luftigen, frostfreien Orte aufgehangen.

10. Blutwurst. Erste Sorte. Das Blut wird warm, sowie es vom Schweine kommt, mit einem Besen geschlagen, bis es ganz kalt geworden, und durch ein Sieb gerührt, wodurch es flüssig bleibt. Dann gibt man zu einem Theil des Blutes reichlich vom besten gekochten, feingehackten Schweinefleisch, mager und fett, nebst den weich gekochten und feingehackten Schwarten, ferner: gekochten Speck, welcher in kleine Würfel geschnitten ist, Salz, Pfeffer, Nelken und Nelkenpfeffer. Dies alles wohl gemischt, wie Leberwurst in dicke, möglichst glatte Därme nicht fest gefüllt, damit die Masse sich ausdehnen kann, und ¼ Stunde gekocht. Etwas geräuchert, wird die Wurst zum Butterbrod gegeben.

Anmerkung. Einige Männer scheuen die Speckwürfel, in solchen Fällen kann der Speck fein gehackt werden; läßt man ihn fehlen, so wird die Wurst trocken.

11. Blutwurst. Zweite Sorte. Man vermische das Blut mit etwas Fleischbrühe, gebe Abfüllfett, Speckwürfel, feingehacktes Fleisch — eine zweite Sorte — die benannten Gewürze und so viel Weizen- oder feines Roggenmehl hinzu, daß die Masse zusammenhält, was sich in einer Pfanne am besten erproben läßt. Wird zu dieser Wurst auch nicht reichlich Fleisch angewendet, so muß sie doch recht fett gemacht werden, es erhält sie saftig. Beim Stopfen werden die Därme des Mehles wegen nur ⅓ angefüllt, ¼ Stunde wie Leberwurst gekocht und geräuchert.

Beim Gebrauche wird die Wurst in dicke Scheiben geschnitten, gelb gebraten oder so lange in Erbsensuppe gekocht, bis sie durchweg heiß geworden ist.

12. Mecklenburgische Zungenwurst. Es wird hierzu dieselbe Mischung wie zu Blutwurst genommen, und in jede Wurst eine gespaltene Schweinszunge oder dicke Streifen einer eingepökelten, recht weich gekochten Rindszunge gesteckt.

13. Mecklenburgische Gehirnwurst. Fleisch und Fett wie zu Mettwurst wird fein gehackt, mit Salz, Muskatblüte, Koriander, wenig Pfeffer und etwas rothem Wein gewürzt und das gewässerte, feingehackte Gehirn durchgerührt.

14. Schwartenmagen. Man nimmt von dem gehackten Sommer= wurstfleisch ohne Fett, nach Angabe mit Salz und Pfeffer gewürzt, zwei Drittel, vermengt es mit etwas gestoßenen Nelken und einem Eßlöffel voll fein gestoßenem Zimmet, fügt hinzu ein Drittel weich gekochte, gehackte Schwarten, einen Suppen- oder Füllöffel Blut, die weich gekochten Zun= gen von zwei Schweinen oder eine in kleine Würfel geschnittene, ganz weich gekochte Kuhzunge. Dies alles wird mit dem vielleicht noch fehlenden Ge= würz gut gemischt und nicht zu fest in den wohlgereinigten Schweinsmagen gefüllt. Dann läßt man denselben 2 Stunden langsam in etwas gesalze= nem Wasser oder Brühe kochen, preßt ihn eine Nacht zwischen zwei Bret= tern und räuchert ihn 2 – 3 Wochen.

Anmerkung. Der Schwartenmagen hält sich lange und ist zum Butterbrod sehr schmackhaft. Man lasse den Zimmet, so unpassend er scheint, nicht fehlen.

15. Rindfleischwurst. Rindfleisch wird sehr weich gekocht, das beste Fleisch von Haut und Sehnen befreit und ganz fein gehackt. Dann gibt man fette, kräftige Fleischbrühe, Salz, Muskat und gestoßene Nel= ken dazu. Hat man Rollenbrühe, so gibt diese derselben einen angenehmen Geschmack. Die Masse muß nicht zu mager, recht saftig sein. Man füllt sie in dünne Rindsdärme, kocht sie ¼ Stunde in Brühe, legt sie 5 Minuten in kaltes Wasser und hängt sie völlig erkaltet, an einen luftigen Ort.

Anmerkung. Diese Wurst wird vorzüglich fein und saftig, wenn man zu 1 Pfund gehacktem Fleisch gut 3 Unzen altes Weißbrod ohne Rinde, in heißer Fleischbrühe eingeweicht, und gut 3 Unzen geschmolzenes Rinder= mark nimmt. In Ermangelung desselben kann man auch gekochten, fein= gehackten, frischen Speck nehmen.

16. Mecklenburgische Preßwurst. 5 Pfund schieres Rindfleisch wird geschabt und alles Sehnige entfernt, oder so fein gehackt, daß sich beim Anfühlen keine festen Fleischtheile mehr finden, mit 5 Pfund ganz fein ge= würfeltem Speck, Salz, Pfeffer, Nelken und Nelkenpfeffer gut durchge= mengt, recht fest in saubere Rindsdärme gefüllt, mit feinem gestoßenem Salz besprengt, über Nacht hingelegt, 12 Stunden gepreßt, mit Papier umbunden und 8 Tage geräuchert.

17. Panhas. Der Panhas wird am besten, wenn man dazu halb Rindfleisch, halb etwas fettes Schweinefleisch nimmt; jedoch kann man ihn sowohl von ersterem, als auch von letzterem schmackhaft zubereiten. Man koche das Fleisch recht weich, suche alle Knöchelchen vorsichtig heraus, schneide dasselbe in große Würfel, hacke es fein und lasse es mit der Brühe, welche durch ein Sieb gegossen wird, zum Kochen kommen. Dann würze man es mit Salz, Pfeffer, Nelken und Nelkenpfeffer, streue unter fort= während Rühren so viel gutes Buchweizenmehl (Weizenmehl kann nicht hierzu gebraucht werden) hinein, daß die Masse, nachdem das Mehl aus=

gequollen und der Panhas $\frac{1}{2}$—$\frac{3}{4}$ Stunde gekocht hat, recht steif wird und sich vom Topfe löst. Darnach fülle man ihn in wohl gereinigte und im Ofen ausgetrocknete, irdene Schalen und bewahre ihn an einem kühlen luftigen Orte.

Das Braten geschieht, wie es in Abschnitt „Fleischspeisen" bemerkt worden.

Das Verhältniß des Buchweizenmehles zum Fleische hängt davon ab, ob der Panhas mehr oder weniger kräftig gekocht werden soll; ein gutes Verhältniß aber zu einem wohlschmeckenden Panhas ist Folgendes: 2 Pfund fettes Rindfleisch ohne Knochen, knapp $3\frac{1}{2}$ Quart Brühe, worin das Fleisch gekocht ist, und 1 Pfund Buchweizenmehl. Es darf nicht zu wenig Gewürz genommen werden.

18. Sülze von Schweinefleisch. No. 1. Schnauze, Pfoten, Ohren und ein Kniestück vom Schweine werden mit $1\frac{1}{2}$ Pfund magerem Rindfleisch, Salz, $1\frac{1}{2}$ Quart Weinessig und so vielem Wasser, daß es ausgeschäumt werden kann, in einem glasirten Topfe aufs Feuer gebracht, mit einigen Lorberblättern, reichlich ganzem Pfeffer und Nelkenpfeffer so weich gekocht, daß sich das Fleisch von den Knochen trennt. Dann wird die Brühe durch ein Haarsieb gegossen und bis zum andern Tage hingestellt. Die Knochen werden aus dem Fleisch genommen, und nachdem dasselbe ganz kalt geworden, in feine Streifen geschnitten, das Rindfleisch bleibt zurück. Am andern Tage schneidet man Fett und Bodensatz von der Geléé, setzt sie mit dem geschnittenen Fleisch und einer in Scheiben geschnittenen Zitrone ohne Kerne aufs Feuer, läßt es $\frac{1}{4}$ Stunde kochen und füllt es in Geschirre oder Formen, die man vorher mit kaltem Wasser umgespült hat. Man bewahrt die Sülze offen stehend an einem luftigen Orte. Beim Gebrauch streicht man mit einem Messer das darauf befindliche Fett ab, stürzt die Sülze auf eine Schüssel und gibt sie zu gestobten Kartoffeln, zum Butterbrod und zum Salat. Sie erhält sich mehrere Wochen frisch und ist eine ansehnliche, erfrischende und wohlschmeckende Beilage.

19. Schweinssülze à la Küstelberg. No. 2. Man nimmt die Ohren und Vorderfüße, wenn man will, auch einen Theil des Kopfes, wovon jedoch das Fett sorgfältig getrennt werden muß, und setzt alles, vorher sauber gewaschen, mit Salz und Wasser aufs Feuer. Nach dem Abschäumen thut man einige Lorberblätter, Pfefferkörner, Nelken und Nelkenpfeffer hinzu und läßt das Fleisch gehörig gahr kochen. Darauf wird es von den Knochen abgelöst und fein länglich zerschnitten, die Brühe, welche nicht zu lang sein darf, durchgeseihet und nachdem sie erkaltet, das Fett davon genommen, dann mit dem zerschnittenen Fleische aufs Feuer gesetzt, geriebene Zitronenschale und Gewürznelken (aus welchen vorher die Köpfchen entfernt sind, weil sonst die Sülze unansehnlich wird) hinzugefügt und eingekocht.

Nachdem dies bis zu dem gehörigen Grade geschehen, wird das Ganze zum Erkalten in passende Schüsseln oder Formen gefüllt.

Eine Beilage zum Butterbrod, Salat und Kartoffelspeisen. Es wird die Sauce à la diable oder Senf mit Zucker dazu gereicht.

20. Sülze von Schweinefleisch auf mecklenburgische Art. No. 3. Zu 2 Pfund Schweinefleisch vom Kopfe nimmt man 3 gereinigte Kalbsfüße und kocht dies mit Salz gahr. Die nicht zu lange Brühe wird mit ganzen Zwiebeln, Nelken, Pfeffer und Nelkenpfeffer, Zitronenschale, einigen Lorberblättern und einer Tasse scharfem Essig noch eine Weile gekocht und durch ein Haarsieb gegeben. Unterdeß wird das Fleisch sammt den Füßen in Würfel geschnitten, die Brühe, vom Bodensatz abgegossen, hinzugefügt, auch der Saft einer Zitrone, und solches gut durchgekocht. Dann wird eine Form oder tiefe Schüssel mit kaltem Wasser umgespült, wodurch die Sülze sich besser löst, eine Verzierung von Zitronenscheiben darin gelegt, das Eingekochte behutsam hineingefüllt und übrigens wie im Vorhergehenden verfahren.

21. Preßkopf in Gelée. No. 1. 2 Schnauzen, 3 Ohren und 4 Füße vom Schwein, 2 Kalbsfüße, ¼ Ochsenmaul, auch Schwarten ohne Fett werden, mit halb Weinessig halb Wasser, gut abgeschäumt, 1 Flasche Wein, 4 Zwiebeln mit Nelken bespickt, Pfefferkörner und eine in Scheiben geschnittene Zitrone hinzugegeben, das Fleisch weich gekocht, von den Knochen gesucht und in längliche Stückchen geschnitten. Dann legt man die weich gekochten Schwarten in ein sauberes Tuch, in Scheiben geschnittene Rothebeete mit dem Fleisch abwechselnd darauf, bedeckt es mit Schwarten, bindet das Tuch fest zu, beschwert es mit Brettchen und Gewicht und gießt die Brühe durch ein Haarsieb. Am andern Tage wird der Preßkopf in fingerbreite Scheiben geschnitten, in eine Schüssel gelegt, von der zu Gelée gewordenen Brühe Bodensatz und Fett abgeschnitten, wie Gelée geklärt und auf das Fleisch gegeben. Der Preßkopf kommt umgestürzt zur Tafel.

22. Preßkopf als Wurst. No. 2. Man nimmt hierzu einen halben Kopf, ein Kniestück, das Herz und sonstiges Fleisch, kocht es weich, schneidet es in große Würfel und vermengt es tüchtig mit Salz, Pfeffer, Nelken und Nelkenpfeffer; dann schneidet man die gereinigte Blase in zwei Theile, näht jedes Stück der Länge nach zusammen, füllt das Fleisch hinein, bindet die Würste fest zu und kocht sie 15 bis 20 Minuten in kochender Brühe. Darnach legt man sie sogleich zwischen zwei Brettchen, beschwert sie mit Gewicht und hängt sie andern Tages an einen luftigen Ort.

Die Wurst erhält sich viele Wochen. Beim Gebrauch schneidet man Scheiben davon ab, besprengt sie mit Essig und gibt sie mit feingehackten Zwiebeln zum Salat, oder auch zum Butterbrod.

23. Ragout von Schweinefleisch, beim Einschlachten anzuwenden. Man haut die Kniestücke, Schnauze und einige Rückenstücke, wovon man die größte Hälfte des Specks abgeschnitten hat, in kleine passende Stücke, schäumt sie in 2 Theilen Wasser, 1 Theil Essig und Salz ab, gibt viel ganzes Gewürz, als Nelken, Pfeffer, Nelkenpfeffer, Zwiebeln, Lorberblätter hinzu und läßt das Fleisch gahr, aber nicht zu weich kochen. Eine Stunde vorher macht man Mehl braun, gibt es mit etwas Brühe zerrührt und ein wenig Birnmus oder Sirup dazu, doch nur so viel, daß der Eſſig gemildert wird, läßt das Fleiſch gahr kochen und füllt es in einen ſteinernen Topf. Anſtatt des braunen Mehls kann man zuletzt auch Schweineblut mit Eſſig zum Fleiſch rühren, wodurch die Brühe ganz ſämig und wohlſchmeckend wird und wodurch das Fleiſch ſich länger erhält. Es kommt dann Anfangs weniger Eſſig dazu.

Zur Zeit macht man einen Theil von dieſem Ragout heiß und gibt Kartoffeln dazu.

Es iſt ein wohlſchmeckendes Eſſen und erhält ſich einige Wochen ganz friſch.

24. Sauerbraten beim Einſchlachten. Hat man Sauerbraten zum Aufbewahren ausſchneiden laſſen, ſo erhalten ſich dieſe beſonders gut, wenn man ſie einige Minuten lang in das kochende Nierenfett legt, dann auf einer Schüſſel kalt werden läßt und darauf ſolche in einem ſteinernen Topfe mit Eſſig bedeckt.

Die Fettdecke erhält das Fleiſch lange friſch und läßt auch nicht ſo viel Säure eindringen.

Zu Sauerbraten iſt ſcharfer Bieressig jedem andern Eſſig vorzuziehen.

25. Sauerbraten beim Einſchlachten, ein halbes Jahr lang aufzubewahren. Hierzu werden diejenigen Stücke genommen, die ſich zu Braten eignen, und ſolche etwas geſalzen. Nach Verlauf von 2—3 Tagen ſetzt man ſie in einem großen Topfe mit halb Weineſſig halb Rollenbrühe reichlich bedeckt aufs Feuer, ſchäumt ſie gut ab und gibt einige Lorberblät= ter, grobgeſtoßene Pfefferkörner und Nelken hinzu. Nach einer Stunde Kochens legt man ſie in große, gut gebähte Steintöpfe oder in ein recht ſauberes Fäßchen, nimmt das Fett von der Brühe, weil dies wie Butter zum Kochen der Gemüſe gebraucht werden kann, und gießt die Brühe über das Fleiſch, welches völlig damit bedeckt ſein muß. Wenn ſolches ganz kalt geworden iſt, ſchmilzt man es mit gutem Rinderfett 1½ Zoll hoch zu. Beim Herausnehmen eines jeden Stückes muß das Fett von neuem geſchmolzen und das Fleiſch wieder damit bedeckt werden.

Beim Gebrauch wird der Sauerbraten wie gewöhnlich zubereitet, doch gibt man, nachdem er gelb gebraten iſt, einige Löffelchen von der Brühe, in welcher er gelegen hat, ſowie eine Taſſe Sahne hinzu und läßt ihn nur eine Stunde ſchmoren.

26. Vom Ausſchmelzen des Fettes beim Einſchlachten. Das Nierenfett werde zum Verbeſſern und zum längern Erhalten in reichlichem Waſſer eine Nacht gewäſſert, wodurch die blutigen Theile herausziehen, und in kleine Würfel geſchnitten. Darnach ſtelle man das Fett wo möglich mit einem kleinen Theile der kochenden gewürzigen Brühe, worin die Rind= fleiſchrollen gekocht ſind, aufs Feuer und laſſe es bei öfterem Umrühren ſo lange kochen, bis die Schreven ſammt dem Fett ganz klar geworden ſind; ein längeres Kochen macht letzteres unſchmackhaft. Dann nimmt man das klare Fett ab, läßt es durch ein Sieb in einen ſteinernen Topf fließen und füllt den Bodenſatz in einen zweiten Topf.

Das Fett gewinnt, auf ſolche Weiſe ausgeſchmolzen, ſo ſehr, daß man es an manchen Speiſen ſtatt Butter verwenden kann.

Hat man aber keine Rollenbrühe, so kann man das Fett auf folgende Weise verbessern: Man läßt etwas frische Milch mit einigen Lorbeerblättern und Salz kochen und das Fett darin ausschmelzen.

Oder: Man läßt eine Handvoll Salz mit einer Taffe Waffer kochen und legt das Fett hinzu, weil das Salz sonst zu Boden fällt und sich mit dem Fett nicht mittheilt.

Darmfett wird geschnitten, von allen Geschwüren gereinigt und bei mehrmaligem Wechseln des Waffers gut gewäffert. Dann setzt man es mit kaltem Waffer aufs Feuer und schüttet es vor dem Kochen zum Ablaufen auf ein Sieb, welches auf ein Faß gestellt ist. Es wird nachdem ausgedrückt und gleich dem Nierenfett ausgeschmolzen.

Die Fettdecke, die sich auf dem abgegoffenen Waffer bildet, kann man mit anderem Abfall nach Gutdünken verwenden.

27. Schweinefleisch zum Räuchern einzupökeln. Auf 100 Pfd. Fleisch (Schinken, Schulterstücke, halbe Köpfe, Speckfeiten und Kleinigkeiten) rechne man 5 Pfund geriebenes Salz und 2½ Unzen Salpeter. Man beftreue den Boden des Faffes dünn mit Salz, reibe die Speckfeiten gehörig mit Salz ein und vermifche dann das übrige Salz mit dem Salpeter. Hiermit reibe man die Schinken nun so stark ein, daß sie kein Salz mehr aufnehmen, auch die übrigen Stücke, lege die Schinken unten ins Faß, fülle jeden Raum, auch den kleinsten, mit kleinen Stückchen Fleisch oder Knochen aus und packe alles so, daß es feft ineinander schließt, streue das übriggebliebene Salz lagenweise auf das Fleisch und lege die Seiten, auch mit Salz beftreut, oben auf. Von diesem feften Zusammenpacken hängt viel der reine Geschmack des Fleisches ab. Auch ist hierbei zu bemerken, daß es zum Erhalten des Fleisches beffer ist, den auf der Fleischfeite hervorftehenden Knochen nicht abzufägen; es kann dies, falls der Schinken zum Kochen beftimmt ist, vor dem Gebrauch geschehen. Ebenso ist es zu rathen, das Fleisch nicht vom Knochen los zu machen, um die Lücke mit Pfeffer und Salz zu füllen, wie es häufig geschieht.

Ueber den Zeitraum des Einpökelns ist man verschiedener Ansicht. Meiner Erfahrung nach können 14 Tage angenommen werden; aufmerksame und erfahrene Oekonomen halten es für beffer, das Fleisch nicht über acht Tage in der Pökel liegen zu laffen. Man hänge es darnach zum Räuchern an einen luftigen Ort und räuchere wo möglich mit Wachholder, wozu man auf folgende Weise leicht eine Einrichtung treffen kann: Es wird nämlich da, wo geräuchert werden soll, ein alter Ofen ohne Deckel und Röhre hingeftellt und mit einigen Wachholderzweigen gefüllt, die augezündet werden. Dies wird wenigftens 8 Tage täglich wiederholt, während auch dem Fleisch durch Oeffnen der Feufter häufig Luft gegeben werden muß, weil nicht Rauch allein, sondern Rauch mit Luft verbunden dem Fleifche einen guten Geschmack gibt.

28. Luftspeck zu machen. Eine gute, frifche Seite Speck wird an beiden Seiten mit feingemachtem Salz, welches mit etwas Salpeter vermifcht ist, so lange ftark eingerieben, bis sie kein Salz mehr aufnimmt. Dann wird sie 14—16 Tage in ein fauberes Gefäß gelegt und, follte bei

feuchter Witterung das Salz flüssig werden, täglich damit begossen. Nach=
dem legt man die Seite auf einen schrägstehenden Tisch, ein Brett mit et=
was Gewicht darauf, damit die Flüssigkeit abtröpfele und der Speck durch
das Pressen fester werde. Nach einigen Tagen hänge man sie an einem
luftigen Orte auf.

29. **Ochsen= oder Rindfleisch roh zum Butterbrod, sowie auch
Rauchfleisch zum Kochen, auf Hamburger Art (sehr gut).** Zum But=
terbrod nehme man ein sogenanntes Nagelstück, am besten von einem gut
gemästeten Ochsen. Es ist dies ein rundes, langes Stück ohne Knochen,
mit einer Haut umgeben, und liegt im Hinterviertel vom Schwanz nach
dem Beine hin an der äußeren Seite. Um dieses Stück saftig zu erhalten,
darf nicht in die Haut geschnitten werden, weshalb das Austrennen mit
Vorsicht geschehen muß. Es wiegt das Nagelstück gewöhnlich bis zu 5
Pfund.

Auch ist zum rohen Gebrauch ein Stück von 6—8 Pfund aus der
Mitte des Binnerspalts zu empfehlen. Da die Benennungen der Fleisch=
theile in den verschiedenen Gegenden nicht gleich sind, so wird bemerkt, daß
in diesem Stück ebenfalls keine Knochen enthalten sind, dasselbe jedoch mit
einem platten, darin liegenden Knochen versehen ist.

Zu Stücken, welche als Rauchfleisch zum Kochen benutzt werden, eignen
sich am besten Rippenstücke, und zwar die beiden Stücke von der Nachbrust.
Dieselben werden mit einem Bindfaden zum Aufhängen versehen und je
nach der Größe 3—6 Minuten, nicht länger, in brausend kochendes Wasser
gelegt, schnell herausgenommen und von einer kräftigen Hand erst mit
Salpeter, dann mit fein geriebenem Salz—zu 16 Pfund Fleisch knapp ¼
Unze Salpeter—so heiß und stark als möglich und so lange eingerieben, als
das Fleisch Salz aufnimmt. Dann hängt man es zum völligen Erkalten
auf, macht, falls man es nicht selbst räuchert, ein kleines Stückchen Pappen=
deckel mit Namen und Nummer versehen daran, und hängt es in einen
schwachen Rauch. Wie lange?—das muß die Beschaffenheit des Rauches
bestimmen. Ist derselbe schwach und mit Luft verbunden, was besser ist,
so kann das Fleisch mehrere Wochen hängen.

Beim Gebrauch des rohen Fleisches (nach einigen Minuten) lege man
das Stück auf ein Küchenbrett und schneide mit einem sehr scharfen Messer,
sägend, möglichst dünne Scheiben davon ab.

30. **Rauchfleisch zum Butterbrod (ausgezeichnet).** Zu einem
Stück Rindfleisch aus dem Binnerspalt (Oberschale) von 6—8 Pfd. nimmt
man ¼ Pfund Salz, ¼ Unze Salpeter, 1 Unze Zucker und ¼ Glas Roth=
wein. Nachdem dies gut gemischt, wird das Fleisch von allen Seiten tüch=
tig damit eingerieben, wohl 1 Stunde, dann läßt man es 3 Tage darin
liegen und begießt es, unter häufigem Umlegen, oft mit dem daraus flie=
ßenden Saft. Hierauf wird das Fleisch in einen reinen Lappen genäht,
mit einem Bindfaden fest umwickelt und höchstens 8 Tage geräuchert.
Man kann es gleich gebrauchen.

31. **Rindfleisch einzupökeln, welches sich wohl ein Jahr ganz
rein von Geschmack erhält.** Dazu werden Stücke genommen, die nicht

viel Knochen haben. Zu 100 Pfund Fleiſch gehören 6 Pfund Salz und 1 Unze Salpeter. Das Fleiſch wird damit recht ſtark eingerieben und ſo feſt in halbe Ankerfäſſer gepackt, daß keine Zwiſchenräume entſtehen. Dann werden die Fäſſer zugeküfert, in den Keller geſtellt und alle acht Tage herumgeſetzt. Nachdem ein Faß angebrochen iſt, muß immer das oberſte Stück abgenommen, das Faß mit einer Schieferſcheibe belegt und mit Gewicht beſchwert werden.

Anmerkung. Das Fleiſch hält ſich auf dieſe Weiſe von einem Jahr ins andere, und kann zur Suppe gebraucht werden, weshalb ſeines ſäuerlichen Geſchmackes wegen wenig Salpeter dazu bemerkt iſt.

32. Gute Fleiſchpökel. Zu 100 Pfund, ſei es Rind- oder Schweinefleiſch, wird 7 Pfund Salz, ¾ Pfund Kandiszucker, 1½ Unzen Salpeter und 16 Quart Waſſer zuſammengekocht und, ganz kalt geworden, aufs Fleiſch gegoſſen.

33. Desgleichen. Zu 50 Pfund Fleiſch nimmt man 3 Pfund Salz, ¼ Pfund weißen Zucker, 1⅓ Unzen Salpeter und knapp 7 Quart Waſſer. Sobald das Waſſer kocht, wird das Bemerkte hinein gethan und ſo lange gekocht, bis das Waſſer klar geworden. Bevor man das Fleiſch ins Faß legt, reibt man es gelinde mit Salz ein, gießt die Pökel völlig erkaltet darüber und beſchwert es mit Brettchen und Stein.

Es kann dies Fleiſch zur Suppe gebraucht werden.

34. Eingeſalzene Bruſtkerne. Man beſtelle dazu ein Stück von der Bruſt, 10—12 Pfund ſchwer. Hat man Gelegenheit, ſehr gutes, fettes Fleiſch zu bekommen, ſo iſt die Bei- oder Nebenbruſt vorzuziehen, weil erſtere zu fett ſein möchte. Die Knochen laſſe man vom Schlächter herausſchneiden, lege das Stück in eine Pökel nach erſterer Angabe, worin es 14 Tage, auch noch länger liegen kann. Soll es gekocht werden, ſo rollt man es feſt auf, umwickelt es ſtramm mit einem Bindfaden, legt es mit ſo vielem Salz in kochendes Waſſer, daß dieſes wie verſalzene Fleiſchbrühe ſchmeckt, und läßt es langſam weich kochen, wobei man eigentlich nicht hineinſtechen darf. Dann legt man das Fleiſch auf ein Brettchen mit Gewicht beſchwert, wo es liegen bleibt, bis es völlig kalt geworden. Beim Gebrauch werden Scheiben davon abgeſchnitten. Auch kann man es nach dem Aufrollen räuchern und bis zum Sommer aufbewahren.

Es iſt dies Fleiſch eine wohlſchmeckende Beilage zu Butterbrod und allen grünen Gemüſen und zugleich ein profitables Stück, von dem ſich viel ſchneiden läßt.

35. Ein einzelnes Pökelſtück. Am beſten eignet ſich dazu ein gutes Schwanzſtück, von ſehr fettem Vieh das zweite Schwanzſtück, weil hiervon das erſte zu fett ſein würde. Man nehme zu 7 Pfund 2 Quart Waſſer, ½ Pfund Salz, 1 Unze Sandzucker, 1½ Dram Salpeter und zwei Eßlöffel Sirup. Dies alles wird zuſammen abgeſchäumt und kalt über das Fleiſch gegoſſen, welches ungefähr 8—9 Tage darin liegen muß.

Beim Kochen wird das Stück, damit der Saft nicht herauslaufe, mit kochendem Waſſer aufs Feuer gebracht.

Anmerkung. Dieſe Pökel hält ſich ſehr lange, und man kann ſie daher von neuem abſchäumen und nochmals gebrauchen.

36. Auf andere Art (vorzüglich). Ein Stück Fleiſch von 8 Pfund reibt man mit ½ Unze Salpeter und etwas feinem Salz ein. Dann kocht man eine Pökel von 2½ Quart Waſſer, gut ½ Pfund Salz und 1 Eßlöffel Zucker. Erkaltet, gießt man dieſelbe über das Fleiſch. Nach 2 bis 3 Wochen kocht man die Hälfte dieſer Pökel mit ſo viel Waſſer, daß das Fleiſch damit bedeckt iſt. Nachdem ſie gut ausgeſchäumt iſt, legt man das Fleiſch hinein und läßt es ſehr langſam 2—3 Stunden kochen, gibt es dann ſammt der Brühe in einen Steintopf und läßt es offen ſtehen.

Im Sommer iſt es, der Fliegen wegen, gut, den Topf mit einem Mulltuch zuzubinden. Das Fleiſch hält ſich wochenlang, nur muß die Brühe nach 14 Tagen aufgekocht werden. Dieſelbe kann nach und nach zu Kartoffelſuppe ꝛc. verwendet werden.

37. Pökelfleiſch mit Holzkohlen zu conſerviren. Zu einem Stück Fleiſch von 12 Pfund wirft man 2 Handvoll Salz in einen Keſſel kochenden Waſſers, läßt es ſchmelzen und das Fleiſch eben darin auftriemeln (kochen darf es nicht). Möglichſt heiß reibt man es mit gut 6 Unzen geſtoßenem Salz und ¼ Unze geſtoßenem Salpeter recht ſtark ein, läßt es kalt werden, beſtreut es überall mit geſtoßenen Holzkohlen und hängt es an einem kalten Orte, wo Luft dazu kommt, auf.

Anmerkung. Das Fleiſch hält ſich gut und iſt von angenehmem Geſchmack.

38. Dem Fleiſch einen nachgeahmten Rauchgeſchmack zu geben. Das Fleiſch wird wie gewöhnlich eingeſalzen, dann abgewiſcht und ringsum mit brenzlicher Holzſäure bepinſelt, in der Luft angetrocknet, und dies Verfahren dreimal wiederholt. Würſte bedürfen nur eines einmaligen Ueberſtreichens. Darauf wird das Fleiſch an einem luftigen Ort aufgehangen, kann ſofort gebraucht werden und hält ſich gut, jedoch hat das Fleiſch einen etwas unangenehmen Rauchgeſchmack; das Räuchern hat einen überwiegenden Vorzug.

Anmerkung. Man verwechſele die Holzſäure nicht mit Holzeſſig.

39. Gänſebruſt zu räuchern. Zum Räuchern eignen ſich nur fette große Gänſe. Nachdem die Bruſt vom Bruſtknochen abgelöſt iſt, werden die Schinken im Gelenk abgeſchnitten, mit wenig Salz und etwas Salpeter nicht zu ſtark eingerieben und nach drei 3 Tagen geräuchert. Länger als 8 Tage dürfen ſie nicht im Rauche hängen und müſſen während dieſer Zeit mehr Luft als Rauch haben.

Sie werden roh mit ihrem Fett in dünne Scheiben geſchnitten und zum Butterbrod gegeben.

40. Sogenannte Spickgänſe auf pommeriſche Art zu räuchern. Den zum Räuchern gut gemäſteten jungen Gänſen ſchneidet man nach dem Ausnehmen Füße, Hals und Flügel kurz ab, ſpaltet ſie genau in der Mitte der Länge nach, reibt ſie mit Salpeter und wenig Salz ein und packt ſie feſt und ſchließend in ein recht ſauberes Fäßchen, welches darnach zugedeckt wird. Darnach läßt man ſie nicht länger als 3 Tage liegen, nimmt dann die Gänſehälften einzeln heraus und beſtreut ſie, ohne die Näſſe und das daran hängende Salz abzuschütteln, stark mit trockner Weizenkleie und wälzt sie so darin herum, daß Fett und Fleisch nicht mehr zu sehen sind. Dann hängt man sie in den Rauch, wobei zwischen jedem Stück ein zwei Finger breiter Raum bleibt und die Feuerhitze nicht im Geringsten darauf einwirken kann. Nach Verlauf von 8 Tagen werden die Spickgänse aus dem Rauch genommen, an einem recht luftigen Orte aufgehangen und nach kurzer Zeit mit einem trocknen zusammengefaßten Leinwandlappen von aller Kleie gereinigt.

Die so geräucherten Gänse sind von frischer Farbe, gutem Geschmack und erhalten sich lange.

———::———

XXIII. Essig.

1. **Obst-Essig.** Die zum Essig bestimmten Aepfel, auch abgefallene Aepfel und Birnen (schwarz gewordene aber geben dem Essig einen bittern Geschmack, werden so klein als möglich gestampft und in einer Obstpresse recht trocken ausgepreßt. Der so erhaltene Most wird in offene Fässer gethan, worin er 8—10 Tage stehen bleibt. Die Unreinigkeit gährt nach oben und wird vorsichtig abgenommen, dann der Most in Fässer gefüllt und diese an einen warmen Ort gebracht. Nun erfolgt noch etwas Gährung aus dem Spundloch, und der vorher in Flaschen hingestellte Most wird zum Nachfüllen gebraucht. Ist die Gährung ganz beendet, so wird das Spundloch mit einem nicht zu dichten Stück Leinwand bedeckt und die Fässer bleiben bis zum Frühjahr ruhig liegen, wo man alsdann den Essig entweder in Fässer oder Flaschen abzapft. Unten im Faß findet sich immer ein ziemlich starker Satz. Es ist ein gutes Zeichen, wenn sich eine Haut auf der Oberfläche bildet, die vor dem Abzapfen nicht gestört werden darf.

2. **Zucker-Essig.** Man nehme zu 6 Flaschen oder 5 Quart Wasser 1½ Pfund Puderzucker (Farin), koche solches ½ Stunde, während dem man es gut schäumt, und gieße es in ein offenes Faß. Wenn es abgekühlt ist, füge man eine Schnitte Weißbrod, die dick mit Hefe bestrichen ist, dazu und lasse es zwei Tage gähren.

Darauf gieße man die Flüssigkeit in ein anderes Faß, welches an einem warmen, trocknen Ofen liegen muß, klebe ein Papierblatt über das Spundloch und mache kleine Oeffnungen darin, daß die äußere Luft eindringen kann. Wenn am Essig eine schöne Rheinweinfarbe erwünscht sein möchte, so füge man Anfangs zu dem Wasser und Zucker eine Quantität gelber Primeln oder Schlüsselblumen, die man mitkochen läßt.

3. Johannisbeer-Essig. Die Johannisbeeren werden ausgepreßt, der Saft wird bis zum andern Tage hingestellt und das Klare in reine Flaschen gefüllt, wobei der Bodensatz zurückbleibt. Dann setzt man die Flaschen offen zum Ausgähren an die Sonne oder an einen warmen Ort und verkorkt sie erst dann, wenn die Gährung völlig beendet ist.

Dieser Essig kann statt französischem Essig zum Salat gebraucht werden und gibt demselben einen feinen Geschmack.

————— : : —————

XXIV. Speisezettel für Kranke aller Art.

Bei sehr vielen Krankheiten nützen gute Küchenzettel entschieden mehr, als ganze Bündel von Doktorzetteln, welche nichts als Mixturen, Pflaster, Salben und dergl. zur Folge haben. So ist z. B. die Regulirung der Diät (Ernährung) oft ausreichend und jedenfalls die Hauptsache bei allen hitzigen Fiebern, dann selbstverständlich bei allen jenen Krankheiten, welche durch fehlerhafte Ernährung entstanden sind und bei sehr vielen Magenleiden, endlich schützt eine rationell gewählte Diät im Wochenbett und bei Neugeborenen vor vielen Erkrankungen.

1. Speisezettel für Fieberkranke. Bei jedem Fieber besteht eine Störung in der Verdauung; die Absonderung des Magensaftes ist vermindert und damit auch das Verdauungsvermögen. Die Kranken haben oft nicht den geringsten Appetit, dagegen Durst, viel Durst! Nur zu oft kommt dann die zweckwidrige Sorgfalt der alten Tante oder einer ähnlichen Erscheinung mit ihrem Unsinnigen: „gebt ihm ja kein frisches Wasser, sonst erkältet er sich!" Für einen Menschen, welcher in der Fiebergluth daliegt, giebt es kaum eine größere Wohlthat, als ein kühlender Trunk; ungescheut gebe man ihm Wasser, frisch vom Brunnen, unter Umständen sogar noch mit Eis versetzt, so oft er darnach verlangt — versteht sich — immer nur in kleinen Schlücken. Zuckerwasser ist lange nicht so zweckmäßig, weil der Zucker bekanntlich zu den Wärmemachern gehört. Zuträglicher sind am Ende noch mild säuerliche Getränke; doch können sie nicht so lange ohne Nachtheil für den Magen gegeben werden, wie frisches Wasser. Ein angenehm kühlendes Getränk der Art ist das sog. Oxykrat, bestehend aus Weinessig 1½ Unzen, verdünnt mit 2 Pfund Wasser und versüßt mit der nöthigen Menge Zucker. In manchen Gegenden wird auch der Apfelmost (Cider) als Fiebertrank benützt. Wenn derselbe gut gehalten ist und noch ein wenig perlt, leistet er sehr gute Dienste und kann längere Zeit fortgegeben werden. Am besten fühlt Limonade; dieselbe hat aber die Schattenseite, daß sie bald den Magen verdirbt.

Was nun den Appetitmangel anbelangt, so behandle man denselben unbedingt eine Zeit lang mit Fasten. Hiebei befindet sich der Kranke am besten. Nicht selten bemüht sich der zärtliche Unverstand, irgend eine Speise aufzuschwatzen: eine Suppe, einen Thee oder etwas Aehnliches. Genießt das der Kranke gegen seinen Willen, so wird dadurch nicht er, sondern die Krankheit gespeist. Manchmal bekommen solche Kranke Gelüste und zwar meistens nach Dingen, die ihnen nicht zuträglich sind. Auch da kommt wieder das alte Weib und sagt: „solchen Gelüsten muß man Rechnung tragen!" Jeder Arzt weiß davon zu erzählen, was solche Räthe für Schaden stiften.

Wenn sich jemals ein ächtes Verlangen nach Nahrung einstellt, dann treffe man eine sachgemäße Wahl. In der Regel ist die Zunge trocken; also eignen sich nur flüssige Speisen: Suppen. Vielfach wird mit einer Wassersuppe aus verkoch= tem Brod der Anfang gemacht. Fort damit! Weit besser sind die Suppen mit saurem Rahm; mit Recht werden dieselben allgemein verordnet bei Scharlach=, Masern=, Katarrh= u. a. Fiebern. Sehr angenehm kühlend sind ferner Obst= suppen.

Zur Abwechslung können dienen die sog. Kaltschalen von den gleichen Früchten und das Gefrorene (Ice Cream), namentlich von Zitronen, Apfelsinen, Ananas. Aber wohlverstanden, nur kleine Portionen!

Später gebe man dem Kranken einmal im Tage, etwa Mittags, einen kleinen (halbpfündigen) Fisch. Die hier geeigneten Arten sind im Speisezettel für Gicht= kranke zusammengestellt. Der Fisch muß einfach blau abgesotten werden. Am besten bekommt er kalt servirt, mit einem Zitronenscheibchen.

Kaum als Fieberspeise gekannt und deshalb viel zu wenig als solche verordnet, ist mageres Pökelfleisch. Es ist nicht so übertrieben nahrhaft und das will man ja beim Fieber; ferner wirkt sein Gehalt an Salz ebenso gut als kühlendes Mittel wie eine Salpetermirtur. Besonders wohlschmeckend und zweckmäßig mit schwach geräucherter Kalbszunge in gesäuertes Gel e eingelegt.

Wenn das Fieber nachläßt, wenn der Appetit wieder kommt, dann gehe man zu etwas Kräftigerem über, reite aber nicht im Galopp, sondern suche einen zweck= mäßigen Uebergang. Für diesen eignen sich allenfalls jene Braten, welche auf dem Speisezettel für Gichtkranke zusammengestellt sind.

Noch ist der Eigenthümlichkeit zu gedenken, welche das Wundfieber bei Jenen zeigt, die vordem reich getafelt haben. Werden solche Leute mit einem Schlag auf eine ganz strenge Diät gesetzt, so fallen sie rasch und so bedenklich zusammen, daß selbst das Schlimmste zu befürchten steht. Charakteristisch bleibt das eigenthümliche Schwächedelirium, welches nicht wenig Aehnlichkeit hat mit einem Delirium tre= mens . Da sind die Fiebersuppen nicht am Platze; da muß man zu den letztgenann= ten kühlenden Fleischspeisen greifen, unter Umständen sogar zu kleinen Portionen von einem leichten, kühl gestellten Weißweine.

Schließlich ist noch darauf hinzuweisen, daß bei jenen Fiebern, welche mit einer Entzündung irgend eines Organes zusammenhängen, alle jene Stoffe strenge zu meiden sind, von welchen man weiß, daß sie auf dieses Organ einen besonderen Reiz zu üben vermögen. So sind z. B. bei einer Entzündung der Nieren alle gesalzenen und sauren Speisen zu meiden u. s. w.

Als Ergänzung zu dieser allgemeinen Fieberdiät sollen noch folgende besondere Speisezettel für die häufiger vorkommenden fieberhaften Hautkrankheiten dienen:

a) Speisezettel für Masernkranke. Wer den natürlichen Verlauf dieser Krankheit nicht stören will durch Medicamente, deren Wirkungskreis unge= wiß ist, wird in der Diät sein Heil suchen und—finden. Wie ehedem die Arzneie= handlung sich nach den zwei Stadien dieser Krankheit gerichtet hat, so soll es auch die diätische Behandlung thun.

Für das Fieberstadium paßt der sub 1. zusammengestellte Speisezettel; für die Zwischenfälle, welche bei dieser Krankheit auftreten können, gelten folgende Rath= schläge:

Die Beschwerden der „Halsentzündung" werden bedeutend gemindert, wenn der Kranke öfters am Tage kleine Portionen Thee trinkt und außerdem mit Thee gurgelt. Leider paßt da der wohlschmeckende chinesische Thee wegen seiner aufregenden Eigenschaft weniger als z. B. der Lindenblüthen= oder der Woll= blumenthee.

Auch wenn die Sache weiter abwärts geht, wenn die Lunge angegriffen wird, leistet der Thee gute Dienste. Er löst und mildert den Hustenreiz. Einmal im Tage, am besten Morgens, wenn es sich um die Herausbeförderung des in der Nacht angesammelten Schleimes handelt, muß der Kranke auch eine Viertelstunde lang die Dämpfe des heißen Thees einathmen. Wenn alle diese schlimmen Zufälle glücklich überstanden sind, so bleibt nicht selten noch Heiserkeit zurück. Außer der Einathmung von Salzwasserdämpfen (1 Mal im Tag, am besten Morgens, nüchtern, je ¼ Stunde lang), soll der Kranke warmes Oel in den Hals einreiben. Das Essen muß einmal im Tage (Mittags) aus magerem, gut geräuchertem Speck (angenehmer Ersatz für den Fischthran!) mit Brodrinde bestehen; das Frühstück aus Milch mit Selterswasser, das Nachtessen aus einer Milchsuppe. Wenn die Halsentzündung einen brandigen Geruch zu verbreiten anfängt, oder wenn an andern Theilen des Körpers brandige Entzündungen auftreten, dann ist ein reiner gerbstoffreicher Rothwein das beste Hilfsmittel und die geeignetste Zeit, dasselbe einzunehmen, je eine Viertelstunde nach denjenigen Mahlzeiten, welche aus Fleisch= speisen bestanden. Die Dosis richtet sich nach dem Alter des Individuum, man soll nur nicht gar zu ängstlich sein.

b) Speisezettel beim Scharlach. Wenn der Verlauf des Scharlachs regelmäßig, das Fieber mäßig, die Halsbeschwerden gering, braucht man kein Recept, da genügt das Einhalten folgender Diät:

Aeltere Kranke nehmen täglich 3 Mal dünne Fleischbrühe, nicht zu warm, nicht wärmer als 100° Fahrenheit; in der Zwischenzeit nach Belieben milde, leicht ver= bauliche Compote von säuerlichen Früchten, am besten kalt, mit Spuren von Zucker. Kinder bekommen 3 Mal täglich dünne Milchsuppe oder mit Selterswasser verdünnte Milch, in der Zwischenzeit hie und da einige Löffel voll Sauermilch ohne Rahm.

Als Getränk gib reichlich und so oft es die Kranken verlangen, frisches Wasser, frisch vom Brunnen weg; zur Abwechslung mag allenfalls eine Limonade dienen. Kleinen Kindern muß man das Wasser anbieten und so oft als möglich die Lippen feucht machen. Große Wohlthat für die Kinder!

Ist die Krankheit gebrochen, ist längere Zeit keine Fieberbewegung mehr auf= getreten und keiner von den nachbenannten Zwischenfällen zugegen, dann gebe man dem Kranken Braten von rothfaserigem Fleische, kurz und gut, der Kranke setze sich an den Reconvalescententisch (No. 6).

So verfährt man, wenn Alles regelmäßig verläuft. Wenn aber Zwischenfälle eintreten, und diese sind beim Scharlach häufiger, als bei den Masern (der Schar= lach ist ja überhaupt eine viel schwerere Krankheit, in Wahrheit eine Steigerung des gleichen Prozesses), so kommen folgende Abweichungen in der Diät:

Das „Halsweh" wird am meisten gemindert durch Eispillen. Letztere lasse man Tag und Nacht so lange reichen, bis das Schlingen besser geht.

Bei der brandigen Halsentzündung, welche sich unter Anderem durch einen üblen Geruch aus dem Munde bemerklich macht, muß der Kranke mit gerbstoffrei= chem Rothweine gurgeln—kalt oder lauwarm, was am besten thut—nicht schlucken; das etwa losgelöste brandige Zeug muß ausgespuckt werden! Außerdem soll er etwa eine Viertelstunde nach jedem Essen ein wenig von einem solchen Weine trinken.

Folgt Wassersucht und deutet schmerzhaftes Wasserlassen auf einen Reizzustand in den Harnorganen, so hat die Nahrung nur aus schleimigen Suppen, das Ge= tränk nur aus Mandel= oder Hanfsamenmilch zu bestehen. Verliert sich der Reizzustand in den Harnorganen, dann muß der Kranke durch reichliches Trinken von, mit Wasser stark verdünntem, Weißwein die Urinausscheidung fördern. Auch ein Versuch mit einem Thee von Wachholderbeeren wäre am Platze. Wichtiger aber als alldies bleibt die Verbesserung der Blutmischung auf diätetischem Wege. Kräftige Braten von rothfaserigem Fleische sind ebenso liebliche als wirksame Mittel hierzu; 3 Mal im Tage hat das Essen zu bestehen entweder aus Beefsteaks oder aus Hasen= oder Wildbraten.

Vor noch nicht langer Zeit kam eine Behandlung des Scharlachs auf, die darin besteht, daß man den Kranken mit Speck einreibt und zwar gleich beim Beginne der Krankheit, Morgens und Abends am ganzen Körper, nur den Kopf nicht. Selbst wenn schon am 10. Tage die Fieberhitze gebrochen ist, soll man die Einreibung noch 3 Wochen lang fortsetzen. Soviel ist sicher, daß die Speckeinreibungen manche Er= leichterung gewähren, das Brennen und Jucken der Haut und die trockne Hitze lassen nach; die Haut wird befähigter zur Transpiration. Trotzdem stehen die Speckcur= Macher heut zu Tage ziemlich vereinzelt da; am meisten Verehrer hat die rein diäte= tische Behandlung behalten.

Schließlich noch eine Bemerkung, die sonst nicht auf einen Speisezettel gehört: Um wie viel leichter wird diese Krankheit durchgemacht, wenn das Krankenzimmer nie mehr als 66° Fahrenheit hat, einige Mal im Tage gelüftet wird; wenn der Kranke unter einer einfachen Wolldecke liegt und täglich ein frisches Hemd (erwärmt) anzieht. Damit ist ja noch lange nicht gesagt, daß man sich leichtsinnig dem Luftzug aussetzen soll. Der Kranke muß unter allen Umständen so lange im Bette bleiben als Fieber vorhanden ist. — Wenn man aber so in eine Stube eintritt, in welcher ein Scharlachkranker liegt und sieht wie 1) alle Fenster dicht geschlossen, 2) der Ofen glühend heiß, 3) das Krankenbett hart daneben, 4) den Kranken unter einem centnerschweren Deckbett, 5) noch immer mit demjenigen Hemde bekleidet, das er schon beim Beginne der Krankheit auf dem Leibe gehabt, dann muß man sich eben sagen, daß doch eigentlich viel dazu gehört, einen Menschen umzubringe n!

c) **Speisezettel für Blatternkranke.** Bei weitem die meisten Blatternkranken werden ohne jede Arzneibehandlung, nur bei Beobachtung einer gewissen Diät wieder gesund. In der ersten Zeit, d. h. so lange Fieber vorhanden, paßt der Speisezettel No. 1.

Der große Verlust an Säften, welcher diese Krankheit besonders auszeichnet und bei den meist massenhaften Ausscheidungen auf der Haut leicht zu erklären ist, gebietet, in thunlichster Bälde an einen Wiederersatz durch kräftige Speisen zu denken. Bei normalem Verlaufe beginnt nach dem 12. Tage die Abtrocknung der Blattern, das Fieber hört auf, der Kranke schläft gut und es stellt sich ein recht gesegneter Appetit ein. Sobald dies der Fall ist, darf man ungescheut, wenigstens einmal im Tage, am besten Mittags, eine leichte Fleischspeise, einen Braten von weißfaserigem Fleische (junges Geflügel, Kalbsbraten) geben und dazu einen Apfelbrei oder gekochte Birnen und Aehnliches. Zum Frühstück eignet sich eine Fleischbrühsuppe, besser als Kaffee, weil dieser weniger nahrhaft ist und dazu noch aufregend wirkt. Abends kommt außer einer kräftigen Fleischbrühsuppe noch eine kleine, blau abgesottene Forelle, Aesche, Hecht, am besten ohne alle Beigabe, nur mit einem Zitronenscheibchen. Wer überhaupt eine solche Delicatesse werth ist, wird soviel Einsicht haben, daß der Genuß größer ist, wenn der Fisch vor der Suppe verspeist wird. Auf diese Weise wird aber nur ein Paar Tage gekocht. Es wäre diese Diät selbst dann nicht nachtheilig, wenn noch etwas Fieber vorhanden. Sobald dieses aber vollständig aufgehört hat, muß man alsbald zu den kräftigsten Stofferzsatzmitteln übergehen, zu den Braten aus rothfaserigem Fleische, mit einem Worte zum Speisezettel No. 5.

Obwohl es die Küche eigentlich nichts angeht, dürfte es doch verdienstlich sein, hier auch etwas über die sonstige Behandlung der Blatternkranken zu sagen. Der Unwille, den wir über die Mißhandlung der Scharlachkranken ausgesprochen haben, zuckt auch hier; auch die Blatternkranken werden häufig so maltraitirt, daß man sich nur wundern muß, wie sie es aushalten.

Lüftet doch, wir bitten sehr, das Krankenzimmer häufiger! Die frische Luft bringt Niemanden um; sie ist im Gegentheil ein wahres Labsal für einen Kranken, welcher so in der Fieberglut daliegt. Das Zurücktreten der Blattern ist eben ein Hirngespinnst. — Gib dem Kranken häufiger frische Leib- und Bettwäsche. Am 12. Tage beginnt bei regelmäßigem Verlaufe die Abtrocknung. Um diese Zeit darf der Kranke das Bett verlassen, hat aber noch so lange das Zimmer zu hüten, bis das Stadium der Abtrocknung vorüber ist. Durchschnittlich haben sich nach 4 Wochen sämmtliche Krusten abgelöst.

2. **Speisezettel für Fettsüchtige** (neue Banting-Cur) Es wird auf die Gefahr hingewiesen, welche eine plötzliche Umwandlung der ganzen Lebensweise an sich hat. Man lasse das Zweckmäßige nur allmählig an die Stelle des Zweckwidrigen treten.

Die Fettleibigkeit wäre leicht zu curiren, wenn man zu jedem derartigen Patienten eine zuverlässige Schildwache stellen könnte; Leute, deren Mund schon viele Genüsse gehabt, sind ungemein nachsichtig gegen sich selber und schwer dazu zu bringen, daß sie längere Zeit consequent eine gewisse Diät einhalten. Am Ende wird es uns noch am schnellsten gelingen, Folgsamkeit zu erwecken, wenn wir im Stande

24

sind, einen sehr reichhaltigen Speisezettel vorzulegen. Folgende Speisen und Getränke haben wenig oder gar keine Fettbildner.

S u p p e n. Fleischbrühsuppen a) mit Einlagen aus dem Thierreiche: Fleischextract, Fleischhäcksel von Wild und magerem Geflügel, ferner die Froschschenkel und die Austernsuppe; b) mit Einlagen aus dem Pflanzenreiche: Kräutersuppen —Daß zu all diesen Suppen nur eine gründlich entfettete Fleischbrühe genommen werden darf, ist ohne Weiteres klar.

F l e i s c h s p e i s e n. Vom Rind: Beefsteaks, Rost- und Spießbraten,—die Saucen gründlich entfettet und, wo thunlich angesäuert; alle Kalbsbraten, mit Ausnahme des Nierenstücks; vom Haarwild: Hase, Reh, Edelhirsch; vom Federwild: Feld-, Hasel-, Schneehuhn, Birkhahn, Wildtaube, Waldschnepfe, Beckasine, Riesenschnepfe. Was das zahme Geflügel anbelangt, merke man sich wohl, daß ausgewachsenes und gemästetes hier weniger am Platze ist als junges, leimstoffreiches. Sehr geeignet sind die jungen Frühlingshühner. Die Wasservögel sind ausgeschlossen. Vom niederen Gethier sind erlaubt: Fluß- und Seekrebse, Schnecken, Austern, Muscheln und Froschschenkel; von den Eingeweiden: Kalbsbries, Nieren, Kutteln, Herz (nicht geröstet, sondern in saurer Bratensauce).

Als Beigabe zum Fleisch eignen sich Salate besser als Gemüse, weil diese meistens in ziemlich viel Butter verdämpft werden. Geeignete Salate sind: Endivien, Gurken, Kopfsalat, Gartenkresse, Tomato.

Von gewissen Früchten und Obst soll ein umfassender Gebrauch gemacht werden: Die Kürbisfrüchte, alle säuerlichen Arten vom Kern-, Stein- und Beerenobst sind sehr geeignet; dagegen ist das Schalenobst verboten.

Im gewöhnlichen Leben hält man die Eier nicht für ein fettes Nahrungsmittel. Die nähere Untersuchung ergibt aber, daß sie nicht weit hinter dem Mastochsenfleische stehen! Wenn also Eierspeisen für solche Curgäste gekocht werden, darf man nur das Weiße verwenden, den fettreichen Dotter nicht.

Von den Käsen sind zuträglich (d. h. wenn's der Magen erlaubt): der Kräuterkäse, der Parmesan; schon weniger geeignet, obwohl leichter zu verdauen, sind: der Chester, Eidamer u. dgl.; verboten sind fette Käse. Sehr zuträglich ist dagegen der hausgemachte s. g. Kuhkäse.

Kaffee und Thee sind zuträglich, aber ohne Milch und nur wenig oder gar nicht versüßt. An den schwarzen Kaffee ohne Zucker gewöhnt man sich bald; dagegen ist Thee ohne Zucker keine Delicatesse. Chocolade verboten.

Von den conservirten Nahrungsmitteln sind mehrere sehr zu empfehlen, so z. B. die mit Salz oder Essig eingemachten Pflanzenstoffe und mageres Pökelfleisch.

Am schärfsten verboten sind: Milch, Butter, Eigelb, fette Fische, die stärkemehlreichen Cerealien (Reis, Sago, Tapioca), die Kartoffeln,—Bier.

Als Getränk eignen sich nur leichte Weine mittleren Schlags, welche meistens so wenig Alkohol haben, daß keine Fettbildung zu fürchten ist, dagegen so viel Säure, daß der Mann davon eher zusammengezogen, als ausgedehnt wird!

Nach dem Gesagten wird nunmehr folgendes Tischreglement aufgestellt:

8 Uhr Frühstück: Beefsteak mit 1 Tasse Pecco-Thee ohne Milch.

12 Uhr Lunch: Magere Käse, mageres Pökelfleisch, Austern. Ein Glas Wein No. 0, oder Wasser.

4 Uhr Diner: Einen Teller voll von einer der genannten Suppen; Fleischbraten mit einem Salat. Eine halbe Stunde darauf 1 Glas Wein.

8 Uhr Nachtessen: Kalter Fleischbraten, dazu Pecco ohne Milch.

Als Gesellschafts-Getränk: Ein Schoppen leichter Wein.

Diese Diät wird Dir um so bälder nutzen, wenn Du nicht immer auf der faulen Haut liegst. Mache öfters Spaziergänge, aber nicht blos von der Stube in die Kirche oder in's Wirthshaus, sondern stundenweit! Ein großes Verdienst hat sich Jener erworben, der das Holzsägen als Heilmittel erdacht hat.

3. Speisezettel für Magere. Die Magerkeit kann sehr verschiedene Ursachen haben. Es sei deßhalb ausdrücklich bemerkt, daß bei der Aufstellung dieses Speisezettels nur an jene Magerkeit gedacht wurde, welche einzig und allein von einer fehlerhaften Auswahl der Speisen und Getränke herrührt.

Das beste Mittel zum „Mästen" ist und bleibt die Milch.

Aus dem Capitel der Suppen eignen sich die Fleischbrühsuppen, welche stärke=mehlreiche Einlagen haben: Gerste, Reis, Sago, Brod, Gries, Eiernudeln, Hül=senfrüchte, Kartoffeln. Fast noch schneller als die Fleischsuppen machen jene Milch=suppen fett, welche Reis, Sago, Zwieback, Brod u. dgl. haben.

Von den Fleischspeisen eignen sich alle fetten Braten mit saftigen Buttersaucen, besonders zu nennen sind: Schweins=Braten und Coteletten, Hammels=Braten und Coteletten, gemästete Wasservögel (Gänse, Enten).

Sollten diese fetten Braten einmal Kumor verursachen (Sodbrennen), dann mußt Du abwechseln. Zur Abwechslung sind geeignet Kalbsnierenbraten, Wach=teln.

Von den Fischen sind gerade die besten, unter Anderm auch die Salmoniden, auf diesen Speisezettel zu setzen, im Besonderen: Lachs, Forelle, Häring, Sprotte, Sardine, Anchovis, Aal, (dies die fettern Fische; magere findest Du zusammenge=stellt im Speisezettel für Gichtkranke).

Von den Eingeweiden sind geeignet: Gans=, Enten=, Fisch= und Kalbsleber.

Von den Würsten passen: die frischen Blut= und Leberwürste, sowie jene Brat=würste, zu welchen mehr Schweine= als Kalbfleisch verhackt wurde. Schwach räu=chern!

Von den Eierspeisen sind zu empfehlen: die milden Omeletten, die pikanten Omeletten mit Bücklingen oder Sprotten, endlich die Rühreier mit Lachs= oder Schinkenschnitten. Was willst Du noch mehr?

Kaffee und Thee mußt Du immer mit Rahm und Zucker nehmen; noch mehr trägt die Chocolade mit Rahm und Eiern zur Fettbildung bei.

Zum „Mästen" sind die Milchspeisen von fabelhaftem Erfolge.

Von den Gemüsen eignen sich nur die stärkemehlreichen Knollen= und Wurzel=Gemüse.

Von den Früchten passen nur die Schalenfrüchte: Mandeln, Kastanien, Nüsse, weil sie einen bedeutenden Gehalt an fettem Oel und Stärkemehl haben.

Was die Speisezusätze anbelangt, so bedarf es wohl keiner weiteren Auseinan=dersetzung, daß alle Speisen reichlich zu fetten sind. Ebenso wenig darf bei den Honig=, Zucker= und dergl. Speisen mit diesen Versüßungsmitteln gespart werden. Alle diese Dinge sind aber sogleich auszusetzen, wenn Sodbrennen entsteht.

Zum Getränke eignet sich namentlich malzreiches Bier. Auch die stark geistigen Rothweine von Bordeaux, Ungarn, Veltin enthalten das Zeug zum Fettmachen.

4. Speisezettel für Vollblütige, d. h. für wohlgenährte Leute mit blaurothen Köpfen, vollem Pulsschlag, Kopfcongestionen, Schwindel; für Leute, die gegründete Ursache haben, sich vor einem „Schlag" zu fürchten.

Fürs Erste ist die Menge der Nahrung überhaupt zu beschneiden. Wie viel es leiden mag, ist leicht zu bestimmen; einen sicheren Anhaltspunkt gibt das Gefühl des Sattseins, bis zu diesem Gefühle sollten es solche Leute gar nie kommen lassen. Ja man hat ihnen von mehreren Seiten her geradezu anbefohlen, jeweils den andern Tag zu fasten. Das ist doch ein Bischen zu stark! Um die Reduktion der Nahrungsmittel in Zahlen auszudrücken, wird folgende Rechnung gemacht. Im Durchschnitt genießt ein erwachsener Mensch täglich ungefähr 3 Pfund feste Nah=rung, wovon annähernd 1 Pfund Fleischspeisen, das Uebrige Vegetabilien sind. Bei fraglichen Patienten wäre die Hälfte genug. Außerdem sollte die Fleischnah=rung mehr in den Hintergrund treten; denn diese ist es ja hauptsächlich, welche Blut gibt und, wenn man so sagen darf, das Blut concentrirter macht. Halte Dich also hauptsächlich an Vegetabilien, werde eine Zeit lang (wenigstens halb=wegs) ein Pflanzenesser.

Fürs Zweite gilt es eine Zusammenstellung zu machen von lauter Speisen, welche wenig zur Blutbildung beitragen und keine Blutwallung verursachen können. Diese Eigenschaften haben ungefähr folgende Artikel:

Suppen: dünne Fleischsuppen mit Einlagen aus der Classe der Suppen=kräuter. Die Wassersuppen gehörten auch hierher, wenn sie überhaupt irgend wohin zu gehören würdig wären!

Fleisch: Je jünger das Thier ist, desto mehr Leimstoff enthält das Fleisch, desto weniger trägt es zur Blutfülle bei. Durchschnittlich hat solches Fleisch eine weiße Faser. Im Speciellen sind gestattet: Junges Kalbfleisch, nicht älter als 14 Tage, und junges Geflügel. Es ist besser, diese Fleischsorten in feinen milden Saucen zu geben, anstatt als Braten. Ganz besonders geeignet ist die Tomato= Sauce.

Verboten sind alle Fleischsorten, welche auf dem Speisezettel für Bleichsüchtige stehen.

Jene Fische, welche diesen Kranken zuträglich sind, siehst Du im Speisezettel für Gichtkranke zusammengestellt. Auch alle dort genannten Leimstoffspeisen eignen sich hierher.

Kaffee und Thee regen zu sehr auf, mehren somit die Gefahr des Schlagflusses. An ihre Stelle lasse deshalb Suppen treten.

Chocolade ist weniger aufregend; doch gibt es viele Speisen, die besser hierher passen.

Von den Mehlspeisen sind nur jene erlaubt, welche kühlende Früchte zu Ein= lagen haben. Besonders zu empfehlen sind die frischen Obstkuchen.

Gemüse ist vielen von diesen Kranken fast lieber als Fleisch. Mit Ausnahme der Hülsenfrüchte und Kartoffeln sind alle erlaubt. Besonders zuträglich sind: gelbe Rüben, Spargeln, Spinat, Kohl. Alle diese Gemüse sollen gründlich gekocht, verwiegt und in Butter verdämpft werden ohne Zusatz von Mehl.

Mit Ausnahme des Bohnen= und Kartoffelsalates sind alle Pflanzensalate zuträglich; von den Fleischsalaten eignet sich der Fischsalat.

Von Früchten und Obst verdienen ganz besondere Empfehlung: Melone, Ananas, Orangen, Aepfel, Birnen, sämmtliches Steinobst (Schalenobst taugt nichts).

Zum Getränk eignet sich leichtes Bier, die leichteren Weißweine, versteht sich, in mäßiger Menge. Starke Getränke, namentlich in Festquantitäten, sind gefährlich, weil sie das Blut zu sehr in Wallung bringen.

„Um das Blut zu verdünnen", mögen sich solche Kranke angewöhnen, viel Wasser zu trinken. Am besten ist jener Brunnen,—zu welchem sie mindestens eine Stunde weit zu gehen haben!

5. Speisezettel für Blutarme (für bleichsüchtige Mädchen—für Wöch= nerinnen, welche große Blutverluste gehabt haben—für Kranke mit langwierigen Eiterungen und anderen Säfte=Verlusten, für Reconvalescenten)

Bei diesen Zuständen hat sich die rein diätetische Behandlung den größten Ruf erworben. Schon manche Bleichsucht, bei welcher alle möglichen Arzneicuren erfolglos waren, ist schließlich noch auf diesem Wege geheilt worden.

Die Nahrung muß reich sein an Eiweißkörpern, arm an Fettbildern, arm an Leimstoff und Salzen.

Ueber die Milch sind die meisten dieser Kranken im Unklaren; sie halten dieselbe wegen ihres anerkannt hohen Nährwerthes für passend. Die Milch enthält aller= dings viel Eiweißkörper, aber auch so viel Fett, daß sie eher geschaffen ist, ein reichliches Fettpolster zu schaffen, als besseres Blut.

Suppen: Am meisten nützen die kräftig ausgekochten, gründlich entfetteten Fleischbrühsuppen mit Einlagen von Gehäcksel aus rothfaserigem Fleische.

Fleisch: Geeignet sind nur die Fleischsorten mit rother (blutreicher) Faser und zwar in der Form von Braten, also: Beefsteaks, Rostbraten, Hammelsbraten (mager) und etliche wilde Vögel. Saucen sind wegen ihres Gehaltes an Fett und Leim nicht geeignet. Gekochtes Fleisch deshalb nicht, weil es Saft und Kraft eingebüßt hat.

Fleisch muß überhaupt die erste Nahrung für diese Krankheit sein! Es gehört ihnen nicht nur Mittags ein Braten, sondern auch zum Morgenessen ein Beefsteak, vor dem Nachmittagskaffee ein Stückchen kaltes Geflügel und auch das Nachtessen muß einen Braten zum Hauptgange haben.

Verboten ist alles Fleisch mit weißer Faser: Schweinefleisch, Kalbfleisch, Fische. Ungeeignet sind ferner Leimstoffspeisen. Die Käse verträgt der schwache Magen nicht.

Kaffee und Thee sind wegen ihrer aufregenden Wirkung nicht besonders zuträg= lich und jedenfalls dürfen keine so großen Tassen genommen werden, daß schon das Ansehen Herzklopfen macht. Am wenigsten zeigt sich die aufregende Wirkung, wenn vorher mit einem Stückchen Braten ein Boden gelegt wurde.

Chocolade besser.

Gemüse. Wegen seines merkwürdig großen Eisengehaltes wäre allenfalls Spinat zu empfehlen; doch gilt auch vom Spinat dasjenige, was von den Gemü= sen überhaupt zu sagen ist: Dinge mit so geringem Nährwerthe gehören in den Hintergrund gestellt, dürfen höchstens als Beigabe zum Fleische dienen. Jeden= falls müssen sie gut blanchirt sein.

Noch weniger als die Gemüse passen die Salate. Die meisten Pflanzentheile werden roh zu Salaten angemacht und sind so jedenfalls schwerer zu verdauen als gekocht (Gemüse). Zudem werden in der Regel saure Speisen schlecht ertragen.

Alle geistigen Getränke sind verboten, weil sie das Gefäß= und Nervensystem aufregen und höchstens zur Fettbildung, dagen nichts zur Verbesserung der Blut= masse beitragen.

6. Speisezettel für Hämorrhoidarier. Bei der Hämorrhoidal= Krankheit sind vorhanden: Ueberfüllung der Unterleibsgefäße, namentlich jener am Mastdarm (Hämorrhoidalknoten), Anschoppung der Leber, Trägheit der Darm= bewegungen. Die meisten Hämorrhoidarier sind vollblütig.

Nach dem Gesagten steht dieser Speisezettel den Sub. No. 4 und 12 aufgestell= ten am nächsten. Außerdem müssen aber noch jene Speisen ausgeschieden werden, welche viel Abgang bilden (die Mehlspeisen und manche Gemüse).

Jene seltene Varietät von Hämorrhoidariern, welche eher zu wenig als zu viel Blut haben, wo die Erweiterung der Blutgefäße des Mastdarms nicht Folge von Ueberfüllung, sondern von Schlaffheit der Gefäßwandungen ist, fährt besser, wenn sie sich an den Speisezettel No. 5 hält. Der ächte Hämorrhoidarier aber erhält folgenden Speisezettel:

Suppen. Zuträglich sind alle mageren Fleischbrühsuppen mit folgenden Ein= lagen aus dem Thierreiche: Fleischhäcksel, Froschschenkel.

Das Fleisch=Quantum muß beschnitten werden. In kleinen Portionen und mit milden Saucen sind alle zarten Geflügel= und Kalbfleischgerichte erlaubt; dazu als Beilage ein Mus von säuerlichen Früchten, weil dieses den Stuhl fördert.

Eierspeisen und Käse passen nicht.

Kaffee und Thee sind deshalb nicht ungeeignet, weil sie ein wenig zur Förde= rung des Stuhlganges beitragen. Die aufregende Wirkung, welche man nicht brauchen kann, wird verdeckt, wenn man Milch dazu nimmt.

Chocolade nicht geeignet, weil sie verstopft.

Brod, Backwerk, Mehlspeisen nicht geeignet, weil sie viel Abgang machen, welcher dann unter allerhand Blähungen träge abgeht.

Gemüse. Im Allgemeinen sind alle jene Gemüse gestattet, welche auf dem Speisezettel für Vollblütige stehen. Dabei ist aber wohl zu beachten, daß bei der regelmäßig vorhandenen Trägheit in den Darmbewegungen nur kleine Quantitäten gut thun. Kohlgemüse sind wegen ihrer blähenden Eigenschaft ganz verboten; ebenso Hülsenfrüchte und Kartoffeln.

Salat weniger geeignet, weil dazu die Pflanzentheile gewöhnlich ungekocht angemacht werden.

Früchte und Obst. Mit Ausnahme des fett= und stärkemehlreichen Schalen= obstes sind alle hierher gehörigen Artikel zuträglich; einige davon werden sogar als Heilmittel gebraucht. Die Traubenkuren haben schon manchen vollsaftigen Hämorrhoidarier wieder in Ordnung gebracht.

Gewürze sind nachtheilig, theils wegen des Reizes, welchen sie auf den Verdauungscanal üben, theils wegen der aufregenden Wirkung auf das Gefäß= System.

Getränk. Unzureichender Genuß von Wasser ist ebenso häufig Ursache von „dickem Blut" und Hämorrhoidalanschoppung, wie Mangel an Muskelübung mit kräftigem Athmen. Diese Kranken sollen nicht nur nach jedem Essen ein Glas Wasser trinken, sondern auch unter Tags sich häufiger auf diesen Artikel einlassen. Leichte Weißweine können zur Abwechslung seine Stelle vertreten, ebenso das gewöhnliche Bier.

Als besonders zuträgliche Muskelübungen gelten Holzsägen und Reiten.

7. Speisezettel für Gichtkranke. Für Gichtkranke sind zweierlei Speisezettel zu machen: einer für die Zeit des Gichtanfalls, der andere gegen die Dyskrasie. Für den ersten Fall paßt der Fieberspeisezettel (No. 1.); für den letzteren:

Suppen: Dünne Fleischbrühsuppen mit leimstoffreichen Einlagen (falsche und wahre Schildkrötensuppe, Fisch- und Schnecken-Suppe), Kräutersuppen.

Ueber die Fleischspeisen ist zu bemerken: Abgesehen davon, daß die Portionen überhaupt beschnitten werden müssen, sind alle kräftigeren Sorten ganz zu streichen. Diese Fleischsorten stehen beisammen im Speisezettel für Blutarme. Fische sollten —im Vereine mit einigen Leimstoffspeisen- die Stelle des Fleisches vertreten. Im besonderen sind erlaubt: Flußkarpfen, Hecht, Flußbarsch, Forelle, Aesche, Kabeljau (Laberdan), Schellfisch.—Am geeignetsten sind halbpfündige Hechte, Forellen. Wenn die Sache wieder etwas besser steht, mag das Fleisch junger Thiere (Kalbfleisch Spanferkel, Lamm, ganz junges Geflügel) die Abwechslung bilden.

Von den Leimstoffspeisen eignen sich: die Fischgallerten, die schwach sauren Kalbsülzen, Kalbskopf, eingesülztes Ochsenmaul, junges Geflügel in Gel'e.

Kaffee taugt nichts, weil er zur Bildung von Harnsäure beiträgt. Das Gleiche gilt auch vom Thee.

Chocolade ist aus mehreren Gründen hier nicht am Platz, insbesondere ist ihre stopfende Wirkung nicht erwünscht.

Ueber die Gemüse lies den Speisezettel für Vollblütige.

Die Salate sind, wie alle sauren Speisen, ohne Ausnahme verboten.

Früchte und Obst. Alle säuerlichen Arten sind im Stande, die Harnsäure im Blute zu vermehren. Demnach sind zu meiden: die säuerlichen Birnen und Aepfel, das saure Steinobst und fast alles Beerenobst. Zu gestatten sind: die süßen Birnen und Aepfel, die Trauben, etliche süße Arten von Steinobst und die Kürbisfrüchte. Alles am besten frisch (ungekocht)! zum Dessert—aber in mäßigen Quantitäten!

Getränk. Es ist bekannt, daß jene Menschen, welche weder Wein noch Bier trinken, keine Gicht bekommen. Also weißt Du, was Du zu thun hast! Dagegen ist den Gichtkranken die Liebe zum Wasser sehr zuträglich. Nichts vermag der übermäßigen Harnsäurebildung mehr zu steuern als reichliches Wassertrinken. Die schönen Erfolge der Curmethode, welche darin besteht, daß der Kranke anstatt stündlich einen Eßlöffel von Medicin, stündlich oder sogar halbstündlich ein Glas warmes Wasser zu nehmen hat, sprechen deutlich hiefür.

Schließlich sei noch bemerkt, daß die Gichtkranken, insofern ihr Gehwerk nicht gar zu schadhaft ist, sich möglichst viel Bewegung machen sollten.

8. Speisezettel für Scrophulöse, paßt sowohl für die Drüsenkrankheit im Allgemeinen, als auch für ihre vielnamigen Folgeübel: skrophulöse Gelenkkrankheiten, skrophulöse Augenentzündungen etc.

In der ersten Lebensperiode ist der s. g. Kindsbrei (Milchmehlbrei) diejenige Nahrung, welche die nach allen Richtungen so verderbliche Skrophelkrankheit verursacht; später ist es namentlich die einseitige Kartoffel- und Mehlnahrung, welche diese Krankheit unterhält. Wer demnach das vortreffliche Mittel gegen die Skropheln, den Leberthran, verordnet, ohne zugleich die Mehlspeisen und die Kartoffeln zu verbieten, kann dazu kommen, daß er über den Leberthran schimpft, während er selbst den Schimpf verdient hat.

Nach dem Gesagten ergibt sich folgende Speise-Karte für diese Kranken:

Milch ist wohl die zuträglichste Speise.

Der Eichelkaffee wird sehr oft als diätetisches Mittel in der Skrophelkrankheit gebraucht.

Von den Fleischbrühsuppen sind nur jene gut, welche Einlagen aus dem Thierreiche haben. Die Milchsuppen sind nicht geeignet.

Alles Fleisch von Säugethieren und Vögeln ist zuträglich; bei jeder Mahlzeit sollte ein derartiges Gericht kommen. Als Beigabe zum Fleisch eignen sich die zarten Gemüsekräuter, wie sie im Speisezettel No. 4 zusammengestellt sind. Sehr nachtheilig sind die Kartoffeln.—Salate erträgt der Magen nicht.—Früchte und Obst sind (mit Ausnahme der stärkemehlreichen Schalenfrüchte) geeignete Beigabe zum Fleisch.

Weiche Eierspeisen sehr zuträglich! Käse desgleichen, namentlich die leicht verdaulichen, fetten.

Eine Hauptspeise, die sogar von mehreren Seiten als Heilmittel empfohlen wird, ist der geräucherte Speck. Derselbe ist namentlich dann zu verordnen, wenn man weiß, daß der Leberthran doch nicht genommen oder, wenn er genommen, doch nicht ertragen wird.

Da die Kranken so sehr geneigt sind, unbequeme ärztliche Verordnungen zu drehen und zu wenden, so sei nochmals ausdrücklich bemerkt, daß nicht nur Brod, Backwerk und Mehlspeisen schaden, sondern auch alle Suppen mit stärkemehlreichen Einlagen.

Außer der bezeichneten Diät ist es namentlich der Aufenthalt in freier Luft, welcher zum Heile führt.

9. Speisezettel bei der Rhachitis (englische Krankheit) und Osteomalacie (Knochenerweichung). Die Knochen sind in diesen beiden Krankheiten auf die gleiche Art und Weise erweicht, es fehlt ihnen an der nöthigen Menge unorganischer Stoffe (Kalk), durch welche eben die Knochen ihre Festigkeit erhalten. In hochgradigen Fällen sinkt die Menge der unorganischen Bestandtheile der Knochen unter $\frac{1}{4}$ der Norm herab.

Sehr nahe würde die Annahme liegen, welche früher auch allgemein galt, daß diese Krankheit durch eine Nahrung herbeigeführt werde, in welcher die genannten Stoffe fehlen oder nur spärlich vorhanden sind. Diese Ansicht hat sich aber als falsch erwiesen; genauere Forschungen haben den Fehler anderswo gefunden — in zu reichlicher Bildung von Milchsäure, welche Säure im Stande ist, die Knochensalze aufzulösen. Die Bildungsstätte der Milchsäure ist der Magen; die Erkrankung der Magenschleimhaut führt bekanntlich bei weitem in den meisten Fällen zur Bildung von sauren Producten (darunter hauptsächlich Milchsäure). Diese Säure bildet sich namentlich gerne aus einer stärkemehlreichen Nahrung (Mehlspeisen, Kartoffeln u. dgl.). So beobachtet man auch den bekannten weichen Hinterkopf namentlich bei denjenigen Kindern, welche mit dickem Mehlbrei aufgefüttert werden. Die Milchsäure geht aus dem Magen in das Blut über, hält dort die Kalksalze in Lösung, so daß sie sich nicht in die Knochen ablagern und diese hart machen können, sondern vielmehr wieder durch den Urin aus dem Körper ausgeschieden werden.

Auf eben besagte Art ist die Entstehung der Rhachitis in den meisten Fällen zu erklären.

Ungemein häufig wird darin gefehlt, daß man solchen Kranken ohne Weiteres die Milchdiät vorschreibt. Es gibt für diese Kranke nur eine zuträgliche Gattung von Speisen, die Fleischspeisen. Das Fleisch muß aber immer von ausgewachsenen Thieren gewählt werden, weil dieses reicher ist an phosphorsaurem Kalk als junges. Die besten Speisen sind also: Beefsteaks, Roastbeef, Hammels-Coteletten, kurz die Fleischspeisen und die Suppen, welche im Speisezettel No. 5 zusammengestellt sind. Bei kleinen Kindern macht man mit fein geschabtem rohen Fleisch oft gute Geschäfte, große Kinder ekelt diese Speise an. Ausdrücklich verbieten wir das Kalbfleisch und überhaupt das Fleisch junger Thiere. Aus der chemischen Analyse der Eier geht hervor, daß der Eidotter sehr reich ist an phosphorsaurem Kalk; somit sind in diesem Fall Eierspeisen am Platze.

Zum Schlusse sei noch darauf hingewiesen, daß die Rhachitis sehr häufig auf skrophulösem Boden ruht, daß somit auch mit wenigen Abweichungen der Speisezettel No. 8 versucht werden kann. In der Osteomalacie ist der Fettgehalt der Knochen bedeutend vermehrt; demnach müßten aus dem genannten Speisezettel einige wichtige Speisen (roher Speck, Leberthran) gestrichen werden, wenn er für diese Kranken passen soll.

10. Speisezettel bei der Lungenschwindsucht, Lungentuberculose (Auch die Kranken, welche am chron. Bronchialcatarrh, am Asthma, am Lungen=emphysem etc. leiden, mögen sich an diesen Speisezettel halten).

Suppen aus grobgemahlenem Roggen=, Linsen= oder Bohnenmehl (Revalenta arabica) sind zwar nicht ohne Nährwerth, aber so schwer zu verdauen, daß nur die Geheimmittelhändler dabei gedeihen, die Kranken dagegen, namentlich am Magen, sehr erheblich beschädigt werden. Schneckenbrühen und Isländisch=Moos=Galler=ten werden geschluckt, weil sie für „lösend" und „nährend" zugleich gelten. Wer erstere gerade nöthig hat, mag zu diesen Dingen greifen; wegen des Nährwerthes aber wende man sich an die Schätze der Fleischkammer.

Der Hauptgesichtspunkt, an welchem bei Aufstellung eines vollständigen Speisezettels für Lungenschwindsüchtige festzuhalten ist, lautet: Nimm solche leicht=verdauliche und kräftig nährende Speisen, welche von jeder Reizwirkung auf die Lunge frei sind! Im Allgemeinen paßt so ziemlich Alles, was im Speisezettel für Skrophulöse zusammengestellt wurde; Skrophulose und Tuberculose sind ja auch die nächsten Vettern! Im Besonderen wird folgende Tischordnung für Tuberculöse anbefohlen:

1 Stunde vor dem Frühstück (um 7 Uhr) trinkt der Kranke das ihm etwa ver=ordnete Mineralwasser.

Frühstück (8 Uhr): frische Ziegen= oder Eselinnen=Milch, warm vom Thiere weg, mit Brodrinde.

Der Mittagstisch (12 Uhr) ist, wenn gerade kein Fieber vorhanden, aus den unter No. 8 erwähnten Speisen zusammen zu stellen, andernfalls gebietet die Vor=sicht den Speisezettel No. 1.

Das Abendessen (4 Uhr) besteht aus rohem Speck (anstatt Leberthran) mit Brodrinde. Der Salzgehalt macht den Speck sogar für jene Fälle geeignet, wo leichte Fieberbewegungen vorhanden sind.

Das Nachtessen (9 Uhr) sollte nur aus einer einfachen Fleischbrühsuppe beste=hen. Bekanntlich sind es vorzugsweise die Nächte, welche an diesen Kranken zeh=ren, nur der regelmäßig auftretenden Morgenschweiße zu gedenken. Diese schlim=men Dinge kommen viel stärker, wenn der Kranke zuviel zu Nacht ißt oder bald nach dem Nachtessen zu Bette geht.

Wir halten es nicht für gut, wenn diese Kranken auch noch Abends trinken. Das viele Zeug, welches Mittags, Nachmittags etc. verzehrt zu werden pflegt, kann solche Zersetzungsproducte im Magen hinterlassen, daß auch die Abendmilch als=bald zersetzt wird. Diese Zersetzungsproducte verursachen gewaltigen Rumor im Magen und in Folge dessen qualvolle Nächte.

Betrachten wir nun weiter, was bei den verschiedenen Zwischenfällen der Krankheit zu thun ist.

Vor allem hat man es mit der häufigen Wiederkehr der Katarrhe zu thun, Schnupfen, Heiserkeit, Bronchialrasseln treten alle Augenblicke auf. Vermeide deßhalb rauhe Luft, starke Temperaturwechsel, Luftzug. Wer's machen kann, geht im Winter in eine mildere Gegend, z. B. nach Florida, Californien u. s. w.

Bei den chronischen Katarrhen wechseln zwei verschiedene Stadien miteinander ab; bald ist der Auswurf reichlich und dünnflüssig, bald spärlich und zäh und wird nur durch heftigen Husten herausgebracht. Für den ersten Fall werden vorzugs=weise terpentinhaltige Einathmungen oder, was jetzt von diesem Artikel das Feinste ist, Kiefernadelwaldcuren gemacht; im zweiten Falle Isländisch=Moos=Gallerte, Schneckenbrühe und andere schleimige Mittel, z. B. Brustthee geschluckt, oder Brust=bonbons. Man hüte sich wohl, diese Sachen längere Zeit fort zu gebrauchen; sie versäuern den Magen und bewirken auf der Brust gerade das Gegentheil von Dem, was man will. Viel ersprießlicher sind die warmen Einathmungen von diesem Thee gerade zu jeder Zeit gebraucht, wo man fühlt, daß zähe Schleime in den obe=ren Athmungswegen stecken. Jedenfalls ist die schablonenmäßige Verordnung: schleimigen Thee, z. B. „alle Stunde ein Löffel voll" oder „Morgens und Abends eine Tasse zu nehmen", gelinde gesagt, gedankenlos; man soll nur zu der Zeit helfen, wo Hilfe nöthig ist, dann aber recht.

Das Peinlichste für die Lungensüchtigen ist die von Zeit zu Zeit eintretende Athemnoth. Zu solcher Zeit soll der Kranke nur kleine Mahlzeiten halten, namentlich Abends. Wenn nöthig, soll, außer der Beschneidung der Mahlzeiten, auch für regelmäßige Leibesöffnungen gesorgt werden — durch mildsaure Fruchtcompote. Die Bleifarbe des kalten schweißbedeckten Gesichtes deutet auf Zurückhaltung der Kohlensäure im Blute in Folge mangelhafter Expiration hin; der Kranke ist halbbetäubt und könnte sich sehr schädigen, wenn er auch zu solcher Zeit die narkotischen Pulver oder Tropfen, welche ihm zur „Beruhigung" verschrieben sind, vorschriftsmäßig schlucken würde.

Am meisten ist das Blut im Auswurfe, der Bluthusten oder gar der Blutsturz gefürchtet! Wenn sich je ein „Aederchen" im Auswurfe zeigt, soll nicht blos die strengste körperliche und geistige Ruhe beobachtet, sondern auch gar nicht gesprochen werden. Außer den guten einfachen Mitteln, den kalten Umschlägen auf die Brust hat auch die Küche mit zu helfen. Kälte, Kochsalz und Säuren sind bekanntlich die hier gebrauchten Mittel zur Blutstillung. Die Küche hat diese Mittel in sehr angenehmen Formen: Als kaltes Mittel empfehlen wir irgend ein Fruchteis; von den zahlreichen Mitteln stehen in erster Reihe: Salzsardellen, Häringsmilchen, dann folgen: roher Speck, Schinken. Von den säuerlichen Speisen eignen sich namentlich die Obst- oder Fruchtcompote.

11. Speisezettel bei trägem Stuhl. Wer an trägem Stuhle leidet, muß vor allem der Quelle des Leidens nachforschen; ungeeignete Mittel, also auch eine ungeeignete Zusammenstellung von „eröffnenden" Speisen, können großen Schaden anrichten. Daß die Stuhlverstopfung eine Menge, zum Theil höchst verschiedener Ursachen haben kann, weiß wohl Jedermann. Mangelnde Bewegung des Darms, verminderte Secretion des Darminhaltes sind die gewöhnlichsten; Darmverschlingungen, eingeklemmte Brüche die schlimmsten. Diesen näheren Ursachen des trägen Stuhlganges können wieder eine Menge entferntere Ursachen zu Grunde liegen. Die Darmbewegungen und Secretionen werden mangelhaft bei verschiedenen Krankheiten des Darmkanals, namentlich bei den Katarrhen. Mitunter ist auch der übermäßige Genuß der Tafelfreuden, eine fehlerhafte Verbindung der Speisen, der einseitige Genuß von Cerealien, Kartoffeln, Hülsenfrüchten daran schuld. Herber Rothwein und Arzneistoffe können ebenfalls dazu beitragen.

Es gibt gar nicht wenige, sonst ganz gesunde Menschen, die eben immer nur alle zwei oder drei Tage einen Stuhlgang haben, sich dabei aber vollkommen wohl fühlen. So lange dies der Fall ist, wäre es überflüssig, etwas an der Lebensweise zu ändern. Wenn aber einmal ein unbehagliches Gefühl von Völle im Leib entsteht, wenn ein meist resultatloser Drang zum Stuhle vorhanden, verbunden mit der bekannten widerlichen Stimmung eines Vollbluthämorrhoidariers, wenn sich endlich die Folgen des Druckes großer Kothmassen auf die Blutgefäße der Unterleibsorgane bemerklich machen durch Anschwellung der Füße, durch Krampfadern, durch ständiges Kaltwerden der Füße, durch Vergrößerung der Hämorrhoidalknoten mit Blutungen oder Austritt einer wässerigen Flüssigkeit und Jucken am After, wenn endlich auch noch in Folge von Gallenstauung ein gelblicher Teint entsteht, — dann muß etwas geschehen!

Für gewisse Leser sei es noch bemerkt, daß sie nicht auf diesen Speisezettel bauen dürfen, wenn der Stuhlgang nur einmal angehalten bleibt wie z. B. dann, wenn die Darmthätigkeit durch eine acute Entzündung plötzlich unterdrückt ist oder wenn sich ein Leistenbruch einklemmt u. s. w. Wer in solchen Fällen die Zeit vergeudet, bringt den Kranken in Lebensgefahr!

Nun zum Speisezettel selbst! Vorab sei bemerkt, daß alle Speisen, welche im nachfolgenden Speisezettel nicht aufgezählt sind, strenge gemieden werden müssen. Hier ist also erlaubt:

Molken sind ein unsicheres Mittel zur Regulirung des Stuhls; dem Einen machen sie Verstopfung, dem Anderen Diarrhoe. Für Ersteren würden allenfalls Tamarindenmolken besser passen.

Suppen: Flüssige Nahrung taugt hier überhaupt mehr als feste; somit sind die Suppen sehr am Platze, mit Ausnahme derjenigen Arten, welche Cerealien zur Einlage haben.

Fleisch: Das gebratene Fleisch soll immer mit den Saucen verspeist werden. Junges Fleisch wirkt mehr auf den Stuhl als altes, gebeiztes mehr als unge= beiztes.

Eier: die harten gelten als verstopfend, alle andern sollen den Stuhl eher fördern als träge machen.

Nur der Aufgußkaffee hat einen bemerkbaren Einfluß auf den Stuhl; der abgekochte bewirkt also eher das Gegentheil.

Ein Thee, der nicht länger als 5 Minuten ausgezogen wurde, fördert die Stuhlentleerung; steht der Thee länger am Wasser, so nimmt er Tannin auf und verstopft.

Brod ist im Allgemeinen verboten.

Gemüse und Salate: Der Gehalt an organischen Saucen macht manche Pflan= zen zu Mitteln gegen trägen Stuhl; bei vielen hilft auch noch der große Gehalt an Wasser mit. In besagter Weise wirken z. B. die Wurzelgemüse, die Sprossen, die Kräuter, die Blumen= und Blüthenstände; namentlich werden die säuerlichen Früchte und das Obst häufig als Hausmittel gegen habituelle Stuhlverstopfung gebraucht.

Speisezusätze: Kochsalz ist nicht ohne Einfluß; iß also die wohl gefetteten und kräftig gesalzenen Speisen ohne Bedenken.

Getränke: Leichte Weißweine und Bier geeignet. Es würde zu weit führen, wollten wir alle jene Mineralwasser aufzählen, welche zu „eröffnenden" Curen dienen; nur so viel sei bemerkt, daß kein Mittel angenehmer schmeckt und bessere Dienste leistet, als ein abführendes Mineralwasser, dessen tägliche Dosis man ein= mal genau erprobt hat. Es soll eben nicht weiter gehen als bis zur täglich einma= ligen, regelmäßigen Entleerung. Die beste Zeit zum Trinken des Mineralwassers ist etwa 1 Stunde vor dem Frühstück.

Außer der geeigneten Diät sollen noch folgende Unterstützungsmittel gebraucht werden:

Klystiere: Die Klystiere reizen weder den Magen noch das obere Gedärm, was bekanntlich von den geschluckten Abführmitteln durchaus nicht behauptet werden kann. Da die Klystiere nur durch Verflüssigung des Mastdarminhaltes wirken, so muß auch noch von oben herab etwas geschehen. Hiezu biene allerdings die eben verordnete Diät, so daß nur in ganz halsstarrigen Fällen noch von einem medici= nischen Abführmittel Gebrauch gemacht werden muß. Für die meisten Klystiere genügt lauwarmes Wasser; sonst sind die Klystiere von Kamillenthee mit etwas Salz, Oel und Seife am gebräuchlichsten. Die Quantität anlangend, so genügt in den meisten Fällen ¼—½ Quart Flüssigkeit für ein Klystier. Wie es für diese Kranken überhaupt rathsam ist, die ersehnte Verrichtung auf eine bestimmte Mor= genstunde zu setzen, so soll auch das Klystier regelmäßig zu dieser Zeit angewendet werden.

Schließlich sei noch darauf hingewiesen, daß die Körperbewegung auch zur Förderung des Stuhles beiträgt. Du mußt also namentlich Morgens, d. h. zu der Zeit, wo eben von Rechtswegen das erwünschte Naturereigniß eintreten soll, spazieren gehen. Dies merke sich namentlich der Mann von der Feder, der Schneider und der Schuster, die Parlor-Lady und die Nätherin u. s. w.

12. Speisezettel bei Diarrhoe. Unter den Mitteln zur Bekämpfung der Diarrhoe stehen die diätetischen oben an. Der beßfalsige Speisezettel lautet: (Die hier nicht zuträglichen Speisen stehen im vorigen Speisezettel beisammen!)

Suppen: Die Fleischbrühsuppen mit Einlagen von stärkemehlreichen Cerealien sind in der ganzen Welt bekannt als Diät bei Reizzuständen des Darmkanals, bei der Diarrhoe.

Chocolade: Die entölte Cacao mit Milch gekocht ist die zweite Cardinalspeise in besagten Fällen.

Mehlspeisen: Im Besonderen wird auf die sehr zuträglichen Milchmehlspeisen aufmerksam gemacht.

Schalenobst: Mandel, Hanfsamen, Milch etc. Zwei andere Hausmittel, die gedörrten Birnen und Heidelbeeren, sind nicht zu empfehlen; ihre Kerne und

Bälge können der gereizten Darmschleimhaut nur noch mehr Beschädigungen zu=
fügen.

Getränke: Es ist durchaus nicht am Platze, solchen Kranken das Wassertrinken
ganz zu verbieten; man hat blos zu befehlen, daß es nur in kleinen Schlückchen
geschehen soll. Sonst ersetzt das Wasser die gehabte Mehrausgabe, wirkt kühlend
und verdünnt die scharfen Secrete der kranken Schleimhaut so, daß sie weniger
reizend wirken.

Ueberall und mit Recht gelten tanninreiche Rothweine als Mittel gegen
Diarrhoe. Nimm kleine Dosen, am besten unmittelbar auf eine schleimige Suppe.

Als Unterstützungsmittel für diese Diät sind zu nennen: Reiswasser oder dünne
Tapiocabrühe geben sehr geeignete Klystiere für diese Kranken, sind namentlich in
der Kinderpraxis hoch geschätzt.

Das Warmhalten des Leibes ist schon gut, wenn es mittelst Leibbinden ge=
schieht; warme Bäder sind niemals zuträglich für solche Kranken, sie erschlaffen
und nehmen den Appetit noch mehr. Die andern Hausmittel gegen die Diarrhoe
sehe man stets nur mit Mißtrauen an, denn schon oft hat ihre ungeschickte Verwen=
dung Schaden gestiftet. Dann ist auch noch wohl zu erwägen, daß eine Diarrhoe
unter Umständen sogar eine wohlthätige Entleerung schädlicher Stoffe sein kann,
die, wenn sie nicht zu hartnäckig wird, durchaus nicht gleich im Beginne gestopft
werden darf.

Als Anhang zu dieser Sammlung von Speisezetteln für Kranke folgen hier
noch zwei für Gesunde eigenthümlicher Art.

13. Speisezettel für Wöchnerinnen. Ueber die Diät der Wöchnerin=
nen sind die Belehrungen in der Regel sehr mangelhaft. Es dürfte deßhalb diesem
Buche wohl anstehen, wenn es auf dieses wichtige Thema näher eingeht, zumal da,
namentlich auf dem Lande, wirklich noch recht verzwickte und zum Theil sehr nach=
theilige Gebräuche regieren. So werden z. B. viele Wöchnerinnen regelmäßig
9 Tage lang mit nichts Anderem gespeist als mit den „Kindbettsuppen" (armselige
Wassersuppen!). Wenngleich schon nach dem 3. Tage ein entschiedenes Verlangen
nach etwas besserem eintritt, wenn sich die Wöchnerin sonst ganz wohl fühlt, wenn
sich sogar schon die große Ausgabe des Stillens bemerkbar macht, gleichviel, es
müssen die 9 Tage bei den Wassersuppen ausgehalten sein, die Wöchnerin mag ab=
geschwächt werden wie sie will! Am 10. Tage wird dann so zu sagen, mit dem
Schlage der Uhr, auf einmal alles umgemodelt, im Sprunge geht es von den
mageren Wassersuppen zu den kräftigsten Fleischspeisen über. Wer begreift nicht,
daß zuerst das Aushungern, dann dieser rasche Uebergang Gefahren in sich
schließen? Wenn man auch zugibt, daß der neunte Tag den ungefähren Abschluß
des Wochenbettes ausmacht, so richtet sich eben doch die Diät immer nur nach dem
jeweiligen Befinden der Wöchnerin und, wenn sonst alles regelmäßig verläuft,
wird etwa Folgendes der Speisezettel für das Wochenbett sein müssen!

Für die ersten 3 Tage genügen allerdings Wasser= und Rahmsuppen. Ueber
die Aufbesserung in der Nahrung gibt der Appetit ganz richtigen Aufschluß; ein
ganz ächtes Hungergefühl läßt nach Umfluß des 3. Tages sicherlich nicht mehr lange
auf sich warten, namentlich bei einer Wöchnerin, welche die erste aller Mutterpflich=
ten erfüllt, welche ihr Kind selbst stillt. Da genügen die Wassersuppen nicht
mehr; die Erfahrung hat hinreichend dargethan, daß dabei die Milchabsonderung
minder wird, was dann natürlich auch einen nachtheiligen Einfluß auf den Säug=
ling übt. Als Speisen, welche jetzt folgen müssen, sind voraus die Milchmehlspei=
sen und die Milchsuppen zu bezeichnen. Einige Tage später können dann die als
Kindbettspeisen berühmten Hühnersuppen folgen, aber nur mit Einlagen aus dem
Reiche der Cerealien (besonders Reis=Suppen). Noch ein paar Tage und es
müssen, wenigstens einmal im Tage (am besten Mittags), Kalbsbries, eingemach=
tes Kalbsfleisch, Geflügel, oder auch nur Kalbsbraten auf den Speisezettel gesetzt
werden. Als Beigaben zum Fleische eignen sich junge Hülsenfrüchte, Kartoffeln
und die süßen Wurzelgemüse. Als unschädliche Näschereien sind allenfalls die
Schalenfrüchte (Mandeln, Nüsse, Kastanien) zu bezeichnen. Zum Morgenessen ist,
da es ja doch eine Frauensperson ohne Kaffee nicht lange aushalten kann, ein Auf=
gußkaffee, reichlich mit Milch und Zucker gemischt, zu wählen. Sonst wäre aller=

dings Cacao mit Milch zehnmal besser.   Zum Nachtessen eignen sich die Eiermehl=
speisen.

Ueber die Verwendung der Speisezusätze zu den Speisen für Wöchnerinnen
bleibt zu bemerken, daß mit allen Würzen sparsam zu verfahren ist, da diese der
Muttermilch Eigenschaften verleihen, welche dem kindlichen Magen übel bekommen.
Das beste Getränk für stillende Frauen ist ein gutgegohrenes, malzreiches Bier,
z. B. das Milwaukeer Exportbier, aber wohlverstanden, nicht in großen Quantitä=
ten!

Gewisse Vorkommnisse gebieten gewisse Abänderungen von diesem allgemeinen
Speisezettel für Wöchnerinnen. So erheischt z. B. die Stuhlverstopfung, mit
welcher die meisten Neuentbundenen in den ersten Tagen des Wochenbettes geplagt
sind, nach Umfluß des 3. Tages eine gelind eröffnende Diät. Wenigstens einmal
im Tage, am besten zum Mittagessen, gebe man gutgekochte, zarte Gemüse oder
süße Obstmuse zu mildem Saucenfleische. Diese Diät fördert auch die Entleerung
des Urins, welche Neuentbundenen in den ersten Tagen bekanntlich ebenfalls ziem=
lich schwer von Statten geht.   Da beides, die Trägheit im Stuhl und die Beschwer=
den beim Uriniren, von der beim Geburtsacte vorgekommenen Quetschung der be=
treffenden Organe herrührt, so dürfen natürlich nur milde Reizmittel in Anwen=
dung kommen. Demnach ist die sonst allgemein gebräuchliche Verordnung von
Sennathee für's Eine und von Wachholderthee für's Andere verwerflich! Dagegen
sind einfache Wasserklystiere für beide Fälle sehr empfehlenswerthe Unterstützungs=
mittel, und die Hebammen könnten da viel Gutes stiften, wenn sie das, was man
ihnen hierüber in der Schule so vielmal gesagt hat, mit mehr Energie durchsetzen
wollten. Allein es gibt eben, namentlich auf dem Lande, noch immer Hebammen
genug, welchen das Einschmuggeln einer Lariermixtur den Kamm höher treibt, als
die Anwendung eines Klystiers, die in Folge dessen ihre Klystierspritze nur noch als
nutzlosen Ballast des Requisitenkästchens betrachten.

14. Speisezettel für Neugeborene. Die Sterblichkeit der Kinder im
ersten Lebensjahre ist in vielen Gegenden, namentlich auf dem Lande, außerorden=
lich groß. Bei weitem in den meisten Fällen sind fehlerhafte Gebräuche in Betreff
der Ernährung daran schuld. Es haben sich deßhalb viele Kinderfreunde die Au=
gabe gestellt, bessere Anschauungen über diesen Punkt zu verbreiten. Auch dieses
Buch möchte hiemit das Seinige hiezu beitragen:

Die beste Nahrung für ein neugeborenes Kind ist und bleibt die M i l c h d e r
e i g n e n M u t t e r, und auch für diese hat das Stillen soviel Gutes, daß man
jede Hebamme absetzen sollte, welche noch gegen dasselbe wirkt. Statistische No=
tizen haben gezeigt, daß von 100 Kindern, welche von der eigenen Mutter gestillt
werden, 8 Procent, von den andern dagegen 30 Procent sterben!

Für das Stillen gelten folgende Regeln: 1) das Kind wird 6 Stunden nach
der Geburt erstmals an die Brust gelegt. 2) In den ersten zwei Monaten wird
dasselbe angelegt, so oft und so lang es will, später alle 3 Stunden. 3) Die Mut=
ter darf nie unmittelbar auf eine gehabte Gemüthsbewegung oder gleich nach einer
Mahlzeit stillen. 4) Wenn eine Brust nicht ausreicht, wird auch die zweite gegeben
und überhaupt mit beiden gleichmäßig gestillt. 5) Die Brüste sind vor Stoß, Druck und
Verkältung zu schützen. 6) Nach jedem Stillen sind die Brustwarzen mit frischem
Wasser zu reinigen. 7) Selbst bei vollkommener Gesundheit soll eine Mutter nicht
länger als zehn Monate stillen.

S c h w ä c h l i c h e Mütter dürfen gar nicht stillen, weil es dem Kinde
und der Mutter zugleich schadet, noch viel weniger solche, welche an Lungenschwind=
sucht, Stropheln, Syphilis leiden. Es können auch Fälle eintreten, welche die
Fortsetzung des Stillens verbieten. Ist die Muttermilch außergewöhnlich fett, dann
ist eine Erkrankung des Säuglings (Diarrhoe) die gewönliche Folge. Mit der
Zeit wird die Frauenmilch reicher an Käse und ärmer an Zucker. Es kann dies in
einem so hohen Grade kommen, daß das Kind die Milch nicht mehr erträgt; so oft
es getrunken hat, muß es sich erbrechen und bekommt außerdem noch Diarrhoe.
Die Milch säugender Frauen kann ferner in Folge von Mißhandlungen, Gemüths=
affecten, Zorn, eine solche Veränderung erleiden, daß der Säugling davon krank
wird. Die Gelegenheit, dies zu beobachten, ist durchaus nicht selten; es sollen

sogar schon Sterbefälle vorgekommen sein. Ferner ist zu berücksichtigen, daß manche Arzneistoffe, welche eine stillende Mutter einnimmt, in die Milch übergehen und auch am Säugling ihre Wirkung zeigen. Besonders empfindlich sind die Kinder für Opium; sie schlafen bedenklich lange, wenn sie auf besagte Weise davon bekommen haben. Sollte sich eine stillende Mutter aus Versehen oder sonst mit geistigen Getränken allzu gründlich versorgt haben, so bekommt auch der Säugling einen Dusel. Daß bei einer Eiterung in der Brust Eiter in die Milch übergehen, daß der Säugling etwas von Salben bekommen kann, welche in die Brust eingerieben wurden, ist ohne Weiteres klar.

Ist aus diesem oder jenem Grunde das Selbststillen nicht möglich, dann suche, wo irgend möglich, eine Amme. Bei der Wahl der Amme prüfe, ob dieselbe körperlich und geistig gesund; ob sie im Alter und in der Zeit ihrer Niederkunft nicht zu weit abweicht von der Mutter, ob die Brüste zum Stillen geeignet und namentlich ob die Milch qualitativ und quantitativ genügt.

Ist keine Amme zu finden, dann muß Kuhmilch genügen.

(Wo es recht arm hergeht, wird der kleine Proletarier mit Ziegenmilch zufrieden gestellt). Sonst wäre die Stuten= und Eselinnenmilch die beste, weil sie in allen ihren Eigenschaften, namentlich auch in Betreff des Caseins, der Frauenmilch am nächsten stehen.

Am zuträglichsten ist frischgemolkene, naturwarme Milch. Da diese aber nicht immer zu haben ist, so sorge man wenigstens dafür, daß die Milch gut aufbewahrt wird.

Die Milch soll immer von der nämlichen gesunden und gutgehaltenen Kuh sein. Man halte sich nur an eine zuverlässige Bezugsquelle, wo möglich an ein Haus, wo man auch Kinder hat und—ein Herz für Kinder. Da wird wohl keine zusammengeschüttete Milch hergegeben.

Jeder Wechsel im Futter hat seine Folgen; so bekommen Kuh und Kind Diarrhoe, wenn der Kuh einmal Rüben= oder Grünfutter (statt Heu) gegeben wurde.

So wenig eine Frau stillen darf, welche an Lungenschwindsucht, an Scropheln oder an Syphilis leidet, ebensowenig darf eine kranke Kuh Ammenstelle versehen. Auch die Milch von einer hochträchtigen oder ganz frischmelkigen Kuh bekommt den Kindern nicht gut.

Die Kuhmilch muß mit Zuckerwasser verdünnt werden. (Nimm ¾ Unze Zucker auf 1 Quart Wasser). Die Verdünnung beträgt im ersten Monat ⅔, im zweiten und dritten Monat ½, im vierten und fünften Monat ⅓ Zuckerwasser; nach Umfluß dieser Zeit gibt man die Milch, wie sie ist.

Sehr zweckmäßig sind die englischen Saugfläschchen.

Die Frage: Wie oft? und wie viel? man einem Kinde zu trinken geben dürfe, ist nicht so schwer zu beantworten, wie man vielfach glaubt. Man gebe einem Kinde, so oft es schreit, und so viel es mag!

So lange die auf besagte Weise verdünnte Milch dem Kinde gut bekommt, sind alle anderen Zusätze überflüssig; treten aber Uebersäurung des Magens, Erbrechen und Diarrhoe auf, dann mische der Milch (und zwar für die Tagesration) einen Kaffeelöffel von folgendem Pulver bei:

> Doppelt kohlensaures Natron,
> Gummi arabicum,   } @ ⅓ Unze.
> Milchzucker,

Auf dem Lande gelingt es fast immer, gute Milch zu bekommen; in größeren Städten dagegen hält dies für viele schwer. Da muß man an Ersatzmittel für die Milch denken. Diese sind:

Die condensirte Milch, die Liebig'sche Suppe, Löfflund's Kindernahrung und Nestle's Kindermehl. Da aber bei der Darmerkrankung gewöhnlich die Speichelsecretion mangelhaft ist, so werden die Versuche mit den stärkemehlhaltigen Ersatzmitteln oft fehlschlagen. Jedenfalls ist immer nur ein kurzer Versuch gestattet, und wenn sich dann die Ernährung nicht sofort bessert, so gebe man dem Kinde gequirltes Eiweiß mit Wasser verdünnt, mit einem Zusatze von condensirter Milch. In solchen Fällen mag auch ein Versuch gemacht werden mit kräftiger aber gründlich entfetteter Fleischbrühe.

Hat endlich der kleine Weltbürger glücklich sein erstes Lebensjahr überstanden, so wird er in einem für alle Vorkommnisse eingerichteten, hohen Stuhle an den Familientisch gesetzt. Milchsuppen und Fleischsuppen mit Einlagen aus dem Reiche der Cerealien bilden den Uebergang zum gewöhnlichen Familienessen.

— : : —

XXV. Kaffee- u. Theegesellschaften.

A. Kaffeegesellschaften.

Erste Art. Vorab sorge man für eine eingeübte Bedienung. Der Tisch werde fein gedeckt, für jeden Gast mit einem Dessertteller versehen, Zucker und Sahne stelle man an verschiedenen Stellen auf feinen Tellern hin. Zur Verzierung des Tisches werde für hübsch gefüllte Blumenvasen gesorgt.

Zum Kaffee paßt:

Butterkuchen,—Robonkuchen,—Schneckenkuchen,—Elberfelder gefüllter Kringel,—Wickelkuchen, — Stollen, dies alles geschnitten und in feine Teller oder Körbchen gelegt. Ferner: Mandelkränze,—Windbeutel,—Waffeln,—feine Neujahrskuchen,—Zuckerbretzeln und dergleichen. Das Bestimmte wird auf einem gedeckten Seitentisch geordnet und in die Mitte das Kaffeeservice hingestellt. Der Kaffee muß erst kurz vor dem Gebrauch gemacht werden, damit man ihn recht heiß serviren könne. Das Präsentiren geschehe zuerst bei den älteren Damen und dann weiter; im übrigen dürfen die Beilagen zum Kaffee nicht stets an ein und derselben Stelle gereicht werden, die Bedienung fange bald hier bald dort an, damit keinem Gaste eine besondere Auszeichnung und keinem eine untergeordnete Stellung gegeben werde.

Kann man die Gesellschaft nach dem Kaffee in den Garten oder in ein anderes Zimmer führen, so lasse man unterdeß schnell abräumen, das Tischtuch mit einem Tafelbesen abkehren und den Tisch auf folgende Weise wieder besetzen: Im Verhältniß zur Gesellschaft nehme man 1 oder 2 Kuchen, worunter sich ein Obstkuchen befindet, die man vorher in passende Stückchen schneidet und den Rand derselben mit grünen Blättern verziert. Gibt man einen Kuchen, so stelle man ihn in die Mitte des Tisches; sind indeß zwei Kuchen, dann selbstredend einen rechts, den andern links in gehöriger Entfernung hin, und in die Mitte einen Aufsatz mit Blumen, oder eine Kristallschale, auf einem Fuß stehend, mit Apfelsinen gefüllt. Zwischen diesem Aufsatz und den beiden Kuchen kann man Gelée- und Crème-Schüsseln stellen, so auch kleines Backwerk, Macronen und Schaumsachen, die zu den Crèmes gegeben werden. Nach den beiden Kuchen, am Ende des Tisches, stelle man Früchte.

Erst wird der Obstkuchen gegeben, dann Crème, darnach der zweite Kuchen, Früchte und Gelée. Die im Abschnitt Crèmes bemerkte Schale mit Apfelsinen oder Erdbeeren, sowie auch Compote von rohen Aepfeln und Zitronen sind zur Zeit zum Nachgeben angenehm. Auch werden wohl zuletzt gemachte Butterbrödchen mit verschiedenen Beilagen gereicht.

Als Getränk wird nach Belieben Maiwein, Bischof, Kardinal oder Wein mit Zucker gegeben.

Zweite Art. Der Kaffee wird auf einem Nebentisch servirt und beliebiges Gebackene dazu gereicht. Nach dem Kaffee wird der Tisch mit Kuchen, einigen Brodsorten, Butter, mit einem kleinen Messer versehen, Käse, marinirtem Häring, geschnittenem Fleisch und Früchten, wie die Jahreszeit sie bietet, besetzt. Man fange mit Kuchen und beliebigem Getränk an, dann reiche nach einer Weile Butterbrod mit Beilagen und zuletzt die Früchte.

Dritte Art. Es werden kleine Tische, mit Servietten gedeckt, an passende Plätze gestellt, woran die Gesellschaft sich gruppirt. Der Kaffee wird auf einem Seitentische servirt und den Gästen gereicht.

Nach dem Kaffee werden ebenfalls Kuchen, Crêmes, Blancmangers, Getränke und Früchte auf einen Seitentisch gestellt und den Gästen präsentirt; zu den Kuchen werden kleine Teller und Messer, zu den Crêmes besondere Tellerchen oder Untertassen mit Theelöffel gereicht.

B. Kleine freundschaftliche Kaffee's.

Der Tisch wird sauber gedeckt, das Kaffeeservice in die Mitte des Tisches gestellt, Dessertteller mit Messern werden herumgesetzt und zu beiden Seiten des Services kommt, was man wünscht — Waffeln oder Butterkuchen, oder Robon- oder aufgerollter Kuchen, in zierliche Stücke geschnitten und in Körbchen präsentirt.

Nach einer Stunde des Kaffeetrinkens wird das Kaffeegeräth entfernt, der Tisch mit reinen Desserttellern, worauf ein Theelöffel und seitwärts ein Dessert- messer liegt, versehen und derselbe mit verschiedenem Brod, Butter, geschnittenem Braten, oder feingeschnittenem rohen Schinken (siehe Vorbereitungsregeln), oder geräucherter Zunge, Sardellen, oder marinirtem Häring, Käse und Früchten besetzt.

Zugleich wird eine beliebige Speise, welche die Stelle eines Kuchens vertritt, auf die Mitte des Tisches gestellt, etwa:

Ein Schaumgericht, — Zwiebäcke mit Preißelbeeren bestrichen. — Karthäuser Klöße, — Omelette (Eierkuchen), — Züricher Küchli, — Schweizer Semmelgericht,- Ohrfeige mit Johannisbeeren, Gelée oder Preißelbeeren gefüllt, — Ohrfeige statt einer Torte, — Johannisbeer-, Zwetschen- oder Apfel-Pfannkuchen, — Pfannkuchen mit Preißelbeeren bestrichen, — Schlesische Griesschnitten, Kuchen von Schwarzbrod und Aepfeln, — Plinzen allein zu geben, -- Plinzen von saurer Sahne, - gefüllte Plinzen, — Berliner Pfannkuchen, — Schneeballen, — kleine Reibekuchen, — Püffert- chen u. s. w.

Als Getränk kann eine Tasse Thee, in warmer Jahreszeit ein Glas Maiwein oder Limonade gereicht werden. Zunächst wird die Speise mit Theelöffeln und nach dem Wechseln der Teller Butterbrod und Beilagen gegeben.

C. Theegesellschaften.

Damen-Thee's. Auch die Arten der Theegesellschaften weichen bekanntlich in den verschiedenen Gegenden sehr von einander ab; man wird sie daher nach ver- schiedener Sitte arrangirt finden.

Erste Art. Die Damen nehmen um einige hingestellte mit Servietten ge- deckte Tische im Kreise Platz. Ist die Gesellschaft sehr groß, so placire man die jungen Damen in einem Nebenzimmer bei geöffneter Thür. Der Thee wird in einem Seitenzimmer gut gemacht (wir erlauben uns, auf den Thee in den Getränken dieses Kochbuchs aufmerksam zu machen), recht heiß servirt, auf einem großen Theebrett mit Zucker, Milch, einer Krystallflasche mit rothem Wein, zuerst den älte- ren auf dem Sopha sitzenden Damen, und dann der Reihe nach weiter präsentirt. Das Gebackene zum Thee, von welchem gewöhnlich dreierlei und dazu feine Butter- bröbchen gegeben werden, wird von einer zweiten Bedienung in vier Körbchen auf einem Präsentirteller mit den Tassen zugleich gereicht.

Die Tassen werden nicht einzeln und nicht zu schnell nach einander gefüllt, sondern erst dann, wenn die ganze Gesellschaft bedient werden muß. Diese werden dann alle zugleich abgenommen, auf ein Theebrett gestellt, da, wo der Thee ser- virt wird, schnell sauber gespült, wieder gefüllt und mit dem Gebackenen zugleich gereicht. So wird noch zum drittenmal der Thee angeboten und darauf, nach einer Viertelstunde, alles abgeräumt. Nachdem die Dame des Hauses eine Unterhaltung für die Gesellschaft arrangirt hat, werden Dessertteller, mit Messern darauf lie- gend, und eine vorher zierlich geschnittene Obsttorte den Damen da präsentirt, wo sie sich, stehend oder sitzend, befinden, so auch zugleich ein beliebiges Getränk. Nach Verlauf einer Viertelstunde wird in Tellerchen oder Untertassen eine kleine Portion Crème oder Blancmanger mit der Sauce servirt, solche mit Theelöffeln auf einen Präsentirteller gestellt und nach Belieben mit Macronen oder Schaumsachen herum gereicht. Nach einer Pause wird die zweite Torte präsentirt, auch können Aepfel, Birnen oder Apfelsinen im Zimmer von der Dame des Hauses, der Tochter, oder von irgend einer anderen jungen Dame geschält und in einer feinen Schale angeboten werden.

     Anmerkung. Hierbei wird auf die Erdbeer= und Apfelsinenschale, welche auch ohne Erdbeersaft gemacht werden kann, zwischenburch zu geben aufmerksam gemacht.

     Zweite Art. Die Damen gruppiren sich um einzelne kleine mit Servietten gedeckte Tische, der Thee wird an einer Seite des Zimmers gemacht, servirt, die Tassen werden mit Milch, rothem Wein und Zucker auf ein Theebrett gestellt und mit beliebigem Backwerk präsentirt, die leeren Tassen von Zeit zu Zeit einzeln auf einem Präsentirteller abgeholt und wieder gefüllt, bis nichts mehr beliebt. Nachdem abgeräumt worden ist und die Dame des Hauses auf irgend eine Weise für Unterhaltung der Gesellschaft gesorgt hat, wird ein gedeckter Tisch mit Kuchen, kleinem Backwerk, Gelée, Crèmes, Früchten, Butterbrödchen mit Beilagen und Wein hübsch geordnet, versehen ins Zimmer gebracht und zur Seite hingestellt. Die Gerichte werden nach vorhergehender Weise mit Tellerchen den Damen präsentirt. Das Butterbrod wird zuletzt gegeben.

     Dritte Art. Es wird eine Tafel gedeckt mit einem Theeservice, mit Kuchen, kleinem Backwerk, Brodschnitten, Butter (ein kleines Messer daran liegend) und verschiedenen Beilagen versehen, woran die Gesellschaft Platz nimmt. Diejenige, welche den Thee servirt, hat eine Theemaschine an der Seite und läßt die Tassen durch eine Bedienung präsentiren.

D. Herren= und Damen=Thee's.

     Die Damen werden vom Sopha aus nach beiden Seiten in einem Halbkreis placirt, in welchem einige kleine Tische einzeln stehen. Die Herren gruppiren sich nach Belieben stehend oder sitzend. Es werden die Tassen auf einem großen Theebrett mit Zucker, Milch, rothem Wein und Arrak oder Rum hereingebracht und mit dreierlei Gebackenem nebst Butterbrödchen zuerst bei den im Sopha sitzenden älteren Damen zu präsentiren angefangen, dann der Reihe nach weiter, bis alle versorgt sind. Nachdem werden die Herren bedient. Nach dreimaligem Präsentiren, wie bei den Damen=Thee's bemerkt worden, werden die Tassen weggenommen. In den Pausen der gesellschaftlichen Spiele oder musikalischen Unterhaltung wird Wein, Bischof oder Kardinal, auch Eis gereicht, sowie auch sogleich in der ersten Pause ein Obstkuchen, wie die Jahreszeit das Obst dazu bietet, oder sonst eine ähnliche Torte, etwa:

     Eine Brauttorte, — Zitronentorte mit Reis, — Zitronentorte mit Blätterteig, — Zitronen=Pie, — Mandel=Specktuchen, — Confituren oder Macronen=Schaumtorte, — Schwäbische Torte, — Französische Torte, Blätterteig mit Zitronen=Crème u. s. w.

     Nach einer reichlichen Viertelstunde werden kleine Teller oder Untertassen mit Theelöffeln und eine beliebige Crème präsentirt, etwa:

     Eine Wein= oder Zitronen=Crème mit Macronen, — kalte Speise von Reismehl mit Fruchtsaft oder Weinsauce, — Blancmanger, — Tutti frutti, — Reis=Gelée, — Wein=Gelée, — Charlotte Russe, — kalter Zitronenpudding, — Weinpudding mit Vanillesauce u. s. w.

     Später folgt ein zweiter Kuchen mit Wein, etwa:

     Eine Mandel=, Braut=, Gewürz=, Brodtorte, — Kartoffel=, Möhren=, Wiener Torte, - Punsch=, Zwieback=, Macronen =Schaumtorte, — Bisquit=, Auflege=, Plum=, Band=, Sand=, Königskuchen, — Nienburger Biscuit u. s. w.

     Nach einer Pause wird Härings=, Fisch=, Sardellen= oder Geflügelsalat präsentirt, dann eine zweite Crème oder auch Schneeballen und zuletzt Butterbrödchen mit guten Beilagen.

Inhaltsverzeichniß
zum Aufsuchen der Haupt-Abtheilungen dieses Buches.

———

		Seite.
A.	Einleitung	III –IV
B.	Verwendung der Fette	1 –3
C.	Conservirung der Speisevorräthe	4 –6
I.	Vorbemerkungen in 64 Rezepten	7 –24
II.	Suppen; allgemeine Regeln	25 –27
A.	Fleischsuppen in 21 Rezepten	27 –33
B.	Suppen von Feldfrüchten und Kräutern in 10 Rezepten	33 –36
C.	Wein- und Biersuppen in 12 Rezepten	36 –39
D.	Milch- und Wassersuppen in 28 Rezepten	39 –43
E.	Obstsuppen in 5 Rezepten	43 –44
F.	Kalteschalen in 10 Rezepten	44 –45
III.	Gemüse und Kartoffelspeisen; allgemeine Regeln	46 –48
A.	Gemüse in 66 Rezepten	48 –66
B.	Kartoffelspeisen in 21 Rezepten	66 –71
IV.	Fleischspeisen aller Art; allgemeine Regeln	72 –74
A.	Ochsen- oder Rindfleisch in 52 Rezepten	74 –88
B.	Kalbfleisch in 33 Rezepten	89 –96
C.	Hammel- (Lamm-) Fleisch in 9 Rezepten	96 –98
D.	Kaninchenfleisch in 7 Rezepten	98 –101
E.	Schweinefleisch in 24 Rezepten	101 –107
F.	Wildbret in 10 Rezepten	107 –110
G.	Zahmes und wildes Geflügel in 29 Rezepten	110 –118
V.	Pasteten; im Allgemeinen	118
A.	Große Pasteten in 14 Rezepten	118 –121
B.	Kleine Pasteten, vom Backen derselben und 8 Rezepte	121 –123
VI.	Fische und Schalthiere; allgemeine Regeln	124 –126
A.	Flußfische in 52 Rezepten	126 –136
B.	Seefische in 44 Rezepten	136 –146
VII.	Verschiedenerlei selten vorkommende Speisen; 16 Rezepte	146 –150
VIII.	Warme Puddings, vom Kochen derselben und 38 Rezepte	151 –161
IX.	Aufläufe und verschiedenartige Gerichte von Macaroni und Nudeln; im Allgemeinen	162
A.	Aufläufe in 35 Rezepten	162 –170
B.	Verschiedenartige Gerichte von Macaroni und Nudeln in 9 Rezepten	170 –172
X.	Plinzen, Omelettes und Pfannkuchen aller Art, sowie einige andere in der Pfanne zu backende Speisen; im Allgemeinen und 59 Rezepte	173 –184

XI. Eier-, Milch-, Mehl-, Reis- und Maisspeisen in 27 Rezepten.... 184—190

XII. Gelée's und Gefrorenes; im Allgemeinen................ 190—193
   A. Saure Gelée's in 15 Rezepten.... 193—198
   B. Süße, klare Gelée's; im Allgemeinen und 14 Rezepte.... 198—201
   C. Gefrorenes; im Allgemeinen und 4 Rezepte........ 201—202

XIII. Verschiedene kalte, süße Speisen, als Puddings, welche nach dem Kochen in Porzellan-Formen gefüllt werden Blancmangers, Speisen von geschlagener Sahne, Frucht-Schalen nebst Wein-, Milch- und Frucht-Crêmes in Assietten und Gläser zu füllen. Allgemeine Regeln und 43 Rezepte..... ...... 202—212

XIV. Klöße; allgemeine Regeln......... 213
   A. Klöße zu Suppen und Fricassee's in 21 Rezepten.... 213—217
   B. Klöße, welche mit Sauce oder Obst gegessen werden, in 21 Rezepten........ 217—221

XV. Compotes; im Allgemeinen.............. 221—222
   A. Frische Früchte in 31 Rezepten. 222—227
   B. Getrocknete Früchte in 7 Rezepten.... 227—228

XVI. Salate; im Allgemeinen und 36 Rezepte.... 229—238

XVII. Saucen; im Allgemeinen............. 238—239
   A. Warme Saucen in 37 Rezepten.............. 239—245
   B. Kalte Saucen in 12 Rezepten.............. 245—246
   C. Wein-, Milch- und Obstsaucen in 23 Rezepten........ 247—250

XVIII. Backwerk....
   A. Torten und Kuchen; Regeln beim Backen und 84 Rezepte 250—276
   B. Kleines Backwerk; Vorbericht und 133 Rezepte........ 276—296
   C. In Butter, Schmalz und Oel zu backen; Bemerkungen und 11 Rezepte........ 296—302
   D. Brod zu backen in 4 Rezepten. 302—303

XIX. Vom Einmachen und Trocknen verschiedener Früchte und Gewächse.—Regeln beim Einmachen der Früchte.—Vom Schwefeln der Gläser und Flaschen.—Zucker zu läutern.— Das Kandiren eingemachter Früchte zu verhindern................ 303—308
   A. Früchte in echten französischen Branntwein einzumachen in 4 Rezepten.... 308—309
   B. Früchte in Zucker und Essig einzumachen in 114 Rezepten 309—336
   C. Getrocknete Früchte in 8 Rezepten. 336—337

XX. Vom Einmachen und Trocknen der Gemüse.
   A. Junge Gemüse, in 4 Rezepten.......... 337—340
   B. Herbstgemüse; allgemeine Regeln beim Einmachen und 9 Rezepte....... 340—343

XXI. Getränke und Liqueure..........
   A. Getränke; von den verschiedenen Kaffeesorten, vom Waschen derselben rc. und 35 Rezepte. 343—351
   B. Liqueure; im Allgemeinen und 9 Rezepte.............. 351—352

XXII. Wurstmachen, Einpökeln und Räuchern des Fleisches; im Allgemeinen und 40 Rezepte........ 353—364

XXIII. Essig in 3 Rezepten............. 365—366
XXIV. Speisezettel für Kranke.............. 366—382
XXV. Kaffee- und Theegesellschaften.......... 382—384

Alphabetisches Inhaltsverzeichniß.

Aufläufe, Backwerk, Compotes, Crêmes, Einmachen von Früchten und Gewächsen, Klöße, Pasteten, Pfanukuchen, Puddings, Salate, Saucen und Suppen sind unter Aufläufe, Backwerk u. s. w. in sich alphabetisch aufgeführt, was zu beachten gebeten wird.

A.

	Seite.
Aal	125
aufgerollter	128
gebackener	128
gebratener	128
gefüllter	129
in Gelée	196
gestovter	128
kalter mit Sauce	127
zu kochen	127
zu mariniren No. 1	129
„ „ 2	129
Ragout, Bremer	127
„ in Sauce mit einem Rand von Blätterteig	128
Aepfelmus	226
„ auf andere Art	226
Aepfelsalat. Ein feines Compote von rohen Aepfeln und Apfelsinen	227
Aepfel, süße, zu kochen	227
„ roth zu kochen	227
„ halbe mit Zitronensaft	226
Aesche (Greyling) zu bereiten	136
Agar-Agar	191
Ananas-Bowle	347
Apfelsinen-Eis	202
„ Schalen, Anwenden und Aufbewahren	24
„ Speise	208
Auerhahn zu braten	150
Auerwild-Pastete	150
Aufläufe. Im Allgemeinen	162
Auflauf, feiner Aepfel-	166
„ gewöhnlicher von Aepfeln, der jedoch von allen Früchten gemacht werden kann	167
„ von Aepfeln, frischen, auch getrockneten Zwetschen	167
Aepfel-Auflauf auf andere Art	168
„ von Aepfeln und Brod	168
„ von Aepfeln und Reis	168
„ „ einfach und gut	169
„ Chocolade-Auflauf	163
„ Fleisch-Auflauf	169
„ Gries- oder Reismehl-Auflauf	163
„ Härings-Auflauf	169
„ Kartoffel-Auflauf	164
„ von sauren Kirschen	166
„ von Macaroni, Schinken und Parmesan-Käse	170
„ Mehl-Auflauf	163

Seite.

	Seite.
Auflauf von Milchreis-Resten oder Aepfelreis-Resten	169
Nonnen-Auflauf	164
Nudel-Auflauf	170
Omelette für den täglichen Tisch	165
Omelette soufflé	165
„ auf andere Art	165
Reis-Auflauf	162
Reis-Auflauf mit Aprikosen	166
Rhabarber-Auflauf	166
Sago-Auflauf	162
von saurer Sahne	165
„ „ und Obst	166
„ „ auf andere Art	166
Schauingericht, als Mittelschüssel, auch als Torte	168
Schwamm-Auflauf	165
Schwarzbrod-Auflauf	164
Schwarzer Magister	169
Soufflé au riz (Brüsseler)	163
Vanille-Auflauf	169
Weißbrod-Auflauf	164
Zwiebacks-Auflauf	164
Austern (Oysters) zu backen	145
rohe	145
vorzurichten	14

B.

	Seite.
Backwerk. Im Allgemeinen:	
Aufbewahren der Formen	253
Aufbewahren des Gebackenen	253
Aufgehen des Teiges	252
Behandlung der Hauptbestandtheile	250
Bereitungsweise der Butter- und Weißbrodteige	251
Butter	250
Eier und Vorsicht beim Aufschlagen	251
Erproben der Hitze	252
Erproben ob gahr	253
Hefe	252
Hirschhornsalz	252
Mandeln, Zitronen und Zitronenöl	250
Mehl und Puder	250
Nicht gahr gewordener Kuchen	253
Rühren der Kuchenmasse und Verarbeiten eines Teiges	251
Schlagen der Masse	252
Springformen	253
Vorrichtung der Form	251

Backwerk. Torten und Kuchen.   Seite.

Aepfelkuchen für den Familientisch........... 267
  von Hefenteig auf einer Platte 269
Aepfeltorte „ Blätterteig, mit Guß..... 267
  „ von Mürbeteig............. 267
  „ Zitronen=, Blätter= und Mürbeteig.......... 266
Aniskuchen. No. 1...................... 262
  „ 2...................... 263
Apfelsinntorte....................... 267
Bisquit, Böhmischer Semmel=............. 262
  Nienburger................. 261
  schnell zu machende....... 261
Brauttorte.......................... 257
Brodtorte.......................... 260
  auf andere Art........... 260
  mit Chocolade........... 260
Brünkelkuchen, Schlesischer........... 272
Butterkuchen....................... 271
  Norderneier............. 271
Chocoladekuchen.................... 262
Dicker Kuchen...................... 274
Erdbeer=Torte mit Vanille=Crème........ 264
Französische Torte................... 264
Gewürztorte....................... 261
Glace oder Zuckerguß zu einer Torte oder kleinem Backwerk, sowie auch vom Verzieren des Gusses. 255
Griestorte.......................... 276
Guß zu einem Kuchen von frischen Zwetschen 255
Guß zu einem Kuchen von frischen Zwetschen auf andere Art, zu Obstkuchen... 255
Hamburger Kuchen................... 270
Heidelbeerkuchen von Hefenteig auf einer Platte.......................... 269
Himmelstorte....................... 276
Johannisbeertorte.................. 276
Käsekuchen, guter Schlesischer......... 272
Karmeliterkuchen................... 262
Kartoffeltorte. No. 1................ 259
  No. 2................ 259
Kenziger aufgerollter Kuchen.......... 258
Kirschenkuchen..................... 266
Kirschentorte....................... 266
  mit Guß............. 266
Klöben, Bremer..................... 272
Korinthenplatz..................... 275
Krengel, Elberfelder................. 273
Kuchen von Hefenteig auf einer Platte mit frischen Zwetschen, auch mit Aepfeln oder anderen beliebigen Früchten........ 269
Mandeltorte....................... 258
  mit Weißbrod.......... 259
Mannheimer Kuchen................ 270
Marzipan, echter Königsberger........ 256
Mince-Meat........................ 276
Obstkuchen........................ 267
Plumkuchen, englischer............. 257
  noch ein guter....... 257
Punschtorte....................... 258
Robonkuchen (Schnecken=, Form= oder Napfkuchen). No. 1.............. 274
do. No. 2......................... 274
do. No. 3......................... 275
do. No. 4......................... 275
Roll= oder Schneckenkuchen.......... 273
Schaumtorte, Schweizer............. 263
  auf andere Art......... 263
Schwäbische Torte................. 264
Speckkuchen, Sächsischer........... 271
Spiegelkuchen..................... 264
Stachelbeertorte................... 265
Stollen, Schlesischer............... 272

Backwerk. Torten und Kuchen.   Seite.

Streuzucker zum Verzieren des Backwerks.......................... 256
Teig zu Torten und Pasteten......... 254
  Blätterteig............. 253
  Blätterteig, Saarbrücker. 254
  Hefenteig, zu Obstkuchen 255
  Mürbeteig zu Allerlei.... 254
  Sahneteig zu Torten und Pasteten.. 255
Waldbeer= oder Heidelbeerkuchen von Hefenteig auf einer Platte........... 269
Wecke, Hallesche................... 273
Weintraubentorte.................. 265
Westfälischer Butter=, Kaffee= und Zuckerkuchen........................ 270
Wickelkuchen...................... 275
Zitronentorte von Blätterteig......... 266
Zuckerguß unschädlich zu färben...... 256
Zwetschen=Torte, von frischen........ 268
  von getrockneten...... 268
Zwieback=Torte.................... 258

Backwerk, kleines.

Regeln beim Backen................. 276
Aepfelballhäuschen................. 290
Aepfelscheiben in Butter oder Schmalz zu backen........................ 302
Anisplätze, feine, auch zum Weihnachtsbaum passend.............. 279
do. auf andere Art............. 279
Backpulver=Bisquits................ 303
Belgrad=Brod....................... 283
Bisquittorten, kleine............... 288
Blätterteig......................... 293
Chocoladen=Guß.................... 291
Chocoladeplätzchen. No. 2.......... 280
Cooky............................. 291
Eierkränze......................... 289
Fruchttörtchen..................... 277
  gefüllte, in kleinen Formen zu backen......... 277
Gewürzplätzchen................... 280
Gleichschwer...................... 292
Hobelspäne....................... 282
Honigkuchen...................... 287
Kaffeebrod, Danziger, Weihnachtsgebackenes.......................... 279
Kolatschen von Blätterteigabfall...... 273
  Hefen=................ 273
Kradelinge, holländische............ 287
Kröpfeln.......................... 301
  auf andere Art......... 301
  Fett= (Fried-Cakes).... 301
  gefüllte Schweizer...... 277
Kuchen, Auflege= No. 1. Cocusnußkuchen 295
  „ No. 2. Weißer Cocusnußkuchen 296
  „ No. 3. Mit Aepfeln.... 296
  „ No. 4. Mit Gelée...... 297
  „ No. 5. Orangenkuchen 297
  „ No. 6. Mit Zitronenhonig 297
Baffumer.......................... 288
Brauner oder Kaffeekuchen.......... 294
Clay-Cake.......................... 297
Cocoanut-Cake..................... 292
Cocusnuß=Kuchen................. 295
Crème=Kuchen..................... 294
Cup-Cake......................... 292
  297
Custard-Cake...................... 291
Delicate Cake. No. 1.............. 294
  No. 2.............. 294
dicker brauner.................... 285

Backwerk, kleines.

	Seite.
Kuchen, Feather-Cake	294
Frucht-Kuchen. No. 1	293
„ No. 2	293
„ No. 3	293
Gefüllte	277
Gold-Cake	292
Gold-Kuchen	295
Italienischer	282
Kaffee-Kuchen	294
Kleine harte	291
Korinthen-Kuchen	295
Kornstärke-Kuchen	291
Marble-Cake	291
Reisen-Kuchen	291
Pound-Cake, White	294
Puffert- oder Topfkuchen	276
Schaum-Kuchen	295
Französischer	295
Schnee-Kuchen	293
Silver-Cake	292
Silber-Kuchen	295
Sirup-Kuchen, kleiner	290
Sirup-Kuchen	291
Sirup-Kuchen, guter	292
Spice-Cake	292
Sponge-Cake. No. 1	292
Sponge-Cake. No. 2	292
Sponge-Cake, Cream	293
Thee-Kuchen	281
Weiße No. 1	293
„ No. 2	293
„ No. 3	293
Zitronen-Kuchen	295
Kugelhopf	291
Lebkuchen, Baseler	285
Weiße	286
oder gute Braun	286
Leckerlein, Baseler	285
Macronen	283
süße	283
Chocolade	284
Gewürz	283
Mandeln, gebrannte	283
Mandelkränze	289
auf andere Art	289
Mandelnüsse	284
Mandelplätze. No. 1	280
No. 2	280
Mandelschnitten	281
Moppen oder Kümmelkuchen, gute Benthei- ner	287
Marschalltörtchen	277
Marzipan, echter Königsberger	286
Pastete (Pie) Aepfel-	299
Frucht- (Fruit)	298
Kürbis- (Squash)	299
Pie-Crust. No. 1	297
No. 2	297
Rhabarber- (Pieplant)	298
Zitronen- No. 1	298
No. 2	298
No. 3	298
Pfannkuchen, Berliner	300
Pfeffermünz	283
Pfeffernüsse No. 1	284
weiße, No. 2	284
gute braune, No. 3	284
Rädergebackenes	301
Sahne- oder Fettkringel	288
Sahnekuchen, kleiner	288
Sandkuchen	290
Sandtorte, kleine	287

Backwerk, kleines.

	Seite.
Sandtorte	261
Schneebälle No. 1	300
No. 2	301
No. 3	301
Schnitten, Mailänder	278
Sirupplätzchen	280
Speculaci oder Theeletterchen an den Weihnachtsbaum	278
Desgl. No. 2	279
Springerle	284
Tassenkuchen	262
Thee- oder Zimmetbretzeln	281
Waffeln, Deutsche	289
Holländische	290
vorzügliche von dicker saurer Sahne	290
von süßer Sahne	290
Wiener Gipfel	282
Windbeutel No. 1	289
No. 2	289
Wurmsamenkuchen, wirksam für Kinder	287
Zimmetbretzeln	281
Zimmetsterne	281
auf andere Art	281
Zitronenbrod	282
Zuckerplätzchen, gute, No. 1	279
No. 2	280
Züricher Küchli	302
Zwieback, kleiner	288
Barsch (Bass),	125
in französischer Sauce	132
mit Kapernsauce	132
zu kochen auf deutsche Art	132
„ „ holländische Art	132
„ andere Art	132
Becassinen, Reb-, Birk-, Hasel- und Feld- huhn zu braten	116
Beef à la Mode (Schmorbraten)	76
Royal	196
Beefsteals, gute, von gehacktem Fleisch	80
geschmorte	80
rohe	80
von Schweinefleisch	106
Beignets von übriggebliebenem Fisch	142
Bier-Kaltschale in Eiern	350
Birkhuhn zu braten	116
Bischof, feiner	347
Blanchiren (Weißmachen)	20
Blancmanger No. 1	207
No. 2	207
mit Hausenblase oder mit Agar- Agar	206
Tassenspeise	207
Blindhuhn (Nachlese), ein westfälisches Natio- nalgericht	57
Blutwurst. Erste Sorte	356
Zweite Sorte	356
Blumenkohl	55
Blumenkohl-Sauce	66
Bohnen	64
Brechsalat-Bohnen	56
große oder dicke Bohnen	54
do. auf andere Art	54
getrocknete Prinzessin-Böhnchen	64
Salat- oder Spargelbohnen	55
eingemachte Salatbohnen	64
Schneid- oder Vietsbohnen	56
Schneidebohnen mit Milch zu kochen	56
eingemachte Schneidebohnen	64
getrocknete Schneidebohnen	65
Weiße Bohnen	65
Bouillon, schnell zu machende	27
Braise, eine gute zu machen	20

Seite.

Bratwurst (Mettwurst) in Bier zu kochen....... 106
    frische zu braten.................... 106
    Frankfurter..................... 355
    Westfälische dünne zum Räuchern,
        sowie zum frischen Gebrauche..... 355
Brod, feines gesäuertes Roggenbrod............ 303
Brodwasser für Kranke.................... 351
Brüsterne, eingesalzene................... 363
Buchweizengrütze, als ein leichtes Abendessen.. 189
Bücklinge (Red Herings) zu braten........... 144
Butt (Halibut) zu braten.................. 140
Butter, abgeklärte oder Schmelzbutter, haupt-
    sächlich für Buttergebäck.............. 15
    braune....................... 15
Butter- oder Schmalzkohl................ 49
Butter, gute zu machen.................. 21
    starkgewordene zu verbessern.......... 22
    Petersilienbutter................ 16
    Sardellenbutter................. 15
    schäumig zu rühren............... 18
Braten, aufgerollter................... 75

C.

Catfish (siehe Katzenfisch).
Champignons, frische.................... 60
    auf andere Art................. 60
    zu braten.................... 61
    zu Fleischspeisen und Saucen vorzu-
       richten.................... 13
Charlotte de Russe.................... 200
    auf andere Art................. 201
Chocolade, Milch..................... 345
    Wasser...................... 345
Cervelatwurst (Sommerwurst)............. 353
Compotes. Im Allgemeinen............... 321
    Brühe des Obstes................ 321
    Beimischung................... 322
    Ersatzmittel.................. 322
    Feines Anrichten................ 322
    Passende Geschirre zum Kochen...... 321
    Verfahren beim Kochen............ 321
    Vorrichten des Obstes............ 321
    Vorsicht..................... 322
    Compote von ganzen Aepfeln......... 225
    Aepfel, getrocknete saure......... 228
    Aepfelcompote, gebackenes mit Mandelguß 226
    Aepfelmus.................... 226
    Aepfelsalat und Apfelsinen......... 226
    Birnen-Compote................. 224
    Birnen getrocknete.............. 228
    Birnen mit Preißelbeeren.......... 225
    Brombeeren.................... 225
    Heidelbeer- (Blaubeeren) Compote.... 224
    Heidelbeer-Compote auf englische Art.. 224
    Himbeeren-Compote.............. 224
    Johannisbeeren-Compote........... 224
    Kirschen-Compote, von ausgesteinten.. 223
    von nicht ausgesteinten......... 223
    Kirschen getrocknete............. 228
    Melonen-Compote................ 224
    Pfirsich-Compote............... 224
    Preißelbeeren (Cranberries)........ 225
    Quitten-Compote................ 227
    Rhabarber- (Pie-Plant) Compote..... 222
    do. einfacher zu bereiten........ 222
    Stachelbeeren-Compote, von unreifen.. 222
    do. auf andere Art............ 223
    do. von reifen............... 223
    Waldbeeren zum Dessert vorzurichten.. 223
    Zwetschen-Compote für den täglichen
       Tisch, auch zu Mehlspeisen passend 225
    do. feines.................... 225

Seite.

Compotes, Zwetschen-Compote, von rohen.. 225
    do. von getrockneten, feines
       No. 1................... 227
    do. auf andere Art No. 2... 228
    do. von getrockneten......... 228
    Zwetschenmus.................. 228
Codfish (siehe Stockfisch, Laberdan, Kabliau).
Crabs (siehe Krebse).
Cotelettes (auch Escalopps genannt)........ 93
    von Hasen.................... 110
    Hammel-Cotelettes auf dem Rost zu braten 97
    Hammel- und Lamm-Cotelettes....... 97
    Kalbs-Cotelettes............... 93
    Cotelettes auf dem Rost zu braten..... 93
Crêmes.
    Allgemeine Regeln beim Kochen....... 202
    Schlagen der Crêmes............. 203
    Stützen der Crêmes............. 203
    Verzieren der Crêmes............ 203
    Aepfel-Crême, kalt zu bereiten...... 211
    Apfelsinen-Crême.............. 208
    Chocolade-Crême............... 209
    Crême à la Plumage............. 172
    Crême von Himbeer- und Johannisbeer-
       saft, in Assietten zu füllen...... 212
    Crême von geschlagener Sahne (Sillebub)
       in Gläser zu füllen............ 212
    Crême von geschlagener Sahne mit Ei-
       weißschaum in Gläser zu füllen.... 212
    Erdbeer-Crême................. 211
    Erdbeerschaum in Gläser zu füllen... 212
    Himbeerschaum in Gläser zu füllen... 212
    Mandel-Crême................. 209
    Milch-Crême mit Arrak........... 209
    Stachelbeer-Crême, auch auf Torten an-
       zuwenden.................... 211
    Tutti-Frutti................. 208
    Vanille-Crême, schnell zu machende.. 209

D.

Dachs zu braten..................... 150
Dachspießer....................... 150
Dill in Essig zum Einmachen der Gurken...... 16
Dorsch (Torsk) zu kochen............... 141

E.

Eier-Gelée........................ 186
Eierkäse......................... 186
Eier zu kochen..................... 184
Eierpflanze....................... 55
Eier mit Senfsauce.................. 186
    do. auf andere Art für den täglichen
       Tisch..................... 186
    Rührei...................... 185
    Rührei mit Speck............... 185
    Sächsische Sol-Eier............. 185
    Spiegel- oder verlorene Eier....... 185
    Spiegel-Eier, gebackene.......... 185
    mit saurer Sauce.............. 186
Eierwein, heißer (Dreifuß)............. 347
    kalter, ein erquickendes Getränk.... 347
Einmachen und Trocknen verschiedener
       Früchte.
    Abreiben der Früchte............ 303
    Bedecktsein der Früchte.......... 304
    Blase zum Zubinden, Ablösen derselb 305
    Reinigen derselben............. 304
    Blechbüchsen.................. 307
    Dill in Essig zu sauren Gurken..... 307
    Einkochen der Früchte........... 304
    Erhalten der Früchte in Zucker..... 305
    Essig, guter.................. 304

Seite

Einmachen und Trocknen verschiedener
Früchte.

Essigfrüchte zu beschweren 305
Fruchtsäfte 305
Gläser zum Einmachen 305
Gurken, worauf sich Kahm befindet,
   zu behandeln 306
Ingwer, trocknen, zu reinigen 305
Muskatnellen 304
Nachsehen 306
Reinlichkeit der Geräthe 303
Schwefeln der Gläser und Flaschen ... 307
Sorgfalt beim Zubinden der Töpfe
   und Gläser 304
Standort 306
Töpfe, Zubinden und Bemerken des
   Inhalts 306
Töpfe, das Oeffnen derselben 306
Zucker zu Confituren zu läutern 307
Aepfel einzumachen 332
Aepfel-Gelée 332
Aepfel-Marmelade 332
Aepfel zu trocknen 336
Ananas einzumachen (zur Bowle) 316
Ananas in Blechbüchsen einzumachen .. 316
Apfelsinenschale in Zucker 319
Aprikosen und Pfirsiche in Branntwein . 308
Aprikosen, Pfirsiche und Reineclauden als
   Dunstfrüchte 317
Aprikosen in Zucker 317
Aprikosen in Zucker und Essig 318
Aprikosen- und Pfirsich-Marmelade 318
Birnen zum Dessert zu trocknen 336
   zum Küchengebrauch zu trocknen .. 336
   Senf-Birnen 332
   in Zucker (zugleich eine besänfti-
   gende Erquickung für Brustlei-
   dende) 331
   auf andere Art 332
Bohnen, grüne, in Zucker einzumachen... 320
   Salatbohnen, roh 342
   „ in Essig 342
   „ mit Salz einzumachen 341
      mit Senf einzumachen 320
Salatböhnchen zu trocknen 343
Schneidbohnen abgekocht einzumachen .. 341
   roh einzumachen 341
   zu trocknen 342
Brombeeren einzumachen 323
Dreifrucht-Marmelade 315
Dreifrucht-Saft 315
Dunstfrüchte mit Zucker 310
   ohne Zucker 309
Erbsen, junge, in Salz einzumachen 339
   zu trocknen 339
Erdbeeren in Gläser einzumachen 311
   mit Johannisbeersaft einzumachen 311
   Marmelade 311
   in Zucker einzumachen 310
Erdbeersaft für Kranke 311
Gemüse, junge, in Blechbüchsen einzumachen 337
Gurken, kleine Essig- 326
   große Essig- 326
   in Essig und Wasser einzumachen.. 326
   geschälte und aufgekochte 327
   wie ostindischen Mango einzumachen 328
   süße Glasgurken 325
   do.   do. 325
Knoblauchgurken (sogen. Teufelsgurken).. 327
Pfeffergurken 328
Riesen-Zuckergurken 325
Salzgurken 328

Seite.

Einmachen und Trocknen verschiedener
Früchte.

Senfgurken 327
   do. 327
Zuckergurken No. 1 324
   No. 2 324
   No. 3 325
Gurken-Salat einzumachen 329
   do   do. 329
Heidelbeeren (Wald- oder Blaubeeren) in
   Flaschen einzumachen 321
   mit Essig und Zucker 321
   zu trocknen 337
   ohne Zucker in Flaschen ein-
   zumachen 321
Himbeeren einzumachen 312
   Essig (3) 313
   Gelée 312
   Marmelade 312
   Saft 312
Ingwer, deutscher, von Kürbis No. 1 333
   No. 2 334
Johannisbeeren einzumachen 313
Johannisbeer-Gelée No. 1 313
   No. 2 314
   rohe, No. 3 314
Johannisbeeren in Gläsern einzumachen.. 313
Johannisbeersaft 314
   ausgegohrener 315
Johannisbeeren, schwarze, einzumachen... 315
   „ Gelée 315
Johannisbeertrauben, überzuckerte 313
Kandiren der eingemachten Früchte zu
   verbinden 308
Katharinenpflaumen, getrocknete franzö-
   sische in Cognac 309
Kirschäpfel einzumachen 333
Kirschäpfel-Gelée 333
Kirschen, süße schwarze, zu Compote und
   Kuchen 315
Kirschen als gutes Compote für Kranke . 316
   als Dunstfrüchte 315
   in Franzbranntwein 308
   in Gläsern einzumachen 315
Kirschen-Marmelade 316
Kohl, weißer (Weißkraut) 342
Kürbis einzumachen 334
   Melonen-, in Essig und Zucker 334
   zu trocknen 337
Mais oder türkischen Weizen in Essig ein-
   zumachen 319
Maulbeeren und Weintrauben einzumachen 323
Melonen in Zucker 335
   in Zucker und Essig einzumachen 318
   do.   do.   do 319
Mixed Pickles in Essig 319
   in Zucker 320
Obst in Blechbüchsen einzumachen 309
Perlzwiebeln einzumachen 323
Pfirsiche in Branntwein 308
   als Dunstfrüchte 317
Pflaumen ohne Steine zu trocknen 336
Preißelbeer-Gelée (Cranberry-Jelly) 322
Preißelbeer-Saft 323
Quitten einzumachen 335
   in Cognac 308
   zu trocknen 337
Quitten-Gelée 335
   auf andere Art 335
Quitten-Marmelade 336
Reineclauden als Dunstfrüchte 317
   in Zucker 317
Reineclauden-Marmelade 317

Seite.

Einmachen und Trocknen verschiedener
  Früchte.
  Rothebeete (Rothrüben) einmachen 324
  Samba 329
  Schalotten und Zwiebeln einzumachen 323
  Schlehen einzumachen 336
  Spargel in Schmelzbutter 339
  Stachelbeeren, reife, in Zucker 312
    unreife, als Dunstfrüchte 312
    in Gläsern einzumachen ... 312
  Stachelbeer-Marmelade 312
  Tomatoes (Liebes-Aepfel) 322
    einzumachen, auf andere Art 322
    frisch zu erhalten 322
  Tomatoe-Pickles oder in Essig einge-
    machte Tomatoes 322
  Weintrauben einzumachen 323
    zu trocknen 337
  Zwetschen in Blechbüchsen einzumachen ... 329
    als Dunstfrüchte 329
    in Zucker 329
    in Essig und Zucker 331
    ohne Schale einzumachen 330
      süß einzumachen 330
    Senf-Zwetschen 331
    ohne Steine mit Essig und Zucker
      einzumachen 330
    ohne Steine zu trocknen 336
  Zwetschen-Marmelade als Compote, sowie
    auch zum Ueberstreichen oder Füllen
    von Torten und kleinem Backwerk 331
  Zwiebeln einzumachen 323
Einpökeln und Räuchern des Fleisches ... 353
Eis, Bereitungsweise 201
  Apfelsinen-Eis 202
  Himbeer-Eis 202
  Vanille-Eis No 1 201
    do.   No. 2 202
  Ice-Cream 202
Eiweiß zu schlagen 18
Ente wilde 117
  do. 149
  zu braten 114
  auf französische Art 114
  in Gelée 114
  do. 198
  wilde, Salmi von 117
  in brauner Sauce gedämpft 114
  in Wirsing 57
  mit Zwiebeln zu dämpfen 114
Erbsen, gelbe getrocknete 65
  junge 52
  junge mit Hähnchen anzurichten 52
  Zucker-Erbsen 53
Erdbeeren- und Apfelsinensaft, Schale von .. 211
Erdbeerschaum in Gläser zu füllen 212
Escalopps 93
  mit Senfsauce 81
Essig, ... 365
  Johannisbeer-Essig 366
  Obst-Essig 365
  Zucker-Essig 365

F.

Farce von Flußfisch 12
  von Kalbfleisch zu Suppen- und Ra-
    goutlöffchen 12
  Leber- 12
  von Mandeln 13
  von Rindfleisch 12
  von Rosinen 13
  von Semmel zum Füllen von Tau-
    ben oder Kalbsbrust 12

Seite.

Feldhühner zu braten 116
Feldhühner, kalte mit Sauce 116
  Salmi von 117
Fett, Ausschmelzen beim Einschlachten 360
  verschiedenes; wie zu verwenden 1
  Aufbewahren desselben 3
Filets von Schweinefleisch 106
Filetbraten auf englische Art 76
  Macaroni, Rührei und Schinken 171
  im Ofen 75
Fische, Backen derselben 125
  Erkennungszeichen der Frische 124
  in welchen Monaten am besten 125
  Salzen und Kochen derselben 125
  Schlachten, Schuppen ꝛc. 124
  Vorrichtung und Zubereitung 124
Fischotter zu braten 148
Fischreiher zu bereiten 150
Fleischspeisen aller Art 72
  Begießen desselben 72
  Behandlung der Bratpfanne 73
  Erwärmen der Schüsseln 73
  Fliegenschränke 73
  Gewürze dazu 72
  Klopfen desselben 72
  Kochen desselben 72
  It ist den bei der Zubereitung 72
  Sauce 73
  Zeit zum Weichwerden 72
Fleisch-Rouladen, geschmorte 85
Fleurons 122
Flundern (Flounders) zu backen 146
Forellen (Trout) 126
  blau zu kochen 129
  zu braten 130
Fricabelle, gebratene von frischem Fleisch
  No. 1 84
  No. 2 85
  von gebratenem oder gekochtem
    Fleisch 85
  gestovte 85
  von gekochtem Kalbfleisch in Schmalz
    auszubacken 95
Fricassee von Hähnchen oder Tauben mit
  Krebsen:
  Hammelfleisch-Fricassee 97
  feines Kalbfleisch-Fricassee 90
    do. mit Milchertöpchen 91
  Kalbfleischfricasse mit Blumenkohl 91
    do. auf andere Art 91
  Kalbfleisch-Fricassee mit Krebsen 91
  Lamm-Fricassee mit Kapern und Sar-
    dellen 97
  weißes Zungen-Fricassee 83
Froschscheutel zu braten 148
Froschschentel-Ragout 148
Frucht-Gelée 199
Fruchtsäfte, eingekochte, Getränk für Kranke ... 351

G.

Gallertstoffe zu Gelées 189
Gans, wilde 149
Gänsebraten 115
Gänsebrust zu räuchern 364
Gänsefett zu bereiten, das sich lange frisch
  erhält 21
Gänseleber-Pastete, Straßburger No. 1 118
  do.   „   No. 2 118
  do.   „   No. 3 119
Gans in Gelée 198
Gänseklein auf Stettiner Art 115
Gänseschwarz auf Westfälische Art 115

Seite.

Gänse, Spick-, auf Pommer'sche Art zu räuchern ... 364
Garneelen (Squills) ... 145
Geflügel, wie man sehen kann, ob's alt oder jung ist ... 8
wann muß man es laufen und wie muß man es vorrichten ... 8
Pasteten ... 122
Gefrornes oder Eis. Geräthschaften und Bereitungsweise ... 201
Gelatine ... 190
Gelée, Aepfel- saure, von Agar-Agar für Fisch und Fleisch ... 195
Färben weißer Gelée's ... 193
Geléeformen, das Ordnen von Fisch, Fleisch, Verzierungen in denselben, und Stürzen der Gelée's ... 192
Frucht-Gelée von eingelochtem Fisch-, Himbeer- oder Johannisbeersirup mit Agar-Agar zum Stürzen ... 199
Frucht-Gelée und Zusatz von Stand... 200
Gelée mit allerlei Früchten ... 200
Himbeer- und Stachelbeer-Gelée ... 200
Johannisbeer-Gelée ... 312
Wein-Gelée von Agar-Agar ... 199
do. do in Gläsern ... 199
zu serviren ... 199
von Gelatine... 200
von Kalbsfüßen ... 198
do. weniger kostbar... 198
auf andere Art ... 199
Zitronen-Gelée (Deliciosa) ... 200
von eingesalzener Zunge mit Agar- und Liebig's Fleischextrakt ... 196
Gehirnwurst, Mecklenburgische ... 357
Gemüse, Abkochen derselben ... 47
Anrichten ... 48
Aufwärmen ... 48
Bindungsmittel ... 47
Ersparniß der Butter und zum raschen Weichkochen ... 46
grünen ihre Farbe zu erhalten ... 47
Gahrwerden derselben ... 47
Regeln beim Kochen ... 46
Reinlichkeit ... 46
Verfahren beim Anbrennen ... 47
Gerstenthee für Kranke ... 351
Gerstenwasser für Kranke ... 350
Glace zum Fleisch glaciren ... 17
Glace oder Zuckerguß zu Torten und Backwerk ... 255
Glühwein ... 347
Gold und Silber ... 61
Graupen mit Zwetschen ... 188
do. auf andere Art ... 189
Greyling, siehe Aesche.
Griddle-Cakes, Cornmeal ... 183
Grießmehlspeise No. 1. ... 210
do. No. 2. ... 210
Grilladen von kaltem Kalbsbraten ... 93
Grilladen von Pökelfleisch ... 106
Grog ... 349
Gurken-, Gemüse- ... 60
gestobte ... 60

H.
Hachée, statt Fleischwurst ... 86
Hähnchen, junge ... 8, 9, 10
gebratene in Sauce ... 111
in Gelée ... 197
Fricassee, feines ... 112
Ragout, braunes ... 112

Seite.

Hähnel, gebackene ... 113
Halibut, siehe Butt.
Hammelbraten ... 97
Hammel-Cotelettes ... 97
do. auf dem Rost zu braten ... 97
Hammelfleisch. Anmerkung ... 96
Hammelfleisch-Ragout ... 98
Hammelkeule oder Ziemer wie Wild zubereitet geschmorte ... 96
do. geschmorte ... 96
auf gewöhnliche Art ... 96
Häringe (Herrings) frische, zu backen ... 143
frische, erkennen und vom Schneiden und Entgräten derselben ... 22
frische, zu mariniren ... 143
frischer, nach der Suppe ... 143
gesalzene, zu backen auf Mecklenburgische Art ... 143
gesalzene, zu mariniren ... 143
do. do. auf andere Art ... 143
wie Neunaugen zu bereiten ... 144
Häringskartoffeln ... 68
Haselhuhn zu braten ... 116
Hasenbraten im Ofen ... 109
Hasenpfeffer ... 109
Hasen-Cotelettes ... 110
Hausenblase ... 190
Hecht (Pickerel) ... 125
blau zu kochen mit Butter und Meerrettig ... 132
auf englische Art ... 132
gebacken ... 133
gebackener mit saurer Sahne ... 134
gebackener (vorzüglich) ... 134
gebratener ... 134
gedämpfter ... 133
gespickter ... 133
auf sächsische Art ... 133
mit gelber Brühe ... 133
mit Eiersauce ... 134
mit Parmesankäse und Zwiebeln ... 134
Fricassee ... 135
Salat ... 135
Hefe zu wässern ... 19
Hefenwaffel ... 180
Herbstrüben ... 62
Herbstwurzeln (Mohrrüben) wie Frühlingswurzeln zu kochen ... 61
Himbeer-Eis ... 202
Essig ... 313
Gelée ... 200
Kalteschale ... 44
Marmelade ... 312
Saft ... 312
Schaum in Gläser zu füllen ... 212
Hirschkeule zu braten ... 108
Hirschpfeffer ... 108
Hirschziemer im Ofen zu braten ... 108
Holztauben ... 117
Huhn ... 8, 9, 10
Hühner in Reis ... 113
Hühner, junge mit Sauce ... 113
Hummer (Lobster) zu kochen ... 144
Fricassee mit Fischklößchen und Spargel ... 144
Salat mit Kaviarschnitten ... 145

J.
Ice-Cream ... 202
Johannisbeer-Essig ... 366
Gelée ... 313, 314
Saft ... 314, 315
Wein ... 348

Seite.

Johannisbeeren einzumachen................ 313
     schwarze einzumachen........... 315
Johannistrauben, überzuckerte......... 313
Isländisch Moos (ein Getränk für Brustkranke) 351

K.

Kabliau (Cod-fish), frischer.............. 138
     gesalzener....................... 138
Käsemilch (Dickmilch), zerrührte........ 186
Kaffee, Aufbewahren desselben.......... 344
     Brennen...................... 343
     als Getränk.................. 344
     Mahlen....................... 344
     Surrogate.................... 343
     Waschen desselben........... 343
Kaffee= und Thee=Gesellschaften........ 282
     kleine freundschaftliche Kaffee's... 283
Kalbfleisch=Fricadellen................... 95
     Fricassee..................... 90
     „ mit Blumenkohl........... 91
     „ mit Widderklößchen...... 91
     „ auf andere Art.......... 91
     gefülltes Ragout............. 91
     in Gelée..................... 197
     in Gelée à la Küstelberg..... 197
     Pastete.................122, 123
     zu schmoren................. 90
Kalbsbraten, in Würfel geschnitten mit Rosinen 95
     Grilladen.................... 93
     im Ofen...................... 89
     im Topf...................... 89
Kälbsbrust zu füllen.................... 89
     gestovte als Voressen........ 90
Kalbs=Cotelettes....................... 93
Kalbsfüße, gebratene................... 94
     zu Gelée.................... 190
Kalbskopf, gekochter mit Sauce......... 91
     Ragout, braunes............. 92
     Sülze....................... 92
Kalbsmidder (Kalbermilch) zu Fricassees und
     Saucen vorzurichten......... 14
Kalbsrippen, gedämpfte................. 89
Kalbsschlicken......................... 89
Kalteschale, Apfelsinen................. 44
     Bier........................ 45
     von Buttermilch............. 45
     Erdbeeren................... 44
     Himbeeren................... 44
     Milch....................... 45
     Reis........................ 44
     Sago........................ 44
     Westfälische................ 45
     Wein........................ 44
Kaninchenbraten, frischer.............. 99
     säuerlich zubereitet......... 99
     wie Wild.................... 99
Kaninchen=Cotelettes................... 101
     Fricassee (weißes Ragout).... 100
     Pfeffer (braunes Ragout)..... 100
Kaninchen, Ausnehmen.................. 98
     Abziehen.................... 98
     Tödten...................... 98
     Zerlegen.................... 99
Kappus, siehe Kohl.
Karpfen (Carp)........................ 126
     ganz zu backen.............. 131
     gefüllter................... 131
     blau zu kochen.............. 130
     marinirter.................. 131
     kalter mit Sauce............ 131
     mit polnischer Sauce........ 130
     in Rothweinsauce............ 130
Kartoffelbällchen, gewöhnliche......... 71

Seite.

Kartoffelbällchen, fein gebratene....... 71
Kartoffelmus (Brei).................... 69
     mit Buttermilch............. 69
Kartoffelnudeln....................... 71
Kartoffelscheiben..................... 71
Kartoffeln und Aepfel................. 70
Kartoffeln, gebratene zum Gemüse anzurichten 68
     zu kochen................... 66
     und frische Birnen.......... 70
     und getrocknete Birnen...... 70
     Häringskartoffeln........... 68
     Lorbeerkartoffeln........... 68
     in säuerlicher Milchsauce.... 67
     mit verschiedenen Saucen.... 67
     saure...................... 68
     in der Schale zu braten (Pellkartof-
     feln)....................... 71
     gestovte Scheibenkartoffeln.. 69
     Schinkenkartoffeln.......... 67
     mit Schweinsrippen und sauren
     Aepfeln zusammen gebraten... 67
     mit Zwiebeln gestovt........ 69
Kastanien zu verschiedenem Gebrauch... 14
Katzenfisch (Cat-fish) zu bereiten..... 136
Kaviarschnitten....................... 142
Kirschen, ein gutes Compote für Kranke.... 316
     Marmelade................... 316
     als Dunstfrüchte............ 315
     in Gläsern einzumachen...... 315
     süße schwarze, zum Compote für
     Kirschenkuchen.............. 315
Klare von Eiern....................... 17
     von Wein.................... 17
     mit Hefe in Schmelzbutter zu backen... 17
Klopps, feine......................... 81
     von Schweinefleisch......... 106
Klöße, Einweichen des Weißbrods....... 213
     Formen der Klöße............ 213
     Kochen der Klöße............ 213
     Probe....................... 213
     abgebrannte mit Backobst.... 220
     Aepfelklöße................. 219
     zu braunen Suppen.......... 214
     Dampfnudeln................. 218
     Eierklöße................... 215
     von Eiweißschaum, zu Wein=, Bier= und
     Milchsuppen................. 217
     feine zu gleichen Theilen.... 220
     gebackene zu Obst.......... 218
     Grießmehlklöße.............. 215
     do. gebackene............... 219
     Hefenklöße von Mehl........ 218
     von Kalbfleisch............. 214
     Kartoffelklöße.............. 216
     do. feine................... 217
     do. do. auf andere Art...... 217
     do. große.................. 217
     do. eine billigere Art...... 218
     Karthäuserklöße............. 183
     zu Krebssuppe............... 213
     Leberklöße.................. 219
     do. süddeutsche............. 219
     Lothklöße................... 216
     Maisklöße................... 241
     Mandelklöße................. 216
     Markklöße................... 216
     do. auf andere Art.......... 216
     Mehlklöße, kleine (sogenannte Spatzen) 213
     Suppenklöße von Mehl (gewöhnliche)... 216
     Widderklößchen zu feinem Kalbfleisch=
     Fricassee und Pastete....... 214
     Obstkloß von Semmel........ 213
     von Rindfleisch............. 214

Seite.

Klöße,
Schwammklöße in Fleischsuppe, auch in
frischen Erbsengemüsen............... 214
Schwammklöße auf andere Art......... 215
Schwammnudeln 215
Speckklöße zu Obst 221
zu Suppe 27
Weißbrodklöße 216
do. feine 217
do. eine andere Art 217
von Weißbrod und Mehl 220
do. auf Obst gekocht........ 220
Zwieback-Klöße 215
Knackwürstchen, Frankfurter 107
Knackwurst, Mecklenburgische 356
Kochgeschirre 7
Kohl, brauner, Aufwärmen 48
grünen oder braunen ganz zu kochen
auf Bremer Art 62
chinesischer oder Pet=sai 50
geschnittener...................... 63
kurzer............................. 63
römischer oder Mangold 50
rother oder Kappus 58
weißer (Weißkraut) 58
do. mit Rindfleisch oder Hammel=
keule 59
do. gedämpfter 58
mit Fleischfarce 59
Kohlrabi auf der Erde 55
Korinthen zu reinigen 19
Kräuter, eingekochte, Zusatz an Saucen... 16
Kraftbrühe, braune, zu braunem Ragout . 13
weiße, zu weißem Ragout 13
Krankensuppen, Brodsuppe 43
Graupensuppe 42
gute bei Ruhr und Diarrhöe 43
Hafergrützsuppe 42, 43
Hafergrütze mit getrockneten Zwet=
schen............................ 44
Hafergrütze mit Rosinen oder Korin=
then 44
Kerbelsuppe für fieberlose Kranke 35
Zitronensuppe 43
Zwiebacksuppe 43
Krankenspeisen, siehe Speisezettel für Kranke
aller Art.
Krammetsvögel 117
Salmi von 117
Krebse, wenn am besten............... 126
zuzubereiten 145
Kronsbeeren (Cranberries), siehe Preißel=
beeren.
Kuchenpfeffer 16
gemischter 16
Küken, siehe Hähnchen.
Kuchen, siehe Backwerk.

L.

Laberdan (Salted Cod-fish) 138
Lachs 125
zu kochen 126
in Gelée 196
mit Kräutern 126
marinirter 127
mit gelber Sauce 129
Lamm (Braten 2c.) siehe Hammel.
Leber mit Beilage..................... 95
gestorte 94
gebratene mit Sauce 94
Leberklöße 219
süddeutsche 219

Seite.

Leberkuchen.......................... 356
Leber=Ragout mit Kräutern (Sächsische Küche) 94
Leberwurst zum Butterbrod............ 355
Mecklenburgische 355
Limonade............................. 350
für Kranke (bei Fieber)............ 350
Linsen 65
auf andere Art 66
Liqueure. Im Allgemeinen 351
Erdbeer=, Französische 352
Gewürznelken...................... 352
Gewürz=........................... 352
Himbeer= 352
Johannisbeer= (schwarze).......... 352
Kirsch=............................ 352
Vanille=........................... 352
Zimmet=............................ 352
Lobster, siehe Hummer.
Luftspeck zu machen 361

M.

Macaroni, Auflauf von, mit Schinken und
Parmesankäse 170
Braten und gebratene Kartoffeln ... 171
Filetbraten, Rührei und Schinken ... 171
mit Parmesankäse 171
Pasteten von, mit Schinken und Par=
mesankäse 170
mit Schinken und Parmesankäse... 170
Maifisch (Shad) 126
zu mariniren 135
Mai=Vieren (Rümpchen — kleine Fische) zu
kochen 135
Mairüben 53
mit Hammelfleisch 53
Mais oder Süßkorn 60
Maisbrei 189
Maissuppe 41
Maiwein 348
Makrelen (Mackerels) zu kochen 141
in Marinade 141
Mandelmilch für Kranke 350
Mandeln zu reiben 18
zu stoßen 18
Mandel=Creme........................ 209
Mandel=Speise....................... 209
Mangold oder römischer Kohl 50
Maronen (echte Kastanien)............ 61
Mayonaise, Sauce, zu kaltem Fisch und Ge=
flügel, auch Fisch und Geflügelsalat damit
anzumengen..................... 245
Mayonaise, wohlschmeckende......... 245
Mehlgräupchen zu kochen 189
Mehl braun zu machen 19
zu schwitzen 18
Mettwurst, frische, zu braten 106
Westfälische, zum Räuchern sowie
zum frischen Gebrauch......... 354
Midder (Kalbsmilch) vorzurichten 14
Pasteten 122, 123
Milchbrödchen zu backen 302
mit Butter 302
Milch, geschlagene saure 45
geschlagene 186
Käsemilch (Dickemilch) zerrührte .. 186
Milch=Chocolade 345
Milch=Kaltschale 45
Milchreis 188
Möhrchen, junge 51
Molken für Brustkranke 350
Muskallongen (Muskallongen) zu bereiten . 136

Seite.

N.

Nachlese (Blindhuhn), ein westfälisches Na-
tionalgericht 57
Nierenfett zu bereiten 21
Nieren-Hachee zum Kalbsbraten 89
Nieren-Schnitten 95
Nudeln 188
    Dampfnudeln 32
    Kartoffelnudeln 71
    Mehlspeise von Nudeln 170
    Schinkennudeln 171

O.

Obst, Brühe desselben 221
    gekochtes, feines Anrichten 222
    do. Beimischung 222
    do. Vorsicht bei Verwendung 222
    passende Geschirre zum Kochen 221
    Verfahren beim Kochen 221
    Vorrichten desselben 221
Obstessig 365
Ochsenfleisch, Ochsenbraten ıc. siehe Rind-
fleisch.
Ohrfeige 174
    auf andere Art, statt einer Torte 175
Omelettes 173
Omelette (Eierkuchen) No. 1 175
    No. 2 175
    soufflée No. 1 165
    do. auf andere Art No. 2 165
    für den täglichen Tisch 165
    von Weißbrodschnitten 175
Oysters, Scalloped (Austern-Auf-
lauf) 179

P.

Panhas 357
    zu braten 87
Pasteten. Im Allgemeinen 118
    Aepfel-Pastete 299
    Austern-Pastetchen 123
    von Farce 119
    von ganzen Fischen 121
    Fleisch-Pastete, englische 120
    Frucht-Pastete 299
    Gänseleber - Pastete, Straßburger
        No. 1 118
    do. No. 2 118
    do. No. 3 119
    Geflügel-Pastetchen 122
    Hähnchen-Pastete mit Schinken-Farce 120
    Kalbfleisch-Pastete 120
    do. do. 122
    Kalbfleisch-Pastetchen, wohlschmeckende 123
    kleine zu backen 121
    Kürbis-Pastete (Squash-Pie) 299
    von Macaroni mit Schinken und
        Käse 121
    Midder-Pastete 120, 122, 123
    Obst-Pastete (Apple-Pie) englische ... 121
    Rhabarber-Pastete (Pieplant-Pie) 298
    englische von Rhabarber (Pie-Plant).. 121
    Reis-Pastetchen 123
    Semmel-Pastetchen von Fleischresten 123
    von Schinkenresten 120
    von Schinkenresten mit Nudelteig .. 121
    Schweinsleber-Pastete 119
    Pasteten-Teig 118
    Zitronen-Pastete No. 1 (Lemon-Pie) .. 298
    Zitronen-Pastete No. 2 298
    Zitronen-Pastete No. 3 298

Seite.

Pastinaken 62
Pellkartoffeln 71
Pet-sai 51
Perlhuhn 150
Pfannkuchen. Im Allgemeinen.
    Backen derselben 173
    Backfett, passendes 173
    Einrühren 173
    Feuer zum Backen 173
Aepfel-Pfannkuchen 180
Aepfelkuchen No. 1 177
Aepfel-Pfannkuchen No. 2 177
Aepfelkuchen No. 3 178
    do. kleine No. 1 178
    do. do No. 2 178
Arme Ritter 183
    do. auf andere Art 183
Buchweizen - Pfannkuchen, schnellgemachte 181
von Buchweizenmehl No. 1 181
    do. No. 2 181
    do. No. 3 181
    do. No. 4 181
Cornmeal-Griddle-Cakes 183
Dünne 180
Eierpfannkuchen 176
    do. auf andere Art 176
Eier- und Sped-Pfannkuchen 176
Gewöhnlicher 177
Heidelbeer-Pfannkuchen 179
Johannisbeer-Pfannkuchen 177
Kartoffel-Pfannkuchen 179
    do. do. (Westfälische Reibe-
        kuchen) No. 1 181
    do. do. do. No. 2 ... 182
    do. do. do. No. 3 .. 183
    do. do. do. No. 4 .. 183
Kirschen-Pfannkuchen 179
    von sauren 177
von feinem Mehl, auch zu gutem Obst-
    pfannkuchen passend 176
    do. auf andere Art 177
Milch-Pfannkuchen, saure 174
    do. do. 180
von gekochten übriggebliebenen Nudeln 180
Obst-Pfannkuchen 176, 177
von dickgekochtem Reis 180
Roggenmehl-Pfannkuchen 183
Schaumpfannkuchen, gewöhnliche 176
    do. feinere 176
Semmel- oder Weißbrodkuchen 179
Sped- und Eier-Pfannkuchen 176
von Stärke 176
Weißbrodkuchen 179
von Weißbrod und Aepfeln 178
Welschkorn-Pfannkuchen 183
    do. do. auf andere Art ... 183
Zwetschen-Pfannkuchen 178
Pfeffer, Küchenpfeffer 16
    do. gemischter 16
von Hirsch oder Reh 108
Hasenpfeffer 109
Pfeffermünz 283
Pfeffernüsse 284
Pfirsich-Bowle 347
Pflaumen, siehe Zwetschen.
Pickerel, siehe Hecht.
Piko, siehe Zander.
Plinzen 173
    eine Schüssel allein zu geben und eine
        Beilage zum Spinat No. 1 174
    von saurer Sahne (Rahm, Flott).
        No. 2 174
    auf andere Art 174

Seite.

Pökelfleisch zu kochen..................88, 105
  mit Holzkohlen zu conserviren.......... 364
Pökel, gute.................................... 363
Pökelstück, ein einzelnes.................... 363
  Polenta..................................... 111
Porree, gestovter............................. 59
Potthast, Pfeffer=............................ 82
Preißelbeer=Gelée (Cranberry-Jelly)......... 322
  do. Saft.................................. 323
Preßkopf in Gelée............................ 359
  als Wurst.................................. 359
Preßwurst, Mecklenburgische................. 357
Prinzessinböhnchen, getrocknete............. 64
Puddings, warme. Im Allgemeinen...... 151
  Anrichten der Puddings.................... 152
  Behandlung der Formen..................... 151
  Füllen der Formen und Kochen.............. 151
  Rühren der Masse.......................... 151
  Verfahren beim Kochen in einem
    Tuche.................................. 151
  Aepfel=Pudding, englischer................ 153
  Bisquit=Pudding, warm und kalt zu geben 156
  von Faden=Nudeln.......................... 156
  Fleisch=Pudding, englischer warmer........ 160
  Grießmehl=Pudding......................... 154
    do..................................... 155
  von kaltem Kalbsbraten.................... 161
  Kartoffel=Pudding......................... 158
  Korinthen=Pudding, englischer............. 153
    do....................................... 155
  Krebs=Pudding............................. 163
  Loth=Pudding.............................. 156
    do. schwäbischer........................ 156
  Mandel=Pudding, kalt und warm zu ge=
    ben.................................... 157
  Mehl=Pudding, feiner mit Hefe............. 158
    do. gewöhnlicher mit Hefe......... 158
    do. zu gekochtem Obst............. 159
  Neuer, aufgerollter englischer............ 153
  Nudel=Pudding............................. 156
  Obst=Pudding.............................. 160
  Plum=Pudding, englischer No. 1............ 152
    do.   do. No. 2............ 152
    do.   do. No. 3............ 152
    do. mit Weißbrod................... 152
  Prinzregenten=Pudding..................... 159
  Reis=Pudding mit Rosinen.................. 154
  Reismehl=Pudding No. 1.................... 154
    do. No. 2............................ 154
  Sago=Pudding, brauner..................... 155
    do. weißer............................ 155
  Schwamm=Pudding........................... 156
  Schwarzbrod=Pudding....................... 159
    do. mit Mandeln.................... 159
  Vanille=Pudding, warmer................... 157
  Weißbrod=Pudding.......................... 160
    do. zu gekochtem Obst............. 159
  Weintrauben=Pudding....................... 160
  Zwieback=Pudding No. 1.................... 157
    do. No. 2............................ 158
    do. mit Johannisbeeren oder
      sauren Kirschen.................. 158
Puddings, kalte.
  Aepfel=Pudding............................ 205
  Reis=Pudding mit Obstlagen................ 206
    do. mit Zitronen................... 206
  Rother Flambri............................ 206
  Rother Grütze............................. 205
  Rother Reismehl=Pudding................... 205
    do. do. do. auf andere Art... 205
  Rother Schaum=Pudding..................... 205
  Sago=Pudding.............................. 204
  Victoria=Pudding.......................... 204

Seite.

Wein=Pudding................................. 204
Zitronen=Pudding............................. 204
Puffertkuchen von Buchweizenmehl............ 181
  kleine, von Weizenmehl.................... 180
Puffert, gewöhnlicher....................... 276
Punsch, Eier=............................... 346
  Punsch=Extract............................ 347
  feiner à la Uhlenhorst.................... 346
  Imperial.................................. 346
  Wein=Punsch No. 1...................... 346
    do. No. 2.......................... 346
Puter (Turkey) zu braten...............8, 9, 10
  zu braten................................. 110
  mit Fleischfarce.......................... 110
  Henne mit Fricassee= Sauce................ 111
  in Gelée.................................. 198

Q.

Quitten einmachen........................... 335
  Gelée..................................... 335
  do. auf andere Art..................... 335
  Marmelade................................. 336

R.

Ragout, Aal=................................ 127
  braunes oder Kaninchenpfeffer............. 100
  von Braten od r Suppenfleisch............. 87
  Froschschenkel=Ragout..................... 148
  von Hammelfleisch......................... 98
  von Hähnchen und Tauben.................. 112
  Kaninchen=Ragout.......................... 100
  von übriggebliebenem Kalbsbraten.......... 95
  von gefülltem Kalbfleisch................. 91
  Kalbskopf=Ragout, braunes................. 92
  Leber=Ragout mit Kräutern................. 94
  braunes von Ochsenzunge No. 1............. 82
    do. do.   No. 2............. 83
    do. do.   No. 3............. 83
  Rindfleisch=Ragout wie Hasenpfeffer....... 82
  braunes, von kleinen Rindfleischklößchen.. 82
  süßsäuerliches, von Schweinefleisch....... 106
  von Schweinefleisch, beim Einschlachten
    anzuwenden............................. 359
Rauchfleisch zum Butterbrod................. 362
  zu kochen................................. 88
Rauchgeschmack dem Fleisch zu geben......... 364
Räuchern des Fleisches...................... 353
Rebhuhn zu braten........................... 116
  auf Sächsische Art........................ 116
Rehkeule zu braten.......................... 108
Rehziemer zu braten......................... 108
Reineclauden=Marmelade...................... 317
  in Zucker................................. 317
Reis mit Aepfeln............................ 187
Reisbirnen (Ostfriesisch)................... 184
Reisbrei.................................... 187
Reismehl zu Milchspeisen.................... 23
Reismehlspeise.............................. 210
Reis zu Ragout.............................. 188
Reis zu reinigen und zu blanchiren.......... 19
Reis mit Rosinen (ein leichtes Essen für Ge=
  nesende).................................. 187
Rhabarber=Pasteten.......................... 121
Rinderbraten aufzuwärmen.................... 79
Rindfleisch in Bier zu dämpfen.............. 79
  Cotelettes................................ 84
  einzupökeln............................... 362
  wie Hasen zu braten....................... 78
  in saurer Milch zu braten................. 79
  roh zum Butterbrod........................ 362
Rindfleischwurst............................ 357
  zu braten................................. 88

Seite.

Rindszunge, Ragout von 82, 83
Ritter, sog. arme............... 183
Roastbeef im Ofen............... 74
     am Spieß gebraten............... 74
     im Topf zu braten............... 75
     do. auf englische Art............... 75
Rosenkohl (Brüsslerkohl)............... 48
Rouladen, geschmorte Fleisch=............... 85
Rüben, weiße, mit Hammelkeule............... 54
Rührei............... 185
Rümpfchen zu kochen............... 135

S.

Sago zu reinigen............... 20
Sahne=Crème 208, 212
Sahne, geschlagene 45
Sahneschaum............... 207
Salate. Im Allgemeinen...............229, 230
     Blumenkohl=Salat............... 235
     Brunnentresse............... 234
     Bohnensalat............... 236
     von Bohnen und Gurken............... 236
     von Bohnen und Kopfsalat............... 236
     Endivien=Salat............... 237
     von Sommer=Endivien oder Bindsalat.... 237
     Feld= oder Kornsalat............... 237
     von Gartentresse............... 235
     Gurkensalat............... 235
     do. einzumachen............... 329
     von Gurken und Kartoffeln............... 236
     von Gurken und Kopfsalat............... 236
     Häringssalat...............232, 233
     Hechtsalat............... 231
     Hühnersalat............... 230
     Hummersalat mit Kaviarschnitten............ 221
     Kartoffelsalat............... 234
     von weißem Kohl............... 236
     Kopfsalat............... 235
     Polnischer Salat............... 233
     Porreesalat............... 237
     Rother Salat............... 236
     von übriggebliebenem Suppenfleisch............... 233
     von Salatböhnchen............... 237
     Sardellensalat............... 231
     Selleriesalat............... 237
     Spargelsalat............... 235
     Tomaten=Salat............... 237
     Trüffelsalat............... 233
     Truthahnsalat............... 230
     Wintersalat, gemischter............... 236
Salm, siehe Lachs.
Sardellenbutter...............15, 143
Sardellenschnittchen............... 142
Sardellen zum Butterbrod anzurichten............ 14
     mariniren wie Anchovis............... 15
Saucen, warme. Im Allgemeinen...238, 239
     Austernsauce............... 239
     zu Blumenkohl............... 243
     zu Braten............... 73
     Butter zu Fisch und Kartoffeln............... 241
     Dragonsauce zu Suppenfleisch............... 242
     Eiersauce mit Milch zu Salatböhnchen.... 244
     Fischsauce, sächsische............... 241
     Garnelen=Sauce zu verschiedenen Fischen 241
     von frischen Gurken............... 240
     Häringssauce 240
     Hechtsauce mit saurer Sahne............... 240
     holländische Sauce............... 240
     Holsteinische oder Travemünder Sauce... 241
     zu Kalbskopf............... 243
     Kapernsauce zu Lachs und Hecht............... 239
     Kraftsauce, braune und weiße............... 239
     Krebssauce zu feinem Fisch............... 241

Seite.

Saucen, warme.
     Meerrettigsauce, gekochte............... 242
     Petersiliensauce zu Suppenfleisch............ 242
     Rosinensauce gekochtesRindfleisch zu stoben 242
     Sardellensauce, weiße............... 240
     Sauerampfersauce zu Fisch und Suppen=
        fleisch............... 242
     Senfsauce zu Fisch............... 241
     do. zu Fisch und Kartoffeln, auch
        über Eier............... 241
     do. zu Suppenfleisch............... 242
     Sirupsauce zu Salat und Fisch............... 244
     Spargelsauce 243, 244
     Speisauce zum Salat............... 244
     zu einem Suppenhuhn............... 243
     Tomaten (Tomatoes)............... 239
     Weinsauce, rothe mit Rosinen............... 242
     weiße, zu Ochsenzunge und Rindfleisch.... 243
     Zwiebelsauce, feine, zu jedem gekochten
        Fleisch passend, auch über Kartoffeln.... 244
Saucen, kalte.
     Borage zu Rindfleisch............... 246
     zu kalten Feldhühnern und Röllchen von
        Schweinefleisch in Gelée............... 245
     zu kaltem Fleisch............... 245
     Gewürzsenf zu verschiedenem Fleisch 245
     Häringssauce............... 245
     Kräuterbutter............... 246
     Mayonaise zu kaltem Fisch und Geflügel... 245
     Meerrettigsauce, rohe, mit Sahne............... 246
     Remoulade=Sauce............... 245
     Sahnesauce zu Salat............... 246
     Salatsauce............... 246
Saucen, Wein=, Milch= und Obstsaucen.
     von frischen Aepfeln............... 249
     Catsup............... 249
     Himbeersaft............... 248
     von Johannisbeeren............... 248
     ungekocht von Johannisbeersaft............... 248
     von getrockneten oder frischen Kirschen.. 248
     Preißelbeersauce............... 249
     Punschsauce, kalte............... 247
     Sahnesauce mit Gelée oder Rothwein... 248
     Schaumsauce, rothe und weiße...............248, 247
     Tomatoe=Sauce............... 249
     Vanille=Sauce............... 248
     Wein, weißer und Zucker............... 248
     Weinsauce, rothe............... 247
     Weinsauce, weiße............... 247
     von frischen Zwetschen............... 249
     von Brühe eingemachter Zwetschen............... 248
Saucissen, kleine............... 354
Sauerampfer............... 50
Sauerbraten............... 77
     beim Einschlachten............... 360
     ein halbes Jahr lang aufzubewahren..... 360
     wie Wild zubereitet............... 78
Sauerkraut............... 63
     aufzuwärmen 48
     mit Hecht............... 64
Savoyenkohl (Wirsing)............... 57
Schaumbier............... 349
Schaumgericht............... 168
Schellfisch zu kochen............... 139
     mit Spargel gestovt . 139
Schellfischschwänze zu backen............... 139
Schildkrötensuppe (Turtlesoup)............... 146
Schildkrötenfleisch, Suppe von marinirtem... 148
Schinken, Beefsteak von............... 105
     ganz zu braten............... 101
     gebraten auf Mecklenburgische Art... 104
     geräucherten zu kochen............... 103
     Reste mit Nudelteig............... 172

Seite.

Schinken, roher, als Beilage zum Gemüse, auch zum Butterbrod... 22
roher, mit Sardellen zum Butterbrod.... 22
Schnittchen... 104
wie Wildschweinsbraten zu bereiten... 102
Schmalz- oder Butterkohl... 49
Schmelts (Smelts) zu backen... 146
Schmorbraten... 76
Schneeball in Vanillesauce... 210
Schneehuhn... 149
Schnepfe zu braten... 116
Salmi von Schnepfen... 117
Schollen (Plaices) zu backen... 140
zu kochen... 140
Schwammklöße in Fleischsuppe...214, 115
Schwammnudeln... 215
Schwartenmagen... 357
Schweinsbraten...102, 103
Schweinsbrust, geräucherte, zu kochen... 106
Schweinscotelettes... 105
Schweinefleisch-Klopps... 106
Ragout... 359
zum Räuchern einzupöteln... 361
Würstchen von... 105
Schweinskeule zu braten... 102
Schweinsleber-Pastete... 119
Schweinsrippe zu braten... 67
in Gelée... 197
Schweinswurst, geräucherte, zu kochen... 106
Seezungen (Soles) zu kochen... 140
gebackene... 141
Semmel zu backen... 302
zu braten für Suppen und Klöße... 19
Semmel-Pästchen von Fleischresten... 123
Senfbirnen... 332
Senfzwetschen... 331
Senf, Gewürz-, zu Fleisch... 245
Senf zu machen... 16
Sol-Eier... 185
Sommerwurst (Cervelatwurst)... 353
Spanferkel zu braten... 104
Spargel, gestobte... 51
zu kochen... 50
vorzurichten... 14
Spatzen... 213
Speck auszubraten... 21
und Eier... 176
Luftsped zu machen... 361
Speisereste... 4
Speisezettel für Kranke aller Art.
für Blatternkranke... 369
für Blutarme... 372
bei Diarrhoe... 378
bei der Englischen Krankheit (Rhachitis) und Knochenerweichung (Osteomalacie) 375
für Fettsüchtige... 369
für Fieberkranke... 366
für Gichtkranke... 374
für Hämorrhoidarier... 373
bei der Lungenschwindsucht... 376
für Magere... 370
für Masernkranke... 367
für Neugeborene... 380
für Scharlachkranke... 368
für Scrophulöse... 374
für vollblütige... 371
bei trägem Stuhl... 377
für Wöchnerinnen... 379
Supren für Kranke, siehe Krankensuppen.
Spicken, vom... 11
Spickgänse auf pommerische Art zu räuchern... 364
Spiegel-Eier... 185
Spiegel-Eier mit saurer Sauce... 186

Seite.

Spinat... 49
Sprossen von grünem oder braunem Winterkohl... 48
Squills, siehe Garneelen.
Stoß, Polnische... 81
Stachelbeeren einzumachen... 312
Stachelbeer-Gelée... 200
Crème... 211
Speise... 211
Marmelade... 312
Wein... 349
Steckrüben oder Kohlrabi in der Erde, braun zu kochen... 62
Steinbutt (Turbot) zu kochen... 139
Stockfisch (Cod-fish) gut zu kochen... 137
mit Sahne... 138
Stör-Cotelettes... 137
Stör (Sturgeon) zu kochen... 136
Straßburger Gänseleber-Pastete...118, 119
Suppen. Im Allgemeinen.
Abrühren mit Eiern... 20
Abschäumen... 26
Behandlung des Fleisches... 25
Bindungsmittel... 26
Färben... 27
Klöße... 27
Kochen... 26
Kraftmittel... 27
Zuthaten. Suppenkräuter... 26
Maß und Zeit des Kochens... 27
Natron... 25
Passendes Stück Fleisch... 25
Salzen... 26
Suppentopf... 25
Wahl des Fleisches... 25
Aepfelsuppe mit Korinthen... 43
Aepfelweinsuppe... 36
Austernsuppe... 31
Biersuppe mit Milch... 38
Biersuppe mit Rosinen... 38
Bohnensuppe, weiße... 30
von Bratensauce... 30
Brodsuppe für Kranke... 43
von Buchweizengrütze und Milch... 40
Buttermilchsuppe mit Mehl... 41
Buttermilch mit Buchweizengrütze... 41
Chocoladesuppe... 41
von jungen Erbsen... 33
von getrockneten Erbsen... 34
mit Fleischextrakt... 28
Französische... 29
Graupensuppe für Kranke... 42
von groben Graupen... 37
Griesmehlsuppe... 42
do. mit Korinthen und Wein... 43
do. von Milch... 39
von Hafergrütze und Milch... 42
do. für Kranke... 42, 43
do. mit Rosinen und Korinthen... 44
do. mit getrockneten Zwetschen... 44
Hammelfleischsuppe... 30
Hühnersuppe... 31
Jacobinersuppe... 30
Kalbfleischsuppe... 30
do. für Kranke... 30
von Kalbsmilch... 33
Kartoffelsuppe... 33
von Kartoffelkloßbrühe... 42
von Kartoffelsago und Milch... 40
Kerbelsuppe... 35
Krammetsvögelsuppe... 32
Kräutersuppe... 35
Krankensuppe bei Ruhr und Diarrhöe... 43

Seite.

Suppen.

Krebssuppe... 32
Linsensuppe.. 35
Maissuppe.. 41
Mehlsuppe, braune..................................... 41
  do. süddeutsche gebrannte............ 42
von weißgebranntem Mehl.......................... 41
Milchsuppe... 39
  do. von Gemüsennabelbrühe............ 42
von Midder... 30
Mock=Turtle=Suppe.................................... 32
Nudelsuppe von Milch................................. 39
von Perlgraupen mit weißem Wein............... 37
von Perlgraupen mit Milch.......................... 40
Blinzensuppe... 33
Reissuppe von Milch................................... 40
  do. mit Rosinen........................ 38
Rindfleischsuppe, klare braune...................... 20
  do. klare weiße....................... 28
  do. mit Perlgraupen oder Reis... 29
  do. schnellgemachte................ 29
von echtem Sago und Milch.......................... 40
Sagosuppe mit Rothwein.............................. 36
Sauerampfersuppe..................................... 35
Schaumsuppe von weißem Wein...................... 36
Schaumbiersuppe...................................... 38
Schildkrötensuppe.............................146, 148
Selleriesuppe, schlesische............................ 36
Taubensuppe für Kranke.............................. 31
Weinsuppe, weiße..................................... 36
Weinkalteschale.. 44
Zitronensuppe für Kranke............................ 43
von getrockneten Zwetschen.....................43, 44
Zwiebacksuppe, schnell zu bereitende.............. 37
  do. für Kranke......................... 43
Zwiebelsuppe, süddeutsche........................... 42
Suppenfleisch mit Aepfeln geschmort............... 87
Ragout von Suppenfleisch............................ 87
mit Rosinensauce....................................... 87
Salat von Suppenfleisch.............................. 86
zu stoben.. 86
mit Zwiebeln... 87
Sülze von Kalbskopf................................... 92
von Schweinefleisch...........................358, 359
Süßkorn.. 60

T.

Tassenspeise... 207
Tauben, junge, zu braten............................. 112
  do. Ragout............................. 112
Thee.. 344
Thee=Gesellschaften.................................. 383
Töpfe, eiserne, auszukochen.......................... 7
Tomatoes (Liebesäpfel)................................ 322
Catsup... 249
einzumachen... 322
frisch zu erhalten..................................... 322
Pickles... 322
Sauce... 249
Torten, siehe unter Backwerk.
Trank, Aepfel=, angenehm für Kranke.............. 351
Trocknen und Einmachen verschiedener Früchte
und Gemüse, siehe Einmachen.
Trüffeln, frische, zuzubereiten....................... 61
Trüffeln vorzurichten.................................. 13
Truthahn (Turkey) siehe Puter.
Turtlesoup, siehe Schildkrötensuppe.
Tutti frutti.. 209

U.

Umrühren der Gemüse................................. 47

Seite.

B.

Vanille... 203
echte, Erkennungszeichen, Aufbewahren
und Anwendung..................................... 23
Vanille=Auflauf.. 169
Eis..201, 202
Liqueur... 352
Veilchen=Essig, beruhigend bei Nervenleiden
und Kopfschmerz................................... 351
Vietsbohnen, siehe unter Bohnen.
Vorbemerkungen....................................... 7

W.

Wasserhuhn... 149
Wein=Crème... 208
Wein=Gelée...................................198, 199, 200
Kalteschale.. 44
Klare.. 17
Suppe.. 36
Weißfisch (White=fish) auf Kohlen zu braten..... 136
Weinkraut.. 58
Welschkornmehlbrei.................................. 184
Whip... 349
Wildpret, im Allgemeinen und Anwendung
der verschiedenen Theile............................ 107
Aufbewahren desselben............................... 107
zu schmoren... 108
Wildschweinsbraten.................................. 110
Wirsing.. 57
Wurst, Blut=... 356
Bratwurst, Frankfurter.............................. 355
Cervelatwurst... 353
Gehirnwurst, Mecklenburgische..................... 357
Knackwurst do. 356
Leberwurst zum Butterbrod.......................... 355
  do. Mecklenburgische................. 355
Mettwurst, Westfälische.............................. 354
Preßwurst, Mecklenburgische........................ 357
Rindfleischwurst....................................... 357
Zungenwurst, Mecklenburgische...................... 356
Wurzeln, Gold= und Silber............................ 61
Herbst=, wie junge zu kochen......................... 61
junge... 51
  do. mit Erbsen........................ 51
Wurzelwerk und Petersilie vorzurichten............ 20

Z.

Zander (Pike).. 126
zu backen und kochen................................. 135
Zimmet=Liqueure...................................... 352
Zitronen... 24
Crèmes mit Erd= oder Himbeeren.................... 208
Gelée.. 200
Pudding.. 204
Zubereitung des Fleisches zu einer Geléeschüssel.. 195
Zucker, zu läutern.................................... 17
Zucker=Essig.. 365
Zucker=Erbsen... 53
Zuckerguß.. 296
unschädlich zu färben................................. 256
Zunge, Cotelettes von................................. 84
eingesalzene zum Butterbrod......................... 84
Zungenfricassee, weißes.............................. 83
Zunge, gebraten....................................... 83
in Gelée... 196
geräucherte... 88
Ragout... 82
mit Sardellensauce.................................... 84
Zungenwurst, Mecklenburgische...................... 356
Zwetschen mit Graupen..........................188, 189
Kompote......................................225, 227, 228
Mus..225, 228
Zwiebeln, gestobte.................................... 59